KB265125

高麗圖經　역주(하)

高麗圖經 역주(하)

이진한 편

고려대 한국사연구소
고려시대사 연구실 역주

경인문화사

2024년은 『고려도경』이 편찬된 1124년으로부터 900년이 되는 해이므로, 올해에 『고려도경 역주』가 일단 마무리된 것은 특별한 인연인 것 같다. 하권의 역주에서는 상권의 교감, 번역, 주해의 틀을 유지하면서 조금 더 정확한 번역을 하기 위해 노력하였다. 아주 상식적이고 누구나 다 알 것 같은 단어조차 사전을 찾아 하나하나 확인하여 여러 개의 오역을 바로잡는 성과를 거두었다. 아울러 연구사적으로 중요한 『고려도경』의 기사는 국내외 연구 성과를 망라하여 설명함으로써 사료적 가치를 높이고자 하였다.

『고려도경』의 역주를 일단락지으면서 관련된 후속 작업을 소개하고자 한다. 본래 『고려도경』에는 꽤 많은 그림이 있었지만 지금은 남아있지 않다. 서긍은 송 황제 휘종에게 올린 글에서 자신이 쓴 '도경(圖經)'을 손으로 펼치고 눈으로 훑으면 먼 구역의 이역(異域)이 하나로 모이게 된다고 하였다. 실제로 그는 고려에 관한 여러 가지 문물과 사정을 황제가 직접 가보지 않고도 쉽게 알아볼 수 있도록 많은 그림을 넣고 그것을 본다고 여기고 기술하였던 것이다. 따라서 『고려도경』을 이해하는 데는 정확한 번역과 자세한 주해와 더불어 서긍이 견문하고 기록한 '고려 문물'에 관한 시각 자료를 제시할 필요가 있다. 향후 '시각 자료'를 포함한 해당 분야의 서술에 삽입하여 서긍의 의도에 가까운 책을 편찬하는 것으로 2016년부터 시작된 『고려도경』 역주의 대장정을 마무리하고자 한다.

다음으로 이 책을 간행하는데 도와준 여러분에게 고마움을 표시하고자 한다. 고려대 대학원 고려시대 전공 석박사 과정 학생들은 至難한『고려도경』역주 작업에 참여하여 훌륭한 학술적 성과를 남겨주었다.『고려도경』을 역주하면서 학문적 역량을 키워 박사학위를 받고 학계로 진출한 사례가 여럿이 있어서 나름대로의 성과라고 자부하고 있다. 책이 나올 때마다 고려시대사 연구실 팀장은 고생하기 마련인데, 박사과정 趙旭鎭 군이 묵묵히 일을 잘 수행해주었다. 모두 치하를 받아 마땅하다.

그리고『韓國史學報』에 26차례에 걸쳐 논문 형식으로 게재해주고 총서로 내주는 것을 허락해준 고려사학회에 감사드린다. 또한 주즙과 해도편을 게재해준『충무공 이순신과 한국해양』과『해양유산연구: 舊名 해양문화재』편집진에게도 감사의 뜻을 전하고 싶다. 상권에 이어 하권을 말끔하게 편집해준 경인문화사에 대한 고마움도 빼놓을 수 없다.

마지막으로 우리들의 영원한 스승 고 강진철 선생의 夫人 金千龜 여사께서 올해 만 100세가 되신 것을 고려대 고려시대 전공자들은 진심으로 경하드린다.

2024년 8월
역주자를 대표하여 이진한

차 례

서문 5

범례

- 원문은 天祿琳琅叢書本(澂江本)을 저본으로 하고 文淵閣四庫全書本과 知不足齋叢書本을 참고하였다. 저본과 다른 글자에 대해서 전자는 四, 후자는 知로 구분하여 각주에 적어 놓았다. 아울러 세 가지 판본을 대조하여 오자와 탈자가 있거나 의미가 다소 달라지는 경우에는 校勘하고, 정확한 글자를 밝혀 두었다.
- 이 책에 수록된 내용은 아래와 같은 학술지에 게재된 바 있으며, 새롭게 편집하는 과정에서 약간의 수정을 거쳤다.

  이진한·오치훈·최동녕, 2021, 「『高麗圖經』 譯註」(13), 『韓國史學報』 82.
  이진한·임형수·박수찬, 2021, 「『高麗圖經』 譯註」(14), 『韓國史學報』 83.
  이진한·김윤지·안주영, 2021, 「『高麗圖經』 譯註」(15), 『韓國史學報』 84.
  이진한·홍민호·김서영, 2021, 「『高麗圖經』 譯註」(16), 『韓國史學報』 85.
  이진한·조욱진·김민주, 2022, 「『高麗圖經』 譯註」(17), 『韓國史學報』 86.
  이진한·홍민호·박서현, 2022, 「『高麗圖經』 譯註」(18), 『韓國史學報』 87.
  이진한·최동녕·안주영, 2022, 「『高麗圖經』 譯註」(19), 『韓國史學報』 88.
  이진한·김윤지·이현정, 2022, 「『高麗圖經』 譯註」(20), 『韓國史學報』 89.
  이진한·최은규·홍민호, 2023, 「『高麗圖經』 譯註」(21), 『韓國史學報』 90.
  이진한·박수찬·조욱진, 2023, 「『高麗圖經』 譯註」(22), 『韓國史學報』 91.
  이진한·최동녕·정　솔, 2023, 「『高麗圖經』 譯註」(23), 『韓國史學報』 92.
  이진한·홍민호·고우리, 2023, 「『高麗圖經』 譯註」(24), 『韓國史學報』 93.

  이진한·안주영·최동녕, 2021, 「『고려도경』 권33, 「주즙」편의 교감과 역주」, 『충무공 이순신과 한국 해양』 8.
  이진한·이현정·조욱진, 2022, 「『고려도경』 권34, 海島 1편의 교감과 역주」, 『충무공 이순신과 한국 해양』 9. (일부 게재)
  이진한·안주영·왕　요, 2023, 「『고려도경(高麗圖經)』 권35, 「해도(海島)2」·권36, 「해도(海島)3」편의 교감(校勘)과 역주(譯註)」, 『해양문화재』 18.

  이진한·홍민호·이수호, 2024, 권37, 권38 (新稿).
  이진한·안주영·이희영, 2024, 권39 (新稿).
  이진한·조욱진·이명빈, 2024, 권40 (新稿).
  이진한·이현정·김태환, 2024, 行狀·跋 (新稿).

14-1

[原文]

旗幟

臣聞高麗儀制, 每齋祭祀天, 則建大旗十面, 各隨其方之色, 錯繪神物, 號曰神旗. 其制極廣, 每旗當用帛數疋[1]. 下以車軸, 逐車以緋衣仗軍十數[2]人, 駕之隨王所在, 次第安立. 四面各施大繩, 以備風勢, 高十餘丈. 國人望神旗所植, 則不敢向. 唯[3]詔書初入城, 以至受禮, 皆特用之, 蓋尊上命也. 餘有五方中旗, 自上群山島, 已見之. 唯[4]紅旗有飾, 龍虎猛軍甲士所執. 又有小白旗, 大不盈掌, 繫於矛上, 略同兒戲. 今竝列于[5]圖云.

[譯文]

기치

신이 듣건대 고려의 의례 제도는 매번 재제와 사천[1]에 곧 대기 10면[2]을 세우는데, 각각 그 방위의 색에 따라서[3] 신물(神物)을 섞어 그리고 신기(神旗)라고 부릅니다. 그 규모가 매우 커서 매 기마다 마땅히 비단[帛][4] 수 필이 쓰입니다. 아래는 거축(車軸)으로 만들어 수레를 쫓는 것이 비색 옷의 의장군 십수 인인데,[5] 밀고 가서 왕이 있는 곳을 따라 차례로 안정되게 세웁니다. 4면에는 각각 큰 줄을 설치하여 바람의 형세에 대비하였는데, 높이는 10여 길입니다. 나라 사람들은 신기가 세워진 곳을 바라보면 곧 감히 향하지 못합니다. 오직 조서가 처음 성에 들어와서 예를 받기까지만 모두 특별히 사용하니, 대개 황제의 명을 높이는

---

1) 知 : 匹.
2) 知 : 餘.
3) 四 : 惟.
4) 四 : 惟.
5) 知 : 於.

것입니다. 이밖에 오방 중기[6]가 있는데, 군산도에 올랐을 때부터 이미 보였습니다.[7] 오직 홍기에만 장식이 있고 용호맹군[8]의 갑사[9]가 잡습니다. 또 소백기[10]가 있는데 크기가 손바닥만도 못하며 모[11]의 위에 매는 것이 대략 아이들의 놀이와 같습니다. 지금 아울러 그림으로 나열하겠습니다.

[註解]

1) 齋祭祀天: 齋는 佛敎 행사이며, 祭는 儒敎 또는 토착신앙의 의식이다. 또 祀天은 천신에게 제사 지내는 것으로, 고려에서 행해진 대표적 사천 의례로 圜丘祀가 있다. 환구사는 천명의식을 반영하는 의례로 상징적인 의미가 크며, 기우·기곡의 목적으로 행해지기도 하였다.
   김아네스, 2019, 「천지 제사의례: 환구사와 방택제」·「순행의례와 국왕의 위의」, 『고려의 국가제사와 왕실의례』, 景仁文化社, 94~106·433쪽.
2) 大旗十面: 본문의 大旗 10면은 이후 편목에 나오는 象旗·鷹隼旗·海馬旗·鳳旗·太白旗의 5종 각 2면씩 10면을 말한다. 한편, 『高麗史』에 따르면 앞뒤에 위치하는 紅門大旗·黑大旗 등 20종 총 40면의 大旗가 운영되어 『高麗圖經』의 기록과 차이가 있다.
   『高麗史』 권72, 志26 輿服1 鹵簿 法駕鹵簿 毅宗朝.
   이민기, 2017, 「고려시대 法駕鹵簿의 구성과 운용」, 『한국중세사연구』 48, 163쪽.
3) 各隨其方之色: 五行의 원리에 따라 방위와 색이 배치되었음을 말한다. 이에 대해서는 『高麗圖經 역주(상)』, 285쪽 권11-9-2) 참조.
4) 帛: 물들이지 않은 生絲로 만든 견직물을 말한다. 넓게는 견직물 전체를 의미하는 용어로 이용되기도 하였다. 국왕이 하사하는 사여품이나 의료, 무역품 등 다양한 용도로 사용되었다.
   박용운, 2016, 「고려시대 사람들의 의료(衣料)」, 『고려시대 사람들의 의복식(衣服飾) 생활』, 景仁文化社, 92·96~100쪽.
5) 逐車以緋衣仗軍十數人: 旗를 보좌하던 군사에 대한 언급이다. 『高麗史』에 의하면 방각모자에 紫衣를 입고 속대를 차며 장도를 패용한 引將校가 大旗를 잡았다. 또한 각 대기마다 平巾幘·抹額을 쓰고 緋衣에 扞袴를 입은 20~80명의 夾軍士가 배치되었다. 본문에서 기를 몰아가는 비의의 儀仗軍은 협군사를 지칭하는 것으로 보인다. 다만 각 대기에 배치된 협군사는 가장 작은 경우가 20인으로, 본문에 언급된 십수 인과는 수적으로 다소간의 차이가 있다.
   『高麗史』 권72, 志26 輿服1 鹵簿 法駕鹵簿 毅宗朝.
6) 五方中旗: 동·서·남·북·중의 다섯 방위를 상징하는 中旗를 말한다. 이에 대해서

는『高麗圖經』권14, 五方旗條에서 자세히 설명할 것이다. 한편,『高麗史』에 따르면 法駕鹵簿에는 五方旗와 함께 朱雀中旗·玄旗 등 12종의 중기가 운영되어『高麗圖經』의 서술과 차이가 있다.

『高麗史』권72, 志26 輿服1 鹵簿 法駕鹵簿 毅宗朝.

이민기, 2017, 앞의 논문, 167쪽.

7) 自上群山島 已見之: 中旗를 보았던 지점에 대한 언급이다. 서긍은『高麗圖經』권36, 群山島條에서 배가 연안으로 들어갈 때 깃발을 잡고 늘어서 있는 자들 100여 인을 볼 수 있었음을 기록하고 있다. 한편, 군산도에 대해서는『高麗圖經』권36, 群山島條에서 자세히 설명할 것이다.

8) 龍虎猛軍: 고려 京軍으로 龍虎軍 중 일부이다. 이에 대해서는『高麗圖經 역주(상)』, 265쪽 권.0-4-3) 참조. 한편, 서긍은 고려의 경군이 좌·우로 나뉘고 다시 超軍·猛軍·海軍 등의 편제로 세분되는 것으로 파악하고 있었다. 이에 대해서는『高麗圖經 역주(상)』, 274쪽 권11-1-18) 참조.

9) 甲士: 고려 京軍인 2軍의 병사를 가리키는 것으로 여겨진다. 이에 대해서는『高麗圖經 역주(상)』, 250쪽 권9-1-3) 참조.

10) 小白旗: 의장에 사용되었던 小旗의 하나이다. 이에 대해서는『高麗圖經』권14, 小旗條에서 자세히 설명할 것이다. 한편,『高麗史』에 따르면 法駕鹵簿에는 蛙蟆幡·彩旗 등의 小旗가 운영되고 있어『高麗圖經』의 서술과 차이가 있다.

『高麗史』권72, 志26 輿服1 鹵簿 法駕鹵簿 毅宗朝.

이민기, 2017, 앞의 논문, 168쪽.

11) 矛: 창의 일종이다. 이에 대해서는『高麗圖經 역주(상)』, 264쪽 권10-3-2) 참조.

14-2

[原文]

象旗

象旗二. 其制, 身與旒皆黑, 法水數也. 中繪一象, 前一胡6)兒7), 持一金戈, 復以大繩, 牽掣其首, 有左顧之意. 行則擧其後轅, 隨地勢扶持而前. 至行禮之時, 則依方向建立, 衆旗之位, 以黑爲先. 考之禮經, 武車綏旌,

---

6) 四 : 武.

7) 四 : 士.

德車結旌, 則知建旗於車, 自古已然, 不特東[8]夷[9]也.

[譯文]

상기

상기는 2면입니다. 그 제도는 몸체와 술이 모두 흑색이니 수의 법식[水數]을 따랐습니다.[1] 가운데에 코끼리 한 마리를 그렸는데 그 앞에 호아(胡兒) 한 명이 금과[2] 한 자루를 쥐고 다시 큰 줄로 코끼리의 머리를 끌어당기니, 방문한 것에 감사하다는[左顧][3] 뜻이 있습니다. 행차하면 곧 그 뒤의 채를 들고 지세를 따라 붙들어 잡고 나아갑니다. 예를 행할 때가 되면 곧 방향에 따라 세우는데, 여러 기(旗)의 자리는 흑색을 선두로 삼습니다.[4] 『예기[禮經]』[5]에서 이를 살펴보면 "무거(武車)는 기[旌]를 드리우고 덕거(德車)는 기를 매었다."라고 하였으니,[6] 즉 수레에 기를 세우는 것은 예로부터 이미 그러해서 동이(東夷)만 특별하지 않음을 알겠습니다.

[註解]

1) 其制 …… 法水數也: 象旗의 색에 水數의 이해가 반영되었음을 뜻하는 구절이다. 오행과 방위, 색과의 관계에 대해서는 『高麗圖經 역주(상)』, 285쪽 권11-9-2) 참조.

2) 金戈: 창의 일종으로, 도금을 한 것으로 보인다. 戈에 대해서는 『高麗圖經 역주(상)』, 287쪽 권12-1-4) 참조.

3) 左顧: 윗사람이 來訪한 것에 대한 감사의 표현이다. 윗사람을 오른편에 앉게 하고 아랫사람은 왼편에 앉아 윗사람이 왼편을 보고 말하게 하는 예에서 유래하였다. 諸橋轍次, 1984, 「左顧」, 『大漢和辭典』 4, 東京 : 大修館書店, 353쪽.

4) 依方向建立 …… 以黑爲先: 오행과 합치하는 방위 및 색을 고려해서 旗를 위치시켰던 것을 말한다. 『高麗圖經』 권14, 旗幟條에 따르면 행차할 때 大旗는 象旗·鷹隼旗·海馬旗·太白旗·鳳旗 순으로 배열되는데, 이는 『書經』 洪範篇에 실린 水·火·

8) 四 : 高.
9) 四 : 麗.

木·金·土의 순서를 따른 것이었다. 흑색을 선두로 삼은 것도 오행 가운데 水가 가장 앞서기 때문이다. 예를 행할 때는 기의 색에 따라 동쪽에 해마기, 서쪽에 태백기, 남쪽에 응준기, 북쪽에 상기, 중앙에 봉기를 위치시켰을 것으로 보인다.
『書經』 周書 洪範.

5) 禮經: 『禮記』를 가리킨다. 3禮의 하나이자 5經의 하나로 고대 禮制와 禮論을 모은 경전이다. 秦漢 이전 儒家의 예론을 편집하여 해석하고 보충한 것이다. 처음에는 定本이 없었으나 漢代 鄭玄의 『禮記注』를 거쳐 정본이 이루어졌다. 고대 사회 및 문물제도, 유가의 학설을 연구하는데 중요한 자료이다.
李春植 三編, 2003, 「禮記」, 『中國學資料解題』, 신서원, 457·458쪽.

6) 武車綏旌 德車結旌: 『禮記』에 나오는 구절로, "병거는 숙이지 않으며 무거는 기를 드리우고 덕거는 기를 매었다[兵車不式 武車綏旌 德車結旌]."의 일부를 인용한 표현이다.
『禮記』 曲禮上.

14-3

[原文]

鷹隼旗

鷹隼旗二. 其制, 身與旒皆赤, 法火數也. 中繪鷹隼騫騰而上, 有疾而速之意. 周官鳥隼爲旟, 今此赤旗用鷹, 亦偶合古制也. 其行, 在象旗之次.

[譯文]

응준기

응준기는 2면입니다. 그 제도는 몸체와 술이 모두 적색이니 화의 법식[火數]을 따랐습니다.[1] 가운데에는 새매[鷹隼]가 날아오르는 것을 그렸는데, 날래고 빠르다는 뜻이 있습니다. 『주례[周官]』[2]에는 "새매로 여(旟)를 만든다."라고 하였으니,[3] 지금 이 적색 기에 매를 사용한 것 역시 우연히 옛 제도에 부합합니다. 그 순서는 상기의 다음에 있습니다.

1) 其制 …… 法火數也: 鷹隼旗의 색에 火數의 이해가 반영되었음을 뜻하는 구절이
   다. 오행과 방위, 색과의 관계에 대해서는 『高麗圖經 역주(상)』, 285쪽 권11-9-2)
   참조.

2) 周官: 『周禮』를 말한다. 周의 제도를 기록해 놓은 책으로, 周公 旦이 지었다고 하
   는데, 戰國時代에 편찬되었다는 주장도 있다. 儒家의 정치 이념이 내포되어 있어
   후대 중국 관제의 기준이 되었다. 天·地·春·夏·秋·冬 등 6象에 따라 6官을 설정
   하고 관직, 직무, 정원 등을 기록하였다. 隨·唐 이후에 吏·戶·禮·兵·刑·工의 6部
   도 주관에서 본뜬 것으로 천관은 이부, 지관은 호부, 춘관은 예부, 하관은 병부,
   추관은 형부, 동관은 공부에 대응한다. 고려에서 예부를 춘관, 禮部試를 春場─春
   官試·春闈─이라 칭한 것도 이러한 영향을 받은 것이다.

   諸橋轍次, 1984, 「周官」, 『大漢和辭典』 2, 東京 : 大修館書店, 929쪽.

   李春植 主編, 2003, 「周禮」, 『中國學資料解題』, 신서원, 614·615쪽.

   許興植, 1974, 「高麗科擧制度의 檢討」, 『韓國史研究』 10 ; 1981, 『高麗科擧制度史研
        究』, 一潮閣 ; 2005, 『고려의 과거제도』, 일조각, 42쪽.

   朴龍雲, 1988, 「高麗時代 科擧의 考試와 體系에 대한 檢討」, 『韓國史研究』 61·62合 ;
        1990, 『高麗時代 蔭敍制와 科擧制 研究』, 一志社, 135·136쪽.

   金鐸敏 主編, 2003, 「권제1 三師三公尙書都省」, 『譯註 唐六典』 上, 신서원, 114쪽.

3) 鳥隼爲旗: 『周禮』에 나오는 구절로, "해와 달로 常을 삼고 교룡으로 旂를 삼으며
   [日月爲常 交龍爲旂], 통백으로 旃을 삼고 잡백으로 物을 삼는다[通帛爲旃 雜帛爲
   物]. 곰과 호랑이로 旗를 삼고 새매로 旟를 삼으며 거북과 뱀으로 旐를 삼는다[熊
   虎爲旗 鳥隼爲旟 龜蛇爲旐]. 온전한 깃털로 旞를 삼으며 자른 깃털로 旌을 삼는다
   [全羽爲旞 析羽爲旌]."의 일부를 인용한 것이다. 이를 통해 새겨진 신물마다 깃발
   을 지칭하는 용어가 정해져 있었으며, 새매가 그려진 깃발은 '旟'로 표기되었음
   을 확인할 수 있다.

   『周禮』, 春官宗伯 司常.

14-4

[原文]

海馬旗

海[10]馬旗二. 其制, 身與旒皆靑, 法木數也. 中繪一馬, 前膊有鬣, 狀如
火燧, 蓋馬火畜也. 繪於靑旗, 以象木火相生. 位應靑龍朱雀二神. 其行,

在鷹旗之次.

[譯文]

해마기[1]

해마기는 2면입니다. 그 제도는 몸체와 술이 모두 청색이니 목의 법식[木數]을 따랐습니다.[2] 가운데에 말 한 마리를 그렸는데, 앞 어깨에는 갈기가 있어 형상이 불타오르는 모양[火熾]과 같으니, 대개 말은 불의 가축이기 때문입니다. 청색 기에 그려 나무와 불의 상생을 표현했습니다. 위(位)는 청룡과 주작의 두 신에 대응합니다.[3] 그 순서는 응준기[鷹旗]의 다음에 있습니다.

[註解]

1) 海馬旗: 논서에서 저본으로 삼고 있는 天祿琳琅叢書本—澂江本—과 함께, 知不足齋叢書本에서는 제목이 海馬旗임에도 불구하고 본문에 馬旗라 기록되어 있다. 그러나 文淵閣四庫全書本에서는 제목과 본문이 모두 해마기라 되어 있다. 징강본과 지부족재본에 海가 누락된 것으로 보인다.

2) 其制 …… 法木數也: 海馬旗의 색에 木數의 이해가 반영되었음을 뜻하는 구절이다. 오행과 방위, 색과의 관계에 대해서는 『高麗圖經 역주(상)』, 285쪽 권11-9-2) 참조.

3) 繪於靑旗 …… 位應靑龍朱雀二神: 海馬旗의 형상에 담긴 오행의 원리를 설명한 구절이다. 『淮南子』에 수록된 오행상생론에 의하면 木은 火를 낳고, 火는 土를 낳으며, 土는 金을 낳고, 金은 水를 낳는데, 水는 다시 木을 낳는다. 이 다섯 요소가 순환하여 자연의 균형을 이루게 된다. 해마기를 청색으로 만든 것은 木에 대응되며, 그 위에 불의 가축인 말을 그린 것은 火에 해당한다. 木은 火를 낳고 火는 차례로 순환하면서 결국 다시 木에 도달하게 된다. 해마기는 이러한 상생을 표현하려 한 것으로 이해된다. 또, 木에는 東과 청룡이, 火에는 南과 주작이 각각 대응된다. 본문의 내용은 이를 바탕으로 기의 위치를 설명하고 있다.
『淮南子』 권3, 天文訓.
『春秋繁露』 권13, 五行相生.

---

10) 四: "海"가 추가되어 있다. 원문은 '海'가 누락되어 있으나, 의미상 '海'를 추가하는 것이 옳다고 생각되어 교감 번역하였다.

강성인, 2019, 「中國古典에서 漢代 陰陽五行論의 성숙과정 考察—『淮南子』·『春秋繁露』·『白虎通義』를 중심으로—」, 『中國研究』 80, 6쪽.

14-5

[原文]

鳳旗

鳳旗二. 其制, 身與旒皆黃[11], 法土數也. 中繪飛鳳, 鳳之爲物, 身被五綵, 位應中宮. 蓋五行, 非土不生, 故五方之色, 備於羽毛, 所宜取象. 其行, 在太白旗之次.

[譯文]

봉기

봉기는 2면입니다. 그 제도는 몸체와 술이 모두 황색이니 토의 법식[土數]을 따랐습니다.[1] 가운데에 나는 (모양의) 봉[2]을 그렸는데, 봉이라는 동물은 몸이 오채색으로 덮였고 위(位)는 가운데[中宮]에 대응합니다.[3] 대개 오행은 흙이 아니면 생성되지 않으므로, 오방의 색이 깃과 털에 갖춰져 마땅히 형상을 취하는 바입니다. 그 순서는 태백기의 다음에 있습니다.

[註解]

1) 其制 …… 法土數也: 鳳旗의 색에 土數의 이해가 반영되었음을 뜻하는 구절이다. 오행과 방위, 색과의 관계에 대해서는 『高麗圖經 역주(상)』, 285쪽 권11-9-2) 참조.
2) 鳳: 聖王이 태어날 때 나타난다는 상상의 동물인 鳳凰 중 수컷이다. 몸은 5가지 색의 아름다운 무늬로 되어 있다. 조류의 수장이다.

---

11) 四 : 白.

諸橋轍次, 1986, 「鳳凰」, 『大漢和辭典』 12, 東京 : 大修館書店, 797쪽.

3) 中繪飛鳳 …… 位應中宮: 鳳旗의 형상에 담긴 오행의 원리를 설명한 구절이다. 오행설에서 土는 중앙을 의미하는 中宮에 대응한다. 그리고 만물을 품어 태어나게 하며, 내보낸 것이 돌아오려고 하면 받아들이는 특성이 있다. 그러므로 오행이 발생하는 土數를 상징한 기에 오색이 모두 담긴 봉을 그렸다고 생각된다.

『淮南子』 권3, 天文訓.

『春秋繁露』 권11, 五行之義.

『白虎通義』 권4, 五行.

諸橋轍次, 1984, 「中宮」, 『大漢和辭典』 1, 東京 : 大修館書店, 292쪽.

14-6

[原文]

太白旗

太白旗二. 其制, 身與旈皆白, 法金水數也. 中繪一人, 金冠玉圭黃衣綠帔, 以象太白. 下乘一龜, 龜有蛇首, 取其合形, 蓋金爲水母, 水能生金. 位應白虎眞武二神. 禮經, 載國君之行, 前朱雀而後眞12)武, 左靑龍而右白虎, 於二旗互見, 頗合古制. 其行, 在海13)馬旗之次.

[譯文]

태백기

태백기는 2면입니다. 그 제도는 몸체와 술이 모두 백색이니 금과 수의 법식[金水數]을 따랐습니다.1) 가운데는 사람 한 명을 그렸는데, 금관을 쓰고 옥규를 들었으며 황색 옷과 녹색 (소매가 없는) 웃옷을 입었으니, 태백을 표현했습니다. 아래에는 거북 한 마리를 탔는데, 거북은 뱀의

---

12) 四 : 玄.

13) 원문은 '海'가 누락되어 있으나, 의미상 '海'를 추가하는 것이 옳다고 생각되어 고감 번역하였다.

머리가 있어 그 합쳐진 형상을 취했으니, 대개 금은 수의 모체가 되고 수는 능히 금을 낳기 때문입니다. 위(位)는 백호와 현무2) 두 신에 대응합니다.3)『예기[禮經]』에서는 "국왕[國君]의 행차에는 앞이 주작이고 뒤가 현무이며, 왼편이 청룡이고 오른편이 백호이다."라고 기록하였으니, 두 기에서 번갈아 보이는 것이 자못 옛 제도에 부합합니다.4) 그 순서는 해마기의 다음에 있습니다.

[註解]

1) 其制 …… 法金水數也: 太白旗의 색에 金數·水數의 이해가 반영되었음을 뜻하는 구절이다. 오행과 방위, 색과의 관계에 대해서는 『高麗圖經 역주(상)』, 285쪽 권 11-9-2) 참조.

2) 眞武: 四神 중 북쪽의 방위를 맡은 玄武를 말한다. 眞武는 宋의 聖祖 趙玄朗을 避諱한 것이다.
   『續資治通鑑長編』 권79, 大中祥符 5년 12월 辛未.
   諸橋轍次, 1985, 「眞武」, 『大漢和辭典』 8, 東京 : 大修館書店, 203쪽.

3) 其制 …… 位應白虎眞武二神: 太白旗의 형상에 담긴 오행의 원리를 설명한 구절이다. 태백기의 색은 金數를 상징하는 백색임에도 불구하고 金數와 水數 두 가지를 따랐다고 기술되어 있다. 이는 기에 그려진 그림 때문이라 여겨진다. 태백은 金數에 대응된다. 태백이 타고 있는 뱀 머리의 거북은 玄武의 형상인데, 현무는 水數에 해당된다. 오행설에 의하면 木은 火를 낳고, 火는 土를 낳으며, 土는 金을 낳고, 金은 水를 낳는데, 水는 다시 木을 낳는다. 즉, 순환구조 안에서 金은 水를 낳고, 水는 다시 차례로 순환하면서 결국 다시 金에 도달하게 된다. 때문에 태백과 현무는 함께 그려질 수 있었다고 보인다. 한편, 金에는 西와 白虎가, 水에는 北과 현무가 각각 대응된다. 본문의 내용은 이를 바탕으로 기의 위치를 설명하고 있다.
   『禮記』 曲禮上.
   『淮南子』 권3, 天文訓.
   『春秋繁露』 권11, 五行之義.
   諸橋轍次, 1985, 「玄武」, 『大漢和辭典』 7, 東京 : 大修館書店, 774쪽.

4) 禮經 …… 頗合古制: 고려의 기치 운용을 古制와 비교한 부분이다. 『禮記』에는 "행차할 때는 앞이 주작이고 뒤가 현무이며, 왼편이 청룡이고 오른편이 백호이다 [行 前朱鳥而後玄武 左靑龍而右白虎].'라는 구절이 있다. 그리고 海馬旗는 靑龍과 朱雀을, 太白旗는 白虎와 玄武를 각각 상징한다. 서긍은 해마기·태백기의 형상이 『禮記』의 내용과 부합하다고 생각하여 이와 같은 표현을 한 것으로 보인다.
   『禮記』 曲禮上.

14-7

[原文]

五[14]方旗

北方之旗, 黑色一旒, 其廣二幅, 無繪繡之文. 人使初至境, 以迄入城, 與諸旗爲前導. 其行無次, 其建無數, 以靑衣軍執之. 初國信使副, 依舊例, 給錦繡間[15]錯轉光旗四十面. 詔書初入城, 令舟人, 執而前導, 輝映郊野, 麗人駿觀, 頗[16]自[17]愧[18]其陋焉.

南方之旗, 赤色一旒, 中繪神人, 手執木檛, 差異他者. 五方之旗, 獨赤旗爲多耳.

東方之旗, 靑色一旒, 中無繪繡, 廣狹多少, 與諸旗相對.

西方之旗, 白色一旒, 亦無繪繡, 比之諸旗, 數目差少.

中央之旗, 黃色一旒, 亦無繪繡, 唯[19]群山島紫燕島, 祗迓[20]信使, 列於海岸, 則有之. 又有一等, 雜采間[21]錯, 中有轉[22]光, 四角繪雲氣, 諸州巡尉戰船邏兵執之.

[譯文]

오방기[1]

북방의 기는 흑색 한 술이고 그 너비가 두 폭인데, 그리거나 수놓은

---

14) 四 : 北.
15) 知 : 間.
16) 四 知 : 頌.
17) 四 知 : 目.
18) 四 : "愧【闕】"로 기록되어 있다.
19) 四 : 惟.
20) 四 : 迎.
21) 知 : 間.
22) 四 : "轉【闕】"로 기록되어 있다.

무늬는 없습니다. 사신이 처음 경내에 이르러 성에 들어갈 때까지 여러 기와 더불어 앞에서 인도합니다. 기의 행렬은 차례가 없고 그 세운 것도 일정하지 않은데, 청색 옷의 군인들이 이것을 잡습니다.[2] 처음에 국신사와 부사[3]가 전례[舊例]에 의거하여 수놓은 비단[錦][4] 중간에 섞여서 빛이 도는[轉光] 기 40면을 주었습니다. 조서가 처음 성에 들어갈 때 뱃사람으로 하여금 (기를) 잡고 앞에서 인도하게 하였는데, 교외의 들판을 밝게 비추자 고려 사람들이 놀라 구경하면서도 자못 자신들의 비루함을 부끄러워하였습니다.

남방의 기는 적색 한 술이고 가운데에 신인(神人)을 그렸는데, 손에는 나무 채찍을 잡아 다른 것과 차이가 있습니다. 오방의 기는 유독 적기가 많을 뿐입니다.

동방의 기는 청색 한 술이고 가운데에 그림과 수놓은 것이 없으며, 폭과 개수[多少]는 여러 기와 서로 대등합니다.

서방의 기는 백색 한 술이고 역시 그림과 수놓은 것이 없으며, 여러 기에 비하여 개수가 약간 적습니다.

중앙의 기는 황색 한 술이고 역시 그림과 수놓은 것이 없으며, 오직 군산도와 자연도[5]에서 사신[信使]을 영접하기 위해 해안에 나열했을 때만 이것이 있습니다.[6] 또 한 부류가 있는데 여러 색이 중간에 섞여 있고 가운데는 빛이 돌며 네 모서리에는 구름 모양을 그린 것으로, 여러 주(州)에 순시하고 위무하는 전선의 나병[7]이 이것을 잡습니다.

[註解]

1) 五方旗: 사신을 영접할 때 사용하였던 旗의 하나이다. 『高麗史』에 따르면 국왕 행차 의장에서도 五方旗가 이용됨을 확인할 수 있다. 한편, 오방기에 대해서 본문의 묘사와는 달리 각각 중·동·서·남·북에 黃龍·靑龍·白虎·朱雀·玄武를 그렸다고 이해하는 견해도 있다.

『高麗史』 권72, 志26 輿服1 儀衛·鹵簿.

박용운, 2013, 『『고려사』 여복지 역주』, 景仁文化社, 185쪽.

2) 以靑衣軍執之: 서긍은 본문에서 五方旗를 잡은 군인이 청색 옷을 입었다고 서술하였다. 하지만 『高麗史』에 따르면 국왕 행차 의장에서 오방기는 紫衣를 입은 引將校와 緋衣를 착용한 夾軍士가 들었다고 기록되어 있어 본문과는 차이가 있다.

『高麗史』 권72, 志26 輿服1 儀衛·鹵簿.

3) 國信使副: 宋에서 주변국에 파견한 여러 사절을 총칭하거나, 송과 대등한 관계에 있던 遼·金 등의 사절을 지칭하기도 한다. 본문에서는 송이 고려에 파견한 사절을 가리킨다. 고려가 송의 책봉을 받을 때는 송에서 册封使를 보냈으나, 고려가 요와 사대관계를 맺고 송과 단교하면서 사신 왕래가 중단되었다. 문종대 이후 고려-송 양국 간의 외교가 다시 시작되었으나 고려는 요의 사대에 충실하였기 때문에 송은 고려에 대해 비교적 대등한 관계의 국가 사이에 파견되는 사신인 國信使를 보내게 되었다. 한편, 정화 연간(송 휘종, 1111~1118)부터는 고려에서 송으로 보내는 사절도 국신사라고 칭하게 되는데 이에 대해서는 『高麗圖經 역주(상)』, 11쪽 권0-1-(1)-2) 참조.

朴龍雲, 1995·1996, 「高麗·宋 交聘의 목적과 使節에 대한 考察(上)·(下)」, 『韓國學報』 81·82 ; 2002, 『高麗社會의 여러 歷史像』, 신서원, 147~168쪽.

金成奎, 2017, 「國信使와 進奉使: 송대 동아시아 외교의 추진자들」, 『中國史研究』 109 ; 2020, 『송대 동아시아의 국제관계와 외교의례(宋代東亞國際關係與外交儀禮)』, 신아사, 148~152쪽.

4) 錦: 여러 종류의 색실을 이용하여 무늬를 짜 넣은 상급 衣料이다. 중앙을 비롯하여 각 도에 이를 생산하기 위한 기능인이 배속되어 있었다. 국왕의 사여품이나 외국에 보내는 공물, 의장 등 다양한 용도로 사용되었다.

박용운, 2016, 앞의 책, 114~121쪽.

5) 紫燕島: 지금의 경기도 혹은 인천광역시 일원에 있는 섬이다. 이에 대해서는 『高麗圖經』 권39, 紫燕島條에서 자세히 설명할 것이다.

6) 唯群山島紫燕島 …… 則有之: 그림과 수가 없는 황색 깃발을 잡은 이들은 전문적으로 훈련을 받고 의례에 참여하는 군인이었다. 『高麗圖經』 권36, 群山島條에서는 해안에서 깃발을 잡고 늘어선 자를 100여 명이라고 서술하고 있어 그 규모를 가늠해볼 수 있다.

이창섭, 2014, 「對宋 외교 활동에 참여한 고려 수군―『破閑集』과 『高麗圖經』에 나타나는 사례를 중심으로―」, 『史叢』 83, 55~57쪽.

7) 巡尉戰船邏兵: 巡尉戰船의 탑승자인 邏兵은 네 모서리에 雲氣가 그려진 황색 깃발을 잡았으며, 고려 연해의 州郡에 속하였다. 이들은 주로 호위를 담당하였으며, 일부 의례에 관여하기도 하였다. 한편, 그들이 탑승한 순위전선은 순선을 가리킨다. 이에 대해서는 『高麗圖經』 권33, 巡船條에서 자세히 설명할 것이다.

이창섭, 2014, 앞의 논문, 54·56쪽.

14-8

[原文]

小旗

小旗之制, 紅旒白身, 上繪綠雲. 人使入城, 國王迎詔, 則龍虎軍23)數萬人, 被甲執之, 夾道而24)行25).

[譯文]

소기

소기의 제도는 홍색 술에 흰 몸체이고 위에는 녹색 구름을 그립니다. 사신이 성에 들어가 국왕이 조서를 맞이할 때면, 용호군 수만 인[1]이 갑옷을 입고 그것을 잡고 길을 끼고 나아갔습니다.

[註解]

1) 龍虎軍數萬人: 小旗를 龍虎軍 수만 인이 수행했다는 내용이다. 하지만 『高麗史』에 따르면 용호군의 군액은 2領이므로, 수만 인이 될 수 없었다.
   『高麗史』 권81, 志35 兵1 兵制 二軍.

---

23) 四 : "軍"이 누락되어 있다.
24) 四 : "而"가 누락되어 있다.
25) 四 : "行"이 누락되어 있다.

15-1

[原文]

車馬

臣聞有國, 必有兵, 而兵以車運, 車以馬行. 故古者制國, 必視車乘之數, 差其小大, 而詩頌, 稱魯衛之富, 率以馬爲言. 高麗雖海國, 而引重致遠, 不廢車馬. 然其土地湫隘, 道涂磽确, 非中華比. 故輶輪之制, 轡馭之法, 亦異云.

[譯文]

수레와 말

신이 듣기에 나라가 있으면 반드시 병사가 있으니, 병사는 수레로 운반하고 수레는 말로 나아갑니다. 그러므로 예전에 나라를 판가름함에 반드시 수레[車乘]의 수를 보아 그 크기[小大]를 가렸으니, 『시경』[1] 송편에서도 노[2]·위[3]의 부유함을 지칭하면서 거느린 말로써 언급한 것입니다.[4] 고려는 비록 해국(海國)이나 무거운 것을 끌고 먼 곳에 이르는데 수레와 말을 없애지는 않았습니다.[5] 그러나 토지가 파여있고 좁으며 길은 진흙이거나 자갈밭이 많아 중국[中華]과 비교되지 않습니다. 그러므로 수레[輶輪]의 제도와 말 다루는 방법[轡馭之法]이 역시 다르다고 하겠습니다.

[註解]

1) 詩: 『詩經』을 가리킨다. 5經의 하나로 西周부터 春秋時代까지 각 나라의 가요 305편을 모은 시집이다. 원형적인 형태는 춘추시대에 만들어진 것으로 여겨진다. 國風·大雅·小雅·周頌·魯頌·商頌으로 나뉘어 있는데 이 중 頌은 宗廟 제사에 연주된 것이다. 송에는 농사시와 서민생활·사회 풍자시도 포함되어 있었다.
李春植 主編, 2003, 「毛詩」, 『中國學資料解題』, 신서원, 225·226쪽.

2) 魯: 지금의 중국 山東省 일원에 있었던 국가이다. 이에 대해서는 『高麗圖經 역주
   (상)』, 121쪽 권4-1-6) 참조.

3) 衛: 지금의 중국 黃河 연변에 있었던 春秋時代의 국가이다. 魯·鄭·宋·陳 등과 함
   께 西周의 禮敎 문화를 이어받았으며 봉건적 질서와 관습이 남아있어 주 왕실의
   영향을 받았다. 그러나 황하 양안의 인접국들과 밀집되어 있어 크게 성장하지는
   못하였다.

   『史記』 권37, 衛康叔世家.

   이춘식, 2005, 「은(殷)·주(周) 왕조의 성립과 문화 발달」, 『중국사 서설(개정판)』,
      교보문고, 74쪽.

4) 而詩頌 …… 率以馬爲言: 『詩經』에는 魯를 찬미하기 위해 지어진 頌을 담은 魯頌
   篇이 전한다. 여기에서는 들판에 늘어선 노의 말을 묘사하면서 수레에 사용하기
   에 성하고[彭彭] 힘차며[伾伾] 이어지고[繹繹] 건장하다고[祛祛] 언급하였다. 또
   노 僖公의 군대를 칭송하면서 수레가 1,000승이었음을 노래하고 있다. 수레와 말
   의 규모로 노의 국력을 표현한 것이다. 이후에 天子의 나라는 萬乘之國으로, 諸侯
   의 나라는 千乘之國으로 묘사되었다.

   『詩經』 魯頌 駉·閟宮.

   『孟子』 梁惠王上.

5) 高麗雖海國 …… 不廢車馬: 고려의 수레·말 운용에 대한 내용이다. 당시에 말은
   군사와 교통, 무역에서 중요한 역할을 하였으며 중앙과 지방을 연결하는 군사적
   인 통신과 교통은 驛馬에 의해 행해졌다. 고려의 馬政 관련 관부는 兵部·太僕寺·
   尙乘局·供驛署·典牧司 등이 있었다. 병부에는 郵驛이 관장 업무로 기재되어 있는
   데, 이는 다른 관서들이 생김에 따라 분장되었다. 태복시는 輿馬 및 廐牧에 관한
   업무를, 상승국은 內廐에 관한 일을 담당하였다. 또 공역서가 路程과 驛站을 관
   장하였으며 牧場 및 牛馬格式에 대한 것은 전목사의 업무로 배속되었다. 그리고
   각 지역의 목장에는 병과권무인 牧監直을 두고, 大馬 4마리당 養奴 1명을 배치하
   였으며, 左牧監·羊欄牧監·江陰牧監 등 주요 목장에는 장교와 군인을 看守軍으로
   파견하기도 하였다. 또한 마종·말의 쓰임에 따라 먹이의 양까지 각기 다르게 관
   리하는 등 말의 양육 방침도 체계적으로 마련되어 있었다. 한편, 국왕의 경우 말
   이 끄는 수레도 적지 않게 이용하였다. 唐에서는 廐馬를 관장한 상승국과 더불어
   輿輦을 관장한 尙輦局을 따로 두고 있었으나, 고려에서는 상승국만이 설치되어
   국왕이 타는 여련에 관한 업무도 함께 관장하였다.

   『高麗史』 권76, 志30 百官1 兵曹·司僕寺.

   『高麗史』 권77, 志31 百官2 奉車署·供驛署·諸司都監各色 典牧司·諸牧監直.

   『高麗史』 권82, 志36 兵2 馬政.

   『高麗史』 권83, 志37 兵3 看守軍.

   南都泳, 1965, 「高麗時代의 馬政」, 『曉城趙明基博士華甲記念 佛敎史學論叢』, 불교
      문화연구원 ; 1996, 『韓國馬政史』, 한국마사회마사박물관, 123~138·173~202쪽.

15-2

[原文]

采輿

采輿三. 一以奉詔, 又其一以奉御書, 前一輿, 貯大金香毬. 其制, 用五色文羅, 間[1]結錯以錦繡. 上爲飛鳳, 四角出蓮花, 行則動搖. 下承以丹漆座, 四竿, 各施龍首. 以控鶴軍四十人捧之, 前有二人, 執仗迎引喝, 起止甚肅. 王世子與國官, 迎詔望輿, 於當道拜之.

[譯文]

채색 가마

채색 가마는 셋입니다. 하나는 조서를 받들고, 또 하나는 어서(御書)를 받들며, 앞의 한 가마는 큰 금빛 향구[1]를 싣습니다.[2] 그 제도는 오색의 무늬 비단[羅][3]을 사용하며 중간에 수놓은 비단[錦][4]으로 묶어 꾸밉니다. 위에는 나는 (모양의) 봉[5]으로 하였으며 네 모서리는 연꽃을 내었으니, 행차하면 움직여 흔들립니다. 아래에는 붉게 옻칠한 자리로 이어지며 네 깃대[竿]에는 각각 용의 머리를 설치했습니다. 공학군[6] 40인에게 들게 했으며, 앞에는 두 사람이 있어 장대를 잡고 마중해 이끌며 소리치니 행동거지[起止]가 매우 엄숙합니다. 왕세자[7]와 국관(國官)은 조서를 맞이하며 가마를 바라보고 그 길에서 배합니다.[8]

[註解]

1) 香毬: 향을 담은 용기가 안쪽에서 돌면서 향이 나게 한 향로를 말한다.
　　諸橋轍次, 1986, 「香毬」, 『大漢和辭典』 12, 東京 : 大修館書店, 447쪽.
2) 一以奉詔 …… 貯大金香毬: 고려에서 채색 가마를 운용하는 방식에 대한 구절이

---

1) 知 : 閒.

다. 『高麗圖經』권24, 次詔興條에 따르면 사신의 행차에서 이용된 채색 가마는 예
물과 下節 사이에 위치하였다. 세 가마의 순서는 향구를 실은 것이 가장 앞이며
詔書 및 祭文을 받든 것이 그 다음이고 御書가 실려있었던 것이 마지막이었다.

3) 羅: 날실과 씨실의 간격을 넓게 짜서 마치 새그물처럼 성기게 만든 얇은 견직물
을 말한다. 綾과 함께 상급 견직물에 속했으나 릉에 비해서는 상대적으로 저렴
해서 의류 제작 및 공물 등의 여러 용도로 널리 사용되었다.
  유희경, 1980, 「上代社會의 服飾」, 『한국복식사연구』, 이화여자대학교 출판부, 120·
    121쪽.
  박용운, 2016, 「고려시대 사람들의 의료(衣料)」, 『고려시대 사람들의 의복식(衣服
    飾) 생활』, 景仁文化社, 100·107~114쪽.

4) 錦: 여러 종류의 색실을 이용하여 무늬를 짜 넣은 상급 衣料이다. 이에 대해서는
『高麗圖經』권14-7-4) 참고.

5) 鳳: 聖王이 태어날 때 나타난다는 상상의 동물인 鳳凰 중 수컷이다. 이에 대해서
는 『高麗圖經』권14-5-2) 참고.

6) 控鶴軍: 고려의 禁軍 중 하나이다. 이에 대해서는 『高麗圖經 역주(상)』, 273·274쪽
권11-1-16) 참조.

7) 王世子: 王太子를 가리킨다. 왕태자가 王世子로 쓰인 것에 대해서는 『高麗圖經 역
주(상)』, 77쪽 권2-4-3) 참조.

8) 王世子與國官 …… 於當道拜之: 詔書를 맞이하는 의식의 일부를 표현한 구절이다.
『高麗圖經』권25, 受詔條에 따르면 조서를 받든 宋 사신이 順天館을 나서면 고려
관원들은 순천관 앞에서 기다리고 있다가 조서에 대하여 再拜하였다. 이 의식이
끝나면 사신을 인도하여 會慶殿으로 향했다. 閶闔門 밖에서 正使·副使가 말에서
내리면 고려의 왕과 관원이 다시 조서에 대하여 재배하였다. 그 뒤 회경전 문 밖
에서 조서를 幕位에 봉안하고 잠깐 휴식을 취하게 되며 이후 회경전에 들어가
조서를 받는 의례를 행하게 된다. 한편, 1123년(인종 1)에 서긍이 고려에 방문했
을 당시에는 인종의 나이 16세로 아직 아들을 두지 못해 王太子가 없었는데, 본
문에서는 왕태자 이하가 조서를 맞이한 것으로 기술하고 있다. 아마도 조서를
맞이하는 의례에서 종실의 누군가가 왕태자의 역할을 대신했던 것으로 보인다.
  朴潤美, 2017, 「宋의 詔書를 받는 儀禮」, 『高麗前期 外交儀禮 硏究』, 淑明女子大學
    校 史學科 博士學位論文, 93쪽.
  김규록, 2021, 「고려 인종 원년(1123) 설행 대송 외교의례의 구성과 특징」, 『역사
    와 현실』 119, 99쪽.

[原文]

肩輿

肩輿之制, 略類胡床. 藤穿翔鸞, 花文丹漆, 間[2]錯塗金爲飾. 上施錦茵, 四竿, 各施采[3]絲結綬. 自群山島, 以迄入城, 每出館, 必以肩輿, 奉使副, 以其禮僭, 不敢乘. 唯於前仗中行, 以爲儀式耳.

[譯文]

어깨에 메는 가마

어깨에 메는 가마의 제도는 대략 호상[1]과 비슷합니다. 등나무에 나는 (모양의) 난새[2]를 꿰었으며, 꽃무늬에 붉은 칠을 했고 중간에 도금으로 꾸며 장식합니다. 위는 비단[錦] 깔개를 두었고 네 깃대[竿]에는 각각 물들인 실을 써 땋아 묶었습니다. 군산도[3]에서부터 성에 들어가기까지 매번 객관[4]을 나설 때에는 반드시 어깨에 메는 가마로 정사와 부사[5]를 받들었으나, 그 예가 참람하여 감히 타지 않았습니다. 다만 앞선 의장의 가운데에 행진하여 의식으로 삼았을 뿐입니다.

[註解]

1) 胡床: 등받이가 있는 의자이다. 쓰지 않을 때에는 접어둘 수 있었다. 오랑캐에게서 전해졌다 하여 지어진 이름이다. 隋代에는 交床, 唐代에는 繩床이라 불리기도 했다.
　　諸橋轍次, 1985, 「胡床」, 『大漢和辭典』 9, 東京 : 大修館書店, 285쪽.
2) 鸞: 중국 전설상의 새로, 鳳凰의 일종이다. 형태는 닭과 유사하지만 깃털은 붉은색 바탕에 五色이 섞이었으며, 소리는 五音과 유사하다고 한다.

---

2) 知 : 開.
3) 知 : 綵.

諸橋轍次, 1986, 「鸞」, 『大漢和辭典』 12, 東京 : 大修館書店, 890쪽.

3) 群山島: 지금의 전라북도 군산시 선유도를 말한다. 이에 대해서는 『高麗圖經』 권 36, 群山島條에서 자세히 설명할 것이다.

4) 館: 객관을 의미한다. 바다를 통해 고려로 사행했던 宋 사신은 群山亭, 安興亭, 慶源亭 등의 객관을 거치게 된다. 고려는 해당 객관에서 관할 지역 界首官의 주도하에 사신에 대한 영접을 진행하였다. 영접 내용에는 遠迎狀 전달이나 식사 제공 등이 포함되었다. 송 사신이 개경에 도착한 뒤에는 順天館에 머물렀는데, 이곳에서의 영접은 재상급의 館伴使가 담당하였다. 이에 대해서는 『高麗圖經』 권27, 客館條에서 자세히 설명할 것이다.
윤용혁, 2010, 「고려시대 서해 연안해로의 객관과 안흥정」, 『역사와 경계』 74 ; 2015, 『한국 해양사 연구―백제에서 고려, 1천 년 바다 역사―』, 주류성, 142·143쪽.
金圭錄, 2015, 「고려중기의 宋 使節 迎送과 伴使의 운용」, 『歷史教育』 134, 160~164쪽.
김명진, 2019, 「고려시대 객관 안흥정 재검토」, 『嶺南學』 70.

5) 使副: 正使와 副使를 말한다. 隨從인원과 함께 宋 사신단을 구성했다. 정사는 황제를 대신해 외교 교섭을 대신한 사신단의 최고 책임자이며, 부사는 사신단의 일상적인 사무를 처리하고 그들이 원활히 활동할 수 있게 하는 역할을 했다. 대체로는 청렴하면서 학식과 인품을 갖춘 사대부 집안의 자손들이 임명되었으나, 고려와의 관계가 단절되었을 때는 낮은 관품의 지방관이나 상인이 파견되기도 하였다.
『高麗史』 권10, 世家10 宣宗 1년 8월 甲申.
朴龍雲, 1996, 「高麗·宋 交聘의 목적과 使節에 대한 考察(下)」, 『韓國學報』 82 ; 2002, 『高麗社會의 여러 歷史像』, 신서원, 190~193쪽.
서긍 지음, 은몽하·우호 엮음, 김한규 옮김, 2012, 「徐兢의 『宣和奉使高麗圖經』 解題」, 『사조선록 역주(使朝鮮錄譯註)―宋使의 高麗 使行錄―』 1, 소명출판, 43쪽.
王霞, 2018, 「宋與高麗官方使節的派遣」, 『宋朝與高麗往來人員研究』, 北京 : 中國社會科學出版社, 31·32쪽.

15-4

[原文]

牛車

牛車之設, 制作率略, 殊無法度. 下有二轅輪, 前轅以牛駕之. 每載物於其上, 必以草繩貫繫, 方免傾覆. 況其國, 率皆山路, 行則嶇岉動搖, 特爲禮具而已.

[譯文]

소수레

소수레의 설비는 제작이 대개 소략하여 특별히 법도가 없습니다. 아래에는 두 개의 채와 바퀴가 있는데 채 앞에서 소가 몰게 했습니다. 그 위에 물건을 실을 때마다 반드시 새끼줄로 당겨 매야만 장차 기울어 넘어지는 것을 면할 수 있습니다. 하물며 고려[其國]는 거의 다 산길이라 움직이면 위태롭게 흔들리니 다만 예구(禮具)로 삼을 뿐입니다.[1]

[註解]

1) 況其國 …… 特爲禮具而已: 고려의 소수레에 대한 묘사이다. 서긍의 설명과는 달리 우리나라에서는 이미 438년(신라 눌지마립간 22)에 民에게 牛車之法을 가르쳤으며, 이로 보아 고려에서도 牛車가 실제 생활에 적지 않게 쓰였던 것으로 보인다. 한편, 『東國李相國後集』에 따르면 당시의 소는 큰 밭을 갈아서 많은 곡식을 가꾸어 내고, 식용으로도 쓰였으며, 무거운 짐을 운반하여 모자란 인력을 보충해 주는 데 활용되었다.
『三國史記』 권3, 新羅本紀3 訥祗麻立干 22년 4월.
『東國李相國後集』 권6, 古律詩 「斷牛肉【幷序】」.
박용운, 2019, 「고려시대 사람들의 고기 식품(육식肉食)」, 『고려시대 사람들의 식음(食飮) 생활』, 경인문화사, 82~89쪽.

15-5

[原文]

王馬

王之所乘馬, 鞍韉甚華, 或金或玉, 皆朝廷所賜也. 常馭不施甲, 唯[4] 八[5]關齋, 幷受詔大禮, 則於馬甲之上, 復加鞍韂, 蒙以繡帕. 革帶與繁纓,

---

4) 囧 : 惟.
5) 囧 : 入.

皆有鸞聲相應, 亦甚華煥. 但比中國, 於鞍後, 復加繡茵, 亦猶侍從官之有
犹坐也.

[譯文]

왕의 말[1]

　왕이 타는 말은 안장과 언치[2]가 매우 화려하니 혹은 금이고 혹은 옥인
데, 모두 송[朝廷]에서 내려준 것입니다.[3] 평상시 말을 부림에는 갑옷을
입히지 않고, 오직 팔관재[4]와 아울러 조서를 받는 대례[5]에서만 말 갑옷
의 위에 다시 안장과 고삐를 더하고 수놓은 휘장으로 덮습니다. 가죽
허리띠와 가슴걸이에는 모두 방울이 있어 소리가 서로 어울리며 또 매우
화려하고 빛이 납니다. 다만 중국과 비교하면 안장 뒤에 다시 수놓은
깔개를 더했으니, 또한 오히려 시종관에게 융좌[6]가 있는 셈입니다.

[註解]

1) 王馬: 왕의 말로, 御馬로도 불리었다. 고려에서는 太僕寺와 尙乘局에서 관리하였
　　다. 한편, 『高麗史』에는 어마에 대한 구체적인 사료 공급 방법 등이 기록되어 있
　　다. 그리하여 상승국 어마 한 마리당 음력 10월부터 이듬해 3월까지―黃草節―는
　　하루에 田米·實豆·末豆를 각 5升씩 먹이고, 음력 4월부터 9월까지―靑草節―는
　　하루에 전미·말두를 각 5升씩 먹였다. 이는 황초절에 전미·실두·말두 각 3升, 청
　　초절에 전미·말두 각 3升을 먹였던 件馬와 차이를 보인다.
　　『高麗史』 권76, 志30 百官1 司僕寺.
　　『高麗史』 권77, 志31 百官2 奉車署.
　　『高麗史』 권82, 志35 兵2 馬政 毅宗 13년.
　　南都泳, 1965, 앞의 책 ; 1996, 앞의 책, 135·138·194쪽.
2) 鞍韉: 사람이 앉기 편하게 말 등에 얹는 안장과 그 아래에 까는 모포인 언치를
　　가리킨다.
　　諸橋轍次, 1986, 「鞍韉」, 『大漢和辭典』 12, 東京 : 大修館書店, 161쪽.
3) 王之所乘馬 …… 皆朝廷所賜也: 宋의 황제가 고려의 국왕이 타는 말의 안장과 언
　　치를 다수 하사해 주었다는 구절이다. 실제 1072년(문종 26)과 1078년, 1103년(숙
　　종 8), 1110년(예종 5)에 송이 고려에 鞍·韉을 보낸 사례가 있었다. 이처럼 송 황
　　제가 준 화려한 선물은 고려 국왕의 권위를 높이는 데 일조하였으며, 실제 의례

어서도 사용하였을 것으로 여겨진다.

『高麗史』 권9, 世家9 文宗 26년 6월 甲戌·32년 6월 丁卯.

『高麗史』 권12, 世家12 肅宗 8년 6월 壬子.

『高麗史』 권13, 世家13 睿宗 5년 6월 癸未.

이진한, 2004, 「고려시대의 무역」, 『한국무역의 역사』, 재단법인 해상왕장보고기 념사업회, 267~271쪽.

4) 八關齋: 八關會를 가리킨다. 본래는 佛敎 의식 가운데 하나로 八戒를 하루 동안 지키는 것이었다. 고려에서는 태조대부터 팔관회를 열어 天靈 및 五岳·名山·大 川·龍神을 섬기는 것을 상례로 삼았다. 아울러 연회를 베풀어 국가의 태평과 왕 실의 안녕을 기원하기도 하였다. 개경의 경우에는 11월에 설행되었고, 서경에서 는 이보다 한 달 전인 10월에 열렸다. 고려의 팔관회는 호국적 신앙의례로 불교 뿐만 아니라 다양한 토속신에 대한 제사를 겸하고 있었으며, 風水地理·圖讖思想 과도 결합되어 성대하게 지속되었다.

『高麗史』 권2, 世家2 太祖 26년 4월.

『高麗史』 권69, 志23 禮11 嘉禮雜儀 仲冬八關會儀 太祖 1년 11월·德宗 3년 10월.

安啓賢, 1956, 「八關會攷」, 『東國史學』 4.

二宮啓任, 1956, 「高麗の八關會について」, 『朝鮮學報』 9.

韓基汶, 2003, 「高麗時期 定期 佛敎 儀禮의 成立과 性格」, 『民族文化論叢』 27.

안지원, 2011, 「팔관회의 의례 내용과 사회적 성격」, 『(개정판)고려의 국가 불교 의례와 문화—연등·팔관회와 제석도량을 중심으로—』, 서울대학교출판부.

김종명, 2018, 「중동팔관회의 성격 재조명」, 『상원연등회와 중동팔관회—성격 재 조명 및 절차 역주—』, 한국학중앙연구원출판부.

5) 大禮: 왕이 새로 즉위하거나 왕후를 들이는 것과 같이 조정에 중요한 일이 있을 떠 행하는 禮式을 일컫는다. 이에 대해서는 『高麗圖經 역주(상)』, 262쪽 권10-1-3) 참조.

6) 狨坐: 狨座 혹은 狨毛暖坐라고도 하며, 원숭이 가죽으로 만들어 말 위에 얹는 방 한용품이다. 태평흥국 연간(송 태종, 976~984) 이전에는 비록 工商庶人이라도 제 한이 없었으며, 이후에는 庶官도 쓸 수 있었다. 하지만 1017년(송 천희 1)부터는 손에서 兩省의 諫舍와 종실 및 장군 이상에게만 허용되었다. 서긍은 융좌의 상징 성을 감안하여 王馬의 한 특징으로 언급한 것이다.

『宋史』 권150, 志103 輿服2 繖扇鞍勒.

『石林燕語』 권3.

『石林燕語』 권8.

[原文]

使節馬

高麗去大金不遠, 故其國多駿馬. 然圉人, 不善控馭, 其步驟皆自天然, 不假人力也. 鞍韉之制, 唯6)王所乘, 以7)絳8)羅9)繡10)韉11), 盆以金玉飾. 國12)13)官大臣, 以紫羅繡韉, 以銀爲飾. 餘如契丹之俗, 亦無等差. 初使人既到館, 卜14)日受詔, 而所奉鞍馬, 略如王制. 使者以其僭侈, 固辭再四, 乃易別馬, 如國官所乘者. 上節所乘, 降使副禮一等, 中節, 又隨等第而殺之.

[譯文]

사절의 말

고려는 대금1)과의 거리가 멀지 않으므로 그 나라에는 준마가 많습니다. 그러나 어인2)이 말을 길들이는 데 능숙하지 못해서, 그 걸음의 빠르기[步驟]는 대개 천성이 그러한 것이지 사람의 힘을 빌린 것이 아닙니다. 안장과 언치의 제도는 오직 왕이 타는 것만 진홍 비단[羅]으로 언치를 수놓고 금과 옥 장식을 더합니다. 국관대신은 자색 비단으로 언치를 수놓고 은으로 장식을 합니다. 나머지는 거란3)의 습속과 비슷해서 역

---

6) 知 : 惟.
7) 四 : "以【闕四字】"로 기록되어 있다.
8) 四 : "絳"이 누락되어 있다.
9) 四 : "羅"가 누락되어 있다.
10) 四 : "繡"가 누락되어 있다.
11) 四 : "韉"이 누락되어 있다.
12) 四 : "國"이 누락되어 있다.
13) 知 : 之制惟王所乘以絳羅繡韉盆以金玉飾國. 원문에는 【之制唯王所乘以絳羅繡韉盆以金玉飾國】으로 되어 있으나, 의미상 본문으로 해석하는 것이 옳다고 생각되어 교감 번역하였다.
14) 四 : 十.

시 차이가 없습니다. 처음에 사신이 객관에 도착하면 날을 점쳐서 조서를 받는데,[4] 사신을 받드는 안마는 대략 왕의 제도와 같습니다. 사신[使者]은 그 참람함과 사치스러움 때문에 굳이 여러 차례나 사양하고는 다른 말로 바꾸었으니, 국관(國官)이 타는 것과 같습니다.[5] 상절[6]이 타는 것은 정사와 부사의 예보다 한 등급을 낮추고 중절[7] 또한 등급에 따라 낮추었습니다.

[註解]

1) 大金: 중국 만주와 연해주 일대에 분포하던 女眞族이 세운 국가이다. 이에 대해서는 『高麗圖經 역주(상)』, 86쪽 권3-2-3) 참조.

2) 圉人: 周代 夏官에 속한 관직으로, 말이나 가축의 사육을 담당하였다. 한편, 실제 고려에서 말의 사육을 담당한 이들로는 牧監이나 養奴—奴子— 등이 있다.
諸橋轍次, 1984, 「圉人」, 『大漢和辭典』 3, 東京 : 大修館書店, 73쪽.
南都泳, 1965, 앞의 책 ; 1996, 앞의 책, 135·138·122~137쪽.

3) 契丹: 본래 동몽골의 시라무렌 강변을 발원지로 유목 생활을 하던 부족을 말한다. 본문에서는 고려·宋과 공존하던 契丹 왕조—遼—를 의미하는 것으로 보인다. 거란 왕조에 대해서는 『高麗圖經 역주(상)』, 61쪽 권2-2-(1)-22) 참조.

4) 初使人旣到館 卜日受詔: 宋 사절단이 객관에 입관한 이후 受詔日을 택하는 과정에 대한 내용이다. 본래 고려는 수조일을 택함에 있어 매우 신중을 기하였다. 이이 초기에는 날짜뿐 아니라 달마저 가려서 택하였기 때문에 사절의 객관 체류가 장기화되는 문제가 발생하자 이후 택일만을 하게 되었다.
『高麗史』 권65, 志19 禮7 賓禮 成宗 9년 6월.

5) 復者以其僭侈 …… 如國官所乘者: 말을 두는 격식과 관련한 일화이다. 고려는 皇室에서 쓰는 용어인 海東天子·天子·朕·陛下·太子·太后 등을 사용하거나 다양한 제도를 황제국에 준하여 쓰는 경우가 적지 않았다. 본문에서는 고려에서 제공한 사절마의 장식이 천자의 제도에 준하였기에 宋 사신단의 입장에서는 그것이 참람하고 사치스럽다고 여겼던 것이다. 한편, 『高麗圖經』 권5, 宮殿條에서도 고려의 궁전 이름이나 鴟吻이 천자의 격식을 갖추고 있었지만 송에서는 이를 문제 삼지 않았다고 한다. 이에 대해서는 『高麗圖經 역주(상)』, 138쪽 권5-1-3) 참조.
金基德, 1997, 「高麗의 諸王制와 皇帝國體制」, 『國史館論叢』 78.
盧明鎬, 1999, 「高麗時代의 多元的 天下觀과 海東天子」, 『韓國史硏究』 105.

6) 上節: 正使와 副使를 따르던 수행원인 三節의 하나이다. 선화사절단 대부분은 뛰어난 文學之士로 이루어졌고 신분 역시 下節에 비해 높아 고려에서 받았던 대우와 하사품에 차이가 있었다.
서긍 지음, 은몽하·우호 엮음, 김한규 옮김, 2012, 앞의 책, 43쪽.
김성규, 2014, 「'선화봉사고려사절단'의 일정과 활동에 대하여」, 『한국중세사연구』

40 ; 2020, 『송대 동아시아의 국제관계와 외교의례(宋代東亞國際關係與外交儀禮)』, 신아사, 640~643쪽.

王霞, 2018, 앞의 책, 32~34쪽.
7) 中節: 正使와 副使를 따르던 수행원인 三節의 하나로, 실무를 담당하였다.
서긍 지음, 은몽하·우호 엮음, 김한규 옮김, 2012, 앞의 책, 43쪽.

15-7

[原文]

騎兵馬

騎兵所乘鞍韂, 極精巧. 螺鈿爲鞍[15], 鞦轡以栢枝馬瑙石, 間[16]錯黃金烏銀爲飾. 兩韂畫鵝, 頸與身倍, 麗人謂之天鵝. 鞗革鳴鸞, 亦有古意.

[譯文]

기병의 말

기병이 타는 말의 안장과 언치는 매우 정교합니다. 나전[1]으로 된 안장은 밀치끈과 고삐를 잣나무 가지와 마노석으로 만들었으며, 그 중간에 황금과 오은(烏銀)을 섞어 장식하였습니다. (안장의) 양쪽 언치에는 거위를 그렸는데 목이 몸보다 갑절이니, 고려 사람들이 그것을 천아(天鵝)라고 부릅니다. 조혁에 방울을 울리게 하는 것에도 역시 옛 뜻이 담겨 있습니다.[2]

[註解]

1) 螺鈿: 조개껍질을 기물에 붙이고 옻칠을 하여 완성하는 공예기법 또는 그 공예품

---

15) 四 知 : "韂"이 추가되어 있다.
16) 知 : 間.

을 말한다. 서긍이 고려를 방문했던 12세기에는 나전기술의 전성기로 평가받는데, 특히 당시 나전칠기는 작은 꽃무늬의 꽃잎이나 꽃술을 표현할 때 伏彩한 玳瑁를 사용하였다는 것이 특징적이다. 일찍이 중국의 宋이나 遼 황실에 나전을 입힌 물품을 진상하기도 했다.

　　『高麗史』 권9, 世家9 文宗 34년 7월 癸亥.
　　『高麗史』 권125, 列傳38 姦臣1 文公仁.
　　최응천, 2018, 「『고려도경』에 보이는 고려시대 공예의 양상과 특징」, 『한국중세 사연구』 55, 142~144쪽.

2) 鞗革鳴鸞 亦有古意: 鞗革의 운용에 대한 구절이다. 조혁은 고삐 끝에 늘어뜨린 청동장식이다. 『詩經』에는 "높게 자라난 저 다북쑥에 내린 이슬로 흠뻑 젖었도다. 이제야 군자를 보노라니 조혁이 늘어지며, 방울소리 달랑달랑하니 만복이 모여오는 바로다[蓼彼蕭斯 零露濃濃 既見君子 鞗革忡忡 和鸞雝雝 萬福攸同]."라는 시구가 확인되는데, 고려에서 그 의미에 맞게 장식했음을 말한다.

　　『詩經』 小雅 白華 蓼蕭.

15-8

[原文]

雜載

麗國多山, 道路坎壞, 車運不利. 又無橐駝可以引重, 而人所負載甚輕. 故雜載, 多用馬. 其制, 以二器夾裝, 橫跨於背, 應用之物, 悉置器中. 絡首鞦䩞, 如乘騎之度. 前引後驅, 其行頗駃[17]云.

[譯文]

잡재

고려는 산이 많아서 도로가 험하니 수레로 운반하기에 불리합니다. 또 무거운 것을 끌 수 있는 낙타[1]가 없으며 사람이 짊어지는 것은 매우

---

17) 四 知 : 駃. 원문은 駃으로 되어 있으나, 의미상 '駃'가 옳다고 생각되어 교감 번역하였다.

가볍습니다. 그러므로 이것저것 싣는 데, 말을 많이 씁니다. 그 제도는
두 용기를 좌우로 묶어서 (말) 등에 걸치고, 실제로 사용할 물건은 모두
용기 안에 둡니다. 머리에 고삐를 하고 가슴에 가슴걸이를 함은 타는
말의 방식과 비슷합니다. 앞에서 끌고 뒤에서 모는데 그 나아감이 자못
빠르다고 합니다.

[註解]

1) 橐駝: 駱駝라고도 한다. 고려는 주로 契丹과 女眞에게 낙타를 선물로 받았는데,
   이를 목장에서 사육한 듯하다. 그리하여 낙타 한 마리당 黃草節에는 하루에 稗 5
   斗, 豆 2斗, 鹽 5合씩 먹이고, 靑草節에는 하루에 稗 2斗, 豆 9升, 鹽 3合씩 먹였다.
   다만 그것이 乘用이나 役用으로 쓰였는지는 의심스럽다. 元 간섭기에는 濟州牧場
   에서 말·소·나귀·양을 비롯하여 낙타도 사육되었으나 별로 좋은 성과는 올리지
   못했던 것 같다.
   『高麗史』 권1, 世家1 太祖 5년 2월.
   『高麗史』 권6, 世家6 靖宗 2년 2월 甲寅.
   『高麗史』 권9, 世家9 文宗 33년 6월 癸亥.
   『高麗史』 권10, 世家10 宣宗 8년 3월 丙子.
   『高麗史』 권82, 志36 兵2 馬政 毅宗 13년.
   全相運, 1974, 「科學과 技術」, 『한국사』 8, 국사편찬위원회, 264·265쪽.

16-1

[原文]

官府

臣聞, 唐虞, 建官惟百, 夏商官倍, 亦克用乂. 至周而詳, 天地四時, 仰觀俯察, 以道運之, 而政事舉矣. 豈復有文具, 而實不應之弊哉. 高麗之初, 建官十[1]有[2]二[3]級, 襲夷[4]語以爲之名, 不復[5]馴雅. 自漸皇化, 設官置[6]府[7], 依[8]放稱謂, 而涖職治事, 尚沿夷[9]風, 往往文具, 而實不應. 然而慕義之志, 亦可尚云.

[譯文]

관부

신이 듣건대 요[唐][1]·순[虞][2]은 관제를 세운 것이 오직 100개였으며, 하[3]·상[4]은 관제가 배가 되었으나 역시 잘 다스렸습니다.[5] 주[6]에 이르면 상세해져서, 천지와 사시를 두루 살펴[仰觀俯察][7] 도(道)로 운영하여 정사가 거행되었습니다. 어찌 법문은 구비되었으나 실제와 맞지 않는 폐단이 다시 있었겠습니까. 고려는 처음에 관제 12급을 세우고 동이[夷]의 말로 명칭을 정하는 것을 이어받았으나[8] 거듭 법도에 맞고 아름답게 하지는 않았습니다. 황제의 교화를 받으면서 관을 설치하고 부를 두는

---

1) 四 : "十【闕二字】"로 기록되어 있다.
2) 四 : "有"가 누락되어 있다.
3) 四 : "二"가 누락되어 있다.
4) 四 : 國.
5) 四知 : 事.
6) 四 : "置【闕二字】"로 기록되어 있다.
7) 四 : "府"가 누락되어 있다.
8) 四 : "依"가 누락되어 있다.
9) 四 : 土.

것에 (중국을) 모방하여 불렀으나, 직에 임하여 일을 다스릴 때는 오히려 동이의 풍속을 따라서 왕왕 이름만 갖추고 실제와는 대응하지 않았습니다.[9] 그러나 의를 흠모하는 뜻은 또한 높이 살만합니다.

[註解]

1) 唐: 堯(생몰년 미상)를 가리킨다. 그에 대해서는 『高麗圖經 역주(상)』, 120쪽 권 4-1-2) 참조.

2) 虞: 舜(생몰년 미상)을 가리킨다. 그에 대해서는 『高麗圖經 역주(상)』, 120쪽 권 4-1-3) 참조.

3) 夏: 중국의 고대 왕조이다. 禹가 舜에게 왕위를 물려받아 건국했으며, 桀王代 商 에 의해 멸망당했다고 전한다.
『史記』 권2, 夏本紀2.
이춘식, 2005, 「중국의 원시문화」, 『중국사 서설(개정판)』, 교보문고, 33~36쪽.

4) 商: 중국의 고대 왕조로 殷이라고도 한다. 이에 대해서는 『高麗圖經 역주(상)』, 192쪽 권7-1-12) 참조.

5) 唐虞 …… 亦克用乂: 『書經』에 나오는 구절로, "요순이 옛것을 상고하여 관제를 세운 것이 오직 백 개였으니, 안에는 百揆와 四岳이 있고 밖으로는 州牧과 侯伯 이 있어 모든 정사가 조화롭고 만국이 다 안녕하였다. 하와 상은 관제가 배가 되 었으나 역시 잘 다스렸으니, 밝은 군주가 정사를 세우는 것은 오직 그 관제가 아 니라 다만 그 사람에 있다[唐虞稽古 建官惟百 內有百揆四岳 外有州牧侯伯 庶政惟 和 萬國咸寧 夏商官倍 亦克用乂 明王立政 不惟其官 惟其人]."의 일부를 인용한 것 이다. 이는 중국 고대의 정치 상황을 묘사한 것으로, 관제의 규모보다는 인물의 기용이 중요하다는 점을 강조하고 있는 내용이다.
『書經』 周書 周官.

6) 周: 중국 고대 왕조로, 夏·殷과 함께 三代로 일컫는다. B.C.1121년 무렵에 周 武王 이 鎬京—지금의 중국 陜西省 西安市 일원—에 수도를 정하고 건립한 왕조이다. B.C.771년(주 유왕 11)에 북방의 犬戎이 침입하자 호경이 함락되어 이듬해 洛邑 —지금의 중국 河南省 洛陽市 일원—으로 수도를 옮기는데, 이를 東遷이라 한다. 역사에서는 동천 이전을 西周, 이후를 東周라고 부른다. 후에 동주는 戰國時代인 B.C.256년(주 난왕 29)에 赧王이 秦에 항복하면서 멸망하였다.
『史記』 권4, 周本紀4.
이춘식, 2005, 앞의 책, 56~72쪽.

7) 仰觀俯察: 『周易』에 나오는 구절로, "우러러 천문을 보고, 고개 숙여 지리를 살핀 다[仰以觀於天文 俯以察於地理]."의 일부를 인용한 것이다. 다방면으로 상세하게 살피는 것을 묘사하는 표현으로, 중국에서 이루어진 관직 운영을 설명하고 있다.

　　　『周易』 繫辭上傳.

8) 高麗之初 …… 襲夷語以爲之名: 고려초기 관제에 관한 언급이다. 이에 대해서는
　　정확한 내용을 파악하기 어렵다. 다만 고려 건국 직후 단행된 최초의 관직 임명
　　기사에 따르면 廣評省, 內奉省, 徇軍部, 兵部, 倉部, 義刑臺, 都航司, 物藏省, 內泉府,
　　珍閣省, 白書省, 內軍의 12개의 省·部 등이 확인된다. 대부분 태봉대의 명칭을 유
　　지한 것으로, 본문의 내용은 이러한 상황에 대한 묘사로 짐작된다. 한편,『高麗史』
　　역시 고려가 개국 초에 중국의 것이 아니라 신라와 태봉의 제도를 참조하였기
　　대문에 方言이 섞여 있었다고 언급하였다.
　　『高麗史』 권1, 世家1 太祖 1년 6월 辛酉.
　　『高麗史』 권76, 志30 百官1 序.
　　李泰鎭, 1972,「高麗 宰府의 成立―그 制度史的 考察―」,『歷史學報』 56, 3·4쪽.
　　邊太燮, 1981,「高麗初期의 政治制度」,『韓佑劤博士停年記念史學論叢』, 知識産業社,
　　　　157~160쪽.
　　김대식, 2008,「고려초기 중앙관제의 성립과 변화」,『역사와 현실』 68 ; 2010,『고
　　　　려전기 중앙관제의 성립』, 景仁文化社, 73~79쪽.

9) 目漸皇化 …… 而實不應: 고려 관부의 실상에 대한 언급이다. 고려의 관직 기구들
　　은 대부분 唐·宋의 제도를 참고하여 만들어졌다. 그러나 세부적인 운영 양상에
　　는 차이가 있었으며, 諸司都監各色 등 독자적인 조직들도 다수 존재하였다. 형식
　　만 갖추고 실제와 맞지 않았다는 표현은 이러한 사정을 반영한 서술이다.
　　박용운, 2001,「『高麗史』百官志의 特性과 譯註」,『고려시대연구』 III, 한국정신문
　　　　화연구원 ; 2009,『『高麗史』百官志 譯註』, 신서원, 32~36쪽.

16-2

[原文]

臺[10]省[11]

官府之設[12], 大[13]抵[14]皆[15]竊取朝廷美名[16]. 至[17]其[18]任[19]職授官, 則

---

10) 四 知 : 省.
11) 四 知 : 監.
12) 四 : "設【闕三字】"로 기록되어 있다.
13) 四 : "大"가 누락되어 있다.
14) 四 : "抵"가 누락되어 있다.
15) 四 : "皆"가 누락되어 있다.

實不稱名, 徒爲文具, 觀美20)而21)已22). 尙書省, 在23)承24)休25)門內. 前
有大門, 兩廊十餘間26), 中爲堂三間27), 卽令官治事之所, 政事之所自出
也. 自尙書省之西, 春宮之南, 前開一門, 中列三位. 中爲中書省, 左曰門
下省, 右曰樞密院, 卽國相平章知院, 治事之所. 禮賓省, 在乾德殿前之
側, 所以掌四隣之賓客. 八28)關司, 在昇平門之東, 所以掌齋祭之事. 御史
臺, 在左同德門內, 所以張風憲之任. 翰林院, 在乾德殿之西, 所以處詞學
之臣. 尙乘局, 以貯車馬, 軍器監, 以藏甲仗, 以至賓省之典禮儀, 閣29)門
之職贊導. 大盈倉, 寔30)寶貨之帑, 右倉, 卽積粟之地. 凡此, 皆在王居內
城也. 自廣化門外言之, 官道之北, 則尙書戶部, 又其東, 曰工部, 曰考功,
曰大樂局, 曰良醞局. 四門31)竝北列而南向, 各有標32)名. 道之南, 則兵刑
吏三司, 其門, 南列而北向. 又東南數十步, 卽鑄錢監, 稍北, 卽將作監也.
監門千牛金吾三衛, 在北門內, 而金吾稍近東, 所以典兵衛之禁. 大市京
市二司, 在南大街, 而東西相望, 所以平關市之政. 以至管絃有坊, 弓箭有

---

16) 四 : "名【闕二字】"로 기록되어 있다.
17) 四 : "至"가 누락되어 있다.
18) 四 : "其"가 누락되어 있다.
19) 四 : "任"이 누락되어 있다.
20) 四 : "美【闕二字】"로 기록되어 있다.
21) 四 : "而"가 누락되어 있다.
22) 四 : "已"가 누락되어 있다.
23) 四 : "在【闕二字】"로 기록되어 있다.
24) 四 : "承"이 누락되어 있다.
25) 四 : "休"가 누락되어 있다.
26) 知 : 閒.
27) 知 : 閒.
28) 四 : 入.
29) 四 : 閤.
30) 四 知 : 實.
31) 四 知 : 曰良醞局四門. 원문에는 【曰良醞局四門】으로 되어 있으나, 의미상 본문으
로 해석하는 것이 옳다고 생각되어 교감 번역하였다.
32) 四 知 : 摽. 원문은 摽로 되어 있으나, 의미상 '標'가 옳다고 생각되어 교감 번역
하였다.

司, 幞頭有所, 占天有臺, 凡此皆在外城之內也. 又有開成[33]府, 拒城四十里, 凡民庶婚田鬪訟之事, 悉摠之.

[譯文]
대성[1]

관브의 설치에는 대개 모두 (중국) 조정의 아름다운 이름을 외람되게 취하였습니다. 그 직무를 맡기고 관직을 주는 것에 이르면 실제가 이름에 걸맞지 않고 다만 글자만 갖추어 보기에 좋을 뿐입니다. 상서성[2]은 승휴문[3] 안에 있습니다. 앞에는 큰 문이 있고 양쪽 회랑[廊]은 10여 칸이며 가운데는 당(堂) 3칸으로 되어 있는데, 곧 상서성 관원[令官]이 일을 보는 곳으로 정사가 나옵니다. 상서성의 서쪽, 춘궁[4]의 남쪽으로는 앞에 문 하나를 내었는데, 가운데에 세 공간[位]이 늘어섰습니다. 가운데는 중서성이고 왼쪽은 문하성이며 오른쪽은 추밀원[5]이니,[6] 곧 국상[7]인 평장사[8]·지추밀원사[9]가 일을 보는 곳입니다.[10] 예빈성[11]은 건덕전[12] 앞의 옆쪽에 있는데 사방 이웃나라의 빈객을 맡는 곳입니다. 팔관사[13]는 승평문[14]의 동쪽에 있는데 재제[15]의 일을 맡는 곳입니다. 어사대[16]는 좌동덕문[17] 안에 있는데 풍기를 단속하는 임무를 담당하는 곳입니다. 한림원[18]은 건덕전 서쪽에 있는데 학문하는 신하들이 머무르는 곳입니다. 상승국[19]은 수레와 말을 간수하고 군기감[20]은 갑옷과 의장을 보관하며, 아울러 빈성(賓省)에서 의례[禮儀]를 맡고[21] 합문[22]에서 인도를 관장합니다. 대영창[23]은 보화를 두는 창고이며, 우창[24]은 곧 곡식을 쌓아둔 곳입니다. 무릇 이들은 모두 왕이 거처하는 내성[25]에 있습니다. 광화문[26]으로부터 바깥을 말하자면, 관도의 북쪽은 곧 상서호부[27]이고 또 그 동쪽은 공부[28]·고공[29]·대악국[30]·양온국[31]이라고 합니다. 4개의 문이 아울러 북쪽에 늘

---

33) 四 : 城, 知 : "成【鄭刻城】"으로 기록되어 있다.

어서 남쪽을 향해 있으며 각각 적어놓은 이름이 있습니다. 관도의 남쪽
은 곧 병부[32]·형부[33]·이부[34]·삼사[35]인데, 그 문들은 남쪽에 늘어서 북쪽
을 향해 있습니다. 또 동남쪽 수십 보는 곧 주전감[36]이며, 조금 북쪽은
곧 장작감[37]입니다. 감문[38]·천우[39]·금오[40]의 3위는 북문 안에 있는데,
금오위는 조금 더 동쪽에 가까우니 병위(兵衛)의 규율을 담당하는 곳입
니다. 대시[41]·경시[42]의 2사는 남대가[43]에 있고 동서로 서로 바라보니,
관시(關市)의 정사를 고르게 하는 곳입니다. 더욱이 관현(管絃)을 맡는
방(坊)이 있고[44] 활과 화살을 맡는 사(司)가 있으며,[45] 복두를 맡는 소
(所)가 있고[46] 하늘을 점치는 대(臺)가 있는데,[47] 무릇 이것들은 모두
외성[48]의 안에 있습니다. 또한 개성부가 성에서 40리 거리에 있으며[49]
무릇 민서(民庶)의 혼인·토지·송사[鬪訟]의 일을 모두 총괄합니다.

[註解]

1) 臺省: 본래 고려에서는 御史臺와 中書門下省 郎舍를 가리키는 용어이지만, 여기
   서는 三省의 별칭으로 중앙기구 전체를 일컫는 말로 쓰였다. 본 항목에서는 고려
   의 여러 중앙기구를 나열하고 있으며, 기능과 위치를 설명하고 있다. 이는 어디
   까지나 서긍의 견문을 바탕으로 작성되었기 때문에 세부 명칭이나 위치가 부정
   확한 경우도 있다.
   龔延明 主編, 1997, 「臺省」, 『宋代官制辭典』, 北京 : 中華書局, 156쪽.
2) 尙書省: 중요 국사를 실행하는 집행기구이다. 이에 대해서는 『高麗圖經 역주(상)』,
   142쪽 권5-2-6) 참조.
3) 承休門: 개경 궁성의 문이다. 『高麗圖經』 권4, 同德門條에 의하면 규모가 동덕문
   과 비슷했다고 하였다.
4) 春宮: 太子가 거처하던 궁을 뜻한다. 이에 대해서는 『高麗圖經 역주(상)』, 79쪽 권
   2-4-8) 참조.
5) 樞密院: 고려전기 왕명 출납과 숙위 등의 업무를 관장했던 기구로, 문종대 명칭
   은 中樞院이다. 조직상 상층의 樞密과 하층의 承宣이 있었다. 991년(성종 10)에
   宋에 사신으로 갔다가 돌아온 韓彦恭의 건의로 처음 세워졌다. 1009년(현종 즉
   위)에 銀臺·南北院과 통합되어 中臺省으로 개편되었다가, 1010년 정월에 다시 중
   추원으로 고쳤다. 문종대 判院事, 使, 知院事, 同知院事, 副使, 簽書院事, 直學士, 知
   奏事, 左·右承宣, 左·右副承宣, 堂後官 등의 관직을 두었다.

『高麗史』 권76, 志30 百官1 密直司.

周藤吉之, 1974, 「高麗初期の官吏制度—とくに兩府宰相について—」, 『東洋大學大學院紀要』 11 ; 1980, 『高麗官僚制の研究—宋制との關連において—』, 東京 : 法政大學出版局, 12·13쪽.

朴龍雲, 1976, 「高麗의 中樞院 研究」, 『韓國史研究』 12 ; 2001, 『高麗時代 中樞院 研究』, 高麗大學校民族文化研究院, 8·9·19~28·31쪽.

邊太燮, 1976, 「高麗의 中樞院」, 『震檀學報』 41, 72~79쪽.

周藤吉之, 1986, 「高麗初期の中樞院, 後の樞密院の成立とその構成—唐末·五代·宋初の樞密院との關聯に於いて—」, 『朝鮮學報』 119·120合 ; 1992, 『宋·高麗制度史研究』, 東京 : 汲古書院, 483~488쪽.

6) 中列三位 …… 右曰樞密院: 고려시대 中書省·門下省·中樞院—樞密院—의 공간 배치를 설명하는 내용이다. 고려 최고의 정무기구인 中書門下省에 대한 초기 연구는 고려가 唐의 3省制를 수용하되 실상은 2성제로 운영하였다고 보았다(①). 이후 고려 역시 당과 마찬가지로 3성제였다는 반론이 제기되었으며 이 기록을 주요 근거 사료로 들었다(②). 이와 같은 상반된 두 가지 견해에 대해서 중서성과 문하성은 당처럼 외형상은 분리되어 있으면서도 고려의 실정에 맞추어 실제적으로 정무를 보는 기능은 단일기구나 마찬가지로 운영되었다는 절충설이 제기되기도 하였다(③).

① 邊太燮, 1967a, 「高麗의 中書門下省에 대하여」, 『歷史敎育』 10 ; 1971, 『高麗政治制度史研究』, 一潮閣, 47~56쪽.

② 李貞薰, 1999, 「高麗前期 三省制와 政事堂」, 『韓國史研究』 104 ; 2009, 『고려 중앙정치제도사의 신연구』, 혜안, 187~190쪽.
최정환, 2017, 「고려의 중앙관제는 2성 6부인가 3성 6부인가?」, 『한국중세사연구』 49, 172·173쪽.

③ 朴龍雲, 2000, 「高麗時代 中書門下省에 대한 諸說 검토」, 『韓國史研究』 108 ; 2002, 『高麗社會의 여러 歷史像』, 신서원, 80·81·85쪽.

7) 國相: 고려의 宰相을 말한다. 『高麗圖經』 권7, 國相服條에 의하면 侍中, 太尉, 司徒, 中書門下侍郎平章事, 叅知政事, 左·右僕射, 政堂文學, 判尙書吏部事, 樞密使, 樞密副使, 同知院奏事 등이 이에 해당된다고 하였다. 그러나 실제로는 좌·우복야와 지주사는 고려의 재상인 宰樞에 들지 못하였다(①). 한편, 복야가 三司와 6部의 判事職을 띠고 있는 것을 근거로 재상의 말단으로 파악하기도 한다(②).

① 邊太燮, 1967b, 「高麗宰相考—三省의 權力關係를 中心으로—」, 『歷史學報』 35·36合 ; 1971, 앞의 책, 59~74쪽.

② 周藤吉之, 1975, 「高麗初期の宰相, 尙書左右僕射について」, 『朝鮮學報』 77 ; 1980, 앞의 책, 103~108쪽.

8) 平章: 中書門下省의 정2품 관직인 平章事를 말한다. 이에 대해서는 『高麗圖經 역주(상)』, 161쪽 권6-3-(1)-11) 참조.

9) 知院: 樞密院의 종2품 관직인 知樞密院事를 말한다. 이에 대해서는 『高麗圖經 역

주(상)』, 170쪽 권6-3-(2)-17) 참조.

10) 尙書省 …… 治事之所: 궁성 밖의 동남쪽이자 皇城 안의 동쪽에 위치한 핵심 관부
　　들에 대한 설명이다. 이들은 다시 국왕과의 밀접도에 비례하여 배치되었다. 국왕
　　을 시종하는 樞密院이 궁성과 가장 가까이에 있었고, 詔勅을 작성하는 中書省이
　　그 다음에 위치했으며, 이를 심의하는 門下省과 집행하는 尙書省은 그보다 먼 곳
　　에 자리잡고 있었다.
　　김창현, 2002, 「개경 황성과 궁성의 내부구조」, 『고려 개경의 구조와 그 이념』,
　　　　신서원, 222·223쪽.
11) 禮賓省: 고려전기 외국의 빈객에게 연회를 베풀고 접대하는 일을 관장했던 기구
　　이다. 외교 실무를 담당하거나, 외국인의 귀화와 관련한 업무를 담당하기도 했
　　다. 921년(태조 4)에 처음 설치되었으며, 995년(성종 14)에 客省이라 고쳤다가 후
　　에 禮賓省으로 회복되었다. 문종대 判事, 卿, 少卿, 丞, 注簿 등의 관직을 정했다.
　　다만 『高麗史』의 내용과는 달리 객성과 예빈성이 동시에 존재했던 경우가 있어,
　　개별적으로 운영되었던 관서로 파악하기도 한다.
　　『高麗史』 권76, 志30 百官1 禮賓寺.
　　박용운, 2005, 「『高麗史』 百官志 譯註(4)」, 『고려시대연구』 IX, 한국학중앙연구원 ;
　　　　2009, 앞의 책, 296·297쪽.
　　박경안, 2015, 「고려전기 外來人의 문화적 특성과 정착과정—왕조의 인식과 대응
　　　　을 중심으로—」, 『한국중세사연구』 42, 259쪽.
　　김보광, 2021, 「고려전기 <禮賓省牒>의 書式 복원과 외교상 의미」, 『東方學志』
　　　　197, 47~49쪽.
　　이바른, 2022, 「고려 전기 외국인의 이주 사례와 특징」, 『고려시대 외국인 이주
　　　　연구』, 高麗大學校民族文化研究院, 99·100쪽.
12) 乾德殿: 고려 궁궐의 제2정전이다. 이에 대해서는 『高麗圖經 역주(상)』, 147쪽 권
　　5-4-1) 참조.
13) 八關司: 八關寶를 뜻한다. 八關會를 위한 경비를 관리하는 경제적 역할을 담당했
　　다. 문종대 使, 副使, 判官 등의 관직을 두었다. 팔관보는 팔관회 행사를 준비하
　　기 위해 운영되는 임시 기관적 성격이 강했다. 한편, 팔관보는 팔관회가 개최되
　　는 毬庭과 가까운 곳에 있었다.
　　『高麗史』 권77, 志31 百官2 諸司都監各色 八關寶.
　　韓基汶, 1998, 「寺院의 特殊한 機能」, 『高麗寺院의 構造와 機能』, 民族社, 415쪽.
　　김창현, 2002, 앞의 책, 227쪽.
　　안지원, 2011, 「팔관회의 의례 내용과 사회적 성격」, 『(개정판)고려의 불교의례
　　　　와 문화—연등·팔관회와 제석도량을 중심으로—』, 서울대학교출판문화원,
　　　　200·201쪽.
14) 昇平門: 개경 궁성의 정남문이다. 이에 대해서는 『高麗圖經 역주(상)』, 131쪽 권
　　4-5-1) 참조.
15) 齋祭: 齋는 佛敎 행사이며, 祭는 儒敎 또는 토착신앙의 의식이다. 본문에서는 燃

燈會·八關會와 함께 동명왕 제사, 태조 제사 등을 아울러 재제라 표현한 것으로
보인다.
金昌賢, 2005, 「고려시대 평양의 동명 숭배와 민간신앙」, 『歷史學報』 188, 104~123쪽.
안지원, 2011, 앞의 책, 7쪽.

16) 御史臺: 고려전기 時政을 論執하고 풍속을 교정하며 백관을 糾察·彈劾하던 기구
이다. 이에 대해서는 『高麗圖經 역주(상)』, 183쪽 권6-6-10) 참조.

17) 左同德門: 昇平門의 좌우에 있는 문 중 왼쪽의 문이다. 同德門에 대해서는 『高麗
圖經 역주(상)』, 133쪽 권4-6-1) 참조.

18) 翰林院: 국왕을 대신해 詞命을 작성하는 일을 관장했던 기구이다. 과거 급제자
중 학식이 높은 인물이 선발되었으며, 국왕을 시종하는 등 다양한 업무를 담당
하였다. 태조대 태봉의 제도에 따라 元鳳省으로 설치되었으며, 뒤에 學士院으로
그쳤다가 현종대 翰林院으로 고쳤다. 문종대 判院事, 學士承旨, 學士, 侍讀學士, 侍
講學士, 直院 등의 관직을 두었다.
『高麗史』 권76, 志30 百官1 藝文館.
周藤吉之, 1977, 「高麗初期の翰林院と誥院—宋の翰林學士·知制誥との關連において
—」, 『東洋學報』 58-3·4合 ; 1980, 앞의 책, 276~287쪽.
崔濟淑, 1981, 「高麗翰林院考」, 『韓國史論叢』 4, 11쪽.
邊太燮, 1983, 「高麗의 文翰官」, 『金哲埈博士華甲紀念史學論叢』, 知識産業社, 203쪽.

19) 尚乘局: 말·수레·마구간 등의 內廏를 관장했던 기구이다. 大僕寺·典牧司와 더불
어 馬政을 담당했다. 성종대 처음 설치되었으며 목종대 개혁으로 직제가 정해졌
다. 문종대 奉御, 直長 등의 관직을 두었다.
『高麗史』 권77, 志31 百官2 奉車署.
南都泳, 1965, 「高麗時代의 馬政」, 『曉城趙明基博士華甲記念 佛敎史學論叢』, 불교
문화연구원 ; 1996, 『韓國馬政史』, 한국마사회마사박물관, 124·125·188~202쪽.

20) 軍器監: 병기의 제작을 관장했던 기구이다. 처음 설치 시기는 三省·六曹·七寺가
시정되는 983년(성종 2)이나 관부 명칭을 중국식으로 바꾸었던 것은 995년으로
추정된다. 문종대 判事, 監, 少監, 丞, 注簿 등의 관직을 두었다.
『高麗史』 권76, 志30 百官1 軍器寺.
박용운, 2005, 앞의 책 ; 2009, 앞의 책, 332쪽.

21) 賓省之典禮儀: 賓省은 『高麗史』에서 확인되지 않는 관부이다. 다만 앞에 이미 禮賓
省을 소개하였고, 고려시대 사대에 관한 의례를 담당하는 관서는 禮部였다. 또한
본문에 尚書6部 중 예부의 위치만 빠져 있으므로, 예부의 오류일 가능성이 있다.
『高麗史』 권76, 志30 百官1 禮曹.

22) 閤門: 조회를 행하는 과정에서 필요한 여러 의례를 관장했던 기구로, 閣門이라고
도 한다. 성종대 후반에 설치되었다고 추정되며 문종대 判事, 知事, 使, 引進使,
引進副使, 祗候 등의 관직을 두었다.
『高麗史』 권76, 志30 百官1 通禮門.
김보광, 2019, 「고려전기 閤門의 역할과 국가의례상 의미」, 『東方學志』 189.

김보광(金甫桄), 2021, 「고려전기 궁궐 구조와 국왕의 정치 공간─'합문(閤門)'의 의미를 중심으로─」, 『역사와 현실』 119.

23) 大盈倉: 명칭상 유사한 大盈署를 가리키는 것으로 보인다. 大盈庫를 관할하였을 것으로 파악되는데, 대영고에는 看守軍이 배치되어 있는 만큼 상당히 비중 있는 창고였다고 생각된다. 문종대 令, 丞 등의 관직을 두었다.
『高麗史』 권77, 志31 百官2 大盈署.
『高麗史』 권83, 志37 兵3 看守軍.
安秉佑, 2002, 「中央財政의 구성과 財政源」, 『高麗前期의 財政構造』, 서울대학교출판부, 164·165쪽.
박용운, 2006, 「『高麗史』 百官志(二) 譯註(5)」, 『고려시대연구』 XI, 한국학중앙연구원 ; 2009, 앞의 책, 420쪽.

24) 右倉: 고려전기 國用을 위한 곡식을 관장했던 기구이다. 租稅를 이용하여 제사·외교·행사·교육·건설 등에 필요한 재정을 담당했다. 1015년(현종 6)에 관련 기록이 처음 등장하여 이 시기 전후에 존재했을 것으로 추정되나 정확한 설치 시기를 알 수 없다. 문종대 近侍를 左·右倉 別監으로 임명했다.
『高麗史』 권77, 志31 百官2 豊儲倉.
姜晉哲, 1991, 「公田支配의 諸類型」, 『(改訂)高麗土地制度史研究』, 一潮閣, 178쪽.
安秉佑, 2002, 앞의 책, 49·109~148쪽.

25) 內城: 고려 개경의 皇城을 말한다. 弓裔가 896년에 축성한 拔禦塹城의 하단부에 위치하였고, 궁성을 둘러싸고 있었다. 본래 羅城의 축성 이전까지 外城 역할을 하던 발어참성이 황성이 되었다고 이해되기도 한다. 황성의 축조 시기에 대한 가장 이른 기록은 1034년(덕종 3)이지만, 서경 황성이 1011년(현종 2)에 축조되므로 그 이전인 태조 또는 광종대부터 존재했다고 추정된다. 왕을 위한 전각이 설치되어 있던 궁성 밖에 황성을 축조한 이중구조는 天子의 제도였으며 이는 고려 국왕의 위상을 나타냈다.
朴龍雲, 1996, 「開京 定都와 시설」, 『고려시대 開京 연구』, 一志社, 13~24쪽.
신안식, 2000, 「고려전기의 축성(築城)과 개경의 황성」, 『역사와 현실』 38.
김창현, 2002, 앞의 책, 141~143·149쪽.
박종진, 2002, 「부록 : 개성 문화재 맛보기」, 『고려의 황도 개경』, 창작과비평사, 254·255쪽.

26) 廣化門: 개경 皇城의 동문이자 정문이다. 이에 대해서는 『高麗圖經 역주(상)』, 128쪽 권4-4-1) 참조.

27) 尙書戶部: 고려전기 尙書6部 중 하나이다. 戶口와 田地 및 이에 근거한 徭役·貢物·租稅 등의 업무를 관장했다. 국초에는 民官이라 칭했고 995년(성종 14)에 尙書戶部로 고쳤다. 문종대 判事, 尙書, 知事, 侍郎, 郎中, 員外郎 등의 관직을 두었다.
『高麗史』 권76, 志30 百官1 戶曹.
朴龍雲, 2000, 「高麗時代의 尙書6部에 대한 檢討」, 『高麗時代 尙書省 研究』, 景仁文化社, 236~238쪽.

28) 工部: 고려전기 尙書6部 중 하나인 尙書工部이다. 山澤, 工匠, 營造 등의 업무를
관장했다. 국초에는 工官이라 칭했고 995년(성종 14)에 상서공부로 고쳤다. 문종
대 判事, 尙書, 知事, 侍郎, 郎中, 員外郎 등의 관직을 두었다.
『高麗史』 권76, 志30 百官1 工曹.
朴龍雲, 2000, 앞의 책, 233~235쪽.

29) 考功: 尙書吏部의 屬司로 관리의 공로와 과실을 考劾하는 일을 관장했던 기구이
다. 각 관서의 장관이 일 년의 고과성적인 年終都歷을 작성하여 제출하면, 考功司
어서 수합하여 고과에 필요한 문서를 작성하였다. 국초에는 司績이라 칭했고 995
년(성종 14)에 尙書考功으로 고쳤다. 문종대 郎中, 員外郎 등의 관직을 두었다.
『高麗史』 권76, 志30 百官1 考功司.
朴龍雲, 1995, 「高麗時代 官員의 陞黜과 考課」, 『歷史學報』 145 ; 1997, 『高麗時代
官階·官職 研究』, 고려대학교출판부, 135·136쪽.

30) 大樂局: 명칭상 유사한 大樂署를 가리키는 것으로 보인다. 고려전기 소리와 律의
교열을 관장했던 기구이다. 『高麗史』에는 목종대 만들어진 것으로 언급되어 있
으나, 실제로는 그보다 이른 시기에 설치되었을 것이다. 행정관리와 樂士·舞姬가
소속되었다. 문종대 令, 長, 丞, 史 등의 관직을 두었다.
『高麗史』 권77, 志31 百官2 典樂署.
宋芳松, 1986, 「高麗의 大樂署와 管絃房」, 『韓國學報』 12-3 ; 1988, 『高麗音樂史研究』,
一志社 ; 2002, 『한국중세사회의 음악문화—고려시대편—』, 민속원.
김창현, 2000, 「고려시대 음악기관에 관한 제도사적 연구」, 『國樂院論文集』 12 ;
2002, 앞의 책 ; 2007, 『고려의 여성과 문화』, 신서원, 298~311·331~336쪽.

31) 良醞局: 명칭상 유사한 良醞署를 가리키는 것으로 보인다. 고려전기 국가의 제사
나 큰 행사 때 술과 감주를 공급하는 업무를 관장했던 기구이다. 문종대 令, 丞
등의 관직을 두었다.
『高麗史』 권77, 志31 百官2 司醞署.

32) 兵: 고려전기 尙書6部 중 하나인 尙書兵部를 말한다. 武選, 軍務, 儀衛, 郵驛을 관
장했다. 918년(태조 1)에 설치했으며 후에 兵官이라 칭했고 995년(성종 14)에 상
서병부로 고쳤다. 문종대 判事, 尙書, 知事, 侍郎, 郎中, 員外郎 등의 관직을 두었다.
『高麗史』 권76, 志30 百官1 兵曹.
朴龍雲, 2000, 앞의 책, 233~235쪽.

33) 刑: 고려전기 尙書6部 중 하나인 尙書刑部를 말한다. 법률의 제정과 재판, 처결
등의 업무를 관장했다. 태조대 태봉의 제도를 따라 義刑臺를 설치했으며 후에 刑
官이라 칭했고 995년(성종 14)에 상서형부로 고쳤다. 문종대 判事, 尙書, 知事, 侍
郎. 郎中, 員外郎, 律學博士 등의 관직을 두었다.
『高麗史』 권76, 志30 百官1 刑曹.
朴龍雲, 2000, 앞의 책, 238쪽.

34) 吏 고려전기 尙書6部 중 하나인 尙書吏部를 말한다. 文官 등에 대한 인사업무를
관장했다. 국초에는 選官이라 칭했고 995년(성종 14)에 상서이부로 고쳤다. 문종

대 判事, 尙書, 知部事, 侍郎, 郎中, 員外郎 등의 관직을 정했다. 한편, 고려의 首相
은 判吏部事를 겸했다. 이에 대해서는 『高麗圖經 역주(상)』, 206쪽 권7-4-7) 참조.
『高麗史』 권76, 志30 百官1 吏曹.
邊太燮, 1967b, 앞의 논문 ; 1971, 앞의 책, 79쪽.
朴龍雲, 2000, 앞의 책, 230~233쪽.

35) 三司: 중앙과 지방의 전곡 출납·회계를 관장했던 기구이다. 『高麗史』에 따르면
태조대 태봉의 調位府를 고쳐 三司라 했다. 하지만 宋制와 유사한 삼사는 성종대
성립했을 것으로 여겨진다. 1014년(현종 5)에 혁파하고 都正司를 두었다가, 1023
년에 다시 설치했다. 문종대 判事, 使, 知事, 副使, 判官 등의 관직을 두었다. 한편,
송의 삼사가 鹽鐵部·度支部·戶部의 3부로 구성된 것과는 달리 고려의 삼사는 단
일기구였다.
『高麗史』 권76, 志30 百官1 三司.
邊太燮, 1975, 「高麗의 三司」, 『歷史敎育』 17.
周藤吉之, 1975, 「高麗朝における三司とその地位—宋の三司との關連において—」, 『朝
鮮學報』 77 ; 1980, 앞의 책.
權寧國, 2005, 「고려전기의 戶部와 三司—당·송제도와의 비교—」, 『歷史學報』 188 ;
2020, 『고려시대 정치사의 제문제』, 경인문화사.

36) 鑄錢監: 화폐의 주조를 관장했던 기구인 鑄錢都監을 가리키는 것으로 보인다.
1097년(숙종 2)에 설치된 것으로 여겨진다. 한편, 고려의 화폐유통에 대해서는 『高
麗圖經 역주(상)』, 113쪽 권3-8-4) 참조.
『高麗史』 권79, 志33 食貨2 貨幣 肅宗 2년 12월.

37) 將作監: 궁궐·관청·다리 등의 건축·수리 공사·관련 물품을 관장했던 기구이다.
토목의 직접적인 수행은 임시관서인 營建都監이나 修理都監에서 담당하였고, 將
作監은 이에 필요했던 재원을 조달했다고 추정된다. 998년(목종 1)에 장작감의
사례가 확인되므로 995년(성종 14)에 설치된 것으로 보인다. 문종대 判事, 監, 少
監, 丞, 注簿 등의 관직을 두었다.
『高麗史』 권76, 志30 百官1 繕工寺.
『高麗史』 권80, 志34 食貨3 祿俸.
金載名, 1998, 「高麗時代 寺·監 官司와 國家財政—大府寺와 將作監을 중심으로—」,
『淸溪史學』 14, 64~72쪽.

38) 監門: 고려 京軍 6衛 중 하나인 監門衛를 말하며, 도성의 여러 문을 수비하는 부
대이다. 고려에서는 경군으로 70세 이상이면서 형제 없이 부모가 생존한 자, 군
인으로 70세가 되었는데 몸에 병이 있고 대신할 자손·친족이 없는 자를 감문위
에 소속시키는 규정을 운영하기도 했다.
『高麗史』 권77, 志31 百官2 西班 監門衛.
李基白, 1956, 「高麗 京軍考」, 『李丙燾博士華甲紀念論叢』, 一潮閣 ; 1968, 『高麗兵制
史研究』, 一潮閣, 70쪽.

39) 千牛: 고려 京軍 6衛 중 하나인 千牛衛를 말하며, 국왕을 시위하는 의장부대이다.

이에 대해서는 『高麗圖經 역주(상)』, 264쪽 권10-3-3) 참조.

40) 金吾: 고려 京軍 6衛 중 하나인 金吾衛를 말하며, 도성의 치안을 담당하는 부대이다. 이에 대해서는 『高麗圖經 역주(상)』, 262쪽 권10-1-4) 참조. 한편, 고려의 6위는 관아만 있고 병영은 없었다고 보는 견해가 있다. 이 견해에 따른다면 서긍이 언급한 3위의 위치는 관아의 소재에 해당한다.

 鄭景鉉, 1990, 「高麗前期 京軍의 軍營」, 『韓國史論』 23, 143~147쪽.

41) 大市: 어떤 관서인지 분명하지 않다. 그 업무에 대해서는 ‘關之政’과 ‘市之政’ 중 전자를 관장하는 街衢所라는 견해가 있으며(①), ‘關’의 ‘닫다’는 의미를 강조하여 허가받지 않은 유통을 규제했던 관서로 파악하기도 한다(②). 또는 ‘關市之政’을 상업과 연관지어 京市署의 하급 관아이며 개경 市廛의 중심부인 大市를 전담 관리하는 부서로 이해하기도 한다(③).

 ① 北村秀人, 1990, 「高麗時代の京市の基礎的考察―位置·形態を中心に―」, 『人文研究』 42-4, 274~281쪽.

 ② 강병국, 2017, 「『高麗圖經』의 시장과 금속화폐 관련 기록 再考」, 『歷史學研究』 67, 13·14쪽.

 ③ 김태현, 2020, 「고려전기 개경시장과 사시(徙市) 기우제―『고려도경(高麗圖經)』 속 허시(虛市)의 실체―」, 『韓國史研究』 191, 191·192쪽.

42) 京市: 개경 市廛의 비리를 감독하고 물가를 조절하던 기구인 京市署를 가리킨다. 이에 대해서는 『高麗圖經 역주(상)』, 104쪽 권3-4-(2)-17) 참조.

43) 南大街: 廣化門과 십자거리 사이의 큰 도로를 뜻한다. 『高麗圖經』 권27, 客館條에 의하면 南大街 興國寺 남쪽에는 迎恩館이 있었고, 옆에 仁恩館이 있었다.

 朴龍雲, 1996, 앞의 책, 36쪽.

 정요근, 2002, 「모든 길은 개경으로」, 『고려의 황도 개경』, 창작과비평사, 143·144쪽.

44) 管絃有坊: 管絃坊이 마련되었음을 말하는 것으로 보인다. 관현방은 大樂署의 행정 지휘 아래에서 악기를 연주하고 춤을 추는 업무를 관장했던 기구이다. 1076년(문종 30)에 설치되었으며, 雜權務인 判官을 두었다.

 『高麗史』 권77, 志31 百官2 諸司都監各色 管絃房.

 宋芳松, 1986, 앞의 논문 ; 1988, 앞의 책 ; 2002, 앞의 책, 290~294쪽.

45) 弓箭有司: 內弓箭庫가 마련되었음을 말하는 것으로 보인다. 내궁전고는 왕궁의 활과 화살의 제작을 담당했던 기구이다. 문종대 判官, 吏屬 등의 관직을 두었다.

 『高麗史』 권77, 志31 百官2 諸司都監各色 內弓箭庫.

 文炯萬, 1986, 「衛尉寺와의 關聯官府」, 『高麗諸司都監各色研究』, 第一文化社, 72쪽.

46) 幞頭有所: 幞頭店이 마련되었음을 말하는 것으로 보인다. 복두점은 복두의 제작을 담당했던 기구이다. 문종대 錄事, 吏屬 등의 관직을 두었다.

 『高麗史』 권77, 志31 百官2 諸司都監各色 幞頭店.

 朴龍雲, 2005, 「고려시기의 幞頭와 幞頭店」, 『韓國史學報』 19 ; 2016, 『고려시대 사람들의 의복식(衣服飾) 생활』, 경인문화사, 295~300쪽.

47) 占天有臺: 司天臺가 마련되었음을 말하는 것으로 보인다. 사천대는 천문과 曆의 관

계, 기상 관측 및 시각 등과 관련된 일을 관장했던 기구이다. 소속되어 있는 日官은
언론·정치적 역할을 담당했다. 국초에 太卜監과 太史局으로 나뉘어 있다가 1023년
(현종 14)에 사천대로 고쳤다. 문종대 判事, 監, 少監, 正 등의 관직을 두었다.
『高麗史』 권76, 志30 百官1 書雲觀.
金昌賢, 1992, 「高麗時代 日官에 관한 一考察─日官의 役割과 그 地位를 중심으로─」,
　　『史學硏究』 45, 106~115쪽.

48) 外城: 고려 개경의 羅城을 뜻한다. 나성에 대해서는『高麗圖經 역주(상)』, 99쪽 권
　　3-4-(1)-6) 참조.

49) 又有開成府 拒城四十里: 開城府가 羅城에서 40리 정도 떨어져 있었던 사실을 언
　　급한 구절이다. 개성부는 1062년(문종 16)에 설치된 지방관서로 京畿에 대한 통
　　치를 담당했다. 개성부의 설치와 관할지역은 995년(성종 14)에 開州를 개성부로
　　고치고 赤縣 6縣과 畿縣 7縣을 관할하게 했던 것에서 비롯된다. 본래 개성부는
　　군현의 업무를 담당한 지방관서였으나 왕경을 관할하였으므로, 開城府尹이 京官
　　에 포함되었다. 1018년(현종 9)에 개성부가 폐지되면서 開城縣令은 貞州·德水·江
　　陰을, 長湍縣令은 松林·臨津·兔山·臨江·積城·坡平·麻田을 관할하게 하였는데 尙
　　書都省에 直隷되어 경기라 칭해졌다. 1062년에 개성현을 개성부로 승격시키고
　　상서도성에 직예되어 있던 11개의 현을 개성부에 예속하면서 平州 임내의 牛峯
　　郡도 편입하였다. 또한 知府事를 파견하고 判官과 法曹를 두었다. 개성부의 치소
　　는 본문에 보이듯 나성 밖에 위치하여 경기를 통할하였는데, 이는 개성부가 이
　　전처럼 왕경을 관할하지 않았던 사실을 반영한 것이다.
　　『高麗史』 권56, 志10 地理1 王京開城府.
　　『高麗史』 권76, 志30 百官1 開城府.
　　邊太燮, 1971, 앞의 책, 244쪽.
　　朴龍雲, 1996, 앞의 책, 65·66·69~71쪽.
　　鄭學洙, 2008, 「顯宗·文宗代 京畿制의 재편과 운영」, 『高麗前期 京畿制 硏究』, 建國
　　　　大學校 史學科 博士學位論文, 151~154쪽.
　　윤경진, 2009, 「고려전기 京畿의 편성과 운영」, 『역사문화연구』 33 ; 2022, 『고려
　　　　지방제도 성립사』, 서울대학교출판문화원, 458~463쪽.
　　박종진, 2012, 「고려전기 開城府의 변천과 지리적 범위」, 『東方學志』 157 ; 2017,
　　　　『고려시기 지방제도 연구』, 서울대학교출판문화원, 231·232쪽.
　　정은정, 2018, 「개경의 경계 확정과 京畿制 확대 실시」, 『고려 開京·京畿 연구』,
　　　　혜안, 116~118쪽.

[原文]

國子監

國子監, 舊在南會賓門內. 前有大門, 榜曰國子監. 中建宣聖殿, 兩廡闢齋舍, 以處諸生. 舊制極隘, 今移在禮賢坊, 以學徒滋多, 所以侈其制耳.

[譯文]

국자감[1]

국자감은 옛날에 남쪽 회빈문 안에 있었습니다.[2] 앞쪽에는 큰 문이 있고 편액[榜]은 '국자감(國子監)'이라 했습니다. 가운데에는 선성전[3]을 세웠으며 양쪽 회랑[廡]에는 재사를 열어 제생[4]을 머무르게 했습니다.[5] 옛 규모는 매우 협소했으나 지금은 예현방[6]으로 옮겨졌는데, 학도가 점차 많아져서 그 규모를 크게 했기 때문입니다.[7]

[註解]

1) 國子監: 고려에서 儒學의 교육을 담당했던 최고 기관이다. 『高麗史』에는 992년(성종 11)에 만들어진 것으로 언급되어 있지만, 그 이전에도 서경의 학교 등 國學과 관련된 다양한 기록들이 확인되므로 적어도 986년에는 國子監이 성립되었다고 여겨진다. 문종대 提擧, 同提擧, 管勾, 判事, 祭酒, 司業, 丞, 國子博士, 太學博士, 注簿 등의 관직을 두었다.
  『高麗史』 권74, 志28 選擧2 學校.
  『高麗史』 권76, 志30 百官1 成均館.
  閔丙河, 1957, 「高麗時代의 敎育制度—特히 國子監을 中心으로—」, 『歷史敎育』 2.
  朴天植, 1982, 「高麗前期의 國子監 沿革考」, 『全北史學』 6.
  申千湜, 1983, 「高麗前期 學制 成立과 敎育理念」, 『高麗敎育制度史硏究』, 螢雪出版社 ; 1995, 『高麗敎育史硏究』, 景仁文化社.
  朴贊洙, 2001, 「고려 전기의 國子監」, 『高麗時代 敎育制度史 硏究』, 景仁文化社.
2) 舊在南會賓門內: 會賓門은 개경 羅城의 남대문이다. 이에 대해서는 『高麗圖經 역주(상)』, 103쪽 권3-4-(2)-7) 참조. 國子監이 회빈문 안에 있었던 것은 1089년(선

종 6)에 건물을 수리하기 위해 임시로 文宣王의 위패 등을 順天館으로 옮겨 봉안
했기 때문이었다.
    『高麗史』 권10, 世家10 宣宗 6년 8월 癸丑.
    申千湜, 1983, 앞의 책 ; 1995, 앞의 책, 81쪽.
3) 宣聖殿: 孔子를 모시는 大成殿을 말한다. 宣聖이란 본래 완전한 인격으로, 교육을
   통해 궁극적으로 도달하는 최고 수준을 의미한다. 고려에서는 일반적으로 공자
   를 지칭했다. 한편, 국초의 文廟制는 신라 말의 제도와 비슷했는데, 983년(성종
   2)에 任老成이 宋에서 文宣王廟圖·祭器圖·72賢贊記 등을 가져오면서 변화하였다.
   현종대 先儒에 대한 享祀가 이루어지기 시작했고 1101년(숙종 6)에 文宣王殿 左
   右廊의 새로 그린 61子·21賢像을 從祀하기 시작했다.
    『高麗史』 권3, 世家3 成宗 2년 5월 甲子.
    『高麗史』 권4, 世家4 顯宗 11년 8월·13년 1월.
    『高麗史』 권62, 志16 禮4 吉禮中祀 文宣王廟 肅宗 6년 4월 癸巳.
    諸橋轍次, 1984, 「宣聖」, 『大漢和辭典』 3, 東京 : 大修館書店, 997쪽.
    朴贊洙, 1984, 「文廟享祀制의 成立과 變遷」, 『藍史鄭在覺博士古稀記念東洋學論叢』,
        高麗苑, 136·137쪽.
    도요시마 유카(豊島悠果), 2012, 「고려시대의 문묘」, 『韓國思想史學』 40 ; 2017, 『高
        麗王朝の儀禮と中國』, 東京 : 汲古書院, 189·190쪽.
4) 諸生: 고려의 중앙교육기관인 國子監에서 수학하는 학생을 말한다.
    許興植, 1981, 「高麗의 國子監試와 이를 통한 鄕吏의 身分上昇」, 『高麗科擧制度史
        研究』, 一潮閣 ; 2005, 『고려의 과거제도』, 일조각, 181·182쪽.
5) 中建宣聖殿 …… 以處諸生: 國子監이 三舍制에 입각하여 건축되었음을 뜻하는 구
   절이다. 삼사제란 宋의 국자감에서 시행되던 것으로, 外舍·內舍·上舍로 교육편제
   를 구성하여 학생들의 교육 성과에 따라 상급의 齋舍로 옮기게 했던 교육체제이
   다. 宣聖殿을 중심으로 양쪽에 있던 재사의 하나는 進士 출신인 내사생의 재사였
   을 것이고, 다른 하나는 상사 및 國學七齋生의 재사였다고 추정된다.
    申千湜, 1983, 앞의 책 ; 1995, 앞의 책, 76·84쪽.
    朴贊洙, 2001, 앞의 책, 110~116쪽.
6) 禮賢坊: 개경의 坊 중 하나로, 992년(성종 11)에 처음으로 國子監을 설립했던 곳
   이다. 禮賢坊의 위치는 다른 기록에서 찾아볼 수 없다. 그러나 국자감의 위치를
   통해 유추해 보건대, 奉恩寺에서 가깝고 지대가 낮은 곳에 위치했을 것이라 추정
   된다(①). 한편, 開城府 서쪽의 國子洞에 위치했었다고 보는 견해도 있다(②).
    ① 도요시마 유카(豊島悠果), 2012, 앞의 논문 ; 2017, 앞의 책, 184~187쪽.
    ② 김창현, 2002, 앞의 책, 30쪽.
7) 今移在禮賢坊 …… 所以侈其制耳: 國子監의 규모가 커졌음을 언급한 구절이다.
   1109년(예종 4)에 7齋를 설치하면서 製述·明經에 응시하려는 자는 의무적으로
   국자감에 입학하게 하는 등 국자감 교육을 강화하였다. 이와 함께 1114년에 국
   자감을 다시 禮賢坊으로 이전해 중건하였다. 본문의 서술은 국자감 교육이 강화

되고 재생 수가 증가하자 이를 위해 시설의 규모를 늘린 상황을 반영한 것으로
보인다.
申千湜, 1983, 앞의 책 ; 1995, 앞의 책, 81~84쪽.

16-4

[原文]

倉厫

倉厫之制, 不施關鑰, 外爲墻垣, 唯開一門, 以防盜竊. 內城之內, 舊有
三倉, 今所見者, 特右倉耳. 宣義門之外, 有倉曰龍門. 洪州山中, 有倉曰
富用. 俗傳曰芙蓉[34], 非也. 大義倉, 舊在西南[35]門[36], 積米三百萬. 經回
祿, 悉爲煨[37]燼, 遂移於長霸門, 麗人, 以衆水所會之地, 可以厭火災耳.
又有海鹽常平二倉, 相去數百步. 唯富用與右倉, 不常發, 以儲兵革水旱
之備. 其積之狀, 如圓屋, 正詩所謂亦有高廩也. 下築土基, 其高數尺, 織
草爲苫, 中積米穀一石, 積而致之, 其高數丈, 出於墉外. 上復以草蓋之,
以蔽風雨. 蓋米氣不泄, 則陳腐, 今高麗倉廩中, 雖數歲, 而米亦新者, 以
積苫之法, 略通其氣耳. 國相, 每歲給米四百二十苫, 致仕半之. 尙書侍郞
而下, 二百五十苫, 卿監郞官, 一百五十苫, 南班官, 四十五苫, 諸軍衛錄
事, 一十九苫. 其武臣, 視此等而上之, 與文官相埒. 內外見任受祿官, 三
千餘員, 散官同正無祿給田者, 又一萬四千餘員. 其田皆在外州, 佃軍耕
蒔, 及時輸納, 而均給之.

---

34) 四 : 容.

35) 四 知 : 門.

36) 四 : 內, 知 : "內【鈔本作西南門今依鄭刻】"으로 기록되어 있다.

37) 四 : 煨.

[譯文]

창름[1]

창름의 제도는 자물쇠[關鑰]로 잠그지 않고 밖에 담을 만들었으며, 오직 문 하나만 내어 훔치는 것을 막았습니다. 내성의 안에는 예전에 3개의 창고가 있었으나, 지금 보이는 것은 다만 우창뿐입니다. 선의문[2] 밖에 창고가 있는데 용문[3]입니다. 홍주[4]의 산중에 창고가 있는데 부용(富用)[5]입니다. 세속에서 전하길 부용(芙蓉)[6]이라 하였지만, 아닙니다. 대의창[7]은 예전에 서남문에 있었으며 쌀 300만을 쌓았습니다. 화재[回祿]를 겪어 모두 타버리자 마침내 장패문[8]으로 옮겼는데, 고려 사람들은 여러 물줄기가 모이는 땅이므로 화재를 막을 수 있다고 여겼기 때문입니다. 또 해염[9]과 상평[10] 두 창고가 있는데, 서로 수백 보 떨어져 있습니다. 오직 부용과 우창은 항상 열지는 않았으며, 전쟁과 수재·한재에 대비하여 저장하였습니다. 그 쌓은 형상이 둥근 집과 같은데 바로 『시경』[11]에서 "또한 높은 창고가 있다."라고 말한 것입니다.[12] 아래는 토대를 쌓았는데 그 높이가 두어 자이며, 풀을 엮어 거적을 만들어 그 안에 쌀 1섬을 담았는데, 쌓여서 이른 것이 그 높이가 수 길이라 담장 밖으로 나왔습니다. 위에는 다시 풀로 그것을 덮어 바람과 비를 막았습니다. 대개 쌀은 공기가 통하지 않으면 묵고 썩는데, 지금 고려의 창름 안에는 비록 두어 해가 되어도 쌀이 역시 새것이니 거적을 쌓는 방법으로 대략 공기를 통하게 하기 때문입니다. 국상에게는 해마다 쌀 420섬을 지급하고 치사하면 그 반으로 하였습니다.[13] 상서·시랑[14] 이하는 250섬, 경·감·랑[15]의 관리는 150섬, 남반[16] 관리는 45섬, 여러 군과 위[17]의 녹사[18]는 19섬입니다.[19] 무신은 이러한 등급과 비교하여 올려주니 문관과 서로 비슷해졌습니다. 내외에서 현재 재임하여 녹을 받는 관리가 3,000여 원이고 산관동정으로 녹은 없으나 토지를 받는 자[20]가 또 14,000여 원입니다. 그 토지는 모두 지방[外州]에 있으며 전군[21]이 경작하여[耕蒔] 때에 맞게 실어다가 바치면 고르게 지급하였습니다.[22]

[註解]

1) 倉廩: 倉庫를 말한다. 창고는 祿俸·國用·軍資·賑恤 등의 목적으로 사용되는 곡식과 물품을 운영·보관·관리하는 역할을 하였다. 보관하는 물품에 따라 크게 2가지로 나누어졌는데 곡류를 보관하는 창고는 倉이라고 하였으며, 그 이외의 물건을 보관하는 창고를 庫로 분류하였다. 이때 창의 경우는 위치한 지역에 따라서 다시 3가지로 구분되었다. 먼저 개경에 위치하여서 중앙정부의 재정을 담당한 京倉과 지방관청에 필요한 재정을 맡은 州縣倉, 마지막으로 주요 조운로에 위치한 13漕倉으로 이루어졌다.

金載名, 1987, 「高麗時代의 京倉」, 『淸溪史學』 4, 65~73쪽.

박종진, 2000, 「조세제도의 성립과 조세체계」, 『고려시기 재정운영과 조세제도』, 서울대학교출판부, 23~26쪽.

2) 宣義門: 개경 羅城의 정서문이다. 이에 대해서는 『高麗圖經 역주(상)』, 123쪽 권4-2-1) 참조.

3) 龍門: 龍門倉을 말한다. 개경의 軍資를 담당하였다. 1064년(문종 18)에 용문창의 미곡을 麟州·龍州 등으로 옮겨 군량에 충당한 사례가 있어, 이곳이 설치된 시기를 문종대 이전으로 파악한다. 한편, 용문창의 재원은 예비적 성격을 가지고 있어서 진휼에 이용되기도 하였다.

『高麗史節要』 권5, 文宗 18년 2월.

金載名, 1987, 앞의 논문, 77·81쪽.

박종진, 2000, 앞의 책, 25쪽.

安秉佑, 2002, 앞의 책, 151·162쪽.

4) 洪州: 지금의 충청남도 홍성군 일원이다. 995년(성종 14)에 都團練使를 두었다. 1012년(현종 3)에는 知州事로 고쳤으며 屬郡이 3개이고, 屬縣은 11개였다. 한편, 본래 명칭인 運州에서 洪州로 개칭된 시기는 1012년이라 파악하는 견해가 있다.

『高麗史』 권56, 志10 地理1 楊廣道 洪州.

윤용혁, 2009, 「고려시대 홍주의 성장과 홍주읍성」, 『한국전통문화연구』 7, 227·228쪽.

5) 富用: 洪州—지금의 충청남도 홍성군 일원—부용산에 軍資穀을 보관하던 軍資倉을 말한다. 국초부터 존재했던 것으로 파악된다. 『高麗圖經』 권37, 富用山條에 의하면 변방에서 비상시에 사용하기 위한 목적이었기에 부용이라는 이름이 붙었다고 한다.

金載名, 1995, 「高麗時期의 軍倉」, 『韓國史研究』 89, 8·12쪽.

安秉佑, 2002, 앞의 책, 55쪽.

6) 芙蓉: 13漕倉 가운데 하나인 芙蓉倉을 말한다. 지금의 전라남도 영광군에 위치하

였으며, 앞의 富用倉과는 별개의 곳이다.

　『高麗史』 권79, 志33 食貨2 漕運.

7) 大義倉: 개경에 위치한 창고 가운데 하나이다. 이를 大倉과 義倉을 함께 언급한
　것으로 파악하거나(①), 미곡이 300만 석 규모로 쌓여있었으므로 의창의 역할을
　했을 것으로 추정하기도 한다(②). 한편, 의창제도는 성종·현종대를 걸쳐 정비된
　救恤制度로, 농민을 구제하고 농업 재생산을 위한 목적에서 시행되었다.

　　① 朴鐘進, 1986, 「高麗前期 義倉制度의 構造와 性格」, 『高麗史의 諸問題』, 三英社,
　　　427~433쪽.

　　② 安秉佑, 2002, 앞의 책, 149쪽.

8) 長霸門: 개경 羅城의 동문이다. 이에 대해서는 『高麗圖經 역주(상)』, 103쪽 권3-4-
　(2)-5) 참조.

9) 海鹽: 常平倉 근처의 京倉 중 하나인 海鹽倉을 말한다. 본문 이외에는 기록이 소
　략하여 자세한 내용을 알기 어렵다.

10) 常平: 常平倉을 말한다. 豐凶을 헤아려 穀價를 조절하고, 빈민에게 곡식을 시가보
　다 싸게 판매하여 백성들의 생활을 안정시키는 일종의 구휼기구이다. 993년(성
　종 12)에 兩京과 12牧에 설치되었다.

　『高麗史』 권80, 志34 食貨3 常平義倉 成宗 12년 2월.

　崔昌茂, 1985, 「高麗時代의 倉積救貧에 關한 考察」, 『社會科學』 4, 170쪽.

　安秉佑, 2002, 앞의 책, 155·156쪽.

11) 詩: 『詩經』을 가리킨다. 이에 대해서는 『高麗圖經』 권15-1-1) 참조.

12) 正詩所謂亦有高廩也: 『詩經』에 나오는 구절로, "또한 높은 창고가 있으니 만이고
　억이고 천억이다[亦有高廩 萬億及秭]."의 일부를 인용한 것이다. 많은 곡식이 쌓
　여있는 모습을 표현한 것이다.

　『詩經』 周頌 豐年.

13) 致仕半之: 70세가 되어 퇴임하는 3품 이상의 관인에게 致仕職을 제수해 현직 祿
　俸의 절반 정도를 받도록 하는 제도이다. 일부 관직에 따라 편차는 존재했으나,
　대체로 현직 녹봉에 비해 대략 절반정도의 치사녹봉을 받았다. 이는 국가의 원
　로를 봉양하는 목적으로 시행되었다.

　『高麗史』 권80, 志34 食貨3 祿俸.

　『高麗史節要』 권6, 宣宗 7년 1월.

　李弼相, 1971, 「麗朝致仕考」, 『惠庵柳洪烈博士華甲紀念論叢』, 探求堂, 158~166쪽.

　李鎭漢, 2013, 「高麗前期 致仕制의 運營과 官人의 引年致仕」, 『민족문화연구』 58,
　　275·277~279쪽.

14) 尙書侍郎: 尙書6部에 속한 관직이다. 이에 대해서는 『高麗圖經 역주(상)』, 208쪽
　권7-5-5) 및 210쪽 권7-6-4) 참조.

15) 卿監郎: 寺·監 등에 속한 관직이다. 『高麗圖經』 권7, 卿監服條에 따르면 六寺의 卿
　과 少卿, 省과 部의 丞郎, 國子儒官과 祕書典職 등에 해당한다. 각각 해당하는 관
　직에 대해서는 『高麗圖經 역주(상)』, 213·214쪽 권7-7-2)~권7-7-5) 참조.

16) 南班: 궁중에서 殿中 당직이나 국왕 호종 및 왕명 전달 등을 맡아보는 직위들로 南北宣徽院, 閣門—閣門—, 掖庭局 등에 소속되었다. 가계에 하자가 있는 양반층을 비롯하여 雜路와 宦者 및 승려 자손 등으로 구성되었으며 限品制의 적용 대상이었다.
曹佐鎬, 1957, 「麗代南班考」, 『東國史學』 5, 11~17쪽.
李丙燾, 1966, 「高麗南班考」, 『(서울대학교)論文集』 12, 158~166쪽.
최규성, 1999, 「고려 남반직의 성격변화에 대한 연구」, 『史學研究』 58·59合, 636·654쪽.

17) 諸軍衛: 고려 京軍인 2軍 6衛를 말한다. 2군에 대해서는 『高麗圖經 역주(상)』, 250쪽 권9-1-3) 참조. 6위에 대해서는 『高麗圖經 역주(상)』, 221쪽 권8-1-(1)-7) 참조.

18) 錄事: 고려 京軍인 6衛에 소속된 정8품 관직으로 각각 2인이다. 이들은 衛 내에서 여러 업무를 담당하였다.
『高麗史』 권77, 志31 百官2 西班.

19) 國相 …… 一十九苫 : 관직에 따라 받는 녹봉액을 나타낸 것이다. 하지만 서긍이 본문에서 서술한 녹봉액과 『高麗史』에 서술된 1076년(문종 30)의 녹봉과는 차이가 있다. 『高麗圖經』 권7, 冠服篇에 나타나는 서긍의 인식 하 국상 범주 관직들과 함께 비교 정리하면 아래 [표 1]과 같다.

[표 1] 고려 관인의 녹봉 지급 기록 비교

『高麗圖經』 내 직군 표기	직명	『高麗史』 기재 녹봉 지급 수	『高麗圖經』 기재 녹봉 지급 수
國相	門下侍中	400石	420石
	門下侍郎平章事, 中書侍郎平章事	366石 10斗	
	叅知政事, 樞密事, 同知院事	353石 5斗	
	左右僕射	333石 5斗	
	樞密院副	300石	
	太尉, 司徒	26石 10斗	
	政堂文學, 判尙書吏部事, 院知奏事	미기재	
尙書·侍郎 이하	六尙書, 左右常侍, 御史大夫, 翰林學士承旨	300石	250石
	左右丞	233石 5斗	
	諸曹侍郎, 御史中丞, 中書舍人, 給事中	200石	
	左右諫議	173石 5斗	
	接伴館伴官, 州牧留守使·副, 閣門執贊, 六尙直官, 都知兵馬, 四部護使	미기재	

卿·監·郎	六卿, 秘書監, 殿中監, 國子祭酒	233石 5斗	150石
	司天監, 將作監, 少府監, 軍器監	173石 5斗	
	六少卿, 太醫監, 國子司業, 秘書少監, 將作少監, 少府少監, 殿中少監	153石 5斗	
	秘書丞, 殿中丞, 六少卿, 起居郎, 起居舍人, 左右司郎中, 諸曹郎中, 司天少監, 軍器少監	120石	
	起居注	100石	
	左右司員外郎, 諸曹員外郎, 左右司諫	86石 10斗	
	大醫少監	86石 4斗	
	左右正言	66石 10斗	
	國子丞, 秘書郎	53石 5斗	
南班	閤門祇候	63石 5斗	45石
	內殿崇班	46石	
	東西頭供奉官	30石	
	左右侍禁	26石 10斗	
	左右班殿直	23石 5斗	
	殿前承旨	20石	
諸軍衛錄事	六衛錄事	20石	19石

* 직명과 직군은 『高麗圖經』 권7에서 나타나는 구분을 기준으로 하였다. 그리고 직명에 대해 추정이 필요한 경우 『高麗圖經 역주(상)』 206~214쪽 주해에 의거하였다.

이러한 숫자 차이가 발생한 것은 서긍이 고려의 제도에 대해 자세히 알지 못했기 때문이라 여겨진다.

『高麗史』 권80, 志34 食貨3 祿俸.

20) 散官同正無祿給田者: 散官同正이 토지를 받았음을 보여주는 구절이다. 산관은 職事가 없고 직함만 있는 관직으로 檢校職·同正職 등이 있었다. 이러한 산직 체계는 실직 제수의 수적인 한계성을 극복하고자 설정되었으며, 실직을 갖지 못한 이들을 관직세계로 편입시키려는 의미뿐 아니라 勳職의 성격도 가지고 있었다. 그중에서도 동정은 문반 6품과 무반 5품 이하 관직에 설정되었으며, 음서 수음자나 과거 급제자에게 초직으로 활용되었다. 이때 토지 지급의 기준은 산관동정직이 아니라 그들의 文散階였다.

金光洙, 1969, 「高麗時代의 同正職」, 『歷史敎育』 11·12合.

박용운, 1993, 「관직과 관계」, 『한국사』 13, 국사편찬위원회 ; 1997, 앞의 책, 28~32쪽.

李鎭漢, 1999, 「官人의 初入仕와 土地分給」, 『고려전기 官職과 祿俸의 관계 연구』, 一志社, 36~52쪽.

吳致勳, 2018, 「전시과의 분급대상과 唐·宋 制度」, 『고려 전시과의 분급체계와 운영』, 高麗大學校 韓國史學科 博士學位論文, 79~83쪽.

　김기섭, 2020, 「고려 마도 1·2호선 목간을 통해 본 조(租)의 수취방식과 토지의 성격」, 『한국중세사연구』 63, 79~81쪽.

21) 佃軍: 문맥상 일반적인 농경지의 경작자를 뜻하는 佃戶가 아니라 田柴科로 지급된 科田을 경작하는 사람을 지칭한다. 이에 대해서는 다양한 의견이 존재하는데, 먼저 村留 二·三品軍으로 구성된 州縣軍으로 파악하여 지방농민의 집단 노동에 의해 과전이 경영된 것으로 이해하기도 한다(①). 이 밖에 소작제로 운영되는 양반 과전의 전호 집단으로 보는 견해(②) 혹은 地主佃戶制가 없고 國田制가 시행되는 고려왕조 치하의 일반 백성을 국가의 땅을 빌려서 경작한다는 의미에서 佃軍으로 불렀다거나(③), 혹은 과전의 전객 농민인 佃農·佃夫의 群稱으로 설명하기도 한다(④). 또한 외방에 있던 양반 관리와 군인층의 家田과 永業田을 경작하던 백성으로 파악하기도 한다(⑤).
　① 李佑成, 1965, 「高麗의 永業田」, 『歷史學報』 28 ; 1991, 『韓國中世社會研究』, 一潮閣 ; 2010, 『韓國中世社會研究』, 창비, 46~49쪽.
　② 姜晋哲, 1991, 앞의 책, 68~78쪽.
　③ 李榮薰, 1999, 「高麗佃戶考」, 『歷史學報』 161, 57·58쪽.
　④ 李景植, 2007, 「高麗前期 田柴科의 運營原則」, 『高麗前期의 田柴科』, 서울대학교 출판문화원 ; 2012, 『高麗時期土地制度研究―土地稅役體系와 農業生產―』, 지식산업사, 216쪽.
　⑤ 김기섭, 2020, 앞의 논문, 81·82쪽.

22) 其田皆在外州 …… 而均給之: 수조지에서 田租를 수취하는 방법을 나타낸 것이다. 본문의 내용을 토대로 고려전기에는 公田 외에 兩班田과 같은 私田에서도 전조는 국가의 책임 아래 수취되어 전주에게 분급되었다는 이른바 '官收官給制說'이 개진되었다(①). 하지만 사전이라고 해도 전조의 수취와 분급에 있어서 조운을 이용하는 등 官의 협력이 필요했다는 점을 고려하면 관수관급제설에는 다소 무리가 따른다(②).
　① 李佑成, 1965, 앞의 논문 ; 1991, 앞의 책 ; 2010, 앞의 책, 52~55쪽.
　② 金載名, 1987, 앞의 논문, 85~89쪽.

16-5

[原文]

府軍

奉先庫, 在廣化門之東, 去順天館官道之北. 前門二間[38], 稍東開門. 左有一堂, 其制極高, 出於墙外. 右有一樓, 東面, 不施窓牖. 唯於其柱, 榜云, 貯水防火. 蓋其中所藏, 乃奉先王祭器牲牢. 及國忌, 給齋料於此, 以施諸寺焉.

[譯文]

부고

봉선고[1]는 광화문의 동쪽이자 순천관[2]으로 가는 관도의 북쪽에 있습니다. 앞문은 2칸이며 약간 동쪽으로 문을 내었습니다. 왼쪽에는 당(堂) 하나가 있는데, 그 제도가 매우 높아 담장 밖으로 솟았습니다. 오른쪽에는 누각 하나가 있는데, 동쪽 면에는 창문을 내지 않았습니다. 다만 그 기둥에는 '저수방화(貯水防火)'라는 방문을 붙였습니다. 대개 그 안에 보관한 것은 곧 선왕을 받드는 제기와 희생물입니다. 국기일에 이르면 이곳에서 재[3]의 재료를 지급하여 여러 사찰에 시납합니다.

[註解]

1) 奉先庫: 先王·先后의 忌辰에 필요한 비용을 조달한 기구이다. 이에 대해서는 『高麗圖經 역주(상)』, 105쪽 권3-4-(2)-19) 참조.
2) 順天館: 宋 사신을 위한 객관을 말한다. 이에 대한 내용은 『高麗圖經』 권27, 順天館條에서 자세히 설명할 것이다.
3) 齋: 先王·先后의 기일에 진행되는 忌辰齋를 말한다. 기신재는 追善의 의미를 지닌 불교식 의례로 고려에서는 국초부터 시행되었다. 성종대 정식 제도로 자리 잡았으며, 선종대 이후로는 안정적으로 운영되었다.
라정숙, 2014, 「고려시대 기신재(忌辰齋)의 설행과 의미」, 『韓國思想史學』 47.

---

38) 知 : 聞.

16-6

藥局

高麗舊俗, 民病不服藥, 唯知事鬼神, 呪咀[39]厭勝爲事. 自王徽遣使入貢, 求醫之後, 人稍知習學, 而不精通其術. 宣和戊戌歲, 人使至, 上章乞降醫職, 以爲訓導. 上可其奏, 遂令藍茁等往其國, 越二年乃還, 自後通醫者衆. 乃於普濟寺之東, 起藥局, 建官三等. 一曰太醫, 二曰醫學, 三曰局生, 綠衣木笏, 日泣其職. 高麗他貨, 皆以物交易, 唯[40]市藥, 則間[41]以錢寶[42]焉.

[譯文]

약국[1]

고려의 옛 풍속에서는 민이 병들어도 약을 먹지 않고 오직 귀신을 섬길 줄만 알아서 주술과 주문을 외우기를[呪咀厭勝] 일삼았습니다.[2] 왕휘(王徽, 문종)[3]가 사신을 보내 공물을 바치고 의관을 구한 이후부터[4] 사람들이 조금 익히고 배워 알게 되었으나, 의술에 정통하진 못하였습니다. 선화 무술년(1118)[5]에 사신이 이르러 의관을 내려주면 훈도로 삼겠다는 글을 올렸습니다. 황제께서 그 아뢴 것을 허락하셔서 마침내 남줄[6] 등으로 하여금 고려[其國]로 가게 하였는데,[7] 2년이 지나서 돌아왔고, 이후부터 의학에 정통한 자들이 많아졌습니다. 이에 보제사[8]의 동쪽에 약국을 세우고 세 등급의 관리를 두었습니다. 첫째는 태의, 둘째

---

39) 四 知 : 詛.
40) 知 : 惟.
41) 知 : 間.
42) 四 知 : 貿.

는 의학, 셋째는 국생이며 녹색 옷에 나무 홀을 쥐고 날마다 그 직임에 임하였습니다.[9] 고려에서 다른 재화는 모두 물건으로 교역했으나 오직 약을 거래할 때면 간간이 전보로 합니다.[10]

[註解]

1) 藥局: 고려시대 藥局에 대해서는 宋醫들에게 의학을 배우기 위해서 임시로 설치된 교육기관으로 파악하거나(①) 惠民局이라고 이해한 연구가 있다(②). 또는 宋의 太醫局에 비견되는 교육 실무를 담당한 의학교육기관으로 보는 견해도 있다(③).
   ① 金斗鐘, 1966, 「醫事制度」, 『韓國醫學史』, 探求堂, 172·173쪽.
   ② 孫弘烈, 1988, 「高麗時代의 醫療制度」, 『韓國中世의 醫療制度研究』, 修書院, 111쪽.
   李美淑, 2003, 「技術官의 職制」, 『高麗時代 技術官 研究—醫官과 譯官을 中心으로—』, 祥明大學校 史學科 博士學位論文, 34·35쪽.
   ③ 宋春永, 1998, 「醫學의 設置와 變遷」, 『高麗時代雜學敎育研究』, 螢雪出版社, 54쪽.
   이경록, 2010, 「의료제도의 발전과 의료의 활성화」, 『고려시대 의료의 형성과 발전』, 혜안, 245·246쪽.
2) 高麗舊俗 …… 呪咀厭勝爲事: 고려시대 환자에 대한 呪咀厭勝의 풍속을 묘사하고 있다. 厭勝에 대해서는 『高麗圖經 역주(상)』, 108쪽 권3-6-2) 참조. 고려인들이 약보다 압승을 택했던 것은 음양설 혹은 귀신을 숭상하는 고려인의 심성과 연관된다.
   박경안, 2006, 「고려인들의 다양한 금기와 질병을 대하는 태도」, 『역사와 현실』 59 : 2007, 『고려시대 사람들의 삶과 생각』, 혜안, 310쪽.
   이경록, 2022, 「고려시대 환자들의 질병 대응양상과 동아시아의학의 대중화」, 『史林』 81, 128~132쪽.
3) 王徽: 고려의 제11대 왕 文宗(1019~1083)이다. 그에 대해서는 『高麗圖經 역주(상)』, 64쪽 권2-2-(1)-43) 참조.
4) 自王徽遣使入貢 求醫之後: 문종이 宋에 醫官을 요청한 것에 대해 언급한 문장이다. 1071년(문종 25) 고려와 송의 외교가 재개된 이후, 문종은 송에 의관과 약재를 적극적으로 요구하였다. 이는 문종 개인의 치료 목적뿐만 아니라 고려 의관의 의술이 저급하였으며 토산 약재가 큰 효과가 없었기 때문에 송 의학에 대한 갈증을 표출했던 것으로 보인다.
   『高麗史』 권9, 世家9 文宗 32년 7월 乙未·33년 7월 辛未.
   이경록, 2010, 앞의 책, 235~238쪽.
5) 宣和戊戌歲: 선화는 宋 徽宗의 연호로 1119~1125년 사이에 사용되었다. 한편, 선화 연간은 기해년(1119)부터 사용된 연호이기 때문에 무술년(1118)은 포함되지 않는다. 하지만 송의 醫官이 고려로 온 사실이 『高麗史』에 기록되어 있어서 해당

시기를 1118년으로 파악할 수 있다.

『高麗史』 권14, 世家14 睿宗 13년 7월 辛巳.

6) 藍茆: 생몰년 미상. 宋의 醫官이다. 송에서 迪功郎 試大醫學錄을 지냈다. 고려에서 송에 의술에 뛰어난 자를 요청한 것에 따라 秉義郎 閤門祗候 曹誼와 함께 1118년(예종 13)에 고려로 들어왔다.

『高麗史』 권14, 世家14 睿宗 13년 7월 甲申.

7) 宣和戊戌歲 …… 遂令藍茆等往其國: 해당 시기는 1118년(예종 13)으로, 이해에 고려는 宋에게 의료교습을 위해 의사를 보내달라고 요청하였다. 당시 고려에서는 구체적으로 大方脈科와 瘡瘇科의 의료인을 요청했는데, 이는 송 의학에 대한 이해가 높아졌음을 보여준다. 그러자 송에서는 太醫局 소속의 관원인 醫官 楊宗立과 藍茆 등을 보내주었다. 실제로 이 무렵 李坦之가 중국에서 온 이름난 의관에게 의술을 배웠다는 기록이 있다.

『高麗史』 권14, 世家14 睿宗 13년 7월 辛巳·甲申.

『高麗史節要』 권8, 睿宗 13년 7월.

「李坦之墓誌銘」.

이경록, 2010, 앞의 책, 243쪽.

이바른, 2022, 「고려 전기 의관(醫官) 양성과 송 의직(醫職)의 변용」, 『한국중세사연구』 70, 83·84쪽.

8) 普濟寺: 919년(태조 2)에 개경 내에 창건된 禪宗 사찰이다. 이에 대한 내용은 『高麗圖經』 권17, 廣通普濟寺條에서 자세히 설명할 것이다.

9) 一曰太醫 …… 日治其職: 藥局에 배치된 관리에 대한 언급이다. 이들의 명칭은 모두 宋의 의료제도에 등장하는 용어로, 고려의 太醫—醫學—局生은 송 太醫局의 提擧—敎授—局生에 각각 상응된다. 한편, 녹색 옷에 나무 홀을 쥐었다는 것으로 보아 『高麗圖經』 권7, 庶官服條에 등장하는 初入仕者나 入仕胥吏와 비슷한 위치에 있었음을 알 수 있다.

李美淑, 2003, 앞의 논문, 35쪽.

이경록, 2010, 앞의 책, 245·246쪽.

10) 唯市藥 則間以錢寶焉: 고려 사람들이 약을 거래할 때는 화폐를 이용한다는 구절이다. 이때 사용된 화폐인 錢寶에 대해서 宋의 동전으로 파악하기도 하지만(①), 동전을 언급하는 것인지 알 수 없다는 견해(②)도 있다. 숙종대 발행된 海東通寶와 관련되었을 가능성도 있다.

① 蔡雄錫, 1988, 「高麗前期 貨幣流通의 기반」, 『韓國文化』 9, 97쪽.

② 金度燕, 2018, 「鐵錢과 銅錢의 유통」, 『고려시대 화폐유통 연구』, 高麗大學校 韓國史學科 博士學位論文, 26쪽.

[原文]

囹圄

囹圄之設, 其墉高峻, 形如環堵. 中亦有屋, 蓋古圜土[43]之意也. 今在官道之南, 與刑部相對. 輕罪則付刑部, 盜及重罪, 則付獄. 繫以縲絏, 無一人得逸者, 亦有枷杻之法. 然淹延不決, 有至閱時經歲, 唯贖金可免. 凡決杖, 以一大木橫, 縛二手於上, 使之箸[44]地而後, 鞭之. 笞杖極輕, 自百至十, 隨其輕重而加損. 唯大逆不孝, 乃斬, 次則反縛髀骨, 相摩至膏, 次皮膚拆[45]裂, 乃已, 亦車裂之類也. 外郡, 不行刑殺, 悉械送[46]王城. 每歲八月慮囚. 夷[47]性[48]本[49]仁, 死罪多貸, 而流於山島, 累赦則以歲月久近, 量輕重原之.

[譯文]

영어[1]

영어의 설비는 그 담이 높고 가파르며 형태는 사방이 둘러싸인 것[環堵]과 같습니다. 가운데에 또한 건물이 있는 것은 대개 옛 환토(圜土)의 의미입니다.[2] 지금은 관도의 남쪽에 있어 형부와 서로 마주합니다.[3] 가벼운 죄는 형부로 보내고 도둑과 중죄인은 감옥으로 보냅니다.[4] 포승으로 묶으면 한 사람도 달아날 수 있는 자가 없으며, 또한 칼과 수갑의

---

43) 四 : 丘.
44) 四 知 : 著.
45) 四 : 折.
46) 四 : "送【闕二字】"로 기록되어 있다.
47) 四 : 俗.
48) 四 : 尙.
49) 四 : 寬.

법이 있습니다. 그러나 오래 끌고 판결이 나지 않아 계절과 해를 지나기도 하는데, 오직 속금[5]을 내고 면할 수 있습니다. 무릇 장을 처결함에는 큰 나무 하나를 가로로 두고 두 손을 위에 묶어 그로 하여금 땅에 엎드리게 한 후에 매질합니다. 태와 장은 매우 가볍고, 100대에서 10대까지인데 그 경중에 따라 더하거나 줄입니다.[6] 오직 대역이나 불효는 곧 참하고[7] 그 다음은 뒤로 결박하고 넓적다리 뼈와 가슴이 닿도록 하여 피부가 터지고 찢어져서야 그만두게 하니, 또한 거열[8]의 종류입니다. 지방[外郡]에서는 사형[刑殺]을 집행하지 않고 모두 형틀에 묶어 왕성으로 보냅니다.[9] 매해 8월에는 여수합니다.[10] 고려 사람들[夷]의 성품은 본래 어질어서 사형의 죄라도 관대히 다스리는 것이 많아 산과 섬에 유배 보내고,[11] 누차 사면할 때는 세월의 오래된 정도[久近]에 따라 경중을 헤아려 용서합니다.

[註解]

1) 囹圄: 감옥을 일컫는 말로『禮記』에 처음 등장한다. 囹은 領을 뜻하고, 圄는 禦를 뜻하여 가두어 기록하고 금지하며 막는다는 의미이다. 또 囹은 令을 뜻하고, 圄는 與를 뜻하여 죄인을 유폐하여 뉘우쳐 遷善하도록 한다는 의미로 보기도 한다. 고려에서는『禮記』月令과 獄官令 등이 영어 운영의 기준이었다. 당시 고려 사람들은 영어가 가득차고 刑政이 지체되는 상황을 곧 陰陽·乾文·時令이 균형을 잃는 것으로 인식하고 있었다.
『高麗史』권4, 世家4 顯宗 9년 2월 乙亥.
『高麗史』권85, 志39 刑法2 恤刑 顯宗 9년 윤4월·明宗 23년 4월.
『禮記』月令.
諸橋轍次, 1984,「囹圄」,『大漢和辭典』3, 東京 : 大修館書店, 65쪽.
蔡雄錫, 2009,「고려시대 刑政의 '原情'認識과「月令」활용」,『한국중세사연구』27 ; 2010,『월령과 국가』, 민속원.
한정수, 2011,「고려시대 월령과 국가운영」,『쌀·삶·문명 연구』4, 39·40쪽.
2) 囹圄之設 …… 蓋古圜土之意也: 고려 囹圄의 시설과 관련한 구절이다. 서긍은 고려의 영어를 圜土의 의미와 연결 짓고 있는데, 환토는 둥근 담장이 있는 감옥을 말한다.『周禮』에서는 "환토에 부랑민을 모아 교화시키며 모든 사람을 해한 자는

환토에 두어 일을 시켰다[以圜土聚敎罷民 凡害人者寘之圜土而施職事焉].”라고 기
록되어 있다.『唐律疏議』에는 “徒라는 것은 奴의 뜻이다. 대개 종으로 삼아 恥辱
을 주자는 것이다. …… 또 그에게 노역을 시키되 환토에 두어 교화시킨다[徒者
奴也 蓋奴辱之 …… 又任之以事 寘以圜土而收敎之].”라고 기록되어 있다. 따라서
환토는 徒刑이 시행되고 수감자에게 노역을 부과해 교화시키는 공간이었음을 알
수 있다. 본문의 내용을 감안하면 고려의 영어도 환토와 역할이 유사했을 것이다.
　　『周禮』 秋官司寇 大司寇.
　　『唐律疏議』 名例 徒刑5.
　　諸橋轍次, 1984,「圜土」,『大漢和辭典』3, 東京 : 大修館書店, 107쪽.
3) 今在官道之南 與刑部相對: 고려의 감옥과 刑部의 위치에 대한 서술이다.『高麗圖經』
　　권16, 臺省條에 따르면 형부는 관도의 남쪽에 吏部·兵部와 함께 자리했다. 형부의
　　뒤쪽에는 刑部南街라 불리는 길이 있었는데, 본문의 내용에 따르면 형부의 감옥은
　　이 길을 사이에 두고 형부와 마주 보도록 위치한 것이 된다. 한편, 1113년(예종 8)
　　예종은 관도 북쪽의 王輪寺에 행차하였다가 형부남가를 경유한 바 있다. 이때 예
　　종이 관도를 택하지 않고 굳이 우회해서 형부남가에 진입할 이유가 없으므로,『高
　　麗圖經』의 형부 및 형부의 감옥 위치에 대한 신뢰성에 의문을 제기하기도 한다.
　　『高麗史』 권13, 世家13 睿宗 8년 2월 辛亥.
　　박진훈, 2003,「고려시대 감옥(監獄)의 설치와 운영체계」,『역사와 현실』47, 154·
　　　　155쪽.
4) 輕罪則付刑部 …… 則付獄: 고려시대 刑部는 법률의 제정과 재판, 처결 등의 임무
　　를 담당하였으며, 감옥 및 囚人과 관련한 업무는 典獄署가 관장하였다. 두 관서
　　의 업무가 유기적 관계였으므로, 전옥서가 형부에 합속되거나 형부가 刑獄을 관
　　장한다고 표현되기도 하였다. 즉, 서긍의 서술과는 달리 두 관서는 형부가 전옥
　　서를 포괄하는 형태의 일원적 체계로 운영되고 있었다. 다만 가벼운 죄의 경우
　　형부 자체적으로 즉결심판을 통해 처리하였기 때문에 본문과 같은 서술이 나온
　　것으로 보인다.
　　『高麗史』 권42, 世家42 恭愍王 19년 12월 丙寅.
　　『高麗史』 권76, 志30 百官1 刑曹.
　　『高麗史』 권77, 志31 百官2 典獄署.
　　박진훈, 2003, 앞의 논문, 155~157쪽.
5) 贖金: 재화를 내고 本刑을 면제받는 제도인 贖刑을 말한다.『高麗史』에는 贖銅으
　　로 표현하고 있다. 속형제는 唐律을 수용한 것으로 관품 혹은 그 蔭이 있을 때,
　　進士인 경우, 죄인이 나이가 많거나 寬刑이 필요할 때, 확증이 없는 경우, 가벼운
　　죄 등에 적용하였다. 그러나 加役流刑에 해당하거나 진사가 偸盜·詔曲·强奸·鬪傷
　　한 경우에는 적용되지 않았다. 속형에는 銅 외에 布와 銀도 사용되었으며 속형으
　　로 거둔 재물은 대부분 國用에 충당되었으나 피해자에게 보내지기도 하였다.
　　『高麗史』 권84, 志38 刑法1 名例.
　　蔡雄錫, 2001,「高麗時代의 財産刑—贖刑·罰科金·賠償·籍沒—」,『고려시대연구』Ⅲ,

한국정신문화연구원, 135~151쪽.

6) 笞杖極輕 …… 隨其輕重而加損: 5刑 중 笞刑과 杖刑의 내용을 언급한 구절이다. 『高
麗史』에 의하면 태형은 10대에서 50대, 장형은 60대에서 100대이며, 각각 10대
단위로 5등급이 나뉘어 있다. 용도에 따라 장의 종류도 구분하였고 笞杖, 脊杖,
臀杖이 사용되었다. 한편, 『唐律疏議』에는 태형은 넓적다리·엉덩이, 장형은 등·넓
적다리·엉덩이에 같은 수로 배분하여 집행하게 되어있다.
　　『高麗史』 권84, 志38 刑法1 名例 笞刑·杖刑·刑杖式.
　　『唐律疏議』 名例 笞刑5·杖刑5.

7) 唯大逆不孝 乃斬: 死刑 중 斬刑에 관련한 구절이다. 고려에서 사형은 絞刑·참형의
두 가지로 운영되었다. 교형보다 참형이 상대적으로 더 중한 죄에 적용되었는데,
죄의 경중이 사체의 온전 여부에도 영향을 미쳤기 때문이다. 참형은 謀叛·大逆과
관련된 경우나 大惡에 주로 적용되었다. 이 중 대악은 불효로 여겨지는 가족 관
계 범죄를 포함하는데, 고려에는 행위의 단계나 인척관계를 함께 고려하여 참형
을 결정하는 규정이 있었다.
　　『高麗史』 권84, 志38 刑法1 序·名例 死刑·大惡.
　　辛虎雄, 1995, 「《高麗史》 刑法志에 대한 檢討」, 『高麗法制史研究』, 國學資料院, 65쪽.

8) 車裂: 수레를 이용한 형벌이다. 죄인의 몸을 두 대의 소 수레에 나누어 묶어 좌
우로 끌어당기는 방식이었다. 轘刑, 轘裂 등으로 불리기도 한다.
　　諸橋轍次, 1985, 「車裂」, 『大漢和辭典』 10, 東京 : 大修館書店, 985·986쪽.
　　채웅석, 2009, 『『고려사』 형법지 역주』, 신서원, 480쪽.

9) 外郡 …… 悉械送王城: 고려시대 사법절차의 일단을 나타내는 구절이다. 고려시
대 지방에서의 사법행위 중 重刑에 해당하는 경우, 牧·都護府에서는 자체적으로
심문하며 知州·縣令급 고을은 界首官이 참여해 심문하도록 되어 있었다. 심문을
통해 작성한 문서는 중앙으로 이송해야 했다. 이송된 문서는 刑部에서 수합하여
국왕에게 上奏되어 국왕의 재가를 받았다. 고려가 사형 집행을 이런 방식으로 한
것에는 살생을 금하는 佛敎의 영향으로 人命을 중요하게 여긴 까닭도 있었다.
　　『高麗史』 권84, 志38 刑法1 職制.
　　朴容漢, 2002, 「고려후기 守令의 사법권 및 行刑範圍의 확대와 그 성격」, 『韓國史
　　　論』 33, 251쪽.
　　김아네스, 2004, 「고려시대 地方刑政과 牧」, 『大丘史學』 77, 23·24쪽.
　　윤경진, 2004, 「고려전기 界首官의 운영체계와 기능」, 『東方學志』 126, 41~44쪽.

10) 每歲八月慮囚: 慮囚는 錄囚, 繫囚, 疏決 등으로도 불리며 죄인에 대한 재심사를 의
미한다. 재심사 이후 減刑되던 것이 관례이므로 사실상 赦의 효과가 있었다. 고
려에서 사·여수는 국왕의 절대적인 권한에 해당하였으며 天災地變이나 국가적
행사, 왕실의 大·小事, 대외관계 관련 등 특정 사건이 있을 때 시행되었다. 특히
여수에 한정하면 천재지변과 관련한 사례가 다수였다. 한편, 고려에서 사·여수
는 부정기적으로 운영되었으며, 본문의 언급처럼 매해 8월에만 이루어졌던 것은
아니었다.

韓容根, 1986,「高麗時代의 赦에 關한 研究」,『慶熙史學』12·13合, 29~48쪽.

任大熙, 1990,「恩赦實施를 通하여 본 唐代政治」,『大丘史學』40, 34쪽.

辛虎雄, 1993,「高麗時代의 赦免制度」,『關大論文集』21 ; 1995, 앞의 책, 351~380쪽.

11) 死罪多貸 而流於山島: 고려시대에는 참작할 여지에 따라 死刑에 해당하는 죄를 流刑으로 감형 해주는 경우가 있었다. 大惡에 해당하는 죄도 過失의 유무를 판단하여 그 형을 달리하였는데, 한 예로 부모·조부모를 구타한 자는 斬刑에 해당하였으나 과실로 구타한 자는 유배 3,000리에 처했다. 과실 외에도 해당자의 신분이나 관직 고하를 고려하여 본래 형보다 낮은 형량이 구형되거나, 당사자 대신 私奴 등 대체자가 유형에 처해지기도 하였다. 한편, 고려시대의 유형은『高麗史』에 2,000리, 2,500리, 3,000리 등으로 규정되어 있으나 고려는 지리적 여건으로 인해 이를 단순 거리로 적용하지 않고 近地, 遠地, 海島 등으로 구분하여 운영하였다. 유배 과정에서 부가적인 형벌이 주어지기도 하였으며, 贖刑 제도는 상당히 제한되어 적용되었다.

『高麗史』권84, 志38 刑法1 名例 流刑·職制·大惡.

辛虎雄, 1995, 앞의 책, 254~265쪽.

김난옥, 2003,「高麗前期의 流配刑」,『韓國史研究』121, 56·57·67~78쪽.

17-1

[原文]

祠宇

臣聞高麗, 素畏信鬼神, 拘忌陰陽, 病不服藥, 雖父子至親, 不相視, 唯知呪咀[1]厭勝而已. 前史, 以謂其俗淫, 暮夜輒男女群聚, 爲倡樂, 好祠鬼神社稷靈星. 以十月, 祭天大會, 名曰東盟. 其國東有穴, 號襚神, 亦以十月, 迎而祭之. 自王氏有國以來, 依山築城於國之南, 以建子月, 率官屬具儀物祠天. 後受契丹册, 與其立世子, 亦於[2]此行禮焉. 其十月東盟之會, 今則以其月望日, 具素饌, 謂之八關齋, 禮儀極盛. 其祖廟, 在國東門之外, 唯王初襲封與三歲一大祭, 則具車[3]服冕圭, 親祠之, 其餘則分遣官屬. 歲旦月朔春秋重午, 皆享祖禰, 繪其象[4]於府中, 率僧徒歌唄, 晝夜不絶. 又俗喜浮屠, 二月望日, 諸僧寺, 然燭極繁侈. 王與妃嬪, 皆往觀之, 國人喧闐[5]道路. 其神祠在百里內者, 四時遣官, 祠以太牢. 又三歲一大祭, 徧其境內. 然及期, 以祠[6]神爲名, 率斂民財, 聚白金千兩, 餘物稱是, 與其臣屬分之, 此爲可哂也. 自王居宮室之外, 唯祠宇制作頗華, 諸觀寺, 唯安和爲冠, 以尊奉宸翰故耳. 今取其人使道路所歷, 與夫齋祠游覽, 耳目所及者, 圖之. 其餘不見制度, 則略而不載.

[譯文]

사우

신이 듣건대 고려는 본디 귀신을 경외하고 믿으며 음양에 얽매이고

---

1) 四 知 : 詛.
2) 四 : 如, 知 : "於【鄭刻如】"로 기록되어 있다.
3) 四 知 : 專.
4) 四 知 : 像.
5) 四 : 閙.
6) 四 知 : 祀.

꺼리니, 병들어도 약을 먹지 않고 비록 아버지와 아들 같은 지친이더라도 서로 보지 않으며 오직 주술과 주문을 외울 줄[呪咀厭勝] 알 뿐입니다.[1] 전대의 사서에 "그 풍속이 음란하니 저물어 밤이 되면 번번이 남녀가 무리지어 춤추며 노래하고, 귀신·사직[2]·영성[3]에 제사 지내기를 좋아한다. 10월에 제천대회는 이름하기를 동맹[4]이라 한다. 그 나라 동쪽에 굴이 있는데 수신이라 부르고 역시 10월에 (신을) 맞이하여 제사 지낸다."[5]라고 하였습니다.[6] 왕씨는 나라를 차지한 이래로 산에 의지하여 나라 남쪽에 성을 쌓고, 11월[建子月]이면 관료를 거느리고 의물을 갖추어 하늘에 제사합니다. 뒤에 거란[7]에 책봉을 받거나 세자를 세울 때 역시 이곳에서 예를 행합니다. 10월 동맹의 모임을 오늘날은 곧 그달 보름날에 소찬(素饌)을 갖추어 팔관재라고 하니 예의가 매우 성대합니다.[8] 조상의 사당은 도읍의 동문 밖에 있는데,[9] 단지 왕은 처음 봉작을 이었을 때와 3년에 한 번 큰 제사 때 수레·복·면·규를 갖추어 친히 제사를 지내고[10] 나머지는 관속을 나누어 보냅니다.[11] 원단[歲旦]·초하루·춘추분·단오[重午]에는 모두 조상[祖禰]에게 제향하는데 진영[其象]을 부(府) 안에 그려 놓고 승려들이 범패를 부르도록[12] 이끄니, 밤낮으로 끊이지 않습니다.[13] 또 풍속에 부처[浮屠][14]를 좋아하여 2월 보름날에 여러 절들이 불을 밝히니[然] 매우 번화하고 사치스럽습니다.[15] 왕과 비빈이 모두 가서 관람하며 나라 사람들은 도로에 떠들썩하게 가득 찹니다. 100리 안에 있는 신사(神祠)들에는 사철마다 관원을 보내어 태뢰[16]로 제사합니다. 또 3년에 한 번 큰 제사가 경내에서 두루 열립니다. 그런데 시기가 되면 신에게 제사한다는 명목으로 백성의 재물을 거둬들여 은[白金] 1,000냥을 모으고 나머지 물건도 이와 맞먹는데 그 신료들과 나누니, 이것이 가소롭습니다. 왕이 거처하는 궁실의 바깥부터는 오직 사우의 제작이 자못 화려하고, 여러 도관과 사찰에서는 다만 안화사가 으뜸이니 황제의 친필[宸翰]을 높여 받든 까닭입니다.[17] 이제 사신이 도로에서 지나온 곳과 무릇 사우[齋祠]를 유람하면서 귀와 눈이 미치는 곳을 취해서 그렸습니다. 그 나머지 보지 못한 제도는 생략하여 싣지 않았습니다.

[註解]

1) 臣聞高麗 …… 唯知呪咀厭勝而已: 고려에서 陰陽을 활용하는 방식에 대한 언급이다. 고려 사람들은 음양의 氣를 통해 자연을 해석하여 흉사를 막고자 하였다. 재변이 예상되면 액막이를 세우거나 조치를 취하여 위기를 벗어나려 하였고, 擇地·擇日에도 음양의 이치를 고려하였다. 한편, 음양 사상의 하나인 風水地理에 대한 설명은 『高麗圖經 역주(상)』, 92·93쪽 권3-3-1) 참조. 呪咀厭勝 등 병을 대하는 고려 사람들의 풍속에 대해서는 『高麗圖經』 권16-6-2) 참조.
  박경안, 2006, 「고려인들의 다양한 금기와 질병을 대하는 태도」, 『역사와 현실』 59 ; 2007, 『고려시대 사람들의 삶과 생각』, 혜안, 290~299쪽.
2) 社稷: 社는 토지의 신이고 稷은 오곡의 신이다. 고구려의 사직 제사에 해당되는 내용이다. 고구려 사람들은 거처하는 곳의 좌우에 큰 집을 지어 사직에 제사함으로써 풍작을 기원하였다. 고려의 사직에 대해서는 『高麗圖經 역주(상)』, 83쪽 권3-1-7) 참조.
  『後漢書』 권85, 東夷列傳75 高句麗.
  『三國志』 권30, 魏書30 烏丸鮮卑東夷傳30 高句麗.
  曹德全, 2002, 「社稷與靈星」, 『高句麗史探微』, 香港 : 中華國際出版社 ; 서영대·조우연 역, 2006, 「고구려 靈星과 社稷」, 『高句麗研究』 23, 254쪽.
3) 靈星: 곡식을 심고 거두는 것을 관장하던 별로 天田星·零星·赤星이라고도 한다. 고구려 사람들은 거처하는 곳의 좌우에 큰 집을 지어 靈星에 제사함으로써 풍작을 기원하였다. 한편, 고려에서도 靈星壇을 만들어 제사하였으며 가장 이른 기록은 1045년(정종 11) 6월에 확인된다. 小祀에 편제되어 攝祀로 진행되었으며 祈穀祭의 성격을 가졌다.
  『高麗史』 권6, 世家6 靖宗 11년 6월 庚辰.
  『高麗史』 권63, 志17 禮5 吉禮小祀 風師雨師雷神靈星.
  『後漢書』 권85, 東夷列傳75 高句麗.
  『三國志』 권30, 魏書30 烏丸鮮卑東夷傳30 高句麗.
  諸橋轍次, 1986, 「靈星」, 『大漢和辭典』 12, 東京 : 大修館書店, 92쪽.
  曹德全, 2002, 앞의 책 ; 서영대·조우연 역, 2006, 앞의 논문, 254쪽.
  한정수, 2004, 「高麗時代 祈穀儀禮의 도입과 운영」, 『韓國思想과 文化』 26, 163~166쪽.

한정수, 2006, 「고려시대 개경의 사전(祀典) 정비와 제사 공간」, 『역사와 현실』
　　　60, 197·198쪽.
4) 東盟: 고구려에서 10월에 거행된 祭天大會를 말한다. 왕이 전 종족을 대표하여
　　시조에 대한 제의를 행함으로써 세력을 결속시켜 회합을 도모하고 통치를 정당
　　화한 것으로 이해된다.
　　　盧泰敦, 1975, 「三國時期의 「部」에 關한 硏究—成立과 構造를 中心으로—」, 『韓國
　　　　史論』 2.
　　　최광식, 1994, 「고대 국가제사의 내용과 성격」, 『고대한국의 국가와 제사』, 한길사.
　　　徐永大, 2003, 「高句麗의 國家祭祀—東盟을 중심으로—」, 『韓國史硏究』 120.
　　　강경구, 2004, 「高句麗 東盟祭 序說」, 『白山學報』 68.
　　　이정빈, 2006, 「고구려 東盟의 정치의례적 성격과 기능」, 『韓國古代史硏究』 41.
　　　이준성, 2013, 「고구려 국중대회(國中大會) 동맹(東盟)의 구성과 축제성」, 『역사
　　　　와 현실』 87.
　　　강진원, 2014, 「고구려 祭天大會의 성립 시기와 그 추이」, 『東方學志』 165.
5) 其國東有穴 …… 迎而祭之: 襚神에 대한 제사를 언급한 구절이다. 수신은 襚穴에
　　모셔진 신으로, 고구려 始祖母로 여겨진다. 고구려에서는 國中大會인 東盟이 거
　　행될 때 수혈에서 木隧를 모시고 나와 그 신을 맞이하여 나라 동쪽 물가에서 제
　　사를 행하였다. 수혈에 있다가 밖으로 모셔져 햇볕과 마주하는 것은 부여왕에게
　　유폐된 河伯女가 日影에 감응하여 朱蒙을 낳았다는 신화와 통한다.
　　　강진원, 2014, 앞의 논문, 4~11쪽.
6) 前史 …… 迎而祭之: 유사한 내용이 『後漢書』와 『三國志』에 수록되어 있다.
　　　『後漢書』 권85, 東夷列傳75 高句麗.
　　　『三國志』 권30, 魏書30 烏丸鮮卑東夷傳30 高句麗.
7) 契丹: 遼河 상류의 시라무렌강 유역에서 유목생활을 하던 몽골계 부족이다. 이에
　　대해서는 『高麗圖經 역주(상)』, 61쪽 권2-2-(1)-22) 참조.
8) 其十月東盟之會 …… 禮儀極盛: 八關齋—八關會—의 연원을 고구려 東盟과 관련지
　　은 구절이다. 팔관회는 天靈 및 五岳·名山·大川·龍神을 섬기고 연회를 베풀어 국
　　가의 태평과 왕실의 안녕을 기원한 거국적인 불교 행사이다. 이에 대해서는 『高
　　麗圖經』 권15-5-4) 참조. 개경의 팔관회는 11월이었으나, 서경에서는 10월에 열렸
　　다. 고구려 동맹이 같은 달에 평양에서 열렸다는 점을 바탕으로 서경의 팔관회
　　와 관련성을 추정하기도 한다.
　　　안지원, 2011, 「팔관회의 의례 내용과 사회적 성격」, 『(개정판)고려의 불교의례와 문
　　　　화—연등·팔관회와 제석도량을 중심으로—』, 서울대학교출판문화원, 152~158쪽.
9) 其祖廟 在國東門之外: 당시 太廟가 東門 밖, 즉 羅城 밖에 위치해 있었음을 알 수
　　있는 구절이다. 祖廟는 역대 국왕들의 神主를 모신 태묘를 말한다. 이에 대해서
　　는 『高麗圖經 역주(상)』, 82·83쪽 권3-1-6) 참조. 본문을 통해 태묘의 위치를 나성
　　밖 富興山 기슭으로 보기도 하지만(①), 서긍의 언급과 불일치하는 기록도 있어
　　논의가 분분하다. 나성 밖에서 안으로 그 위치가 변화되었을 가능성이 제기된 바

있고(②), 또는 나성 안 善竹橋와 崇仁門 사이에 위치한 것으로 보기도 한다(③).

　① 김창현, 2002, 「개경의 나성과 나성문」, 『고려 개경의 구조와 그 이념』, 신서원, 100쪽.
　　 신안식, 2004, 「高麗 開京의 '都內와 郊'」, 『역사민속학』 18, 77~79쪽.
　② 장지연, 2000, 「개경과 한양의 도성구성 비교」, 『서울학연구』 15, 75쪽.
　　 장지연, 2002, 「국가의 상징, 태묘와 사직」, 『고려의 황도 개경』, 창작과비평사, 70쪽.
　③ 한정수, 2006, 앞의 논문, 186~191쪽.

10) 唯王初襲封與三歲一大祭 …… 親祠之: 고려의 太廟 親享에 대한 설명이다. 서긍은 왕이 즉위하였을 때와 3년에 한 번 孟冬에 지낸 大祭인 祫祭 때 태묘에 친향하였다고 기록하였다. 그러나 실제 고려에서 왕이 태묘에 친향한 제사는 더 많았다. 예컨대 5년에 한 번 孟夏에 거행된 禘祭는 협제와 함께 태묘의 가장 큰 의례였다. 또 四孟月·臘日의 제향도 친향으로 이루어졌다.
　　 『高麗史』 권60, 志14 禮2 吉禮大祀 太廟.
　　 김아네스, 2019, 「왕실 조상 숭배의례와 태묘」, 『고려의 국가제사와 왕실의례』, 景仁文化社.

11) 其餘則分遣官屬: 고려의 太廟 攝祀에 대한 언급이다. 부정기적인 섭사 외에 국왕이 親享을 해야 했던 제사에도 有司攝事儀가 마련되어 있었다. 1056년(문종 10)에는 太子가 참배하였고, 1073년에 동북방의 外蕃人이 귀부하자 태자 섭사를 의논하도록 하였다. 또 1109년(예종 4)에는 女眞에 대한 승전을 기원하며 尹瓘에게 태묘에 참배하도록 하였다. 섭사는 기록이 소략하여 구체적인 설행 내용은 알기 어렵다.
　　 『高麗史』 권7, 世家7 文宗 10년 10월 辛亥.
　　 『高麗史』 권9, 世家9 文宗 27년 4월 丙子.
　　 『高麗史』 권13, 世家13 睿宗 4년 5월 甲寅.
　　 『高麗史』 권60, 志14 禮2 吉禮大祀 太廟 有司攝事儀.
　　 김우성, 2017, 「고려 전기의 예서 도입과 태묘 제례」, 『한국중세사연구』 51, 325쪽.

12) 歌唄: 佛敎 의식의 하나로, 佛德을 독송하고 梵唄를 부르는 행위이다.
　　 諸橋轍次, 1985, 「歌唄」, 『大漢和辭典』 6, 東京 : 大修館書店, 642쪽.

13) 歲旦月朔春秋重午 …… 晝夜不絶: 景靈殿에서 거행된 의례를 언급한 것으로 보인다. 경령전은 태조와 국왕 직계 조상의 眞影을 모신 곳으로, 宋 景靈宮의 영향을 받아 현종대 조성되었다. 5間으로 이루어졌으며 使·副使·判官 등이 배속되었다. 正朝·端午·秋夕·重九에 정기적으로 親奠하였고, 그 외에 국가 중대사가 있을 때 부정기적으로 경령전에 奏告하였다. 5廟制에 따라 선왕을 모셨다는 점에서 儒敎 의례의 성격을 가지지만, 진영을 봉안하여 佛敎 의례의 특성도 보인다. 또한 모본인 송의 경령궁이 道觀이었으므로 도교적 성격도 있었다. 한편, 경령전은 송 경령궁만을 수용한 것이 아니라, 南北朝時代 이래 전통적인 조상 화상 숭배를 계승한 결과라고 보는 이해도 있다.

『高麗史』 권61, 志15 禮3 吉禮大祀 景靈殿.

許興植, 1984, 「佛敎와 融合된 高麗王室의 祖上崇拜」, 『東方學志』 45 ; 1986, 『高麗佛敎史硏究』, 一潮閣 ; 2013, 『한국의 중세문명과 사회사상』, 한국학술정보.

韓基汶, 2008, 「高麗時代 開京 奉恩寺의 創建과 太祖眞殿」, 『韓國史學報』 33, 231쪽.

김철웅, 2009, 「고려 경령전의 설치와 운영」, 『정신문화연구』 114.

장동익, 2009, 「고려시대의 景靈殿」, 『歷史敎育論集』 43.

홍영의, 2012, 「고려 궁궐내 景靈殿의 구조와 운용」, 『韓國學論叢』 37.

윤기엽, 2013, 「고려 경령전(景靈殿)의 건립과 동향」, 『韓國思想과 文化』 69.

김철웅, 2023, 「고려 경령전에 대한 재검토」, 『역사문화연구』 86.

14) 浮屠: 梵語 buddha의 음역으로 부처를 뜻한다. 또는 stūpa의 음역으로 寺塔을 가리키기도 한다. 본문에서는 전자의 의미로 쓰였다.

諸橋轍次, 1985, 「浮屠」, 『大漢和辭典』 6, 東京 : 大修館書店, 1155쪽.

15) 又俗喜浮屠 …… 然燭極繁侈: 上元燃燈會를 설명한 것이다. 연등회는 지혜에 비유되는 등불을 불상 앞에 밝히며 공양하는 법회이다. 성종대 정지되었다가 1010년(현종 1)에 재개되면서 항례가 되었다. 다만 본래 설행 일자는 정월 15일이었는데, 현종의 羅州 蒙塵 이후 2월 15일로 바뀌었다. 이후 인종의 기일을 피하기 위해 정월로 다시 옮기기도 하였으나, 신종의 기일과 관련하여 2월로 환원되었다. 연등회의 의식은 소회일 예식, 奉恩寺 행차, 관등행사, 대회일 예식, 연회의 순으로 진행되었다. 국왕이 봉은사에 행차하여 태조 眞影에 배알하는 의식을 행함으로써 불교의례를 매개로 태조를 기념하며 왕실의 통치력을 드러낸 것으로 이해된다.

二宮啓任, 1958, 「高麗朝の上元燃燈會について」, 『朝鮮學報』 12.

安啓賢, 1959, 「燃燈會攷」, 『白性郁博士頌壽記念 佛敎學論文集』, 東國大學校 白性郁博士頌壽記念事業委員會 ; 1983, 『韓國佛敎思想史硏究』, 東國大學校 出版部.

金炯佑, 1994, 「高麗時代 燃燈會 硏究―設行實態를 中心으로―」, 『國史館論叢』 55.

안지원, 2011, 앞의 책, 57~64·92~120쪽.

김종명, 2018, 「상원연등회의 성격 재조명」, 『상원연등회와 중동팔관회―성격 재조명 및 절차 역주―』, 한국학중앙연구원출판부.

16) 太牢: 大牢라고도 하며, 소·양·돼지의 세 가지 제물을 말한다.

諸橋轍次, 1984, 「太牢」, 『大漢和辭典』 3, 東京 : 大修館書店, 544쪽.

17) 諸觀寺 …… 以尊奉宸翰故耳: 安和寺에 宋 황제의 御筆이 있음을 밝힌 것이다. 고려에서는 1118년(고려 예종 13, 송 정화 8)에 안화사를 重修하고 송에 사신을 보내 편액을 요청하였다. 이에 徽宗은 佛殿의 편액으로 '能仁之殿'이라 쓰고, 蔡京에게 門額을 '靖國安和之寺'라고 쓰도록 하여 고려에 하사하였다. 안화사는 건물의 규모와 장식도 다른 곳보다 뛰어났다. 『破閑集』에도 안화사 창건 후 황제의 어필을 받은 것과 그 건물 장식의 정교함이 海東의 최고임을 언급한 내용이 있다. 안화사에 대해서는 『高麗圖經』 권17, 靖國安和寺條에서 자세히 설명할 것이다.

『高麗史』 권14, 世家14 睿宗 13년 4월 丁卯·壬申.

『破閑集』 권中.

17-2

[原文]

福源觀

福源觀, 在王府之北大和門內, 建於政和間[7]. 前榜曰敷錫之門, 次榜曰福源之觀. 嘗聞殿內, 繪三淸像, 而混元皇帝, 鬚髮皆紺色, 偶合聖朝圖繪眞聖貌像之意, 亦可嘉也. 前此國俗, 未聞虛靜之敎, 今則人人咸知歸仰云.

[譯文]

복원관[1]

복원관은 왕부의 북쪽이자 태화문[2] 안에 있으며 정화 연간에 세워졌습니다.[3] 앞의 방문은 '부석지문(敷錫之門)'이라 하며 다음의 방문은 '복원지관(福源之觀)'이라 합니다. 일찍이 듣기로 전(殿) 안에 삼청상을 그렸는데[4] 혼원황제[5]의 수염과 머리카락이 모두 감색인지라, 우연히도 휘종[聖朝][6]께서 노자[眞聖]의 모습을 그린 뜻에 맞았으니 또한 칭찬할 만합니다.[7] 이전에 이 나라의 풍속에서는 도교의 가르침[虛靜之敎][8]을 듣지 못하였는데 이제는 사람마다 모두 알고 귀의하여 우러른다고 합니다.[9]

[註解]

1) 福源觀: 福源宮을 말한다. 예종대 宋으로부터의 道敎 수용 의지가 발현된 도교 사원이다. 李仲若이 송에 가서 道를 배우고 귀국하여 道觀의 설립을 건의하였다. 주요 건물로는 三淸像을 모신 三淸殿, 天皇太一을 봉안한 天皇堂 등이 있었다. 국가 안녕과 祈禳을 위한 醮禮가 거행되었고, 고려 도교의 전파와 성행에 중요한 기능을 한 것으로 평가된다.
『西河集』 권5, 「逸齋記」.
梁銀容, 1981, 「韓國道敎の福源宮について」, 『京阪論叢』6.

---

7) 知 : 聞.

梁銀容, 1988, 「福源宮 建立의 歷史的 意義」, 『道敎와 韓國文化』, 亞細亞文化社, 491·
　　495~497쪽.
　김병인, 2003, 「高麗 睿宗代 道敎 振興의 배경과 추진세력」, 『전남사학』 20.
　김철웅, 2010, 「고려중기 李仲若의 생애와 도교사상」, 『韓國人物史研究』 14 ;
　　2017, 『고려시대의 道敎』, 景仁文化社.
　김철웅, 2017, 앞의 책, 231~235쪽.
2) 大和門: 개경 皇城의 북문으로, 泰和門이라고도 한다. 태화문의 명칭은 陰陽이 회
　합하여 충화한 기운인 太和—大和—에서 유래한다.
　김창현, 2002, 앞의 책, 169·173쪽.
3) 福源觀 …… 建於政和間: 福源宮의 건립시기에 대한 구절이다. 정화는 宋 徽宗의
　연호로 1111~1118년 사이에 사용되었다. 『高麗史』에는 1120년(예종 15)에 복원궁
　에서 齋醮하였다는 기사가 처음 나오는데 이때 재초의 목적은 1117년에 사망한
　順德王后의 추선이었다. 따라서 복원궁의 설립 시기는 1117년 전후로 여겨졌다
　(①). 그러나 1110년에 송이 고려에 道士 2인을 보내서 훈도하고, 이때 李仲若이
　함께 귀국해 복원궁 건립에 참여했으므로 그 시점을 1111년 또는 1112년으로 보
　기도 한다(②).
　① 梁銀容, 1981, 앞의 논문.
　　梁銀容, 1988, 앞의 책, 488·489쪽.
　　김병인, 2003, 앞의 논문, 14쪽.
　② 김철웅, 2010, 앞의 논문 ; 2017, 앞의 책.
　　김철웅, 2017, 앞의 책, 231~234쪽.
4) 甞聞殿內 繪三淸像: 福源觀에 三淸殿이 갖추어져 있었음을 알 수 있는 대목이다.
　삼청은 玉淸·上淸·太淸을 가리키며 각기 元始天尊·靈寶天尊—太上道君—·道德天
　尊—太上老君—이다. 원시천존은 道敎의 최고위 신으로서 劫을 초월한 영원불멸
　의 존재이며 세계의 시작과 질서에 참여한다. 영보천존은 원시천존의 제자로서
　널리 중생을 구제할 수 있는 가르침을 받았고 여러 겁을 거치며 삶과 죽음을 반
　복하면서 재계와 수행, 그리고 중생을 구제하는 공덕을 쌓았다. 끝으로 도덕천
　존은 도교의 교조인 老子를 가리킨다. 그의 신격화는 漢代에 정형화되었으며 魏
　晉南北朝, 隋, 唐을 거치면서 천존으로 불리며 대승적 구원의 주체자로 자리 잡
　았다.
　酒井忠夫 外 지음, 崔俊植 옮김, 1990, 「道敎의 신」, 『道敎란 무엇인가』, 民族社,
　　112~123·139쪽.
　빈동철, 2014, 「최고신의 再現으로서의 원시천존—그 연원과 본모습을 중심으로
　　—」, 『道敎文化硏究』 41, 287~290쪽.
　김철웅, 2017, 앞의 책, 185~187·236·237쪽.
　최수빈, 2018, 「神觀의 형성과 변화과정을 통해 살펴본 중세 도교 교학의 특성—
　　老君, 道君, 元始天尊, 三淸 관념을 중심으로—」, 『道敎文化硏究』 48, 151~160쪽.
5) 混元皇帝: 道敎의 교조로 추앙된 老子를 말한다. 楚 苦縣 厲鄕 曲仁里—지금의 중

국 河南省 鹿邑縣 일원— 사람으로 姓은 李, 諱는 耳, 字는 伯陽 또는 聃이다. 周守藏室의 史였으며 道德을 수련하였다. 주가 쇠퇴하면서 떠나는 길에 關令 尹喜가 著書를 지어달라고 요청하자 五千文—道德經—을 남기고 다시 떠났다고 한다. 唐에서는 노자를 황실과 같은 李氏라 하여 시조로 받들었는데 高宗이 666년(당 건봉 1)에 노자를 太上玄元皇帝라 하였고, 玄宗이 742년(당 천보 1)에 玄元廟를 설치하여 제사하였다. 宋 眞宗은 1013년(송 대중상부 6)에 노자를 太上老君混元上德皇帝로 높였다.

『史記』 권63, 老莊申韓列傳3.

임종욱 편, 2010, 「노자」, 『중국역대 인명사전』, 이회, 230쪽.

김철웅, 2017, 앞의 책, 187쪽.

6) 聖朝: 宋의 제8대 황제인 徽宗(1082~1135)으로, 재위 기간은 26년(1110~1125)이다. 諱는 佶이며 神宗의 11子이다. 즉위 초에 神宗의 신법정치를 계승하였으나 실패하였고 金의 흥기 후 太子에게 양위하고 스스로 敎主道君이라 하였다. 1127년(송 정강 2)에 靖康의 변으로 금에 압송되었다가 훙서하였다.

『宋史』 권19, 本紀19 徽宗1.

7) 而混元皇帝 …… 亦可嘉也: 三淸殿 내 봉안된 老子 도상에 대한 언급이다. 서긍은 해당 노자 도상의 머리카락과 수염이 감색이라며 宋 황제가 그린 도상과 같다고 하였다. 송의 道觀 양식을 수용하여 福源宮을 건립하였기 때문일 것이다.

김철웅, 2017, 앞의 책, 294쪽.

8) 虛靜之敎: 老子의 말씀, 즉 道敎를 가리킨다. 노자의 『道德經』에는 "공허함을 극진하게 이르고 고요함을 독실하게 지키라[致虛極 守靜篤]."라는 구절이 있다.

『道德經』 장16.

9) 前此國俗 …… 今則人人咸知歸仰云: 고려 道敎의 전파 정도에 대한 언급이다. 고려에서는 태조대 이래 국가적으로 도교적 의례를 행하였다. 그리고 예종대에 이르면 道觀의 건립, 道士의 배출 등 도교의 체계화가 이루어졌다. 이러한 도교의 발전 기조 아래 그 사상이 민간에도 확산된 것으로 이해된다.

梁銀容, 1988, 앞의 책.

김철웅, 2011, 「고려 예종대 郭輿의 활동과 道敎」, 『韓國人物史硏究』 16, 362·363쪽.

김철웅, 2017, 앞의 책, 79~81쪽.

17-3

[原文]

靖國安和寺

安和寺, 由王府之東北, 山行三四里, 漸見林樾淸茂, 藪8)麓崎嶇. 自官道南玉9)輪寺, 過數十步, 曲徑縈紆, 修松夾道, 森然如萬戟. 淸流湍激, 驚奔嗽10)石, 如鳴琴碎玉. 橫溪爲梁, 隔岸建二亭, 半蘸灘磧, 曰11)淸12)軒13), 曰漣漪, 相去各數百步. 復入深谷中, 過山門閣14), 傍溪行數里, 入安和之門, 次入靖國安和寺. 寺之額, 卽今太師蔡15)京16)書也. 門之西有亭, 榜曰冷泉, 又少北入紫翠門, 次入神護門. 門東廡, 有像, 曰帝釋, 西廡堂, 曰香積. 中建無量壽殿, 殿之側, 有二閣, 東曰陽和, 西曰重華. 自是之後, 列三門, 東曰17)神18)翰, 其後有殿, 曰能仁殿, 二額, 寔19)今上皇帝所賜御書也. 中門曰善法, 後有善法堂, 西門曰孝思. 院後有殿, 曰彌陀. 堂殿之間20), 有兩廈, 其一, 以奉觀音, 又其一, 以奉藥師. 東廡, 繪祖師像, 西廡, 繪地藏王. 餘以爲僧徒居室. 其西有齋宮, 王至其寺, 則自尋芳門, 過其位, 前門曰凝祥, 北門曰嚮福, 中爲仁壽殿, 後爲齊雲閣. 有泉出山之半, 甘潔可愛. 建亭其上, 亦榜曰安和泉. 植花卉21)竹木怪石, 以爲

---

8) 四 : 數.
9) 四 : 王.
10) 知 : 漱.
11) 四 : "日【闕二字】"로 기록되어 있다.
12) 四 知 : "淸"이 누락되어 있다.
13) 四 知 : "軒"이 누락되어 있다.
14) 四 : 關, 知 : "關【或校作閣】"으로 기록되어 있다.
15) 知 : "蔡【鄭刻京】"으로 기록되어 있다.
16) 知 : "京"이 누락되어 있다.
17) 四 : "日【闕】"로 기록되어 있다.
18) 四 : "神"이 누락되어 있다.
19) 知 : 實.
20) 知 : 間.

游息之玩, 非特土木粉22)飾23)之功, 竊窺中國制度, 而景物淸麗, 如在屛障
中.　麗人, 以奎章睿藻在焉,　奉之尤嚴也.　今使者至彼,　率三節官屬從吏,
拜于24)御書殿下, 飯僧祈福, 日莫25)歸館, 實宣和五年七月二日癸丑也.

[譯文]
정국안화사[1]

　안화사는 왕부의 동북쪽에서 산으로 3~4리를 가면 점차 숲이 우거지
고 푸르며 기슭이 가파른 곳이 보입니다. 관도의 남쪽 옥륜사[2]로부터
수십 코를 지나면 좁은 길이 구불구불하게 얽혀있고 높은 소나무는 길을
끼고 있는데, 빽빽하기가 만 자루의 창[戟]과 같습니다. 맑은 여울은
급하게 흘러 놀란 듯 달려가 돌을 때리니, 거문고를 울리고 옥을 깨뜨리
는 것 같습니다. 시내를 가로질러 다리를 놓고 언덕을 사이에 두어 두
정자를 세웠는데 여울의 돌무더기에 반 정도 잠겼으며, 청헌이고 연의
인데, 서로 떨어진 거리가 각 수백 보입니다. 다시 깊은 골짜기 안으로
들어가서 산문 누각을 지나 시내를 따라 몇 리를 가면 안화지문에 들어
가고 다음으로 정국안화사에 들어갑니다. 절의 편액은 곧 지금의 태사[3]
채경[4]이 썼습니다. 문의 서쪽에 정자가 있는데 방문은 '냉천(冷泉)'이라
하며, 또 조금 북쪽으로 자취문에 들어가고 다음으로 신호문에 들어갑
니다. 문의 동쪽 곁채[廡]에는 상이 있는데 제석[5]이고, 서쪽 곁채의 당
(堂)은 향적입니다. 가운데 무량수전[6]이 세워졌으며 전(殿)의 곁에 두
각이 있으니, 동쪽은 양화이고 서쪽은 중화입니다. 이 뒤로부터 세 문이

---

21) 四 : 草.
22) 四 : 飾.
23) 四 : 粉.
24) 知 : 於.
25) 知 : 暮.

늘어서, 동쪽은 신한이고 그 뒤에 있는 전은 능인전인데 두 편액이 바로 휘종[今上皇帝]께서 하사하신 어서(御書)입니다. 중문은 선법이고 뒤에 선법당이 있으며, 서문은 효사입니다. 원의 뒤에 전이 있으니 미타입니다. 당과 전 사이에는 두 건물[廈]이 있는데, 하나는 관음[7]을 봉안하였고 또 하나는 약사[8]를 봉안하였습니다. 동쪽 곁채에는 조사상[9]을 그렸고 서쪽 곁채에는 지장왕[10]을 그렸습니다. 나머지는 승도들이 거처하는 방[室]으로 삼았습니다. 그 서쪽에는 재궁(齋宮)이 있는데, 왕이 그 절에 이르면 심방문으로부터 그 자리를 지나며 앞의 문은 응상이고 북문은 항복인데 가운데는 인수전이 되고 뒤에는 제운각이 됩니다. 산의 중턱에서 나오는 샘이 있는데 달고 깨끗하여 즐길 만합니다. 정자를 그 위에 세웠으니 또한 방문은 '안화천(安和泉)'이라 합니다. 화초·대나무·괴이한 돌을 심어, 놀면서 쉬는 장소로 삼았는데, 토목을 치장하여[粉飾] 공들인 것이 중국의 제도를 은근히 베끼었을 뿐 아니라 경치가 맑고 고와 병풍 안에 있는 듯하였습니다.[11] 고려 사람들은 그곳에 천자의 어필과 시[奎章睿藻]가 있으므로 받드는데 더욱 엄숙합니다. 이제 사신[使者]이 그곳에 이르러 삼절의 관속과 종리를 거느리고 능인전[御書殿] 아래에서 배하였으며 승려들을 밥 먹여[12] 복을 빌고 날이 저물어 객관에 돌아왔으니, 바로 선화[13] 5년(1123) 7월 2일 계축이었습니다.

[註解]

1) 靖國安和寺: 松嶽山 남쪽 기슭에 위치한 禪宗 계열의 절이다. 930년(태조 13)에 安和禪院으로 건립되었으며 후백제에 인질로 잡혀갔다가 죽은 王信의 願堂이었다. 예종대 크게 중수하면서 1117년(예종 12)에 臺諫이 工役의 중지를 청한 바 있으나, 다음 해 완공되었다. 예종이 落成式에 행차하였고 宋 徽宗의 어필과 황명으로 蔡京이 쓴 편액, 16羅漢像 등을 받았다. 이때 받은 것들을 安和寺에 비치하고, '大宋皇帝聖壽萬年'을 적은 幡을 사용하여 황제를 축수하였다. 해당 번의 사용은 뒤의 『高麗圖經』 권17, 興國寺條에서 자세히 설명할 것이다. 또한 예종과

文敬太后의 진전사원이기도 하여, 인종은 매년 4월과 9월에 정기적으로 행차하였다.

『高麗史』 권1, 世家1 太祖 13년 8월.

『高麗史』 권14, 世家14 睿宗 12년 4월 乙酉·13년 4월 丁卯·庚午·壬申·15년 6월 丁亥.

『高麗史』 권15, 世家15 仁宗 1년 4월 癸巳.

許興植, 1986, 앞의 책 ; 2013, 앞의 책, 93·94쪽.

2) 玉輪寺: 王輪寺를 말한다. 개경의 북부에 위치한 華嚴宗 계열의 절이다. 919년(태조 2)에 창건한 10寺의 하나로, 왕륜이라는 명칭은 '轉輪聖王의 輪寶'에 연원한 것으로 알려져 있다. 문종의 모후인 元惠太后의 진전사원이었다. 燃燈會를 개최하기도 하였으며, 敎宗 僧科가 이곳에서 열렸다. 한편, 『高麗圖經』에는 왕륜사가 모두 玉輪寺로 표기되어 있다. 서긍이 단순히 이름을 오인한 것인지 혹은 어떠한 의도가 함의된 것인지 알 수 없다.

『高麗史』 권1, 世家1 太祖 2년 3월.

金煐泰, 1988, 「高麗 開國初의 佛教思想」, 『韓國史論』 18, 154·155쪽.

韓基汶, 1998, 「寺院의 創建과 重創」·「寺院의 組織과 運營」·「寺院의 願堂으로서 機能」, 『高麗寺院의 構造와 機能』, 民族社, 36~38·120·227쪽.

3) 太師: 宋代의 관직으로 太傅·太保와 함께 三師 중 하나이다.

『宋史』 권161, 志114 職官1 三師三公.

4) 蔡京: 1047~1126. 宋의 관인이자 서예가이다. 字는 元長이고 興化郡 仙游縣—지금의 중국 福建省 莆田市 仙游縣— 사람이다. 1070년(송 희령 3)에 급제한 후 여러 관직을 역임하다가 1107년(송 대관 1)에 太師가 되었다. 徽宗에 의해 중용되어 王安石의 新法을 계속 추진하고자 했다. 하지만 부정을 자주 저질러서 舊法派와 新法派 모두의 비판을 받았다. 金이 침입하고 欽宗이 즉위하자 6적의 수괴로 몰려 파면되었으며 유배 중에 병사하였다.

『宋史』 권472, 列傳231 姦臣2 蔡京.

李玠奭, 1996, 「宋 徽宗代 紹述新政의 挫折과 私權的 皇權强化」, 『東洋史學研究』 53.

5) 帝釋: 불법과 부처를 수호하는 호법신으로, 인도 고유의 신인 인드라가 佛敎에 귀의하여 불린 이름이다. 須彌山에 위치한 33天을 주재하며 권속인 四天王과 八部神衆을 거느리고 불법과 인간세계를 수호한다.

안지원, 1997, 「고려시대 帝釋信仰의 양상과 그 변화」, 『國史館論叢』 78, 220쪽.

6) 無量壽殿: 無量壽佛—阿彌陀佛—을 봉안한 전당이다. 安和寺는 무량수전을 본전으로 하고 부속전인 彌陀殿을 두어 觀音菩薩과 地藏菩薩을 봉안하였는데 절 내에 阿彌陀淨土를 구현하려 한 것으로 해석된다.

言祥, 1998, 「아미타」, 『佛敎大辭典』 下, 弘法院, 1628쪽.

智冠 編, 2004, 「무량수불」, 『伽山佛敎大辭林』 6, 伽山佛敎文化研究院, 826·827쪽.

金英美, 1997, 「大覺國師 義天의 阿彌陀信仰과 淨土觀」, 『歷史學報』 156, 1·2쪽.

金廷禧, 2001, 「高麗王室의 佛畵製作과 王室發願佛畵의 研究」, 『講座 美術史』 17, 132·133쪽.

7) 觀音: 觀世音菩薩 또는 觀音菩薩을 말한다. 중생의 온갖 번뇌를 해소해주는 자비
의 화신이다.
吉祥, 1998, 「관세음」·「관세음보살」, 『佛敎大辭典』 上, 弘法院, 169쪽.
智冠 編, 1998, 「관세음보살」, 『伽山佛敎大辭林』 2, 伽山佛敎文化硏究院, 67~69쪽.

8) 藥師: 藥師如來를 말한다. 東方淨瑠璃世界에 머물면서 모든 중생의 질병을 치료하
고 재앙을 소멸시키는 역할을 한다.
吉祥, 1998, 「약사여래」, 『佛敎大辭典』 下, 弘法院, 1684쪽.

9) 祖師像: 후대 사람들의 귀의와 존경을 받는 승려 또는 종파를 세운 승려의 像을
말한다.
吉祥, 1998, 「조사」·「조사당」, 『佛敎大辭典』 下, 弘法院, 2338쪽.

10) 地藏王: 地藏菩薩을 말한다. 釋尊이 인멸한 이후부터 彌勒佛이 내려올 때까지 無
佛時代에 고통받는 중생의 구제를 위촉받았다. 天上·人間·阿修羅·畜生·餓鬼·地獄
의 6道에서 모든 중생을 구제하고 교화하는 대자비의 보살이다.
吉祥, 1998, 「지장」·「지장보살」, 『佛敎大辭典』 下, 弘法院, 2437·2438쪽.
라정숙, 2005, 「고려시대의 지장신앙」, 『史學硏究』 80, 114쪽.

11) 王至其寺 …… 如在屏障中: 尋芳門 근처의 정자와 安和川, 주변 경관의 훌륭함을
언급한 구절이다. 경치가 매우 뛰어났던 듯 후에는 의종이 安和寺에 행차하여
종종 이곳을 遊賞하였다.
『東國李相國全集』 권11, 古律詩 「六月一日 遊安和寺 自尋芳門登環碧亭【毅廟遊賞
處】悵然有感 夜宿幢禪老方丈 書一百四十字」.

12) 飯僧: 승려를 공양하여 설법을 구하는 布施의 일종이다. 고려에서는 忌晨·治病·
왕의 탄생일 축하 등 여러 이유로 빈번하게 설행되었다. 왕실 주체로 이루어진
사례들을 보면, 만 명 단위로 진행된 대규모 飯僧이 많다.
李載昌, 1963, 「麗代飯僧攷」, 『佛敎學報』 1.

13) 宣和: 宋 徽宗의 연호로 1119~1125년 사이에 사용되었다.

17-4

[原文]

廣通普濟寺

廣通普濟寺, 在王府之南泰安門內直北百餘步. 寺額, 揭於官道南向, 中
門, 榜曰神通之門. 正殿極雄壯, 過於王居, 榜曰羅漢寶殿. 中置金仙文殊
普賢三像. 旁列羅漢五百軀, 儀相高古. 又圖其像於兩廡焉. 殿之西, 爲浮

屠五級, 高逾二百尺. 後爲法堂, 旁[26]爲[27]僧居, 可容百人. 相對有巨鐘, 聲抑而不揚. 故事, 以禮物之餘馬, 及高麗所遺使副者, 凡二疋[28], 益以白金二斤, 爲香花果蔌之供, 以作佛事, 飯僧徒. 使副, 不躬往, 唯遣都轄提以下三節, 行禮焉.

광통보제사[1]

광통보제사는 왕부의 남쪽이자, 태안문[2] 안 정북쪽으로 100여 보에 있습니다. 절의 편액은 관도 남쪽을 향해 걸려있고, 중문은 방문에 '신통지문(神通之門)'이라 했습니다. 정전은 매우 웅장하여 왕의 거처를 넘어서며, 방문은 '나한보전(羅漢寶殿)'이라 합니다. 안에는 금선·문수·보현의 3상[3]을 두었습니다. 옆에는 나한 500구[4]를 늘어놓았는데 모습[儀相]이 고상하고 속되지 않습니다. 또한 그 상들을 양쪽 회랑[廡]에 그렸습니다. 정전의 서쪽에는 5층 탑[浮屠]이 있는데 높이는 200자를 넘습니다.[5] 뒤는 법당이 되고, 옆은 승려들의 거처가 되며 100명을 들일 만합니다. 맞은편에 큰 종[6]이 있는데 소리가 가라앉아 퍼져나가질 못합니다. 전례[故事]대로 예물의 남은 말과 고려에서 정사와 부사[7]에게 보낸 것 무릇 2필에 은[白金] 2근을 더하여 향기로운 꽃·열매·채소 등을 공물로 삼아, 불사를 행하고 승도들을 밥 먹였습니다. 정사와 부사는 몸소 가지 않고 다만 도할관과 제할관[8] 이하 삼절을 보내 예를 행하였습니다.

---

26) 四 : 傍.
27) 四 : 有.
28) 知 : 匹.

[註解]

1) 廣通普濟寺: 王府의 남쪽에 위치한 禪宗 계열의 절이다. 태조대 창건된 10寺의 하
   나이다. 風水에 따라 대규모 5층 탑과 三池·九井이 있었다. 崔士威가 金堂과 羅漢
   殿을 지어 건물의 구성을 더욱 갖추었고 五百羅漢齋·祈雨 등이 많이 설행되었다.
   1090년(선종 7)에는 崔士謙이 宋에서 구해온 水陸儀文에 근거하여 수륙당을 짓다
   가 화재가 발생하기도 하였다. 왕의 행차가 잦았고, 후에는 3대 禪院의 하나로서
   3년에 1번씩 談禪法會가 열리기도 하였다.
   『高麗史』권7, 世家7 文宗 즉위년 9월 己卯.
   『高麗史』권10, 世家10 宣宗 7년 1월 壬辰.
   「崔士威墓誌銘」.
   韓基汶, 1998, 앞의 책, 35·36·38쪽.
   김창현, 2011, 「고려 초기 개경 불교 사원의 존재 양상」·「고려의 나한신앙과 고
       승 숭배」, 『고려의 불교와 상도 개경』, 신서원, 26·318·320~323쪽.
2) 泰安門: 개경 羅城의 남문이다. 이에 대해서는 『高麗圖經 역주(상)』, 103쪽 권
   3-4-(2)-8) 참조.
3) 金仙文殊普賢三像: 金仙은 毗盧遮那佛이고, 文殊와 普賢은 양 옆의 脇侍菩薩이다.
   비로자나불은 十方三世의 모든 부처의 근본이며, 그들이 깨달은 진리의 법을 형
   상화한 것이다. 문수는 부처 왼편에 위치하며 수행자가 지녀야 할 믿음과 지혜
   를 상징한다. 정수리에 다섯 개의 상투를 틀고 오른손으로 지혜의 검을 쥐고 있
   으며 왼손으로 연꽃을 들고 있다. 보현은 부처 오른편에 자리하며 중생을 극락
   세계로 인도한다. 흰 코끼리를 타고 있는 것으로 묘사된다.
   智冠 編, 2005, 「문수」, 『伽山佛敎大辭林』7, 伽山佛敎文化硏究院, 453·454쪽.
   智冠 編, 2008, 「보현」, 『伽山佛敎大辭林』10, 伽山佛敎文化硏究院, 262·263쪽.
   智冠 編, 2009, 「비로자나」, 『伽山佛敎大辭林』11, 伽山佛敎文化硏究院, 990·991쪽.
   강희정, 2013, 「9세기 비로자나불 조성의 배경과 의미」, 『韓國古代史探究』13,
       140~145쪽.
   김진현(현석), 2013, 「三聖圓融에 對한 硏究」, 『불교학연구』37, 314~318쪽.
4) 羅漢五百軀: 羅漢은 초기 佛敎에서 수행의 최고 깨달음을 얻은 경지를 말한다. 후
   대에 성립된 나한신앙에서 나한은 三明·六通·八解脫을 얻었지만 涅槃에 들지 않
   고 세상에 머물면서 正法을 護持하고 중생의 福田이 되는 이들을 의미한다. 고려
   에서 설행한 羅漢齋는 외침을 물리치는 호국의 목적이나 국왕의 장수 기원, 祈雨
   등을 위해 시행되었다. 나한에는 16나한, 18나한, 500나한 등이 있었다. 普濟寺는
   海州의 神光寺와 더불어 나한재의 중심지로 기능하였다.
   許興植, 1986, 앞의 책 ; 2013, 앞의 책, 363쪽.
   이수창(마성), 2005, 「羅漢信仰의 成立과 展開過程」, 『불교문화연구』6, 95~100쪽.
   김창현, 2011, 앞의 책, 299~307쪽.
5) 爲浮屠五級 高逾二百尺: 普濟寺에는 대규모 5층 석탑이 조성되어 있었다. 후에 무
   너져 공양왕대 중창되었다. 『新增東國輿地勝覽』에는 5층 누각으로 기록되어 있

다. 정전의 서쪽에 위치했는데, 이는 浮屠와 그 북쪽에 있었던 三池가 북-남 축선
으로 배치되어야 했기 때문이었다. 삼지에 松嶽山이 비쳐야 君臣의 마음이 바르
게 되어 나라가 태평해진다는 믿음에 의해, 송악산과 부도가 서로 마주보며 둘
다 삼지에 비치는 구도로 설계되었다.
　　『新增東國輿地勝覽』 권4, 開城府上 佛宇.
　　『陽村集』 권12, 記類 「演福寺塔重創記」.
　　智冠 編, 2008, 「부도」, 『伽山佛敎大辭林』 10, 伽山佛敎文化硏究院, 764쪽.
　　김창현, 2011, 앞의 책, 319~321쪽.
6) 巨鐘: 普濟寺 正殿 맞은편에 있던 銅鐘이다. 이에 대해서는 『高麗圖經』 권31, 巨鐘
　　條에서 자세히 설명할 것이다.
7) 使副: 正使와 副使를 말한다. 이에 대해서는 『高麗圖經』 권15-3-5) 참조.
8) 都轄提: 上節에 속하는 직책인 都轄禮物官과 提轄禮物官을 가리킨다. 제할예물관
　　에 대해서는 『高麗圖經 역주(상)』, 11·12쪽 권0-1-(1)-3) 참조. 한편, 도할예물관
　　에 대해서는 『高麗圖經』 권24, 次上節條에서 자세히 설명할 것이다.

17-5

[原文]

興國寺

　興國寺, 在廣化門之東南道旁. 前直一溪, 爲梁橫跨. 大門東[29]面, 榜曰
興國之寺. 後有堂殿[30], 亦甚雄壯. 庭[31]中立銅鑄幡竿, 下徑二尺, 高十[32]
餘丈. 其形上銳, 逐[33]節[34]相[35]承[36], 以[37]黃[38]金塗之. 上[39]爲[40]鳳首,

---

29) 四 : "東【闕十一字】"로 기록되어 있다.
30) 四 : "面 …… 後有堂殿"이 누락되어 있다.
31) 四 : "庭【闕十二字】"로 기록되어 있다.
32) 四 : "中立銅鑄幡竿 …… 高十"이 누락되어 있다.
33) 四 : "逐【闕三字】"로 기록되어 있다.
34) 四 : "節"이 누락되어 있다.
35) 四 : "相"이 누락되어 있다.
36) 四 : "承"이 누락되어 있다.
37) 四 : "以【闕】"로 기록되어 있다.
38) 四 : "黃"이 누락되어 있다.

衒錦幡. 餘寺[41)或[42)有[43)之[44)，唯[45)安和者，書云大宋皇帝聖壽萬[46)年[47).
觀[48)其[49)傾[50)頌之意，出於誠心，宜其被遇聖朝，眷寵懷徠之厚[51)也[52).

[譯文]
흥국사[1]

　흥국사는 광화문[2]의 동남쪽 길가에 있습니다. 바로 앞의 한 시내에
다리를 가로질러 놓았습니다. 대문은 동쪽을 향하고 방문은 '흥국지사(興
國之寺)'라 합니다. 뒤에 당(堂)과 전(殿)이 있는데 또한 매우 웅장합니다.
뜰 안에는 구리로 주조한 번간[3]을 세웠는데 아래 지름이 2자, 높이는
10여 길입니다. 그 형태는 위가 뾰족하며 마디를 따라 서로 이어졌고
황금으로 그것을 칠하였습니다. 위는 봉[4]의 머리인데 비단[錦][5] 번을 물
고 있습니다. 나머지 절들도 혹 이것이 있으나, 오직 안화사의 것만 '대송
황제성수만년(大宋皇帝聖壽萬年)'이라 쓰여있습니다. 그 마음을 기울여
송축하는 뜻이 정성스러운 마음에서 나왔음을 보건대 그들은 (지금의)
황제[聖朝]를 만나 총애[眷寵]와 회유[懷徠]의 후함을 입어 마땅합니다.

---

39) 四 : "上【闕】"로 기록되어 있다.
40) 四 : "爲"가 누락되어 있다.
41) 四 : "寺【闕四字】"로 기록되어 있다.
42) 四 : "或"이 누락되어 있다.
43) 四 : "有"가 누락되어 있다.
44) 四 : "之"가 누락되어 있다.
45) 四 : "唯"가 누락되어 있다.
46) 四 : "萬【闕五字】"로 기록되어 있다.
47) 四 知 : "年"이 누락되어 있다.
48) 四 知 : "觀"이 누락되어 있다.
49) 四 知 : "其"가 누락되어 있다.
50) 四 知 : "傾"이 누락되어 있다.
51) 四 : "厚"가 누락되어 있다.
52) 知 : "也【此條鄭刻脫四十餘字】"로 기록되어 있다.

[註解]

1) 興國寺: 개경 廣化門 동남쪽에 위치한 절이다. 924년(태조 7)에 창건되었으며, 官壇이 설치되어 受戒가 이루어졌다. 華嚴經道場·燃燈道場祈雨祭 등을 거행하거나 왕의 생일에 백관이 祈福道場을 열었다. 왕의 행차가 많았고, 禱雨·華嚴經道場·燃燈道場 등이 설행되었다. 문종대부터는 節日에 祈祥迎福道場을 개설하는 것이 恒式이 되었는데 이때 문무백관이 불사를 행하는 장소로 지정되었다.
   『三國遺事』 권1, 王曆.
   『高麗史』 권7, 世家7 文宗 즉위년 12월 丙午.
   『高麗史』 권9, 世家9 文宗 36년 5월 庚子·37년 7월 癸丑.
   『高麗史』 권10, 世家10 宣宗 4년 9월 戊寅.
   韓基汶, 1998, 앞의 책, 40·47쪽.
2) 廣化門: 개경 皇城의 동문이자 정문이다. 이에 대해서는 『高麗圖經 역주(상)』, 128쪽 권4-4-1) 참조.
3) 幡竿: 幡은 부처와 보살의 은덕을 찬양하기 위해 사찰의 마당이나 문 앞에 꽂는 旗로, 여러 색이 있다. 불보살이 마구니를 항복시키거나 수명을 연장하는 복덕을 뜻한다. 幡竿은 기를 매는 장대로 幢竿이라고도 한다. 사찰의 입구에 세워져 佛土을 외부에 나타내고 佛法을 수호하는 상징물이다. 두 개의 받침대를 세워 그 가운데에 돌·구리·쇠·나무 등을 세웠다.
   諸橋轍次, 1984, 「幡竿」, 『大漢和辭典』 4, 東京 : 大修館書店, 475쪽.
   智冠 編, 2000, 「당간」, 『伽山佛敎大辭林』 3, 伽山佛敎文化研究院, 1070쪽.
   智冠 編, 2006, 「번」, 『伽山佛敎大辭林』 8, 伽山佛敎文化研究院, 948쪽.
   麗基枸, 1999, 「高麗時代 幢竿과 幢竿支柱」, 『文化史學』 11·12·13合, 537·541쪽.
4) 鳳: 聖王이 태어날 때 나타난다는 상상의 동물인 鳳凰 중 수컷이다. 이에 대해서는 『高麗圖經』 권14-5-2) 참조.
5) 錦: 여러 종류의 색실을 이용하여 무늬를 짜 넣은 상급 의료이다. 이에 대해서는 『高麗圖經』 권14-7-4) 참조.

17-6

[原文]

國淸寺

國淸寺, 在西郊亭之西, 相去三里許. 長廊廣廈, 喬松怪石, 互相映帶53),

---

53) 四 : 掩, 知 : "帶【鄭刻掩】"으로 기록되어 있다.

景物淸秀. 側有石觀音, 峭立崖下. 頃人使所過, 道經國淸寺門, 其褐衣僧
徒, 百十輩群, 出觀之.

[譯文]
국청사[1]

국청사는 서교정[2]의 서쪽에 있으며 서로 3리 정도 떨어졌습니다. 긴
회랑·넓은 건물[厦]과 높은 소나무·괴이한 돌이 서로 어우러졌으니, 경
치가 맑고 빼어납니다. 곁에 돌로 된 관음이 있는데 절벽 아래에 깎아
세운 듯 서 있습니다. 잠깐 사신이 지날 때 길이 국청사 문을 거쳤으니
그 갈옷[3]의 승도 여러[百十] 무리가 나와서 보았습니다.

[註解]
1) 國淸寺: 西郊에 위치한 天台宗 계열의 절이다. 문종의 妃인 仁睿太后가 발원하여
   1089년(선종 6)에 창건하고 1097년(숙종 2)에 완공되었으며 인예태후의 眞影을
   모셨다. 義天이 천태종을 개창하고 초대 주지가 되어 천태교학을 강설하면서 천
   태종의 본산이 되었다.
   『高麗史』 권10, 世家10 宣宗 6년 10월 辛酉.
   『高麗史』 권11, 世家11 肅宗 1년 9월 庚寅·2년 2월 壬申.
   『高麗史』 권12, 世家12 肅宗 10년 3월 癸卯.
   許興植, 1978, 「高麗前期 佛敎界와 天台宗의 形成過程」, 『韓國學報』 11 ; 1986, 앞
      의 책 ; 2013, 앞의 책, 363쪽.
   韓基汶, 1998, 앞의 책, 67·68쪽.
2) 西郊亭: 사신을 맞이하고 보내던 장소 중 하나이다. 이에 대해서는 『高麗圖經』 권
   27, 西郊亭條에서 자세히 설명할 것이다.
3) 褐衣: 칡 섬유로 짠 베로 만든 옷이다. 재료로 사용된 褐은 거칠고 성글어 주로
   여름옷에 이용되었다. 한편, 품등이 떨어지기 때문에 주로 民이 사용했으며, 형
   편이 좋지 않거나 관로에 진출하지 못한 사람들이 이용하기도 하여 미천한 지위
   에 머물고 있는 사람을 일컫는 용어로 사용되었다.
   박용운, 2016, 「고려시대 사람들의 의료(衣料)」, 『고려시대 사람들의 의복식(衣服
      飾) 생활』, 景仁文化社, 60~67쪽.

17-7

[原文]

王城內外諸寺

興王寺, 在國城之東南維, 出長霸門二里許, 前臨溪流, 規模極大. 其中, 有元豐間[54]所賜夾紵佛像, 元符中所賜藏經. 兩壁[55]有畫, 王顒嘗語, 崇寧使者劉逵等云, 此文王[56]【謂徽也】[57], 遣使告神宗皇帝, 模得相國寺本, 國人得以瞻仰. 上感皇恩, 故至今寶惜也. 稍西, 卽洪圓寺, 入長霸門, 溪北爲崇化寺, 南爲龍華寺. 後隔一小山, 有彌陀慈氏二寺, 然亦不甚完葺. 崇敎院, 在會賓門內, 普濟道日[58]金[59]善三寺, 在太安門內, 鼎足而峙. 隔官道之, 北由崇山, 又有奉先彌勒二寺, 竝列. 稍西, 卽大佛寺也. 王府之東北, 與春宮, 相距不遠, 有二寺, 一曰法王, 次曰印[60]經. 由大[61]和北門入, 則有龜山玉輪二寺, 乃適安和寺所由之途也. 廣眞寺, 在將作監之東, 普雲寺, 在長慶宮之南. 自崇仁門出, 正東卽洪護寺, 又東北出安定門, 則有歸法靈通二寺. 唯順天館之北, 有小屋數十間[62], 榜曰順天寺. 自人使至館一月, 僧徒晝夜歌唄不絶, 榜云以祈國信使副一行平善, 蓋由[63]衷之信, 非一時矯僞也. 又紫燕島, 有濟物寺, 群山島, 有資福寺, 殿與門廡之外, 亦無堂室, 其徒三二人而止爾. 凡此者, 以其屋宇, 隘陋且多, 故略其圖, 而載其名焉.

---

54) 知 : 閒.
55) 四 : 壁.
56) 四 知 : "翊德山"이 추가되어 있다.
57) 四 : "【謂徽也】"가 누락되어 있다.
58) 四 : "日【闕】"로 기록되어 있다.
59) 四 : "金"이 누락되어 있다.
60) 四 : 卽, 知 : "印【鄭刻卽】"으로 기록되어 있다.
61) 知 : 太.
62) 知 : 閒.
63) 四 : 繇.

[譯文]

왕성 안팎 여러 절

　홍왕사[1]는 국성[2]의 동남쪽 끝에 있고 장패문[3]을 나와 2리 정도에 있으며, 앞에 시냇물이 임하고 규모가 매우 큽니다. 그 안에는 원풍[4] 연간에 내려준 협저불상[5]과 원부[6] 연간에 내려준 장경[7]이 있습니다. 양 벽에는 그림이 있는데, 왕옹(王顒, 숙종)[8]이 일찍이 숭녕[9] 연간에 사신[使者] 유규[10] 등에게 말하기를 “이는 문왕【왕휘이다.】[11]께서 사신을 보내 신종황제[12]께 고하여 상국사[13] (벽화) 본을 모방하여 얻었으니 나라 사람들이 (그것을) 얻고 나서 우러러보았다. 위로 황제의 은혜에 감응한 까닭에 이제까지도 보배롭게 아낀다.”라고 하였습니다. 조금 서쪽은 곧 홍원사[14]이고, 장패문을 들어가면 시냇물의 북쪽은 숭화사이며 남쪽은 용화사입니다.[15] 뒤에는 작은 산 하나를 사이에 두고 미타·자씨 두 절이 있으나[16] 역시 아주 완벽하게 갖춰지지는 않았습니다. 숭교원[17]은 회빈문[18] 안에 있고, 보제·도일[19]·금선[20] 세 절은 태안문[21] 안에 있는데 솥발처럼 서 있습니다. 관도의 북쪽 유암산[22]을 사이에 두고 또 봉선[23]·미륵[24] 두 절이 나란히 늘어서 있습니다. 조금 서쪽은 곧 대불사[25]입니다. 왕부의 동북쪽에는 춘궁[26]과 서로 거리가 멀지 않은 곳에 두 절이 있으니 하나는 법왕[27]이라 하고 다음은 인경[28]이라 합니다. 대화북문으로 들어가면 귀산[29]·옥륜 두 절이 있는데, 곧 안화사에 갈 때 거쳐 가는 길입니다. 광진사[30]는 장작감[31]의 동쪽에 있으며 보운사[32]는 장경궁[33]의 남쪽에 있습니다. 숭인문[34]을 나오면 정동쪽에는 바로 홍호사[35]이며, 또 동북쪽에 안정문[36]을 나오면 귀법[37]·영통[38] 두 절이 있습니다. 다만 순천관[39]의 북쪽에 작은 집 수십 칸이 있는데, 방문은 ‘순천사(順天寺)’라 합니다. 사신이 순천관에 이르러서부터 한 달을 승도들이 밤낮으로 범패를 부르기를 그치지 않았으며 방문에는 ‘이기국신사부일행평선(以祈國信使副一

行平善)'[40]라 하였는데, 대개 속에서부터 말미암은 믿음이지 일시로 속여 꾸민 것이 아니었습니다. 또 자연도[41]에는 제물사[42]가 있고, 군산도[43]에는 자복사[44]가 있는데, 전(殿)·문·회랑[廡] 외에는 역시 당(堂)과 방이 없고 그 승도는 2~3인에 그칠 뿐입니다. 무릇 이곳들은 그 건물이 비좁고 누추한 데다 또한 많으므로, 그 그림을 생략하고 그 이름을 싣습니다.

[註解]

1) 興王寺: 德水縣—지금의 개성특별시 개풍구역—에 위치한 華嚴宗 계열의 절이다. 1056년(문종 10) 2월에 德水縣 치소를 옮기고 공사를 시작하여, 1067년에 완성하였다. 왕실의 공력이 많이 투입되었으며 규모는 2,800여 칸이고 상주한 승려들은 1,000여 명에 이르렀다. 1070년에는 성이 축조되어 군사 방어시설도 갖춘 것으로 파악된다. 문종의 원당이었으며, 숙종대 義天이 주지하고 敎藏都監을 두어 遼와 宋에서 구한 大藏經을 간행하기도 하였다.
『高麗史』 권7, 世家7 文宗 10년 2월 癸卯.
『高麗史』 권8, 世家8 文宗 21년 1월 庚申·24년 6월.
『高麗史』 권10, 世家10 宣宗 2년 7월 任子.
『高麗史』 권11, 世家11 肅宗 1년 7월 丁未.
『高麗史』 권90, 列傳3 宗室1 大覺國師 煦.
許興植, 1986, 앞의 책 ; 2013, 앞의 책, 95쪽.
韓基汶, 1990, 「高麗 中期 興王寺의 創建과 華嚴宗團」, 『鄕土文化』 5 ; 1998, 앞의 책.
박윤진, 1998, 「高麗時代 開京 一帶 寺院의 軍事的·政治的 性格」, 『韓國史學報』 3·4合, 88·89쪽.
박종진, 2000, 「고려시기 개경 절의 위치와 기능」, 『역사와 현실』 38, 85·86쪽.
2) 國城: 개경의 外城인 羅城을 말한다. 이에 대해서는 『高麗圖經 역주(상)』, 99쪽 권3-4-(1)-6) 참조.
3) 長霸門: 개경 羅城의 동문이다. 이에 대해서는 『高麗圖經 역주(상)』, 103쪽 권3-4-(2)-5) 참조.
4) 元豐: 宋 神宗의 연호로 1078~1085년 사이에 사용되었다.
5) 夾紵佛像: 협저기법으로 조성한 불상을 말한다. 협저기법은 生漆과 풀을 혼합하여 만든 糊漆을 모시나 삼베 혹은 비단과 같은 직물에 여러 겹 칠하여 붙이는 방법을 말한다. 이것이 발달한 시기는 중국 戰國時代로 알려져 있다. 8세기에 이르면 더욱 성행하여 중국의 강남지방을 중심으로 제작되었고 宋代에도 유행하였다.
崔恩領, 2001, 「東亞大學校博物館所藏 乾漆大勢至菩薩立像」, 『東岳美術史學』 2, 22쪽.

정지연, 2014, 「나주 및 남원지역 협저불상의 제작기법에 관한 고찰」, 『大丘史學』
    114, 1~4쪽.

6) 元符: 宋 哲宗의 연호로 1098~1100년 사이에 사용되었다.

7) 元符中所賜藏經: 원부 연간(송 철종, 1098~1100)에 고려로 유입된 大藏經을 가리
    킨다. 송에서 전래된 대장경은 총 8차례가 확인되는데, 원부 연간에 내려준 대장
    경이 마지막인 8번째이다.
    朴鎔辰, 2015, 「高麗時代 大藏經 彫造의 組織과 그 運營」, 『한국학논총』 44, 153쪽.

8) 王顒: 고려의 제15대 왕 肅宗(1054~1105)이다. 그에 대해서는 『高麗圖經 역주(상)』,
    71쪽 권2-2-(2)-27) 참조.

9) 崇寧: 宋 徽宗의 연호로 1102~1106년 사이에 사용되었다.

10) 劉逵: 宋의 관인이다. 그에 대해서는 『高麗圖經 역주(상)』, 73쪽 권2-2-(2)-36) 참조

11) 文王: 고려의 제11대 왕 文宗(1019~1083)을 말한다. 그에 대해서는 『高麗圖經 역
    주(상)』, 64쪽 권2-2-(1)-43) 참조.

12) 神宗皇帝: 宋의 제6대 황제 神宗(1048~1085)이다. 그에 대해서는 『高麗圖經 역주
    (상)』, 68쪽 권2-2-(2)-1) 참조.

13) 相國寺: 지금의 중국 河南省 開封市 일원에 위치한 절이다. 555년(북제 천보 6)에
    建國寺로 창건되었고, 712년(당 선천 1)에 相國寺로 고쳤다. 宋 개보 연간(송 태
    조, 968~976)에는 後蜀에서 입조한 石恪에게 상국사의 벽에 그림을 그리도록 하
    였다. 이후 996년(송 지도 2)에 문화적 위용을 과시하기 위해 도성 중앙에 크게
    중건하고 大相國寺로 개칭하였다. 개봉의 제1사원이 되었고, 황제의 祝壽·祈雨
    祭·祈雪祭 등이 거행되었다. 1076년(송 희령 9, 고려 문종 30)에 고려에서 사신으
    로 간 崔思訓이 화공을 대동하여 상국사의 벽화를 모사하였고, 이후 고려의 興王
    寺에 그렸다.
    『宋史』 권1, 本紀1 太祖 建隆 3년 5월 甲子.
    『宋史』 권5, 本紀5 太宗 雍熙 4년 12월 壬寅.
    『宋史』 권112, 志65 禮15 嘉禮3 聖節 建隆 1년 1월.
    慈怡 編, 1988, 「相國寺」, 『佛光大辭典』 4, 高雄 : 佛光山宗務委員會, 3906쪽.
    金울림, 2003, 「仁宗諡册과 高麗中期 畵局의 道釋畫風」, 『美術資料』 69, 65·66쪽.
    조명제, 2014, 「修禪社의 『禪門拈頌集』 편찬과 雲門宗의 어록」, 『역사와 경계』 90,
        123~125쪽.
    홍선표, 2019, 「고려 중기의 북송과의 회화 교류」, 『美術史論壇』 49, 58·59쪽.

14) 洪圓寺: 도성 밖에 위치한 華嚴宗 계열의 절이며, 弘圓寺라고도 한다. 순종이 창
    건을 발원하였으나 훙서하여 선종이 義天과 공사를 진행하였으며, 1101년(숙종
    6)에는 부속 건물인 大藏堂, 九祖堂 등이 낙성되었다.
    『高麗史』 권11, 世家11 肅宗 6년 2월 丙辰.
    「靈通寺大覺國師碑」.
    許興植, 2013, 앞의 책, 358쪽.

15) 溪北爲崇化寺 南爲龍華寺: 龍華寺와 崇化寺의 위치에 대한 설명이다. 본문 이외에

는 기록이 소략하여 자세한 내용을 알기 어렵다.

16) 有彌陀慈氏二寺: 彌陀寺와 慈氏寺의 위치에 대한 설명이다. 본문 이외에는 기록
   이 소략하여 자세한 내용을 알기 어렵다.

17) 崇敎院: 崇敎寺를 말한다. 羅城 안에 위치한 瑜伽宗 계열의 절이다. 1000년(목종
   3)에 창건하여 원찰로 삼았고, 후에 天秋太后의 미움을 받은 大良院君―현종―이
   머무르기도 하였다.
   『高麗史』 권3, 世家3 穆宗 3년 10월.
   『高麗史』 권4, 世家4 顯宗.

18) 會賓門: 개경 羅城의 남문이다. 이에 대해서는 『高麗圖經 역주(상)』, 103쪽 권
   3-4-(2)-7) 참조.

19) 道日: 道日寺를 말한다. 羅城 안에 위치한 절이다. 1281년(충렬왕 7)에 元에서 파견
   한 王通이 이곳에서 천문을 관찰하고 고려의 지도를 구해서 보았다는 기록이 있다.
   『高麗史』 권29, 世家29 忠烈王 7년 1월 戊戌.

20) 金善: 金善寺를 말한다. 羅城 안에 위치한 절이다. 1186년(명종 16)에 恭化侯 王瑛
   의 빈소를 이곳에 마련하였다.
   「王瑛墓誌銘」.

21) 泰安門: 개경 羅城의 남문인 泰安門으로 여겨진다. 이에 대해서는 『高麗圖經 역주
   (상)』, 103쪽 권3-4-(2)-8) 참조.

22) 由嵓山: 개경 皇城 밖 서남쪽에 위치한 산이다. 이에 대해서는 『高麗圖經 역주
   (상)』, 180쪽 권6-5-2) 참조.

23) 奉先: 奉先寺를 말한다. 개경 由嵓山 부근에 위치한 華嚴宗 계열의 절이다. 태조
   의 私第였던 곳이다.
   『陽村集』 권13, 記類 「德安殿記」.
   許興植, 1986, 앞의 책 ; 2013, 앞의 책, 181쪽.
   韓基汶, 1998, 앞의 책, 133쪽.

24) 彌勒: 彌勒寺를 말한다. 由嵓山 부근에 위치한 瑜伽宗 계열의 절이다. 936년(태조
   19) 12월에 창건되었고, 功臣堂이 설치되어 있었다.
   『高麗史』 권2, 世家2 太祖 19년 12월.
   『高麗史』 권25, 世家25 元宗 3년 10월 己未.
   『高麗史』 권53, 志7 五行1 五行二曰火 睿宗 4년 4월 丙戌.

25) 大佛寺: 由嵓山 부근에 위치한 절이다. 본문 이외에는 기록이 소략하여 자세한
   내용을 알기 어렵다.

26) 春宮: 太子宮인 壽春宮을 말한다. 이에 대해서는 『高麗圖經 역주(상)』, 79쪽 권2-4-8)
   참조.

27) 法王: 法王寺를 말한다. 개경의 북부에 위치한 華嚴宗 계열의 절이다. 919년(태조
   2)에 창건한 都內 10寺 중 하나로, 화엄 승려인 均如가 962년(광종 13)에 이곳에
   서 『華嚴經』을 강론한 적이 있다. 1034년(정종 즉위)에 왕이 八關會 소회일 의식
   을 마치고 행차한 것을 시작으로, 팔관회 때 행차하는 절차가 정형화되었다. 호

국법회인 百座道場도 여러 차례 행하여졌다.
『高麗史』 권1, 世家1 太祖 2년 3월.
『高麗史』 권6, 世家6 靖宗 즉위년 11월 庚子.
『高麗史』 권56, 志10 地理1 王京開城府 顯宗 15년.
韓基汶, 1998, 앞의 책, 37·46·121쪽.
안지원, 2011, 앞의 책, 72쪽.

28) 印經: 印經寺를 말한다. 春宮 부근에 위치하였다. 본문 이외에는 기록이 소략하여
자세한 내용을 알기 어렵다.

29) 龜山: 龜山寺를 말한다. 皇城 안에 위치한 禪宗 계열의 절이다. 태조대 창건되어
929년(태조 12)에 고려에 온 天竺國의 三藏法師 摩睺羅가 다음 해 이곳에서 입적
하였다. 이후에도 선종 고승들이 주지하였다.
『高麗史』 권1, 世家1 太祖 12년 6월 癸丑.
韓基汶, 1998, 앞의 책, 43쪽.
許興植, 2013, 앞의 책, 642쪽.

30) 廣眞寺: 將作監의 동쪽에 위치한 절이다. 이외에는 1185년(명종 15)에 이곳에서
流頭飮을 하였다는 기사가 전한다.
『高麗史』 권20, 世家20 明宗 15년 6월 丙寅.

31) 將作監: 궁궐 및 다리 등의 건축·수리·보수 등을 관장한 관서이다. 이에 대해서
는 『高麗圖經』 권16-2-37) 참조.

32) 普雲寺: 개경 皇城 밖에 위치한 절이다. 본문 이외에는 기록이 소략하여 자세한
내용을 알기 어렵다.

33) 長慶宮: 개경 皇城의 소남문 밖에 위치한 궁이다. 이에 대해서는 『高麗圖經 역주
(상)』, 180쪽 권6-5-1) 참조.

34) 崇仁門: 개경 羅城의 동문이다. 이에 대해서는 『高麗圖經 역주(상)』, 103쪽 권
3-4-(2)-2) 참조.

35) 洪護寺: 弘護寺를 말한다. 羅城 밖에 위치한 瑜伽宗 계열의 절이다. 1093년(선종
10)에 왕이 직접 행차하여 터를 보고 이름을 지어 창건을 시작하였고, 숙종대 완
공하였다. 1101년(숙종 6)에는 왕이 이곳에서 직접 시를 지었고, 같은 해 6,500명
을 동원하여 고쳤다. 선종의 진영을 모신 절로 추정된다.
『高麗史』 권11, 世家11 肅宗 6년 3월 庚午·5월 甲申.
『高麗史』 권83, 志37 兵3 圍宿軍.
『高麗史節要』 권6, 宣宗 10년 5월.
韓基汶, 1998, 앞의 책, 222쪽.

36) 安定門: 개경 羅城의 동문이다. 이에 대해서는 『高麗圖經 역주(상)』, 103쪽 권
3-4-(2)-3) 참조.

37) 歸法: 歸法寺를 말한다. 羅城 밖에 위치한 華嚴宗 계열의 절이다. 963년(광종 14)
에 창건하였고 均如를 주지하도록 하여 불교계를 개혁하였다. 濟危寶를 두고 無
遮水陸會를 여는 등 광종이 많은 관심을 기울인 곳이므로 후에는 그의 眞影이

봉안되었을 것으로 추측하기도 한다. 大藏經이 간행되기도 하였고, 후대 왕들의
행차가 잦았다.

『高麗史』 권2, 世家2 光宗 14년 7월.

『高麗史』 권10, 世家10 宣宗 4년 4월 庚子.

『高麗史節要』 권2, 成宗 1년 6월.

金龍善, 1981, 「光宗의 개혁과 歸法寺」, 『高麗光宗研究』, 一潮閣 ; 2004, 『고려 금석
　　문 연구—돌에 새겨진 사회사—』, 일조각, 269·270쪽.

許興植, 1986, 앞의 책 ; 2013, 앞의 책, 107쪽.

韓基汶, 1998, 앞의 책, 252쪽.

38) 靈通: 靈通寺를 말한다. 羅城 밖에 위치한 華嚴宗 계열의 절이다. 태조대 건립된
10寺의 하나인 通寺로 파악된다. 戒壇이 설치되어, 왕자 출신은 물론 개경 일대
승려들의 受戒 장소로 기능하였다. 재앙을 물리치거나 비를 빌기 위한 佛事를 열
었으며, 후사를 위해 『華嚴經』을 강론하기도 하였다. 후에는 義天의 화엄종 계열
제자들이 이곳에 비를 세웠다.

『三國遺事』 권1, 王歷.

『高麗史』 권6, 世家6 靖宗 2년 5월 辛卯.

『高麗史』 권16, 世家16 仁宗 8년 4월 辛丑·12년 6월 辛卯.

『高麗史』 권17, 世家17 毅宗 1년 5월 丁丑.

『高麗史節要』 권11, 毅宗 11년 1월 戊辰.

「靈通寺大覺國師碑」.

韓基汶, 1998, 앞의 책, 35쪽.

39) 順天館: 宋 사신을 위한 객관을 말한다. 이에 대해서는 『高麗圖經』 권27, 順天館條
에서 자세히 설명할 것이다.

40) 以祈國信使副一行平善: 順天寺에 붙어있던 방문이다. 國信使와 副使의 일행이 평
안하기를 기원하는 내용이다.

41) 紫燕島: 지금의 경기도 혹은 인천광역시 일원에 있는 섬이다. 이에 대해서는 『高
麗圖經』 권39, 紫燕島條에서 자세히 설명할 것이다.

42) 濟物寺: 紫燕島에 위치한 절이다. 『高麗圖經』 권18, 釋氏條와 권39, 紫燕島條에 따
르면 원풍 연간(송 신종, 1078~1085)에 左班殿直 宋密이 紫燕島에서 사망했기에,
宋의 사신이 고려에 이를 때면 반드시 이곳에 들려 飯僧을 베풀고 제사를 지냈
다고 한다.

43) 群山島: 지금의 전라북도 군산시에 속한 선유도를 말한다. 이에 대해서는 『高麗
圖經』 권36, 群山島條에서 자세히 설명할 것이다.

44) 資福寺: 여러 資福寺 중 하나로 群山島—지금의 전라북도 군산시 선유도—에 있
었던 절이다. 『高麗圖經』 권36, 群山島條에 따르면 문밖 서쪽 근처에 있는 산 위
에 五龍廟와 함께 자복사가 있었다고 한다. 자복사는 보통명사로서 읍내 치소
가까이에 존재하였다. 신라시기부터 고려 광종·성종·현종대를 거치면서 본격적
으로 체제가 정비되었다. 지방 각 행정단위마다 분포하였는데, 界首官이 위치한

지역과 主縣에는 다수가 존재하였고 屬縣 이하의 지역에는 대체로 1읍 1寺로 구
성되었다. 燃燈會·經行·百高座仁王道場 등의 국가불교 의례가 실현되는 장소로
서 지역 공동체를 결속시키는 기능을 하였다.
한기문, 2011, 「고려시대 資福寺의 성립과 존재 양상」,『民族文化論叢』49.
韓基汶, 2015, 「고려시대 州縣 資福寺와 香徒의 역할」,『東國史學』59.

17-8

[原文]
崧山廟

崧山神祠, 在王府之北. 自順天館出, 至兵部, 直北沿溪行, 過龜山寺福
源觀. 出北昌門, 行五里許, 山路崎嶇, 喬木[64]森蔭, 俯視城中, 如指諸掌.
其神, 本曰高山. 國人相傳, 祥符中, 契丹侵逼王城, 神乃夜化松數萬, 作
人語, 虜[65]疑有援, 卽引去. 後封其山爲崧, 以祠奉其神也. 民有災病, 施
衣獻良馬, 以禱之. 比者使至, 六月二十六日丁未, 遣官致祭, 祠宇尙遠,
唯至半山, 設酒饌, 望而拜之, 遵舊典也.

[譯文]
숭산묘[1]

숭산신사는 왕부의 북쪽에 있습니다. 순천관에서 나와 병부[2]에 이르
기까지 곧장 북쪽으로 시내를 따라 가면 귀산사와 복원관을 지납니다.
북창문[3]을 나가 5리 정도 가면 산길이 험하고 키 큰 나무들로 수풀이
우거졌는데, 성안을 굽어보면 손바닥 보듯 훤합니다[如指諸掌].[4] 그 신은
본래 고산입니다. 나라 사람들이 서로 전하기를, 대중상부[祥符] 연간에

---

64) 四 知 : 松.
65) 四 : 敵.

거란이 왕성을 침입하자 신이 이에 밤에 소나무 수만 그루를 변화시켜 사람의 말을 하게 하였으니 오랑캐[虜]는 원군이 있는 줄 의심하고 곧 (군사들을) 이끌어 물러갔습니다. 후에 그 산을 봉하여 '숭(崧)'이라 하고 그 신을 제사하여 받들었습니다.[5] 민들은 재앙이나 병이 생기면 옷을 시주하고 좋은 말을 바침으로써 빌었습니다.[6] 근래 사신이 이르자 6월 26일 정미에 관원을 보내어 제사 지냈는데, 사우가 아직 멀어 다만 산 중턱에 이르러 술과 음식을 차리고 바라보며 배하여 옛 법식을 따랐습니다.

[註解]

1) 崧山廟: 개경 松嶽山에 위치한 神祠이다. 송악산은 개경의 鎭山으로 국가적 숭배의 대상이 되었다. 본문에서는 崧山廟 제사의 시작을 현종대 契丹의 침입과 관련짓고 있다. 하지만 태조가 산천신의 陰佑를 강조한 것으로 보건대 송악산은 고려 건국 초부터 국가 제사의 장소가 되었을 것으로 여겨진다. 숭산묘 제사는 등급이 정해지지 않은 雜祀에 해당하지만, 제물로 太牢를 사용했다는 점에서 大祀에 준했던 것으로 보인다. 祈晴祭·祈雨祭의 공간으로 사용되기도 했다. 한편 숭산에 대해서는 『高麗圖經 역주(상)』, 94쪽 권3-3-7) 참조.

　『高麗史』 권54, 志8 五行2 五行三曰木 肅宗 4년 8월 丙子·五行四曰金 文宗 11년 5월 戊寅·肅宗 5년 6월 乙卯·睿宗 2년 4월 甲申·仁宗 8년 4월 戊子.

　『高麗史』 권56, 志10 地理1 王京開城府.

　『高麗史』 권63, 志17 禮5 吉禮小祀 雜祀 睿宗 11년 4월 丁卯.

　金澈雄, 2001, 「고려시대의 山川祭」, 『한국중세사연구』 11, 147쪽.

　김아네스, 2012, 「고려시대 개경 일대 名山大川과 국가 제장」, 『역사와 경계』 82, 8·21~23쪽.

2) 兵部: 고려전기 尙書6部 중 하나인 尙書兵部이다. 이에 대해서는 『高麗圖經』 권16-2-32) 참조.

3) 北昌門: 개경 羅城의 정북문이다. 이에 대해서는 『高麗圖經 역주(상)』, 104쪽 권3-4-(2)-13) 참조.

4) 如指諸掌: 禘祭를 묻는 질문에 대한 孔子의 답변에서 유래한 표현이다. 당시 상황에 대해서 『論語』에는 "혹자가 체제의 내용을 물으니 공자께서는 '알지 못한다. 그 내용을 아는 자는 천하를 다스림에 있어 여기에 올려두고 보는 것과 같다.'고 하시며 손바닥을 가리키셨다[或問禘之說 子曰不知也 知其說者之於天下也 其如示諸斯乎 指其掌]."라고 기록되어 있다. 분명하고 훤히 보이는 일임을 나타낸 표현이다. 『論語』 八佾.

5) 祥符中 …… 以祠奉其神也: 崧山이 봉해진 일화를 언급한 구절이다. 상부는 宋 眞
宗의 연호인 대중상부를 말하며, 1008~1016년 사이에 사용되었다. 契丹은 1010년
(현종 1)에 고려를 침입하고 이듬해 정월 개경에 진입하여 太廟와 궁궐, 민가를
불태웠다. 당시 숭산과 관련된 일화는 다른 기록에는 전하지 않아 자세한 것은
알 수 없다. 한편, 紺岳山神祠에 대해 숭산묘와 유사한 일화가 있어 참고된다. 거
란병이 감악산의 눈바람으로 인해 깃발과 군사가 있다고 오인하여 전진하지 못
하였다는 내용이 전한다.
『高麗史』 권4, 世家4 顯宗 2년 1월 乙亥.
『高麗史』 권63, 志17 禮5 吉禮小祀 雜祀 顯宗 2년 2월.
6) 民有災病 …… 以禱之: 민간에서도 崧山廟에 제사했음을 나타낸 구절이다. 옷·말
등을 폐백으로 바치는 형태로 진행되었으며, 국가 제사에서 사용한 제기보다는
낮은 급을 사용했을 것이다. 한편, 고려시대 국가 차원의 산천제는 유교식 제사
의 형식을 빌어 降神, 獻酌, 讀祝, 辭神, 飮福의 절차로 진행된 것으로 여겨진다.
『高麗圖經』 권17, 東神祠條를 통해 숭산묘 제사에 酌獻이 이루어졌음을 알 수 있
으며, 松嶽山에 제사할 때 작성했던 祝文이 확인된다. 다른 산천제 관련 기록에
서 舞樂의 흔적이 있는 것으로 보건대, 숭산묘에서도 讀祝과 함께 무악이 이루어
졌을 가능성이 있다.
『東國李相國全集』 권37, 哀詞祭文 「祭松岳文」.
김아네스, 2016, 「고려시대 제사유적과 산천제—월출산 유적과 부안 죽막동 유적
을 중심으로—」, 『韓國史研究』 175, 99·100·103·104·109쪽.

17-9

[原文]

東神祠

東神祠, 在宣仁門內. 地稍平廣, 殿宇卑陋, 廊廡三十間[66], 荒涼不葺.
正殿榜曰東神聖母之堂, 以帟幕蔽之, 不令人見. 神像, 蓋刻木作女人狀,
或云乃夫餘妻河神女也. 以其生朱蒙, 爲高麗始祖, 故祀[67]之. 舊例, 使者
至則遣官設奠, 其牲牢酌獻, 如禮崧山神式.

---

66) 知 : 間.
67) 四 : 祠.

동신사[1]

동신사는 선인문[2] 안에 있습니다. 땅은 자못 평평하고 넓으나 사우[殿宇]는 비루하며, 회랑과 곁채[廡] 30칸은 황량하고 수리되지 않았습니다. 정전의 방문은 '동신성모지당(東神聖母之堂)'이라 하고 역막으로 가려서 사람이 볼 수 없게 하였습니다. 신상은 대개 나무를 깎아 여인의 형상을 만들었는데 혹자는 말하기를 곧 부여[3](왕)의 처이자 하신의 딸[4]이라 합니다. 그녀가 낳은 주몽[5]이 고구려[高麗][6]의 시조이므로 제사 지냅니다.[7] 옛 법식에 사신[使者]이 이르면 곧 관원을 보내어 제사하는데[8] 그 제물[牲牢]과 헌수[酌獻]는 숭산신에 대한 예식과 같습니다.

1) 東神祠: 개경에 위치한 神祠이다. 문종대 처음 확인되며, 柳花·仙桃山 聖母에 대한 신앙과 연관된다. 崧山廟와 함께 祈晴祭·祈雨祭의 공간으로 사용되기도 하였다. 神堂直을 설치하여 관리하였다.
  『高麗史』 권54, 志8 五行2 五行三曰木 肅宗 4년 8월 丙子·五行四曰金 文宗 11년 5월 戊寅·肅宗 5년 6월 乙卯·睿宗 2년 4월 甲申·仁宗 8년 4월 戊子.
  『高麗史』 권56, 志10 地理1 王京開城府.
  『高麗史』 권63, 志17 禮5 吉禮小祀 雜祀 睿宗 11년 4월 丁卯.
  채미하, 2016, 「한국 고대 신모(神母)와 국가제의(國家祭儀)—유화와 선도산 신모를 중심으로—」, 『東北亞歷史論叢』 52 ; 2018, 『한국 고대 국가제의와 정치』, 혜안, 43~70쪽.
  윤경진, 2021, 「고려시대 東神聖母 숭배의 연원과 의미」, 『한국문화』 93, 190~194쪽.
2) 宣仁門: 개경 皇城의 동문이다. 이에 대해서는 『高麗圖經 역주(상)』, 103쪽 권3-4-(2)-1) 참조.
3) 夫餘: 고대 중국 북만주 지역에 존재했던 국가로, 抹餘라고도 한다. 이에 대해서는 『高麗圖經 역주 (상)』, 29·30쪽 권1-2-(1)-8) 참조.
4) 河神女: 고구려 시조인 朱蒙의 어머니 柳花를 말한다. 그에 대해서는 『高麗圖經 역주(상)』, 30쪽 권1-2-(1)-9) 참조.
5) 朱蒙: 고구려의 시조이다. 그에 대해서는 『高麗圖經 역주(상)』, 30쪽 권1-2-(1)-10) 참조.
6) 高麗: 고대 중국 동북지방 및 한반도 북부에 존재했던 국가이다. 이에 대해서는

『高麗圖經 역주(상)』, 31·32쪽 권1-2-(1)-13) 참조.

7) 正殿榜曰東神聖母之堂 …… 故祀之: 고려에서 朱蒙의 어머니인 柳花를 東神聖母로 모시고 제사지냈다는 언급이다. 이는 고려가 고구려 계승 의식을 가졌다는 근거의 하나가 된다. 한편 『三國史記』에는 제사 대상인 동신성모가 仙桃山 聖母와 연결된다고 서술되어 있다. 따라서 東神祠의 제사 대상은 유화·선도산 성모를 포함하여 한국 고대에 전래되어 온 성모가 통칭되었다는 견해가 있었다(①). 이와 달리 본래 제사 대상이 유화였으나 『三國史記』 단계에서 선도산 성모와 관련되도록 변형된 것으로 보기도 한다(②).

『三國史記』 권12, 新羅本紀12 敬順王.

『三國遺事』 권5, 感通7 仙桃聖母隨喜佛事.

金光洙, 1988, 「高麗朝의 高句麗繼承意識과 古朝鮮認識」, 『歷史敎育』 43, 97쪽.

안병우, 2004, 「고구려와 고려의 역사적 계승 관계」, 『한국고대사연구』 33, 135쪽.

박용운, 2006, 「고려시기 사람들의 고려의 고구려계승의식」, 『고려의 고구려계승에 대한 종합적 검토』, 일지사, 89쪽.

① 채미하, 2016, 앞의 논문 ; 2018, 앞의 책, 43~70쪽.

② 윤경진, 2021, 앞의 논문, 193쪽.

8) 舊例 使者至則遣官設奠: 宋 사신이 고려에 이르면 東神祠에 제사를 행하던 법식을 언급한 것이다. 1110년(예종 5)에 송의 사신 王襄 등이 고려에 왔을 때 東神聖母에 제사를 지낸 사실이 전한다.

『三國史記』 권12, 新羅本紀12 敬順王.

『三國遺事』 권5, 感通7 仙桃聖母隨喜佛事.

『高麗史』 권13, 世家13 睿宗 5년 6월 癸未.

17-10

[原文]

蛤窟龍祠

蛤窟龍祠, 在[68]急[69]水門上隙. 小屋數間[70]中, 有[71]神[72]像. 舟行水淺,

---

68) 四 : "在【闕】"로 기록되어 있다.
69) 四 知 : "急"이 누락되어 있다.
70) 知 : 間.
71) 四 : "有【闕】"로 기록되어 있다.
72) 四 : "神"이 누락되어 있다.

不可近, 唯舟師輩, 以小艇, 迎而祭之. 頃者使至彼, 設祭之明日, 有一小蛇[73], 靑[74]色. 咸謂神化, 亦猶彭蠡順濟之顯異也. 乃知神物無乎不在. 朝廷威靈所格, 雖蠻貊之邦, 行矣.

[譯文]

합굴룡사[1]

합굴룡사는 급수문[2]의 위쪽 빈 자리에 있습니다. 작은 집 수 칸 중에 신상이 있습니다. 배로 가기에는 물이 얕아 가까이 갈 수 없고, 다만 뱃사공들[舟師輩]이 작은 배로 맞이하여 제사합니다. 근래 사신이 그곳에 이르러 제사를 갖춘 다음날에 푸른색의 작은 뱀 한 마리가 나타났습니다. 모두가 신이 변하였다고 하는데 팽려 순제왕의 기이함과도 같았습니다.[3] 이에 신물이 없는 곳은 없음을 알겠습니다. 송[朝廷]의 위엄과 영험이 이르는 곳이 비록 오랑캐[蠻貊]의 나라일지라도 행하여지는 것입니다.

[註解]

1) 蛤窟龍祠: 蛤窟에 있는 사당이다. 『高麗圖經』 권39, 蛤窟條에도 龍祠의 존재가 언급되어 있으나, 이외에는 기록이 소략하여 자세한 내용을 알기 어렵다. 민간 차원의 제사가 설행되었으며 사신이 이르렀을 때에도 제사를 지냈다. 이에 대해 고려 왕실이 공유하고 있던 龍神 世系神話와 관련된 것으로 본 견해가 있다.
　　송호빈, 2010, 「中國 正史 東夷傳과 『高麗圖經』에 나타난 고대·중세 한국의 해양 신앙과 설화」, 『淵民學志』 13, 169~171쪽.
　　치미하, 2018, 앞의 책, 360~364쪽.
2) 急水門: 紫燕島와 禮成江 사이에 있는 지형이다. 이에 대한 내용은 『高麗圖經』 권39, 急水門條에서 자세히 설명할 것이다.
3) 亦猶彭蠡順濟之顯異也: 彭蠡는 지금의 중국 江西省의 鄱陽湖이다. 小龍 혹은 小蛇가 팽려를 건너게 해준 설화가 전하며, 희령 연간(송 신종, 1068~1077)에는 배 안

---

73) 囚 : "蛇【闕】"로 기록되어 있다.
74) 囚 : "靑"이 누락되어 있다.

에 나타났다는 뱀을 順濟王에 봉하고 제사하여 순항을 기원하였다고 한다. 강서
성 일원에는 순제왕을 모시는 宋代 묘당들이 있다.
　『宋會要輯稿』 禮20 諸祠廟 吳城山龍祠·石漣閘神祠.
　『宋會要輯稿』 禮21 嶽瀆諸廟 靈順昭應安濟忠澤王廟·靈順昭應安濟王廟·英靈順濟
　　王廟.
　『夢溪筆談』 권20, 神奇.

17-11

[原文]

五龍廟

五龍廟, 在群山島客館之西一峯上. 舊有小室[75], 在其後數步, 今新制,
獨有兩楹一室而止. 正面立壁, 繪五神像, 舟人祠之甚嚴. 又其西南大林
中, 有小祠, 人謂崧山神別廟云.

[譯文]

오룡묘[1]

오룡묘는 군산도 객관의 서쪽 한 봉우리 위에 있습니다.[2] 옛날에 작은
건물이 있었는데 그 뒤로 몇 보에 지금 새로 지었으니 다만 두 기둥
사이에 집 하나가 있을 뿐입니다. 정면에 벽을 세워 5신상[3]을 그렸으며
뱃사람들은 그것에 제사지내는데 매우 엄숙하였습니다. 또 그 서남쪽
큰 숲 안에 작은 신사가 있는데, 사람들이 이르기를 숭산신 별묘[4]라
합니다.

---

75) 㞐 : 屋.

[註解]

1) 五龍廟: 群山島—지금의 전라북도 군산시 선유도—에 있는 神祠로 항해의 안전을 기원하는 공간이었다. 중국에서는 唐代부터 五龍에 대한 제사가 행해졌고, 宋代 五龍祠가 전국 도처에 건립되었다. 고려 오룡묘는 중국의 영향으로 설립된 것으로 파악되고 있으며(①), 고려 왕실이 공유하고 있던 龍神 世系神話와 관련하여 만들어진 것으로 보기도 한다(②).

① 송화섭, 2009, 「전북 해양문화와 새만금」, 『전북의 역사와 문화유산』, 전주대학교산학협력단, 301쪽.

송호빈, 2010, 앞의 논문, 177~183쪽.

金成奎, 2019, 「'宣和奉使高麗使節團'의 群山島 入島와 東아시아 海域의 五龍廟 信仰」, 『中國史研究』 119 ; 2020, 『송대 동아시아의 국제관계와 외교의례(宋代 東亞國際關係與外交儀禮)』, 신아사, 674·675쪽.

정우진, 2019, 「고려시대 숭산신사의 운영양상으로 본 군산도 숭산행궁의 성격과 위치」, 『島嶼文化』 54, 91쪽.

② 채미하, 2018, 앞의 책, 360~364쪽.

2) 五龍廟 在群山島客館之西一峯上: 五龍廟의 위치에 대한 언급이다. 이에 대해서는 지금의 선유도 북도 망주봉 동쪽 기슭에 있는 오룡당과 같은 곳으로 비정한 견해가 있다(①). 그렇다면 오룡당의 위치는 본문과 달리 群山島 객관 동편에 자리하게 된다. 이는 서긍이 처음부터 방향을 오인한 탓으로 본다. 한편, 선유도 남도 진리 일원에 있었다가 현재의 오룡당 위치로 옮겨왔다는 추정도 있다(②). 이는 본문 및 『高麗圖經』 권36, 群山島條에서 서긍이 묘사한 지형과 진리 일원의 형상이 부합한다는 점을 근거로 한다.

① 곽장근, 2012, 「새만금해역의 해양문화와 문물교류」, 『島嶼文化』 39, 13·14쪽.

문경호, 2015, 「『高麗圖經』을 통해 본 群山島와 群山亭」, 『지방사와 지방문화』 18-2, 80~85쪽.

정우진, 2019, 앞의 논문, 80쪽.

② 森平雅彥, 2008, 「高麗群山亭考」, 『年報朝鮮學』 11 ; 2013, 『中近世の朝鮮半島と海域交流』, 東京 : 汲古書院, 75~80쪽.

金成奎, 2019, 앞의 논문 ; 2020, 앞의 책, 668~670쪽.

3) 五神像: 五龍廟 안에 봉안되었던 다섯 신을 말한다. 오룡당과 마찬가지로 토착신인 오구유왕·명두 애기씨·최씨 부인·수문장·성주를 모셨다는 견해가 있다(①). 그러나 宋 오룡사의 경우 靑龍神·赤龍神·黃龍神·白龍神·黑龍神을 각각 廣仁王·嘉澤王·孚應王·義濟王·靈澤王으로 봉하여 제사 지내는 공간이었으므로 고려의 五神像 역시 청·적·황·백·흑 등 다섯 종류의 龍神을 형상화한 것으로 파악하기도 한다(②).

① 문경호, 2015, 앞의 논문, 82쪽.

② 『宋會要輯稿』 禮4 五龍祠.

金成奎, 2019, 앞의 논문 ; 2020, 앞의 책, 674·675쪽.

4) 崧山神別廟: 群山島―지금의 전라북도 군산시 선유도―에 위치한 神祠로, 개경 崧山神에 제사하는 分廟를 말한다. 외적의 격퇴·해상과 기후의 안정 등을 기원하는 공간이었다. 숭산묘가 군산도에 위치했던 이유로는 외교와 통상으로 개경과 직접 연결된다는 점이 지적된다. 한편『高麗圖經』권36, 群山島條에는 '崧山行宮'이라는 명칭이 나타나는데, 이는 본문의 숭산신 별묘와 같은 것이다.

森平雅彦, 2008, 앞의 논문 ; 2013, 앞의 책, 75~80쪽.

윤용혁, 2010, 「고려시대 서해 연안해로의 객관과 안흥정」, 『역사와 경계』 74 ; 2015, 『한국해양사연구―백제에서 고려, 1천 년 바다 역사―』, 주류성, 147쪽.

문경호, 2015, 앞의 논문, 82쪽.

정우진, 2019, 앞의 논문, 83~92쪽.

[原文]

道敎

臣聞高麗, 地濱東海, 當與道山仙島, 相距不遠, 其民, 非不知向慕長生久視之敎. 弟[1]中原, 前此, 多事征討, 無以淸淨無爲之道, 化之者. 唐祚之興, 尊事混元始祖, 故武德間[2], 高麗遣使, 勾請道士至彼, 講五千文, 開釋玄微. 高祖神堯, 奇之, 悉從其請. 自是之後, 始崇道敎, 踰於釋典矣. 大觀庚寅, 天子眷彼遐方, 願聞妙道, 因遣信使, 以羽流二人從行, 遴擇通達敎法者, 以訓導之. 王俁篤於信仰, 政和中, 始立福源觀, 以奉高眞道士十餘人. 然晝處齋宮, 夜歸私室. 後因言官論列, 稍加法禁. 或聞俁享, 國日常有意授道家之籙, 期以易胡[3]敎. 其志未遂, 若有所待然.

[譯文]

도교[1]

신이 들건대 고려는 땅이 동해와 잇닿았기에 마땅히 도산·선도와 서로 거리가 멀지 않으니 그 민은 장생구시의 가르침[2]을 향모할 줄 모르는 것이 아닙니다.[3] 다만 중국[中原]에서 예전에는 쳐서 토벌함을 많이 일삼았고 청정무위의 도[4]로써 교화하려는 경우가 없었습니다. 당[唐祚][5]이 흥기하고 혼원시조를 높이 섬겼기에[6] 무덕[7] 연간에는 고구려[高麗][8]가 사신을 보내어 도사가 그곳에 가서 『도덕경[五千文]』[9]을 강론하며 심오함을 풀어주기를 간청했습니다. 당 고조[高祖神堯][10]는 이를 기특하게 여겨 그 청을 모두 들어주셨습니다.[11] 이때부터 비로소 도교를 숭상

---

1) 四 知 : 第.
2) 知 : 間.
3) 四 : 西.

하는 것이 불교[釋典]를 넘어섰습니다.[12] 대관 경인년(1110)에 천자[13]께서 저 고려[遐方]가 신묘한 도를 듣고자 하는 것을 돌보시어, 인하여 사신[信使]을 보내시면서 도사[羽流][14] 2인을 따라가게 하셨으니 교법에 통달한 자를 가리고 뽑아 가르쳐 이끌게 하셨습니다.[15] 왕우(王俁, 예종)[16]는 신앙이 독실하여 정화 연간에 처음 복원관[17]을 세우고 고귀하고 참된 도사 10여 인을 받들었습니다.[18] 그러나 (도사가) 낮에는 재궁(齋宮)에 거처하고 밤에는 사저로 돌아갔습니다. 후에 이로 인해 언관[19]이 문제 삼아 늘어놓자, 조금씩 법으로 금지하는 것을 더했습니다.[20] 간혹 듣기에 왕우가 나라를 다스리던 날에 항상 도가의 책을 전수하는 데에 뜻을 두어 불교[胡敎]를 대체하길 바랐다고 합니다. 그 뜻이 이루어지지는 않았으나 아마 그렇게 되기를 기다린 바가 있었던 듯합니다.[21]

[註解]

1) 道敎: 道家에 기반한 종교이다. 본래 도교라는 용어는 道에 대한 성인의 가르침을 뜻하며, 儒·佛의 가르침까지 포함하였다. 5세기 이후부터 도교는 도가만을 의미하는 것이 되어 도가철학과 神仙思想을 바탕으로 불로장생 및 현세 이익을 목적으로 하는 종교가 되었다. 한반도에서의 도교는 고려시대에 특히 성행하였다. 여러 국왕들의 관심을 바탕으로 醮禮가 지속적으로 거행되었다. 또 九曜堂·福源觀·太淸觀·神格殿·昭格殿 등 道觀이 마련되었다. 그리고 최고신으로 모시는 元始天尊을 비롯해 천상 세계와 天神·星宿神 등이 숭배의 대상이었다.
車柱環, 1978, 「道敎와 韓國社會」, 『韓國道敎思想硏究』, 서울大學校出版部.
李錫浩, 1991, 「道敎思想史」, 『韓國宗敎思想史』 1, 延世大學校 出版部.
정재서, 2006, 「한국 도교 개설」, 『한국 도교의 기원과 역사』, 이화여자대학교 출판부.
김철웅, 2017, 『고려시대의 道敎』, 景仁文化社.

2) 長生久視之敎: 道家의 가르침 중 하나이다. 『道德經』에서는 "사람을 다스리고 하늘을 섬기는 데 아낌만 한 것이 없다. 대저 오직 아껴야 하니 이것을 일찍이 따르는 것이라 하고, 일찍이 따르는 것은 덕을 두텁게 쌓는 것을 이른다. 덕을 두텁게 쌓으면 이기지 못하는 것이 없으니, 이기지 못함이 없으면 곧 그 끝을 알지 못하게 된다. 그 끝을 알지 못하면 나라를 소유하게 되니, 나라의 모체를 소유하면 장구하게 된다. 이것이 뿌리를 깊이 하고 밑을 단단히 하는 장생구시의 도리이다[治人

事天 莫若嗇 夫唯嗇 是謂早服 早服 謂之重積德 重積德 則無不克 無不克 則莫知其極 莫知其極 可以有國 有國之母 可以長久 是謂深根固柢 長生久視之道]."라고 하였다. 老子는 爭·戰에 의한 통치는 뜻을 얻을 수 있는 방식이 아니라는 인식하에, 無爲에 의한 통치가 이루어져야 통치자가 장생구시를 이룰 수 있다고 보았다.
　『道德經』 장59.
　이택용, 2012, 「『노자』의 無爲에 대한 연구」, 『東洋哲學研究』 72, 134·135·159~163쪽.

3) 巨聞高麗 …… 非不知向慕長生久視之敎: 고려에 道敎의 영향이 있었음을 지리적 요인을 들어 설명한 구절이다. 道山·仙島는 도교적 이상세계를 가리키는 것으로 보인다. 중국 도교에는 仙을 山과 연결지어 생각하는 山岳·山神信仰이 있었다. 그리고 초기 신앙에서는 신선들이 있는 산이 동해 건너에 있다고 믿었다. 이는 蓬萊·方丈·瀛洲 등으로 이루어진 三神山이 渤海 너머 朝鮮 땅에 있다는 믿음으로 구체화 되었다. 戰國時代의 齊·燕 및 이후 秦·漢代에는 삼신산과 관련된 신앙이 지역에 퍼져있거나, 직접 삼신산을 찾기 위해 사람을 파견하기도 했다. 서긍은 고려의 위치가 조선 땅에 있다고 여겨졌던 도교적 이상향과 거리적으로 멀지 않다는 인식하에 고려의 도교를 서술하고 있다.
　『史記』 권6, 秦始皇本紀6 始皇 28년.
　『史記』 권28, 封禪書6.
　都珖淳, 1992, 「神仙思想과 三神山」, 『道敎學研究』 10 ; 1994, 『神仙思想과 道敎』, 범우사.
　김성환, 2007a, 「黃老道 연구─사상의 기원과 사조의 계보─」, 『道敎文化研究』 27, 43~47쪽.
　김성환, 2007b, 「三神山 판타지와 동아시아 고대의 문화교류」, 『中國學報』 56.

4) 淸淨無爲之道: 道家의 가르침 중 하나이다. 淸淨은 淸靜으로도 쓴다. 『道德經』에서는 "도는 항상 무위하므로, 하지 못하는 것이 없다. 侯王이 이를 능히 지킬 수 있다면 만물은 장차 스스로 교화한다. 교화하는데 작위하려 한다면 나는 장차 이름 없는 순박함으로 억누를 것이다. 이름 없는 순박함이라는 것은 역시 장차 욕심을 없애 가는 것이니 욕심내지 않고 정결해지면 천하가 장차 스스로 안정된다[道常無爲而無不爲 侯王若能守之 萬物將自化 化而欲作 吾將鎭之以無名之樸 無名之樸 夫亦將無欲 不欲以靜 天下將自定]."라고 하였다. 이러한 淸靜無爲의 도리는 제왕의 통치술보다 개인적 養生을 추구했던 漢初 黃老學者에게 특히 강조되어 통치의 원칙이 되기도 했다.
　『道德經』 장37.
　김갑수, 1999, 「황로학에 대한 오해와 진실─황로학(黃老學) 제자리 찾기(1)─」, 『시대와 철학』 10-1, 252·253쪽.
　朴勝顯, 2002, 「『淮南子』에 나타난 道家思想의 傾向」, 『中國學報』 45, 479쪽.

5) 唐祚: 7세기부터 10세기 초까지 중국을 지배했던 唐을 말한다. 이에 대해서는 『高麗圖經 역주(상)』, 192쪽 권7-1-14) 참조.

6) 唐祚之興 尊事混元始祖: 唐에서 老子를 混元皇帝로 추숭했음을 언급한 구절이다.

이에 대해서는 『高麗圖經』 권17-2-5) 참조.

7) 武德: 唐 高祖의 연호로 618~626년 사이에 사용되었다.

8) 高麗: 朱蒙이 건국한 고대국가이다. 이에 대해서는 『高麗圖經 역주(상)』, 31·32쪽 권1-2-(1)-13) 참조.

9) 五千文: 『道德經』을 말하며, 『老子』로도 불린다. 『道德經』의 상·하가 모두 5,000자 이기에 五千文이라는 별칭이 나왔다. 老子의 작품이라 전해지지만, 문체의 불일 치·중복 및 모순된 내용 등의 요소로 판단할 때 일시에 한 인물에 의해 지어진 것은 아니라 여겨진다. 道敎에서 노자를 老君으로 추존하여 敎主로 받들면서 『道 德經』 역시 도교의 주요 경전이 되었다.
李春植 主編, 2003, 「老子」, 『中國學資料解題』, 신서원, 124쪽.

10) 高祖神堯: 566~635. 唐의 초대 황제로, 재위 기간은 618~626년이다. 諱는 淵, 字는 叔德이다. 615년(수 대업 11) 太原留守가 되었는데, 당시 반란이 많이 일어났던 틈을 타 세력을 구축하였다. 長安—지금의 중국 陝西省 西安市— 공략에 성공한 뒤 代王楊侑를 즉위시켰고, 자신은 唐王이 되었다. 이후 선위를 받아 太極殿에서 즉위하였으며 국호를 唐, 연호를 武德이라 하였다. 李世民—唐 太宗—이 皇太子 李建成·4男 李元吉을 살해하는 사건이 일어난 후, 고조는 이세민을 황태자로 세 우고 곧 그에게 선위하면서 자신은 太上皇으로 자리하다가 훙서하였다. 시호는 神堯大聖大光孝皇帝이다.
『舊唐書』 권1, 本紀1 高祖.
『新唐書』 권1, 本紀1 高祖.

11) 故武德間 …… 悉從其請: 唐이 고구려에 道敎를 전파했다는 내용이다. 7세기 무렵 고구려는 이미 도교적 신앙의 기반을 갖추고 있는 상태였고, 五斗米敎가 성행하 고 있었다. 624년(당 무덕 7, 고구려 영류왕 7) 고구려는 당에 사신을 파견하였 고, 당에서는 刑部尙書 沈叔安을 고구려에 보내 榮留王을 책봉하였다. 이 책봉 사 절단에 道士들을 동행하게 하고, 天尊像·道法을 함께 보냈다. 이 도사들은 고구 려에서 『道德經』을 강론하면서 老子의 가르침을 고구려에 전파하였다.
『三國史記』 권20, 高句麗本紀8 榮留王 7년 2월.
『三國遺事』 권3, 興法3 寶藏奉老普德移庵.
宋恒龍, 1983, 「中國道敎思想의 韓國流入과 그 展開推移」, 『亞細亞硏究』 70, 199· 200쪽.
김수진, 2010, 「7세기 高句麗의 道敎 受容 배경」, 『韓國古代史硏究』 59, 175~177쪽.
김철웅, 2017, 앞의 책, 27~31쪽.
박승범, 2019, 「고구려의 道敎와 『老子道德經』 수용」, 『先史와 古代』 61, 79~83쪽.

12) 始崇道敎 蹈於釋典矣: 고구려의 道敎 성행에 대한 언급이다. 7세기 이전부터 고구 려에는 도교적 요소들이 유입되어 있었다. 대표적인 근거로 고구려 고분에 표현 되어 있는 神仙이나 별자리 圖像을 들 수 있다. 영류왕대 공식적으로 唐으로부터 도교를 전래 받은 이후, 고구려에서는 淵蓋蘇文이 정권을 잡으면서 그에 의해 다 시 도교가 부흥하였다. 연개소문은 3敎를 갖추기 위해서 다시 당에 도교를 구하

자고 주장하였고, 이에 당에 사절을 파견한 결과 당 太宗은 道士 叔達 등 8인과
『道德經』을 고구려에 보내주었다. 서긍은 이렇듯 고구려에서 지속적으로 도교가
수용·활용되었음을 표현한 것으로 보인다.

『三國史記』권21, 高句麗本紀9 寶藏王 2년 3월.

『三國遺事』권3, 興法3 寶藏奉老普德移庵.

車柱環, 1978, 앞의 책.

鄭在書, 2003, 「高句麗 古墳壁畵에 表現된 道敎 圖像의 意味」, 『高句麗硏究』 16.

김일권, 2004, 「고구려 초기벽화시대의 神話와 昇仙적 道敎思想」, 『역사민속학』 18.

김수진, 2010, 앞의 논문.

김철웅, 2017, 앞의 책, 27~31쪽.

박승범, 2019, 앞의 논문.

13) 天子: 宋의 제8대 황제 徽宗(1082~1135)이다. 그에 대해서는 『高麗圖經』 권17-2-6)
참조.

14) 羽流: 道士를 말한다. 도사는 道敎의 경전과 規戒를 받들면서 각종 齋醮에 박식하
고, 長生不死의 方術을 연구하는 이들이었다. 그 칭호는 漢代 이후부터 생겨났다.
도사들은 새의 깃털을 사용해 만든 의복인 羽衣를 입었는데, 神仙이 하늘을 나는
뜻을 취했던 것이었다. 도사들은 날아올라 신선이 될 수 있다고 여겨졌으므로,
그 의복과 관련된 '羽'가 들어간 별칭으로 불렸다.

金勝東 編著, 1996, 「道士」, 『道敎思想辭典』, 釜山大學校出版部, 185쪽.

鍾肇鵬 주편·이봉호 외 옮김, 2018, 「羽人」·「羽衣」·「羽客」·「羽士」, 『도교사전』, 파
라아카데미, 896·897쪽.

15) 大觀庚寅 …… 以訓導之: 대관은 宋 徽宗의 연호로 1107~1110년 사이에 사용되었
다. 1110년(송 대관 4, 고려 예종 5) 宋은 고려에 道士를 파견하였다. 당시 송이
兵部尙書 王襄, 中書舍人 張邦昌을 보내 睿宗을 책봉한 사실이 기록되어 있으나,
道敎와 관련한 추가적인 상황은 전하지 않아 그 이상은 자세히 알 수 없다.

『高麗史』권13, 世家13 睿宗 5년 6월 癸未.

16) 王俣: 고려의 제16대 왕 睿宗(1179~1122)이다. 그에 대해서는 『高麗圖經 역주(상)』,
19쪽 권0-1-(2)-9) 참조.

17) 福源觀: 예종대 창건된 도교 사원인 福源宮을 말한다. 이에 대해서는 『高麗圖經』
권17-2-1) 참조.

18) 王俣篤於信仰 …… 以奉高眞道士十餘人: 고려의 福源觀이 정화 연간(송 휘종, 1111~
1118)에 건립되었다는 언급이다. 정화는 宋 徽宗의 연호로 1111~1118년 사이에
사용되었다. 이에 대해서는 『高麗圖經』 권17-2-3) 참조.

19) 言官: 諫言을 직임으로 가진 관원을 말한다. 고려의 경우, 中書門下省의 諫官과
御史臺의 臺官이 이에 해당한다. 간관에 대해서는 『高麗圖經 역주(상)』, 210쪽 권
7-6-2) 참조. 어사대와 그 관원에 대해서는 『高麗圖經 역주(상)』, 183쪽 권6-6-10)
참조.

20) 然晝處齋宮 …… 稍加法禁: 道士의 임무 수행에 대해 어떠한 조치가 더해졌음을

언급한 구절이다. 하지만 추가적인 자료가 전해지지 않아 더 이상의 자세한 상황은 알 수 없다.

21) 或聞侯享國日 …… 若有所待然: 예종이 道敎에 특별히 관심을 가졌음을 언급한 구절이다. 이러한 관심을 바탕으로 그는 도교에 대한 진흥을 추진하였는데, 이에 대해서는 『高麗圖經』 권17-2-9) 참조.

18-2

[原文]

道士

道士之服, 不以羽衣, 用白布爲裘, 皁巾四帶. 比之民俗, 特其袖, 少褒裕而已.

[譯文]

도사

도사의 복장은 깃털 옷으로 하지 않고 백포를 이용해 갖옷으로 하고 검은 두건에 사대(四帶)를 합니다. 민의 복장과 비교하면 다만 그 소매가 조금 넓고 넉넉할 뿐입니다.

18-3

[原文]

釋氏

浮圖之敎, 始出天竺, 遂傳四夷, 其法冞4)盛. 高麗雖在海東, 聞自淸涼

---

4) 冞 知 : 崇.

法眼一枝東渡之後, 僧徒頗知性理. 嘗於普濟寺僧堂, 見其揭榜示衆. 大略云, 言不足以載道, 久矣. 大千經卷, 皆藥病之說, 正法眼藏, 無所付囑. 世尊於是舉花而示, 有微笑者. 至於子孫, 言辯相示, 謂之談禪, 無乃妄乎. 靈山之會, 唯一迦葉, 其可容易期於衆人. 昔人猶愛羊存, 而禮之5)意不忘, 又況言說之筌, 足以得其意哉. 抑聞之, 說詩者, 貴在以意逆志, 吾宗亦然. 蓋言以索意, 意之所隨, 不可以言傳, 則亦在乎默而識之. 尙何數數於文言之末乎, 觀此6)數百言, 深契宗旨. 佛像供具, 皆悉修潔, 幡華繪蓋, 行列有序. 大經則有華嚴般若, 小者不可悉數, 亦有本繙7)自中國. 能爲華言者, 嘗令誦之, 歷歷可聽, 至其梵唄, 則又鈌舌, 不復可辨矣. 其鐃鈸, 形制小而聲愁8), 至其螺聲, 則洪大如號焉. 先是元豐間9), 上節使臣宋密, 歿於紫燕島, 自後使至, 必於濟物寺, 飯僧致祭, 上節以次, 羅拜墓下. 比者銜命至, 彼亦襲前例. 雖存歿恩義, 理固宜爾, 然人心, 初到異邦, 遠懷鄕國, 遽覬客殯, 無不霑灑. 蓋出使絶域, 唯遼東爲難. 海洋阻隔, 危險萬態, 得獲全濟, 復命于10)朝, 豈不幸歟. 自非倚仗11)王靈, 則其不葬於蛟蜃之腹者, 幾希, 豈釋氏專能持護哉. 今圖其衣服制度, 以考同異云.

[譯文]

석씨1)

　불교[浮圖之敎]는 천축에서 처음 나와 마침내 사이2)에 전해지면서 그 법이 점점 성대해졌습니다. 고려는 비록 바다 동쪽에 있으나 듣기에 청량법안3)의 일파가 동쪽으로 건너간 후로부터 승도들이 자못 성리(性

---

5) 四 知 : "大"가 추가되어 있다.
6) 四 : 凡.
7) 四 : 翻.
8) 四 知 : 悲.
9) 知 : 閒.
10) 知 : 於.
11) 四 : "仗【闕二字】"로 기록되어 있다.

理)를 알게 되었다고 합니다.[4] 일찍이 보제사[5]의 승당에서 방문을 걸어 중생들에게 일러주는 것을 보았습니다. 대략 이르기를 "글자는 도를 싣기에 부족한 지가 오래되었다. 대천경권[6]은 모두 병을 고치는 이야기라 정법안장[7]을 부촉[8]할 곳은 없다. 세존[9]이 이에 꽃을 들어 보이시니 미소 짓는 자가 있었다.[10] 후세에 이르러서는 언변으로 서로 일러주며 이를 담선[11]이라 일컫고 있으니 망령되지 않은가. 영산[12]의 모임에서도 가섭[13]이 유일했으니 어찌 중생들에게 쉽게 (깨달음을) 기대할 수 있겠는가. 옛사람들도 이미 양이 남겨진 것을 소중히 여기며 예의 뜻을 잊지 않으려 했는데,[14] 하물며 글과 이야기라는 도구[筌]로 그 뜻을 얻기에 족하겠는가. 삼가 듣건대 시를 설명하는 자는 자신의 마음으로 시인의 본뜻에 다가가기를[以意逆志][15] 귀하게 여기니, 우리 종(宗)도 역시 그러하다. 대개 글자로 뜻을 찾으나 뜻이 따르는 바는 글자로 전할 수 없으니, 역시 말없이 알아내는 것에 달려있다. 무엇하여 글과 글자라는 말단에 급급하는가."라고 하였는데, 이 수백 마디 말을 보니 종지[16]에 심히 들어맞습니다. 불상과 공구는 모두 가지런하고 깨끗하며, 번화[17]와 증개[18]는 행렬에 질서가 있습니다. 주요 경전[大經]으로는 『화엄』[19]과 『반야』[20]가 있고, 사소한 것은 다 헤아릴 수가 없으며, 또한 (천축의) 본전과 중국에서 번역한 것도 있습니다. 중국말을 잘하는 자에게 시험 삼아 읊도록 하자 분명히 들을 만했는데, 범패[21]에 이르러서는 또한 오랑캐의 말[缺舌]이어서 더는 알아들을 수 없었습니다. 요발[22]은 형태와 크기가 작고 소리가 서글펐는데, 법라[23] 소리에 이르러서는 매우 커서 울부짖는 것과 같았습니다. 앞서 원풍 연간에 상절[24] 사신 송밀이 자연도[25]에서 죽었으니[26] 이후로는 사신이 이르면 반드시 제물사[27]에서 반승[28]하고 제사를 지내며 상절은 차례대로 무덤 아래에 늘어서서 절을 합니다. 근래에 명을 받고 이르러 그곳에서 역시 전례를 따랐습니다. 비록 산 자와 죽은 자는 은의(恩義)가 이치상 원래 그러하다고 하더라도 사람의 마음이 본래 다른 나라에 이르면 멀리 고국을 생각하게 되는 것이니 갑자기 외지에서 죽은 재[客殯]를 보고 눈물이 흘러 적시지 않을 수 없었습니다. 대개 먼 지역을 사신으로 나갈 때에는 다만 요동[29]이 험난합니다. 바다가 가로막고 위험이 여럿이니 온전히 건너와 조정에 보고할 수 있다면 어찌 다행이 아니겠습니까. 스스로 왕의 위엄에 의지하고 믿지 않았다면 교룡[蛟蜃]의 뱃속에 장사지내지 않는 자가 거의 없을 것이니, 어찌 석씨만이 오로지 지켜주고 보호해준다고 하겠습니까.[30] 이제 그 의복과 제도를 그려서 같거나 다른 점을 살펴보겠습니다.

[註解]

1) 釋氏: 본래 佛敎를 창시한 釋迦를 뜻하며, 본문에서는 불교를 통칭하는 의미로 쓰였다. 고대 인도인 天竺에서는 B.C. 6세기 무렵 브라만을 최고의 신분으로 하는 카스트 질서가 비판받는 가운데, 석가가 브라만·크샤트리아·바이샤·수드라 등 四姓의 평등을 주장하고 불교에 귀의하면 누구나 평등하게 해탈할 수 있음을 강조하였다. 이러한 과정에서 발생한 불교는 남·북 방향으로 전파되어 세계적인 종교로 발전하였는데, 우리나라에 전파된 불교는 인도로부터 북방으로 전파되어 중국에서 크게 발전한 '북방불교'였다. 이를 다시 宗派로 세분화하면 신라 말에는 5敎宗·9山禪門이 성립되고, 고려중기에 5敎兩宗으로 통합되었다고 보는 게 일반적이다.
Kenneth K. S. Ch'en, 1964, Buddhism in China : a historical survey, Princeton : Princeton University Press ; 박해당 옮김, 1991, 「배경」, 『중국불교』 상, 민족사, 13~15쪽.
許興植, 1983, 「韓國佛敎의 宗派形成에 대한 試論」, 『金哲埈博士華甲紀念史學論叢』, 知識産業社 ; 1986, 『高麗佛敎史硏究』, 一潮閣 ; 2013, 『한국의 중세문명과 사회사상』, 한국학술정보, 119~121쪽.
신동하, 2013, 「고대의 불교와 국가」, 『한국불교사 연구 입문』 상, 지식산업사, 207~210쪽.

2) 四夷: 사방의 소수 민족에 대한 통칭으로 東夷, 西戎, 南蠻, 北狄 등을 가리킨다. 이에 대해서는 『高麗圖經 역주(상)』, 13쪽 권0-1-(1)-9) 참조.

3) 淸涼法眼: 法眼宗을 창종한 文益(885~958)을 가리킨다. 浙江 余杭―지금의 중국 浙江省 杭州市 일원― 사람으로, 號는 無相이다. 7세에 출가하고, 20세에 越州―지금의 중국 浙江省 紹興市 일원― 開元寺에서 具足戒를 받았다. 문익은 雪峰義存

-玄沙師備-羅漢桂琛으로 이어지는 법맥을 이어받았으며, 南唐 皇帝 李昪의 청으로 金陵 淸涼山 등에서 주석하였다. 한편, 그가 창종한 법안종은 唐末·五代의 潙仰·臨濟·曹洞·雲門·法眼 등 禪宗 5家 가운데서도 가장 늦게 성립하였으며, 이후 天台德韶, 永明延壽 등에 의해 교세가 크게 확산되었다.
『景德傳燈錄』권24, 「昇州淸涼院文益禪師」.
조영록, 2003, 「法眼宗의 등장과 그 海洋佛敎的 전개―10세기 중국 東南沿海의 한 중 불교교류―」,『梨花史學硏究』30 ; 2011,『동아시아 불교교류사 연구』, 동국대학교출판부, 133~139쪽.
김종두(혜명), 2020, 「고려 법안종과 천태 덕소에 대한 고찰」,『韓國佛敎學』95, 80쪽.

4) 高麗雖在海東 …… 僧徒頗知性理: 佛敎의 한 종파인 法眼宗이 중국에서 고려로 전파되었음을 언급한 구절이다. 법안종은 永明延壽에 이르러 禪宗을 중심으로 敎宗을 융합하는 敎禪一致를 체계화하였다. 당시 고려 출신의 승려 36명이 연수의 문하에서 수학하기도 했고, 968년(광종 19)에는 교선일치를 강조하던 법안종 승려 慧炬가 國師에 봉해지는 등 법안종이 크게 유행하였다. 광종대 전반기에는 性相融會 사상이 전제정치를 뒷받침했지만, 후반기로 접어들어 이에 반발하던 지방의 호족세력들이 점차 교선일치를 강조하면서 법안종이 이들로부터 큰 지지를 얻었기 때문이다(①). 그러나 불교사상을 광종대의 정치적 추이와 연결시키는 것은 실증적으로 증명하기 어려우며, 이미 940년(태조 23) 무렵부터 왕실의 존숭을 받고 있던 혜거의 영향으로 광종이 법안종에 관심을 가진 것으로 보기도 한다(②). 한편, 광종대 이후에는 법안종이 상대적으로 크게 환영받지는 못했으나, 禪敎一致의 사상들이 전해져 후대 義天이 天台宗을 여는데 많은 영향을 미쳤다.
조영록, 2003, 앞의 논문 ; 2011, 앞의 책, 157~161쪽.
김종두(혜명), 2020, 앞의 논문, 80~82쪽.
① 金杜珍, 1983, 「高麗 光宗代 法眼宗의 登場과 그 性格」,『韓國史學』4 ; 2006,『고려전기 교종과 선종의 교섭사상사 연구』, 일조각, 238~273쪽.
② 최연식, 2018, 「고려초 道峯山 寧國寺 慧炬의 행적과 사상 경향―신발견 塔碑片의 내용 검토를 중심으로―」,『한국중세사연구』54, 203·204쪽.

5) 普濟寺: 개경의 남쪽에 위치한 禪宗 계열의 절이다. 이에 대해서는『高麗圖經』권17-4-1) 참조.

6) 大千經卷: 무수히 많은 경전을 의미한다. 大千은 고대 인도의 우주관과 관련된 용어로, 부처의 교화가 미치는 영역의 무한함을 나타낸다.
智冠 編, 2001, 「대천」,『伽山佛敎大辭林』4, 伽山佛敎文化硏究院, 694쪽.

7) 正法眼藏: 淸淨法眼이라고도 한다. 부처가 말한 無上의 正法으로, 부처가 깨달은 정법의 내용을 체득하면 눈과 같이 모든 것을 꿰뚫어 볼 수 있게 됨을 의미한다. 즉, 올바른 불법을 볼[眼] 줄 아는 능력을 具足[藏]하는 것이라고 정의할 수 있다.
吉祥, 1998, 「正法眼藏」,『佛敎大辭典』下, 弘法院, 2284쪽.

8) 付囑: 付屬 혹은 囑累라고도 한다. 어떤 것을 맡겨서 잊지 않고 대대로 전하도록

당부한다는 의미이다. 佛家에서는 부처의 교법을 널리 전하여 제자들에게 맡기
고 널리 유행시키도록 당부한다는 뜻으로 쓰인다.

智冠 編, 2008, 「부촉」, 『伽山佛敎大辭林』 10, 伽山佛敎文化硏究院, 1010·1011쪽.

鄭性本, 1991, 「禪宗의 成立과 祖師禪의 展開」, 『中國禪宗의 成立史硏究』, 民族社, 770·771쪽.

9) 世尊: 세간에서 가장 존중받는 사람이라는 뜻이다. 佛家에서는 오로지 釋迦牟尼
에 대한 존칭으로만 쓰인다.

智冠 編, 2011, 「세존」, 『伽山佛敎大辭林』 13, 伽山佛敎文化硏究院, 1503·1504쪽.

10) 世尊於是擧花而示 有微笑者: 禪宗에서 전해져 오는 拈花微笑의 일화를 말한다. 世
尊이 靈鷲山에서 꽃을 들어 보일 때, 중생들이 모두 말이 없었으나 迦葉만이 그
뜻을 깨닫고 미소를 지었다고 한다.

智冠 編, 2015, 「염화미소」, 『伽山佛敎大辭林』 16, 伽山佛敎文化硏究院, 499·500쪽.

11) 談禪: 禪에 대한 이치를 강론하는 것을 말한다. 이렇듯 선을 공부하고 참선함으로
써 禪風을 일으키고자 하는 목적에서 선사들이 모여 談禪法會를 열기도 하는데, 고
려에서는 국초부터 3년에 1번씩 普濟寺를 중심으로 국가의 주재 하에 개최되었다.

『東國李相國全集』 권25, 「西普通寺行同前榜」.

安啓賢, 1982, 「高麗佛敎의 새로운 展開」, 『韓國佛敎史硏究』, 同和出版公社, 220·221쪽.

김창현, 2011, 「고려의 나한 신앙과 고승 숭배」, 『고려의 불교와 상도 개경』, 신서원, 310·311쪽.

김수연, 2019, 「고려시대 普濟寺(演福寺)의 佛事와 성격 변화」, 『梨花史學硏究』 59, 170~172쪽.

12) 靈山: 고대 인도 마가다국 王舍城의 동북쪽에 위치한 靈鷲山—지금의 인도 비하
르주 라즈기르시 일원—을 가리킨다. 부처가 설법한 곳으로 유명하며, 『法華經』·
『無量壽經』 등 많은 경전의 設處로 전승되었다.

智冠 編, 2015, 「영추산」, 『伽山佛敎大辭林』 16, 伽山佛敎文化硏究院, 608쪽.

13) 迦葉: 부처의 10대 제자 중 한 명으로, 흔히 摩訶迦葉을 일컫는다. 인도 마가다국
의 마하팃타—지금의 인도 비하르주 라즈기르시 일원—에서 태어났다. 釋迦牟尼
사후, 가섭은 1차적인 교단의 결집을 주도하였다. 후대에 禪宗이 번성하면서 가
섭은 부처의 첫 계승자로 여겨졌다.

慈怡 編, 1988, 「迦葉」, 『佛光大辭典』 4, 高雄 : 佛光山宗務委員會, 3969·3970쪽.

智冠 編, 1998, 「가섭」, 『伽山佛敎大辭林』 1, 伽山佛敎文化硏究院, 87~89쪽.

14) 昔人猶愛羊存 而禮之意不忘: 『論語』에 나오는 구절로, "자공이 고삭의 예에 양을
희생으로 쓰는 것을 없애려 하자, 공자께서 말씀하시기를 '사야, 너는 그 양을
소중히 여기느냐. 나는 그 예를 소중히 여긴다'라고 하였다[子貢 欲去告朔之餼羊
子曰 賜也 爾愛其羊 我愛其禮]."의 일부를 인용한 것이다. 예를 중시하는 태도를
이르는 말이다.

『論語』 八佾.

15) 說詩者 貴在以意逆志: 『孟子』에 나오는 구절로, "시를 설명하는 자는 글로써 구절을 해치지 말고, 구절로써 뜻을 해치지 말며, 생각으로 (작자의) 뜻과 만나야만 시를 알 수 있는 것이다[說詩者 不以文害辭 不以辭害志 以意逆志 是爲得之]."의 일부를 인용한 것이다. 마음으로 진리에 다가가는 것이 중요함을 이르는 말이다. 『孟子』萬章上.

16) 宗旨: 중요한 취지나 主意로, 佛家에서는 종교의 주의 또는 宗門의 취지를 뜻한다. 諸橋轍次, 1984, 「宗旨」, 『大漢和辭典』3, 東京 : 大修館書店, 957쪽.

17) 幡華: 佛供을 올릴 때 쓰는 幢幡과 그 위에 장식한 채색 꽃을 아울러 가리킨다. 檀國大學校 東洋學研究所, 2001, 「幡華」, 『漢韓大辭典』4, 檀國大學校出版部, 1090쪽.

18) 繪蓋: 天蓋 또는 天繪蓋라고도 한다. 설법하는 승려가 앉는 법상 위에 달아 놓는 傘蓋를 말한다. 吉祥, 1998, 「繪蓋」, 『佛敎大辭典』下, 弘法院, 2400쪽.

19) 華嚴: 佛敎 경전인 『華嚴經』을 가리키며, 정식 명칭은 『大方廣佛華嚴經』이다. 처음부터 하나의 경전으로 이루어진 것이 아니라 몇 개의 品이 독립된 경전으로 유통되다가 4세기 무렵 『華嚴經』으로 정리된 것으로 보인다. 부처가 깨달은 직후 그 내면의 세계를 직접적으로 보인 경전이며, 모든 법의 발생이 法性에 근거한다는 性起 사상과 널리 중생을 이롭게 하는 普賢行으로 요약된다. 智冠 編, 2001, 「대방광불화엄경」, 『伽山佛敎大辭林』4, 伽山佛敎文化研究院, 204쪽.

20) 般若: 佛敎 경전인 『般若經』을 가리키며, 玄奘에 의해 『大般若波羅蜜多經』으로 정리되었다. 전문 16항의 작은 경전도 있고, 600권에 달하는 것도 있어 여러 나라에 유통되었다. 5蘊·3科·12因緣·4諦의 법을 들어 온갖 법이 모두 空하다는 이치를 기록하였다. 智冠 編, 2006, 「반야경전」, 『伽山佛敎大辭林』8, 伽山佛敎文化研究院, 183~188쪽.

21) 梵唄: 佛敎의 경문이나 게송에 곡조를 붙여 노래하면서 부처의 공덕을 찬양하는 것을 뜻한다. 9세기 초 신라의 고승인 眞鑑國師가 唐에 유학을 다녀온 후 智異山 玉泉寺에서 梵唄를 가르친 것을 한반도에서의 시초로 보고 있다. 智冠 編, 2007, 「범패」, 『伽山佛敎大辭林』9, 伽山佛敎文化研究院, 22·23쪽.

22) 鐃鈸: 사원에서 법회 또는 행사가 있을 때 사용하는 금속 타악기의 일종이다. 鐃와 鈸은 본래 각기 다른 악기를 가리켰으나 후대에는 합쳐져 하나의 악기를 가리키게 되었다. 智冠 編, 2015, 「요발」, 『伽山佛敎大辭林』16, 伽山佛敎文化研究院, 1145쪽.

23) 螺: 본문에서는 法螺를 가리키는 것으로, 卷貝의 끝에 피리를 붙인 일종의 악기이다. 吉祥, 1998, 「法螺」, 『佛敎大辭典』下, 弘法院, 813쪽.

24) 上節: 正使와 副使를 따르던 수행원인 三節의 하나이다. 이에 대해서는 『高麗圖經』 권15-6-6) 참조.

25) 紫燕島: 지금의 경기도 혹은 인천광역시 일원에 있는 섬이다. 이에 대해서는 『高麗圖經』 권39, 紫燕島條에서 자세히 설명할 것이다.

26) 先是元豐間 …… 歿於紫燕島: 원풍은 宋 神宗의 연호로 1078~1085년 사이에 사용
되었다. 宋密은 원풍 초에 管勾舟船巡檢으로 고려에 온 上節 사신이다. 그가 고려
에서 죽자 송에서는 1078년(송 원풍 1)에 그의 아들을 三班借差로 임명하였다.
『續資治通鑑長編』 권293, 神宗 元豐 1년 10월 戊午.

27) 濟物寺: 紫燕島에 위치한 절이다. 이에 대해서는『高麗圖經』 권17-7-42) 참조.

28) 飯僧: 승려를 공양하여 설법을 구하는 布施의 일종이다. 이에 대해서는『高麗圖經』
권17-3-12) 참조.

29) 遼東: 지금의 중국 遼河 동쪽 너머의 광범위한 지역을 가리킨다. 이에 대해서는
『高麗圖經 역주(상)』, 17쪽 권0-1-(2)-1) 참조.

30) 自非倚仗王靈 …… 豈釋氏專能持護哉: 중국과 한반도에는 항해 중 맞이하는 바다
에서의 수많은 난관을 피하거나 헤쳐나갈 수 있기를 비는 많은 신앙들이 발달하
였다. 佛敎 역시 그러한 역할을 하였다. 대표적인 것으로는 觀音信仰을 들 수 있
는데,『法華經』 등에 바다와 관련한 내용이 등장하기 때문이다. 서긍은 뱃사람들
이 불경에 의지해 안전을 비는 것에 대해 비판하고 있다. 한편, 관음 외에도 龍
神과 媽祖 등의 海神이 항해와 관련해 숭배되었다.
蔡美夏, 2005,「청해진의 祀典편제와 해양신앙」,『震檀學報』 99 ; 2006,『대외문물
　　교류연구』 4, 해상왕장보고기념사업회, 369~390쪽.
변동명, 2010,「新羅의 觀音信仰과 바다」,『韓國學論叢』 34.

18-4

[原文]

國師

國師之稱, 蓋如中國之有僧職綱維也. 其上一等, 謂之王師, 王見則拜
之. 皆服山[12]水衲袈裟, 長袖偏衫, 金跋遮, 下有紫裳烏[13]革鈴履. 人物衣
服, 雖略與中華同, 但麗人, 大抵首無枕骨, 以僧祝髮, 乃見之, 頗可駭訝.
晉史謂三韓之人, 初生子, 便以石壓其頭令扁, 非也. 蓋由[14]種類資稟而
然, 云必因石而扁.

---

12) 四 知 : 出.

13) 四 : 烏.

14) 四 : 緣.

국사[1]

국사라는 명칭은 대개 중국에 승직 강유[2]가 있는 것과 같습니다. 그 위의 한 등급은 왕사[3]라고 부르는데[4] 왕이 만나면 배합니다. 모두 복식은 산수납가사[5]와 긴 소매의 편삼[6]을 입고 금발차는 아래에[7] 자색 치마와 검은 가죽의 방울 달린 신이 있습니다. 인물과 의복은 비록 대략 중국[中華]과 같은데, 다만 고려 사람들은 대체로 머리에 침골[8]이 없어서 승려가 머리를 깎으면 이내 그것이 보이니 자못 놀랍고 기이할 만합니다. 『진서[晉史]』[9]에서 이르기를 삼한의 사람들은 갓 태어난 아이를 곧 돌로 그 머리를 눌러 납작하게 만든다고 하였는데[10] 아니었습니다. 대개 종류와 자품에서 말미암아 그런 것이지, 꼭 돌로 인하여 납작해진 것은 아닙니다.

[註解]

1) 國師: 고려시대에 高僧을 우대하기 위해 책봉하거나 추봉하는 僧職이다. 신라의 제도에서 연원하였으며, 나라의 스승이라는 이름에 걸맞은 상징적인 역할을 담당하였다. 고려 태조대부터 확인되지만, 광종대 이후 僧科·僧階와 결합하여 제도적으로 정비되었다. 한편, 國師나 王師가 임명될 때에는 책봉례가 실시되어 그들의 권위가 통치 체계 안에서 작동되고 있음을 보여주기도 하였다. 형식상 국사는 최고의 승직이었으나 대부분 왕사를 지낸 뒤 하산할 때 책봉되었다. 정치적 일에 간여하지 않고 상징적 기능을 했을 뿐 별다른 활동을 하지 않는 경우가 많았다.
   許興植, 1975, 「高麗時代의 國師·王師制度와 그 機能」, 『歷史學報』67 ; 1986, 앞의 책 ; 2013, 앞의 책, 341~343쪽.
   朴胤珍, 2004, 「高麗前期 王師·國師의 임명과 그 기능」, 『韓國學報』116 ; 2006, 『高麗時代 王師·國師 研究』, 景仁文化社.
   김윤지, 2021, 「고려시대 왕사·국사 책봉 의례와 군신·사자 관계의 구현」, 『역사와 현실』119.

2) 綱維: 절의 모든 일을 관장하며, 佛事를 관리하는 직위를 말한다. 維那라고도 한다.
   智冠 編, 1998, 「강유」, 『伽山佛教大辭林』1, 伽山佛教文化研究院, 358쪽.

3) 王師: 고려시대 國師와 함께 高僧을 우대하기 위해 책봉하거나 추봉하는 僧職이다. 왕의 스승이라는 이름에 걸맞게 국왕의 측근으로서 佛教界를 통합하는 기능

을 하였다. 태조대 이미 王師가 확인되지만, 제도적 정비는 광종대 이후에 이루
어진 것으로 짐작된다. 국사와 달리 僧科나 僧政에도 간여하는 등, 실질적인 업
무를 담당하기도 하였다.
　許興植, 1975, 앞의 논문 ; 1986, 앞의 책 ; 2013, 앞의 책, 341~343쪽.
　朴胤珍, 2004, 앞의 논문 ; 2006, 앞의 책.
4） 其上一等 謂之王師: 서긍은 王師를 國師보다 한 등급 위의 존재로 서술하였는데,
　실제로는 국사가 왕사보다 상위에 있었다. 그가 이렇게 오인한 이유로는 국사가
　대부분 하산하여 중앙에 영향력을 끼치지 못한 것에 비해 왕사는 국왕의 곁에
　머물면서 활동하고 있었음을 지적하기도 한다.
　朴胤珍, 2006, 앞의 책, 236쪽.
5） 山水衲袈裟: 袈裟는 본래 승려들이 입는 의복이다. 그중에서 山水衲袈裟는 宋代
　禪宗 승려가 입던 가사의 한 종류이다. 여러 비단을 덧대고 기워 만들었으며, 꽃
　무늬 자수가 새겨져 있었다.
　諸橋轍次, 1984,「山水衲」,『大漢和辭典』4, 東京 : 大修館書店, 199쪽.
　諸橋轍次, 1985,「袈裟」,『大漢和辭典』10, 東京 : 大修館書店, 199쪽.
6） 偏衫: 袈裟의 한 종류이다. 오른쪽 어깨에 걸쳐 왼쪽 옆구리로 감긴 옷과 왼쪽 어
　깨에서 오른쪽 옆구리로 감긴 옷을 합쳐서 이르는 말이다.
　諸橋轍次, 1984,「偏衫」,『大漢和辭典』1, 東京 : 大修館書店, 862쪽.
7） 金跋遮 下: 이 부분에 대해서는 크게 두 가지 견해가 있다. 첫째는 金跋遮를 승려
　가 번뇌 파쇄의 상징으로 들고 있는 무기인 金剛杵의 일종으로 이해하고, ‘下’는
　옷의에 대한 설명으로 연결하는 해석이다(①). 반면 징강본에 찍혀있는 표점대
　로 ‘金跋遮下’를 한 구절로 묶어 ‘금발로 아래를 가렸다.’고 해석하기도 한다. 이
　경우 금발은 무릎 아래를 둘둘 말아 감싼 각반의 일종으로 파악한다(②).
　① 조동원 외 공역, 2005,『고려도경』, 황소자리, 244쪽.
　　한국고전번역원 옮김, 2005,『송나라 사신, 고려를 그리다 고려도경』, 서해문
　　집, 151쪽.
　　서긍 지음, 은몽하·우호 엮음, 김한규 옮김, 2012,『사조선록 역주(使朝鮮錄譯
　　註)—宋使의 高麗 使行錄—』1, 소명출판, 189쪽.
　② 유희경, 1980,「高麗王朝社會의 服飾」,『한국복식사연구』, 이화여자대학교 출
　　판부, 202쪽.
8） 枕骨: 후두부에 튀어나온 뼈를 말한다.
　諸橋轍次, 1985,「枕骨」,『大漢和辭典』6, 東京 : 大修館書店, 227쪽.
9） 晉史: 唐 太宗의 명령으로 房玄齡, 褚遂良, 許敬宗 등이 편찬한『晉書』를 가리킨다.
　西晉 武帝부터 東晉 恭帝에 이르는 156년의 역사를 기록하였다. 그 구성은 帝記
　10권, 志 20권, 列傳 70권, 載記 30권으로 모두 130권이다. 史官들의 集體 편찬으
　로 2년여 만에 완성되었으며, 宣帝記, 武帝紀, 陸機傳, 王羲之傳의 論贊을 당 태종
　이 직접 썼기 때문에 御贊이라 불리기도 한다.
　신승하, 2000,「수·당(隋·唐) 시대의 사학」,『중국사학사』, 고려대학교 출판부,

132·133쪽.

10) 晉史謂三韓之人 …… 便以石壓其頭令扁: 『晉書』에 언급된 삼한 사회의 풍습에 대한 내용이다. 『晉書』에는 "갓 태어난 아이는 곧 돌로 그 머리를 눌러서 납작하게 한다[初生子 便以石押其頭使扁].'라고 기록되어 있다. 실제 김해 예안리 고분군에서 두개골에 인위적인 변형이 있는 인골이 출토되기도 했다.
『晉書』권97, 列傳67 四夷 東夷 辰韓.
김정학, 1981, 「김해 예안리 85호분 출토 편두골에 대하여—위지 한전의 편두기사와 관련하여—」, 『韓沽劤博士停年紀念史學論叢』, 知識産業社.
배효원, 2020, 「禮安里遺蹟 偏頭 人骨 出土 古墳의 性格 檢討」, 『가야 사람 풍습 : 편두』, 국립김해박물관.
한진성·이혜진·신동훈·홍종하, 2020, 「고대 동북아시아 편두 고인골의 연구 현황」, 『인문학연구』 44.

18-5

[原文]

三重和尚大師

三重和尚長老15), 律師之類也. 服紫黃貼相16)福田袈裟, 長袖偏衫, 下亦紫裳. 位在國師之下, 講說經論, 傳習性宗, 擇聰惠17)辯18)博者, 爲之.

[譯文]

삼중화상대사[1]

삼중화상장로는 율사[2]의 부류입니다. 자황색 첩상의 복전가사[3]와 긴 소매의 편삼을 입으며, 아래는 또한 자색 치마를 입습니다.[4] 지위는 국사의 아래에 있는데,[5] 경론을 강설하고 성종을 전해 받아 익히니[6] 총명

---

15) 四 : 光, 知 : "老【鄭刻光】"으로 기록되어 있다.
16) 四 : 庙, 知 : "相【鄭刻庙】"으로 기록되어 있다.
17) 知 : 慧.
18) 四 : 辨.

하고 지혜로우며 말을 잘하고 해박한 자를 골라 이로 삼습니다.

[註解]

1) 三重和尙大師: 고려시대 僧階의 하나인 三重大師를 가리킨다. 敎宗과 禪宗의 승려
가 모두 오를 수 있었으며, 삼중대사 위로는 교종·선종의 계통이 갈라졌다. 승계
제도가 처음 확립된 광종대 가장 높은 승계였으며, 승계가 늘어난 이후에도 批
가 적용될 수 있는 첫 단계로 기능하였다. 한편 서긍은 삼중대사를 지칭하면서
和尙과 長老라는 표현을 덧붙였는데, 전자는 가르침을 주는 스승을 말하며 후자
는 교단에서 나이가 많고 존경을 받는 승려를 뜻한다.

　諸橋轍次, 1984, 「和尙」, 『大漢和辭典』 2, 東京 : 大修館書店, 975쪽.

　諸橋轍次, 1985, 「長老」, 『大漢和辭典』 11, 東京 : 大修館書店, 691쪽.

　吉熙星, 1983, 「高麗時代의 僧階制度에 對하여—特히 高麗圖經을 中心하여—」, 『奎
　　章閣』 7, 34·35·40쪽.

　許興植, 1986, 앞의 책 ; 2013, 앞의 책, 285~290쪽.

　김윤지, 2020, 「고려시대 승려 비직(批職)의 운영과 그 의미」, 『역사와 현실』 115,
　　330~333쪽.

2) 律師: 계율을 해석하고 가르치는 자를 말한다.

　諸橋轍次, 1984, 「律師」, 『大漢和辭典』 4, 東京 : 大修館書店, 826쪽.

　吉熙星, 1983, 앞의 논문, 40쪽.

3) 貼相福田袈裟: 승려가 입는 袈裟의 한 종류이다. 貼相은 가사의 바탕 직물에 다른
직물이 부착된 형태를 말하는 것이며, 福田은 밭고랑 모양으로 만들어진 승복을
비유적으로 표현한 것이다.

　諸橋轍次, 1985, 「福田衣」, 『大漢和辭典』 8, 東京 : 大修館書店, 490쪽.

　강선정·박춘화, 2018, 「첩상가사(貼相袈裟)의 유래와 변천」, 『아시아 民族造形學
　　報』 19, 6~8쪽.

4) 服紫黃貼相福田袈裟 …… 下亦紫裳: 三重大師의 복식인 편삼과 치마에 대한 설명
이다. 王師·國師와 동일하게 자색 치마를 착용하였고, 반면에 삼중대사 아래의
大德은 황색 치마를 착용하였다. 이를 통해 삼중대사가 긴소매 편삼과 자색 치마
를 입을 수 있는 하한이었음을 알 수 있다.

　김윤지, 2020, 앞의 논문, 328쪽.

5) 位在國師之下: 三重大師의 위차에 대한 언급이다. 고려의 國師나 王師는 최고 지
위에 있는 승려들이 주로 임명되었으며 僧階보다 상위에 존재하는 지위였다. 또
한 삼중대사 상위에는 禪宗 계열 승려가 임명되는 禪師와 大禪師, 敎宗 계열이
임명되는 首座와 僧統이 있었다. 그러므로 본문의 서술은 고려 승계의 실제와는
다른 설명이다.

　許興植, 1986, 앞의 책 ; 2013, 앞의 책, 285~290쪽.

　　朴胤珍, 2006, 앞의 책, 162~174쪽.
6) 傳習性宗: 고려 佛敎의 교리적 특성에 대한 서긍의 언급이다. 性宗은 주로 天台·
　　華嚴·禪 등을 모두 포함하는 용어이다. 서긍이 성종을 강조한 것은 중국으로부
　　터 수입된 法眼宗을 높이려는 의도가 있거나, 고려의 불교에 대한 몰이해에서 이
　　루어진 설명으로 짐작된다.
　　吉熙星, 1983, 앞의 논문, 40·41쪽.

18-6

[原文]

阿闍梨[19]大德

阿闍梨[20]大德, 位降三重和尚一等, 分隷敎門職事. 其服, 短袖偏衫, 壞
色掛衣五[21]條, 下有黃裳. 國師三重, 不過數人, 而阿闍梨[22]一等, 人數極
衆, 未究厥旨.

[譯文]

아사리대덕[1]

아사리대덕은 지위가 삼중화상의 한 등급 아래이며[2] 교문의 직사를
나누어 예속시킵니다.[3] 그 복식은 짧은 소매의 편삼이고 가사[壞色掛
衣][4]는 오조[5]이며, 아래는 황색 치마가 있습니다. 국사와 삼중은 몇 사람
에 불과하지만 아사리의 한 등급은 사람의 수가 매우 많은데, 그 이유를
알아보지 못했습니다.[6]

19) 四 知 : 黎.
20) 四 知 : 黎.
21) 四 : 伍.
22) 四 知 : 黎.

[註解]

1) 阿闍梨大德: 고려시대 僧階의 하나인 大德을 가리킨다. 僧科에 합격한 승려가 받는 초급승계로 禪宗과 教宗 승려 모두가 받을 수 있었다. 본래 阿闍梨는 수계할 때 스승의 역할을 한 高僧을 이르는 말이다. 본문에서는 일반적인 승려를 지칭하는 의미로 사용되었을 것으로 파악된다.
諸橋轍次, 1985, 「阿闍梨」, 『大漢和辭典』 11, 東京 : 大修館書店, 810쪽.
吉熙星, 1983, 앞의 논문, 41쪽.
許興植, 1986, 앞의 책 ; 2013, 앞의 책, 286~289쪽.

2) 位降三重和尙一等: 三重大師와 大德의 위차에 대한 언급이다. 다만 서긍의 서술과는 달리 고려에서는 대덕과 삼중대사 사이에 大師와 重大師가 존재하였다.
許興植, 1986, 앞의 책 ; 2013, 앞의 책, 289쪽.

3) 分隸教門職事: 阿闍梨大德의 담당 업무에 대한 서술이다. 그러나 대덕은 僧職이 아니라 僧階였으므로 고려의 현실과는 다르다. 이에 대해 서긍이 대덕을 승직으로 잘못 이해하였거나, 그가 만났던 대덕이 教門의 職事를 맡고 있었기 때문에 이러한 서술이 이루어졌을 것으로 파악하기도 한다.
吉熙星, 1983, 앞의 논문, 42쪽.

4) 壞色掛衣: 壞色은 正色을 쓰지 않고 무너트린 색을 의미한다. 주로 승려들의 옷을 만드는데 사용된 색이다. 그러므로 壞色衣는 곧 袈裟를 의미한다.
諸橋轍次, 1984, 「壞色衣」, 『大漢和辭典』 3, 東京 : 大修館書店, 275쪽.
檀國大學校 東洋學硏究所, 2000, 「壞色」, 『漢韓大辭典』 3, 檀國大學校出版部, 720쪽.

5) 五條: 袈裟의 형태를 나타내는 표현이다. 일반적으로 가사는 여러 겹의 천으로 누비어 만드는데, 이때 누빈 천의 줄 수에 따라 그 條를 헤아린다. 본문에서 언급된 五條의 가사는 주로 실내에서 생활할 때 입는 옷이었다.
고승희, 2021, 「가사(袈裟)의 수용과 전개에 대한 연구」, 『강좌미술사』 56, 171·172쪽.

6) 而阿闍梨一等 …… 未究厥旨: 阿闍梨大德의 수에 대한 언급이다. 대덕과 大師, 重大師에 해당하는 승려들은 복식상 별다른 차이가 없었기 때문에 서긍이 그들을 모두 한 등급의 승려군으로 파악했을 것으로 이해하기도 한다.
김윤지, 2020, 앞의 논문, 330쪽.

[原文]

沙彌比丘

沙彌比丘, 自幼[23]出家, 未經受具. 壞色布衣, 亦無貼相[24]. 戒律旣高, 方易紫服, 次[25]第遷升, 乃有衲衣. 蓋高麗僧衣, 唯以磨衲, 爲最[26]重耳.

[譯文]

사미비구[1]

사미비구는 어려서부터 출가하여 아직 구족계를 받는 것[2]을 거치지 않았습니다. (복식은) 베로 된 가사[壞色布衣]이며 또한 첩상이 없습니다. 계율이 이윽고 높아지면 장차 자색 복식으로 바꾸고 차례로 옮겨 올라가는데,[3] 이에 납의[4]가 있습니다. 대개 고려는 승려의 의복으로 오직 마납[5]을 가장 중히 여길 뿐입니다.

[註解]

1) 沙彌比丘: 본래 沙彌는 남자로 출가하여 十戒를 받은 사람을 가리키며, 比丘는 具足戒—具戒·大戒—를 받은 승려를 말한다. 다만 본문에서 언급하고 있는 사미비구는 사미 자체를 나타내는 것으로 짐작된다.
　　諸橋轍次, 1985, 「比丘」·「沙彌」, 『大漢和辭典』 6, 東京 : 大修館書店, 802·999쪽.
2) 受具: 僧으로서 자격을 완전히 갖춘 자라고 공인해주는 의식인 具足戒—具戒·大戒—를 받는 것을 말한다. 受戒는 거의 공적인 官檀에 의해 이루어졌으며, 구족계는 국가가 승려의 자격을 감독하고 파악하는 절차로, 불교계를 통제하는 역할을 하기도 하였다.

---

23) 四 知 : 幼. 원문은 初로 되어 있으나, 의미상 '幼'가 옳다고 생각되어 교감 번역하였다.
24) 四 : 厢, 知 : "相【鄭刻厢】"으로 기록되어 있다.
25) 四 知 : 以.
26) 四 : "最"가 누락되어 있다.

許興植, 1986, 앞의 책 ; 2013, 앞의 책, 284·285쪽.

韓基汶, 1988, 「新羅末·高麗初의 戒壇寺院과 그 機能」, 『歷史教育論集』 12, 61~66쪽.

韓基汶, 1998, 「寺院의 特殊한 機能」, 『高麗寺院의 構造와 機能』, 民族社, 367~372쪽.

3) 戒律旣高 …… 次第遷升: 지위에 따른 고려 승려의 복식 변화에 대한 언급이다. 고려시대 僧階를 받은 승려들은 공을 세우거나 승관에 임명될 경우 賜紫를 추가로 받았다. 이는 중국에서 승려를 관료처럼 대우하면서 자색 方袍를 하사했던 제도의 영향을 받은 것이었다. 고려의 승려들은 국제적인 왕래 속에서 사자를 통해 자신이 국가로부터 인정받은 승려라는 것을 나타낼 수 있었다. 한편, 본문에서 차례로 옮겨 올라간다는 표현을 통해 한번 이루어진 사자는 특별한 사유가 없으면 종신토록 유지되었음을 알 수 있다.

朴胤珍, 2015, 「高麗前期 '賜紫沙門'의 의미와 역할」, 『역사민속학』 49, 162~175쪽.

4) 衲衣: 헝겊 조각으로 누벼 만든 옷으로 승려의 의복을 말한다. 버려진 누더기 옷을 재료로 사용하고 옷의 조각들을 여러 겹으로 고정할 때 누비 기법을 사용하였기 때문에 糞掃衣라 불리기도 하였다.

慈怡 編, 1988, 「衲衣」, 『佛光大辭典』 4, 高雄 : 佛光山宗務委員會, 3952쪽.

우희경, 1980, 앞의 책, 202쪽.

5) 磨衲: 고려 특제품인 袈裟로 고급 무늬 비단인 綾羅로 제작하였다. 사치품으로서의 성격이 강해 해당 승려의 위상을 드러낼 수 있는 복색이었다.

김윤지, 2020, 앞의 논문, 329쪽.

18-8

[原文]

在家和尙

在家和尙, 不服袈裟[27]. 不持戒律, 白紵窄衣, 束腰皂帛, 徒跣以行, 間[28] 有穿履者. 自爲居室, 娶婦鞠子. 其於公上, 負載器用, 掃除道路, 開治溝洫, 修築城室, 悉以從事. 邊陲有警, 則團結而出, 雖不嫻[29]於馳逐, 然頗

---

27) 四 : 裟.

28) 知 : 間.

29) 四 : 嫻. 원문은 閑으로 되어 있으나, 의미상 '嫻'이 옳다고 생각되어 교감 번역하였다.

壯勇. 其趨軍旅之事, 則人自裹糧, 故國用不費, 而能戰也. 聞[30)中間[31)契
丹, 爲麗人所敗, 正賴此輩. 其實[32)刑餘之役人, 夷[33) 人[34), 以其髡削鬚
髮, 而名和尙耳.

[譯文]
재가화상[1)

　재가화상은 가사를 입지 않습니다. 계율을 지키지 않아서 (복식이)
흰 모시[2)의 착의[3)와 검은 비단[帛][4)으로 된 허리띠를 매며, 맨발로 다니
는데 간혹 신발을 신은 자도 있습니다. 스스로 머무를 집을 지어 아내를
맞이하고 자식을 기릅니다. 공무상으로는 기명·용품을 짊어지거나, 도
로를 청소하고 도랑을 파거나, 성과 집을 수축하는 일에 모두 종사합니
다. 변방에 변고가 있으면 모여서 나아가는데 비록 달려가 쫓는 것에
익숙하지 않더라도 자못 씩씩하고 용감합니다.[5) 군대의 일을 따를 때는
사람마다 스스로 양식을 싸 오므로 국용(國用)을 쓰지 않고 전투를 할
수 있습니다. 듣건대, 중간에 거란[6)이 고려 사람들에게 패배하였는데
바로 이 무리들 때문이었다고 합니다.[7) 그들은 실제로 형벌을 받아 노역
하는 사람이며 고려 사람들[夷人]이 그 수염과 머리를 깎아버려서 화상
이라고 이름 지었을 뿐입니다.

[註解]
　1) 在家和尙: 절에 속해있지만 승려가 아닌 이들을 말한다. 본문의 설명에서도 알
　　　수 있듯이 형벌을 받아 절에 소속되어 노역을 담당했던 것으로 파악된다. 이들

---

30) 四 : "聞"이 누락되어 있다.
31) 知 : 間.
32) 四 : "實"이 누락되어 있다.
33) 四 : 高.
34) 四 : 麗.

은 非僧非俗으로 사원과 촌락사회의 경계에 있으면서 두 영역을 넘나드는 주변인 같은 존재였다. 한편, 고려초기 佛敎 사원을 위해 활동하면서 공공 勞役과 군사 활동에 징발된 隨院僧徒를 在家和尙과 동일한 존재로 파악하기도 한다.

李相瑄, 1984,「高麗時代의 隨院僧徒에 대한 考察」,『崇實史學』2 ; 1998,『高麗時代 寺院의 社會經濟研究』, 誠信女子大學校出版部, 114~117쪽.

朴英正, 1992,「高麗時代 使役·工匠僧에 대하여」,『韓國佛敎文化思想史』上, 伽山文庫, 762~765쪽.

구산우, 2002,「고려시기의 촌락과 사원—在家和尙·隨院僧徒의 실체와 관련하여—」,『한국중세사연구』13 ; 2003,『高麗前期 鄕村支配體制 研究』, 혜안, 540~542쪽.

이홍두, 2005,「高麗時代의 軍制와 僧軍—隨院僧徒의 정규군 편성을 중심으로—」,『白山學報』72, 244·245쪽.

2) 白紵: 삼베와 함께 고려에서 보편적으로 사용되던 흰 모시를 가리킨다. 모시는 본래 빳빳하고 초록색이 약간 도는 갈색을 띠는데, 이것을 다시 蒸房에서 찌거나 잿물에 삶아 摩展을 하면 비로소 깨끗하고 보드라운 白紵가 된다. 모시 날기를 할 때 몇 올을 가지고 어느 정도의 굵기로 얼마나 촘촘하게 짜느냐를 나타내는 升에 따라 품질이 표시되었는데, 대개는 7~8승 정도였으며 국가에 바치는 진상품은 9~12승으로 다양하였다. 그중에서도 海陽縣—지금의 광주광역시 일원—에서 생산되는 白紵布가 유명했던 것으로 보인다. 이러한 모시는 袍·衣·裳·衫의 衣料로 사용되어 신분을 막론하고 가장 선호되었고, 또한 宋에 조공품으로도 쓰였다. 고려에는 기본적으로 누에가 적어 비단값이 비싸므로 베나 모시를 많이 입었던 것이다. 한편, 현존하는 가장 오래된 백저는 서산 文殊寺 金銅如來坐像의 복장물로, 불상조영의 발원문에 의해 1346년(충목왕 2)의 것임을 확인할 수 있다. 해당 유물에는 옷에 고름이 없는 것으로 보아 元 간섭기 당시에는 여밈을 따로 처리하는 양식이었다고 여겨진다.

『高麗史』권129, 列傳42 叛逆3 崔忠獻 附沆.

『宋史』권487, 列傳246 外國3 高麗 天禧 3년 11월.

趙孝順, 1988,「길쌈 풍속—모시—」,『韓國服飾風俗史研究』, 一志社, 25쪽.

李京子, 1996,「의생활」,『한국사』21, 국사편찬위원회, 572·573쪽.

이진한, 2014,「송과의 외교와 무역」,『고려시대 무역과 바다』, 경인문화사, 147·148쪽.

박용운, 2016,「고려시대 사람들의 의료(衣料)」,『고려시대 사람들의 의복식(衣服飾) 생활』, 景仁文化社, 69~73쪽.

3) 窄衣: 소매가 좁은 저고리를 말한다. 이에 대해서는『高麗圖經 역주(상)』, 284쪽 권11-8-2) 참조.

4) 帛: 물들이지 않은 生絲로 만든 견직물을 말한다. 이에 대해서는『高麗圖經』권 14-1-4) 참조.

5) 雖不嫺於馳逐 然頗壯勇: 在家和尙의 전투에 대한 서긍의 묘사이다. 본문에서는 이

들이 달려가 쫓는 것에 익숙하지 않은 것으로 묘사하였다. 이를 통해 隨院僧徒―
재가화상―로 구성된 降魔軍이 기병으로 편제되었으나 훈련이 부족하여 기마술
에 미숙했던 것으로 파악하기도 한다.

이홍두, 2005, 앞의 논문, 247쪽.

6) 契丹: 遼河 상류의 시라무렌강 유역에서 유목생활을 하던 몽골계 부족이다. 이에
대해서는 『高麗圖經 역주(상)』, 61쪽 권2-2-(1)-22) 참조.

7) 聞中間契丹 …… 正賴此輩: 현종대 契丹과의 전투 과정에서 승려들이 참여한 것
을 말한다. 이처럼 고려시대 승려들은 僧軍으로 활약하여 사원을 보호하거나 외
적의 침입에 맞서 전투에 참가하였다. 또는 상황에 따라 귀족세력을 대변하여
정권쟁탈전에 개입하기도 하였다.

李載昌, 1977, 「高麗時代 僧侶들의 護國活動」, 『佛敎學報』 14.

李相瑄, 1984, 앞의 논문 ; 1998, 앞의 책.

秋萬鎬, 1984, 「高麗僧軍考」, 『藍史鄭在覺博士古稀記念 東洋學論叢』, 高麗苑.

임영정, 2002, 「高麗隨院僧徒再考」, 『東國史學』 37.

이홍두, 2005, 앞의 논문.

金昌賢, 2015, 「고려시대 승병의 성격과 역할」, 『東國史學』 59.

19-1

[原文]

民庶

臣聞高麗, 地封未廣, 生齒已衆. 四民之業, 以儒爲貴, 故其國, 以不知書, 爲恥. 山林至[1]多, 地鮮平曠, 故耕作之農, 不迨工技. 州郡土產, 悉歸公上. 商賈不遠行, 唯日中, 則赴都市, 各以其所有, 易其所無, 熙熙如也. 然其爲人, 寡恩好色, 泛愛重財, 男女婚娶, 輕合易離. 不法典禮, 良可哂也. 今繪其國民庶, 而以進士, 冠于[2]篇.

[譯文]

민서

신이 듣건대 고려는 영토[地封]가 넓지 않은데 백성[生齒]은 많습니다. 사민의 업[1]에서는 유학을 귀하게 여기므로 그 나라는 글을 알지 못하는 것을 부끄럽게 여깁니다. 산림이 지극히 많고 땅이 평탄하고 넓은 데가 적으므로 경작하는 농민이 장인에 미치지 못합니다.[2] 주군(州郡)의 토산은 모두 공적으로[公上] 귀속됩니다. 상인들은 멀리 다니지 않는데 오직 낮 중에 도시(都市)에 나아가 각자 가진 것으로 갖지 않은 것을 바꾸는 데 만족합니다.[3] 그러나 그 사람됨이 은혜로움은 적고 여색을 좋아해서 넘치도록 사랑하고 재물을 중히 여기니, 남녀의 혼인도 가벼이 만나고 쉽게 헤어집니다.[4] 전례(典禮)를 본받지 않으니 참으로 비웃을 만합니다. 이제 그 나라의 민서(民庶)를 그리되 진사를 편의 앞에 두도록 하겠습니다.

---

1) 四 : 衆, 知 : "居【鄭刻衆】"으로 기록되어 있다.
2) 知 : 於.

[註解]

1) 四民之業: 고대 중국에서 民의 직업을 구분한 용어로 士·農·工·商을 가리킨다.『春秋穀梁傳』에서 예부터 士民, 商民, 農民, 工民이 있었다고 한 것을 볼 때 중국에서는 春秋·戰國時代부터 四民이 형성되어 있었다. 고려에서도 숙종대 사민이 각기 그 업에 전념할 때 진실로 나라의 근본이 된다고 언급한 것을 보아 사민 체제가 관념적인 기준으로 작용하였음을 짐작할 수 있다. 이러한 부분이『高麗圖經』권19, 民庶篇의 구조에도 투영되어 있다.
  『高麗史』권79, 志33 食貨2 貨幣 市估 肅宗 7년 9월.
  『春秋穀梁傳』成公 1년 3월.
  김병인, 2018,『경기: 고려와 고려도경』, 경기문화재단, 95~97쪽.

2) 山林至多 …… 不迨工技: 서긍은 농민이 장인에 미치지 못한다고 하였으나 실제로는 그렇지 않았다. 농민은 고려 인구의 상당수를 차지하고 있었고, 그들의 생산 활동은 사회구성원의 유지에 중요한 요소였다.
  姜晉哲, 1991,「農民의 負擔」,『(改訂)高麗土地制度史硏究』, 一潮閣, 256쪽.
  洪承基, 1995,「신분제도」,『한국사』15, 국사편찬위원회 ; 2001,『高麗社會史硏究』, 一潮閣, 43쪽.

3) 州郡土産 …… 熙熙如也: 고려시대의 상업 거래는 마을과 도회지 간의 근거리 상업에 머무는 경우도 있었지만, 해운에 의한 원거리 상업이 이루어졌을 가능성이 있다. 태안 마도—지금의 충청남도 태안군 일원—에서 발견된 목간들을 참조할 때, 곡물 외에도 많은 물품들이 운반되고 있기 때문이다. 한편 상업 거래에서는 신분의 구애 없이 현물거래가 이루어졌는데, 기준화폐로 기능한 것은 모시·베·은병이었고 쌀은 보조화폐의 역할이었다.
  朴京安, 2000,「高麗中期 庶民들의 經濟生活 小考—徐兢의『高麗圖經』을 중심으로—」,『韓國史의 構造와 展開—河炫綱敎授定年紀念論叢—』, 혜안, 457~459쪽.
  임경희·최연식, 2010,「태안 마도 수중 출토 목간 판독과 내용」,『木簡과文字』5.
  임경희, 2010,「마도2호선 발굴 목간의 판독과 분류」,『木簡과文字』6.
  임경희, 2011a,「마도3호선 목간의 현황과 판독」,『木簡과文字』8.

4) 然其爲人 …… 輕合易離: 고려에서 연애 및 결혼이 자유분방하였음을 언급한 내용이다.『宋史』에 의하면 고려는 남녀가 스스로 부부가 되는 것을 금지하지 않으며 여름철에 한 시내에서 함께 목욕을 했다고 한다. 또한『高麗圖經』권22, 雜俗條에 따르면 富家에서는 妻와 조금만 맞지 않아도 헤어진다고 되어있다. 이는 고려가 상대적으로 성적인 측면에서 개방된 사회였음을 시사한다. 다만 서긍은 고려가 오랑캐의 습속을 모두 고치지 못하였음을 비판하기 위해 이와 같은 언급을 한 것으로 보인다.
  『宋史』권487, 列傳246 外國3 高麗.
  김창현, 2007,「고려 여성의 사랑과 결혼」,『고려의 여성과 문화』, 신서원, 128~144쪽.

19-2

[原文]

進士

進3)士之名不一, 王城之內曰土貢, 郡邑曰鄕貢. 萃于4)國子監合試, 幾四百人. 然後王親試之, 以詩賦論三題中格者, 官之. 自政和間5), 遣學生金端等入朝, 蒙恩賜科第. 自是, 取士間6)以經術時務策, 較其程試優劣, 以爲高下. 故今業儒者, 尤多, 蓋有所向慕而然耳. 其服, 四帶, 文羅巾, 皁紬爲裘, 黑帶革履. 預貢則加帽, 登第, 則給靑蓋僕馬, 遨游城中, 以爲榮觀也.

[譯文]

진사

진사의 명칭은 하나가 아닌데, 왕성의 안은 토공이라 하고 군읍은 향공이라 합니다.1) 국자감2)에 모아 함께 시험하는데, (그 수는) 거의 400인입니다. 연후에 왕이 친히 시험하여3) 시・부・론의 3제로 합격한 자가 관인이 됩니다.4) 정화5) 연간부터 학생 김단 등을 보내 입조하니, 은혜를 입어 급제를 내려 받았습니다.6) 이로부터 사인[士]을 뽑을 때는 경술과 시무책으로써 시험 성적[程試]의 우열을 견주어 높고 낮음으로 삼았습니다. 그러므로 이제 유학을 업으로 하는 자가 더욱 많아지니, 대개 향모하는 바가 있어서 그렇게 된 것입니다. 그 복식은 사대(四帶)에 무늬 비단[羅]7) 두건8)이며 검은 명주를 갖옷으로 하고 흑색 띠에 가죽신

---

3) 四 : 遊.
4) 知 : 於.
5) 知 : 間.
6) 知 : 聞.

입니다. 공(貢)에 오르면 모자를 더하고 급제하면 청개[9]와 종과 말을
지급하여 성안을 노닐게 하였는데, 영관으로 삼게 하였습니다.

[註解]

1) 進士之名不一 …… 郡邑曰鄕貢: 開京試와 界首官試 합격자의 명칭을 소개한 구절
   이다. 서긍이 언급한 土貢과 鄕貢은 각기 개경시 합격자와 지방 계수관시 합격자
   를 일컫는 말이다. 해당 시험의 응시자격은 副戶長 이상의 손자와 副戶正 이상의
   아들로 제한되어 있었다. 한편 과거에 응시하는 유생들이 進士 칭호를 얻게 되는
   시점에 대해서는 의견이 나뉜다. 먼저, 鄕吏 자제가 계수관시에 합격하면 향공이
   되며 이후 國子監試에 합격하면 비로소 향공진사가 된다는 이해가 있다(①). 반
   면 향리 자제가 개경시·계수관시에 합격하면 바로 향공진사가 되었다고 보는 견
   해도 있다(②).
   『高麗史』 권73, 志27 選舉1 科目1 文宗 2년 10월.
   ① 許興植, 1976, 「高麗의 國子監試와 이를 통한 身分流動」, 『韓國史硏究』 12 ;
       1981, 『高麗科舉制度史硏究』, 一潮閣 ; 2005, 『고려의 과거제도』, 일조각, 186~
       190쪽.
   ② 朴龍雲, 1990, 「高麗時代의 科舉—製述科의 應試資格—」, 『高麗時代 蔭敍制와 科
       舉制 硏究』, 一志社, 206~217쪽.

2) 國子監: 고려시대 儒學 교육을 담당했던 최고 기관이다. 이에 대해서는 『高麗圖經』
   권16-3-1) 참조.

3) 萃于國子監合試 …… 然後王親試之: 과거가 치러지는 과정을 언급한 구절이다. 그
   러나 본문에서는 東堂試—禮部試—에 대한 내용이 생략되어 있다. 國子監試를 동
   당시로 혼동하여 나타난 서술로 여겨진다. 한편, 동당시는 初場·中場·終場의 3단
   계로 치러졌으며 과목은 業別·場別로 구분되어 있었다.
   許興植, 1976, 「高麗 禮部試의 諸業別 出題와 及第者의 進出」, 『白山學報』 20 ;
       1981, 앞의 책 ; 2005, 앞의 책, 126~141쪽.
   朴龍雲, 1990, 앞의 책, 247~260·573~576쪽.

4) 然後王親試之 …… 官之: 고려에서 覆試를 실시했다는 구절이다. 이에 대해서는 『高
   麗圖經 역주(상)』, 160쪽 권6-3-(1)-4) 참조. 복시에서는 국왕이 知貢舉가 선발한
   進士에게 급제를 내리기 전에 詩·賦를 시험하여 순위를 매기는 방식으로 운영되
   었다. 과거에 급제한 진사들은 品官同正職에 제수되었는데, 이들은 동정직을 보
   유한 상태에서 일정 기간 동안 대기하다가 外官職 또는 權務職을 역임한 후 품관
   직으로 승진할 수 있었다.
   金光洙, 1969, 「高麗時代의 同正職」, 『歷史敎育』 11·12合, 147~152쪽.
   張東翼, 1977, 「高麗時代의 官僚進出(其一)—初仕職—」, 『大丘史學』 12·13合, 88~96쪽.
   이진한, 1997, 「고려시대 初仕外官職의 운영과 녹봉」, 『韓國史學報』 2 ; 1999, 「고

려전기 官職과 祿俸의 관계 연구』, 一志社, 70쪽.
　오치훈, 2016, 「高麗前期 직역계승과 田柴科의 구조」, 『역사민속학』 51, 146쪽.
　박수찬, 2017, 「고려전기 복시(覆試)의 시행과 기능」, 『역사와 현실』 106, 232~236쪽.
5) 政和: 宋 徽宗의 연호로 1111~1118년 사이에 사용되었다.
6) 自政和間 …… 蒙恩賜科第: 1115년(예종 10)에 金端, 甄惟底, 趙奭, 康就正, 權適이
　宋에 갔다가 上舍及第한 후 1117년에 귀국한 사실을 말한다. 이에 대해서는 『高
　麗圖經 역주(상)』, 237쪽 권8-2-14) 참조. 김단에 대해서는 『高麗圖經 역주(상)』,
　229쪽 권8-1-(2)-15) 참조.
7) 羅: 날실과 씨실의 간격을 넓게 짜서 마치 새그물처럼 성기게 만든 얇은 견직물
　을 말하다. 이에 대해서는 『高麗圖經』 권15-2-3) 참조.
8) 文羅巾: 고려 전 계층이 널리 이용하던 쓰개 가운데 하나이다. 이에 대해서는 『高
　麗圖經 역주(상)』, 283쪽 권11-7-2) 참조.
9) 靑蓋: 청색 비단으로 된 日傘 모양의 의장이다. 이에 대해서는 『高麗圖經 역주
　(상)』, 259쪽 권9-7-1) 참조.

19-3

[原文]

農商

農商之民, 農無貧富, 商無遠近, 其服, 皆以白紵爲袍, 烏巾四帶. 唯以
布之精粗, 爲別. 國官貴人, 退食私家, 則亦服之, 唯頭巾, 以兩帶爲辨,
間⁷⁾亦徒行通衢, 吏民見者, 避之.

[譯文]

농민과 상인

농사짓고 장사하는 민 중에서 농민은 가난하거나 부유함에 상관없고
상인은 멀거나 가까움에 상관없이 복식은 모두 흰 모시¹⁾로써 포²⁾를 만
들었고 검은색 건과 사대(四帶)를 착용합니다. 오직 포의 정교함과 거침

7) 間 : 間.

으로 구별합니다. 나라의 관리와 귀인들이 물러나서 사가(私家)에서 생
활할 때 역시 그것을 입는데, 오직 두건이 양대(兩帶)인지로 분별하니
간혹 또한 거리를 걸어갈 때 리와 민이 보면 피합니다.

[註解]

1) 白紵: 삼베와 함께 고려에서 보편적으로 사용되던 흰 모시를 가리킨다. 이에 대
해서는 『高麗圖經』 권18-8-2) 참조.
2) 袍: 무릎 아래까지 내려오는 두루마기형 복식이다. 이에 대해서는 『高麗圖經 역
주(상)』, 203쪽 권7-3-33) 참조.

19-4

[原文]

工技

高麗, 工技至巧, 其絶藝, 悉歸于8)公, 如幞頭所將作監, 乃其所也. 常
服白紵袍皁巾, 唯執役趨事, 則官給紫袍. 亦聞契丹降虜9)數萬人, 其工技
十有一, 擇其精巧10)者, 留於王府. 比年器服益工, 弟11)浮僞頗多, 不復前
日純質耳.

[譯文]

장인11)

고려는 장인의 기술이 지극히 정교한데 뛰어난 장인은 모두 조정에

---

8) 知 : 於.
9) 四 : 卒.
10) 四 知 : 十有一擇其精巧. 원문에는 【十有一擇其精巧】로 되어 있으나, 의미상 본문
으로 해석하는 것이 옳다고 생각되어 교감 번역하였다.
11) 四 知 : 第.

귀속되니 복두소[2]와 장작감[3]과 같은 곳이 바로 그런 곳입니다. 평상시 복장은 흰 모시의 포와 검은 두건인데 다만 역을 맡아 일할 때 관에서 자색 포를 지급합니다. 또한 듣건대, 거란[4]의 항복한 포로가 수만 인인데 그 중 장인이 열에 하나가 있으며 그 정교한 자를 가려서 왕부에 머물게 합니다.[5] 근년에 기물과 의복이 더욱 공교해졌는데 다만 사치스러운 것[浮僞]이 자못 많아서 전날의 순박함과 질박함을 회복하지 못할 뿐입니다.

[註解]

1) 工技: 고려시대 수공업에 종사한 계층이다. 이들은 官屬工匠과 非官屬工匠으로 구분되며, 국가는 工匠案을 통해 대부분의 장인을 파악하고 있었다. 관속공장은 중앙과 지방의 관서에 소속되어 있었고 비관속공장은 독립적으로 물품을 판매하거나 타인을 위해 생산 활동을 하면서 대가를 받았다. 특히 관속공장의 경우 중앙 관서에 소속되면 別賜의 대우를 받으면서 토지를 분급받기도 했다. 지방의 所와 사원에도 장인들이 광범위하게 존재하였다. 장인은 원칙적으로 仕路 진출에 제한이 있었으나 탁월한 재능이나 학식, 현저한 공로로 인해 품관으로 진출하는 예외적인 경우도 있었다. 또한 일부 장인들은 武散階를 수여받아 국가 지배체제 하에 귀속되기도 하였다. 장인은 賤技로 인식되었으며 국학 입학 자격이 제한되고 자식까지 禁錮하여 입사가 금지되었다. 장인이 차별받은 이유는 고려가 농업을 중심으로 부세체계를 운영하였기 때문이었다.
洪承基, 1975, 「高麗時代의 工匠」, 『震檀學報』 40 ; 2001, 앞의 책.
徐聖鎬, 1992, 「高麗前期 지배체제와 工匠」, 『韓國史論』 27.
金蘭玉, 1999, 「高麗時代 工匠의 身分」, 『史學硏究』 58·59合 ; 2000, 『高麗時代 賤事·賤役良人 硏究』, 신서원.
朴京安, 2000, 앞의 책, 456쪽.
채웅석, 2016, 「고려전기 사회적 분업 편성의 다원성과 신분·계층질서」, 『한국중세사연구』 45 ; 2019, 『고려의 다양한 삶의 양식과 통합 조절』, 혜안, 85~90쪽.
2) 㡤頭所: 고려전기 㡤頭에 관한 업무를 담당한 관서로 㡤頭店을 지칭한다. 이에 대해서는 『高麗圖經』 권16-2-46) 참조.
3) 將作監: 궁궐·관청·다리 등의 건축과 수리 공사 및 관련 물품을 관장했던 기구이다. 이에 대해서는 『高麗圖經』 권16-2-37) 참조.
4) 契丹: 遼河 상류의 시라무렌강 유역에서 유목생활을 하던 몽골계 부족이다. 이에 대해서는 『高麗圖經 역주(상)』, 61쪽 권2-2-(1)-22) 참조.
5) 亦聞契丹降虜數萬人 …… 留於王府: 고려에 유입된 契丹人 중 기술이 뛰어난 匠人도 있었음을 밝힌 구절이다. 이들은 『高麗圖經』 권12, 領軍郞將騎兵條에 나타나는

‘契丹降卒’ 및 권23, 土産條에 나타나는 ‘北虜降卒工技’와 같은 부류로 이해된다.

朴玉杰, 1996,「고려 전기의 귀화인」·「귀화인의 역할과 영향」,『高麗時代의 歸化
　　人 硏究』, 國學資料院, 57·70·236·237쪽.

이바른, 2022,「고려 전기 외국인의 이주 사례와 특징」,『고려시대 외국인 이주
　　연구』, 高麗大學校 民族文化硏究院, 137~142쪽.

19-5

[原文]

民長

民長之稱, 如鄕兵保伍之長也. 卽民中, 選富足者爲之. 其聚落大事, 則
赴官府, 小事則屬之, 故隨所在細民, 頗尊事焉. 其服, 文羅爲巾, 皁紬爲
裘, 黑角束帶, 烏革句履, 亦與未預貢進[12]士服飾, 相似也.

[譯文]

민장[1]

　민장의 명칭은 향병 보오[2]의 장과 같습니다. 즉 민 가운데 부유하고
풍족한 자를 뽑아서 삼습니다. 그 취락의 큰일이면 관부로 가고 작은
일이면 그에게 속하므로, 세민(細民)이 있는 곳마다 자못 높이고 섬깁니
다. 그 복식은 무늬 비단[羅]으로 만든 두건, 검은 명주로 만든 갖옷,
흑색 뿔의 속대, 검은 가죽의 구리[3]이니 또한 아직 공(貢)에 오르지 않은
진사의 복식과 서로 비슷합니다.

[註解]

1) 民長: 지방 행정의 말단에서 촌락의 업무를 관장한 이들이다. 과거 신라의 村主

---

12) 四 : 遊.

層, 국초 大監·弟監과 연결되는 이들로 어느 정도 부를 갖춘 계층이었다. 성종대
지방제도 정비의 일환으로 村長·村正으로 개편되었다. 위로는 군현의 실무자인
鄕吏의 통제를 받았으며 촌락 농민들로 구성된 村留二·三品軍의 책임자로 여겨
지기도 한다(①). 한편, 鄕兵 保伍의 장과 같다는 표현에 주목하여 民長을 一品軍
의 장교를 맡을 수 있었던 향리와 연결 짓는 견해도 있다(②).
『高麗史』 권3, 世家3 成宗 6년 9월 戊辰.
① 李佑成, 1961, 「麗代 百姓考—高麗時代 村落構造의 一斷面—」, 『歷史學報』 14 ;
　　1991, 『韓國中世社會硏究』, 一潮閣 ; 2010, 『韓國中世社會硏究』, 창비, 73~77쪽.
　　朴宗基, 1987, 「高麗時代 村落의 機能과 構造」, 『震檀學報』 64 ; 2002, 『지배와
　　자율의 공간 : 고려의 지방사회』, 푸른역사, 336·341~344쪽.
　　蔡雄錫, 2000, 「高麗前期 지방사회의 지배구조와 본관제의 질서」, 『高麗時代의 國
　　家와 地方社會—'本貫制'의 施行과 地方支配秩序—』, 서울대학교출판부, 104·165쪽.
② 具山祐, 2003, 「鄕村社會의 構造」, 『高麗前期 鄕村支配體制 硏究』, 혜안, 312쪽.
2) 鄕兵保伍: 宋代 保甲制의 실시 이후 징집·편성된 鄕兵組織이다. 보갑제 하의 향병
　　은 10家를 1保, 5보를 1大保, 10대보를 1都保로 묶어서 편제되었다. 그리고 능력
　　있는 자를 保長으로, 경제력이 있는 자를 大保長으로, 무리가 따르는 자를 都保正
　　으로 삼아 통솔하게 했다. 주요 임무는 지역을 순찰하며 치안을 유지하는 것이
　　었다. 保內에서도 인원끼리 서로 감시하게 하여, 강도·살인·방화·강간한 인원이
　　있음에도 보고하지 않으면 연좌하였다.
　　『宋史』 권192, 志145 兵6 鄕兵3 保甲.
　　申採湜, 1969, 「北宋鄕兵考—河北·河東地方을 中心으로—」, 『歷史敎育』 11·12合 ;
　　　　2008, 『宋代政治經濟史硏究』, 한국학술정보(주), 149쪽.
　　馮東禮·毛元佑, 1998, 「北宋神宗時期的軍事改革」, 『中國軍事通史』 12, 北京 : 軍事
　　　　科學出版社, 294~296쪽.
　　'中國軍事史'編寫組, 2006, 「五代, 宋, 元的軍制」, 『中國歷代軍事制度』, 北京 : 解放軍
　　　　出版社, 365·366쪽.
3) 句履: 뾰족하며 끝에 장식이 있는 신발을 말한다.
　　諸橋轍次, 1984, 「句履」, 『大漢和辭典』 2, 東京 : 大修館書店, 746쪽.

19-6

[原文]

舟人

高麗頭巾, 唯是重文羅. 一巾之價, 准米一石, 細民, 無貲可得. 復恥露

頭, 與罪囚無別. 故作竹冠, 以冠之, 或方或圓, 初無定制. 短褐被體, 下無袴襦. 每舟十餘人, 夜則鳴榔鼓枻, 謳歌互答. 嘵嘵如鵝鶩群鳴, 略無聲律情義, 蓋其俗然也.

[譯文]
뱃사람

　고려 두건은 오직 무늬 비단[羅]을 중시합니다. 건 하나의 값이 쌀 1섬에 비기니 세민(細民)들은 재물로 구할 수 없습니다. 더욱이 맨머리는 죄수와 다른 바가 없다고 하여 부끄러워합니다. 그러므로 죽관을 만들어 쓰는데, 혹은 모나고 혹은 둥글어 애초에 정해진 제도는 없습니다. 짧은 갈옷[1]이 몸을 덮었는데 속에는 바지나 저고리가 없습니다. 배마다 10여 인이 밤이면 갑판을 두드리며[鳴榔] 노로 북돋아 읊조리고 노래하며 서로 답합니다. 거위나 오리 떼가 우는 것처럼 시끄럽고 소리의 운율과 감정[情義]은 거의 없으니, 대개 그 풍속이 그러합니다.

[註解]
1) 短褐: 褐은 칡 섬유로 짠 베를 말하며, 短褐은 이로 만든 짧은 형태의 옷으로 여겨진다. 갈옷에 대해서는 『高麗圖經』 권17-6-3) 참조.

[原文]

婦人

臣聞, 三韓衣服之制, 不聞染色. 唯以花文爲禁, 故有御史, 稽察民服文羅花綾者, 斷罪罰物, 民庶遵守, 不敢慢令. 舊俗女子之服, 白紵黃裳, 上自公族貴家, 下及民庶妻妾, 一槩無辨. 頃歲貢使趨闕, 獲朝廷賜予十等冠服, 遂以從化. 今王府與國相家, 頗有華風, 更遲以歲月, 當如草偃矣. 今姑摭其異於中國者, 圖之.

[譯文]

부인

신이 듣건대 삼한 의복의 제도에서는 염색한다는 것을 듣지 못하였습니다.[1] 다만 꽃무늬를 금하므로 어사[2]를 두어 민 가운데 무늬 비단[羅][3] 혹은 꽃무늬 비단[綾][4]을 입은 자를 살피고 단죄하여 벌금을 물리니[罰物], 민서(民庶)가 따르고 지켜서 감히 금령을 소홀히 하지 않습니다.[5] 옛 풍속에 여자의 의복은 흰 모시[6]에 황색 치마이며, 위로는 공족[7]과 귀한 가문부터 아래로는 민서의 처첩에 이르기까지 한결같아 분별되지 않습니다. 근년에 조공하는 사신이 (송의) 궐에 갔는데 조정에서 내려준 10등 관복을 얻어서 마침내 교화를 따랐습니다. 이제 왕부와 국상[8]의 가문은 자못 화풍이 있으니, 더욱 세월이 오래되면 마땅히 변화될 것입니다. 지금 우선 중국과 다른 것을 모아서 그립니다.

[註解]

1) 臣聞 …… 不聞染色: 한반도에서 염색이 이루어지지 않았음을 언급한 구절이다. 그러나 본문과는 다르게 삼국시대부터 염색이 활발히 이루어졌다. 삼국시대에는

관영공장에 염색 전문 장인을 배치해 염직물을 생산하였다. 고려 역시 염색을 관장하는 都染署를 두고 각종 염색을 전문적으로 실시하고 있었다.

유희경, 1980, 「上代社會의 服飾」, 『한국복식사연구』, 이화여자대학교 출판부, 123~128쪽.

金熙淑·秋善馨, 1999, 「傳統織物의 染色과 色彩의 考察」, 『出版文化研究所論文集』 1, 90·91쪽.

박용운, 2016, 「고려시대 사람들 의복식의 색깔과 문양」, 『고려시대 사람들의 의복식(衣服飾) 생활』, 景仁文化社, 233~235쪽.

2) 御史: 고려전기 時政을 論執하고 풍속을 교정하며 백관을 糾察·彈劾하던 기구인 御史臺의 관원을 가리킨다. 어사대에 대해서는 『高麗圖經 역주(상)』, 183쪽 권6-6-10) 참조.

3) 羅: 날실과 씨실의 간격을 넓게 짜서 마치 새그물처럼 성기게 만든 얇은 견직물을 말한다. 이에 대해서는 『高麗圖經』 권15-2-3) 참조.

4) 綾: 얼음결 같은 무늬가 들어있는 견직물을 말한다. 綾은 羅와 함께 견직물 가운데서도 상급에 속했는데, 그중에서도 능의 위상이 높았다. 그 가치 때문인지 집안의 장식 혹은 소품의 제작에 이용되거나 하사품으로 사용된 사례가 비교적 자주 등장한다.

유희경, 1980, 앞의 책, 121쪽.

박용운, 2016, 앞의 책, 100·104~107쪽.

5) 唯以花文爲禁 …… 不敢慢令: 의복과 관련된 禁令에 대한 서술이다. 본문에서는 花文과 관련된 금령만 언급되었으나, 1043년(정종 9)에 錦繡·銷金·龍鳳紋·綾羅衣服을 금지하는 기록을 통해서 의복과 관련된 여러 금령들이 존재했음이 확인된다. 한편, 일반 백성들은 의복과 관련된 금령뿐만 아니라 경제적인 어려움으로 상급 衣料를 착용하기 어려웠다고 판단된다. 하지만 이러한 금령이 내려진 것으로 보아 일반 백성들의 상급 의료의 착용이 전혀 없었던 것은 아니라고 여겨진다.

『高麗史』 권85, 志39 刑法2 禁令 靖宗 9년 4월.

박용운, 2016, 앞의 책, 239쪽.

6) 白紵: 삼베와 함께 고려에서 보편적으로 사용되던 흰 모시를 가리킨다. 이에 대해서는 『高麗圖經』 권18-8-2) 참조.

7) 公族: 王侯의 同族 혹은 君家의 一族을 말한다. 이에 대해서는 『高麗圖經 역주(상)』, 157쪽 권6-2-7) 참조.

8) 國相: 고려의 宰相을 뜻한다. 이에 대해서는 『高麗圖經』 권16-2-7) 참조.

[原文]

貴婦

婦人之飾, 不善[1]塗澤. 施粉無朱, 柳眉半額. 皁羅蒙首, 製以三幅, 幅長八尺. 自頂[2]垂下, 唯露面目, 餘悉委地. 白紵爲袍, 略如男子. 製文綾寬袴, 裏[3]以生絹[4], 欲其褒裕, 不使箸[5]體. 橄欖勒巾, 加以采條金鐸, 佩錦香囊, 以多爲貴. 富家藉[6]以大席, 侍婢旁列, 各執巾瓶, 雖盛暑, 不以爲苦也. 秋冬之裳, 間[7]用黃絹, 或深或淺. 公卿大夫之妻, 士民游女, 其服無別. 或云王妃夫人, 以紅爲尙, 益加繪繡, 國官庶民, 不敢用也.

[譯文]

귀부인

부인의 꾸밈은 치장을 잘하지 못합니다. 분을 바르나 연지는 쓰지 않고 버들잎 같은 눈썹의 크기가 이마의 절반이 됩니다.[1] 검은 비단[羅]으로 된 몽수[2]는 3폭으로 만들었으며, 폭의 길이는 8자입니다. 정수리부터 아래로 드리웠는데 오직 얼굴과 눈만을 드러내며 나머지는 전부 땅에 끌리게 합니다. 흰 모시로 포[3]를 만드니 대략 남자의 옷과 같습니다. 무늬 비단[綾]으로 만든 넓은 바지는 속을 생초[4]로 하며, 그것을 크고 넉넉하게 해서 몸에 붙지 않도록 합니다. 감람색 넓은 허리띠에는 채색

---

1) 知 : "喜【鄭刻善】"으로 기록되어 있다.
2) 四 知 : 項.
3) 知 : 衷.
4) 知 : "絹【鄭刻絹】"로 기록되어 있다.
5) 知 : 著.
6) 知 : 籍.
7) 知 : 間.

된 끈과 금방울을 더하였으며 비단[錦][5] 향주머니를 차는데, 많을수록 귀하게 여깁니다. 부유한 가문에서는 큰 자리를 깔고 시중드는 여종이 옆에 늘어서서 각각 수건과 병을 들었으며, 비록 무더위에도 괴롭다고 여기지 않습니다. 가을과 겨울의 치마는 간혹 황색 비단[絹][6]을 사용하는데, 혹은 (색이) 진하고 혹은 엷습니다. 공·경·대부의 처, 사민(士民)의 여자와 유녀[7]는 그 의복에 구별이 없습니다. 혹자가 말하기를 왕비와 부인은 홍색을 숭상하면서 그림과 수를 더하였지만, 나라의 관리와 민서[庶民](의 여자)는 감히 사용할 수 없다고 하였습니다.[8]

[註解]

1) 柳眉半額: 여성들의 눈썹 화장에 대해 언급한 구절이다. 고려의 여성들은 눈썹을 버들잎처럼 크고 길게 그리는 것을 아름답다고 여겼다. 이에 나뭇가지를 태우거나 숯가루를 이용하여 눈썹을 그렸을 것으로 파악된다.
　　이경복, 1986, 「高麗時代 妓女의 風俗」, 『고려시대 기녀연구』, 민족문화문고간행회, 57쪽.

2) 蒙首: 고려의 여성들이 외출할 때 사용하던 머리쓰개이다. 『高麗史』·『東國李相國集』에서 언급된 袈裟·羃䍦와 거의 같은 용도로 사용된 의복이었다. 머리를 덮고 눈만 내놓았던 서역인들의 풍습에서 영향을 받았다고 추측된다. 하지만 『高麗圖經』 권21, 女騎條에서 서긍은 고려의 蒙首를 唐에서 사용하였던 羃䍦의 遺法으로 파악하여, 중국에 의해 교화된 의복으로 이해하고 서술하였다.
　　『東國李相國全集』 권5 古律詩 「次韻吳東閣世文呈誥院諸學士三百韻詩【幷序】」.
　　『東國李相國後集』 권8, 古律詩 「士人女乞食旣以與之因作詩」.
　　유희경, 1980, 앞의 책, 210·211쪽.
　　박용운, 2016, 앞의 책, 210·211쪽.
　　윤성재, 2018, 「『고려도경』에 보이는 고려의 의식주」, 『한국중세사연구』 55, 122쪽.

3) 袍: 무릎 아래까지 내려오는 두루마기형 복식이다. 이에 대해서는 『高麗圖經 역주(상)』, 203쪽 권7-3-33) 참조.

4) 生綃: 生絲를 平織으로 만든 견직물이다. 綃는 絹이나 紬보다는 까슬까슬하고 빳빳한 재질이었으며, 의복이나 하사품에 주로 사용되었다.
　　趙孝淑, 1993, 「織物組織의 分析과 織物名稱의 設定」, 『韓國 絹織物 硏究―高麗時代를 中心으로―』, 世宗大學校 家政學科 博士學位論文, 112·113쪽.
　　박용운, 2016, 앞의 책, 128쪽.

5) 錦: 여러 종류의 색실을 이용하여 무늬를 짜 넣은 상급 衣料이다. 이에 대해서는

『高麗圖經』권14-7-4) 참조.

6) 絹: 가공하지 않은 누에고치 실을 平織으로 짠 견직물이다. 의료·부채·사여품 등
  에 광범위하게 사용되었다. 한편, 絹은 본래 특정한 견섬유의 일종이지만, 일반
  견직물 전체를 가리키는 말로도 쓰인다.
  趙孝淑, 1993, 앞의 논문, 109·110쪽.
  박용운, 2016, 앞의 책, 92~95쪽.
7) 游女: 고려시대에 유희를 담당하였던 여성들을 말한다. 이들은 賤人의 후손이거
  나 一賤則賤法에 의해서 천인이 된 부류였다.
  李慶馥, 1985, 「高麗時代 妓女의 類型考」, 『韓國民俗學』 18 ; 1986, 앞의 책, 42쪽.
8) 秋冬之裳 …… 不敢用也: 본문에서 서긍은 고려 여성들의 복식이 상·하 간의 차
  이가 없다고 언급하였다. 그러나 실제로는 衣料의 차이와 함께 색깔이나 무늬 등
  에 차별을 두었을 것으로 여겨진다.
  박용운, 2016, 앞의 책, 166·167쪽.

20-3

[原文]

婢妾

宮[8]府有媵, 國官有妾, 民庶之妻, 雜役之婢, 服飾相類. 以其執事服勤,
故蒙首不下垂, 疊於其頂, 摳衣而行. 手雖執扇, 羞見手爪, 多以絳囊蔽之.

[譯文]

비첩

왕실[宮府]에는 잉이 있고[1] 나라의 관리에게는 첩이 있는데, 민서(民
庶)의 처와 잡역하는 여종은 복식이 서로 비슷합니다. 그 맡은 일을 부지
런히 해야 하므로 몽수를 내려 늘어뜨리지 않고 정수리에서 포개며,
옷을 걷어 올리고 다닙니다. 손에는 비록 부채를 쥐었지만, 손톱이 보이

---

8) 囯 : 官.

는 것을 부끄러워해서 대부분 진홍색 주머니로 그것을 가립니다.

[註解]

1) 宮府有媵: 왕실에 천한 妾인 媵이 있었음을 나타내는 구절이다. 잉이란 '시집가는 데 딸려 보내는 여자' 또는 '시녀'를 뜻한다. 중국 고대에는 여자의 조카나 여동생을 잉으로 함께 보냈기에 첩의 의미를 지녔다. 그러나 후대에 점차 첩의 의미가 강조되고 媵妾의 형태로 자주 사용되면서 唐 이후에는 賤妾의 의미까지도 내포하게 되었다.

諸橋轍次, 1984, 「媵」, 『大漢和辭典』 3, 東京 : 大修館書店, 741·742쪽.

李貞蘭, 2003, 「高麗前期 庶孽과 그 후손」, 『高麗時代 庶孽 硏究』, 高麗大學校 史學科 博士學位論文, 68쪽.

20-4

[原文]

賤使

婦人之髻, 貴賤一等, 垂於右肩, 餘髮被下, 束以絳羅, 貫9)以小簪. 細民之家, 特無蒙首之物, 蓋其直, 准白金一斤, 力所不及, 非有禁也. 亦服旋裙, 製以八幅, 插腋高繫. 重疊無數, 以多爲尚, 其富貴家妻妾製裙, 有累至七八疋者, 尤可笑也. 崇寧間10), 從臣劉逵吳拭11)等, 奉使至彼. 值七夕會, 館伴使柳伸, 顧作樂女倡, 謂使副曰, 本國梳得頭髮慢, 必是古來墜馬髻. 逵等答云, 墜馬髻, 乃東漢梁冀妻孫壽所爲, 似不足法, 伸等唯唯. 然至今仍貫不改, 豈自其舊俗椎結而然耶.

---

9) 四 : 監, 知 : "貫【鄭刻監】"으로 기록되어 있다.

10) 知 : 間.

11) 知 : 拭.

[譯文]

천사

부인의 묶은 머리는 귀하거나 천하거나 동일하며, 오른쪽 어깨로 늘어뜨리고 나머지 머리카락은 아래로 풀어서 진홍색 비단[羅]으로 묶고 작은 비녀를 끼웁니다. 가난한 집[細民之家]에는 특히 몽수가 없는데, 대개 그 값이 은[白金] 1근에 준하니 여력이 미치지 못하는 바이지 금지함이 있어서가 아닙니다. 또한 선군[1]을 입는데 8폭으로 만들었으며 겨드랑이에 끼우도록 높게 묶습니다. 거듭 포개기를 수없이 하는데, 많은 것을 자랑으로 삼으며 그 부유하고 귀한 가문의 처첩은 치마를 만듦에 7·8필까지 이르는 것도 있으니 더욱 웃을만합니다. 숭녕[2] 연간에 종신 유규[3]와 오식[4] 등이 사명을 받들어 고려[彼]에 이르렀습니다. 칠석의 모임을 맞이하자, 관반사[5] 유신[6]이 음악을 연주하는 기녀[7]를 돌아보면서 정사와 부사[8]에게 일러 말하기를, "우리나라에서는 머리카락을 빗어서 늘어뜨리니, 반드시 예부터 전래되어온 추마계[9]일 것입니다."라고 하였습니다. 유규 등이 답하여 말하기를, "추마계는 곧 동한[10]의 양기[11]의 처인 손수[12]가 했던 것으로, 본받을 만하지 않은 것 같습니다."라고 하자 유신 등이 "예, 예."라고 하였습니다. 그러나 지금에 이르기까지 그대로 이어지고 고치지 않으니, 어찌 그 옛 풍속에서부터 머리를 틀어서[椎結] 그러한 것이라 하겠습니까.

[註解]

1) 旋裙: 속치마의 일종이다. 길이가 다른 여러 개의 치마를 한 말기에 달아 겉치마가 퍼지도록 하는 용도였다.
   유희경, 1980, 앞의 책, 215쪽.
2) 崇寧: 宋 徽宗의 연호로 1102년~1106년 사이에 사용되었다.
3) 劉逵: 宋의 관인이다. 그에 대해서는 『高麗圖經 역주(상)』, 73쪽 권2-2-(2)-36) 참조
4) 吳拭: 宋의 관인이다. 그에 대해서는 『高麗圖經 역주(상)』, 73쪽 권2-2-(2)-38) 참조

5) 館伴使: 宋의 사절이 개경에 머무는 동안의 접대를 담당했던 관원이다. 이에 대
해서는 『高麗圖經 역주(상)』, 208·209쪽 권7-5-8) 참조.

6) 柳伸: ?~1104. 본관은 完山이며 초명은 仁이다. 과거에 급제해 起居舍人을 거쳐 淸
州牧使가 되었다. 1087년(선종 4)에 禮賓少卿으로 遼에, 1093년에는 工部侍郎으로
宋에 사행하였다. 이후 1100년(숙종 5)에 同知貢擧가 되어 과거를 주관했고, 1103
년에 尙書右僕射·政堂文學에 이르렀다. 사후에 參知政事로 추증되었으며, 시호는
忠愼이다.
『高麗史』 권10, 世家10 宣宗 4년 10월 壬辰·10년 7월 壬辰.
『高麗史』 권73, 志27 選擧1 科目1 選場 肅宗 5년 4월.
『高麗史』 권95, 列傳8 柳伸.
「柳光植墓誌銘」.

7) 作樂女倡: 외국사신의 접대나 국가적인 대규모 연회에 참가하였던 敎坊女妓를 말
한다. 이들은 大樂署와 管絃房 소속으로 주요 임무는 각종 연회에서 呈才의 진행
이었으나, 그것에 따르는 노래 및 악기의 연주도 맡았다. 이들의 지위는 賤役을
진 賤事者였다고 볼 수 있어, 賤隷와 비슷한 취급을 받았던 것으로 여겨진다.
宋芳松, 1986, 「高麗의 大樂署와 管絃房」, 『韓國學報』 12-3 ; 1988, 『高麗音樂史研究』,
一志社 ; 2002, 『한국중세사회의 음악문화 : 고려시대편』, 민속원, 306~309쪽.
김창현, 2000, 「고려시대 음악기관에 관한 제도사적 연구」, 『國樂院論文集』 12 ;
2002, 앞의 책 ; 2007, 『고려의 여성과 문화』, 신서원, 334쪽.

8) 使副: 正使와 副使를 말한다. 이에 대해서는 『高麗圖經』 권15-3-5) 참조.

9) 墮馬髻: 머리카락을 빗어 늘어뜨리는데, 어깨까지 처지게 했던 머리 모양이다.
이 명칭은 말에서 떨어졌을 때의 여자들의 머리 모양과 유사하다고 해서 붙은
것이다. 조선시대의 머리를 땋지 않고 틀어 묶은 새앙머리와 비슷했을 것으로
추정된다.
유희경, 1980, 앞의 책, 209쪽.

10) 東漢: 後漢을 말한다. 漢 孝景帝의 후손인 劉秀가 王莽의 新을 무너뜨리고 25년에
건국한 국가이다. 이후 외척·환관의 전횡 및 黃巾賊의 난으로 쇠퇴의 길을 걷다
가, 220년(한 건안 25)에 獻帝가 魏 文帝에게 황위를 선양하면서 멸망했다.
『後漢書』 권1上, 光武帝記1上.
이춘식, 2005, 「진(秦)·한(漢) 제국의 성립과 중국 고전문화의 완성」, 『중국사 서
설(개정판)』, 교보문고, 165·201~206쪽.

11) 梁冀: ?~159. 安定郡 烏氏縣—지금의 중국 寧夏回族自治區 固原市 일원— 출신으
로 字는 伯卓이다. 그는 여동생이 順帝의 妃—梁太后—가 되자 大將軍에 올랐다.
이후 양태후와 함께 황제를 멋대로 폐위하고 옹립시키는 등 국정을 좌우하였다.
그러나 152년(한 원가 2)에 양태후가 죽으면서 권력을 잃게 되자, 妻인 孫壽와
함께 자살하였다.
『後漢書』 권34, 梁統列傳24 附玄孫冀.
임종욱 편, 2010, 「양기」, 『중국역대 인명사전』, 이회, 908쪽.

12) 孫壽: ?~159. 梁冀의 妻이다. 아름다웠으나 사치가 매우 심했으며, 양기와 함께 자
　　살했다고 한다. 『東國李相國全集』에 따르면 孫壽는 나라를 망친 미인이었다고 표
　　현하고 있다. 그녀에 대한 이와 같은 인식으로 인해 본문에서 언급된 墮馬髻 역
　　시 부정적으로 서술되었다.
　　『後漢書』 권34, 梁統列傳24 附女孫冀.
　　『東國李相國全集』 권20, 雜著 韻語 色喩.

20-5

[原文]

貴[12]女[13]

蠻[14]夷[15]之[16]服, 雖略相類, 亦無定制. 人使初入城, 夾道樓觀間[17]時,
見凭欄, 有此一等女子. 纔十餘歲, 當是未嫁之人, 亦不被[18]髮, 而黃衣,
又非暑服所宜. 嘗試詰之, 終不審諦. 或云, 是王府小兒之服耳.

[譯文]

귀녀

　　고려[蠻夷]의 의복은 비록 대략 서로 비슷하지만 또한 정해진 제도는
없습니다. 사신이 처음 성에 들어와서 좁은 길의 누각[樓觀] 사이에 있을
때, 난간에 기댄 이 지위 높은[一等] 여자를 보았습니다. 겨우 10여 세이
며 당시 혼인하지 않은 사람으로 역시 머리카락을 풀지 않았고 (입은)

---

12) 四 : "貴"가 누락되어 있다.
13) 四 : "【闕二字】", 知 : "女【鄭刻缺此標目玩文義第一行之前尙有闕文】"으로 기록되어
　　있다.
14) 四 : 海.
15) 四 : 外.
16) 四 : 冠.
17) 知 : 開.
18) 四 知 : 披.

황색 옷 또한 여름 복장으로 마땅한 바가 아니었습니다.[1] 일찍이 시험
삼아 이를 물어보았지만 끝내 자세히 알지 못했습니다. 혹자가 말하기
를, 왕부의 어린아이 의복일 뿐이라고 합니다.

[註解]

1) 而黃衣 又非暑服所宜: 王府의 어린아이들이 입은 의복의 색깔을 언급한 내용이다.
   『高麗圖經』 권20, 貴婦條에서 서긍은 황색 치마를 가을과 겨울에 입는 것으로 이
   해하였다. 이에 왕부의 어린아이들이 여름에 황색 옷을 입은 것은 마땅한 바가
   아님을 밝힌 것이었다.

20-6

[原文]
女子
民庶之家, 女子未嫁, 紅羅束髮, 其餘被下. 男子亦然, 特易紅爲黑繩耳.

[譯文]
여자

민서(民庶)의 집에서는 여자가 혼인하지 않았으면 붉은 비단[羅]으로
머리카락을 묶고 그 나머지는 아래로 풉니다. 남자 또한 그러한데 특별
히 홍색을 흑색 줄로 바꾸었을 뿐입니다.

20-7

[原文]

負

高麗法, 置官婢, 世代相承. 故自王府國官觀寺, 皆給之. 其於執役, 肩不勝仁, 負於背上. 其行甚駃, 雖男子, 不如也.

[譯文]

지는 것

고려의 법은 관비를 두어 대대로 서로 이어집니다. 그러므로 왕부부터 관청[國官]·도관·사찰에서는 모두 이를 지급합니다.[1] 그들이 일을 하는데 어깨에 멜 수 없으면, 등 위에 집니다. 그 걸음이 매우 빨라서 비록 남자라도 미치지 못합니다.

[註解]

1) 高麗法 …… 皆給之: 고려의 奴婢가 賤人의 신분을 세습했으며, 관청과 도관 및 사찰에 분급되었음을 나타내는 구절이다. 고려에서는 賤者隨母法과 一賤則賤의 원칙에 따라 노비의 자녀는 노비가 되었다. 한편, 奴와 婢는 고려시대의 최하층 신분으로, 특정한 사람이나 기관에 예속되어 있었다. 이 가운데서 국가에 소유되어 궁궐·관청·사찰 등에서 노역하였던 이들을 公奴婢라 한다. 이들은 맡았던 임무에 따라 관청의 잡역에 종사하던 公役奴婢와 농경에 종사하던 外居奴婢로 분류되었다. 본문에서의 官婢는 여성 공역노비로 파악된다. 공역노비는 독자적인 가계를 이룰 수 있었고, 급료를 받아 재화를 소유할 수 있었으며, 60세가 되면 역을 면하였다.

『高麗史』 권85, 志39 刑法2 奴婢 忠烈王 26년 10월.

洪承基, 1981, 「私奴婢의 性格」·「公奴婢의 特性」,『高麗時代 奴婢研究』, 韓國研究院 ; 1983,『高麗貴族社會와 奴婢』, 一潮閣, 22·64~69·80쪽.

20-8

[原文]

戴

負戴之役, 其勞一等. 水米[19]飮[20]歠, 竝貯銅罌, 不以肩舁, 加於頂上. 罌有二耳, 一手扶持, 摳衣而行, 背負其子. 考之於經, 班白者, 不負戴於道路, 以其用力良勞, 非筋骨有加, 蓋不能也. 其子附之, 所謂襁負其子而至歟[21].

[譯文]

이는 것

지거나 이는 일은 그 고됨이 동일합니다. 물·쌀·마실 것은 모두 구리로 된 항아리에 저장하며 어깨로 메지 않고 정수리 위에 올립니다. 항아리에는 두 귀가 있어 한 손으로 붙들어 잡으며 옷을 걷어 올리고 다니는데, 등에는 그 아이도 업습니다. 경서에서 이를 살펴보면 "머리가 희끗희끗한 자는 도로에서 지거나 이지 않는다."[1]라고 하니 그 힘쓰는 것은 진실로 고달픈데, 근육과 뼈에 무리가 가는 것[有加]은 아니지만 대개 할 수 없습니다. 그 아이가 이에 보태짐은 이른바 "그 아이를 포대기로 업고 이른다."[2]라는 것입니까.

[註解]

1) 考之於經 …… 不負戴於道路:『孟子』에 나오는 구절로, "삼가 상서의 가르침을 孝悌의 의리로써 거듭하면 머리가 희끗희끗한 자가 도로에서 짐을 지거나 이지 않을 것입니다[謹庠序之敎 申之以孝悌之義 頒白者 不負戴於道路矣]."의 일부를 인용

19) 四 : 未.
20) 知 : "飯【鄭刻未飮】"으로 기록되어 있다.
21) 四 : 也.

한 것이다. 이는 治者의 올바른 다스림에 대해 설명한 부분이다.
『孟子』梁惠王上.

2) 襁負其子而至歟: 『論語』에 나오는 구절로, "윗사람이 禮를 좋아하면 민이 감히 공
경하지 않는 이가 없고, 윗사람이 義를 좋아하면 民이 감히 복종하지 않는 이가
없고, 윗사람이 信을 좋아하면 民이 감히 사사롭게 처리하는 이가 없다. 대저 이
렇게 되면 사방의 민이 그 자식을 포대기에 업고 올 것이다[上好禮 則民莫敢不敬
上好義 則民莫敢不服 上好信 則民莫敢不用情 夫如是 則四方之民 襁負其子而至矣]."
의 일부를 인용한 것이다. 이는 이상적인 통치가 실현되어 사방에서 백성들이
찾아오는 모습을 묘사한 부분이다.
『論語』子路.

21-1

皁隷

臣聞諸蠻之國, 雕題交趾, 被髮文身. 豺狼與居, 麋鹿與游, 豈復知張官
置吏之法哉. 唯高麗則不然, 衣冠禮儀[1], 君臣上下, 燦然有文法, 以相接
也. 內置臺省院監, 外置州府郡邑, 設官分職, 選吏任事, 在上則擧其綱
目, 在下則任其繁劇, 雖一國之事, 簡而當理. 追胥呼索, 但片紙數字, 民
不敢愆其期會也. 故自中書給事中樞堂官, 以至夫民長, 無敢怠[2]豫. 其國
官吏, 遇諸途, 必跪拜鞠躬[3], 言事則膝行而前, 上手[4]抵[5]面, 以聽奉之.
自非久陶聖化, 能若是乎. 今自吏職, 以迄驅使, 竝列圖于[6]左.

[譯文]

조예[1]

　신이 듣건대 여러 오랑캐의 나라에서는 이마에 무늬를 새기고 발을
포개며 머리카락을 풀어헤치고 몸에 문신을 한다고 합니다.[2] 승냥이나
이리와 함께 살고 고라니나 사슴과 함께 논다고 하는데, 어찌 또 관서를
늘어놓고 관리를 두는 법을 알겠습니까. 오직 고려만이 그렇지 않은데,
의관과 예의 및 군신의 위·아래에 찬연하게도 법령과 성문이 있기에
서로 접할 수 있는 것입니다. 안으로는 대·성·원·감을 두고 밖으로는

---

1) 四 : 義, 知 : "儀【鄭刻義】"로 기록되어 있다.
2) 四 : 息.
3) 四 : 躬. 원문은 恭으로 되어 있으나, 의미상 '躬'이 옳다고 생각되어 교감 번역하
　였다.
4) 四 : 呼.
5) 四 知 : 低.
6) 知 : 於.

주·부·군·읍을 두어 관서를 설치하고 관직을 나눴으며 관리를 선발해
일을 맡겼으니,[3] 위에서는 그 큰 일[綱目]을 거행하고 아래에서는 그
번잡한 일을 맡으니 비록 한 나라의 일이지만 간략하면서도 이치에 마땅
합니다. 도둑을 잡으려고 부를 때에, 단지 종잇조각에 몇 글자면 백성들
이 감히 그 기한을 어기지 않습니다. 그러므로 중서급사[4]와 중추당관[5]
부터 민장[6]에 이르기까지 감히 게으르고 머뭇거림이 없습니다. 그 나라
의 관리들은 길에서 만나면 반드시 꿇어앉아 배하고 몸을 굽히며, 일을
아뢸 때는 무릎걸음으로 나아가서 손을 올리고 얼굴을 낮추어 듣고 이를
받듭니다. 만약 오랜 중국의 교화[聖化]로 훈도되지 않았다면 이와 같을
수 있겠습니까. 이제 이직부터 구사에 이르기까지 모두 다음에 그림으
로 나란히 열거하겠습니다.

[註解]

1) 皂隷: 본래 신분이 낮은 사람으로 하급관리를 말한다. 그러나 본문에서는 보다
　넓게 하급관리 이하의 다양한 부류를 지칭한 것이라 판단되며, 대체로 雜類에 속
　한 이들에 해당되는 것으로 보인다. 그리고 잡류는 吏屬職 하층부의 未入仕職 말
　단 胥吏로, 電吏·所由·注膳·幕士·驅史─驅使·丘史─門僕·杖首·大丈 등이 포함되었
　다고 파악한다(①). 하지만 고려후기로 갈수록 잡류는 使令 혹은 從者를 포함한
　다양한 사람들을 두루 지칭할 때 사용되었다고 설명하기도 한다(②). 이 밖에도
　잡다한 부류를 관용적으로 혹은 총칭하는 표현이라는 이해가 있다(③). 한편, 서
　리는 앞서 언급했듯이 미입사직 서리인 잡류와 입사직 서리로 구분되어 있었는
　데, 본문에서 서긍은 이 둘을 모두 포괄한 개념으로 皂隷를 사용하고 있다.
　諸橋轍次, 1985, 「皂隷」, 『大漢和辭典』 8, 東京 : 大修館書店, 68쪽.
　① 洪承基, 1973, 「高麗時代의 雜類」, 『歷史學報』 57 ; 2001, 『高麗社會史硏究』, 一
　　潮閣, 146·157·161~164쪽.
　② 오일순, 2000, 「雜類層의 성격과 雜類職의 雜色役化」, 『高麗時代 役制와 身分制
　　變動』, 혜안, 94~96쪽.
　③ 김난옥, 2010, 「고려·조선전기 잡류의 구성과 계층적 이질성」, 『韓國史學報』 40.
2) 臣聞諸蠻之國 …… 被髮文身: 중국 권역 밖에 위치한 국가들의 풍습을 언급한 것
　이다. 오랑캐의 풍속에 대해서는 『高麗圖經 역주(상)』, 190쪽 권7-1-1) 참조.
3) 內置臺省院監 …… 設官分職: 『周禮』에 나오는 구절로, "오직 왕이 나라를 세워서

방향을 분별하고 위치를 바로잡으며 도시를 정하고 지역을 구획하며 관을 설치하고 직을 나눈다[惟王建國 辨方正位 體國經野 設官分職]."의 일부를 인용한 것이다. 국가를 건설하면 중앙에서는 관서를 설치하고 관직을 나누며 지방에서는 지역을 구획한다는 뜻이다. 이처럼 고려에서는 중앙관제가 983년(성종 2)에 3省 6部 諸寺의 체제로 정비되었으며, 문종대 품질과 정원 등의 직제가 완비되었다. 한편, 지방제도는 940년(태조 23)에 전국을 州·府·郡·縣의 명칭으로 개정했으며, 983년에 12牧을 설치하고 1018년(현종 9)에 4都護·8牧·56知州郡事·28鎭將·20縣令의 체계로 일단락되었다.
『高麗史』 권56, 志10 地理1 序.
『高麗史』 권76, 志30 百官1 序.
『周禮』 天官冢宰.
邊太燮, 1967, 「高麗宰相考—三省의 權力關係를 中心으로—」, 『歷史學報』 35·36合 ; 1971, 『高麗政治制度史研究』, 一潮閣.
李泰鎭, 1972, 「高麗 宰府의 成立—그 制度史的 考察—」, 『歷史學報』 56.
河炫綱, 1977, 「高麗初期의 地方統治」, 『高麗地方制度의 研究』, 韓國研究院 ; 1988, 『韓國中世史研究』, 一潮閣.
朴龍雲, 1995, 「高麗時代의 尙書都省에 대한 檢討」, 『國史館論叢』 61 ; 2000, 『高麗時代 尙書省 研究』, 景仁文化社.
朴恩卿, 2008, 「고려전기 군현제의 邑號와 邑格」, 『白山學報』 79.

4) 中書給事: 고려전기에는 中書給事와 명칭이 유사한 中書舍人과 給事中이 확인된다. 중서사인은 고려전기 中書門下省의 종4품 관직으로 문종대 정원은 1인이다. 諫諍과 封駁 등 諫官의 역할을 수행하기도 하였다. 급사중에 대해서는 『高麗圖經 역주(상)』, 210쪽 권7-6-3) 참조.
『高麗史』 권76, 志30 百官1 門下府 舍人.

5) 中樞堂官: 中樞院의 堂後官을 지칭하는 것으로 보인다. 당후관은 관서의 업무와 숙위의 일을 맡았으며, 문종대 정7품 2인을 두었다. 숙종대 이후 중추원이 樞密院으로 바뀌면서 추밀원 당후관이 되었다. 한편, 당후관과 中書門下省의 종7품 門下錄事는 나라에 일정한 경제적 기여를 하고 絲職을 보장받는 役官이라고 하였다. 그런 점에서 서긍이 中書給事와 당후관을 병칭하는 것은 관직의 품계와 성격에 큰 차이가 있기 때문에 絲外官인 문하녹사와 당후관을 드는 것이 더 자연스러웠을 것으로 보인다. 따라서 이는 서긍의 고려에 대한 관제의 이해가 깊지 못함을 알려주는 사례 가운데 하나라고 하겠다.
『高麗史』 권75, 志29 選擧3 銓注 役官之制.
『高麗史』 권76, 志30 百官1 密直司.
朴龍雲, 1976, 「高麗의 中樞院 研究」, 『韓國史研究』 12 ; 2001, 『高麗時代 中樞院 研究』, 高麗大學校 民族文化研究院, 19쪽.
邊太燮, 1976, 「高麗의 中樞院」, 『震檀學報』 41, 74·75쪽.
周藤吉之, 1986, 「高麗初期の中樞院, 後の樞密院の成立とその構成—唐末·五代·宋初の樞密院との關連に於いて—」, 『朝鮮學報』119·120合 ; 1992, 『宋·高麗制度史研究』, 東京 : 汲古書院.

　　　김난옥, 2011, 「고려시대 役官制의 운영과 성격」, 『韓國史研究』152, 47·48쪽.
　6) 民長: 지방 행정의 말단에서 촌락의 업무를 맡은 이들을 말한다. 이에 대해서는 『高麗圖經』 권19-5-1) 참조.

21-2

[原文]
吏職

吏職之服, 與庶官服色不異, 但綠衣時有深淺. 舊傳高麗, 放[7]唐制[8]衣碧, 今詢之, 非也. 蓋其國, 民貧俗儉. 一袍之費, 動準白金一斤, 每經澣濯再染, 色深如碧, 非是別一等服也. 然省府補吏, 不限流品, 貴家之子弟, 時亦爲之. 今此靑服, 當是吏之世襲者耳.

[譯文]
이직[1]

이직의 복식은 서관의 복색과 다르지 않으나,[2] 단지 녹색 옷이 때로 짙고 옅은 것이 있습니다. 예전부터 전하기를 고려는 당[3]의 제도를 모방하여 푸른색을 입었다고 하나 지금 그것을 물어보니 아니었습니다.[4] 대개 그 나라는 백성들이 가난하고 풍속은 검소합니다. 포 1필의 값이 거의 은[白金] 1근에 준하여 매번 옷을 빨아서 씻어내고 다시 염색하는데, 진하기가 푸른색과 같지만 특별히 동일한 부류의 복식은 아닙니다. 그러나 성부보리[5]는 유품[6]에 한정하지 않고 귀한 가문의 자제도 또한

---

　7) 四 知 : 倣.
　8) 四 : 製.

때때로 되기도 합니다.[7] 지금 이 청색 복식은 곧 이직의 세습자가 입을
뿐입니다.[8]

[註解]

1) 吏職: 文籍과 刀筆의 임무를 가지고 중앙의 말단행정 실무를 담당하는 品外의 胥
吏를 말한다. 이들의 임무는 크게 사무적인 것과 기능적인 것으로 분류되는데,
사무적인 부분을 담당하는 이들을 서리직이라 하였고, 기능적인 부분을 담당한
이들을 雜職이라고 하여 서로 구분하였다. 먼저 서리직에는 主事와 錄事 등이 있
었는데, 이들은 入仕職이어서 품관으로의 진입이 가능하였다. 이와는 다르게 雜
類의 경우에는 丁吏, 掌固, 驅史—驅使·丘史— 등이 있었으며, 입사직으로 승진하
더라도 특별한 공훈을 갖지 못하면 품관으로는 진출하기 어려운 미입사직이었
다. 또한 잡류직은 지속적으로 그 자손들에게 해당 직을 세습시켜 나갔다.
  金光洙, 1969, 「高麗時代의 胥吏職」, 『韓國史研究』 4, 7·10~13쪽.
  박용운, 1993, 「관직과 관계」, 『한국사』 13, 국사편찬위원회 ; 1997, 『高麗時代 官
    階·官職 研究』, 고려대학교 출판부, 26~28쪽.
  洪承基, 1995, 「신분제도」, 『한국사』 15, 국사편찬위원회 ; 2001, 앞의 책, 36~39쪽.
  박종진, 2001, 「高麗時期 吏屬職의 構造와 胥吏의 地位」, 『高麗-朝鮮前期 中人研究』,
    신서원, 54~56쪽.
2) 吏職之服 與庶官服色不異: 吏職의 복식이 庶官服과 동일하게 녹삼을 입은 것을
언급한 구절이다. 한편, 『高麗圖經』 권9, 庶官服條에 따르면 서관복은 進士로 입
관한 자, 省曹補吏, 州縣의 令·尉·主簿·司宰 등이 착용하였다. 각각에 해당하는
관직에 대해서는 『高麗圖經 역주(상)』, 216·217쪽 권7-9-1)~7-9-3) 참조.
3) 唐: 7세기부터 10세기 초까지 중국을 지배했던 왕조를 말한다. 이에 대해서는 『高
麗圖經 역주(상)』, 192쪽 권7-1-14) 참조.
4) 著傳高麗 …… 非也: 서긍이 고려의 公服制와 唐의 공복제가 서로 달랐다는 것을
나타낸 구절이다. 먼저, 당의 공복제도는 3품 이상이 紫色, 4·5품이 緋色, 6·7품이
綠色, 8·9품이 靑色, 流外·庶人은 黃色으로 규정되어 있었다. 이후에 宋은 神宗代
청색을 없애면서 4품 이상은 자색, 6품 이상은 비색, 9품 이상은 녹색으로 구성
된 3단계로 구분하였다. 고려에서는 국초에 紫衫·丹衫·緋衫·綠衫으로 나누는 4색
공복제를 시행하였다가, 의종대부터 송의 제도를 반영하여 4품 이상은 자색, 6품
이상은 비색, 9품 이상은 녹색으로 구분된 3색 공복제도를 운영하여 당의 공복
제도와는 다소 차이를 보였다.
  강은경, 2002, 「戶長層의 지위」, 『高麗時代 戶長層 研究』, 혜안, 133·134쪽.
  김보광, 2016, 「고려전기 公服制의 정비 과정에 대한 연구」, 『사학연구』 121, 185·
    190~192쪽.
5) 省府補吏: 中書門下省과 尙書6部 등 여러 관부에 속한 상급 胥吏를 의미한다. 이

에 대해서는 『高麗圖經 역주(상)』, 216쪽 권7-9-2) 참조.
6) 流品: 1품에서 9품까지를 말하는 것으로 北魏의 관제에서 비롯되었다.
　　諸橋轍次, 1985, 「流品」, 『大漢和辭典』 6, 東京 : 大修館書店, 1135쪽.
7) 貴家之子弟 時亦爲之: 귀한 가문의 자제들이 胥吏職으로 보임된다는 것을 언급한
　　구절이다. 품관과 연결된 入仕職 서리는 5품 이상의 고위 관직자들의 자제들이
　　蔭敍를 통해 初職으로 제수되기도 하였다.
　　朴龍雲, 1981·1982, 「高麗時代 蔭敍制의 實際와 그 機能(上)·(下)」, 『韓國史研究』 3
　　　　6·37 ; 1990, 『高麗時代 蔭敍制와 科擧制 研究』, 一志社, 68~70쪽.
　　金龍善, 1991, 「蔭敍制度의 運營」, 『高麗蔭敍制度研究』, 一潮閣, 72~75쪽.
8) 수此靑服 當是吏之世襲者耳: 吏職의 세습자들이 청색 옷을 입고 있었다는 것을
　　나타내는 구절이다. 이직의 세습자들은 청색 옷을 입은 유일한 신분층이었는데,
　　이들은 雜類였을 것으로 판단된다.
　　洪承基, 1995, 앞의 책 ; 2001, 앞의 책, 38·39쪽.

21-3

[原文]

散員

散員之服, 紫羅窄衣, 幞頭革履, 如中華班直殿侍之類也. 武臣子弟, 兵衞出職, 皆補之. 每人使至, 則捧盤授爵執衣侍巾, 皆用之.

[譯文]

산원[1]

산원의 복식은 자색 비단[羅][2] 착의[3]에 복두[4]를 쓰고 가죽신을 신는데[5] 중국[中華]의 반직[6]과 전시[7]의 부류와 같습니다. 무신의 자제가 병위(兵衞)로 직무에 나가면 모두 이것에 보임됩니다. 매번 사신이 이를 때면 소반을 받들고 술잔을 전하며 옷을 잡고 두건[8]을 받드는데, 모두 이들을 부립니다.

[註解]

1) 散員: 정8품 武班職이다. 이에 대해서는 『高麗圖經 역주(상)』, 266쪽 권10-5-2) 참조.

2) 羅: 날실과 씨실의 간격을 넓게 짜서 마치 새그물처럼 성기게 만든 얇은 견직물을 말한다. 이에 대해서는 『高麗圖經』 권15-2-3) 참조.

3) 窄衣: 소매가 좁은 저고리를 말한다. 이에 대해서는 『高麗圖經 역주(상)』, 284쪽 권11-8-2) 참조.

4) 幞頭: 중국에서 기원한 冠帽이다. 이에 대해서는 『高麗圖經 역주(상)』, 194쪽 권7-2-1) 참조.

5) 散員之服 …… 幞頭革履: 散員의 복식에 대해 언급한 구절이다. 武班의 경우 산원 이상은 幞頭를 착용할 수 있었으나, 산원보다 하위직인 校尉·隊正은 복두를 착용할 수 없었다. 이를 통해 산원은 교위·대정과 구별되는 계층이었음을 알 수 있다.
李鎭漢, 1998, 「高麗時代 武班職의 地位와 構成」, 『軍史』 37, 40~44쪽.

6) 班直: 宋의 禁軍 가운데 하나이다. 이들은 전각 앞에 위치했던 여러 班과 어전을 호위하는 여러 直의 합칭으로, 총 3,600여 명으로 구성되어 있었다.
龔延明 主編, 1997, 「班直」, 『宋代官制辭典』, 北京 : 中華書局, 402쪽.

7) 殿侍: 宋의 品·階가 없는 무관이다. 이들은 茶班殿侍·下班殿侍·披帶班殿侍 등으로 이루어졌으며, 1112년(송 정화 2)에는 下班祗應으로 명칭을 고쳤다.
龔延明 主編, 1997, 「殿侍」, 『宋代官制辭典』, 北京 : 中華書局, 592쪽.

8) 巾: 일반적으로 두건이라 부르는 머리쓰개를 말한다. 이에 대해서는 『高麗圖經 역주(상)』, 283쪽 권11-7-2) 참조.

21-4

[原文]

人吏

人吏之稱, 非比省府之職也. 蓋倉庫9)司屬州縣, 出納金穀布帛之流. 皁衣幞頭, 烏革句履. 時於街10)市稠人中見之. 或云趨官府, 則間11)有易色衣者.

---

9) 庫 : 廩.
10) 四 : 衛.
11) 間 : 閒.

인리[1]

인리의 명칭은 성부의 직무에 비할 바가 아닙니다. 대개 창고·사속[2]·주현에서 돈·곡식·베·비단[帛][3]의 부류를 출납합니다. 검은 옷에 복두를 쓰고 검은 가죽의 구라[4]를 신습니다. 때로는 가시(街市)의 많은 사람들 가운데 이들이 보입니다. 혹자가 말하기를 관부로 갈 때면 간혹 채색된 옷으로 바꾸는 자가 있다고 합니다.

[註解]

1) 人吏: 본래 入仕胥吏職 중에서 처음 제수되는 初職을 말한다. 먼저 서리로서의 人吏는 記官 이상의 입사직 서리를 언급한다. 입사직 서리는 未入仕職의 서리들과 구분되는 段層으로 파악되었다(①). 한편, 인리를 州縣의 재정에 관계하는 鄕吏로 설명하기도 한다(②).
   ① 金光洙, 1969, 앞의 논문, 11·12쪽.
      洪承基, 1995, 앞의 책 ; 2001, 앞의 책, 31쪽.
   ② 李佑成, 1961, 「麗代 百姓考—高麗時代 村落構造의 一斷面—」, 『歷史學報』 14 ; 1991, 『韓國中世社會硏究』, 一潮閣 ; 2010, 『韓國中世社會硏究』, 창비, 70쪽.
2) 司屬: 고려에서는 확인되지 않는다. 다만 唐에서 사속은 宗正寺를 개칭한 것이었기에, 종정시와 비슷한 역할을 했던 기관이었을 것이다.
   諸橋轍次, 1984, 「司屬寺」, 『大漢和辭典』 2, 東京 : 大修館書店, 791쪽.
3) 帛: 물들이지 않은 生絲로 만든 견직물을 말한다. 이에 대해서는 『高麗圖經』 권 14-1-4) 참조.
4) 句履: 뾰족하며 끝에 장식이 있는 신발을 말한다. 이에 대해서는 『高麗圖經』 권 19-5-4) 참조.

[原文]

丁吏

丁吏, 蓋丁壯之人, 初置吏者也. 舊說轉爲頂禮, 蓋是語音訛謬. 自此升補爲吏, 由[12]吏而後授官. 自令官而下, 各給丁吏, 以備使令, 視官品, 而爲多寡之差. 其常執事, 則文羅頭巾, 人使至, 則加幘. 每貴臣, 從者一二人, 唯[13]伴官屈使從者, 與使副所給, 一等服飾耳.

[譯文]

정리[1]

정리는 대개 정장(丁壯)인 사람으로 처음 이직에 두어진 자입니다. 예전 말에는 바뀌어서 정례(頂禮)가 되었다고 하지만 대개 이 발음으로 인한 오해인 것입니다. 여기서부터 올라 보임하면 이직이 되며, 이직을 지낸 이후에 관직에 제수됩니다. 영관[2] 이하부터 각각 정리를 지급하여 심부름에 대비하게 하는데, 관품에 준해 많고 적음의 차등이 있습니다. 그들이 평상시 일을 담당할 때는 무늬 비단[羅]의 두건[3]을 착용하고, 사신이 이르면 책[4]을 더하였습니다. 고관[貴臣]마다 따르는 자가 한두 사람인데, 오직 반관[5]과 굴사[6]를 따르는 자는 정사와 부사[7]에게 지급된 것과 동일한 복식일 뿐입니다.

[註解]

1) 丁吏: 말단 吏屬 가운데 하나로 관리들의 使令을 담당한 자들을 말한다. 『高麗圖經』 권22, 給使條에서 丁吏와 驅使―驅史·丘史―가 모두 宰相에게 분급된 것을 토

---

12) 四 : 曰.
13) 四 知 : 惟.

대로 이들을 동일하게 未入仕職 이속으로 이해하였다(①). 하지만 구사는 初品 이상의 관인에게 주어지는 데 반하여 정리는 6품 이상의 叅上에게만 주어지고, 분급되는 수도 크게 차이가 나기 때문에 이들을 다른 계층으로 이해하여 入仕胥吏로 파악한 연구가 있다(②). 한편, 정리의 출신에 대해서 하층 鄕吏로 추측한 견해도 있다(③).

① 金光洙, 1969, 앞의 논문, 8~11쪽.
洪承基, 1973, 앞의 논문 ; 2001, 앞의 책, 149·157쪽.
② 李鎭漢, 1998, 앞의 논문, 51~53쪽.
③ 오일순, 2000, 앞의 책, 64·65쪽.

2) 令官: 고려의 종실인 諸王을 말한다. 이에 대해서는 『高麗圖經 역주(상)』, 204쪽 권7-3-39) 참조.
3) 文羅頭巾: 文羅巾을 가리킨다. 이에 대해서는 『高麗圖經 역주(상)』, 283쪽 권11-7-2) 참조.
4) 幘: 관리들이 쓰던 모자이다. 이에 대해서는 『高麗圖經 역주(상)』, 191쪽 권7-1-6) 참조.
5) 伴官: 외국 사절에 대한 영송과 접대를 담당한 接伴使와 館伴使를 말한다. 이에 대해서는 『高麗圖經 역주(상)』, 208·209쪽 권7-5-8) 참조.
6) 屈使: 사신단 관련 업무를 맡은 관리이다. 『高麗圖經』 권25, 迎詔條에 따르면 屈使가 順天館으로 가는 것에서부터 詔書를 맞이하는 의식이 시작되고 있기에, 그 역할은 궁궐로 출발할 때가 되었음을 알리는 것으로 파악하고 있다.
朴潤美, 2017, 「高麗 國王이 詔書를 받는 儀禮」, 『高麗前期 外交儀禮 研究』, 淑明女子大學校 史學科 博士學位論文, 67·89·90쪽.
7) 使副: 正使와 副使를 말한다. 이에 대해서는 『高麗圖經』 권15-3-5) 참조.

21-6

[原文]

房子

房子, 使館之給役者也. 每房, 自使副[14]而[15]下[16], 以[17]官品高下, 而

14) 四 : "副【闕三字】"로 기록되어 있다.
15) 四 : "而"가 누락되어 있다.
16) 四 : "下"가 누락되어 있다.
17) 四 : "以"가 누락되어 있다.

爲之多寡. 其服, 文羅頭巾, 紫衣角[18]帶皁屨, 蓋擇善供應者爲之. 觀其守[19]法[20]謹[21]甚, 又善筆札. 高麗俸祿, 至薄, 唯給生米[22]蔬茹而已, 常時, 亦罕食肉. 每人使至, 正當大暑, 飮食臭惡, 必推其餘與之, 飮啗自如, 而又以其餘, 歸遺于[23]家. 至禮畢出館, 泣數行下, 大抵麗人之於中國, 其情加厚. 故雖房子, 亦懷惓惓焉.

[譯文]

방자[1]

방자는 사신의 관사에서 심부름하는 자들입니다. 방마다 정사와 부사 이하부터 관품의 높고 낮음에 따라 많고 적음이 있습니다. 그 복식은 무늬 비단[羅]의 두건을 착용하고 자색 옷에 각대를 하며 검은색 짚신을 신었는데, 대개 받들며 응대를 잘하는 자를 선발해서 이들로 삼았습니다. 그들을 보면 법을 지키는 것이 매우 엄숙하였고 또 붓글씨도 잘 썼습니다. 고려의 녹봉은 매우 적어 오직 현미[2]·나물·채소를 지급할 뿐이며, 평상시에는 역시 고기를 먹는 것이 드뭅니다. 사신이 이르렀을 때 마침 대서를 맞이해서[3] 음식에서 나쁜 냄새가 났는데도 반드시 그 남은 것을 밀어 그들에게 주면 태연하게 마시고 먹으며, 또 그 나머지는 집에 돌아가서 전합니다. 의례를 마치고 관사를 나오면 몇 줄기의 눈물을 흘리니, 무릇 고려 사람들이 중국에 대해서 그 정이 더욱 두터웠기 때문입니다. 그러므로 비록 방자라도 역시 진심을 품었던 것입니다.

---

18) 四 : 負.
19) 四 : "守【闕】"로 기록되어 있다.
20) 四 : "法"이 누락되어 있다.
21) 四 : 蓋.
22) 四 知 : 茱.
23) 知 : 於.

[註解]

1) 房子: 未入仕職 말단 吏屬 가운데 하나로 중국 사신과 그 수행원들에게 배당되어 供應의 역할을 맡은 자를 말한다.
洪承基, 1973, 앞의 논문 ; 2001, 앞의 책, 150쪽.

2) 生米: 精米하지 않은 쌀인 현미를 말한다. 고려에서는 米를 搗精程度에 따라 명칭을 구분하였다. 현미의 경우는 稻를 매통에 갈아 왕겨만 벗기고 속겨는 벗기지 않은 상태를 말했으며, 糙米 혹은 造米로 불렸다.
諸橋轍次, 1985, 「生米」, 『大漢和辭典』 7, 東京 : 大修館書店, 1037쪽.
李正浩, 1997, 「高麗時代 穀物의 種類와 生產」, 『韓國史研究』 96 ; 2009, 『고려시대의 농업생산과 권농정책』, 景仁文化社, 68쪽.

3) 每人使至 正當大暑: 宋 사신단이 고려에 체류했던 기간이 大暑와 겹쳤던 것을 언급한 구절이다. 이에 대해서는 『高麗圖經 역주(상)』, 289쪽 권12-2-3) 참조.

21-7

[原文]

小親侍

小親侍, 紫衣頭巾, 復被其髮, 蓋宮幃[24]中所使小僮[25]也. 王之貴戚與從臣, 時亦給之. 麗人, 大率未娶者, 皆裹巾而被髮于[26]後, 旣娶而後, 束髮. 其爲小親侍, 皆纔十餘歲, 稍長, 則出宮焉.

[譯文]

소친시[1]

소친시는 자색 옷과 두건을 착용하고 또 그 머리카락을 풀었는데, 대개 궁궐 안에서 심부름하는 어린아이입니다. 국왕의 인척과 종신에게 때로 역시 그들을 지급합니다. 고려 사람들은 대개 혼인하지 않은 자는

---

24) 四 知 : 帷.
25) 四 知 : 童.
26) 知 : 於.

모두 두건을 감싸고 뒤로 머리를 흩트렸다가 이윽고 혼인한 이후에는
머리를 묶었습니다. 그 소친시는 모두 겨우 10여 세이며 조금 자라면
궁에서 나갑니다.

[註解]

1) 小親侍: 궁궐에서 심부름하는 아이를 말한다. 『高麗史』에는 小親侍를 進房燈燭小
奴와 함께 나열하고 있다. 이를 근거로 그들의 출신을 노비로 파악하기도 한다.
『高麗史』 권80, 志34 食貨3 祿俸 雜別賜.
洪承基, 1975, 「賤民」, 『한국사』 5, 국사편찬위원회 ; 2001, 앞의 책, 106쪽.

21-8

[原文]

驅使

驅使, 與仙郎相類. 大抵皆未娶之人, 在貴家子弟, 則稱仙郎. 故其衣,
或紗或羅, 皆皁也. 又有一等縰袖烏巾, 卽庶官小吏之奴, 名驅使者也.

[譯文]

구사[1]

구사는 선랑[2]과 서로 비슷합니다. 무릇 모두 혼인하지 않은 사람 중에
서 귀한 가문의 자제가 있으면 선랑이라고 불렀습니다. 그러므로 그
의복은 혹 비단[紗][3]이거나 혹은 비단[羅]이며 모두 검은색입니다. 또
한 등급은 삼수[4]에 검은 두건을 착용하고 있는데, 곧 서관이나 하급
관리[小吏]의 노예를 구사라고 이름한 것입니다.[5]

[註解]

1) 驅使: 未入仕職 말단 吏屬 가운데 하나로, 관리들의 屬從을 담당한 이를 말한다.
『高麗史』에는 驅史 혹은 丘史 등으로도 표현되었다. 당시 관원들 중에서는 개인
적으로 자신의 奴를 종자로 삼는 경우도 있었겠지만, 관에서 지급한 종자인 구
사는 노가 아닌 미입사직 이속이었다. 구사는 丁吏와 함께 관리들의 관직 高下에
따라 多寡의 차이를 두어 분배되는 官給雜類이었으며, 관리를 호종하는 구사의
수가 관리들의 지위를 파악하는 기준이 되기도 하였다.
邊太燮, 1967, 앞의 논문 ; 1971, 앞의 책, 71·72쪽.
金光洙, 1969, 앞의 논문, 11·12쪽.
洪承基, 1973, 앞의 논문 ; 2001, 앞의 책, 149~151쪽.
李鎭漢, 1998, 앞의 논문, 51~53쪽.
오일순, 2000, 앞의 책, 66쪽.

2) 仙郎: 본문에서는 장가를 들지 않은 귀한 가문의 자제라고 언급하였으며,『高麗
史』에는 아름다운 남자를 仙郎이라고 불렀다고 한다. 신라 花郎의 遺風을 흠모했
던 고려에서는 화랑을 선랑이라 부르고 八關會 때 霓衣를 입혀 歌舞 등의 一役을
맡겼던 것으로 파악한다(①). 한편, 선랑에 대해서는 귀족의 자제에게 분급된 雜
類로 파악한 연구도 있다(②).
『高麗史』 권108, 列傳21 閔宗儒 附頔.
① 李基東, 1988, 「花郎像의 變遷에 관한 覺書―花郎文化論에 붙여서―」,『新羅文
   化』 5 ; 1997,『新羅社會史研究』, 一潮閣, 11~13쪽.
  金相鉉, 1989, 「高麗時代의 花郎 認識」,『新羅文化祭學術發表會論文集』 10 ;
  1999,『신라의 사상과 문화』, 一志社, 521·522쪽.
② 洪承基, 1973, 앞의 논문 ; 2001, 앞의 책, 177·178쪽.

3) 紗: 조금 성글면서도 꼬임이 없이 짠 얇고 고운 견직물을 말한다. 옷감으로서 역
할도 하였으나, 이보다는 모자 제작의 재료로 주로 활용되었다.
趙孝淑, 1993, 「織物組織의 分析과 織物名稱의 設定」,『韓國 絹織物 研究―高麗時
   代를 中心으로―』, 世宗大學校 家政學科 博士學位論文, 115쪽.
朴龍雲, 2016, 「고려시대 사람들의 의료(衣料)」,『고려시대 사람들의 의복식(衣服
   飾) 생활』, 景仁文化社, 121~123쪽.

4) 縿袖: 소매가 길고 넓은 옷을 말한다. 縿에는 旗幅의 뜻이 있어, 소매가 길고 넓
은 옷으로 이해된다.
유희경, 1980, 「高麗王朝社會의 服飾」,『한국복식사연구』, 이화여자대학교 출판부, 194쪽.

5) 卽庶官小吏之奴 名驅使者也: 庶官이나 하급관리에게 분급된 이들을 노예로 본
구절이다. 고려 말에 驅使―驅史·丘史―에 속하는 사람들 가운데 奴 출신도 있
었기에 고려중기에 이미 노 출신의 구사가 존재했을 가능성도 있다고 파악하기
도 한다.
오일순, 2000, 앞의 책, 99·100쪽.

[原文]

雜俗一

臣聞王制, 曰廣谷大川異制, 民生其間[1]異俗. 夫所謂廣谷大川, 固未必遐方絶域. 蓋特其中國之地, 川俗或殊, 則習俗各異, 有不可得而同者. 又況蠻夷之限在海外, 其習俗, 豈一端哉. 高麗於諸夷中, 號爲文物禮義之邦. 其飮食用俎豆, 文字合楷隷, 授受拜跪, 恭肅謹愿, 有足尙者. 然[2]其[3]實[4]汚[5]僻, 澆薄庬[6]雜, 夷[7]風終未可革也. 冠昏[8]喪祭, 鮮克由禮. 若男子巾幘, 雖稍放[9]唐制, 而婦人髻髻下垂, 尙宛然鬌首辮髮之態. 貴人仕族昏[10]嫁, 略用聘幣, 至民庶, 唯[11]以酒米, 通好而已. 又富家, 娶妻至三四人, 小不相合, 輒離去. 産子居別室. 其疾病, 雖至親, 不視藥. 至死, 殮不拊棺, 雖王與貴胄, 亦然. 若貧人, 無葬具, 則露置中野, 不封不植, 委螻蟻烏鳶食之, 衆不以爲非. 淫祀諂祭, 好浮圖[12], 宗廟之祠, 雜以桑門歌唄, 其閒, 加以言語不通. 貪饕行賂[13], 行喜奔走. 立則多拱手于[14]背, 婦人僧己, 皆作男子拜, 此其[15]大可駭者. 至於瑣碎不經, 又未易以一二數.

---

1) 四 : 間.
2) 四 : "然【闕三字】"로 기록되어 있다.
3) 四 : "其"가 누락되어 있다.
4) 四 : "實"이 누락되어 있다.
5) 四 : "汚"가 누락되어 있다.
6) 四 : 龎.
7) 四 : 土.
8) 四 知 : 婚.
9) 四 知 : 倣.
10) 四 知 : 婚.
11) 知 : 惟.
12) 知 : 屠.
13) 四 : 路.
14) 知 : 於.
15) 知 : 則.

今姑摠其耳目所聞[16]見者圖之, 幷以土産資養之物, 附于[17]後[18].

[譯文]
잡속1

　신이 듣기에 왕제(王制)에는 "넓은 골짜기와 큰 하천으로 제도를 달리
하고, 민은 그 틈에 살며 풍속을 달리한다."라고 하였습니다.[1] 대개 이른
바 넓은 골짜기와 큰 하천이라 하는 것이 굳이 꼭 먼 지방이나 외떨어진
지역[絶域]만은 아닙니다. 대개 하나하나의 중국 땅도 하천의 풍속이
혹시 다르다면 습속도 각기 다르게 되니 같은 부분을 찾는 데 어려움이
있습니다. 또 하물며 오랑캐[蠻夷]의 경계는 바다 밖에 있는데, 그 풍속
이 어찌 한가지의 갈래뿐이겠습니까. 고려는 여러 오랑캐 중에서도 문
물과 예의가 있는 나라라고 일컬어집니다. 마시고 먹을 때는 그릇[俎豆]
을 사용하고 문자는 해서·예서[2]에 들어맞으며 주고받음에는 배하고 꿇
어앉으니 공경하고 삼가는 것에 족히 높이 여길만한 것이 있습니다.
그러나 그 실상은 인정이 사납고, 거칢이 크게 섞였으니 오랑캐의 풍속
을 끝내 고치지는 못했습니다. 관혼상제는 『예기』[3]를 따라 하는 것이
드뭅니다. 남자의 건책[4]과 같은 것은 비록 당[5]의 제도를 자못 모방하면
서도, 부인은 머리카락을 땋아 아래로 늘어뜨리니 오히려 완연한 좌수[6]·
변발[7]의 모습입니다. 귀인들이나 벼슬하는 무리들은 혼인함에 대략 예
물[聘幣]을 사용하지만 민서(民庶)에 이르면 다만 술과 쌀로 연을 맺을
뿐입니다.[8] 또 부유한 집안은 아내를 서너 명까지도 맞이하고,[9] 조금만
서로 맞지 않으면 쉽게 헤어져 버립니다.[10] 자식을 낳으면 별도의 방에

---

16) 知 : "聞"이 추가되어 있다. 원문은 聞이 누락되어 있으나, 의미상 '聞'을 추가하
　　는 것이 옳다고 생각되어 교감 번역하였다.
17) 知 : 於.
18) 知 : 后.

거처합니다. 질병이 있으면 비록 지친이라 해도 약을 쓰지 않습니다.[11] 죽게 되면 염하고 관에 넣지 않는데, 비록 왕과 귀한 이[貴冑]들이라 해도 역시 그러합니다.[12][13] 만약 가난한 자여서 장례도구가 없으면 곧 들판 가운데 내놓고 봉분과 나무도 없이 땅강아지·개미·까마귀·솔개에게 먹도록 두는데,[14] 사람들은 이를 잘못되었다고 여기지 않습니다. 부정하고 잘못된 제를 지내면서도 불교[浮圖]를 좋아하여 종묘[15]의 제사에도 승려[桑門]에게 범패를 부르도록[16] 하는데, 그 동안은 말이 더욱 통하지 않습니다.[17] 탐욕스러워 뇌물이 오가고, 다닐 때는 분주한 것을 좋아합니다. 서 있으면 곧 뒷짐 지는 자[拱手于背]가 많고 부인과 승려가 모두 남자의 절을 하니 이는 곧 심히 놀랄만한 일들이라 할 수 있습니다. 작고 사소한 것에 이르기까지 어그러져서, 또 고치지 못한 것이 한두 가지가 아닙니다. 지금은 어쩔 수 없이 귀와 눈으로 보고 들은 것을 모아서 그리고, 아울러 (그) 땅에서 나고 자라는 것들은 뒤에 붙이겠습니다.

[註解]

1) 凡居王制 …… 民生其間異俗: 『禮記』에 나오는 구절로, "무릇 거주하는 민의 자질은 반드시 하늘과 땅의 춥고 따듯함과 건조하고 습함으로 인한 것이다. 넓은 골짜기와 큰 하천으로 제도를 달리하고, 민은 그 틈에 살며 풍속을 달리한다. 강하고 부드러움·가볍고 무거움·느리고 빠름은 가지런하지 않고 다섯 가지 맛은 조화가 다르다. 기계는 제도가 다르고 의복은 마땅함이 다르다[凡居民材 必因天地 寒煖燥濕 廣谷大川異制 民生其間者異俗 剛柔輕重遲速異齊 五味異和 器械異制 衣服異宜]."의 일부를 인용한 것이다.
   『禮記』 王制.

2) 楷隷: 한자의 서체인 楷書와 隷書를 가리킨다. 예서는 秦의 始皇帝 때 程邈이 小篆을 간략하게 정리하여 만든 것이다. 해서는 예서에서 나온 것으로, 後漢의 王次仲에 의해 만들어졌고 魏의 鍾繇에 의해 발전하였다.
   諸橋轍次, 1985, 「楷書」, 『大漢和辭典』 6, 東京 : 大修館書店, 475쪽.
   諸橋轍次, 1985, 「隷書」, 『大漢和辭典』 11, 東京 : 大修館書店, 980쪽.

3) 禮:『禮記』를 가리킨다. 이에 대해서는『高麗圖經』권14-2-5) 참조.

4) 巾幘: 巾과 유사한 머리쓰개로 건보다 조금 더 머리를 엄격히 가리도록 만든 것이다. 고려시대에는 각종 왕실 의례·儀衞·鹵簿 등에서 폭넓게 쓰였다. 한편, 일반적인 건에 대해서는『高麗圖經 역주(상)』, 283쪽 권11-7-2) 참조.
　유희경, 1980,「上代社會의 服飾」,『한국복식사연구』, 이화여자대학교 출판부, 54·55쪽.
　박용운, 2016,「고려시대 사람들 의복식의 분류와 형태」,『고려시대 사람들의 의복식(衣服飾) 생활』, 景仁文化社, 209·210쪽.

5) 唐: 7세기부터 10세기 초까지 중국을 지배했던 왕조를 말한다. 이에 대해서는『高麗圖經 역주(상)』, 192쪽 권7-1-14) 참조.

6) 髽首: 髽는 본래 喪을 치를 때 부인이 머리를 묶은 것을 말한다. 그리고 髽首는 중국에서 남부지방 민족의 머리 모양을 가리키는 데 쓰인 말이다.『淮南子』에는 "三苗는 머리를 묶었고, 羌人은 옷깃을 여몄으며, 중국에서는 관을 쓰고 비녀를 꽂았고, 越人은 머리를 깎는다[三苗髽首 羌人括領 中國冠笄 越人劗髮].”라는 기록이 있어 참조된다.
　『淮南子』권11, 齊俗訓.
　諸橋轍次, 1986,「髽」·「髽首」,『大漢和辭典』12, 東京 : 大修館書店, 646쪽.

7) 辮髮: 머리를 땋아 뒤로 늘어트린 머리를 말한다. 중국에서 북부지방 민족의 머리 모양을 가리키는 데 쓰인 말이다.
　諸橋轍次, 1985,「辮髮」,『大漢和辭典』8, 東京 : 大修館書店, 1198·1199쪽.

8) 貴人仕族昏嫁 …… 通好而已: 고려의 혼례 풍속에 대해 언급한 구절이다. 고려 왕실에서는 중국식 혼인 의례가 치러졌다. 王太子의 경우 혼인절차는 納采-納幣-擇日-期日通知-醮戒-迎親-同牢-遣使-妃朝拜-冊妃의 순으로 진행되었다. 士庶人의 경우도 납채와 납폐는 이루어졌다. 본문에 民庶가 사용한 것으로 나타나는 술과 쌀도 납폐에 해당한다. 왕실과는 달리 사서에서는 처가에서 혼례를 올리는 것이 일반적이므로 영친의 절차는 행해지지 않았다. 혼례식은 밤에 진행되었으며, 시가에 대한 폐백도 행해졌다. 한편, 약간의 酒米로 예물을 대신할 수 있는 민서와 달리 관료층은 지위에 걸맞은 예물을 마련해야 했다. 따라서 관료층의 경우 예물이나 혼수를 마련하지 못해 혼인을 못하는 경우도 있었다.
　권순형, 2006,「혼인제의 운영과 변천」,『고려의 혼인제와 여성의 삶』, 혜안, 92~96쪽.
　김창현, 2007,「고려 여성의 사랑과 결혼」,『고려의 여성과 문화』, 신서원, 146·147쪽.

9) 又富家 娶妻至三四人: 고려의 혼인 형태에 대해 언급한 것이다. 이를 비롯해 고려에서 처를 여럿 둔 사례들을 바탕으로, 고려 사회가 一夫多妻制였다고 파악하거나(①), 一夫一妻制·일부다처제가 병용되었다고 해석하기도 했다(②). 그러나 사례 분석을 통해 일부일처제가 원칙이었으며, 처를 여럿 둔 사례들은 전란 등 특수한 상황·元 간섭기 多妻制의 유입으로 인한 변형·불법적인 것 등 평범한 경우

가 아니었음이 지적되었다. 그리고 본문의 내용 역시 몇몇 관료가 첩을 둔 사실을 일반적인 사항으로 오인한 것이라고 판단하였다(③). 한편 고려시대에 일부일처가 일반적인 현상임을 인정하면서도, 多妻가 과연 법적으로 금지되었는지에 대해 의문을 표한 견해도 개진되어 있다(④).

① 今村鞆, 1938, 「朝鮮に於ける一夫多妻の存在期に就て」, 『稻葉博士還歷記念滿鮮史論叢』, 亞細亞文化社.

朴容玉, 1976, 「朝鮮太宗朝 妻妾分辨考」, 『韓國史硏究』 14.

金銀坡, 1979, 「高麗時代 法制上 및 社會 通念上에서의 女子의 地位」, 『全北史學』 3.

崔在錫, 1982, 「高麗時代의 婚姻制度」, 『(고려대학교)人文論集』 27 ; 1983, 『韓國家族制度史硏究』, 一志社.

② 金斗憲, 1939, 「朝鮮妾制史小考」, 『震檀學報』 11 ; 1949, 『朝鮮家族制度硏究』, 乙酉文化社 ; 1969, 『韓國家族制度硏究』, 서울大學校出版部.

崔在錫, 1975, 「家族制度」, 『한국사』 5, 국사편찬위원회.

③ 許興植, 1981, 「高麗時代의 家族構造」, 『高麗社會史硏究』, 亞細亞文化社.

張炳仁, 1990, 「高麗時代 婚姻制에 대한 재검토—夫多妻制說의 비판—」, 『韓國史硏究』 71 ; 1997, 『조선전기 혼인제와 성차별』, 일지사.

이정란, 2003, 「高麗時代 婚姻形態에 대한 재검토」, 『史叢』 57.

④ 권순형, 2006, 앞의 책, 82~86쪽.

10) 小不相合 輒離去: 고려시대 이혼에 대해 언급한 구절이다. 이에 대해서는 『高麗圖經』 권19-1-4) 참조.

11) 其疾病 …… 不視藥: 고려의 의료풍습에 대해 언급한 부분이다. 이에 대해서는 『高麗圖經』 권16-6-2) 참조.

12) 至死 …… 亦然: 고려의 喪葬禮에 대해 언급한 부분이다. 고려 國喪 관련 기록에서 모든 절차가 구체적으로 확인되지는 않지만, 각종 의례서를 참고했을 때 국왕의 시신 관리는 다음과 같이 이루어졌을 것으로 보인다. 먼저, 屬纊의 방법으로 사망을 확인하였다. 그리고 영혼을 다시 불러들이기 위한 皐復을 행한 뒤, 楔齒·綴足 등의 절차를 거쳐 殮을 한다. 사망한 이튿날에는 소렴을 하였고, 그 다음날에는 대렴과 殯이 행해졌다. 빈이 이루어지면 시신은 殯殿에 모셔진다. 이후 發喪이 선포되며 공식적인 상례 절차가 진행되고 成服한다. 매장 전날에는 諡號와 廟號를 올리는 上諡册儀와 빈전을 열고 관의 위치를 옮기는 啓殯 절차가 이어진다. 매장 당일에는 祖奠을 행하고 장지로 이동하였다.

관인층의 경우 佛敎의 영향으로 火葬이 일반적이었다. 시신을 수습하는 초기 절차는 잘 드러나지 않지만, 대개 사찰에 빈소를 마련하고 佛寺 부근에서 하루 정도 화장을 진행한다. 그리고 拾骨하여 일정 기간 절에 유골을 안치하는 權安을 거친다. 이후에는 산이나 강에 散骨하는 경우도 있었으나 대체로 매장하고, 봉분을 조성하였다.

박진훈, 2006, 「고려 사람들의 죽음과 장례—官人 가족을 중심으로—」, 『韓國史硏

究』135, 149~171쪽.
　　　　김인호, 2010, 「고려시대 국왕의 장례절차와 특징」, 『한국중세사연구』 29, 276·
　　　　277쪽.
　　　　박진훈, 2016, 「고려시대 官人層의 火葬—墓誌銘 자료를 중심으로—」, 『歷史學報』
　　　　229, 3~9쪽.
　　　　홍영의, 2017, 「고려시대 장묘제(葬墓制)와 봉분(封墳)의 형태—마렵분(馬鬣墳)의
　　　　형태를 중심으로—」, 『韓國中世考古學』 2, 53~62쪽.
　　　　이승민, 2018, 「都監의 설치와 국상 의례 절차」, 『고려시대 國喪 儀禮와 弔問 使行
　　　　연구』, 가톨릭大學校 國史學科 博士學位論文, 57~79쪽.

13) 殯不拊棺 …… 亦然: 관의 사용 여부에 관한 언급이다. 하지만 본문과는 달리 실
　　제 고려시대 분묘를 보면 관이 사용되고 있다. 고려시대의 묘제는 크게 石室墓·
　　石槨墓·石棺墓·木棺墓·土壙墓 등으로 나뉜다. 석곽묘·석관묘·목관묘에서 관을 사
　　용했던 것은 물론이고, 주로 왕실 등 최고위층 묘제로 활용된 석실묘에는 관을
　　놓는 자리인 棺臺가 있었다. 그리고 근처에는 목관에 사용되었을 것으로 보이는
　　못들이 발견되기도 한다. 토광묘만 관이 사용되지 않았는데, 이는 일반 서민들이
　　사용하던 묘제이다. 따라서 본문의 내용은 고려의 실제 사정과 부합하는 것은
　　아니다.
　　李羲仁, 2004, 「中部地方 高麗古墳의 類型과 階層」, 『韓國上古史學報』 45, 130·131쪽.
　　이상준, 2012, 「고려왕릉의 구조 및 능주(陵主) 검토」, 『文化財』 45-2.
　　주영민, 2013, 「분묘 검토」, 『고려시대 지방 분묘의 특징과 변화』, 혜안.
　　이상준, 2017, 「강화 고려왕릉의 피장자 검토」, 『중앙고고연구』 23.
　　홍영의, 2017, 앞의 논문, 54쪽.

14) 無葬具 …… 委螻蟻烏鳶食之: 고려의 장례풍습 일부를 보여주는 구절이다. 고려에
　　서는 하층민들 사이에서 천재지변·전염병 등으로 장례가 어려울 경우 시체를 유
　　기하기도 했다. 고려 정부는 이러한 유기 행위를 형률로 엄금하고, 매장 비용을
　　지급하거나 매장하는 인부들을 지원하여 이러한 현상을 줄이려 하였다. 개경 안
　　의 경우 東·西大悲院에 埋骨僧이 있어 유기된 人骨을 매장하였고, 方外에서는 각
　　界首官이 조사하여 수습하도록 하였다. 또 개인 차원에서 埋骨 행위가 이루어지
　　기도 하였다.
　　박진훈, 2006, 앞의 논문, 160쪽.
　　홍영의, 2017, 앞의 논문, 54·55쪽.

15) 宗廟: 역대 국왕들의 신주를 모신 왕실 사당이다. 이에 대해서는 『高麗圖經 역주
　　(상)』, 82·83쪽 참조.

16) 歌唄: 佛敎 의식의 하나이다. 이에 대해서는 『高麗圖經』 권17-1-12) 참조.

17) 貴人仕族 …… 加以言語不通: 서긍은 다른 夷狄과 달리 고려가 자못 禮를 갖춘 것
　　으로 인식하고 있었다. 이에 대해서는 『高麗圖經 역주(상)』, 25쪽 권1-1-5) 참조.
　　하지만 淫祀·佛敎 제례의 설행과 관련된 고려의 풍속에 대해 비판적인 입장을
　　보이기도 한다. 이러한 입장은 다른 부분에서도 반복되어 서술되고 있다. 본문에

서 고려 사람들이 쉽게 이혼한다는 부분은 『高麗圖經』 권19, 民庶條에도 보이며,
질병이 있어도 서로 돌보지 않는다거나 음사를 좋아한다는 부분은 『高麗圖經』
권17, 祠宇條에도 기록되어 있다. 太廟 제사에 梵唄를 하며, 이 범패에는 알아들
을 수 없는 말이 있다는 부분은 『高麗圖經』 권18, 釋氏條에도 비슷하게 나타난다.

22-2

[原文]

庭燎

麗俗尙夜飮, 而祗待[19]使人尤謹, 每宴罷, 常侵夜分. 自山島州[20]郡郊
亭館[21]舍[22], 皆於庭中, 以[23]束葐明燎, 以散員執之. 使者歸館, 則羅列在
前, 相比而行.

[譯文]

뜰의 횃불[1]

고려의 풍속은 밤에 술 마시기를 좋아하는데, 사신을 대접하게 되면
더욱 정중히 하여 매번 연회를 파하면 항상 밤중이 됩니다. 군산도[山島]
에서부터 주군(州郡) 근교의 정·관사에서는 모두 뜰 안에서 풀을 묶어
횃불을 밝히고 산원[2]에게 잡게 합니다.[3] 사신[使者]이 객관[4]으로 돌아가
면 곧 앞에 늘어서서 나란히 갑니다.

---

19) 四 : 侍.
20) 知 : "縣"이 추가되어 있다.
21) 知 : "館【鄭刻云自山島州郡郊亭館舍】"로 기록되어 있다.
22) 知 : "舍"가 누락되어 있다.
23) 四 知 : "以"가 누락되어 있다.

[註解]

1) 庭燎: 밤중에 뜰 안을 밝히기 위해 피운 횃불을 말한다. 서긍은 본문에서 이를 散員들이 잡는다고 하였으나, 契丹의 사신을 대할 때는 隷가 잡은 모습도 확인된다. 『高麗史』 권8, 世家8 文宗 12년 2월 戊午.
   諸橋轍次, 1984, 「庭燎」, 『大漢和辭典』 4, 東京 : 大修館書店, 575쪽.
2) 散員: 정8품의 武班職이다. 이에 대해서는 『高麗圖經 역주(상)』, 266쪽 권10-5-2) 참조.
3) 自山島州郡郊亭館舍 …… 以散員執之: 고려의 횃불이 山島에서부터 수많은 亭과 館舍에 밝혀지고 있음을 나타낸 구절이다. 『高麗圖經』 권14, 旗幟條·권36, 群山島條 등에 묘사되듯 사신단의 영접은 군산도―지금의 전라남도 군산시 선유도―에서부터 시작되므로, 서긍의 행적을 고려한다면 본문의 산도는 곧 군산도를 지칭하는 것일 가능성이 있다. 한편 군산도에 대해서는 『高麗圖經』 권36, 群山島條에서 자세히 설명할 것이다.
4) 館: 주요 교통로에 사신과 상인을 접대하기 위해 설치한 館舍이다. 이에 대해서는 『高麗圖經』 권27, 客館條에서 자세히 설명할 것이다.

22-3

[原文]

秉燭

王府公會, 舊不然燭. 比稍稍能造, 大者如椽, 小者, 亦長及二尺. 然而[24]終不甚明快. 會慶乾德之燕, 廷[25]中設紅紗燭籠, 用綠衣人, 揹笏執之. 問之, 云是新入仕之人. 舊記, 謂初登第者, 今知未必皆一等流品也.

[譯文]

쥐는 촛불

왕부의 공식 모임에서 예전에는 초를 태우지 못했습니다. 근래에 점

---

24) 知 : "而"가 누락되어 있다.
25) 四 : 筵, 知 : "庭【鄭刻筵】"으로 기록되어 있다.

점 잘 만들게 되어 큰 것은 (크기가) 서까래와 같고 작은 것도 역시 길이가 2자에 이릅니다. 하지만 결국 아주 밝고 흰한 것은 아닙니다. 회경전[1]과 건덕전[2]의 연회[3]에는 뜰 가운데에 홍사초롱을 두어 녹색 옷의 사람을 써서 홀을 꽂고 잡게 합니다. 물어보았더니, 이는 새로 입사한 사람이라 하였습니다.[4] 옛 기록에는 처음 급제한 사람이라 하였으나, 지금은 반드시 모두 동일한 유품[5]이 아님을 알았습니다.

[註解]

1) 會慶: 고려 궁궐의 제1정전인 會慶殿을 말한다. 이에 대해서는 『高麗圖經 역주 (상)』, 145·146쪽 권5-3-1) 참조.

2) 乾德: 고려 궁궐의 제2정전인 乾德殿을 말한다. 이에 대해서는 『高麗圖經 역주 (상)』, 147쪽 권5-4-1) 참조.

3) 會慶乾德之燕: 사신이 개경에 와서 고려 왕을 알현할 때 베풀었던 연회들이다. 會慶殿의 연회에 대해서는 『高麗圖經』 권5, 會慶殿條 및 권26, 燕禮·私覿·燕儀·獻酬條 참조. 한편, 서긍이 포함된 사신단에 대해서는 예종의 복제로 인해 乾德殿 연호가 열리지 않았다. 이에 대해서는 『高麗圖經』 권5, 乾德殿條 참조.

4) 廷中設紅紗燭籠 …… 云是新入仕之人: 촛불을 담당한 관원이 어떤 부류인지에 대한 언급이다. 서긍은 『高麗圖經』 권7, 庶官服條에서 進士로 입관한 자·省曹補吏·州縣의 令·尉·主簿·司宰 등이 녹색 옷을 입는다고 하였다. 이들은 주로 初入仕者오 入仕胥吏에 해당하므로, 秉燭 역시 해당 계층에서 담당하였을 것으로 보인다. 서긍의 기록을 참고할 때 이들은 녹색 옷과 함께 나무 홀·복두·검은 가죽신을 착용하였다.

5) 流品: 품관을 말한다. 이에 대해서는 『高麗圖經』 권21-2-6) 참조.

22-4

[原文]

挈壺

挈壺之職, 名實近古, 逐刻以擊鼓爲節. 中廷[26]立表, 以揭牌[27], 每時

正, 則一紫衣吏, 捧牌立于[28]左[29], 一[30]綠[31]衣人, 致躬報曰, 某時然後,
搢笏詣表, 易牌而退[32].

[譯文]
설호[1]

　설호의 직은 명칭과 실제가 옛날과 비슷하니, 시각에 따라 북을 쳐서
때를 알립니다. 가운데 뜰에 표(表)를 세워서 패를 거는데, 매시 정각이
면 곧 한 명의 자색 옷의 서리가 패를 받들어 왼편에 서고 한 명의 녹색
옷의 사람이 몸을 굽히고 보고하기를 "몇 시"라고 한 후에 홀을 꽂고
표에 이르러 패를 바꾸고 물러갑니다.

[註解]
1) 挈壺: 물시계를 관장하는 일 혹은 관직이다. 周代에는 挈壺氏, 唐代 이후에는 挈
　壺正으로 불렸는데, 설호는 이의 약칭이다. 고려에는 太史局에 종8품 설호정이
　있었으며 정원은 2인이었고 중국에서와 같이 漏刻을 담당하였다. 唐에는 漏刻博
　士라는 직이 따로 마련되어 있어 누각에 대한 교육을 담당하였으나, 고려에는
　따로 博士職이 두어지지 않았으므로 설호정이 실무와 함께 업무에 대한 교육까
　지 담당하였다.
　『高麗史』 권76, 志30 百官1 書雲觀.
　諸橋轍次, 1984, 「挈壺氏」, 『大漢和辭典』 5, 東京 : 大修館書店, 222쪽.
　金昌賢, 1992, 「高麗時代 日官에 관한 一考察―日官의 役割과 그 地位를 중심으로
　　―」, 『史學研究』 45, 99쪽.

---

26) 知 : 庭.
27) 四 : 碑.
28) 知 : 於.
29) 四 : 承.
30) 四 : 爲.
31) 四 : 之.
32) 四 : "衣人 …… 易牌而退"가 누락되어 있다.

22-5

鄕飮³³⁾³⁴⁾

麗俗, 重酒醴公會. 唯³⁵⁾王府與國官, 有床卓盤饌, 餘官吏士民, 唯³⁶⁾坐榻而已. 東漢³⁷⁾豫章太守陳蕃, 特爲徐稚設一榻, 則知前古, 亦有此禮. 今麗人, 於榻上, 復加小俎, 器皿用銅. 鱐腊魚菜, 雖雜然前進, 而不豐腆. 酒行亦無節, 以多爲勤. 每榻只可容二人, 若會賓客多, 則隨數增榻, 各相向而坐. 國中少麥, 皆賈³⁸⁾人販自京東道來, 故麵價頗貴, 非盛禮不用. 在食品中, 亦有禁絶者, 此尤可哂也.

[譯文]

향음

　고려의 풍속은 술과 단술로 함께 모이는 것을 중요시합니다. 오직 왕부와 나라의 관리들에게 상탁[1]과 음식이 있고 나머지 관리와 사민(士民)들은 다만 탑[2]에 앉을 뿐입니다. 동한[3]의 예장태수[4] 진번[5]이 특별히 서치[6]를 위해 하나의 탑을 설치했으니[7] 곧 옛날에도 역시 이 예가 있었음을 알겠습니다. 지금 고려 사람들은 탑 위에 다시 작은 적대[俎][8]를 두고 그릇에는 구리를 사용합니다. 어포·육포·생선·나물은 비록 번다하게 앞에 올리지만 풍부하고 넉넉하지는 않습니다. 술이 돌 때에는 역시 절제함이 없고 (술이 도는) 횟수가 많은 것에만 힘씁니다. 매 탑마+

---

33)　**知** : "飮【鄭刻脫此條】"로 기록되어 있다.
34)　**四** : "鄕飮 …… 此尤可哂也" 전체가 누락되어 있다.
35)　**知** : 惟.
36)　**知** : 惟.
37)　**知** : "惟"가 추가되어 있다.
38)　**知** : 國.

다 단지 2인만 있을 수 있고, 만약 모임의 빈객이 많으면 곧 수에 따라 탑을 늘려 각각 서로를 향하여 앉습니다. 나라 안에는 밀이 적은 데다 모두 상인이 경동도[9]로부터 사서 오므로 면의 가격이 자못 비싸니, 성대한 의례가 아니면 사용하지 않습니다.[10] 식품 가운데에도 역시 엄하게 금하는 것이 있으니 이 또한 비웃을 만합니다.

[註解]

1) 床卓: 牀卓이라고도 한다. 卓子나 几案 등과 같이 의례에 사용되는 일종의 탁자류이다.
한혜선, 2021, 「고려전기 의례에 사용된 안(案)의 종류와 의미」, 『역사와 현실』 119, 133쪽.

2) 榻: 평상의 일종으로 눕거나 앉는데 쓰는 긴 의자로, 낮고 길쭉한 형태이다.
諸橋轍次, 1985, 「榻」, 『大漢和辭典』 6, 東京 : 大修館書店, 490쪽.

3) 東漢: 後漢을 말한다. 이에 대해서는 『高麗圖經』 권20-4-10) 참조.

4) 豫章太守: 漢代 豫章을 관할했던 지방관이다. 예장은 지금의 중국 江西省 북부 일원이다. 한 高祖代 설치된 군현으로, 揚州—지금의 중국 江西省 동부·江蘇省 서부·安徽省 남부·浙江省 북부—에 속하게 하였다. 太守는 秦代에 천하를 36郡으로 나누고 郡守를 파견하여 民을 다스리게 한 것에서 연원하며, 한 景帝代 그 명칭이 郡太守로 바뀌었다.
『漢書』 권28上, 地理8上 豫章郡.
諸橋轍次, 1984, 「太守」, 『大漢和辭典』 3, 東京 : 大修館書店, 535쪽.

5) 陳蕃: ?~168. 漢의 인물로 字는 仲擧이다. 汝南郡 平興縣—지금의 중국 河南省 駐馬店市 平興縣 일원— 사람이다. 군에서 初仕하여 豫章太守, 大鴻臚, 光祿勳 등을 역임했고 桓帝 때 太尉에 올랐다. 권력을 쥔 梁冀가 청탁해오자 연락을 끊었으며 보내온 사자는 笞를 때려 죽였다. 靈帝 때는 太傅·錄尙書事가 되었다. 외척인 竇武와 함께 환관 세력을 몰아내고자 하여 承明門으로 돌입하였으나 살해되었다.
『後漢書』 권66, 陳王列傳56 陳蕃.
임종욱 편, 2010, 「진번」, 『중국역대 인명사전』, 이회, 1835쪽.

6) 徐稚: 97~168. 漢의 인물로 字는 孺子이다. 豫章 南昌縣—지금의 중국 江西省 南昌市 일원— 사람이다. 공손하고 검소하며 의롭고 겸손하여 많은 이들이 따랐다. 陳蕃 등에게 여러 차례 입사를 권유받았으나 끝내 벼슬에 나아가지 않았다.
『後漢書』 권53, 周黃徐姜申屠列傳43 徐稺.
임종욱 편, 2010, 「서치」, 『중국역대 인명사전』, 이회, 705쪽.

7) 東漢豫章太守陳蕃 特爲徐稚設一榻: 陳蕃과 徐稚의 일화를 말한다. 진번은 豫章太

守로 있을 때, 서치에게 功曹를 맡아주길 청하였다. 서치는 이 청을 거절하지는 못했으나, 후에 아뢰고 퇴진하였다. 진번은 다른 손님은 맞지 않았는데 오직 서치가 올 때만 榻 하나를 폈다. 그리고 서치가 가면 그 탑을 걸어두었다. 서긍은 이 이야기를 차용한 것이다.

『後漢書』 권53, 周黃徐姜申屠列傳43 徐穉.

8) 俎: 도마류의 하나로 제사나 연향 때 희생을 얹는 禮器 또는 음식을 두는 적대를 가리킨다. 한편, 일부에서는 식기구로 활용하기도 하였다. 서긍이 묘사한 고려 俎의 형태에 대해서는 『高麗圖經』 권28, 丹漆俎條 및 黑漆俎條 참조.

諸橋轍次, 1984, 「俎」, 『大漢和辭典』 1, 東京 : 大修館書店, 781쪽.

9) 京東道: 宋代 汴京에서 지금의 중국 河南省과 산둥반도 일원으로 이어지는 길이다. 본래 997년(송 지도 3) 京東路라 했던 것을 1074년(송 희령 7) 京東東路와 京東西路로 나누었다가 1086년(송 원우 1) 다시 병합하였다. 靑州·密州·濟南府·沂州·登州·萊州·濰州·淄州·應天府·襲慶府·徐州·興仁府·東平府·濟州·單州·濮州·拱州 등의 지역이 여기에 속하였다.

『宋史』 권85, 志38 地理1 京東路.

10) 國中少麥 …… 非盛禮不用: 고려에서 면이 귀함을 언급한 구절이다. 그러나 고려에서 밀이 대량으로 이용된 사례들을 감안하면, 서긍의 언급은 다소 과장된 것으로 보인다.

박용운, 2019, 「고려시대 사람들의 곡물류(穀物類) 식품(食品)」, 『고려시대 사람들의 식음(食飮) 생활』, 경인문화사, 57·58쪽.

22-6

[原文]

治亭[39][40]

麗政尙簡, 訟牒略而不文. 官府治事, 坐不據案, 但登榻指呼而已. 吏捧案牘, 跪陳于[41]前, 上手聽奉, 卽時批決, 了無稽留. 已事則棄之[42], 不設架閣. 唯[43]國朝詔命信使書, 則王府有庫, 寶藏以爲備檢之具. 其饋食奉

---

39) 知 : "事【鄭刻脫此條】"로 기록되어 있다.
40) 四 : "治事 …… 是可嘉也" 전체가 누락되어 있다.
41) 知 : 於.
42) 知 : "之"가 누락되어 있다.

盥, 則俯首膝行, 高拱手而奉之, 威儀甚恭. 夫夷狄而能然, 是可嘉也[44].

[譯文]

치사

고려의 정사는 간편함을 숭상하기에 송사하는 첩이 간략하며 화려하지 않습니다. 관부에서 일을 다스림에 앉아서는 안(案)에 기대지 않으며, 다만 탑(榻)에 올라 지시하고 부를 뿐입니다. 서리[吏]가 안독[1]을 받들고 무릎 꿇은 채 앞에서 아뢰면, 윗사람은 받든 것을 듣고 즉시 비(批)하여 결정하니 조금도 지체함이 없습니다.[2] 일이 끝나면 버리기에 가각[3]을 세우진 않습니다. 오직 송[國朝]의 조서와 국신사[4]의 글만 곧 왕부에 창고를 두고 귀중히 간직하여 검토에 대비하는 자료[具]로 삼습니다. 음식을 올리고 세숫물[盥]을 바칠 때는 고개를 숙이고 무릎걸음으로 가서 맞잡은 양손을 높이 올리면서 바치는데, 몸가짐이 매우 공손합니다. 대저 오랑캐임에도 그러할 수 있다니 칭찬할만합니다.

[註解]

1) 案牘: 조사에 필요한 서류 또는 공문서를 뜻한다.
  諸橋撤次, 1985, 「案牘」, 『大漢和辭典』 6, 東京 : 大修館書店, 328쪽.
2) 吏捧案牘 …… 了無稽留: 관부에서 일어나는 문서행정에 대한 설명이다. 胥吏가 공문서를 바치면, 해당 관부의 상급 관리가 그 자리에서 판결 및 결정을 내렸다. 이때, 서리가 공문서를 작성함은 물론 판결을 비롯한 기초 지식도 관료에게 제시했으리라 여겨진다.
  姜恩景, 2004, 「고려시기 공문서 관리체계에서 胥吏의 地位」, 『歷史敎育』 89 ; 2007, 『고려시대 기록과 국가운영』, 혜안, 107~111쪽.
3) 架閣: 宋代에 帳籍과 文案을 저장하여 이용에 대비하던 기구인 架閣庫―主管架閣庫―를 가리킨다. 본문에서는 고려가 가각고를 두지 않았다고 하였는데, 실제로

---

43) 知 : 惟.
44) 知 : "也【其饋食云云與上文氣不屬似別一條之尾誤接於此否則遙接前吏捧案牘跪陳於前二句斷續書之耳姑仍其舊以俟考定】"으로 기록되어 있다.

는 고려전기부터 설치·운영되었다. 고려에서도 가각고는 圖籍을 비롯하여 국가 통치에 필요한 중요한 기록물을 보존하던 기구였다.
『高麗史』 권29, 世家29 忠烈王 6년 10월.
『高麗史』 권77, 志31 百官2 架閣庫.
『宋史』 권163, 志116 職官3 六部架閣庫.
南權熙, 1986, 「架閣庫考」, 『書誌學硏究』 創刊號, 131~142쪽.
姜恩景, 2007, 앞의 책, 108·154쪽.
4) 信使: 宋이 고려에 파견한 사절을 가리킨다. 이에 대해서는 『高麗圖經』 권14-7-3) 참조.

22-7

[原文]

答禮[45][46]

麗俗, 官吏兵卒, 分守雖嚴, 而起居之禮, 間[47]有不事邊幅. 凡國相從官, 與其所轄往來相値, 必肅容起立. 餘官無統轄者, 吏卒久不相見, 雖通衢宮廷中, 必拜之, 而在官者, 亦俛而後興, 如答拜. 蓋禮人不答, 返[48]其欽[49], 禮失則求諸野, 略可見矣.

[譯文]

답례

고려의 풍속은 관리와 병졸이 맡은 바 직분에 비록 엄격하나 기거의 예[1]어는 간혹 겉치레까지는 일삼지 않습니다. 무릇 국상[2]과 종관[3]이 만약 그 관할하는 곳에 오가다가 서로 마주치면 반드시 엄숙한 얼굴로

45) 知 : "禮【鄭刻脫此條】"로 기록되어 있다.
46) 四 : "答禮 …… 略可見矣" 전체가 누락되어 있다.
47) 知 : 閒.
48) 知 : 反.
49) 知 : 敬.

일어나서 섭니다. 통할하지 않는 다른 관리들과 오랫동안 서로 보지
못한 서리[吏]·병졸들은 비록 거리나 궁정 안을 지나더라도 반드시 배례
하며 관직에 있는 자도 역시 고개를 숙이고 난 뒤에 일으키니, 답배와
같습니다. 대개 "남에게 예를 베풀어도 답례가 없으면 자신의 공경을
돌이켜보아야 한다."[4]고 하였고, "예를 잃었으면 야인에게서 구하라."[5]
고 하였으니, (그 일의) 대략을 볼 수 있습니다.

[註解]

1) 起居之禮: 起居란 윗사람의 기분이나 안부를 묻는다는 의미로, 곧 윗사람에게 올
   리는 예의를 말한다. 참고로, 1144년(인종 22)에 文武員將에 대해 人吏가 격일에
   한번 起居儀를 올리도록 규정한 것이 확인된다.
   『高麗史』 권68, 志22 禮10 嘉禮 文武員將人吏起居儀 仁宗 22년 9월.
   諸橋轍次, 1985, 「起居」, 『大漢和辭典』 10, 東京 : 大修館書店, 836쪽.
2) 國相: 고려의 宰相을 뜻한다. 이에 대해서는 『高麗圖經』 권16-2-7) 참조.
3) 從官: 고려에서 대략 4품 정도에 준하는 관원들을 가리킨다. 『高麗圖經』 권7, 從
   官服條에 의하면 御史中丞, 諫官, 給事中, 侍郎, 8州牧·3京留守의 使와 副使, 閤門執
   贊, 6尙의 直官, 都知兵馬事, 4都護府의 使 등이 이에 해당된다고 하였다.
4) 禮人不答 返其欽: 『孟子』에 나오는 구절로, "남을 사랑해도 친해지지 않으면 그
   仁을 돌이켜보고, 남을 다스려도 다스려지지 않으면 그 智를 돌이켜보고, 남에게
   예를 베풀어도 답례하지 않으면 그 敬을 돌이켜보아야 한다[愛人不親 反其仁 治
   人不治 反其智 禮人不答 反其敬].".의 일부를 인용한 것이다.
   『孟子』 離婁上.
5) 禮失則求諸野: 『漢書』에 나오는 구절로, "예를 잃었으면 야인에게서 구하라[禮失
   而求諸野].".라는 孔子의 말을 인용한 것이다. 고려가 변방에 있지만 예의를 잃지
   않았으니 오히려 본받을 만한 점이 있다는 의미이다.
   『漢書』 권30, 藝文志10 諸子略 小說家.

22-8

[原文]

給使⁵⁰⁾⁵¹⁾

給使之賤, 視官品而爲多寡之數. 國相, 丁吏四人, 驅使三十人, 令官倍
之. 前有靑蓋, 持之在數十步外. 乘馬, 許二人控馭. 自是而降, 前不張蓋,
控馬不許用二人. 民庶乘馬, 唯⁵²⁾自執鞭馭而已. 丁吏多前驅, 給使, 執巾
瓶, 從物後隨. 列卿而上, 丁吏三人, 驅使二十人, 正郞, 丁吏二人, 驅使
十五人, 員郞⁵³⁾以上, 丁吏一人, 驅使十人. 初品, 共給三人, 皆官奴隸也,
世代相承爲之.

[譯文]

급사[1]

급사와 같은 천인[2]은 관품에 견주어 수의 많고 적음을 정합니다.[3]
국상은 정리[4]가 4인 구사가 30인이고, 영관[5]은 그 갑절입니다. 앞에는
청개[6]가 있는데 (급사가) 이를 잡고 수십 보 밖에 있습니다. 말을 탈
때는 2인이 허락되어 고삐를 잡습니다. 그 이하로는 앞에 개를 펼칠
수 없고, 말고삐 잡기에 2인을 쓰는 게 허락되지 않습니다. 민서(民庶)가
말을 탈 때는 다만 스스로 채찍을 잡고 말을 몰 뿐입니다. 정리는 대부분
앞에서 말을 몰고, 급사가 건과 병을 드니, 딸린 물품들은 뒤따르게 됩니
다. 반열이 경[7] 이상은 정리가 3인 구사가 20인이고, 정랑[8]은 정리가
2인 구사가 15인이며, 원외랑[9] 이상은 정리가 1인 구사가 10인입니다.[10]

---

50) 知 : "使【鄭刻脫此條】"로 기록되어 있다.
51) 四 : "給使 …… 世代相承爲之" 전체가 누락되어 있다.
52) 知 : 惟.
53) 知 : 外.

처음 품관에 든 자에게는 3인을 공급해주는데, 모두 관노예[11]이며[12] 대대로 서로 이어받습니다.

[註解]

1) 給使: 본래는 使令으로 지급되는 자를 의미하나, 본문에서 관리들의 호종을 담당하던 驅使—驅史·丘史—로 여겨진다. "丁吏가 대부분 앞에서 말을 몰고 給使가 수건과 병을 든다."라는 표현으로 보아 급사는 정리와 구분되는 부류인 구사였을 것이다. 구사에 대해서는 『高麗圖經』 권21-8-1) 참조. 한편, 고려에서 급사는 관직처럼 쓰이기도 했다. 未入仕胥吏職으로 掖庭局에 3인, 都齋庫에 2인이 있었다.
『高麗史』 권77, 志31 百官2 掖庭局·諸司都監各色 都齋庫.
諸橋轍次, 1985, 「給使」, 『大漢和辭典』 8, 東京 : 大修館書店, 1052쪽.
金光洙, 1969, 「高麗時代의 胥吏職」, 『韓國史研究』 4.
洪承基, 1973, 「高麗時代의 雜類」, 『歷史學報』 57 ; 2001, 『高麗社會史研究』, 一潮閣, 149·150쪽.
오일순, 2000, 「雜類層의 성격과 雜類職의 雜色役化」, 『高麗時代 役制와 身分制 變動』, 혜안, 65·66쪽.

2) 給使之賤: 給使를 賤人으로 바라본 서긍의 인식이다. 실제 급사가 속한 雜類는 천하게 여겨져 관인이 되거나 고위직에 오르는데 제한이 있었지만, 良賤制에서의 천인에 해당하지는 않았다. 때문에 본문의 '賤'은 賤役을 하는 사람이라는 의미로 서술한 것일 수도 있고, 혹은 정말로 양천제 상의 천인이라 오해한 것일 수도 있다.
金蘭玉, 1999, 「高麗時代 工匠의 身分」, 『史學研究』 58·59合 ; 2000, 『高麗時代 賤事·賤役良人 研究』, 신서원, 149·150쪽.

3) 給使之賤 視官品而爲多寡之數: 給使—驅使·驅史·丘史—가 관품에 견주어 수가 정해졌다는 설명이다. 하지만 고려에서는 관품과 함께 관직의 중요도에 따라 구사의 수가 정해졌으므로 실제와는 차이가 있는 서술이다.
『高麗史』 권72, 志26 輿服1 鹵簿 百官儀從 明宗 20년.
李鎭漢, 1998, 「高麗時代 武班職의 地位와 構成」, 『軍史』 37, 51~53쪽.

4) 丁吏: 말단 吏屬 가운데 하나로 使令을 담당한 자들이다. 이에 대해서는 『高麗圖經』 권21-5-1) 참조.

5) 令官: 고려의 종실, 즉 諸王을 가리킨다. 이에 대해서는 『高麗圖經 역주(상)』, 204쪽 권7-3-39) 참조.

6) 靑蓋: 청색 비단으로 된 일산 모양의 의장이다. 이에 대해서는 『高麗圖經 역주(상)』, 259쪽 권9-7-1) 참조.

7) 卿: 여러 寺의 장관을 가리키며, 대략 종3품에 해당한다. 이에 대해서는 『高麗圖經 역주(상)』, 213쪽 권7-7-2) 참조.

8) 正郞: 尙書都省, 尙書6部, 考功司, 都官 등의 정5품 관직인 郞中을 가리킨다.
　　『高麗史』 권76, 志30 百官1 尙書省.
　　朴龍雲, 2000, 「高麗時代 尙書 6部에 대한 檢討」, 『高麗時代 尙書省 硏究』, 景仁文
　　　化社, 229·230쪽.
9) 員郞: 尙書都省, 尙書6部, 考功司, 都官 등의 정6품 관직인 員外郞을 의미한다.
　　『高麗史』 권76, 志30 百官1 尙書省.
　　朴龍雲, 2000, 앞의 책, 229·230쪽.
10) 國相 …… 驅使十人: 고려 관인에게 지급된 從者의 수에 대한 언급이다. 이 중 驅
　　使—驅史·丘史—는 1190년(명종 20)에 지급 인원 수를 획정한 判이 있어 참고할
　　수 있다.『高麗圖經』 권7, 國相服條에 나타나는 서긍의 인식 하 국상 범주 관직들
　　과 함께 비교 정리하면 아래 [표 2]와 같다.

[표 2] 고려 관인의 구사 지급 기록 비교

『高麗圖經』 내 직군 표기	직명	『高麗史』 기재 구사 지급 수	『高麗圖經』 기재 구사 지급 수
國相	門下侍中	22人	30人
	門下侍郞平章事, 中書侍郞平章事	20人	
	太尉, 司徒, 叅知政事	16人	
	政堂文學, 樞密使, 判尙書吏部事	15人	
	左右僕射, 同知院事	14人	
	樞密副使	13人	
	知奏事	9人	
令官	太師, 中書令, 尙書令	22人	60人
	太尉	16人	
國相 미만~ 卿 이상	左右常侍, 御史大夫, 六尙書	10人	20人
	六寺卿	9人	
	翰林學士承旨, 左右諫議, (中書舍人), 給事中	8人	
	左右丞, 翰林學士, 御史中丞, 諸曹侍郞	7人	
	(六尙直官), 六寺貳	6人	
	接伴館伴官, 州牧留守使·副, 閤門執贊, 六尙直官, 都知兵馬, 四部護使	미기재	
正郞	郞中	7人	15人
員外郞	員外郞	6人	10人

* 직명과 직군은『高麗圖經』 권7에서 나타나는 구분을 기준으로 하였다. 그리고 직명에 대해 추정이
　필요한 경우『高麗圖經 역주(상)』 206~214쪽 주해에 의거하였다.
** 구사 수에 대해 추정을 한 경우는 관직에 ( )를 이용해 표기하였다.

이러한 숫자 차이가 발생한 것에 대해서는 다양한 가능성이 상존한다. 먼저, 겸
직을 통해 중복 지급받았던 것을 서긍이 합산하여 오인했을 수 있다. 또, 서긍이
방문한 인종대 적용되던 구사 수가 명종대 개정되었기에 나타나는 차이로 볼 여
지도 있다. 한편으로는, 서긍이 고려의 사정을 정확히 알지 못해 발생한 단순 오
기일 수도 있다.

『高麗史』 권72, 志26 輿服1 鹵簿 百官儀從 明宗 20년.

11) 官奴隷: 국가에 소유되어 궁궐·관청·사찰 등에서 노역하였던 公奴婢를 가리킨다.
이에 대해서는 『高麗圖經』 권20-7-1) 참조. 한편, 이들은 국가에서 개인에게 하사
함으로써 私奴婢가 되기도 하였는데, 주로 포로였거나 사노비 출신인 자가 賜給
대상이 되었다.

洪承基, 1978, 「高麗時代 公奴婢의 性格」, 『歷史學報』 80 ; 1981, 『高麗時代 奴婢硏
究』, 韓國硏究院 ; 1983, 『高麗貴族社會와 奴婢』, 一潮閣, 77~79쪽.

김현라, 2018, 「노비의 실태와 노비제의 변화」, 『고려후기 신분변동 연구』, 혜안,
162쪽.

12) 初品 …… 皆官奴隷也: 처음 품관에 든 자에게는 官奴婢 3인이 지급된다는 언급
이다. 하지만 驅使―驅史·丘史―는 천하게 여겨졌더라도 노비가 아니라 하급 吏
屬이었다. 따라서 본문의 서술은 고려의 실상과는 맞지 않는다.

22-9

[原文]

女騎

婦人出入, 亦給僕馬, 蓋亦公卿貴人之妻也. 從馭不過三數, 人皁羅蒙
首, 餘被馬上, 復加笠焉. 王妃夫人, 唯54)以紅爲飾, 亦無車輿也. 昔唐武
德正55)觀中, 宮人騎馬, 多箸56)冪䍦, 而全身蔽障. 今觀麗俗蒙首之制, 豈
冪䍦之遺法歟.

54) 知 : 惟.
55) 四 : 貞.
56) 四 知 : 箸.

[譯文]

여인의 말타기

부인의 출입 때에도 노복과 말을 지급하는데, 대개 역시 공·경이나 귀인의 처입니다. 따르는 마부는 약 셋을 넘지 않습니다. 여인들은 검은 비단[羅][1]의 몽수[2]를 착용하는데 끝이 말 위를 덮으며, (몽수 위에) 거듭 립[3]을 씁니다. 왕비와 부인은 오직 홍색으로 꾸미면서도 수레는 없습니다. 옛날 당 무덕[4]과 정관[5] 연간에는 궁인들이 말을 타면서 대부분 멱리[6]를 착용하였는데 온몸을 덮었습니다.[7] 지금 고려의 풍속인 몽수의 제도를 보니 어찌 멱리의 유제라 하지 않겠습니까.[8]

[註解]

1) 羅: 날실과 씨실의 간격을 넓게 짜서 마치 새그물처럼 성기게 만든 얇은 견직물을 말한다. 이에 대해서는 『高麗圖經』 권15-2-3) 참조.
2) 蒙首: 고려의 여성들이 외출할 때 사용하던 머리쓰개이다. 이에 대해서는 『高麗圖經』 권20-2-2) 참조.
3) 笠: 삼국시대부터 대부분의 계층이 널리 사용하던 모자의 일종이다. 『高麗圖經』 권37, 鵶子苦條에서 笠이 산의 형태와 비슷하다고 하였으므로, 대체적으로 삼각형의 산처럼 위가 뾰족한 모양이었던 것으로 여겨진다. 일반 民을 비롯하여 승려, 부인, 어린아이까지 보편적으로 착용하였다.
   李如星, 1947, 「上代服飾의 諸冠帽」, 『朝鮮服飾考』, 白楊堂 ; 1981, 『朝鮮服飾考』, 民俗苑 ; 1998, 『朝鮮服飾考』, 범우사, 129~134쪽.
   박용운, 2016, 앞의 책, 202~205쪽.
4) 武德: 唐 高祖의 연호로 618~626년 사이에 사용되었다.
5) 正觀: 唐 太宗의 연호인 貞觀을 가리키며, 627~649년 사이에 사용되었다. 貞觀의 '貞'자를 '正'으로 표기한 것에 대해서는 『高麗圖經 역주(상)』, 90쪽 권3-2-33) 참조
6) 冪䍦: 晉代 이후로 쓰인 의관으로, 羃䍦라고도 쓴다. 얼굴을 거듭 가리는 용도로 쓰인 面衣이다.
   諸橋轍次, 1984, 「冪䍦」, 『大漢和辭典』 2, 東京 : 大修館書店, 133쪽.
7) 昔害武德正觀中 …… 而全身蔽障: 이와 유사한 내용이 『舊唐書』에는 "무덕과 정관 연간에 궁인으로 말을 탄 자는 제와 수의 옛 제도에 의거하여 멱리를 많이 착용하였다. 비록 오랑캐로부터 나왔다고 할지라도 온몸을 덮어서 도로에서 엿보지 못하게 하려고 하였다[武德貞觀之時 宮人騎馬者 依齊隋舊制 多著冪䍦 雖發自戎夷

而全身障蔽 不欲途路窺之].”라고 전한다.
『舊唐書』 권45, 志25 輿服 宮人騎馬者服.

8) 昔唐武德正觀中 …… 豈冪籬之遺法歟: 서긍은 여인이 말을 탈 때 蒙首를 드리운
것은 唐 무덕 연간(당 고조, 618~626)·정관 연간(당 태종, 627~649)의 옛일이고,
그 유제가 고려에 남아있는 것이라 언급하고 있다. 宋에는 당시 몽수가 이용되
지 않은 듯 서술한 부분인데, 이에 대해 馬車와 籃輿의 공급되면서 송에서는 더
이상 여인이 말을 타는 일이 없어졌기 때문에 나타난 표현으로 보기도 한다.
유희경, 1980, 앞의 책, 211·212쪽.

23-1

[原文]

雜俗二

澣濯

舊兒, 載高麗, 其俗皆潔淨, 至今猶然, 每笑中國人多垢膩. 故晨起, 必
先沐浴而後出戶, 夏月日再浴. 多在溪流中, 男女無別, 悉委衣冠於岸, 而
沿流褻露, 不以爲怪. 浣濯衣服, 涷[1]洗絲麻, 皆婦女從事, 雖晝夜服勤,
不敢告勞. 鑿井汲水, 多近川爲之, 上作鹿盧, 輸水於槽, 槽形, 頗如舟云.

[譯文]

잡속2

빨래와 목욕

옛 사서는 "고려는 그 풍속이 모두 깨끗하다."라고 기재하였는데[1] 지
금까지도 여전히 그러하니, 매번 중국인들은 때와 기름이 많다고 비웃
습니다. 그러므로 아침에 일어나면 반드시 먼저 목욕한 후 집을 나서며,
여름에는 매일 두 번 목욕합니다. 시내가 흐르는 곳에 많이 모이는데,
남녀가 구별 없이 모두 의관을 언덕에 놓고 흐르는 물을 따라 속옷을
드러내는데도 괴이하다 여기지 않습니다. 의복을 빨거나 명주나 모시를
잿물에 삶는 것은 모두 부녀들이 하는 일인데, 비록 밤낮으로 일을 하더
라도 감히 수고로움을 알리지 않습니다. 우물을 파고 물을 긷는 것은
하천 가까이에서 많이 하는데, 위에 녹로[2]를 만들고 물통에 물을 나르니
물통의 모양이 자못 배와 같다고 합니다.

---

1) 四 : 涷. 원문은 凍으로 되어 있으나, 의미상 '涷'이 옳다고 생각되어 교감 번역하
   였다.

[註解]

1) 舊史 …… 其俗皆潔淨: 이와 유사한 내용이 『魏書』에는 "그 풍속은 음란하여 가무
   를 좋아하고 밤에 남녀가 무리지어 노는데 귀천의 구별이 없고 깨끗한 것을 좋
   아하였다[其俗淫 好歌舞 夜則男女羣聚而戲 無貴賤之節 然潔淨自喜]."라고 전한다.
   『魏書』 권100, 列傳88 高句麗.
2) 鹿盧: 물을 긷는 데 활용하는 도르래를 말한다.
   諸橋轍次, 1986, 「鹿盧」, 『大漢和辭典』 12, 東京 : 大修館書店, 908쪽.

23-2

[原文]

種蓺

國封地瀕東海, 多大山深谷, 崎嶇崎�🙁, 而少平地. 故治田, 多於山閒,
因其高下, 耕墾甚力. 遠望如梯磴然. 其俗, 不敢有私田, 略如丘2)井之制,
隨官吏民兵秩序高下而授之. 國母王妃世子王女而下, 皆有湯沐田. 每一
百五十步爲一結. 民年八歲, 投狀射田, 結數有差, 而國官以下, 兵吏驅使
進士工技, 無事則服田. 唯3)戍邊, 則給米. 其地宜黃粱黑黍寒粟胡麻二
麥. 其米有秔而無稬, 粒特4)大而味甘. 牛工農具, 大同小異, 略而不載.

[譯文]

재배하기

고려[國]의 영토[封地]는 동해에 잇닿아있고 큰 산과 깊은 골짜기가
많아 험하고 가파르며 평지가 적습니다. 그러므로 농토[治田]가 산간에
많으니, 그 높낮이 때문에 경작하기에 매우 힘이 듭니다.1) 멀리서 바라

---

2) 四 : 立.
3) 知 : 惟.
4) 四 知 : 特. 원문은 持로 되어 있으나, 의미상 '特'이 옳다고 생각되어 교감 번역
   하였다.

보면 돌계단과 같은 듯합니다. 그 풍속은 감히 사전[2]을 가질 수 없고 대략 정전의 제도[丘井之制]와 같은데[3] 관·리·민·병의 지위가 높고 낮음에 따라 수여합니다.[4] 국모·왕비·세자[5]·왕녀 이하는 모두 탕목전[6]을 가집니다. 매 150보마다 1결로 삼습니다.[7] 민의 나이가 8세이면 문서를 내어 전지를 받는데 결수에 차등이 있으며, 국관(國官) 이하 병·리·구사[8]·진사[9]·장인[10]은 사안이 없으면 전지에서 일합니다. 다만 변경에서 수자리하면 쌀을 지급합니다.[11] 그 땅은 메조·옻기장·좁쌀·깨·보리와 밀[二麥]에 알맞습니다. 그 쌀은 메벼는 있으나 찰벼는 없으며[12] 쌀알이 특히 크고 맛이 답니다. 쟁기[牛工]와 농기구는 (중국과) 대동소이하므로 생략하고 싣지 않겠습니다.

[註解]

1) 故治田 …… 耕墾甚力: 고려의 농지 형태에 대한 언급이다. 고려는 당대인에게도 전체 토지의 7할이 숲이라 자족하기 힘들다고 인식될 정도로 산간 지역이 많았다. 서긍이 방문한 시점의 고려에서는 산지의 개간이 비교적 활발하게 전개되었던 것 같다. 12세기 당시 평지에 위치한 平田이 常耕의 단계에 도달하였는지에 대해서는 견해가 나뉘지만, 대체로 山田의 경우 상당량이 休閑法 단계에 머물러 있었던 것으로 이해되고 있다.
『高麗史』 권105, 列傳18 鄭可臣.
金容燮, 1975, 「高麗時期의 量田制」, 『東方學志』 16 ; 2000, 『韓國中世農業史研究— 土地制度와 農業開發政策—』, 지식산업사.
李泰鎭, 1978, 「畦田考」, 『韓國學報』 10 ; 1986, 『韓國社會史研究』, 지식산업사.
宮嶋博史, 1980, 「朝鮮農業史上における十五世紀」, 『朝鮮史叢』 3.
金泰永, 1981, 「田柴科體制下의 土地生産力과 量田」, 『韓國史研究』 31 ; 1983, 『朝鮮前期土地制度史研究』, 지식산업사.
浜中昇, 1982, 「高麗前期の小作制とその條件」, 『歷史學研究』 507 ; 1986, 『朝鮮古代の經濟と社會』, 東京 : 法政大學出版局.
李景植, 1986, 「高麗前期의 平田과 山田」, 『李元淳華甲記念史學論叢』, 教學社 ; 2012, 『高麗時期土地制度研究—土地稅役體系와 農業生産—』, 지식산업사.
金琪燮, 1987, 「高麗前期 農民의 土地所有와 田柴科의 性格」, 『韓國史論』 17.
朴國相, 1988, 「高麗時代의 土地分給과 田品」, 『韓國史論』 18.
魏恩淑, 1990, 「高麗時代 農業技術과 生産力 研究」, 『國史館論叢』 17.

李昇漢, 1994, 「高麗前期 耕地開墾과 陳田의 발생」, 『國史館論叢』 52.

浜中昇, 2000, 「高麗前期の土地利用方式について―『高麗史』食貨志所收諸規定の再檢討―」, 『朝鮮學報』 176·177合.

2) 私田: 개인이 소유권을 보유한 '私有地'를 말하거나, 혹은 국가에서 지정한 개인에게 租가 귀속되는 '私人收租地'를 의미하기도 한다. 전자로 이해할 경우, 사전이 없다는 본문의 구절은 전통적으로 존재했던 王土思想이 발현된 것으로 파악할 수 있다. 하지만 왕토사상은 현실 토지 소유 관계에 직접 영향을 미치는 것이 아니라, 관념적인 의제였다. 한편 후자의 경우, 고려시대에는 田柴科의 토지 분급 규정에 의하여 官人·軍人·胥吏·鄕吏 등 국가에 봉사하는 계층에게 지급되었다. 『高麗史』에는 2과 公田에 대응되는 宮院田·寺院田·兩班田, 3과 공전에 대응되는 軍人戶丁·其人戶丁 등 私田의 명목이 확인된다. 사전의 성격에 대해서는 民田 위에 사전이 설정되어 수조권을 분급한 것이라는 견해(①)와 토지를 분급 받는 직역자의 소유지에 면조권을 부여한 것이라는 견해(②)로 대별된다.

『高麗史』 권80, 志34 食貨3 常平義倉 顯宗 14년 윤9월.

姜晋哲, 1965, 「高麗前期의 公田·私田과 그의 差率收租에 대하여―高麗 稅役制度의 一側面―」, 『歷史學報』 29 ; 1991, 『(改訂)高麗土地制度史研究』, 一潮閣.

李佑成, 1965a, 「高麗의 永業田」, 『歷史學報』 28 ; 1991, 『韓國中世社會研究』, 一潮閣 ; 2010, 『韓國中世社會研究』, 창비.

李佑成, 1965b, 「新羅時代의 王土思想과 公田―大崇福寺碑 및 鳳巖寺 智證碑의 一考―」, 『曉城趙明基博士華甲紀念佛敎史學論叢』, 曉城趙明基博士華甲紀念 佛敎史學論叢 刊行委員會 ; 1991, 앞의 책 ; 2010, 앞의 책.

旗田巍, 1968, 『高麗の公田』, 『史學雜誌』 77-4 ; 1972, 『朝鮮中世社會史の研究』, 東京 : 法政大學出版局.

① 旗田巍, 1968, 앞의 논문 ; 1972, 앞의 책.
金容燮, 1975, 앞의 논문 ; 2000, 앞의 책.
李成茂, 1981, 「公田·私田·民田의 槪念」, 『韓沽劤停年紀念史學論叢』, 지식산업사.
李景植, 1988, 「高麗時期의 兩班口分田과 柴地」, 『歷史敎育』 44 ; 2012, 앞의 책.
姜晋哲, 1991, 앞의 책, 62~172쪽.

② 浜中昇, 1981, 「高麗田柴科の一考察」, 『東洋學報』 71-1·2 ; 1986, 앞의 책.
金琪燮, 1993, 『高麗前期 田丁制 研究』, 釜山大學校 史學科 博士學位論文.
尹漢宅, 1995, 「私田의 實體」, 『高麗 前期 私田 研究』, 高麗大學校 民族文化研究所.
吳致勳, 2018, 『고려 전시과의 분급체계와 운영』, 高麗大學校 韓國史學科 博士學位論文.

3) 略如丘井之制: 丘井之制는 고대 중국의 田法인 井田法을 말한다. 정전법은 900畝의 정방형 토지를 井字形으로 등분하여 중앙의 공전을 8家가 공동으로 경작해 수익을 국가에 바치고, 그 주위의 私田은 각자 경작하는 법이다. 구정이라는 명칭은 『漢書』에 "정전은 軍賦의 제도인데 …… 4井은 읍이 되고 4읍은 丘가 되니 구는 16정이다[因井田而制軍賦 …… 四井爲邑 四邑爲丘 丘十六井也]."라고 한데서

유래한다. 서긍이 고려의 토지제도를 정전법과 같다고 한 것은 軍役의 부담과 토지의 지급이 서로 밀접하게 관련되어 있었던 점을 고려했기 때문일 것이다. 하지만 실제로 고려에서는 군역의 담당자에게 軍人田이 지급되므로, 고려의 것이 정전법과 같다는 내용은 실제와 차이가 있다.

『漢書』 권23, 刑法志3 法.

旗田巍, 1968, 앞의 논문 ; 1972, 앞의 책, 153·154쪽.

姜晉哲, 1991, 앞의 책, 359·361~363쪽.

4) 隨官吏民兵秩序高下而授之: 田柴科의 토지분급 대상을 간략히 설명한 구절로, 서긍은 官·吏·民·兵이 전시과의 수급 대상자라고 밝히고 있다. 다만 관·리·병에 대한 토지분급 규정은 전시과에 잘 나와 있는 반면, 민에 대한 것은 다소 불분명하다. 『高麗圖經』에서는 進士·農·商·工技·民長·舟人을 모두 民庶로 파악하고 있고 이 중 진사와 장인은 토지분급이 이루어지므로, 민은 일반 농민을 지칭하는 용어가 아닌 진사와 공기를 가리키는 것으로 보인다.

旗田巍, 1968, 앞의 논문 ; 1972, 앞의 책, 155쪽.

姜晉哲, 1991, 앞의 책, 361·362쪽.

5) 世子: 王太子를 가리킨다. 왕태자가 王世子로 쓰인 것에 대해서는 『高麗圖經 역주(상)』, 77쪽 권2-4-3) 참조.

6) 湯沐田: 周에서 天子가 諸侯에게 목욕할 비용을 마련하도록 내려준 采地를 말한다. 이에 대해서는 『高麗圖經 역주(상)』, 185쪽 권6-7-2) 참조.

7) 每一百五十步爲一結: 結負制는 토지의 면적과 그 토지의 수확량을 이중으로 표시한 계량법으로, 통일신라부터 이용되었다. 고려에서는 문종대 규모를 획정했던 것이 확인되는데, 1結=方33步로 규정되어 있어 본문과는 차이가 있다. 고려전기에는 頃·畝를 단위로 하는 고정된 면적 계량법인 頃畝制와 마찬가지로 결·부를 토지의 절대면적을 표시한 단위로 이해한다. 다만 고려후기에 들어서서 농업기술의 발달과 수조권의 분급 및 수탈의 강화로 비옥도를 고려한 隨等異尺制를 도입해 소출에 따라 토지의 면적을 환산하는 기준이 정착되었다. 한편, 步는 경무제의 하부단위를 가리킨다. 『唐六典』에는 1보가 方5尺이고 240보가 1무라고 하며 100무가 1경이라 하고 있으므로, 고려의 토지면적 산출기준이 중국과 차이가 있음을 확인할 수 있다.

『高麗史』 권78, 志32 食貨1 田制 經理 文宗 23년.

『唐六典』 권3, 尙書戶部.

金容燮, 1975, 앞의 논문 ; 2000, 앞의 책, 60~69쪽.

呂恩暎, 1986, 「高麗時代의 量田制」, 『嶠南史學』 2.

姜晉哲, 1991, 앞의 책, 363~381쪽.

李宗峯, 1995, 「高麗前期의 結負制」, 『釜大史學』 29 ; 2001, 『韓國中世度量衡制研究』, 혜안, 238~248쪽.

8) 驅使: 未入仕職 말단 吏屬 가운데 하나로, 관리들의 扈從을 담당한 이를 말한다. 이에 대해서는 『高麗圖經』 권21-8-1) 참조.

9) 進士: 과거의 단계 중 일정 수준의 시험을 통과하면 얻는 칭호이다. 이에 대해서는 『高麗圖經』 권19-2-1) 참조.

10) 工技: 고려시대 수공업에 종사한 계층이다. 이에 대해서는 『高麗圖經』 권19-4-1) 참조.

11) 唯戍邊 則給米: 防戍役을 수행하는 군인들에게 식량이 공급되었음을 보여주는 구절이다. 京軍과 州縣軍은 일정 기간 兩界로의 방수역을 수행해야 했는데, 이때 해당 지역에 이르기까지의 것은 제외하고 鎭戍를 수행할 당시의 식량은 국가에서 지급했다. 한편, 그 외 진수에 필요한 개인무기·피복은 自辦해야 했다.

　李基白, 1965, 「高麗 州縣軍考」, 『歷史學報』 29 ; 1968, 『高麗兵制史研究』, 一潮閣, 215·216쪽.

　李基白, 1968, 앞의 책, 138쪽.

　趙仁成, 1983, 「高麗 兩界의 國防體制」, 『高麗軍制史』, 陸軍本部, 162쪽.

12) 無秫: 서긍은 고려에 찰벼가 없다고 하였다. 그러나 실상 고려에 찰벼가 있었음은 李穡의 시구나 조선시대의 기록에서도 확인되므로, 이는 오인이다.

　李正浩, 1997, 「高麗時代 穀物의 種類와 生產」, 『韓國史研究』 96 ; 2009, 『고려시대의 농업생산과 권농정책』, 景仁文化社, 72쪽.

　박용운, 2019, 「고려시대 사람들의 곡물류(穀物類) 식품(食品)」, 『고려시대 사람들의 식음(食飮) 생활』, 경인문화사, 31쪽.

23-3

[原文]

漁

國俗有羊豕, 非王公貴人, 不食, 細民, 多食海品. 故有鰍鰒蚌珠5)母蝦王文蛤紫蟹蠣房龜脚, 以至海藻昆布, 貴賤通嗜. 多勝食氣, 然而臭腥味鹹, 久亦可猒也. 海人, 每至潮落, 碇舟島嶼而捕魚. 然不善結網, 但以疏布漉之, 用力多, 而見功寡. 唯蠣蛤之屬, 潮落不能去, 人掇拾盡力, 取之不竭也.

---

5) 四 : 蛛.

고기잡이

나라의 풍속에 양과 돼지가 있지만[1] 왕공이나 귀인이 아니면 먹지 못하기에[2] 세민(細民)은 해산물을 많이 먹습니다. 그러므로 미꾸라지·전복·필조개·진주조개·왕새우·무명조개·붉은게·굴·거북손이 있고, 해조·다시마에 이르기까지 귀하거나 천하거나 모두 즐깁니다. 대다수는 식욕을 일으키지만 냄새가 비리고 맛이 짜서[3] (먹어온 것이) 오래면 역시 싫증이 날 만합니다. 바다 사람은 썰물이 질 때마다 도·서[4]에 배의 닻을 내리고 물고기를 잡습니다.[5] 그러나 그물뜨기를 잘하지 못해 단지 거친 베로 이를 걸러내니 힘쓰는 것이 많지만, 보이는 성과는 적습니다.[6] 다만 굴과 조개의 부류는 썰물에 나갈 수가 없어 사람들이 거두어 줍는 데에 힘을 다하여도 채취할 것이 없어지지 않습니다.

[註解]

1) 國俗有羊豕: 고려의 육류에 대한 언급이다. 여기서 양이 돼지보다 먼저 꼽힌 것에 대해, 宋을 비롯한 중국 일원 국가에서 양의 위상이 높았음이 반영된 서술이라고 보기도 한다.
　　박용운, 2019, 앞의 책, 98·112·113쪽.

2) 國俗有羊豕 …… 不食: 고려의 육류 소비에 대한 구절이다. 고려전기에는 육류의 소비가 많지는 않았다고 보여지며, 그 소비자 역시 상류층에 한정되었을 것으로 여겨진다. 다만 돼지와 닭에 대한 소비가 이루어졌던 정황이 확인되며, 그 이외에도 양이나 개를 사육하여 식용으로 활용하기도 하였다.
　　윤성재, 2009, 「육류(肉類)의 종류와 소비」, 『고려시대 식품의 생산과 소비』, 淑明女子大學校 史學科 博士學位論文, 87~96쪽.
　　박용운, 2019, 앞의 책, 100~119쪽.

3) 臭腥味鹹: 고려의 해산물 상태에 관한 설명으로, 비리고 짠 것으로 묘사되고 있다. 이에 대해서는 운송체계의 미발달로 인해 말리거나 절이는 등 해산물을 가공하여 원래의 신선함을 잃었기 때문이라고 보기도 한다. 한편, 마도 연안—지금의 충청남도 태안군 일원—의 선박에서 발견된 목간들에는 많은 해산물이 운반되었던 기록이 확인되어 고려시대 수산물의 운반 행태를 짐작하게 한다.
　　이정신, 1998, 「高麗時代의 漁業 實態와 魚梁所」, 『韓國史學報』 3·4合 ; 2013, 『고

려시대의 특수행정구역 所 연구』, 혜안, 225·226쪽.

임경희·최연식, 2010, 「태안 마도 수중 출토 목간 판독과 내용」, 『木簡과文字』 5.

임경희, 2010, 「마도2호선 발굴 목간의 판독과 분류」, 『木簡과文字』 6.

임경희, 2011a, 「마도3호선 목간의 현황과 판독」, 『木簡과文字』 8.

임경희, 2011b, 「태안선 목간의 새로운 판독―발굴보고서를 보완하며―」, 『해양
　　문화재』 4.

4) 島嶼: 고려 섬의 여러 종류 중 하나인 島와 嶼를 말한다. 한편, 서긍이 인식한 고
　려 섬의 종류에 대해서는 『高麗圖經』 권34, 海道條에서 자세히 설명할 것이다.

5) 海人 …… 碇舟島嶼而捕魚: 고려시대의 어업 활동에 대한 설명이다. 고려에서는
　본문에서 제시한 거친 베 이외에도 滬·魚梁 등 다양한 도구를 활용하여 수산물
　을 획득하였다. 이렇게 수확된 수산물은 국가의 제례에 바쳐지는 등 공적인 용
　도로 사용되기도 하였지만, 대개 식품으로 소비되는 경우가 많았다.

　이정신, 1998, 앞의 논문 ; 2013, 앞의 책, 223·224쪽.

　윤성재, 2009, 앞의 논문, 145~160쪽.

　박용운, 2019, 앞의 책, 133~140쪽.

6) 然不善結網 …… 而見功寡: 고려에서 사용하는 그물에 대한 묘사이다. 이는 서긍
　이 해로를 통해 고려로 들어올 때 어업 현장을 직접 목격하고 내린 평가로 짐작
　된다. 다만 그가 고려에 방문할 때는 작은 새우를 잡는 계절이었고, 이를 잡는
　데에는 성긴 베로 만든 모기장 같은 그물이 적합했다. 따라서 뜬 그물을 사용하
　지 않은 것은 능숙하지 못했기 때문이 아니라 포획하는 어종의 차이에 따라 漁
　具의 차이를 두었기 때문이라 보기도 한다.

　朴九秉, 1968, 「韓國漁業技術史」, 『韓國文化史大系Ⅲ : 科學·技術史』, 高麗大學校民
　　　族文化研究所, 89~98쪽.

　朴九秉, 1975, 「高麗時代의 어업」, 『韓國漁業史』, 正音社, 44·45쪽.

23-4

[原文]

樵

樵人, 初無專業. 惟事隙, 則隨少長之力, 於城外山取之. 蓋旁城之山,
於陰陽有忌, 不許柔斫. 故其中多巨木合抱, 靑蔭可愛. 使者舍於館, 以至
登舟, 皆有司供給, 以備炊煮. 不善用肩, 惟以背負而行.

[譯文]

나무하기

나무꾼은 애초에 전업이 아닙니다. 다만 일하는 틈에 소년·장년의 역량을 따라서 성 밖의 산에서 나무를 모읍니다.[1] 대개 성 주변의 산은 음양에서 꺼리는 것이 있어서[2] 나무 베는 것을 허락하지 않습니다.[3] 그러므로 그 안에는 아름드리 큰 나무가 많기에 푸르른 그늘은 좋아할 만합니다. 사신[使者]이 객관에서 머물다가 배에 오르기까지 모두 담당 관서가 공급하여 불 때거나 요리할 것에 대비합니다. 어깨를 쓰는 것을 잘하지 못하여 오직 등에 지고 다닙니다.

[註解]

1) 惟事隙 …… 於城外山取之: 고려의 산림 이용에 대한 구절이다. 고려시대의 산림은 기본적으로는 누구나 접근할 수 있고 자유롭게 활용할 수 있었다. 그러므로 일반 백성들과 하급 관료들은 대부분 주거지에 가까운 산림을 이용하고 있었다. 다만 관청 및 관인에게 柴地를 지급하여 이들이 안정적으로 산림자원을 이용할 수 있게 해주기도 하였다.
李廣遠, 1979, 「高麗朝의 社會變遷과 山林의 役割」, 『農村經濟』 2-3, 148~152쪽.
오치훈, 2019a, 「고려시대 山林政策에 대한 기초적 검토—산림정책의 推移를 중심으로—」, 『사학연구』 133, 199·200쪽.

2) 於陰陽有忌: 고려 사람들은 陰陽을 바탕으로 자연을 해석하고, 흉사에 대처하려 하였다. 이에 대해서는 『高麗圖經』 권17-1-1) 참조. 한편, 음양 사상의 하나인 風水地理에 대한 설명은 『高麗圖經 역주(상)』, 92·93쪽 권3-3-1) 참조.

3) 盡旁城之山 …… 不許采斫: 고려의 벌목 규정에 관한 내용이다. 고려시대에는 특정 지역이나 시기에 따라 나무하는 것이 금지되기도 하였는데, 특히 개경 일대의 명산은 기본적으로 벌채가 금지되었다. 또 이를 감시하기 위한 撿點軍이 마련되어 있었다. 이와 같은 조치는 陰陽說에 입각한 판단이기도 하였으나, 무리한 벌채로 인해 산림이 황폐해지는 것을 막으려는 의도도 있었다. 한편, 태조의 四代祖에 해당하는 康忠은 扶蘇山—松嶽山— 남쪽에 거처하면서 소나무를 심고 바위가 드러나지 않도록 하면 三韓을 통일할 인물이 태어난다는 예언을 들었던 바 있다. 특별히 송악산의 경우, 이와 같은 태조와의 관련성을 바탕으로 벌채가 금기시되었을 여지도 있다.
『高麗史』 高麗世系.

『高麗史』 권6, 世家6 靖宗 1년 4월 丁巳.

『高麗史』 권83, 志37 兵3 檢點軍.

李昇漢, 1994, 앞의 논문, 248쪽.

이정호, 2013, 「高麗時代 숲의 개발과 環境變化」, 『사학연구』 111, 8~12쪽.

이병희, 2017, 「고려시기 송목정책(松木政策)과 그 한계」, 『청람사학』 26, 111쪽.

오치훈, 2019a, 앞의 논문, 192~194쪽.

오치훈, 2019b, 「고려 전시과에서 시지(柴地)의 의미와 활용」, 『국학연구』 38,
    171~174쪽.

23-5

[原文]

刻記

麗俗, 無籌算. 官吏出納金帛, 計吏以片木, 持刃而刻之. 每記一物, 則刻
一痕, 已事, 則棄而不用. 不復留以待稽考, 其政甚簡, 亦古結繩之遺意也.

[譯文]

새긴 기록

고려의 풍속에는 주산[1]이 없습니다. 관리가 돈이나 비단[帛][2]을 출납
하면 계리[3]가 나무 조각에 칼을 잡고 새깁니다.[4] 한 물건을 기록할 때마
다 한 자국을 새기는데 일을 마치면 버리고 쓰지 않습니다. 돌이켜 살펴
볼 것에 대비해 다시 보관하지 않기에 그 정사가 매우 간단하니, 또한
옛 결승의 남은 의미[5]입니다.

[註解]

1) 籌算: 고대 중국의 算法이다. 戰國時代부터 그 기록이 확인되며, 산가지를 이용해
    숫자를 표시하여 여러 가지 계산에 활용하였다. 사칙연산과 고차 방정식의 풀이
    등이 가능하여 고대 중국의 수학 발전에 큰 역할을 담당하였으며, 13세기 이후

더 빠른 계산이 가능한 주판이 보급되기 전까지 널리 사용되었다.

李迪 主編, 1998, 「秦漢簡牘中的數學與籌算」, 『中國數學史大系 1 : 上古到西漢』, 北
京 : 北京師範大學出版社, 269~384쪽.

2) 帛: 물들이지 않은 生絲로 만든 견직물을 말한다. 이에 대해서는 『高麗圖經』 권
14-1-4) 참조.

3) 計吏: 고려시대 국가의 재정과 회계 등을 담당한 관원들이다. 해당 업무를 관장
한 이들로는 計史와 算士 등이 있는데, 籌業을 통해 관직에 진출하여 尙書省·三
司·戶部 등 여러 관청에 소속되어 있었다.

金光洙, 1969, 「高麗時代의 胥吏職」, 『韓國史研究』 4, 10~12쪽.

이미숙, 2013, 「高麗時代 算官에 관한 일고찰」, 『韓國思想과 文化』 68, 87~106쪽.

4) 官吏出納金帛 …… 持刃而刻之: 물자를 출납할 때 기록하는 방식을 언급한 부분
이다. 실제 마도 연안—지금의 충청남도 태안군 일원—의 선박에서 발견된 목간
에는 향리들이 수결했음이 확인되어 참고된다.

임경희·최연식, 2010, 앞의 논문, 199쪽.

임경희, 2011b, 앞의 논문, 318·319쪽.

5) 結繩之遺意: 結繩은 매듭을 매어 숫자나 일의 대소를 표현하는 것으로, 일이 크
면 그 매듭을 크게 묶고 작은 일에는 작은 매듭을 매어 표시하였다. 이러한 결승
이 활용되던 시기의 政事를 結繩之政이라 하는데, 서긍은 고려의 정사가 간단함
을 이에 비유하였던 것으로 짐작된다.

『周易』 繫辭下傳.

諸橋轍次, 1985, 「結繩之政」, 『大漢和辭典』 8, 東京 : 大修館書店, 1036쪽.

23-6

[原文]

屠宰

夷⁵⁾政甚仁, 好佛戒殺. 故非國王相臣, 不食羊豕, 亦不善屠宰. 唯使者
至, 則前期蓄之, 及期將用, 縛手⁷⁾足, 投烈火中, 候其命絶毛落, 以水灌
之. 若復活, 則以杖擊死然後剖腹. 腸胃盡斷, 糞穢流注. 雖作羹炙, 而臭

---

6) 四 : 麗.
7) 知 : 四.

惡不絕, 其拙, 有如此者.

[譯文]
도축

고려[夷]는 정사가 매우 어질고, 불교를 좋아하여 도살하는 것을 경계
합니다. 그러므로 국왕이나 재상이 아니면 양이나 돼지를 먹지 못하며
도축 역시 잘하지 못합니다. 오직 사신[使者]이 이르면 기일에 앞서 기르
는데, 때가 되어 장차 쓰고자 하면 손발을 묶고 타오르는 불 속에 던져
그 목숨이 끊어지고 털이 벗겨지는 것을 기다렸다가 물로 씻습니다.
만약 다시 살아나면 몽둥이로 쳐서 죽인 뒤에 배를 가릅니다. 창자·위장
이 모두 끊어지면 똥과 오물이 흐릅니다. 비록 삶거나 굽더라도 악취가
끊이지 않으니 그 서투르기가 이와 같습니다.

23-7

[原文]
施水

王城長廊, 每十間8）, 張帟幕設佛像, 置大甕, 貯白米漿. 復有杯杓之屬,
恣往來之人飮之, 無間9）貴賤, 而以僧徒, 主其事.

[譯文]
시수

왕성의 긴 회랑에는 10칸마다 역막을 치고 불상을 설치하며 큰 항아

---

8) 四 知 : 閒.
9) 四 知 : 閒.

리를 두어 흰 미음을 담아놓았습니다. 다시 잔과 국자[杓] 같은 것이 있어 으가는 사람들이 마음대로 마시게 하니 귀하거나 천하거나 가리지 않으며, 승도가 그 일을 주관합니다.

23-8-(1)

[原文]

土産

高麗, 依山瞰海, 地瘠而磽. 然而有稼穡之種, 麻枲之利, 牛羊蓄[10]産之宜, 海物惟[11]錯之美. 廣楊[12]永三州, 多大松, 松有二種, 惟[13]五葉者, 乃結實. 羅州道, 亦有之, 不若三州之富. 方其始生, 謂之松房. 狀如木瓜, 靑潤緻密. 至得霜乃拆, 其實始成, 而房乃作紫色. 國俗, 雖果肴羹胾, 亦用之, 不可多食, 令人嘔吐不已. 人參之幹特生, 在在有之, 春州者, 最良. 亦有生熟[14]二等, 生者, 色白而虛, 入藥則味全. 然而涉夏, 則損蠧, 不若經湯釜而熟[15]者, 可久留. 舊傳形扁者, 謂麗人, 以石壓去汁作煎, 今詢之, 非也. 乃參之熟[16]者, 積垜而致爾. 其作煎當自有法也. 館中, 日供食菜, 亦謂之沙參, 形大而脆美, 非藥中所宜用. 又其地, 宜松而有茯苓, 山深而産流[17]黃. 羅州道, 出白附子黃漆, 皆土貢也.

---

10) 四 知 : 畜.
11) 四 知 : 唯.
12) 四 知 : 揚.
13) 知 : 唯.
14) 四 知 : 熟.
15) 四 知 : 熟.
16) 四 知 : 熟.
17) 四 知 : 硫.

[譯文]

토산물

　　고려는 산을 의지하고 바다를 굽어보는데, 땅은 척박하고 메마릅니다. 그러나 곡물의 종자와 베·모시의 이로움, 소·양이 길러지는 마땅함, 바다 생물이 어우러지는 즐거움이 있습니다. 광주[1]·양주[2]·영주[3] 3주에는 잣나무[大松]가 많은데, 송(松)에는 두 종류가 있어 오직 다섯 잎인 것이 곧 열매를 맺습니다.[4] 나주도[5]에도 역시 있지만 3주의 풍부함만 못합니다. 바야흐로 그 열매가 맺히기 시작하면 그것을 송방(松房)이라 부릅니다. 모양은 모과와 비슷한데, 푸르고 윤기 있으며 빽빽합니다. 서리를 맞게 되면 갈라지는데 열매가 비로소 여물게 되니, 송방은 곧 자색이 됩니다. 나라의 풍속에 하물며 과일·안주·국·산적까지도 그것을 쓰지만 많이 먹어서는 안 되는데, 사람이 구토를 그치지 못하게 하기 때문입니다.[6] 인삼 줄기는 하나하나 자라난 것이 곳곳에 있지만, 춘주[7] 것이 가장 좋습니다. 또 생삼과 숙삼 두 가지가 있는데, 생삼은 색이 희고 속에 틈이 있으며 약에 넣으면 맛이 온전합니다. 그러나 여름을 지내면 손상되고 벌레 먹는데, 솥에 끓여내어 익힌 것이 오래 둘 수 있음만 못합니다. 예로부터 전하기에 모양이 평평함은 고려 사람들이 돌로 눌러 즙을 없애고 끓였기 때문이라 했지만, 이제 물어보니 아니었습니다. 익힌 삼은 벽처럼 쌓아 그리된 것일 뿐입니다. 삼을 달이는 데도 마땅히 자신들만의 법이 있었습니다.[8] 관에는 날마다 요리[食菜]가 공급되는데 또한 사삼[9]이라 하는 것은 형태는 크고 연하며 맛있으니 약으로만 마땅히 쓰여야 할 것이 아닙니다. 또 그 땅은 소나무가 나기 적당하니 복령이 자라고, 산이 깊어서 유황이 납니다. 나주도는 백부자·황칠을 내는데 모두 토공(土貢)입니다.

[註解]

1) 廣 廣州—지금의 경기도 광주 일원—를 가리킨다. 이에 대해서는『高麗圖經 역주 (상)』, 126쪽 권4-3-18) 참조.

2) 楊: 楊州—지금의 서울 동북지역과 경기도 양주시·남양주시·의정부시 일원—를 가리킨다. 이에 대해서는『高麗圖經 역주(상)』, 126쪽 권4-3-12) 참조.

3) 永 본래 永州—지금의 경상북도 영천군 일원—를 말한다. 고려 초에 신라의 臨皐 郡·道同縣·臨川縣을 합하여 설치하였다. 995년(성종 14)에 永州刺史가 되었고 1018년(현종 9) 慶州에 내속되었다. 다만 廣州·楊州와 함께 언급되는 것으로 보 건대, 이들과 지리적으로 인접한 水州—지금의 경기도 수원시 및 화성시 일원— 의 오기일 가능성도 있다고 여겨진다. 태조 南征에 공덕이 있다고 하여 신라 말 의 水城郡을 수주로 개칭하였으며, 995년에 都團練使를 두었다가 1005년(목종 8) 에 다시 없앴다. 1018년 知州事를 회복시켰다.
   『高麗史』 권56, 志10 地理1 楊廣道 水州.
   『高麗史』 권57, 志11 地理2 慶尙道 東京留守官慶州 永州.

4) 多大松 …… 乃結實: 松의 한 종류인 잣나무에 대한 설명이다. 우리나라 기후 풍 토에 적합한 대표적인 고유 수종이다. 소나무는 잎이 2개씩 달려있는 2엽송이고, 잣나무는 잎이 5개씩 달려있는 5엽송이다.
   김종덕·송일병·고병희, 2003, 「송백(松栢)에 대한 문헌연구—소나무 잣나무 측백 나무를 중심으로—」,『사상체질의학회지』 15-1, 2쪽.

5) 羅州道: 지금의 전라남도 나주시 일원이다. 이에 대해서는『高麗圖經 역주(상)』, 87쪽 권3-2-11) 참조.

6) 廣楊永三州 …… 令人嘔吐不已: 본문에서는 다른 물품과 달리 잣의 주요 생산지, 형태, 생육, 사용처, 주의사항 등을 비교적 자세히 서술하고 있는 한편,『齊民要 術』등 중국 기록에는 잘 보이지 않는다. 이에 대해서는 한반도가 잣의 주산지였 기 때문에 보다 자세히 소개된 것이라 보기도 한다. 잣은 인삼과 더불어 고려의 대표적인 조공물이기도 했다.
   윤성재, 2018, 「『고려도경』에 보이는 고려의 의식주」,『한국중세사연구』 55, 129· 130쪽.

7) 春州: 지금의 강원도 춘천시 일원이다. 신라 말의 光海州를 940년(태조 23)에 春 州라 하였고, 995년(성종 14)에는 團練使라 하고 安邊府에 소속시켰다.
   『高麗史』 권58, 志12 地理3 交州道 春州.

8) 生者 …… 其作煎當自有法也: 고려의 인삼 가공에 대한 구절이다. 고려에서는 생 삼이 장기저장에 취약하다는 점을 보완하기 위해 쪄서 숙삼으로 만들어 보관하 였다. 이것이 오늘날 홍삼 제조의 시원적인 모습이었다.
   곽이성, 2019, 「고려인삼의 유래 및 효능의 서지학적 고찰」,『인삼문화』 1, 50·51쪽.

9) 沙參: 더덕을 말한다. 고려에서 구하기 어렵지는 않았던 식자재로 보이며, 주로 생채로 섭취했을 것이라 여겨진다.
   윤성재, 2009, 앞의 논문, 74·75쪽.

박용운, 2019, 앞의 책, 173쪽.

23-8-(2)

[原文]

其國, 自種紵麻, 人多衣布. 絶品者, 謂之絁[18], 潔白如玉, 而窄邊幅. 王與貴臣, 皆衣之, 不善蠶桑, 其絲線織紝, 皆仰賈人, 自山東閩浙來. 頗善織文羅花綾緊絲錦罽, 邇來北虜[19]降卒[20]工技甚衆, 故益奇巧, 染色又[21]勝於前日. 地少金銀, 而多銅. 器用漆作, 不甚工, 而螺鈿之工[22], 細密可貴. 松煙墨, 貴猛州者, 然色昏而膠少, 仍多沙石. 黃毫筆, 軟弱不可書, 舊傳爲猩猩毛, 未必然也. 紙不全用楮, 間[23]以藤造. 搥搗皆滑膩, 高下數等. 其果實[24], 栗大如桃, 甘美可愛. 舊記謂夏月亦有之, 嘗問其故, 乃盛以陶器, 埋土中, 故經歲不損. 六月, 亦有含桃, 味酸如酢, 榛梔最[25]多云. 倭國者, 亦有來禽靑李瓜桃梨棗, 味薄而形小. 至於蓮根花房, 皆不敢摘, 國人謂其爲佛足所乘云.

[譯文]

고려[其國]는 모시와 베를 스스로 심기에 사람들이 베옷을 많이 입습니다.[1] 가장 좋은 물건을 시(絁)라 하는데, 깨끗하고 흰 것이 옥과 같으며

---

18) 四 : 絶, 知 : "絶【疑絁字之譌鄭刻同】"으로 기록되어 있다.
19) 四 : 敵.
20) 四 : 桑.
21) 四 : 大, 知 : "又【鄭刻大】"로 기록되어 있다.
22) 四 : 子, 知 : "子【疑工字之譌鄭刻同】"으로 기록되어 있다.
23) 四 知 : 閒.
24) 四 : 寶.
25) 知 : "極【鄭刻最】"로 기록되어 있다.

폭은 좁습니다. 왕과 고관[貴臣]이 모두 입는데, 누에치기에 능숙하지 않으니 그 실과 옷감[織紝]은 모두 상인들에게 의지하여 산동2)·복건3)·양절4)에서 들여옵니다. 자못 무늬 비단[羅]5)·꽃무늬 비단[綾]6)·굵은 실의 비단[錦]7)·모직물[罽]8)을 잘 짜는데, 근래에 거란[北虜]의 항복한 군졸 중에 장인이 매우 많았으므로9) 기교가 더해졌고 염색도 전보다 나아졌습니다. 땅에 금·은이 적고 구리는 많습니다. 그릇은 옻칠하여 쓰는데 심히 정교하지는 않으며, 나전10)의 기술은 세밀하여 귀하게 여길 만합니다. 송연묵11)은 맹주12) 것을 귀하게 여기지만13) 색이 흐릿하고 아교는 적은데, 오히려 모래가 많습니다. 황모필14)은 연약하여 쓸 수가 없는데, 예부터 전하기를 성성이15)의 털로 만들었다고 하였으나 꼭 그렇지는 않습니다. 종이는 온전히 닥나무만을 쓰지는 않고 등나무를 섞어 만듭니다. 치고 두드리니 모두 매끄러운데, 높고 낮은 몇 등급이 있습니다.16) 그 과실로는 밤의 크기가 복숭아만 한데, 달고 맛있어 즐길 만합니다. 옛 기록에 "여름철에도 과실들이 있다."라고 하니 일찍이 그 이유를 물었는데, 곧 도기에 담아서 흙 속에 묻기에 해를 지내도 상하지 않는다고 합니다. 6월에는 또한 앵두가 있는데 맛이 시어 초와 같고17) 개암과 비자가 가장 많다고도 하였습니다. 왜국18)(에서 온) 것으로는 역시 사과·푸른 오얏·참외·복숭아·배·대추가 있지만, 맛이 싱겁고 형태가 작습니다. 연근에서 핀 꽃[蓮根花房]에 이르면 모두 감히 따지 못하니 나라 사람들이 이르기를 "그것을 부처의 발이 올랐던 곳으로 여긴다."라고 하였습니다.

[註解]

1) 其國 …… 人多衣布: 고려시대 사람들의 주요 衣料에 대한 언급이다. 고려에서는 모시와 베가 대표적으로 활용되었다. 고려에서는 국가시책으로 桑麻의 재배를 권장하였는데, 누에를 쳐서 만든 견직물보다 모시와 삼이 널리 이용되었다.

박용운, 2016, 「고려시대 사람들의 의료(衣料)」, 『고려시대 사람들의 의복식(衣服飾) 생활』, 景仁文化社, 36~41쪽.

2) 山東: 지금의 중국 山東省 일원을 가리킨다. 宋의 京東路·河北東路 일부에 해당한다.
  『宋史』 권85, 志38 地理1 京東路.
  『宋史』 권86, 志39 地理2 河北路 東路.

3) 閩: 지금의 중국 福建省 일원을 가리킨다. 이에 대해서는 『高麗圖經 역주(상)』, 88쪽 권3-2-19) 참조.

4) 浙: 지금의 중국 浙江省 일원을 가리킨다. 이에 대해서는 『高麗圖經 역주(상)』, 87·88쪽 권3-2-17) 참조.

5) 羅: 날실과 씨실의 간격을 넓게 짜서 만든 얇은 견직물을 말한다. 이에 대해서는 『高麗圖經』 권15-2-3) 참조.

6) 綾: 얼음결 같은 무늬가 들어있는 견직물을 말한다. 이에 대해서는 『高麗圖經』 권20-1-4) 참조.

7) 錦: 여러 종류의 색실을 이용하여 무늬를 짜 넣은 상급 衣料이다. 이에 대해서는 『高麗圖經』 권14-7-4) 참조.

8) 罽: 동물 가죽과 털을 가공하여 만든 모직물로, 상급 衣料이다. 고려에는 이를 다루는 관서와 전문 기술자가 마련되어 있었다. 이용층이 제한적이었고, 외국에 공물로 보낸 사례가 많이 있다.
  박용운, 2016, 앞의 책, 130~132쪽.

9) 邇來北虜降卒工技甚衆: 고려에 유입된 契丹 匠人에 관한 구절이다. 이에 대해서는 『高麗圖經』 권19-4-4) 참조.

10) 螺鈿: 조개껍질을 기물에 붙이고 옻칠을 하여 완성하는 공예기법 또는 그 공예품을 말한다. 이에 대해서는 『高麗圖經』 권15-7-1) 참조.

11) 松煙墨: 소나무 숯으로 만든 먹이다. 서긍의 언급과 달리 고려의 먹은 그 수준이 높았다고 여겨지며, 때문에 고려 사신들이 宋의 문인에게 주는 선물로써 준비해 가기도 하였다. 元代 유명했던 李延珪墨의 연원으로 지적되기도 하였다.
  池田溫, 1989, 「新羅·高麗 時代 東亞地域紙張의 國際流通에 관하여」, 『大東文化研究』 23, 196·197쪽.
  이진한, 2014, 「송과의 외교와 무역」, 『고려시대 무역과 바다』, 경인문화사, 144·145쪽.

12) 猛州: 孟州―지금의 평안북도 맹산군 일원―를 말한다. 본래 鐵瓮縣으로, 1019년(현종 10)에 猛州防禦使가 되었다.
  『高麗史』 권58, 志12 地理3 北界 安北大都護府寧州 孟州.

13) 松煙墨 貴猛州者: 孟州―지금의 평안북도 맹산군 일원― 지역은 소나무가 풍부해 먹을 생산하기에 좋은 자연조건을 갖추었다. 실제 고려후기에는 御墨으로 5,000정 규모가 생산된 사실도 확인될 만큼, 맹주는 松煙墨의 주요 산지였다.
  『破閑集』 권上.
  朴宗基, 2011, 「고려시대 종이 생산과 所 生産體制」, 『韓國學論叢』 35, 59·60쪽.

ㅇ 진한, 2014, 앞의 책, 144·145쪽.

14) 黃毫筆: 족제비 꼬리털로 만든 붓으로, 가장 널리 사용되어 온 붓 중 하나이다. 힘이 강하며 예리한 표현을 할 수 있었다. 서긍은 고려의 黃毫筆이 연약하다고 언급하고 있으나, 실제로는 중국에서 우수하게 여겨져, 한번 잡으면 놓지 못할 만큼 훌륭하다는 평을 들을 정도였다.
池田溫, 1989, 앞의 논문, 196·197쪽.
ㅇ 진한, 2014, 앞의 책, 144쪽.
박창선, 2020, 「한국 전통 붓의 종류와 제작 기법」, 『무형유산』 8, 270·271쪽.
ㅇ 승민, 2020, 「조선산 黃毛筆의 생산과 일본과의 교역」, 『韓日關係史研究』 70, 165·166쪽.

15) 猩猩: 본래 사람의 형상을 한 짐승을 말한다. 하지만 본문에서는 黃毫筆의 원료이므로, 족제비를 가리킨다.
諸橋轍次, 1985, 「猩猩」, 『大漢和辭典』 7, 東京 : 大修館書店, 718쪽.

16) 紙不全用楮 …… 高下數等: 고려의 종이 생산에 대한 언급이다. 한반도의 종이 생산 기술은 8세기 무렵부터 정립되어 있었다. 주된 원료는 한반도에서 쉽게 구할 수 있는 닥나무였으며, 적당한 수분을 고르게 먹인 후 망치로 두드려 종이에 광택이 돌게 하였다. 고려에서 생산된 종이는 중국에서도 각광받는 물품이었다. 한편, 등나무도 활용한 것은 닥나무만 사용할 때보다 생산량을 늘리려는 의도였다고 보기도 한다.
池田溫, 1989, 앞의 논문, 192~200쪽.
이정신, 1998, 「高麗時代 종이의 생산 실태와 紙所」, 『韓國史學報』 5 ; 2013, 앞의 책, 39쪽.
朴智善, 1999, 「한국 고대의 종이유물」, 『東方學志』 106, 31~35쪽.
이승철, 2002, 「한지의 역사」, 『(우리가 정말 알아야 할) 우리 한지』, 현암사, 50쪽.
朴宗基, 2011, 앞의 논문.
이진한, 2014, 앞의 책, 143·144쪽.

17) 有含桃 味酸如酢: 고려 앵두의 맛에 대한 언급이다. 서긍은 酢와 같이 시다고만 언급했으나, 고려의 기록에는 단맛과 신맛이 어우러진 과실로 나타난다.
『夏國李相國全集』 권16, 古律詩 「櫻桃」.
박용운, 2019, 앞의 책, 185·186쪽.

18) 倭國: 일본열도에 존재했던 국가를 가리킨다. 이에 대해서는 『高麗圖經 역주(상)』, 86쪽 권3-2-4) 참조.

24-1

[原文]

節仗

臣聞春秋之法, 王人雖微, 序在諸侯之上, 蓋尊王命也. 然當是[1]時, 周室紀綱圮壞, 諸侯強大, 有輕之之心. 孔子託空言, 以爲天下後世臣子法. 尚諄諄如此, 矧太平盛際, 親遣王人, 遠使外國, 則彼之尊奉之禮, 豈敢少懈哉. 恭惟宋有天下, 垂二百年, 干戈浸偃, 夷[2]裔君長, 不待詔告, 而信順之誠, 堅若金石. 蓋自容成氏以來, 未有太平如此之盛. 宜乎諸侯, 推尊王人, 而禮文繁縟也. 比年使命, 每至麗國, 聞其備竭儀物之華, 兵衞之衆, 以迓詔書, 以導旄節, 禮甚勤至. 然是行也, 適在王侯衣制未終, 其鼓吹之類, 皆執而不作, 亦可謂知禮也已.

[譯文]

절장

신이 들건대 『춘추』[1]의 법은 왕인[2]이 비록 미미하나 서차로는 제후의 위에 있게 하였으니, 대개 왕명을 높인 것입니다.[3] 그러나 이때를 당하여 주[4] 왕실의 기강이 무너졌고, 제후들은 강대해져 왕실을 가볍게 여기는 마음이 있었습니다. 공자[5]께서는 현실에 맞지 않는 말[空言]에 의탁해서라도 천하 후세 신하 된 자들의 법으로 삼으려 하신 것입니다. 오히려 간절함이 이와 같았는데, 하물며 태평성대에 친히 왕인을 보내 멀리 외국에 사신으로 가게 하니, 곧 저들이 높이고 받드는 예를 어찌 감히 조금이라도 게을리하겠습니까? 삼가 생각건대 송이 천하를 얻은 지 거의 200년으로 전쟁은 점차 그치고, 오랑캐의 군장이 황제의 명령[詔告]

---

1) 四 : "是"가 누락되어 있다.
2) 四 : 四.

을 기다리지 않고도 믿고 따르는 정성은 견고하기가 쇠와 돌 같습니다.
대개 용성씨[6] 이래로부터 태평함이 이와 같이 성대한 적이 없었습니다.
제후들이 왕인을 따르며 높이고, 예문을 화려하게 꾸밈이 마땅합니다.
근래에 사신[使命]이 매번 고려에 이르면, 듣기로는 그들이 의물의 화려
함과 병위(兵衛)의 많음을 모두 갖추어서 조서를 맞이하고, 이로써 모절[7]
을 인도하니 예가 매우 부지런하고 지극하다고 합니다. 그러나 이번
사행에는 마침 왕우(王俁, 예종)[8]의 복제가 아직 끝나지 않아[9] 그 북과
피리의 부류는 모두 잡기만 하고 연주하지는 않으니, 역시 예를 안다고
말할 수 있습니다.[10]

[註解]

1) 春秋: 본래 각국의 史書를 통칭하는 것으로, 본문에서는 5經 중 하나인 孔子가 저
   술한 魯의 역사서를 가리킨다. B.C.722년(노 은공 1)부터 B.C.481년(노 애공 14)
   까지 12公의 242년 역사를 편년체로 기록하였다. 노의 공과 귀족들의 주요한 언
   행이나 國事, 노와 제후 사이의 외교 및 전쟁, 그 외에 祭祀·災異·曆法 등이 서술
   되어 있다.
   李春植 主編, 2003, 「春秋」, 『中國學資料解題』, 신서원, 710쪽.
2) 王人: 周 왕실의 사명을 받은 자, 또는 天子의 사신을 의미한다.
   檀國大學校 東洋學研究所, 2006, 「王人」, 『漢韓大辭典』9, 檀國大學校出版部, 476쪽.
3) 春秋之法 …… 蓋尊王命也: 『春秋公羊傳』에 "공이 王人·齊侯·宋公·衛侯·許男·曹伯·
   陳世子 款·鄭世子 華와 회합하여 洮에서 맹약하였다[公會王人齊侯宋公衛侯許男曹
   伯陳世子款鄭世子華 盟于洮]."라고 기록되었는데, 筆法에 의해 왕인을 제후보다
   앞에 자리하게 하였다. 이어지는 구절에서는 "왕인은 누구인가. 미미한 자이다.
   어찌 서차를 제후의 위에 두었는가. 왕명을 우선한 것이다[王人者何 微者也 曷爲
   序乎諸侯之上 先王命也]."라고 전한다. 이는 왕명의 중요성으로 인해 그 말을 받
   들고 있는 왕인 역시 중한 대우를 받았음을 보여준다.
   『春秋公羊傳』僖公 8년 1월.
4) 周: 중국의 고대 왕조이다. 이에 대해서는 『高麗圖經』 권16-1-6) 참조.
5) 孔子: B.C.551~B.C.479. 諱는 丘, 字는 仲尼이며 春秋時代의 교육자이자 철학가이
   다. 그에 대해서는 『高麗圖經 역주(상)』, 164쪽 권6-3-(1)-27) 참조.
6) 容成氏: 중국 고대의 전설 속 12帝王 중 하나이다. 『莊子』에 "그대만 홀로 덕이
   지극했던 시대를 알지 못하는가. 예전에 容成氏·大庭氏·伯皇氏·中央氏·栗陸氏·驪

畜氏·軒轅氏·赫胥氏·尊盧氏·祝融氏·伏犧氏·神農氏가 있었다. 이때를 맞이하여 백
성들은 새끼줄을 묶어 쓰고, 그 음식을 달게 여겼으며, 그 옷을 아름답게 여기고,
그 풍속을 즐거워하며, 그 거처를 편안히 여겼다[子獨不知至德之世乎 昔者容成氏
大庭氏伯皇氏中央氏栗陸氏驪畜氏軒轅氏赫胥氏尊盧氏祝融氏伏犧氏神農氏 當是時也
民結繩而用之 甘其食 美其服 樂其俗 安其居].”라고 전한다. 태평성대를 이룬 첫 번
째 제왕으로 평가받는다.
　　『莊子』 胠篋.

7) 旌節: 사신이 증표로 지니고 있던 깃털로 된 符節이다. 황제의 명령을 상징하는
　　信物로, 파견된 사신들은 旌節을 소지하여 자신의 신분을 증명하였다.
　　諸橋轍次, 1984, 「旌節」, 『大漢和辭典』 5, 東京 : 大修館書店, 691쪽.
　　송진, 2018, 「고대 동아시아 使臣 왕래와 符節—韓·中 관계를 중심으로—」, 『崇實
　　　　史學』 40, 332·348쪽.

8) 王俁: 고려의 제16대 왕 睿宗(1079~1122)이다. 그에 대해서는 『高麗圖經 역주(상)』,
　　19쪽 권0-1-(2)-9) 참조.

9) 適在王俁衣制未終: 예종의 喪制에 대한 언급이다. 고려에서는 國喪의 규범이 정
　　비 되면서 하루를 한 달로 계산하는[以日易月] 원칙에 따라 대개 27일 만에 상복
　　을 벗었다. 다만 국내적인 상제와 달리 중국과의 관계를 감안해서 대외적으로는
　　27개월을 준수하였고, 그 기간에 契丹이나 宋에서 祭奠·弔慰 등 조문 사신을 보
　　내왔다. 서긍 사신단이 고려에 체류한 기간은 1123년(송 선화 5, 고려 인종 1) 6
　　월 2일부터 8월 16일로, 아직 대외적으로는 예종에 대한 상례가 이루어지던 시
　　기였다. 이에 路允迪과 傅墨卿 등이 제전과 조위의 임무를 수행하고 인종을 알현
　　했던 것이다.
　　『高麗史』 권14, 世家14 睿宗 17년 4월 丙申.
　　『高麗史』 권15, 世家15 仁宗 2년 4월 甲戌.
　　김인호, 2010, 「고려시대 국왕의 장례절차와 특징」, 『한국중세사연구』 29, 271·
　　　　277쪽.
　　김성규, 2014, 「'선화봉사고려사절단'의 일정과 활동에 대하여」, 『한국중세사연구』
　　　　40 ; 2020, 『송대 동아시아의 국제관계와 외교의례(宋代東亞國際關係與外交儀
　　　　禮)』, 신아사, 644·645쪽.
　　이승민, 2016, 「고려시대 國喪 절차와 삼년상」, 『사학연구』 122.
　　이승민, 2017, 「고려 國喪에 대한 거란·금·송의 弔問 使行 양상과 다층적 국제관
　　　　계」, 『한국중세사연구』 48 ; 2019, 『고려의 국제적 개방성과 자기인식의 토대』,
　　　　혜안, 133~136쪽.

10) 適在王俁衣制未終 …… 亦可謂知禮也已: 예종의 喪制가 끝나지 않아 악기만 들고
　　연주는 하지 않았음을 전하는 내용이다. 당시 祭奠과 弔慰의 임무를 띠고 온 宋
　　사신단은 고려에게 책봉을 제의하는 것이 주된 목적이었고, 이에 대하여 인종은
　　부왕의 상중이므로 송에게 책봉을 요청하는 것이 예의에 어긋난다며 완곡히 거
　　절하였다. 고려는 사절단의 행차 과정에서 악기 연주를 하지 않으면서 예종에

대한 國喪 분위기를 연출해냈고, 이를 명분으로 송의 책봉 제의를 정중히 거부
할 수 있었다.

『高麗史』 권15, 世家15 仁宗 1년 6월 癸卯.

안병우, 2002, 「고려와 송의 상호인식과 교섭 : 11세기 후반~12세기 전반」, 『역사
　　와 현실』 43, 94쪽.

李錫炫, 2005, 「宋 高麗의 外交交涉과 認識, 對應—北宋末 南宋初를 중심으로—」, 『中
　　國史研究』 39, 131·132쪽.

김보광, 2016, 「12세기 초 송의 책봉 제의와 고려의 대응」, 『동국사학』 60, 60~68쪽.

24-2

[原文]

初神旗隊

神舟旣抵禮成港, 下矴訖, 麗人, 具采舟來迎. 使者, 奉詔書登岸, 三節
步從, 入碧瀾亭. 奉安詔書訖, 退休于3)所舍. 明日質明, 都轄提轄官, 對
捧詔書, 入采輿, 兵仗前導. 諸仗之中, 神旗爲先, 自西郊亭, 預建于4)館
前, 候詔書至, 與餘仗相接, 導衞入城. 旗列十面, 車載而行, 每乘十餘人.
自是之後, 受詔拜表, 則皆設於兵仗前也. 靑衣龍虎軍, 鎧甲戈矛, 幾及萬
卒, 分爲兩序, 夾道而行.

[譯文]

처음 신기대[1]

신주[2]가 예성항[3]에 이르러 닻을 내리기를 마치면 고려 사람들은 채색
한 배를 갖추고 와서 맞이합니다. 사신[使者]이 조서를 받들어 연안에
오르면, 삼절은 걸어서 따라가 벽란정[4]에 들어갑니다. 조서를 봉안하길

------

3) 知 : 於.
4) 知 : 於.

마치면 관사로 물러나 쉽니다. 다음날 날이 밝아서 도할관[5]과 제할관[6]이 마주하여 조서를 받들어 채색 가마[7]에 들이면, 병장(兵仗)이 앞서 인도합니다. 여러 의장 가운데 신기대를 선두로 하고, 서교정[8]에서부터 미리 관사 앞에 세워 두고 조서가 이르기를 기다렸다가, 나머지 장위와 서로 접한 채 인도하고 호위하며 성으로 들어갑니다. 깃발은 10면을 늘어놓고 수레에 싣고 가며, 수레마다 10여 인이 탑니다.[9] 이 뒤로부터 조서를 받고[10] 표문을 올릴 때에는[11] (신기대를) 곧 모두 병장 앞에 설치합니다. 청색 옷의 용호군[12]은 개갑[13]을 입고 과[14]와 모[15]를 들며, 거의 만에 이르는 병사[16]는 양쪽에 차례대로 나누어 길을 끼고 나아갑니다.

[註解]

1) 神旗隊: 神旗를 운용하는 의장대이다. 이에 대해서는 『高麗圖經』 권12, 神騎軍條 참조. 神旗에 대해서는 『高麗圖經』 권14, 旗幟條 참조.

2) 神舟: 宋 사절단이 고려에 올 때 운용한 대형 선박으로, 고려에 위엄을 떨치기 위해 큰 규모로 제작되었다. 이에 대해서는 『高麗圖經』 권34, 神舟條에서 자세히 설명할 것이다.

3) 禮成港: 禮成江 하류에 있던 항구이다. 이에 대해서는 『高麗圖經』 권39, 禮成港條에서 자세히 설명할 것이다.

4) 碧瀾亭: 禮成江 하구에 위치한 객관이다. 이에 대해서는 『高麗圖經』 권27, 碧瀾亭條에서 자세히 설명할 것이다.

5) 都轄: 三節 가운데 上節에 속하는 직책인 都轄禮物官을 가리킨다. 예물과 관련된 일을 맡았을 것으로 여겨진다.
龔延明 主編, 1997, 「都轄禮物官」, 『宋代官制辭典』, 北京 : 中華書局, 67쪽.
김성규, 2014, 앞의 논문 ; 2020, 앞의 책, 643쪽.

6) 提轄官: 三節 가운데 上節에 속하는 직책인 提轄禮物官을 가리킨다. 사신단의 인원과 선박 및 예물 등을 관장한 것으로 추정된다. 이에 대해서는 『高麗圖經 역주(상)』, 11·12쪽 권0-1-(1)-3) 참조.

7) 采輿: 오색의 무늬 비단으로 장식된 가마이다. 이에 대해서는 『高麗圖經』 권15, 采輿條 참조.

8) 西郊亭: 개경 인근에 위치한 객관 중 하나이다. 이에 대해서는 『高麗圖經』 권27, 西郊亭條에서 자세히 설명할 것이다.

9) 每乘十餘人: 旗마다 夾軍士가 운용되고 있었음을 알려주는 구절이다. 다만 배치

된 협군사의 수는 『高麗史』의 기록과 차이가 있는데, 이에 대해서는 『高麗圖經』 권14-1-5) 참조.

10) 受詔: 황제의 詔書를 받는 행위를 의미한다. 이에 대해서는 『高麗圖經』 권25, 受詔條에서 자세히 설명할 것이다.

11) 拜表: 군주 또는 관부에 표를 올리는 것을 말한다. 이에 대해서는 『高麗圖經』 권26, 拜表條에서 자세히 설명할 것이다.

12) 龍虎軍: 고려시대 京軍 중 하나이다. 이에 대해서는 『高麗圖經 역주(상)』, 265쪽 권10-4-3) 참조.

13) 鎧甲: 갑옷을 의미한다.
諸橋轍次, 1985, 「鎧甲」, 『大漢和辭典』 11, 東京 : 大修館書店, 611쪽.

14) 戈: 창의 일종이다. 이에 대해서는 『高麗圖經 역주(상)』, 287쪽 권12-1-4) 참조.

15) 矛: 창의 일종이다. 이에 대해서는 『高麗圖經 역주(상)』, 264쪽 권10-3-2) 참조.

16) 幾及萬卒: 龍虎軍의 규모를 언급한 구절이다. 다만 그 규모는 『高麗史』의 기록과 차이가 있는데, 이에 대해서는 『高麗圖經 역주(상)』, 284쪽 권11-8-5) 참조.

24-3

[原文]

次騎兵

神旗之次, 有錦衣龍虎親衞. 旗頭一名, 騎而前驅, 執小紅旆5). 其次則領兵上將軍, 其次則領軍郎將, 皆騎兵也. 持弓矢佩劍. 飾馬之具, 皆有鑾聲. 馳驟甚亟, 頗自矜耀.

[譯文]

다음 기병

신기 다음에는 비단[錦][1]을 입은 용호친위군[2]이 있습니다. 기두[3]는 한 명으로 말을 타고 앞에서 이끌며, 작은 붉은 깃발[4]을 잡습니다. 그 다음은 곧 영병상장군, 그 다음은 곧 영군낭장[5]인데 모두 기병입니다.

5) 四 : 旗, 知 : "旆【鄭刻旗】"로 기록되어 있다.

활과 화살을 잡고 검을 찼습니다. 말을 장식한 기구는 모두 방울 소리를
냅니다. 달리는 것이 몹시 빨라 자못 스스로를 뽐냄이 있습니다.

[註解]

1) 錦: 여러 종류의 색실을 이용하여 무늬를 짜 넣은 상급 衣料이다. 이에 대해서는
   『高麗圖經』 권14-7-4) 참조.
2) 龍虎親衛: 고려 京軍 중 하나인 龍虎軍 소속의 군사를 가리킨다. 이에 대해서는
   『高麗圖經 역주(상)』, 265쪽 권10-4-3) 참조.
3) 旗頭: 기수를 말한다. 이에 대해서는 『高麗圖經 역주(상)』, 276쪽 권11-2-1) 참조.
4) 小紅旆: 의장용 깃발이다. 이에 대해서는 『高麗圖經 역주(상)』, 267쪽 권10-6-1)
   참조.
5) 其次則領兵上將軍 其次則領軍郞將: 직위와 패용한 兵器로 볼 때, 서긍이 『高麗圖
   經』 권12, 仗衛二篇에서 서술한 領兵上騎將軍 및 領軍郞將騎兵과 같은 이들일 가
   능성이 있다. 영병상기장군에 대해서는 『高麗圖經』 권12, 領兵上騎將軍條 참조.
   영군낭장기병에 대해서는 『高麗圖經』 권12, 領軍郞將騎兵條 참조.

24-4

[原文]

次鐃鼓

騎兵之次, 鳴笳之軍, 次之, 鐃鼓之軍, 又次之. 每百餘步, 鳴笳軍, 必
却行, 面詔輿而合吹. 聲止, 則擊鐃鼓, 爲之節.

[譯文]

다음 요고군[1]

기병의 다음에는 명가군[2]이 뒤따르고, 요고군이 또 뒤따릅니다. 100
여 보마다 명가군은 반드시 뒤로 물러나[却行] 조서를 실은 가마를 보며
합주합니다. 소리가 그치면 징과 북을 쳐 박자를 맞춥니다.

[註解]

1) 鐃鼓: 본래 징과 북을 뜻하나, 본문에서는 군악대의 일종을 가리킨다. 본문과『高麗圖經』권13, 行鼓條의 내용을 감안하면 타악기를 쳐서 행렬의 속도를 조절하고 보조를 맞추는 역할을 담당했을 것으로 여겨진다.
2) 鳴笳之軍: 군악대의 일종이다. 본문과『高麗圖經』권13, 胡笳條의 내용을 감안하면 행렬의 도중에 관악기를 불어서 조서에 대한 존숭을 의례적으로 표현하는 역할을 했을 것으로 여겨진다.

24-5

[原文]

次千牛衞

鼓角之次, 卽有儀物, 貫革鐙杖, 千牛軍衞執之, 相比而行.

[譯文]

다음 천우위[1]

북과 피리 다음에는 곧 의물인 관혁과 등장[2]이 있어, 천우위[千牛軍衞]가 그것을 잡고 서로 나란히 나아갑니다.

[註解]

1) 千牛衞: 고려 京軍인 6衞 중 하나이다. 이에 대해서는『高麗圖經 역주(상)』, 264쪽 권10-3-3) 참조.
2) 貫革鐙杖: 千牛衞가 지녔던 의장물이다. 貫革에 대해서는『高麗圖經』권13, 貫革條 참조. 鐙杖에 대해서는『高麗圖經 역주(상)』, 288쪽 권12-1-7) 참조.

24-6

[原文]

次金吾衞

千午衞之後, 金吾仗衞軍, 次之. 執黃幡豹尾儀戟華蓋, 差間而行.

[譯文]

다음 금오위[1]

천우위 뒤에는 금오장위군이 뒤따릅니다. 황번·표미·의극·화개[2]를 잡고 조금씩 간격을 두고 나아갑니다.

[註解]

1) 金吾衞: 고려 京軍인 6衞 중 하나이다. 이에 대해서는 『高麗圖經 역주(상)』, 262쪽 권10-1-4) 참조.

2) 黃幡豹尾儀戟華蓋: 金吾衞가 지녔던 의장물이다. 黃幡에 대해서는 『高麗圖經 역주(상)』, 263쪽 권10-2-1) 참조. 豹尾에 대해서는 『高麗圖經 역주(상)』, 264쪽 권10-3-1) 참조. 儀戟에 대해서는 『高麗圖經』 권13, 儀戟條 참조. 華蓋에 대해서는 『高麗圖經 역주(상)』, 261·262쪽 권10-1-1) 참조.

24-7

[原文]

次百戲

金吾仗衞之後, 百戲小兒, 次之. 服飾之類, 略同華風.

[譯文]

다음 백희

금오의 장위 뒤에는 백희소아[1]가 뒤따릅니다. 복식의 부류는 대략 화풍과 같습니다.

[註解]

1) 百戱小兒: 百戱는 전문 연희자를 뜻하며, 小兒는 재주와 기예가 뛰어난 여자 어린 이를 말한다. 이에 대해서는 『高麗圖經 역주(상)』, 310쪽 권13-8-2) 참조.

24-8

[原文]

次樂部

歌工樂色, 亦有三等之服, 而所持之器, 間有小異. 其行, 在小兒隊之 後. 比使者至彼, 會俁衣制未除, 故樂部, 皆執其器而不作. 特以奉詔命, 不敢不設也.

[譯文]

다음 악부[1]

가공과 악색[2]도 또한 세 등급의 복식이 있고, 소지한 악기는 때때로 작은 차이가 있습니다. 그 행렬은 소아대의 뒤에 있습니다. 근래에 사신 [使者]이 고려[彼]에 이르렀을 때 마침 왕우[俁, 예종]의 복제가 끝나지 않았으므로, 악부가 모두 그 악기를 잡기만 하고 연주하지는 않았습니다. 다만 조서를 받들었기 때문에 감히 설행하지 않을 수 없었던 것입니다.

[註解]

1) 樂部: 音樂隊를 의미한다. 北魏에서는 음악을 관장하는 관청이었으며, 唐에서는 坐部伎와 立部伎로 구성된 악대를 일컫는 말이었다. 『高麗史』에서는 음악을 맡은 관청·음악대·궁중무용 등의 용례로 쓰인 것이 확인된다.

『高麗史』 권9, 世家9 文宗 27년 10월 壬午.

『高麗史』 권11, 世家11 肅宗 3년 10월 甲申.

『高麗史』 권71, 志25 樂2 俗樂 舞鼓.

諸橋轍次, 1985, 「樂部」, 『大漢和辭典』 6, 東京 : 大修館書店, 514·515쪽.

2) 歌工樂色: 大樂署와 管絃房에서 실제로 노래와 음악 연주를 담당한 工人·伶人·樂工과 같은 부류로 여겨진다. 이들은 일부의 경우 武散階나 同正職을 통해 田柴 또는 別賜를 받을 수 있었지만, 대부분은 공연 때에 주어지는 위로금 정도로 살아야 했다. 천한 일을 하는 賤事良人으로, 賤隸와 비슷하게 취급되었다. 한편 악공과 함께 실제 음악 연주를 맡은 이들로 敎坊女妓가 있는데, 이에 대해서는 『高麗圖經』 권20-4-7) 참조.

吳芳松, 1986, 「高麗의 大樂署와 管絃房」, 『韓國學報』 12-3 ; 1988, 『高麗音樂史研究』, 一志社 ; 2002, 『한국중세사회의 음악문화 : 고려시대편』, 민속원, 295~304쪽.

金蘭玉, 2000, 「良人層의 構成과 賤事·賤役良人」, 『高麗時代 賤事·賤役良人 研究』, 신서원.

김창현, 2000, 「고려시대 음악기관에 관한 제도사적 연구」, 『國樂院論文集』 12 ; 2002, 앞의 책 ; 2007, 『고려의 여성과 문화』, 신서원, 333~337쪽.

24-9

[原文]

次禮物

禮物之匣, 大小不一. 其面, 標6)題所賜之物名件, 而皇帝信寶, 封之. 麗人, 尊奉寵眷, 乃盛以要舁, 而罩以黃帕. 每乘, 用控鶴軍四人, 服紫繡花袍, 上折脚7)幞頭. 其行, 在樂部之次.

---

6) 四 知 : 標. 원문은 摽로 되어 있으나, 의미상 '標'가 옳다고 생각되어 교감 번역하였다.

7) 四 知 : "脚"이 추가되어 있다. 원문은 脚이 누락되어 있으나, 의미상 '脚'을 추가

[譯文]

다음 예물

예물의 갑(匣)은 크기[大小]가 같지 않습니다. 그 겉면은 하사한 물건의 이름과 개수를 표제로 하고, 황제신보[1]로 그것을 봉하였습니다. 고려사람들은 황제의 총애를 높이고 받들어, 이에 허리에 드는 가마에 담아서 황색 휘장으로 덮었습니다. 가마마다 공학군[2] 4인을 쓰는데 자색의 꽃을 수놓은 포를 입고, 절각복두[3]를 씁니다. 그 행렬은 악부의 다음에 있습니다.

[註解]

1) 皇帝信寶: 宋 황제의 御寶이다. 『宋史』에 주변 나라에 글이나 물건을 하사할 때 사용했다는 기록이 전한다.
   『宋史』 권154, 志107 輿服6 寶.
2) 控鶴軍: 고려의 禁軍 중 하나이다. 이에 대해서는 『高麗圖經 역주(상)』, 273·274쪽 권11-1-16) 참조.
3) 折脚幞頭: 兩脚을 꺾어 올려서 오른쪽으로 조금 굽힌 幞頭를 가리킨다. 복두에 대해서는 『高麗圖經 역주(상)』, 194쪽 권7-2-1) 참조.

24-10

[原文]

次詔輿

采輿之設, 續繡錦綺, 五色間[8]錯, 制作華巧. 前一輿, 安大金爐, 次奉詔書幷祭王俣文, 次奉御書, 亦以控鶴軍捧之. 拜表歸館, 則不用其中一輿耳.

　　하는 것이 옳다고 생각되어 교감 번역하였다.
8) 四 知 : 開.

다음 조서 실은 가마

채색 가마의 설비는 수놓은 비단[繡繡錦綺][1]에 오색이 사이사이 섞였으며, 제작이 화려하고 정교합니다. 앞의 한 가마에는 커다란 금빛 향로[2]를 안치하고 다음에는 조서와 아울러 왕우(王俁, 예종)를 제사하는 글을 봉안했으며, 다음에는 어서(御書)를 받들었는데 또한 공학군이 들게 하였습니다. 표를 올리고 순천관[3]에 돌아가면 그 가운데 하나의 수레도 쓰지 않습니다.

[註解]

1) 繡繡錦綺: 수놓은 비단을 말한다. 綺는 羅·綾에 견주어지기도 하며, 의료용이나 이부자리로 이용되었다.
박용운, 2016, 「고려시대 사람들의 의료(衣料)」, 『고려시대 사람들의 의복식(衣服食) 생활』, 125~127쪽.
2) 大金爐: 『高麗圖經』 권14, 采輿條에 나타나는 大金香毬와 같은 것으로 보인다. 향구에 대해서는 『高麗圖經』 권15-2-1) 참조.
3) 筐: 宋 사신이 머물던 객관인 順天館을 가리킨다. 이에 대해서는 『高麗圖經』 권27, 順天館條에서 자세히 설명할 것이다.

24-11

[原文]

次充代下節

國朝故事, 奉使高麗下節, 皆卒伍. 比歲稍許命官士人藝術工技以代其選. 今使者之行也, 人人, 仰體, 聖上懷徠之意, 願爲執鞭, 以觀異域之俗. 又況陛辭之日, 面奉聖語, 丁寧宣諭, 人皆感泣, 而不以海洋之生死, 爲憂也. 故有若成忠郎周通, 承信郎趙溉, 登仕郎熊樗年尹京, 文學江大亨李

訓唐浚, 翰林醫學楊寅, 進士, 有若晁正之徐亨黃大本葉彥資石[9]懌陳興
祖陶挺孟徽高伯益李銚崔世美顧大範金安止王居仁劉緝熙, 副尉, 則有李
暉王澤呂漸徐琪徐可言施祐鍾禹功, 省府寺監胥吏, 則有若董琪牛敏年郯[10]
恭陳佐楊大同楊渙劉宗武孫洵王祐尹公立孫琬曹裕王伯全陳惟溉王道深
楊革張霻桂林范敏求舒障鄒琮志張若朴范寧之朱彥康劉窠胡允升周郁郯
伯成. 其服, 紫羅窄衫烏紗帽塗金雙鹿帶, 分爲兩序, 從詔輿而行.

[譯文]

다음 充代賀節[1]

　　송[國朝]의 전례[故事]에는 사명을 받들어 고려로 가는 하절[2]은 모두
병사[卒伍]였습니다. 근년에 점차 관리·사인(士人)·예술가[3]·장인으로
그 선발을 대체하는 것을 허락하는 명을 내리셨습니다. 지금 사신[使者]
의 행차에는 사람마다 휘종[聖上][4]께서 흠모하여 찾아오게 하려는 뜻을
우러러 체득하였으니, 길을 떠나[執鞭] 이역(異域)의 풍속을 관찰하기를
원했습니다. 하물며 폐사[5]하는 날에 성상의 말씀을 직접 받들었는데,
간곡히 선유하심에[6] 사람들이 모두 감격해 울며 바다에서 죽고 사는
것을 근심으로 여기지 않았습니다. 그러므로 성충랑[7] 주통,[8] 승신랑[9]
조개, 등사랑[10] 웅저년·윤경, 문학[11] 강대형·이훈·당준, 한림의학[12] 양
인 같은 이들이 있고, 진사[13]로는 조정지·서형·황대본[14]·섭언자·석역·
진흥조·도정·맹휘·고백익·이예·최세미·고대범·김안지·왕거인·유집
희 같은 이들이 있으며, 부위[15]로는 곧 이휘·왕택·여점·서공·서가언·시
우종·우공 같은 이들이 있고, 성·부·시·감의 서리[16]로는 곧 동기·우민
년·담공·진좌·양대동·양환·유종무·손순·왕우·윤공립·손완·조유·왕

---

9) 四 : 王, 知 : "石【鄭刻王】"으로 기록되어 있다.
10) 四 : 鄭, 知 : "郯【鄭刻鄭】"으로 기록되어 있다.

백전·진유개·왕도심·양혁·장우·계림·범민구·서장·추종지·장약박·범영지[17]·주언강·유절·호윤승·주욱·담백성 같은 이들이 있습니다. 그 복식은 자색 비단[羅][18]으로 만든 착삼,[19] 검은색 비단[紗][20] 모자, 도금한 쌍록디를 착용했고, 양쪽으로 차례대로 나누어 조서를 실은 가마를 따라갔습니다.

[註解]

1) 充代下節: 대체하여 충원된 下節이다. 본문에 따르면 본래 고려에 가는 宋의 하절은 모두 軍人이었지만, 官吏·士人·學術과 占卜에 밝은 사람·匠人의 선발도 점점 허락되었다고 한다. 이들은 종래의 上·中·下節 중심의 사절단 편성에는 들어가기 어렵기에 '充代'라는 범주를 만들어 준 것으로 여겨진다. 성격상 전국적으로 응모된 이들로 보이며 사절단 중 가장 많은 인원을 차지하였다. 선화 연간(송 휘종. 1119~1125)의 본 사절단은 특히 송대 최대 규모였지만, 대다수를 차지하는 본하절을 제외하면 송이 契丹에 파견한 사절단의 규모와 큰 차이가 없었다.
   김성규, 2014, 앞의 논문 ; 2020, 앞의 책, 640~642쪽.
2) 下節: 正使와 副使를 따르던 수행원인 三節의 하나이다. 실무를 담당한 하급 관리나 胥吏, 土兵 등으로 구성되었다. 역할에 있어서 上節·中節과 구별되며, 방문국의 궁중 의례 참여에 제한을 받았다.
   서긍 지음, 은몽하·우호 엮음, 김한규 옮김, 2012, 「徐兢의『宣和奉使高麗圖經』解題」, 『사조선록 역주(使朝鮮錄譯註)—宋使의 高麗 使行錄—』1, 소명출판, 43쪽.
   김성규, 2014, 앞의 논문 ; 2020, 앞의 책, 640·641쪽.
3) 藝術: 오늘날과 다르게 당시에는 학문과 기술, 또는 점복과 관련된 기술을 의미했다. 따라서 본문에서는 학술과 점복 등에 밝은 사람들을 가리킨다.
   諸橋轍次, 1985, 「藝術」, 『大漢和辭典』9, 東京 : 大修館書店, 987쪽.
4) 聖上: 宋의 제8대 황제인 徽宗(1082~1135)을 가리킨다. 그에 대해서는『高麗圖經』권17-2-6) 참조.
5) 陛辭: 외국이나 지방에 부임하는 관리가 京師를 나갈 때, 陛下에서 황제에게 작별을 고하고 평안을 비는 것을 말한다.
   諸橋轍次, 1985, 「陛辭」, 『大漢和辭典』11, 東京 : 大修館書店, 829쪽.
6) 又況陛辭之日 …… 丁寧宣諭: 본래 宋에서는 1122년(예종 17) 3월에 고려에 國信使를 보내기로 결정하였다. 그런데 동년 4월에 예종이 훙거하면서 사신단의 일정과 임무가 변화되었는데, 이에 대해서는『高麗圖經 역주(상)』, 19쪽 권0-1-(2)-10) 참조. 한편 사신단이 고려로 파견되는 과정에 대해서는『高麗圖經』권34, 招寶山條에서 자세히 설명할 것이다.

7) 成忠郎: 宋의 武散官으로 정9품에 해당한다. 정화 연간(송 휘종, 1111~1118)에 무
산관이 53階로 정비되면서 49번째가 되었다.
　『宋史』 권168, 志121 職官8 合班之制 官品.
　『宋史』 권169, 志122 職官9 敍遷之制 武散官.
　中華書局, 1985, 『『宋史』 12 : 志[9]』, 北京 : 中華書局, 4071쪽.

8) 周通: 생몰년 미상. 宋의 관인이다. 본문 이외에는 기록이 소략하여 자세한 내용
을 알기 어렵다. 이하의 인물들 가운데 본문 이외에 기록이 없는 경우는 모두 생
략하였다.

9) 承信郎: 宋의 武散官으로 종9품에 해당한다. 정화 연간(송 휘종, 1111~1118)에 무
산관이 53階로 정비되면서 52번째가 되었다.
　『宋史』 권168, 志121 職官8 合班之制 官品.
　『宋史』 권169, 志122 職官9 敍遷之制 武散官.
　中華書局, 1985, 『『宋史』 12 : 志[9]』, 北京 : 中華書局, 4071쪽.

10) 登仕郎: 宋의 文散官으로 정9품下에 해당한다. 숭녕 연간(송 휘종, 1102~1106)에
제정되었고 문산관 29階 중 27번째가 되었다. 정화 연간(송 휘종, 1111~1118) 말
기에 문산관이 37階로 정비되면서 명칭이 修職郎으로 바뀌고 36번째가 되었다.
　『宋史』 권168, 志121 職官8 合班之制 官品.
　『宋史』 권169, 志122 職官9 敍遷之制 文散官.

11) 文學: 文學叅軍을 가리킨다. 大都督府와 都督府 소속으로 종9품이다.
　『宋史』 권167, 志120 職官7 大都督府.
　『宋史』 권168, 志121 職官8 合班之制 官品.

12) 翰林醫學: 宋代 翰林醫官院의 관직으로 종9품이다. 의약을 供奉하는 업무를 담당
하였다.
　『宋史』 권168, 志121 職官8 合班之制 官品.

13) 進士: 宋代 進士科에 급제한 자에게 주어진 칭호이다. 성적에 따라 進士及第·進士
出身·同進士 출신으로 구분되었으며, 解試·省試·殿試에 합격해야 했다.
　申採湜, 1981, 「宋代 官僚의 陞進과 出降」, 『宋代官僚制研究—宋史列傳分析을 통하
　　여—』, 三英社 ; 2008, 『宋代官僚制研究』, 한국학술정보(주), 220~242쪽.
　John W. Chaffee, 1985, The Thorny Gates of Learning in Sung China: A Social
　　History of Examinations, London : Cambridge Univ. Press ; 양종국 옮김, 2001, 「관
　　료채용 구조」·「부록 I 문관의 입사 방법」, 『송대 중국인의 과거생활—배움의
　　가시밭길—』, 신서원, 59·60·325쪽.
　Thomas H. C. Lee, 1985, Government education and examinations in Sung China, New
　　York : St. Martin's ; 姜吉仲 옮김, 2010, 「과거고시」, 『宋代 官學敎育과 科擧』,
　　경상대학교 출판부, 168~178쪽.
　裵淑姬, 2001, 「河北五路의 別立分數考校制」, 『宋代科擧制度와 官僚社會』, 三知院,
　　157~160쪽.

14) 黃大本: 생몰년 미상. 宋의 관인이다. 1129년(송 건염 3)에 先期告請使가 되었고,

1135년(송 소흥 5)에는 뇌물죄에 연좌되어 南雄州—지금의 중국 廣東省 南雄市 일원—에 유배되었다.
『宋史』 권25, 本紀25 高宗 建炎 3년 3월 己卯.
『宋史』 권28, 本紀28 高宗 紹興 5년 4월 丙午.

15) 副尉: 宋代 하급 武散官에 붙는 호칭이다. 昭武·振威·致果·翊麾·宣節·禦武·仁勇·陪戎副尉 등 8종류가 있으며, 昭武副尉는 정6품, 가장 낮은 陪戎副尉가 종9품이었다.
『宋史』 권169, 志122 職官9 敍遷之制 武散官.

16) 省府寺監胥吏: 3省 6部를 비롯한 省·府·寺·監에 속한 胥吏를 가리킨다. 宋代 서리는 관료집단과는 달리 상층 지배층은 되지 못했으나 영향력에 있어서 관료를 능가하는 경우가 있었다. 지위는 사실상 세습되며 관아에서의 실무를 담당하였다.
申採湜, 1983, 「宋代 中央官衙의 吏額에 관하여」, 『東洋史學研究』 18 ; 2008, 『宋代 政治經濟史研究』, 한국학술정보(주), 103·138~141쪽.
申泰光, 1997, 「官僚制의 運用과 胥吏」, 『宋代 胥吏 研究』, 東國大學校 史學科 博士學位論文, 51~72쪽.
曰泰光, 1999, 「宋代 胥吏의 政治的 機能」, 『中國史研究』 6, 46~52쪽.

17) 范寧之: 생몰년 미상. 宋의 관인이다. 1137년(송 소흥 7)에 何蘚과 함께 金에서 돌아와 徽宗이 훙거했음을 알렸다는 기록이 전한다.
『宋史』 권28, 本紀28 高宗 紹興 7년 1월 丁亥.

18) 羅: 날실과 씨실의 간격을 넓게 짜서 마치 새그물처럼 성기게 만든 얇은 견직물을 말한다. 이에 대해서는 『高麗圖經』 권15-2-3) 참조.

19) 窄衫: 소매가 좁은 衫을 말하는 것으로 여겨진다. 삼에 대해서는 『高麗圖經 역주(상)』, 285쪽 권11-9-1) 참조.

20) 紗: 조금 성글면서도 꼬임이 없이 짠 얇고 고운 견직물을 말한다. 이에 대해서는 『高麗圖經』 권21-8-3) 참조.

24-12

[原文]

次宣武下節

　宣武下軍, 明州土兵, 共五十人. 服飾, 與充代不異, 但褰裳而行, 使錦繡彰施耳. 使者初出都門, 降賜塗金器皿從物. 每[11]出節, 卽供給之, 人各

---

11) 四 知 : 再.

執于12)前13), 采奪目, 以示榮耀于14)外國焉.

[譯文]
다음 선무하절1)

선무하군은 명주2)토병으로 모두 50인입니다. 복식은 충대하절과 다르지 않으며, 다만 하의를 걷어 올리고 다니는데 수놓은 비단옷[錦繡]이 선명하게 드러나도록 했을 뿐입니다. 사신[使者]이 처음 도성문을 나가면, 도금한 그릇과 딸린 물품을 내려주었습니다. 매번 부절3)을 내어 곧 그것을 나누어주는데, 사람들이 각각 앞에서 잡았고 광채는 눈부시게 빛나니 이로써 외국에 영화로움을 보인 것입니다.

[註解]
1) 宣武下節: 軍人으로 구성된 下節이다. 본문에서는 宣武下軍을 明州土兵이라 하였는데, 宋代 禁軍의 군호로 殿前司의 宣武軍이 확인되어 참고된다. 송은 眞宗代 이후 금군의 일부를 지방에 주둔시키는 更戍法을 적용하였다. 선무군 중 明州—지금의 중국 浙江省 寧波市 일원—에 배치된 이들을 선발했다고 볼 수도 있고, 명주에 기반을 둔 토병들 가운데 선무군이라는 명목으로 새로 뽑았을 가능성도 있다.
『宋史』 권145, 志98 儀衛3 國初鹵簿.
安俊光, 1987, 「北宋 禁軍의 形成과 그 運用」, 『大丘史學』 32, 115·116쪽.
小岩井弘光, 1998, 「北宋の就糧禁軍」, 『宋代兵制史の研究』, 東京 : 汲古書院, 21~24쪽.
김성규, 2014, 앞의 논문 ; 2020, 앞의 책, 641쪽.
2) 明州: 지금의 중국 浙江省 寧波市 일원이다. 이에 대해서는 『高麗圖經 역주(상)』, 69쪽 권2-2-(2)-7) 참조.
3) 節: 符節을 말한다. 대나무 등으로 만들었으며, 그 위에 문자를 써서 두 개로 나누어 각각 나눠 가졌다. 이후에 이것을 합하여 증표로 삼았다.
諸橋轍次, 1985, 「符節」, 『大漢和辭典』 8, 東京 : 大修館書店, 757·758쪽.

---

12) 知 : 於.
13) 四 知 : "綮"이 추가되어 있다.
14) 知 : 於.

24-13

[原文]

次使副

國信使副, 從詔書入城, 到15)公會, 皆二馬齊驅. 其服, 紫衣御仙花金帶, 仍佩金魚. 高麗伴使, 騎馬在副使之右數步, 相比而行, 屈16)使17)又次之.

[譯文]

다음 정사와 부사[1]

국신사와 부사[2]는 조서를 따라 성에 들어가는데, 공식 모임에 갈 때에는 모두 두 말이 나란히 나아갑니다. 그 복식은 자색 옷에 어선화금대[3]이고, 아울러 금어[4]를 찹니다. 고려의 반사[5]가 말을 타고 부사의 오른쪽에서 몇 보 떨어져 서로 나란히 가며, 굴사[6]는 또한 뒤따릅니다.

[註解]

1) 使副: 正使와 副使를 말한다. 이에 대해서는 『高麗圖經』 권15-3-5) 참조.

2) 國信使副: 宋에서 주변국에 파견한 여러 사절의 총칭 또는 송과 형식상 대등한 관계에 있던 遼·金 등의 사절에 대한 지칭이다. 본문에서는 송이 보낸 祭奠使와 弔慰使를 가리킨다. 이에 대해서는 『高麗圖經』 권14-7-3) 참조.

3) 御仙花金帶: 御仙花로 장식한 金帶로, 3~4품에 해당하는 近侍와 從官이 착용하였다. 이에 대해서는 『高麗圖經 역주(상)』, 207쪽 권7-5-1) 참조.

4) 金魚: 金으로 만든 魚符를 넣어두는 주머니이다. 이에 대해서는 『高麗圖經 역주(상)』, 163쪽 권6-3-(1)-23) 참조.

5) 伴使: 외국 사절에 대한 영송과 접대를 담당한 관원인 接伴使와 館伴使를 말한다. 이에 대해서는 『高麗圖經 역주(상)』, 208·209쪽 권7-5-8) 참조. 한편, 접반사는 사절이 고려 경내에 진입하는 순간부터 개경에 위치한 객관에 이르기까지 영송을 담당하였고, 관반사는 사절이 禮成江에 도착한 이후 차정되어 順天館에 체류하

---

15) 四 : "副【闕】"로 기록되어 있다, 知 : 副.
16) 四 : 闕.
17) 知 : "使【鄭刻闕使案屈使凡再見未知孰是】"로 기록되어 있다.

는 동안 영접과 수행을 담당하였다. 따라서 본문에서의 반사는 곧 관반사일 가
능성이 높다. 당시의 관반사는 金仁揆와 李之美였다. 김인규에 대해서는『高麗圖
經』 권8, 館伴金紫光祿大夫守司空同知樞密院事上柱國金仁揆條 참조. 이지미에 대
해서는『高麗圖經』 권8, 同館伴正議大夫守尙書兵部侍郎上護軍賜紫金魚袋李之美條
참조.
金圭錄, 2015,「고려중기의 宋 使節 迎逢과 伴使의 운용」,『歷史敎育』134, 163·164쪽.
6) 屈使: 사신단 관련 업무를 맡은 관리이다. 이에 대해서는『高麗圖經』 권21-5-6)
참조.

24-14

[原文]

次上節

上節都轄, 武翼[18]大夫忠州刺史兼閤門宣贊舍人吳德休. 其服, 紫衣金
帶, 行馬在正使之後. 提轄, 朝奉大夫徐兢. 緋衣佩魚, 行馬在副[19]使[20]之
後. 法籙道官, 太[21]虛大夫藥珠殿校籍黃大中, 碧虛郎凝神殿校籍陳應常,
紫衣靑襈, 佩金方符. 書狀官, 宣敎郎滕茂實崔嗣道, 如提轄官之服. 隨船
都巡檢吳敏. 指使兼巡檢, 路允升路達傅叔承許興文. 管句舟船王覺民黃
處仁葛成仲舒紹弼賈垣. 語錄指使, 劉昭慶武忼楊明. 醫官, 李安仁郝洙.
書狀使臣, 馬俊明李公亮. 其服, 紫衣塗金御仙花帶. 引接荆珣孫嗣興服
綠, 各以官序行馬, 從詔書入城. 其侍使副, 行則戴席帽, 而執鞭專遣, 行
禮則亦張靑蓋. 彼國, 自有伴官相陪, 多以引進官, 爲之.

---

18) 知 : "翊【鄭刻翼】"으로 기록되어 있다.
19) 四 : 闕.
20) 知 : "使【鄭刻闕使】"로 기록되어 있다.
21) 四 : 大.

[譯文]

다음 상절[1]

상절의 도할관은 무익대부[2] 충주자사[3] 겸합문선찬사인[4] 오덕휴[5]입니다. 그 복식은 자색 옷과 금대이며, 말의 행차는 정사의 뒤에 있습니다. 제할관은 조봉대부[6] 서긍[7]입니다. 비색 옷에 어대[8]를 찼으며, 말의 행차는 부사의 뒤에 있습니다. 법록도관[9]은 태허대부[10] 예주전교적[11] 황대중[12]과 벽허랑[13] 응신전교적[14] 진응상인데, 청색 선[15]을 두른 자색 옷에 금빛 네모난 부절을 찼습니다. 서장관[16]은 선교랑[17] 등무실[18]·최사도[19]인데, 제할관의 복식과 같습니다. 수선도순검[20]은 오창입니다. 지사겸순검[21]은 노윤승·노규·부숙승·허홍문입니다. 관구주선[22]은 왕각민·황처인·갈성중·서소필·가원입니다. 어록지사[23]는 유소경·무완·양명[24]입니다. 의관은 이안인·학수입니다. 서장사신[25]은 마준명·이공량입니다. 그 복식은 자색 옷에 어선화가 도금된 띠를 두릅니다. 인접[26]은 형순·손사홍으로 복식은 녹색이며 각각 관직의 서열에 따라 말을 타고 가는데 조서를 따라 성에 들어갑니다. 그들이 정사와 부사를 모실 때는 행차하면 곧 석모[27]를 쓰고 채찍을 잡으며 오롯이 보냈는데, 예를 행할 때면 또한 청개[28]를 펼칩니다. 고려[彼國]에는 원래 반관이 있어 함께 하는데,[29] 대부분 인진관[30]에게 (반관이 해야 할) 일을 맡깁니다.

[註解]

1) 二節: 正使와 副使를 따르던 수행원인 三節의 하나이다. 이에 대해서는 『高麗圖經』 권15-6-6) 참조.

2) 武翼大夫: 宋의 武散官으로 정7품에 해당한다. 정화 연간(송 휘종, 1111~1118)에 무산관이 53階로 정비되면서 34번째가 되었다.
『宋史』 권168, 志121 職官8 合班之制 官品.
『宋史』 권169, 志122 職官9 敍遷之制 武散官.
中華書局, 1985, 『『宋史』 12 : 志[9]』, 北京 : 中華書局, 4071쪽.

3) 忠州刺史: 宋代 忠州의 장관인 刺史를 의미한다. 충주는 지금의 중국 重慶市 忠縣 일원이다. 634년(당 정관 8)에 臨州를 고쳐 설치하고 臨江縣을 다스렸다. 742년 (당 천보 1)에 南賓郡으로 고쳤다가 758년(당 건원 1)에 다시 충주가 되었다. 宋 代 夔州路에 속했다. 한편, 자사는 漢 武帝가 전국에 州를 설치하면서 두었던 관 직으로, 이에 대해서는 『高麗圖經 역주(상)』, 201쪽 권7-3-22) 참조.

    戴均良 外 主編, 2005, 「忠州」, 『中國古今地名大詞典』 中, 上海 : 上海辭書出版社, 1799쪽.

4) 閤門宣贊舍人: 宋代 朝會·宴幸·供奉·贊相·禮儀의 일을 관장하던 東·西閤門의 관직 으로 황제를 알현하거나 명을 전하는 역할을 담당했다. 종7품으로, 정원은 10인 이다. 본래 通事舍人이었는데 정화 연간(송 휘종, 1111~1118)에 宣贊舍人으로 개 칭되었다.

    『宋史』 권166, 志119 職官6 東西上閤門.

5) 吳德休: 생몰년 미상. 宋의 관인이다. 1129년(송 건염 3)에 李鄴·周望·宋彦通과 함 께 大金通問使가 되었다. 또 1135년(송 소흥 5)에는 親衛大夫 貴州防禦使였던 것 이 확인된다.

    『宋史』 권25, 本紀25 高宗 建炎 3년 1월 己丑.

    『宋會要輯稿』 職官54 宮觀使 紹興 5년 8월 3일.

6) 朝奉大夫: 宋代 文散官으로 정5품下에 해당한다. 정화 연간(송 휘종, 1111~1118) 말기에 문산관이 37階로 정비되면서 19번째가 되었다.

    『宋史』 권168, 志121 職官8 合班之制 官品.

    『宋史』 권169, 志122 職官9 敍遷之制 文散官.

7) 徐兢: 1091~1153. 고려 인종대 宋에서 온 사신으로 和州 歷陽—지금의 중국 安徽 省 馬鞍山市 和縣— 사람이다. 그에 대해서는 『高麗圖經 역주(상)』, 12쪽 권0-1- (1)-5) 참조.

8) 緋衣佩魚: 緋衣는 宋의 관복의 하나로, 緋色 관복 착용자는 銀魚符를 함께 패용했 다. 송의 魚袋 운용 제도에 대해서는 『高麗圖經 역주(상)』, 12쪽 권0-1-(1)-4) 참조

9) 法籙道官: 法籙은 주술 또는 道家의 도술이 담긴 책이며, 道官은 官吏가 된 道師 를 의미한다. 본문에서는 사신단 내에서 도가와 관련된 일을 수행하던 관리를 지칭하는 것으로 여겨진다.

    『宋史』 권21, 本紀21 徽宗3 重和 1년 10월 甲辰.

    諸橋轍次, 1985, 「法籙」, 『大漢和辭典』 6, 東京 : 大修館書店, 1054쪽.

    諸橋轍次, 1985, 「道官」, 『大漢和辭典』 11, 東京 : 大修館書店, 128쪽.

    김철웅, 2010, 「고려중기 李仲若의 생애와 도교사상」, 『韓國人物史研究』 14, 204쪽.

10) 太虛大夫: 『宋史』에 따르면 道士였던 林靈素에게 수여되었다는 기록이 있으나 자 세한 사항은 알 수 없다. 품계는 文散階에 준하였을 것으로 여겨진다.

    『宋史』 권462, 列傳221 方技下 林靈素.

    김철웅, 2010, 앞의 논문, 204쪽.

11) 蘂珠殿校籍: 宋代 蘂珠殿의 道官이다. 예주전은 玉皇上帝에게 받은 天書를 보관하

던 天章閣의 부속 건물로, 송 황제권을 강화하려던 정치적 의도가 담겨있었다. 校籍은 도관의 일종으로 諸殿의 修撰에 준하여 6품에 해당하였다.

『宋史』 권162, 志115 職官2 諸閣學士 直學士 待制.

『宋史』 권168, 志121 職官8 合班之制 官品.

『宋史』 권462, 列傳221 方技下 林靈素.

김철웅, 2010, 앞의 논문, 204·205쪽.

12) 黃大中: 생몰년 미상. 黃大忠과 동일인물이다. 道士 중 지위가 가장 높은 法師이 자 황제 측근으로, 藥珠殿 校籍에 임명되어 고려에 파견되었다. 上淸派 소속으로 황제권 강화에 기여했다고 여겨진다.

梁銀容, 1994, 「도교 및 풍수지리·도참사상」, 『한국사』 16, 국사편찬위원회, 285쪽.

김철웅, 2010, 앞의 논문, 204·205쪽.

13) 碧虛郎: 본문 외에는 기록이 소략하여 자세한 내용을 알기 어렵다. 다만, 명칭으 로 보건대 道士들에게 제수되던 관계였을 것이다.

14) 凝神殿校籍: 凝神殿의 道官이다. 응신전은 명칭으로 보아 藥珠殿 같은 전각의 일 종이었을 것이다.

15) 襈: 襦와 袍의 깃·도련·소매 끝 등에 두르는 색동이다. 헝겊의 날실이 풀리는 것 을 방지하고 튼튼하게 하도록 사용되었는데 점차 장식적 의미가 강화된 것으로 추정된다. 주로 黑·紅이 이용되었고, 靑·白·黃도 확인된다. 男女·老小·貴賤의 구 분 없이 널리 착용했지만, 귀한 신분일수록 기교가 더해졌다. 고구려 등의 북방 계통을 비롯하여 중국의 복식에서도 나타나며, 부여·삼한·백제·신라에서도 사용 되었다고 여겨진다.

유희경, 1980, 「上代社會의 服飾」, 『한국복식사연구』, 이화여자대학교 출판부, 35· 36쪽.

16) 書狀官: 宋 사신단 내에서 使·副의 글 짓는 일을 담당했던 이들이다. 通問使 혹은 國信使와 副使의 親吏였다.

『宋會要輯稿』 職官36 主管往來國信所 淳熙 7년.

龔延明 主編, 1997, 「書狀官」, 『宋代官制辭典』, 北京 : 中華書局, 67쪽.

17) 宣敎郎: 宋의 文散官으로 정7품下에 해당한다. 정화 연간(송 휘종, 1111~1118) 말 기에 문산관이 37階로 정비되면서 명칭이 宣德郎으로 바뀌고 26번째가 되었다.

『宋史』 권168, 志121 職官8 合班之制 官品.

『宋史』 권169, 志122 職官9 敍遷之制 文散官.

18) 滕茂實: ?~1127. 宋의 관인으로, 杭州 臨安—지금의 중국 浙江省 杭州市 臨安區 일 원— 사람이다. 字는 秀穎이다. 1118년(송 정화 8)에 進士가 되었다. 1126년(송 정 강 1)에 工部員外郎 假工部侍郎으로 金에 갔다가 억류되었는데, 代州—지금의 중 국 山西省 忻州 일원—로 옮겨졌다. 欽宗이 장차 도달할 것이라는 소식을 듣고 哀詞 「宋工部侍郎滕茂實墓」를 지었으며, 그를 따라가려 했으나 금에서 허락하지 않자 울분에 차 사망했다. 龍圖閣直學士로 추증되었다.

『宋史』 권27, 本紀27 高宗4 紹興 2년 2월 甲申.

『宋史』 권449, 列傳208 忠義4 滕茂實.

19) 崔嗣道: 생몰년 미상. 宋의 관인이다. 1118년(송 정화 8) 3월에 迪功郞 新河中府河
東縣主簿였는데 詞學兼茂科를 시험하자 上等에 들었다고 한다. 이외에는 기록이
소략하여 자세한 내용을 알기 어렵다.
『宋會要輯稿』 選擧12 制科3 宏詞 政和 8년 3월 28일.

20) 隨船都巡檢: 都巡檢의 명칭을 고려할 때, 사신단 내에서 배 안의 치안 또는 기율
을 담당했던 이들로 생각된다. 한편, 본래 도순검은 군사를 거느리고 지방에 파
견되어 순찰하던 職으로, 군사 훈련·도적 체포 등의 일을 담당했다.
『宋史』 권167, 志120 職官7 巡檢司.
龔延明 主編, 1997, 「都巡檢」, 『宋代官制辭典』, 北京 : 中華書局, 67쪽.
周藤吉之, 1980, 「高麗前期の鈐割·巡檢と牽龍 : 宋の鈐割·巡檢·牽龍官との關連のおい
て」, 『高麗朝官僚制の硏究―宋制との關連において―』, 東京 : 法政大學出版局, 501·
502쪽.

21) 指使兼巡檢: 指使와 巡檢의 명칭을 고려할 때, 사신단 내에서 都巡檢을 보조했던
이들로 생각된다. 한편, 지사는 指軍의 수장인 指軍使의 약칭으로, 지방을 순찰
하던 직이다. 保甲制에서 지방의 치안유지를 담당했던 순검과 함께 유사한 업무
를 수행했을 것이다.
『宋史』 권192, 志145 兵6 鄕兵3 保甲 元豐 8년.
龔延明 主編, 1997, 「指使」, 『宋代官制辭典』, 北京 : 中華書局, 412쪽.
馮東禮·毛元佑, 1998, 「北宋神宗時期的軍事改革」, 『中國軍事通史』 12, 北京 : 軍事
科學出版社, 296쪽.

22) 管句舟船: 관리하고 계찰한다는 管句의 자의를 고려할 때, 사신단의 배를 관리하
던 이들로 보인다.
김성규, 2014, 앞의 논문 ; 2020, 앞의 책, 642쪽.

23) 語錄指使: 指使의 명칭을 고려할 때, 사신단 내에서 語錄을 지키던 관직이었을
것으로 추정된다. 한편, 宋代 외국에 다녀온 사절은 귀국 후 반드시 國信語錄을
작성해 조정에 보고해야 했다. 선화 연간(송 휘종, 1119~1125) 사절단의 경우 해
당 어록이 『高麗圖經』이었고 그것을 편찬한 것이 서긍이었으므로, 어록의 기초
자료를 수집하는 관리로 추정하는 견해도 있다.
김성규, 2014, 앞의 논문 ; 2020, 앞의 책, 643쪽.

24) 楊明: 생몰년 미상. 宋의 관인이다. 『高麗史』에 御駕가 岊嶺驛―지금의 황해도 자
비령 일원―에 이르자 송의 都綱 楊明 등이 길에서 알현하였다는 기록이 있으나
동일인물인지는 알기 어렵다.
『高麗史』 권14, 世家14 睿宗 11년 4월 丁亥.

25) 書狀使臣: 선화 연간(송 휘종, 1119~1125)에 校尉를 使臣으로 고쳤다는 기록으로
보아, 書狀官을 보좌하던 역할을 했다고 추정된다.
『宋史』 권146, 志99 儀衛4 政和大駕鹵簿并宣和增減 小駕附.

26) 引接: 사신단 내에서 외교의례와 관련된 역할을 했던 이들로 보인다. 한편, 引接

은 引接儀范의 약칭으로, 國格의 훼손을 방지하고자 외교의례를 관장하던 職이
며 奉使所에 속했다.
龔延明 主編, 1997, 「引接」, 『宋代官制辭典』, 北京 : 中華書局, 67쪽.
27) 席帽: 모자의 종류로 등나무로 엮어 만들었다. 唐과 宋代에 入仕하지 않은 독서
인들이 주로 착용하였다.
諸橋轍次, 1984, 「席帽」, 『大漢和辭典』 4, 東京 : 大修館書店, 442쪽.
王虎, 2014, 「試析表示"科擧及第"意義的典故詞」, 『西華大學學報』 33-3, 15쪽.
28) 靑蓋: 푸른 비단으로 된 일산 모양의 의장이다. 이에 대해서는 『高麗圖經 역주
(상)』, 259쪽 권9-7-1) 참조.
29) 彼國 自有伴官相陪: 고려가 宋 사절의 방문 때에 伴官을 파견해 동행하게 했던
사실을 의미하는 구절이다. 반관은 외국 사절에 대한 영송과 접대를 담당한 관
원인 接伴使와 館伴使를 말한다. 이에 대해서는 『高麗圖經 역주(상)』, 208·209쪽
권7-5-8) 참조.
30) 引進官: 閤門―閣門―의 관직이다. 이에 대해서는 『高麗圖經 역주(상)』, 229쪽 권
8-1-(2)-22) 참조.

24-15

[原文]

終口節

中節管句禮物官, 承直郎朱明發, 承信郎婁澤范旼, 迪功郎崔嗣仁劉璹,
將仕郎吳【太上御名】[22]. 行遣, 迪功郎汪忱, 進士王處仁. 占候風雲官, 承
信郎萱之邵王元[23]. 書[24]符禁呪, 張洵仁. 技術, 郭範司馬瓘. 使副親隨,
徐閎張皓李機許興古. 親從官, 王瑾魯蹲. 宣武十將充代, 趙祐. 正名, 程
政. 都轄親隨人吏, 王嘉賓王仔. 其服, 幞頭紫窄衣塗金寶瓶帶. 其行馬,
在上節之次.

---

22) 四 : 構, 知 : "吳【太上御名 構】"로 기록되어 있다.
23) 四 : "元【闕】"로 기록되어 있다.
24) 四 : "書"가 누락되어 있다.

[譯文]

마지막[1] 중절[2]

　중절의 관구예물관[3]은 승직랑[4] 주명발, 승신랑 누택·범민, 적공랑[5] 최사인·유숙, 장사랑[6] 오구【태상의 이름이다】[7]입니다. 행견[8]은 적공랑 왕침,[9] 진사 왕처인입니다. 점후풍운관[10]은 승신랑 동지소·왕원입니다. 서부금주[11]는 장순인입니다. 기술[12]은 곽범·사마관입니다. 사부친수[13]는 서굉·장호·이기·허흥고입니다. 친종관[14]은 왕근·노준입니다. 선무십장충대[15]는 조우입니다. 정명[16]은 정정입니다. 도할친수인리[17]는 왕가빈·왕자입니다. 그 복식은 복두와 자색 착의[18]에 도금한 보병으로 장식된 허리띠[19]입니다. 그 말의 행차는 상절의 다음에 있습니다.

[註解]

1) 終: 사절단의 행차에서 가장 후미에 선다는 것을 말한다. 처음 神旗隊부터 마지막 中節까지 「高麗圖經」 권24, 節仗篇 기록된 고려 의장대와 宋 사절단의 행렬을 정리하면, ① 神旗隊, ② 騎兵(龍虎親衛旗頭, 領兵上將軍, 領軍郎將), ③ 군악대(鳴笳軍, 鐃鼓軍), ④ 千牛衛, ⑤ 金吾衛, ⑥ 百戲·小兒, ⑦ 樂部(歌工·樂色), ⑧ 禮物, ⑨ 詔輿(大金爐, 詔書·祭文, 御書), ⑩ 充代下節, ⑪ 宣武下節, ⑫ 正使·副使, ⑬ 上節, ⑭ 中節의 순서였다. 행렬의 순서와 구성원 각각의 의물 등을 재구성하면 아래의 [표 3]과 같다.

[표 3] 고려 의장대와 송 사절단의 행렬 순서 및 의물

①神旗隊	②騎兵 (龍虎親衛旗頭)	②騎兵 (領兵上將軍)	②騎兵 (領軍郎將)	③鐃鼓 (鳴笳軍)	③鐃鼓 (鐃鼓軍)	④千牛衛
神旗 鎧甲·戈·矛	小紅旆	弓·矢·佩劍	弓·矢·佩劍	笳	鐃·鼓	貫革·鐙杖
⑤金吾衛	⑥百戲	⑥(小兒)	⑦樂部 (歌工·樂色)	⑧禮物	⑨詔輿 (大金爐)	⑨詔輿 (詔書·祭文)
黃幡·豹尾 儀戟·華蓋	(華風)	(華風)	鼓吹之類	匣(皇帝信寶) 要昇·黃帕	采輿	采輿
⑨詔輿 (御書)	⑩充代下節	⑪宣武下節	⑫使·副	⑬上節	⑭中節	
采輿						

2) 中節: 正使와 副使를 따르던 수행원인 三節의 하나이다. 이에 대해서는『高麗圖經』
   권15-6-7) 참조.

3) 管句禮物官: 관리하고 계찰한다는 管句의 자의를 고려할 때, 예물을 관리하던 이
   들로 보인다.
   諸橋轍次, 1985,「管句」,『大漢和辭典』8, 東京 : 大修館書店, 806쪽.

4) 承直郎: 宋의 文散官으로 정6품下에 해당한다. 정화 연간(송 휘종, 1111~1118) 말
   기에 문산관이 37階로 정비되면서 31번째가 되었다.
   『宋史』권168, 志121 職官8 合班之制 官品.
   『宋史』권169, 志122 職官9 敍遷之制 文散官.

5) 迪功郎: 宋의 文散官으로 종9품下에 해당한다. 본래 將仕郎이었는데, 정화 연간
   (송 휘종, 1111~1118) 말기에 문산관이 37階로 정비되면서 37번째가 되었고 명칭
   이 迪功郎으로 바뀌었다.
   『宋史』권168, 志121 職官8 合班之制 官品.
   『宋史』권169, 志122 職官9 敍遷之制 文散官.

6) 將仕郎: 宋의 文散官으로 종9품下에 해당한다. 문산관 29階 중 29번째가 되었다.
   한편, 1116년(송 정화 6)에 迪功郎으로 명칭이 바뀌었기 때문에 사절단이 고려를
   방문했을 당시에는 적공랑만이 존재했을 것이다. 그러나 본문에서 두 명칭이 함
   께 기록되어 있는데, 제수받은 시기에 따른 차이로 보인다.
   『宋史』권168, 志121 職官8 合班之制 官品.
   『宋史』권169, 志122 職官9 敍遷之制 文散官.
   龔延明 主編, 1997,「迪功郎」,『宋代官制辭典』, 北京 : 中華書局, 576쪽.

7) 太上御名: 宋 高宗의 이름인 '構'字를 피휘한 것이다. 이에 대해서는『高麗圖經 역
   즈(상)』, 100쪽 권3-4-(1)-9) 참조.

8) 行遣: 명칭을 고려할 때 사신단 내에서 세척을 담당했던 이들로 여겨진다.
   諸橋轍次, 1985,「行遣」,『大漢和辭典』10, 東京 : 大修館書店, 104쪽.

9) 汪忱: 생몰년 미상. 宋의 관인이다. 1100년(송 원부 3)에 상소를 올렸던 신료들의
   하나로 이름이 기록되어 있다. 이외에는 기록이 소략하여 자세한 내용을 알기
   어렵다.
   『宋會要輯稿』職官68 黜降官5 崇寧 1년 9월 14일.

10) 占候風雲官: 占候란 일월식이나 星象을 보고 吉凶을 살피는 것으로, 명칭을 고려
    할 때 사신단 내에서 바람·구름 등을 보고 기후를 점치던 이들로 여겨진다.
    諸橋轍次, 1984,「占候」,『大漢和辭典』2, 東京 : 大修館書店, 612쪽.

11) 書符禁呪: 書符는 護符라고도 하며 부적이란 뜻이고, 禁呪는 주술을 부린다는 뜻
    이므로, 명칭을 고려할 때 사신단 내에서 부적을 쓰고 주문을 외우는 일을 담당
    했다고 추정된다.
    諸橋轍次, 1984,「書符」,『大漢和辭典』5, 東京 : 大修館書店, 974쪽.
    諸橋轍次, 1985,「禁呪」,『大漢和辭典』8, 東京 : 大修館書店, 480쪽.

12) 技術: 본래 손재주나 方術 등을 뜻하므로, 명칭을 고려할 때 사신단 내에서 배를

수리하거나 방술 등의 일을 담당했다고 추정된다.

　　諸橋轍次, 1984,「技術」,『大漢和辭典』5, 東京 : 大修館書店, 125쪽.

13) 使副親隨: 명칭을 고려할 때 사신단 내에서 正使와 副使를 가까이에서 수행하는 임무를 담당했다고 추정된다.

14) 親從官: 명칭을 고려할 때 사신단 내에서 군사 업무 및 詔書의 호위 등을 관장했던 이들로 생각된다. 한편, 본래는 여러 殿에 소속되어 洒掃·契勘·巡察 등의 일을 담당하던 관직이다.

　　『宋史』 권166, 志119 職官6 皇城司.

　　『宋史』 권187, 志140 兵1 禁軍上 建隆以來之制 皇城司.

15) 宣武十將充代: 下節 내에 明州土兵으로 이루어진 宣武下節이 있었던 점을 고려하면, 이들을 통솔하는 임무를 담당했다고 추정된다.

16) 正名: 본래는 宋代 諫諍을 담당했던 관직인데, 본문에서는 사절단 내에서 册使의 업무를 담당했던 이들로 추정된다.

　　『宋史』 권161, 志114 職官1 門下省 左散騎常侍 左諫議大夫 左司諫 左正言.

17) 都轄親隨人吏: 명칭을 고려할 때 사신단 내에서 都轄官을 가까이서 수행하는 임무를 담당했던 胥吏들로 추정된다.

18) 窄衣: 소매가 좁은 저고리의 일종이다. 이에 대해서는 『高麗圖經 역주(상)』, 284쪽 권11-8-2) 참조.

19) 塗金寶瓶帶: 도금한 보병으로 장식한 허리띠로 복식의 일부이다. 宋代 玉·金·銀·犀·銅·鐵·角·石·墨玉 등이 띠를 만드는 데에 이용되었는데, 신분에 따라 사용 가능한 품목에 차이가 있었다. 다양한 장신구가 허리띠의 장식으로 활용되었으며, 그중 도금한 寶瓶은 15兩에서 25량까지로 두 등급이 있었다.

[原文]

受詔

臣聞周使宰孔, 賜齊侯胙. 將下拜, 孔曰且有後命. 天子, 以伯舅耋老, 加勞[1]賜[2]一級, 無下拜. 對曰, 天威不違顔咫尺, 小白余, 敢貪天子之命, 恐隕越于[3]下, 以遺天子羞, 敢不下拜, 下拜登受. 夫周室之衰, 禮去其籍, 僅有存者, 齊侯雖霸[4], 不敢廢禮. 今天子威靈所被, 震疊海表, 而綏懷之意, 情文腆縟. 是宜麗人, 恪恭明命, 如瞻天表, 不敢少怠, 以虞隕越. 今圖其趨事執禮之勤, 以備觀考.

[譯文]

수조[1]

  신이 듣건대 주[2]에서 재공[3]을 시켜 제후[4]에게 제사에 쓴 고기를 내려 주었습니다. 장차 (제후가) 하배[5]하려 하니 재공이 말하기를 "또한 이어지는 경이 있습니다. 천자께서 백구[6]가 나이가 많으므로 관록을 더해[加勞] 한 급을 주며, 하배는 하지 말라고 하셨습니다."라고 하였습니다. (제후가) 대답하여 이르기를 "천자의 위엄이 (제) 얼굴과 조금도 떨어지지 않았으니, 저 소백이 감히 천자의 명을 탐하여 (위엄을) 아래로 떨어뜨려 천자께 수모를 남길까 두려우니 감히 하배하지 않을 수 있겠습니까."라고 하고는 하배하고 올라와 (고기를) 받았습니다.[7] 무릇 주 왕실의 쇠함으로 예가 그 전적에서 사라져 겨우 남아있는 것이 있을 뿐인데[8]

---

1) 四 : 賜.
2) 四 : 勞.
3) 知 : 於.
4) 知 : 伯.

제후는 비록 패자[9]였으나 감히 예를 버리지 않았습니다.[10] 지금 천자의
위엄과 영험한 덕이 미치는바 바다 밖을 두려워 떨게 하며, 믿고 따르게
하는 뜻의 내용과 형식[情文]은 두텁고 화려합니다. 이에 마땅히 고려
사람들은 천자의 명[明命]을 존경하고 경의를 표하여 하늘 높이 우러러
보는 듯이 하며 감히 조금도 게을리하지 않음으로써 (위엄을) 떨어뜨릴
까 염려합니다. 이제 일을 처리하고 예를 집행하는 데 힘쓰는 모습을
그려, 살펴보시는 데 대비합니다.

[註解]

1) 受詔: 황제의 이름으로 중요 결정을 선포하기 위해 사용되는 상용 문서인 詔書를
   받는 행위를 의미한다. 본문에서는 고려 국왕이 宋 황제의 조서를 받는 儀禮를 통
   칭하고 있으며, 이를 사신단의 관점에서 서술하고 있다. 당시 사신단은 예종의 薨
   去에 대한 祭奠과 인종에 대한 弔慰의 임무를 겸하였기 때문에『高麗圖經』권25,
   受詔篇에는 조서를 받는 賓禮뿐만 아니라, 凶禮인 제전과 조위가 포함되었다.
   『續資治通鑑長編』권339, 元豐 6년 9월 丙辰.
   冒志祥, 2007,「宋朝外交文書的常用文種」,『論宋朝外交文書』, 南京師範大學 文藝學
      博士學位論文, 29쪽.
   朴潤美, 2016,「高麗 國王이 詔書를 받는 儀禮」,『高麗前期 外交儀禮 研究』, 淑明女
      子大學校 史學科 博士學位論文, 58·59쪽.
2) 周: 중국의 고대 왕조이다. 이에 대해서는『高麗圖經 역주(상)』, 12쪽 권16-1-6)
   참조.
3) 宰孔: 생몰년 미상. 周 襄王의 신하로 齊 桓公이 주최한 葵丘의 會盟에 파견되었
   다. 회맹에서 돌아가던 중 晉 獻公을 만났을 때 제 환공의 덕이 부족함을 지적하
   며 참가하지 않을 것을 권하기도 하였다.
   『史記』권32, 齊太公世家2.
4) 齊侯: 齊 桓公(B.C.716~B.C.643)을 말한다. 재위 기간은 43년(B.C.685~B.C.643)이다.
   중국 春秋時代 제의 諸侯였으며, 諱는 小白이다. 제 襄公을 시해한 公孫無知가 살
   해당한 후 뒤를 이어 군주가 되었으며, 管仲을 등용하여 나라를 강성하게 하였
   다. 山戎을 토벌하고 楚를 제압하였으며, 여러 차례 제후들을 규합하여 춘추시대
   최초의 霸者가 되었다. 그러나 후계자를 명확히 하지 못해 발생한 내란 속에서
   사망하였고 후에 시신이 67일간 방치되었다.
   『史記』권32, 齊太公世家2.
   임종욱 편, 2010,「제환공」,『중국역대 인명사전』, 이회, 1648쪽.

5) 下拜: 座나 堂 아래에서 절하는 행위이다. 周代의 下拜는 양 계단의 사이로 내려
   가 北面하여 2번 절한 후 머리를 조아리는 방식으로 이루어졌다. 이는 당시에 신
   하가 군주를 대하는 禮였다.
   諸橋轍次, 1984, 「下拜」, 『大漢和辭典』 1, 東京 : 大修館書店, 231쪽.
   楊伯峻 編著, 1981, 「僖公 九年」, 『春秋左傳注』, 北京 : 中華書局, 326쪽.
6) 伯舅: 天子가 姓이 다른 諸侯를 부르거나, 제후가 성이 다른 大夫를 부를 때 사용
   했던 존칭이다. 본문에서는 전자의 의미로 사용되었다.
   諸橋轍次, 1984, 「伯舅」, 『大漢和辭典』 1, 東京 : 大修館書店, 671쪽.
7) 臣聞周使宰孔 …… 下拜登受: 諸侯가 天子의 명을 대하는 예법에 관한 내용이다.
   『春秋左傳』에 따르면 천자가 文·武王에게 제사 지낸 후 그 고기를 葵丘에서 會盟
   하는 齊 桓公에게 보냈다고 한다. 한편, 『史記』에는 胙뿐만 아니라 彤弓矢와 大路
   를 함께 내려주었다고 언급되었다. 또한 제 환공은 下拜하지 않으려 하였으나 管
   仲이 이를 반대함에 따라 예를 행한 것으로 묘사되었다.
   『史記』 권32, 齊太公世家2.
   『春秋左傳』 僖公 9년.
8) 夫周室之衰 …… 僅有存者: B.C.770년에 周가 犬戎의 침입으로 東遷한 이후, 그 권
   위를 상실하였던 상황을 가리킨다. 西周時代에는 열국 간에 봉건적 질서와 관습
   이 남아있었다. 그러나 東遷 이후 주 왕실은 무력이 약화되고 영토가 축소되어
   소국으로 전락하였다. 이에 따라 주 天子의 권위는 형식적으로만 존재하게 되며
   제후국을 제어할 수 없게 되었고, 春秋時代 列國의 국제적 분쟁은 무력에 의해
   좌우되었다.
   이춘식, 2005, 「은(殷)·주(周) 왕조의 성립과 문화 발달」, 『중국사 서설(개정판)』,
      교보문고, 73~75쪽.
9) 霸: 春秋時代 영토와 무력을 가진 大國의 지도자로, 국제간의 霸政을 주도하던 인
   물을 일컫는다. 춘추시대의 周 왕실은 소국으로 전락하여 국제적 분쟁을 조율할
   능력을 상실하였다. 이에 따라 강력한 힘을 가지고 있던 諸侯가 '尊王攘夷'를 주
   장하며 열국을 규합하고 국제정치의 주도권을 장악하였다. 또한 주변 이민족의
   침입을 격퇴하는 데 앞장서기도 하였다. 이처럼 춘추시대에는 霸主가 등장하여
   패정이 이루어졌으며, 이때의 패는 여러 동맹국가의 감독자 또는 보호자라는 의
   미가 있었다.
   이춘식, 1986, 「五霸의 출현과 霸政」, 『中國古代史의 展開』, 藝文出版社, 94·95쪽.
10) 齊侯雖霸 不敢廢禮: 齊 桓公의 통치방식에 대한 언급이다. 제 환공은 春秋時代 최
   초의 霸者였으나 '尊王攘夷'의 명분을 다하기 위해 노력하였다. 제 환공 휘하의
   管仲은 周 왕실을 높여 명분을 중시하였으며 이를 통해 중원의 단합을 꾀하였다.
   또한 다른 제후국을 통솔할 때 주 왕실을 대행한다는 뜻을 분명히 밝혔다. 이러
   한 관중의 사상에는 주 왕실을 중심으로 한 천하질서의 유지라는 목표가 존재하
   였으며, 이를 위해 주 왕실에 대한 존숭의 예를 지킬 것을 강조하였다.
   김충열, 1994, 「춘추 중기의 철학 사상」, 『중국철학사 1 중국철학의 원류』, 예문

25-2

[原文]

迎詔

使副奉詔, 入順天館, 十日內卜吉, 王乃受詔. 前期一日, 先遣說儀官, 與使副相見. 次日遣屈5)使一員, 至館, 都轄提轄官, 對捧詔入采輿內, 儀仗兵甲, 迎導前行. 使副館伴屈6)使, 同上馬, 下節, 在其前步行, 上中節, 騎馬後隨. 國官, 先於館門外排立, 候詔書出館, 當道再拜訖, 乘馬前導. 至王府入廣化門, 次入左同德門, 至昇平門外, 上中節, 下馬. 引接指使等, 馬前步行, 上節後從, 入神鳳門, 至閤闔門外. 使副下馬, 國王與國官, 以次迎詔, 再拜訖, 采輿入, 止會慶殿門外.

[譯文]

영조[11]

정사와 부사[2]는 조서를 받들고 순천관[3]에 들어가 10일 내 길일을 점치고 왕은 이에 조서를 받습니다.[4] 기일 하루 전에 먼저 설의관[5]을 보내 정사·부사와 더불어 서로 만납니다. 다음 날 굴사[6] 1명을 보내 관에 이르면, 도할관과 제할관[7]은 마주하여 조서를 받들어 채색 가마[8] 안에 들이고, 의장과 병갑이 맞이하여 인도해 앞서갑니다. 정사·부사·관반[9]· 굴사는 함께 말에 오르고, 하절[10]은 그 앞에서 걸어가며, 상절[11]과 중절[12] 은 말을 타고 뒤를 따릅니다. 국관(國官)은 먼저 관사의 문밖에 줄지어

---

5) 四 : 闕, 知 : "屈【鄭刻闕】"로 기록되어 있다.
6) 四 : 闕, 知 : "屈【鄭刻闕】"로 기록되어 있다.

서서 조서가 관을 나오기를 기다렸다가 길에서 맞이하여 재배하기를
마치면, 말을 타고 앞에서 인도합니다. 왕부[13]에 이르러 광화문[14]으로
들어간 다음 좌동덕문[15]으로 들어가 승평문[16] 밖에 이르면 상절과 중절
은 말에서 내립니다. 인접지사[17] 등이 말 앞에서 걸어가고, 상절은 뒤에
따라 신봉문[18]으로 들어가 창합문[19] 밖에 이릅니다. 정사와 부사가 말에
서 내리고, 국왕과 국관이 차례로 조서를 맞이하여 재배하기를 마치면,
채색 가마가 들어가 회경전문[20] 밖에서 멈춥니다.

[註解]

1) 迎詔: 고려 국왕이 宋 황제의 詔書를 맞이하는 의례를 말한다. 사신단은 조서를
   采輿에 봉안하고 고려 측 國官의 인도하에 順天館을 출발하여 王府-廣化門-左同
   德門-昇平門-神鳳門-閤闥門-會慶殿門 밖으로 나아갔다. 이에 고려 국왕은 국관들
   과 함께 창합문 바깥에서 조서를 맞이하여 재배하였다. 국왕이 조서를 맞이하는
   위치는 고정된 것은 아니었다.
   『高麗史』 권15, 世家15 仁宗 1년 6월 庚子·癸卯.
   朴潤美, 2016, 앞의 논문, 90~93쪽.
   김규록, 2021, 「고려 인종 원년(1123) 설행 대송 외교의례의 구성과 특징」, 『역사와
      현실』 119, 102쪽.
2) 使副: 正使와 副使를 말한다. 이에 대해서는 『高麗圖經』 권15-3-5) 참조.
3) 順天館: 宋 사절을 위한 객관으로, 개경의 북동쪽에 위치하였다. 이에 대해서는 『高
   麗圖經』 권27, 順天館條에서 자세히 설명할 것이다.
4) 使副奉詔 …… 王乃受詔: 본문은 宋 사절단이 객관에 입관한 이후 受詔日을 택하
   는 과정에 대한 내용이다. 이에 대해서는 『高麗圖經』 권15-6-4) 참조.
5) 說儀官: 동아시아의 여러 나라에서 존재했던 入朝 의례와 관련한 예법 및 예행
   연습 등의 관련된 업무를 담당한 관리로 추정된다(①). 한편, 說儀 관련 용례가 『周
   禮』에 大司馬의 職掌에서 "의례를 논하여 제후와 신하들의 尊卑를 분명히 한다
   [設儀辨位 以等邦國]."라는 기록을 통해 說儀官이 당일의 受詔 의식과 관련된 절
   차 및 의례 연습을 담당하였다고 보기도 한다(②).
   『周禮』 夏官 司馬.
   ○ 김성규, 2014a, 「'선화봉사고려사절단'의 일정과 활동에 대하여」, 『한국중세사
      연구』 40 ; 2020, 『송대 동아시아의 국제관계와 외교의례(宋代東亞國際關係與
      外交儀禮)』, 신아사, 652쪽.
   ② 김규록, 2021, 앞의 논문, 98쪽.

6) 屈使: 사신단 관련 업무를 맡은 관리이다. 이에 대해서는『高麗圖經』권21-5-6)
  참조.
7) 都轄提轄官: 都轄官과 提轄官을 가리킨다. 도할에 대해서는『高麗圖經』권24-2-5)
  참조. 제할에 대해서는『高麗圖經 역주(상)』, 11·12쪽 권0-1-(1)-3) 참조.
8) 采輿: 오색의 무늬 비단으로 장식된 가마이다. 이에 대해서는『高麗圖經』권15,
  采輿條 참조. 한편, 본문의 채여는 詔書를 운반하는데 사용된 詔輿를 말한다.
9) 館伴: 외국 사절에 대한 영송과 접대 등을 담당하던 관원을 말한다. 이에 대해서
  는『高麗圖經 역주(상)』, 208·209쪽 권7-5-8) 참조.
10) 下節: 正使와 副使를 따르던 수행원인 三節의 하나이다. 실무를 담당한 하급 관
  리나 胥吏, 土兵 등으로 구성되었다. 선화 연간(송 휘종, 1119~1125)의 사절단에
  는 하절이 充代下節·宣武下節로 구분되어 있었다. 충대하절에 대해서는『高麗圖
  經』권24-11-1) 참조. 선무하절에 대해서는『高麗圖經』권24-12-1) 참조.
11) 上: 上節을 말한다. 正使와 副使를 따르던 수행원인 三節의 하나이다. 이에 대해
  서는『高麗圖經』권15-6-6) 참조.
12) 中節: 正使와 副使를 따르던 수행원인 三節의 하나이다. 이에 대해서는『高麗圖經』
  권15-6-7) 참조.
13) 王府: 고려 개경의 皇城을 말한다. 이에 대해서는『高麗圖經』권5, 王府條 참조.
14) 廣化門: 개경 皇城의 동문이자 정문이다. 이에 대해서는『高麗圖經 역주(상)』, 128
  쪽 권4-4-1) 참조.
15) 左同德門: 개경 궁성의 정남문인 昇平門의 좌측에 있던 문이다. 이에 대해서는『高
  麗圖經 역주(상)』, 133쪽 권4-6-1) 참조.
16) 昇平門: 개경 궁성의 정남문이다. 이에 대해서는『高麗圖經 역주(상)』, 131쪽 권
  4-5-1) 참조.
17) 引接指使: 본문에서는 사신단의 말 앞을 걸어가며 궁궐로 인도한 인원들을 가리
  키는 것으로 추정되나 그 실체를 명확히 알 수 없다. 다만, 宋에서는 押伴·引伴
  이 있어 주목된다. 이들은 고려 사신을 접송하였는데, 정4품 中書舍人이 임명되
  었다. 정화 연간(송 휘종, 1111~1118)에 고려에 대한 대우를 높이면서 압반관을
  接送으로, 인반관을 館伴으로 고쳤고 學士를 관반에 임명하였다. 한편, 송의 指使
  에 대해서는『高麗圖經』권24-14-21) 참조.
  『宋史』권487, 列傳246 外國3 高麗.
  김성규, 2000,「高麗 前期의 麗宋關係—宋朝 賓禮를 중심으로 본 高麗의 國際地位
    試論—」,『國史館論叢』92 ; 2020, 앞의 책, 547·548쪽.
18) 神鳳門: 고려 궁궐의 제1정전인 會慶殿의 정문이다. 이에 대해서는『高麗圖經 역
  주(상)』, 131쪽 권4-5-3) 참조.
19) 閶闔門: 神鳳門과 會慶殿 사이에 있던 문이다. 이에 대해서는『高麗圖經 역주(상)』,
  132쪽 권4-5-7) 참조.
20) 會慶殿門: 會慶殿의 문이다. 이에 대해서는『高麗圖經』권4, 殿門條 참조.

25-3

[原文]

導詔

采輿旣入止會慶殿門外, 都轄提轄官, 自輿中捧詔出, 奉安于[7]幕位, 使
副少憩. 國王, 復降門下, 西嚮立. 使副與國王並行, 導入中門. 上節禮物
等, 分兩序入會慶殿下, 以俟國王受詔.

[譯文]

도조[1]

  채색 가마가 들어가 회경전문 밖에 멈추고 나면, 도할관과 제할관은
채색 가마 안에서부터 조서를 받들고 나와 막차의 자리에 봉안하고 정사
와 부사는 잠시 쉽니다. 국왕이 다시 문 아래로 내려와 서향해 섭니다.[2]
정사·부사와 국왕은 나란히 걸어 (조서를) 중문으로 인도해 들어갑니
다.[3] 상절과 예물 등은 양쪽으로 나누어 회경전[4] 아래로 들어가 국왕이
조서 받기를 기다립니다.

[註解]

1) 導詔: 고려 국왕이 會慶殿門 밖에 도착한 사신단과 처음으로 조우하고, 이들을
　　인도하여 나란히 회경전문을 통과해 殿庭으로 들어가 詔書를 받기 위해 대기하
　　는 과정에 대한 내용이다.
　　朴潤美, 2016, 앞의 논문, 92쪽.
　　김규록, 2021, 앞의 논문, 102·103쪽.
2) 國王 …… 西嚮立: 고려 국왕은 閶闔門 밖에서 詔書를 맞이하여 재배한 뒤 會慶殿
　　으로 복귀하여 막차에서 대기하고 있었다. 이에 조서가 전문에 당도하자 다시
　　밖으로 나와 正使·副使와 조서 인도 절차를 수행하기 위해 자리에 선 것이다.
　　朴潤美, 2016, 앞의 논문, 92~94쪽.

---

7) 知 : 於.

3) 使副與國王竝行 導入中門: 正使·副使와 고려 국왕이 황제의 詔書를 나란히 인도하여 會慶殿門을 통과한 절차에 대한 설명이다.『高麗圖經』권4, 門闕條에 따르면 회경전에는 총 3개의 전문이 있었는데 그중 중문은 조서만 들어갈 수 있었고, 고려 국왕과 정사·부사는 좌·우문을 이용하였다. 전문에 대해서는『高麗圖經』권4, 殿門條 참조.

4) 會慶殿: 고려 궁궐의 제1정전이다. 이에 대해서는『高麗圖經 역주(상)』, 145·146쪽 권5-3-1) 참조.

25-4

[原文]

拜詔

國王導詔, 入會慶殿, 廷下設香案, 面西立. 使副, 位北上面南立. 上節官, 以次序, 立8)於使副之後. 國官, 立班于9)王之後. 王再拜, 躬問聖體, 乃復位, 舞蹈再拜已, 國官拜舞, 如王之儀. 國信使稱有勅10), 國王, 再拜起, 躬聽口宣, 乃搢笏跪. 副使以詔授使, 使以詔授王. 詔曰高麗國王王楷, 逖聞嗣國, 甫謹修11)方. 諒惟善繼之初, 克懋統承之望, 遽經變故, 深劇傷摧. 肆遣命使之華, 往諭象賢之寵, 載蕃賚予, 倂示哀榮. 宜祇服於王靈, 用永遵於侯度. 今差通議大夫守尙書禮部侍郞元城縣開國男食邑三百戶路允迪, 太中大夫中書舍人淸河縣開國伯食邑九百戶傅墨卿, 充國信使副, 賜卿國信禮物等, 具如別錄, 至可領也. 故茲詔示, 想宜知悉. 春喧, 卿比平安好. 遣書指不多及. 王受詔, 乃授國官, 出笏舞蹈, 如初之儀. 國官亦如之.

---

8) 四 : 位.
9) 知 : 於.
10) 四 知 : 勅.
11) 知 : 脩.

[譯文]

배조[1]

국왕이 조서를 인도하여 회경전에 들어가 뜰 아래에 향안을 설치해 두었고[2] 서쪽을 향해 섭니다. 정사와 부사는 자리가 북쪽을 윗자리로 하여 남쪽을 향해 섭니다.[3] 상절관은 차례대로 정사와 부사의 뒤에 섭니다. 국관(國官)은 왕의 뒤에 반열대로 섭니다. 국왕이 재배하고 몸을 굽혀 황제의 안부[聖體]를 묻고 이내 자리로 돌아가 무도하고 재배하기를 마치면,[4] 고려의 관원들이 재배하고 무도하기를 왕의 의례와 같게 합니다. 국신사[5]가 칙서가 있음을 알리니, 국왕이 재배하고 일어나 몸을 굽혀 칙서를 읽는 것을 듣고 이내 홀을 꽂고 꿇어앉습니다. 부사가 조서를 정사에게 주면, 정사는 조서를 왕에게 줍니다. 조서에 이르기를, "고려 국왕 왕해(王楷, 인종)[6]는 멀리서 들으니 나라를 이어받아 매우 삼가며 나라를 다스린다고 하였다. 살펴 생각건대 훌륭히 계승한 초기에는 선왕을 잇는다는 바람[統承之望]을 힘써 이루어야 하는데 갑자기 변고를 겪느라 슬픔이 매우 심할 것이다. 마침내 서둘러 사신[使之華]에 명하여 가서 왕위를 계승한 국왕[象賢][7]에게 은총을 알리며, 예물을 많이 내려 주고 아울러 애도와 영예를 보이고자 한다. 마땅히 황제의 위엄에 오직 복종하여 제후의 도리를 영원토록 따르라. 이제 통의대부[8] 수상서예부시랑[9] 원성현개국남 식읍 300호 노윤적[10]과 태중대부[11] 중서사인[12] 청하현개국백 식읍 900호 부묵경[13]을 (고려) 국신사·부사로 삼고 경에게 국신예물 등을 별도의 목록과 같이 갖추어 내려주니 이르면 받도록 하라. 그러므로 이를 조서에 보이니 마땅히 모두 알리라 생각한다. 봄 날씨 따뜻한데 경은 근자에 평안한가. 글을 보내나 할 말이 두루 미치지 못한다[遣書指不多及]."[14]라고 하셨습니다. 왕이 조서를 받아 이에 국관에게 주고 홀을 꺼내(들고) 무도하는데 처음의 의례와 같습니다. 국관들 또한 그와 같게 합니다.

[註解]

1) 拜詔: 고려 국왕이 宋 황제의 詔書를 받는 절차에 대한 내용이다. 의례 참여자들
   은 會慶殿庭 중앙에 미리 설치된 香案을 중심으로 정해진 위치에 섰으며 황제의
   안부를 묻고 조서를 받았다. 해당 조서는 황제가 손수 지은 것이었다. 手詔는 당
   시 황제가 발신하는 높은 격식의 문서였으며 正使 路允迪은 이러한 사실을 강조
   하였다.
   『高麗史』 권15, 世家15 仁宗 1년 6월 甲午·癸卯.
   　정동훈, 2022, 「고려-오대·북송·거란 외교문서 : 군주 중심의 문서 교환」, 『고려
   　　　시대 외교문서 연구』, 혜안, 132·133쪽.
2) 設香案: 각종 의례 및 조회 등을 설행할 때에 香爐와 이를 받치는 상[案]을 설치
   한 것을 말한다. 『高麗圖經』 권30, 器皿篇에 따르면, 會慶殿에서 詔書를 받을 때에
   도 향로를 설치하고 여기에 麝香을 피웠다. 香案은 각종 의식이 설행되는 공간
   구성 가운데 가장 구심점이 되는 장치로, 이를 중심으로 주요 참여자의 위치 즉
   面位를 설정하였다.
   　朴潤美, 2016, 앞의 논문, 100쪽.
   　한혜선, 2021, 「고려전기 의례에 사용된 안(案)의 종류와 의미」, 『역사와 현실』
   　　　119, 152·153쪽.
3) 國王導詔 …… 位北上面南立: 拜詔 의례 때 국왕과 正使·副使가 서는 위치에 대한
   구절이다. 국왕은 殿庭의 중앙에 설치된 香案을 중심으로 서쪽을 향해 서고, 사
   신은 북쪽을 윗자리로 하여 남쪽을 향해 섰다. 해당 의례에서 국왕과 정사·부사
   의 자리 배치에 대해서는 다양한 해석이 진행되었다. 고려가 主東客西를 중시하
   여 西向한 것으로 해석하기도 하였고(①), 해당 의식에서는 서쪽이 윗자리였기
   때문에 향안을 중심으로 한 자리 배치에서 북쪽이 상석이었다고 일부러 언급한
   것이라고 보기도 하였다(②). 최근에는 정사·부사의 위치가 향안의 동쪽에 마련
   되고 남쪽을 향해 서서 국왕이 詔書를 받는 과정이 원활히 진행되었으리라는 견
   해도 제출되었다(③). 한편, 일찍이 해당 기록은 北朝使와 고려 국왕의 의례상의
   자리 배치를 파악하는 데 교차 자료로도 많이 활용되었다(④).
   ① 한정수, 2015, 「고려전기 '迎契丹使臣儀'의 내용과 의미」, 『사학연구』 118.
   ② 朴潤美, 2016, 앞의 논문, 95쪽.
   ③ 김규록, 2021, 앞의 논문, 105~111쪽.
   ④ 奧村周司, 1984, 「使節迎接禮より見た高麗の外交姿勢―十一, 二世紀における對中
   　　　關係の一面―」, 『史觀』 110.
   　김성규, 2014b, 「고려 외교에서 의례(儀禮)와 국왕의 자세」, 『역사와 현실』 94 ;
   　2020, 앞의 책.

정동훈, 2015, 「고려시대 사신 영접 의례의 변동과 국가 위상」, 『역사와 현실』 98.

4) 王再拜 …… 舞蹈再拜已: 고려 국왕이 宋 황제의 詔書를 받기에 앞서 송 사절에게 황제의 안부를 묻는 절차에 대한 내용이다. 의례적으로 '躬問聖體'라는 표현이 사용되었으며, 舞蹈와 再拜가 수반되었다. 참고로 무도는 신체 의례의 하나로, 황제의 은혜에 대한 지극한 기쁨을 표현하는 행위이다. 臣從의 의미를 뜻하는 동시에 하나의 의례를 마무리하는 절차의 기능도 하였다.

  渡辺信一郎, 1996, 『天空の玉座—中國古代帝國の朝政と儀禮—』, 東京 : 柏書房 ; 문정희·임대희 옮김, 2002, 「원회의 구조—중국 고대국가의 의례적 질서—」, 『天空의 玉座—중국 고대제국의 조정과 의례—』, 신서원, 136·137쪽.

  김성규, 2012, 「契丹의 國信使가 宋의 황제를 알현하는 의례」, 『歷史學報』 214 ; 2020, 앞의 책, 343·346쪽.

5) 國信使: 본문에서는 宋이 고려에 파견한 사절을 가리킨다. 이에 대해서는 『高麗圖經』 권14-7-3) 참조.

6) 高麗國王王楷: 고려의 제17대 왕 仁宗(1109~1146)이다. 그에 대해서는 『高麗圖經 역주(상)』, 55쪽 권2-1-5) 참조. 해당 詔書의 '高麗國王'이라는 표현은 宋이 인종을 가리키는 관작이다. 송은 1110년(송 대관 4, 고려 예종 5)에도 조서를 통해 '權知高麗國王'의 '權字'를 생략하고 바로 '高麗國王'이라 하여 책봉 의례를 피하되 곧바로 정식 고려 국왕으로 대우하여 높여준 바 있었다. 이번에 인종에게 내린 조서가 '高麗國王'으로 시작한 것도 마찬가지였다.

  김보광, 2016, 「12세기 초 송의 책봉 제의와 고려의 대응」, 『東國史學』 60, 53·54쪽.

7) 象賢: 『儀禮』에 따르면, "대를 이어 제후를 세우는 것이 象賢이다[繼世以立諸侯 象賢也]."라고 하였다. 여기서는 예종의 뒤를 이어 고려 국왕에 오른 인종을 가리킨다. 『儀禮』 士冠禮.

8) 通議大夫: 宋의 文散官으로 정4품에 해당한다. 정화 연간(송 휘종, 1111~1118) 말기에 문산관이 37階로 정비되면서 10번째에 위치하였다.

  『宋史』 권168, 志121 職官8 合班之制 官品.

  『宋史』 권169, 志122 職官9 敍遷之制 文散官.

9) 守尙書禮部侍郎: 宋代에 禮樂·祭祀·朝會·宴享·學校 및 貢擧에 관한 정령을 관장하는 尙書禮部의 관직으로, 종3품 1명을 두었다. 한편, 본문에는 正使인 路允迪의 관직이 守尙書禮部侍郎으로 기재되어 있는데 『高麗圖經』 序 및 『宋史』에는 給事中으로 되어있고, 『高麗史』와 『高麗史節要』에는 禮部侍郎으로 되어있다. 이는 그가 1122년(송 선화 4, 고려 예종 17)에 급사중으로 國信使에 임명되었고 1123년(송 선화 5, 고려 인종 1)에는 예부시랑이 되었기 때문인 듯하다.

  『高麗史』 권15, 世家15 仁宗 1년 6월 甲午.

  『高麗史節要』 권9, 仁宗 1년 6월.

  『宋史』 권163, 志116 職官3 禮部.

  『宋史』 권487, 列傳246 外國3 高麗 宣和 4년.

10) 路允迪: 생몰년 미상. 宋의 관인이다. 그에 대해서는 『高麗圖經 역주(상)』, 18쪽
　　 권0-1-(2)-5) 참조.
11) 太中大夫: 宋의 文散官으로 종4품에 해당한다. 정화 연간(송 휘종, 1111~1118) 말
　　 기에 문산관이 37階로 정비되면서 11번째에 위치하였다.
　　 『宋史』 권168, 志121 職官8 合班之制 官品.
　　 『宋史』 권169, 志122 職官9 敍遷之制 文散官.
12) 中書舍人: 宋代 中書省의 정4품 관직이다. 이에 대해서는 『高麗圖經 역주(상)』,
　　 18·19쪽 권0-1-(2)-7) 참조.
13) 傳墨卿: 생몰년 미상. 宋의 관인이다. 그에 대해서는 『高麗圖經 역주(상)』, 19쪽
　　 권0-1-(2)-8) 참조.
14) 詔曰 …… 遣書指不多及: 宋 황제가 고려 국왕을 위해 지은 詔書이다. 그 첫머리
　　 는 '高麗國王王楷'라 하여 인종의 이름을 그대로 적었고 본문 중에는 국왕을 '爾'
　　 또는 '卿'이라 직접 칭하였으며, 말미에서는 '故玆詔示 想宜知悉 春暄 卿比平安好
　　 遣書指不多及'이라 하였다. 이는 해당 조서가 '不名不卿不言遣'의 원칙을 준수하
　　 지 않은 형식임을 잘 보여준다. '不名不卿不言遣'은 국왕의 이름을 직접 쓰거나
　　 국왕을 경이라 칭하지 않으며, 사신이나 문서를 보내는 행위를 遣이라는 글자로
　　 표현하지 않기로 함으로써 문서의 격식을 높이는 방식을 말한다. 조서의 일부
　　 내용이 『高麗史』와 『高麗史節要』에도 전한다.
　　 『高麗史』 권15, 世家15 仁宗 1년 6월 庚子.
　　 『高麗史節要』 권9, 仁宗 1년 6월.
　　 정동훈, 2022, 앞의 책, 129~133쪽.

25-5

[原文]

起居

使副旣導詔, 至于12)廷, 王再拜, 興避席, 躬問聖體. 使亦避席, 躬答曰,
近離闕下, 皇帝聖躬萬福, 各復位. 拜舞如受詔之儀. 先是, 自全抵廣, 凡
三州牧, 問聖體, 如王之儀. 至其接送館伴官相見, 亦如之.

---

12) 知 : 於.

[譯文]

기거[1]

정사와 부사가 조서를 인도하고 전정에 이르고 나면,[2] 왕은 재배하고 일어나 피석하고[3] 몸을 굽혀 황제의 안부[聖體]를 묻습니다. 정사 역시 피석하고 몸을 굽혀 답하여 말하기를, "(우리가) 근자에 궁궐[闕下]을 떠났는데 황제의 안부는 만복하셨습니다."라고 하고 각자 자리로 돌아 갑니다. 배례와 무도는 조서를 받는 의례와 같습니다. 이에 앞서 전주에 서 광주에 이르기까지 무릇 세 주목이 황제의 안부를 물었는데, 왕이 한 의례와 같았습니다.[4] 그 접반·송반·관반관과 서로 만났을 때에 이르 러서도 역시 그와 같았습니다.[5]

[註解]

1) 起居: 국왕이 詔書를 받기 전 國信使를 매개로 황제의 안부를 묻는 의식이다.
    김성규, 2012, 앞의 논문 ; 2020, 앞의 책, 343~346쪽.
2) 使副旣導詔 至于廷: 詔書는 正使와 副使, 고려 국왕의 인도로 會慶殿門을 통과하 였고, 이후 국왕의 인도로 會慶殿廷下에 이르렀다. 또한 정사와 부사의 인도로 會慶殿廷에 이르렀다고 하여 각각 조서의 인도자와 위치가 구분되어 있다.
3) 避席: 자리에서 물러나 엎드리는 동작으로, 상대에 대한 존경을 표하고 자신을 낮추는 행위이다.
    諸橋轍次, 1985, 「避席」, 『大漢和辭典』 11, 東京 : 大修館書店, 194쪽.
4) 凡三州牧 …… 如王之儀: 사신단의 배는 개경에 이르기 전에 6월 6일에 群山島— 지금의 전라북도 군산시 선유도—를 시작으로, 8일에 馬島—지금의 충청남도 태 안군 일원—, 9일에 紫燕島—지금의 경기도 혹은 인천광역시 일원—에 차례로 정 박하였다. 3州牧은 이 섬들의 관할 계수관인 知全州, 知靑州, 知廣州를 말한다. 이 에 대해서는 『高麗圖經 역주(상)』, 222·223쪽 권8-1-(1)-11)·14)·17) 참조. 이들이 당시 사신단을 위한 영접례를 행하였다.
    김성규, 2014a, 앞의 논문 ; 2020, 앞의 책, 647~649쪽.
5) 至其接送館伴官相見 亦如之: 接伴·送伴·館伴을 만났을 때의 예에 대한 구절이다. 접반·송반·관반은 외국 사신에 대한 영송을 담당한 관원이다. 접반과 관반에 대 해서는 『高麗圖經 역주(상)』, 208·209쪽 권7-5-8) 참조. 송반은 임무를 마친 사신 단의 귀로를 동행하였다. 사신단이 국경 부근에 다다르면 접반사 일행을 보내 동행시키는 것이 통례였다. 당시 사신단의 배가 群山島—지금의 전라북도 군산

시 선유도—에 정박하였고, 이때 同接伴 金富軾이 譯語官과 함께 그들을 맞이하였다. 이어서 사신단 전원과 접반사 일행, 관할 지역의 牧使가 영접례를 행하였다. 이후 접반 일행은 사신단과 보조를 맞추며 육로를 따라 상경하였다. 이에 대해서는 『高麗圖經』 권36, 群山島條·권37, 馬島條·권39, 紫燕島條 참조. 사신단이 객관에 도착하고 나서는 관반이 영접을 담당하였다. 이에 대해서는 『高麗圖經』 권36, 群山島條에서 자세히 설명할 것이다.

김성규, 2014a, 앞의 논문 ; 2020, 앞의 책, 647~649쪽.

25-6

[原文]

祭奠

壬寅春二月, 使副被旨, 以國信使事行, 夏四月, 聞候薨, 兼以祭奠弔慰, 遵元豊制也. 癸卯六月十三日甲午, 使副到館, 王旣受詔. 越二日, 王先遣人告辦, 都轄吳德休, 往啓建佛事. 次日, 提轄官徐兢, 押所賜祭奠禮物, 陳列于[13]前. 至日質明, 使副與三節官吏, 奉詔輿, 至長慶宮. 三節, 休于[14]次, 使副, 易帶以烏犀, 仍去式. 候時至, 入祭室. 王楷, 素服立于[15]東楹, 使副再拜興. 使, 跪宣御製祭文, 曰維宣和五年, 歲次癸卯, 三月甲寅朔, 十四日丁卯, 皇帝, 遣使通議大夫守尙書禮部侍郎元城縣開國男食邑三百戶路允迪, 太中大夫中書舍人淸河縣開國伯食邑九百戶傅墨卿, 致祭于[16]高麗國王之靈. 惟王, 躬有一德, 嗣玆東土. 孝友肅恭, 惠迪神民, 克紹于[17]前文人, 四國是式, 而忠誠夙著, 義篤勤王, 旅貢在廷, 服[18]命惟謹. 朕惟王, 外介[19]海隅, 而能知役志于[20]享, 乃心, 罔不在王室, 嘉

---

13) 知 : 於.
14) 知 : 於.
15) 知 : 於.
16) 知 : 於.
17) 知 : 於.
18) 四 : 朕.

乃丕績, 眷顧不忘. 方將洊飭使人, 往諭朕志, 示鎭撫于[21]爾邦. 孰謂天不
憖遺, 遽聞大故, 邦國殄瘁, 震悼于[22]懷. 今錫爾恤典, 用襃乃顯德, 以輯
寧爾邦. 尙其來止, 歆我寵靈. 永垂佑于[23]爾後人, 服休無斁. 尙饗.

제전[11]

　임인년(1122) 봄 2월에 정사와 부사가 지(旨)를 받아 국신사로 일하게
되었는데, 여름 4월에 왕우[俁, 예종][2]가 훙거하였음을 들어[3] 제전·조위
를 겸함으로써[4] 원풍의 제도를 따랐습니다.[5] 계묘년(1123) 6월 13일
갑오일에 정사와 부사가 순천관에 도착하였고[6] 왕이 조서를 받았습니
다. 이틀이 지나 왕이 먼저 사람을 보내어 준비를 마쳤음을 알리니, 도할
관 오덕휴[7]가 가서 불사를 일으켰습니다[啓建].[8] 다음날 제할관 서긍[9]이
제전 예물로 하사할 것을 확인하여 앞에 늘어놓았습니다.[10] 날이 밝아지
려 하자 정사·부사와 삼절의 관리들이 조여[11]를 받들어 장경궁에 이르
렀습니다.[12] 삼절은 막차에서 쉬고, 정사와 부사는 오서대로 바꾸어 옛
의식 그대로 하였습니다. 때가 되기를 기다렸다가 제실로 들어갔습니
다.[13] 왕해(王楷, 인종)는 소복을 입고 동쪽 기둥에 섰으며, 정사와 부사
는 재배하고 일어났습니다. 정사가 끓어앉아 황제께서 지으신 제문[14]을
읽으니 이르기를, “선화[15] 5년, 세차로는 계묘년(1123) 3월 갑인삭 14일
정묘일에 황제가 사신 통의대부 수상서예부시랑 원성현개국남 식읍
300호 노윤적과 태중대부 중서사인 청하현개국백 식읍 900호 부묵경을

---

19) 四 : 界.
20) 知 : 於.
21) 知 : 於.
22) 四 知 : 於.
23) 知 : 於.

보내 고려 국왕의 영전에 제사지낸다. 생각건대 왕은 몸소 한결같은
덕을 지녀 이 동쪽 땅을 이어받았다. 효성과 우애가 엄숙하며 공손하였
고 신(神)과 백성을 은혜로 이끌었으며 전대의 문덕 있는 이들을 훌륭히
이었으니 사방의 나라들의 기준이며, 충성이 일찍이 드러났고 의를 돈
독히 하여 황제를 근실하게 섬겼으며 유학한 인재들[旅賁]이 조정에 있
으며 명에 복종하고 근신하였다.[16] 짐이 생각건대 왕은 경계 밖 바다
한구석에서도 향례에 마음을 쓸 줄 알아,[17] 곧 마음이 황실[王室]에 있지
않은 적이 없으니 (짐은) 이에 커다란 공적을 가상히 여겨 돌아보며
잊지 않을 것이다. 바야흐로 사신을 재차 갖추었으니 가서 짐의 뜻을
말하여 그대 나라에 진무의 뜻을 보인다. 누군가 말하기를, '하늘은 원로
를 그냥 두지 않는다[天不憖遺]'라고 하였는데,[18] 갑자기 큰 변고로 나라
의 모두가 힘들어한다고[19] 들으니 마음 속 깊이 슬퍼하노라. 이제 이러
한 휼전[20]을 내려주어 밝은 덕을 기림으로써 그대 나라를 화목하고 평안
케 할 것이다. 그대는 와서 머물러 내가 은혜를 내리는 것[寵靈]을 흠향
하라. 그대 후세 사람들에게 길이 복을 드리워 끝없는 아름다움을 누리
거라. 상향(尚饗)."이라고 하셨습니다.

[註解]

1) 祭奠: 迎詔부터 拜詔에 이르기까지 일련의 受詔禮 후에 연례를 마친 뒤, 날을 달리
하여 혼전인 長慶殿에서 예종에 대한 제사 의례가 이루어졌다. 참고로 宋·金은 고
려의 국왕이 사망하면 조문 사행으로 祭奠使—勅祭使—와 弔慰使—慰問使—를, 契
丹은 칙제사와 위문사를 파견하였다. 이에 대해서는 『高麗圖經 역주(상)』, 70쪽
권2-2-(2)-14)·19) 참조.

2) 侯: 고려의 제16대 왕 睿宗(1079~1122)이다. 그에 대해서는 『高麗圖經 역주(상)』,
19쪽 권0-1-(2)-9) 참조.

3) 夏四月 聞侯薨: 宋이 1122년(송 선화 4, 고려 예종 17) 2월에 國信使 파견을 결정
하고 그해 4월에 예종의 사망 소식을 들었다고 하나, 『高麗圖經』 권34, 招寶山條
에는 路允迪과 傅墨卿이 국신사·副使로 임명된 시기가 1122년 3월로 되어있고

또한 9월에 예종의 사망 소식을 들었다고 한다. 당시 고려는 송의 책봉을 받은 상황이 아니었으므로 告哀使를 보내지는 않았다. 이에 송은 다른 경로를 통해 조금 늦게 고려 왕의 사망 소식을 접한 것으로 보인다.

『高麗史』 권14, 世家14 睿宗 17년 4월 丙申.

김성규, 2014a, 앞의 논문 ; 2020, 앞의 책, 643·644쪽.

이승민, 2018, 「거란·금·송 弔問 使行의 多層的 체계」, 『고려시대 國喪 儀禮와 弔問 使行 연구』, 가톨릭大學校 國史學科 博士學位論文, 145~152쪽.

4) 壬寅春二月 …… 兼以祭奠弔慰: 宋은 고려로 國信使를 보내는 것을 준비하던 중 예종의 사망 소식을 듣고 祭奠使와 弔慰使를 겸하게 하였다. 이에 대해서는 『高麗圖經 역주(상)』, 19쪽 권0-1-(2)-10) 참조.

5) 遵元豊制也: 원풍 연간(송 신종, 1078~1085)의 고려와 宋의 국교 재개에 관한 구절이다. 이에 대해서는 『高麗圖經 역주(상)』, 180·181쪽 권6-5-6) 참조. 후에 문종이 1083년(문종 37) 7월에 사망하고 3개월 후 순종이 사망하자, 송은 두 왕에 대한 조문을 진행하여 1084년(선종 1)에 祭奠使와 弔慰使로 구성된 조문 사신단을 보냈다. 『高麗史』에는 「上國使祭奠贈賻弔慰儀」가 전하는데 이때 제전사는 左諫議大夫 楊景略, 副使는 禮賓使 王舜封이었고, 조위사는 右諫議大夫 錢勰, 부사는 西上閤門副使 宋球가 맡았다. 여기에는 당시 행해진 祭奠禮와 弔慰 詔書를 받는 의리 등 일련의 절차도 적혀있다.

『高麗史』 권10, 世家10 宣宗 1년 8월 甲申.

『高麗史』 권64, 志18 禮6 凶禮 上國使祭奠贈賻弔慰儀.

朴潤美, 2016, 앞의 논문, 136~138쪽.

이승민, 2018, 앞의 논문, 148·149쪽.

6) 癸卯六月十三日甲午 使副到館: 1122년(인종 즉위)에 시작된 國信使의 사행 준비는 祭奠·弔慰使의 역할도 겸하게 되면서 다음 해까지 계속되었다. 그들은 1123년 2월에 선박을 준비하고 睿謨殿에서 예물을 宣示하였다. 이어서 同文館에 가서 誡諭를 듣고 崇政殿에서 傳旨를 宣諭받았으며 永寧寺에서 賜宴을 받은 뒤 汴京—開封, 지금의 중국 河南省 開封市 일원—을 출발하여 5월에 明州—지금의 중국 浙江省 寧波市 일원—에 도착하였다. 배에 예물을 적재한 후, 定海縣—지금의 중국 浙江省 寧波市 鎭海區 일원—을 출발하였으며 6월 13일에 개경에 도착하였다. 이에 대해서는 『高麗圖經』 권34, 招寶山條에서 자세히 설명할 것이다.

朴潤美, 2016, 앞의 논문, 138쪽.

7) 吳德休: 생몰년 미상. 宋의 관인이다. 그에 대해서는 『高麗圖經』 권24-14-5) 참조.

8) 都轄吳德休 往啓建佛事: 예종에 대한 祭奠儀禮에서도 佛事가 거행되었음을 알 수 있는 구절이다. 宋은 제전의례 시 僧徒를 모아 佛敎 道場을 더하였다. 이는 원풍 연간(송 신종, 1078~1085)에 왔던 송 조문 사행 때도 행해졌던 것인데 당시 문종의 혼전에서, 이튿날 순종의 혼전에서 道場을 시작하여 3일간 진행했고 3일째 날에 문종의 제사를, 이튿날 순종의 제사를 올렸다.

『高麗史』 권10, 世家10 宣宗 1년 8월 辛卯·壬辰.

이승민, 2018, 앞의 논문, 148~150쪽.

9) 徐兢: 1091~1153. 宋의 관인이다. 그에 대해서는 『高麗圖經 역주(상)』, 12쪽 권 0-1-(1)-5) 참조.

10) 次日 …… 陳列于前: 祭奠儀禮 다음에 예물 목록을 전달하는 절차인 贈賻儀禮를 진행하는데 『高麗圖經』에는 제전, 弔慰儀禮만이 기록되어 있다. 이에 본문에서 提轄官 徐兢이 제전 예물을 감독하여 진열했다는 언급을 증부가 진행된 것으로 추측하기도 한다.
朴潤美, 2016, 앞의 논문, 139·140쪽.

11) 詔輿: 詔書를 실은 가마이다. 이에 대해서는 『高麗圖經』 권24, 次詔輿條 참조.

12) 至日質明 …… 至長慶宮: 예종의 혼전이 長慶宮에 설치되어 있었다. 이에 대해서는 『高麗圖經』 권6, 長慶宮條 참조.

13) 候時至 入祭室: 사신이 예종의 혼전에 들어간 날은 6월 22일이다.
『高麗史』 권15, 世家15 仁宗 1년 6월 癸卯.
朴潤美, 2016, 앞의 논문, 139·140쪽.

14) 御製祭文: 路允迪은 후에 조문을 마치고 詔書와 祭文을 모두 황제가 직접 지은 것임을 언급하며 과거 원풍 연간(송 신종, 1078~1085)의 제문과 조서가 관례적인 성격이었던 반면 이번의 예우가 매우 특별한 것임을 강조하였다. 과거 宋은 고려가 遼의 책봉을 받던 상황임을 감안하여 책봉 대신 예종을 '權知高麗國王'이 아닌 '高麗國王'으로 대우함으로써 배려한 바 있었다. 이번에는 고려가 요의 책봉을 받지 않은 상황이 되었으므로 正使 노윤적이 예종에 대한 조문을 마치고 인종에게 송 조정에 책봉을 요청할 것을 제안함으로써 고려에 대한 책봉 의사를 내비쳤다. 한편, 해당 제문은 『高麗史』에 전하는데 일부 차이가 있다.
『高麗史』 권15, 世家15 仁宗 1년 6월 癸卯.
김보광, 2016, 앞의 논문, 62~64쪽.

15) 宣和: 宋 徽宗의 연호로 1119~1125년 사이에 사용되었다.

16) 旅貢在廷 服命惟謹: 1115년(예종 10)에 고려에서 金端, 權迪 등을 보내 宋 太學에 입학시킨 사실을 말한다. 이에 대해서는 『高麗圖經 역주(상)』, 237쪽 권8-2-14) 참조.

17) 而能知役志于享: 『書經』에 나오는 구절로, "윗사람 접대는 예의가 많으니 예의가 물품에 미치지 못하면 오직 접대가 되지 못한다고 하는 것이니, 오직 접대에 마음을 쓰지 않았기 때문이다[享多儀 儀不及物 惟曰不享 惟不役志于享]."의 일부를 인용한 것이다. 정성을 다하여 宋 황제에게 예를 갖추었던 예종의 행적을 칭찬하기 위한 표현이다.
『書經』 周書 洛誥2.

18) 孰謂天不慭遺: 『詩經』에 나오는 구절로, "원로 한 분을 아껴 남겨 두어 우리 임금을 지키게 하지 않는구나[不慭遺一老 俾守我王]."의 일부를 인용한 것이다. 왕이 大臣의 죽음을 애도하는 표현으로 사용된다.
『詩經』 小雅 十月之交.

19) 邦國殄瘁: 『詩經』에 나오는 구절로 "선인이 없으니 나라가 끊기고 병들었네[人之

云亡 邦國殄瘁]."의 일부를 인용한 것이다. 예종의 사망으로 슬픔에 잠긴 고려에
대해 안타까움을 표현한 부분이다.
    『詩經』大雅 瞻仰.
20) 恤典: 관리가 죽었을 때 행해지던 여러 가지 종류의 특전이다. 이러한 용어의 사
    용을 통해 고려에 대한 宋의 대우를 엿볼 수 있다.
    諸橋轍次, 1984,「恤典」,『大漢和辭典』4, 東京 : 大修館書店, 1032쪽.

25-7

[原文]
弔慰

是日, 祭奠禮畢, 少退, 乃行弔慰禮. 先於廷中, 設香桉, 西望天闕. 王楷,
素服面西立, 使位南面西上, 副使又次之. 副使[24]詔授使, 使以詔授王. 王,
磬折鞠躬, 再拜跪受之. 詔曰高麗國王王楷, 惟爾先王, 祗【今上御名】[25]明
德, 宜綏厥位, 毗予[26]一人. 天命難諶, 遽以訃諗, 緬惟永慕[27], 諒劇傷摧.
纘嗣之初, 踐修是屬, 勉思抑割, 用副眷懷. 今差國信使通議大夫守尙書禮
部侍郎元城縣開國男食邑三百戶路允迪, 副使太中大夫中書舍人清河縣開
國伯食邑九百戶傅墨卿, 兼祭奠弔慰, 幷賜祭奠弔慰禮物等, 具如別錄, 至
可領也. 故玆詔示, 想宜知悉. 春暄, 卿比平安好. 遣書指不多及.

[譯文]
조위[1]

이날 제전례를 마치고 잠시 물러났다가 이내 조위례를 행하였습니다.

---

24) 四 知 : "以"가 추가되어 있다.
25) 四 : 愼, 知 : "祗【今上御名 愼】"으로 기록되어 있다.
26) 四 : 于.
27) 四 知 : 嘉.

먼저 뜰 가운데에 향안을 설치하고 서쪽으로 천자의 궁궐을 바라봅니다.[2] 왕해(王楷, 인종)는 소복을 입고 서쪽을 향하여 섰고, 정사의 자리는 남쪽을 향하고 서쪽을 윗자리로 하였으며 부사는 또한 다음입니다.[3] 부사가 조서를 정사에게 주면 정사는 조서를 왕에게 줍니다. 왕이 경쇠처럼 국궁하고[4] 재배하고 꿇어앉아 그것을 받습니다. 조서에서 이르기를, "고려국왕 왕해는 생각건대 그대의 선왕은 밝은 덕을 성실히 지켜【금상의 이름이다】[5] 마땅히 그 자리를 편안히 하여 나[予一人]를 보좌하라.[6] 천명은 믿기 어려워 갑작스레 부고가 왔으니, 오래도록 그리워하느라 슬픔이 진실로 심하리라 생각된다. 왕위를 이은 초기에 실천하고 수행해야 할 것이니 (슬픔을) 힘써 억눌러서 (짐이) 돌보는 마음에 부응하도록 하라.[7] 이제 국신사 통의대부 수상서예부시랑 원성현개국남 식읍 300호 노윤적과 부사 태중대부 중서사인 청하현개국백 식읍 900호 부묵경을 보내어 제전과 조위를 겸하게 하고 아울러 제전과 조위의 예물 등을 별도의 목록과 같이 갖추어 하사하니 이르면 받도록 하라. 그러므로 이를 조서에 보이니 마땅히 모두 알리라 생각한다. 봄 날씨 따뜻한데 경은 근자에 평안한가. 글을 보내나 할 말이 두루 미치지 못한다."라고 하셨습니다.[8]

[註解]

1) 弔慰: 喪主를 조문하고 위로하는 의례이다. 당시 宋 사신단은 祭奠과 弔慰의 임무를 겸하여 파견되었고, 제전례를 마친 뒤 嗣王을 위로하기 위한 조위례를 행하였다.

2) 先於廷中 …… 西望天闕: 서쪽으로 천자의 궐을 향해 예를 행하였다는 내용이다. 서쪽은 宋의 궁궐을 바라보는 방향이었으므로 고려의 대송 외교의례는 이에 따라 자리를 배치하고 예를 행하였다는 견해가 제출되었다.
박윤미, 2021, 「고려전기 對宋 외교의례와 '望闕'」, 『사학연구』 143, 44~53쪽.

3) 王楷 …… 副使又次之: 弔慰禮에서 인종과 正使·副使의 자리를 언급한 구절이다. 조위례는 魂堂의 뜰에서 설행되었는데 香案을 기준으로 인종과 정사·부사의 자리가 결정되었다. 祭奠禮와 조위례 이전에 설행된 受詔禮는 會慶殿의 뜰에서 향

안이 북쪽을 바라보도록 설치하고 인종이 동쪽에서 西面, 정사·부사는 북쪽에서
南面하였다. 그런데 조위례에서는 향안이 서쪽을 바라보도록 설치하고 인종이
동쪽에서 서면, 정사·부사는 서쪽에서 남면하였다. 수조례와 조위례에서 나타나
는 차이는 향안이 바라보는 방향과 정사·부사의 자리였다. 이는 혼당의 뜰 북쪽
에는 예종을 모신 혼당이 있었으므로, 향안을 북쪽을 바라보도록 설치하면 의례
에서 혼당이 상석에 위치하게 되는 문제가 있었다. 따라서 향안을 천자의 궁궐
이 있는 서쪽으로 향하게 하여 상석으로 설정하고 정사와 부사를 서쪽에 자리하
도록 한 것이라는 견해가 있다.
　朴闰美, 2016, 앞의 논문, 149~151쪽.
4) 磬折鞠躬: 磬折은 경쇠처럼 꺾는 것을 의미하고, 鞠躬은 몸을 굽히면서 존경하는
마음으로 삼가는 것을 말한다.
　諸橋轍次, 1985, 「磬折」, 『大漢和辭典』 8, 東京 : 大修館書店, 402쪽.
　諸橋轍次, 1986, 「鞠躬」, 『大漢和辭典』 12, 東京 : 大修館書店, 168쪽.
5) 今上御名: 宋 孝宗(1127~1194)의 이름인 昚―愼―을 避諱한 것이다. 이에 대해서
는 『高麗圖經 역주(상)』, 39쪽 권1-2-(2)-11) 참조.
6) 宜綏厥位 毗予一人: 周 成王이 商 紂王의 庶兄인 微子를 宋의 諸侯로 봉하면서 훈
시했던 내용 중 일부를 인용한 것이다. 주왕은 아들 武庚의 반란이 진압되자, 미
자를 송의 제후로 봉하고 상의 역대 선왕의 제사를 받들도록 훈시하여 상의 후
손을 진정시키고자 하였다. 주 성왕이 미자에게 했던 훈시는 "가서 가르침을 펴
고 복명에 삼가며 법으로 통솔하여 왕실의 번병이 되어주시오. 열조를 넓히고
백성을 법으로 다스리면 영원토록 그 자리가 편안해질 것이니 나를 보좌하는 것
이오[往敷乃訓 愼乃服命 率由典常 以蕃王室 弘乃烈祖 律乃有民 永綏厥位 毗予一
人]."라고 되어있다. 이를 인용함으로써 송 황제는 고려 국왕에게 나라를 잘 다스
림으로써 제후로서의 역할을 다하기를 바라는 마음을 드러내고 있다.
　『書經』 周書 微子之命.
7) 天命難諶 …… 用副眷懷: 본문의 '天命難諶'은 商代에 伊尹이 太甲에게 진언한 내
용과 周代에 周公 旦이 召公 奭에게 당부한 것을 인용한 표현이다. 특히 주공 단
의 언급을 보면 "천명은 보전하기 쉽지 않고 하늘은 믿기 어렵다는 것을 알지 못
하면 이내 천명이 떨어져 전대 사람이 삼가 밝힌 덕을 대대로 잇지 못할 것입니
다[不知天命不易天難諶 乃其墜命 弗克經歷嗣前人恭明德]."라고 하였다. 이는 하늘
이 항상 천명으로 보호해주지 않으니 주 成王의 밝은 덕이 실추되지 않도록 보
필하자는 것이다. 宋 徽宗은 인종으로 하여금 부왕 예종과 같이 송에 대한 사대
를 부지런히 할 것을 당부하고 있다.
　『書經』 商書 咸有一德.
　『書經』 周書 君奭.
　권민균, 2016, 「한초 유학부흥 배경과 『상서』의 복원」, 『泰東古典研究』 36, 115쪽.
8) 詔曰 …… 遣書指不多及: 詔書의 내용이 『高麗史』에도 일부 전한다.
　『高麗史』 권15, 世家15 仁宗 1년 6월 癸卯.

[原文]

燕禮

臣聞先王燕饗之禮, 以其爵等, 而爲隆殺之節, 其酌獻有數, 其酬酢有
儀[1]. 本朝講之詳矣, 師古便今, 不失先王之意. 而高麗之制, 執爵酌醴,
膝行而前, 所以薦賓客, 乃有古人之遺風. 諒其加厚於使華, 以尊王人, 施
於其國者, 未必皆如此也. 具載于[2]圖, 以志其向慕中國之意.

[譯文]

연례[1]

신이 듣기에 선왕이 연향하는 예는 작위의 등급으로 더하고 줄이는
것을 절도로 삼아 술을 받고 올리는 데에도 횟수가 있고 술을 주고받는
데에도 법도[儀]가 있다고 합니다.[2] 송[本朝]은 그것을 상세히 익혀 옛것
을 본받고 지금에 편리하게 하되 선왕의 뜻을 잃지 않았습니다. 고려의
제도는 술잔을 잡고 술을 따라 무릎걸음으로 앞에 나아가는데, (이는)
빈객에게 드리기 위한 것으로[3] 바로 옛사람들이 남긴 풍습이 있는 것입
니다. 헤아려보건대 사신[使華]에게 더욱 후한 것은 왕인[4]을 존중해서이
며, 그 나라에서 베푸는 것이 반드시 대개 이와 같지 않습니다. 모두
그림으로 그려서 그들이 중국을 향모하는 뜻을 적겠습니다.

[註解]

1) 燕禮: 임금이 신하 또는 외국의 사신을 접대하는 의례를 말한다. 『禮記』에는 "옛
   날에 諸侯가 화살을 쏠 때면 반드시 먼저 燕禮를 행하고, 卿·大夫·士가 활을 쏠

---

1) 四 : 餞.
2) 知 : 於.

때면 반드시 먼저 鄕飮酒禮를 행하였다. 그러므로 연례라는 것은 임금과 신하의 의리를 밝히는 것이요, 향음주례라는 것은 어른과 아이의 질서를 밝히는 것이다 [古者諸侯之射也 必先行燕禮 卿大夫士之射也 必先行鄕飮酒之禮 故燕禮者 所以明君臣之義也 鄕飮酒之禮者 所以明長幼之序也]."라고 하였는데, 이는 군신 간의 관계를 돈독히 한다는 의미를 갖는다. 또한 『周禮』에는 각종 잔치 의례에 대해 "嘉禮로 萬民을 가까이하고 …… 饗燕禮로 四方의 빈객을 가까이하고 …… 賀慶禮로 다른 성씨의 나라를 가까이한다[以嘉禮 親萬民 …… 以饗燕之禮 親四方之賓客 …… 以賀慶之禮 親異姓之國]."라고 하였는데, 그중 향연은 외국 사신을 대접하는 의례였다. 서긍이 해당 편의 제목을 연례라고 한 것은 잔치 의례의 주최자에 따라 명칭을 달리하기 때문이었다. 주최자가 천자일 경우는 宴禮, 제후가 제후를 대접할 경우는 享禮, 제후가 대부를 대접할 때는 연례라고 하였다. 그리고 서긍은 연례를 先王燕饗之禮에서 이어진 것으로 이해하면서도 華夷思想에 기반하여 고려에서 거행된 잔치 의례의 주최자인 고려 국왕을 제후라고 인식하였다. 따라서 본문의 연례는 단순히 임금과 신하의 의례만이 아닌 외국의 사신을 접대하는 의례로 더 포괄적인 의미를 지녔음을 보여준다.
　『禮記』 射義.
　『周禮』 春官宗伯 大宗伯.
　韓政洙, 2011, 「고려시대 국왕 잔치의 양상과 그 성격」, 『歷史敎育』 118, 53~57쪽.
2) 其酌獻有數 其酬酢有儀: 주인이 손님을 대접하면서 술자리에서 상호 간에 술잔을 나누는 儀를 표현한 것이다. 『詩經』에는 술잔을 나누는 행위를 가리켜 獻, 酬, 酢 등으로 표현하였다. 그 의미에 대해 宋 朱熹가 『詩經』에 주석을 달면서 "주인이 손님에게 술을 따르면 헌이고 손님이 주인에게 술을 권하면 작이며 주인이 또 스스로 마시고 다시 손님에게 권하면 수라고 한다[主人酌賓曰獻 賓飮主人曰酢 主人又自飮而復飮賓曰酬]."라고 하였다.
　『詩經』 小雅 谷風 楚茨.
　『詩集傳』 小雅 北山 楚茨.
3) 而高麗之制 …… 所以薦賓客: 고려 燕禮에 대한 예의를 간단히 언급한 구절이다. 선화 연간(송 휘종, 1119~1125)의 본 사절단은 주요 임무인 受詔禮를 마친 후 私覿, 燕儀 등 여러 연례에 참여하였다. 『高麗史』 등에는 宋 사신단의 고려 방문을 대부분 기록하고 있으나, 고려 국왕이 송 사신단을 위해 연회를 베풀었던 내용은 대체로 단편적이어서 구체적인 내용을 알 수 없다. 그런 의미에서 『高麗圖經』 권26, 燕禮篇은 송 사신단에 대한 영송의 일단을 파악할 수 있는 자료로서 가치가 있다.
　金圭錄, 2015, 「고려중기의 宋 使節 迎送과 伴使의 운용」, 『歷史敎育』 134, 159·165·166쪽.
4) 王人: 天子의 사신을 의미한다. 이에 대해서는 『高麗圖經』 권24-1-2) 참조.

[原文]

私覿

王旣受詔已, 王與使副, 少休于[3]次. 王位東, 使副位西. 贊者, 以使副起居狀, 告于[4]王, 王遣介復命. 引接官, 分左右, 引王與使副出. 立于[5]會慶廷中, 對揖訖, 升殿. 王立于[6]東楹, 使副立于[7]西楹, 各設褥位. 王與使, 相句再拜訖, 各致躬稍前, 通問訖, 復再拜. 使少退, 副使立于[8]使位, 與王對拜如初禮. 各復位然後, 分立于[9]所占之席, 立于[10]其側. 上節官, 通榜子糸, 都轄提轄以下, 不拜, 止躬揖王. 王亦躬答之. 退立于[11]東廊. 次引中節, 庭下糸, 四拜. 王稍躬還揖訖, 退立于[12]西廊. 王與使副, 就席坐, 上中節, 亦然. 次引下節幷舟人, 亦庭下六拜, 坐于[13]門之東西, 分兩序, 北面東上, 然後酒行, 其獻酬之禮, 則見於別篇也[14].

[譯文]

사적[1]

왕이 이윽고 수조[2]를 마치면,[3] 왕과 정사·부사[4]는 막차에서 잠시 쉬

---

3) 知 : 於.
4) 知 : 於.
5) 知 : 於.
6) 知 : 於.
7) 知 : 於.
8) 知 : 於.
9) 知 : 於.
10) 知 : 於.
11) 知 : 於.
12) 知 : 於.
13) 知 : 於.
14) 四 知 : 云.

었습니다. 왕의 자리는 동쪽이었고, 정사와 부사의 자리는 서쪽이었습니다.[5] 찬자[6]가 정사와 부사의 기거장[7]을 왕에게 고하면, 왕은 개[8]를 보내 사명을 보고하게 했습니다[復命].[9] 인접관[10]이 좌우로 나뉘어 왕과 정사·부사를 인도해 나갑니다. 회경전[11] 뜰 안에 서서 마주 읍[12]하기를 마치면, 전으로 올라갔습니다. 왕은 동쪽 기둥에 서고 정사와 부사는 서쪽 기둥에 섰는데, 각각 욕위(褥位)를 두었습니다. 왕과 정사가 서로를 향해서 재배하기를 마치면, 각자 조금 앞으로 몸을 굽혀 안부 묻기를 마치고 다시 재배하였습니다. 정사가 조금 물러나면 부사가 정사의 자리에 서서 왕과 마주 배례하기를 처음 예와 같게 하였습니다. 각자 자리로 돌아간 다음에 본래의 자리에 나누어 서는데, 자리 옆에 서 있었습니다. 상절관[13]은 방자[14]를 통해 참여하였으며, 도할관[15]과 제할관[16] 이하는 배례하지 않고 다만 몸을 굽혀 왕에게 읍하였습니다. 왕 역시 몸을 굽혀 이들에게 답했습니다. 물러나 동쪽 회랑[廊]에 섰습니다. 다음으로 중절[17]을 인도하면 뜰 아래에 나란히 서서 사배하였습니다. 왕이 조금 몸을 굽혀 답으로 읍하기를 마치면, 물러나 서쪽 회랑에 섰습니다. 왕과 정사·부사가 자리로 나아가 앉으면 상절과 중절도 또한 그렇게 하였습니다. 다음으로 하절[18]과 아울러 뱃사람을 인도하면, 또한 뜰 아래에서 육배하고 문의 동서로 앉았는데, 두 줄로 나누어 북쪽을 향하고 동쪽을 상석으로 하였으며 그 다음에는 술을 돌렸는데, 그 술을 주고받는 예는 별도의 편에서 보이겠습니다.

[註解]

1) 私覲: 사신으로 파견된 관원이 개인 자격으로 왕을 알현하는 행위이다. 『論語』에서는 享禮 이후에 진행되는 절차로 언급되었다. 宋의 사신단에는 私覲을 관리하기 위한 인원이 포함되었으며, 물품의 종류와 수량에 관한 규정 또한 마련되어 있었다. 『高麗圖經』 권8, 人物條에는 사적에 참여한 고려 관인들의 명단이 기록

되어 있으며, 주인과 손님이 서로 만나는 예의와 문장이 아름답고 몸가짐의 화락함이 볼만했다는 언급이 있다. 한편, 『高麗史』에서는 사적에 해당하는 단계를 私禮라고 표현하고 있다.

『高麗史』 권65, 志19 禮7 賓禮 迎北朝起復告勅使儀.

『論語』 鄕黨.

諸橋轍次, 1985, 「私覿」, 『大漢和辭典』 8, 東京 ： 大修館書店, 532쪽.

吳曉萍, 2004, 「宋代"私覿"問題研究」, 『安徽師範大學學報』 32-6, 673~675쪽.

2] 受詔: 황제의 詔書를 받는 행위를 의미한다. 이에 대해서는 『高麗圖經』 권25-1-1) 참조

3] 王旣受詔已: 私覿은 受詔와 권을 달리하여 서술되어 있으나, 실제로는 같은 날에 연속해서 이루어진 행사였다.

　김성규, 2014, 「'선화봉사고려사절단'의 일정과 활동에 대하여」, 『한국중세사연구』
　　40 ； 2020, 『송대 동아시아의 국제관계와 외교의례(宋代東亞國際關係與外交儀
　　禮)』, 신아사, 652쪽.

4] 使副: 正使와 副使를 말한다. 이에 대해서는 『高麗圖經』 권15-3-5) 참조.

5] 王位東 使副位西: 會慶殿 앞에 설치되어 있었던 幕次의 배치에 대한 설명이다. 왕의 막차가 상석인 동쪽에, 사신단의 막차가 서쪽에 있었던 것은 주인과 빈객의 위치를 동서로 규정하는 主東客西의 원칙을 따랐기 때문이었다.

　『儀禮』 鄕射禮.

　劉日煥, 2004, 「古代 中國에 있어서의 禮의 方位 問題(Ⅰ)」, 『哲學』 78, 9~11쪽.

　朴潤美, 2016, 「高麗 國王이 詔書를 받는 儀禮」, 『高麗前期 外交儀禮 硏究』, 淑明女
　　子大學校 史學科 博士學位論文, 93쪽.

6] 贊者: 의례에서 절차를 전하여 알려주는 사람을 말한다.

　諸橋轍次, 1985, 「贊者」, 『大漢和辭典』 10, 東京 ： 大修館書店, 803쪽.

7] 起居狀: 문안 인사를 올리는 예의인 起居를 문서로 작성한 것이다. 이는 『高麗史』
　에 기록되어 있는 다양한 儀禮에서도 사용되었다.

　『高麗史』 권64, 志18 禮6 軍禮 師還儀.

　『高麗史』 권65, 志19 禮7 賓禮 迎北朝起復告勅使儀·嘉禮 册王妃儀 會賓·元子誕生
　　賀儀 會賓附表.

　『高麗史』 권66, 志20 禮8 嘉禮 册王太子儀 會賓.

　『高麗史』 권67, 志21 禮9 嘉禮 册王子王姬儀 會賓·公主下嫁儀 降使.

　諸橋轍次, 1985, 「起居」, 『大漢和辭典』 10, 東京 ： 大修館書店, 836쪽.

8] 介: 본래 손님과 주인의 말을 전달하는 사람 혹은 그 행위를 뜻한다. 『禮記』에 의하면 聘禮에서 介가 서로 이어[紹] 명을 전하도록 함으로써 공경을 표현하였다고 한다. 한편, 사행 일정 중 宋 사절에게 음식을 전달하는 역할을 하기도 했다. 『高麗史』와 『高麗史節要』에는 使介—使价—라는 용례가 등장하는데, 국내뿐만 아니라 중국으로도 보내진 것이 확인되어 참조된다.

　『高麗史』 권93, 列傳6 崔承老.

　『高麗史節要』 권8, 睿宗 10년 4월.

『禮記』聘義.

9) 贊者 …… 王遺介復命: 국왕과 正·副使가 문서로 서로 안부를 주고받는 행위이다. 한편, 『高麗史』에서는 贊者의 역할을 閣門使—閣門使—가 수행하는 것으로 언급되어 있다. 또한 정사와 부사가 籴狀을 보내면, 고려 국왕은 復狀이나 起居狀을 보내는 것으로 서술되어 있다.
『高麗史』 권65, 志19 禮7 賓禮 迎北朝詔使儀·迎北朝起復告勅使儀.

10) 引接官: 사신단 내에서 외교의례와 관련된 역할을 했던 관인이다. 이에 대해서는 『高麗圖經』 권24-14-26) 참조.

11) 會慶: 고려 궁궐의 제1정전인 會慶殿을 말한다. 이에 대해서는 『高麗圖經 역주(상)』, 145·146쪽 권5-3-1) 참조.

12) 揖: 禮의 하나로, 양손을 가슴 앞에서 맞잡고 위아래 혹은 앞으로 내밀며 공경을 나타내는 행위이다.
諸橋轍次, 1984, 「揖」, 『大漢和辭典』 5, 東京 : 大修館書店, 316쪽.

13) 上節官: 正使와 副使를 따르던 수행원인 三節의 하나이다. 이에 대해서는 『高麗圖經』 권15-6-6) 참조.

14) 榜子: 관리들이 서로 만날 때 사용했던 일종의 명함으로, 관직과 성명 등이 기록되어 있었다.
諸橋轍次, 1985, 「榜子」, 『大漢和辭典』 6, 東京 : 大修館書店, 481쪽.

15) 都轄: 三節 가운데 上節에 속하는 직책인 都轄禮物官을 가리킨다. 이에 대해서는 『高麗圖經』 권24-2-5) 참조.

16) 提轄: 三節 가운데 上節에 속하는 직책인 提轄禮物官을 가리킨다. 이에 대해서는 『高麗圖經 역주(상)』, 11·12쪽 권0-1-(1)-3) 참조.

17) 中節: 正使와 副使를 따르던 수행원인 三節의 하나이다. 이에 대해서는 『高麗圖經』 권15-6-7) 참조.

18) 下節: 正使와 副使를 따르던 수행원인 三節의 하나이다. 이에 대해서는 『高麗圖經』 권24-11-2) 참조. 선화 연간(송 휘종, 1119~1125)의 사절단에는 하절이 充代下節·宣武下節로 구분되어 있었다. 충대하절에 대해서는 『高麗圖經』 권24-11-1) 참조. 선무하절에 대해서는 『高麗圖經』 권24-12-1) 참조.

26-3

[原文]

燕儀15)

燕飮之禮, 供張帟幕之屬, 悉皆光麗. 堂上, 施16)錦17)茵18), 兩19)廊,

藉20)以綠21)席. 其酒味甘色重, 不能醉人. 果蔬豊腆, 多去皮核. 肴饌雖有
羊豕, 而海錯勝之. 卓面, 覆以紙, 取其潔也. 器皿, 多以塗金, 或以銀, 而
以靑陶器爲貴. 獻酬之儀, 賓主百拜, 不敢廢禮. 自令官國相尙書以上, 立
于22)殿之東榮, 在王之後, 餘官, 以文武, 分東西兩序, 立于23)廷24)中. 中
立一25)表, 以著時刻. 旁列綠衣人, 摺笏, 執絳燭籠, 立於26)百官之前. 復
令衞軍, 各執儀物, 立於27)其後. 麗人, 奉王甚嚴, 每燕樂28)行禮, 所立29)
官吏兵衞, 雖烈日驟雨, 山立不動, 亦未嘗改容. 其恭肅, 亦可尙云.

[譯文]

연의[1]

　연음의 예에서 공장과 역막의 부류[2]는 모두 다 빛나고 아름다웠습니
다. 당(堂) 위에는 비단[錦][3] 깔개를 펴놓았으며, 양쪽 회랑[廊]에는 녹색
자리를 깔아두었습니다. 그 술은 맛이 달고 색이 진하기는 하나, 사람을
취하게 하지는 못하였습니다. 과일과 채소는 풍성하게 차렸는데, 껍질과
씨를 대부분 없앴습니다. 안주와 반찬에는 비록 양과 돼지가 있었으나,[4]

---

15) 四 知 : 飮.
16) 四 : "施【闕二字】"로 기록되어 있다.
17) 四 : "錦"이 누락되어 있다.
18) 四 : "茵"이 누락되어 있다.
19) 四 : 西, 知 : "兩【鄭刻西】"로 기록되어 있다.
20) 知 : 籍.
21) 四 : 綠, 知 : "緣【鄭刻綠】". 원문은 緣으로 되어 있으나, 의미상 '綠'이 옳다고 생
　　각되어 교감 번역 하였다.
22) 知 : 於.
23) 知 : 於.
24) 知 : 庭.
25) 四 : "一"이 누락되어 있다.
26) 四 : 于.
27) 四 : 于.
28) 四 : 飮, 知 : "樂【鄭刻飮】"으로 기록되어 있다.
29) 知 : 列.

잡다한 해산물[海錯]이 더 많았습니다.[5] 탁자[6]의 겉은 종이로 덮어 정결함을 취하였습니다. 기명은 도금된 것이거나 혹은 은으로 된 것이 많았는데, 푸른 도기[7]를 귀하게 여깁니다. 술을 주고받는 법도[儀]에서는 손님과 주인이 여러 번 배하여 감히 예를 버리지 않았습니다.[8] 영관[9]과 국상,[10] 상서[11] 이상은 전(殿)의 동쪽 겹처마 쪽에 서는데 왕의 뒤에 있었으며, 나머지 관원들은 문무에 따라 동서에 두 줄로 나뉘어 뜰 안에 섰습니다. 가운데에는 표(表) 하나를 세워 시각을 나타냈습니다.[12] 곁에는 녹색 옷의 사람들[13]이 늘어섰는데 홀을 꽂고 진홍색 초롱을 잡았으며, 백관의 앞에 섰습니다. 다시 친위군으로 하여금 각자 의물을 잡고 그 뒤에 서게 하였습니다. 고려 사람들이 왕을 받듦은 매우 엄격한데, 매번 연회를 즐기며 예를 행할 때마다 서 있는 관리와 위병들은 비록 해가 뜨겁게 내리쬐고 갑자기 소나기가 내려도 산이 서 있듯이 움직이지 않았으며 또한 결코 낯빛도 변하지 않았습니다. 그 공손하고 엄숙함이 또한 높이 살만합니다.

[註解]

1) 燕儀: 술을 마시며 연회를 즐기는 의식을 말한다. 본문에서 묘사하고 있는 燕儀는 受詔가 끝난 이후 사신단을 위로하기 위해 거행되었다. 『高麗圖經』 권5, 乾德殿條에 따르면 원래 사신이 이르렀을 때는 건덕전에서 연회를 베풀었으며, 왕의 예우가 정성스러울 때는 姬侍를 보냈다고 한다. 다만 서긍이 포함된 宋 사신단이 왔던 시기에는 고려가 국상을 치르고 있었으므로 會慶殿에서 간략한 연회가 설행되었다.
   민태혜, 2015, 「고려시대 중국사신영접의례와 전통연희」, 『南道民俗研究』 31, 49·50쪽.
2) 供張帟幕之屬: 의례 등에서 사용하는 장막 종류를 말한다. 이에 대해서는 『高麗圖經』 권28·29, 供張篇에서 자세히 설명할 것이다.
3) 錦: 여러 종류의 색실을 이용하여 무늬를 짜 넣은 상급 衣料이다. 이에 대해서는 『高麗圖經』 권14-7-4) 참조.
4) 肴饌雖有羊豕: 燕飮에서 사용된 육류에 대한 서술이다. 서긍은 고려에서 고기를 거의 소비하지 않아서, 사신이 방문할 경우 미리 양과 돼지를 길러 대접하는데 사용했다고 기록하였다. 이에 대해서는 『高麗圖經』 권23, 屠宰條 참조.

5) 而海錯勝之: 燕飮에서 사용된 해산물에 대한 서술이다. 서긍은 고려에서 고기를
일부 먹기도 하였으나, 해산물을 주로 소비하였던 것으로 기록하였다. 이에 대해
서는『高麗圖經』권23, 漁條 참조.

6) 卓 연회에서 사용할 물품들을 차리기 위해 사용된 탁자를 가리킨다. 이에 대해
서는『高麗圖經』권22, 鄕飮條·권26, 下節席條 참조.
諸橋轍次, 1984,「卓」,『大漢和辭典』2, 東京 : 大修館書店, 557쪽. ﹅

7) 靑陶器: 고려에서 제작했던 청자를 가리킨다. 이에 대해서는『高麗圖經』권32, 陶
尊條에서 자세히 설명할 것이다.

8) 獻酬之儀 …… 不敢廢禮: 고려의 술자리 예절에 관한 부분이다.『禮記』에는 "일헌
의 예에는 손님과 주인이 여러 번 배하여, 종일토록 술을 마셔도 취하지 않는다
[壹獻之禮 賓主百拜 終日飮酒而不得醉焉]."라는 구절이 있다. 이처럼 고려에서 열
린 연회에서도 술을 올리고 받는 사이에 여러 번 拜가 이루어져, 수차례 술이 오
갔음에도 예에서 벗어나지 않았다고 하였다.
『禮記』樂記.

9) 令官: 고려의 종실, 즉 諸王을 가리킨다. 이에 대해서는『高麗圖經 역주(상)』, 204
쪽 권7-3-39) 참조.

10) 國相: 고려의 宰相을 가리킨다. 이에 대해서는『高麗圖經』권16-2-7) 참조.

11) 尙書: 尙書6部의 장관을 가리킨다. 이에 대해서는『高麗圖經 역주(상)』, 208쪽 권
7-5-5) 참조.

12) 中立一表 以著時刻: 宋 사신단을 위로하는 연회가 베풀어지는 뜰 가운데에는 시
간을 알리는 表가 세워져 있었다. 고려에서 시간을 알리는 방법에 대해서는『高
麗圖經』권22, 挈壺條 참조.

13) 緤衣人: 연회가 진행되는 동안 秉燭을 담당한 이들을 가리킨다. 이에 대해서는『高
麗圖經』권22-3-4) 참조.

26-4

[原文]

獻酬

王與使副, 旣就席坐, 王遣介告使副, 曰欲親起酌酒爲勸30). 使者固31)

---

30) 四 知 : 勸. 원문은 勤으로 되어 있으나, 의미상 '勸'이 옳다고 생각되어 교감 번
역하였다.

31) 四 : 同, 知 : "固【鄭刻同】"으로 기록되어 있다.

辭, 至于32)再三, 乃從之. 各避席, 起立對揖訖, 執事者, 以使爵至王前,
王跪執尊, 以酌使者. 膝行而前, 使亦跪, 受33)爵訖, 復以爵, 授執事者, 各
復位. 坐旣定飮訖, 起躬身對揖, 略敍謝意. 王又親酌副使酒, 如使之禮.
使副旣受王獻畢, 復親酌酒, 以酢王, 如初禮. 酒三行, 乃如常儀. 酒十五
行, 乃中休于34)次少頃, 再就坐. 自使副而下, 送襲衣金銀帶, 各有差. 酒
再十餘行, 夜分乃罷. 王送使副出于35)殿門外. 三節人, 以序行馬歸館.

헌수

　왕과 정사·부사가 이윽고 자리로 나아가 앉으면, 왕이 개를 보내 정사
와 부사에게 고하여 말하기를, "직접 일어나 잔에 술을 따라 권하고자
한다."라고 하였습니다. 정사가 굳게 사양하였으나 두세 번 이르니 이에
그것을 따랐습니다. 각자 피석하고,[1] 일어나 서서 마주 읍하기를 마치면,
집사자[2]가 정사의 잔[爵]을 가지고 왕 앞에 이르니, 왕이 꿇어앉아 술병
[尊]을 잡고 정사의 잔에 따랐습니다. (집사자가) 무릎걸음으로 앞에
나아가면 정사도 또한 꿇어앉아 잔을 받기를 마치고, 다시 잔을 집사자
에게 주고 각자 자리로 돌아갔습니다. 자리가 이윽고 정리되어 마시기
를 마치면, 일어나 몸을 굽혀 마주 읍하며 간략하게 감사의 뜻을 보였습
니다. 왕이 또한 친히 부사에게 잔에 술을 따라주니, 정사의 예와 같았습
니다. 정사와 부사가 이윽고 왕이 따라 준 잔[王獻]을 받기를 마치면,
되돌아가서 친히 잔에 술을 따라 왕에게 잔을 돌리니 처음 예와 같았습

---

32) 知 : 於.
33) 四 知 : 受. 원문은 授로 되어 있으나, 의미상 '受'가 옳다고 생각되어 교감 번역
　　하였다.
34) 知 : 於.
35) 知 : 於.

니다. 술이 3번 돌면 이에 평상시의 의식과 같게 하였습니다. 술이 15번 돌면 이에 중간에 막차에서 잠시 쉬었고, 다시 자리로 나아갔습니다. 정사와 부사로부터 아래까지 습의[3]와 금·은대를 선물하였는데, 각각 차등이 있었습니다. 술이 다시 10여 번 돌았고, 밤중이 되어 이에 파하였습니다. 왕이 정사와 부사가 전문[4] 밖으로 나가는 것을 배웅하였습니다. 삼절의 사람들은 차례에 따라 말을 타고 순천관[5]으로 돌아갔습니다.

[註解]

1) 避帝: 자리에서 물러나 엎드리는 동작이다. 이에 대해서는 『高麗圖經』 권25-5-3) 참조.
2) 執事者: 일을 맡아서 행하는 사람을 가리킨다. 본문의 執事者는 燕儀에서 고려 국왕과 사신단이 술잔을 나누는 일을 돕는 역할을 담당하였다. 한편, 고려시대에는 각종 의례에 집사자가 참여하여 진행을 돕고 있었다.
『高麗史』 권59, 志13 禮1.
『高麗史』 권60, 志14 禮2.
『高麗史』 권61, 志15 禮3.
『高麗史』 권62, 志16 禮4.
『高麗史』 권63, 志17 禮5.
『高麗史』 권64, 志18 禮6.
『高麗史』 권67, 志21 禮9.
諸橋轍次, 1984, 「執事」, 『大漢和辭典』 3, 東京 : 大修館書店, 193·194쪽.
3) 襲衣: 평상시 입는 옷 일체를 말한다.
諸橋轍次, 1985, 「襲衣」, 『大漢和辭典』 10, 東京 : 大修館書店, 276쪽.
4) 殿門: 會慶殿의 문이다. 이에 대해서는 『高麗圖經』 권4, 殿門條 참조.
5) 館: 順天館을 말한다. 이에 대해서는 『高麗圖經』 권27, 順天館條에서 자세히 설명할 것이다.

[原文]

上節席

　上節之席, 西面北上. 器用塗金, 禮如使副, 差殺而王不親酌, 唯遣尙書郎, 或卿監代之. 先以其禮告于[36]王, 王可其言, 再拜而退. 乃言於使人曰, 王[37]遣某官, 勸上節酒. 都轄提轄而下, 躬身答之. 初坐再勸, 晚燕再就[38]位, 至于[39]三勸, 皆易巨觥. 酒盡乃退. 所遣官, 復再拜王于[40]殿庭而退[41].

[譯文]

상절석

　상절의 자리는 서쪽을 향하고 북쪽이 상석이었습니다. 그릇은 도금한 것을 썼고 예는 정사·부사와 같았으나 조금 낮추어서 왕이 친히 잔에 술을 따르지는 않으며, 다만 상서랑[1]을 보내거나 혹은 경[2]·감[3]이 그것을 대신하였습니다. 먼저 그 예를 왕에게 고하고, 왕이 그 말에 좋다고 하면 재배하고 물러났습니다. 이에 사신에게 말하여 이르기를, "왕이 아무개 관원을 보내어 상절에게 술을 권한다."라고 하였습니다. 도할관과 제할관 이하는 몸을 굽혀 이에 답하였습니다. 처음 자리하면 2번 권하고 저녁 연회에 다시 자리로 나아가는데, 3번째 권할 때 이르러서는 모두 거굉[4]으로 바꿨습니다. 술이 다하면 이에 물러났습니다. 보냈던 관원이 전(殿)의 뜰에서 왕에게 다시 재배하고 물러났습니다.

---

36) 知 : 於.
37) 四 知 : 主.
38) 四 : "就【原闕一頁】"로 기록되어 있다.
39) 知 : 於.
40) 知 : 於.
41) 四 : "位 …… 復再拜王于殿庭而退"가 누락되어 있다.

[註解]

1) 尙書郞: 尙書省의 郎官을 의미하는데, 고려의 관제상 상서성의 낭관으로는 尙書都省의 左右司郞中(정5품), 左右司貟外郞(정6품)과 尙書6部·考功司·都官의 侍郞(정4품), 郎中(정5품), 貟外郞(정6품) 등이 있었다. 한편, 왕을 대신하여 上節에게 술을 권한 관인에는 상서랑 이외에 卿·監이 있는데, 이들은 종3품~정4품 지위에 해당하였다. 그러므로 상서랑은 정4품인 상서6부의 시랑이었을 가능성이 있다. 또 상서6부 중에 의례를 주관하는 관부는 尙書禮部이므로, 본문에서의 상서랑은 상서예부시랑을 가리킨다고 여겨진다.
『高麗史』 권76, 志30 百官1 尙書省·吏曹·考功司·兵曹·戶曹·刑曹·都官·禮曹·工曹.
諸橋轍次, 1984, 「尙書郞」, 『大漢和辭典』 4, 東京 : 大修館書店, 106쪽.
2) 卿: 衛尉寺·太僕寺·大府寺·禮賓省·司宰寺 등의 관직으로, 대략 종3품의 지위였다. 이에 대해서는 『高麗圖經 역주(상)』, 213쪽 권7-7-2) 참조.
3) 監: 秘書省·殿中省·將作監·小府監·太醫監·司天監·軍器監 등의 관직으로, 대략 종3품~정4품의 지위였다. 한편, 『高麗圖經』 권7, 卿監服條에 의하면, 경감은 6寺의 卿과 少卿, 省과 部의 丞·郞, 國子儒官, 祕書典職 등을 가리킨다.
『高麗史』 권76, 志30 百官1 典校寺·宗簿寺·繕工寺·小府寺·典醫寺·書雲觀·軍器寺.
4) 巨觥: 큰 잔의 한 종류이다. 소의 뿔로 만들어졌다.
諸橋轍次, 1984, 「巨觥」, 『大漢和辭典』 4, 東京 : 大修館書店, 370쪽.

26-6

[原文]

中節席[42]

中節之席, 東面北上, 與上節相向. 其果肴器皿, 又降上節一等. 其遣官勸酒, 略如上節之儀.

[譯文]

중절석

중절의 자리는 동쪽을 향하고 북쪽이 상석이었으니 상절과는 서로

---

42) 閣 : "中節席 …… 略如上節之儀" 전체가 누락되어 있다.

항하였습니다. 그 과일·안주·기명은 또 상절보다 한 등급 내렸습니다.
그 관원을 보내어 술을 권함은 대략 상절의 의례와 같았습니다.

26-7

[原文]

下節席[43]

下節之席, 在殿門之內, 北面東上. 其席不施牀卓, 唯以小俎, 藉[44]地而坐. 器用白金, 果肴簡略. 而酒行之數, 差疎, 視中節, 又降殺數倍耳.

[譯文]

하절석

하절의 자리는 전문의 안에 있었으며[1] 북쪽을 향하고 동쪽이 상석이었습니다. 그 자리에는 상탁[2]을 펴지 않았고, 오직 작은 적대[俎][3]뿐이었으며 땅에 자리를 깔고 앉았습니다.[4] 그릇은 은[白金]을 썼고 과일과 안주는 간략했습니다. 술 돌리는 수는 조금 적은데 중절에 비해 또한 몇 배를 낮추고 줄였을 뿐입니다.

[註解]

1) 下節之席 在殿門之內: 궁궐에서 행해진 연회에서 下節의 자리가 會慶殿門 안에 있었다는 설명이다. 당시 宋 사신단의 경우 하절을 포함한 三節의 자리 배치가 전문 안에 있었다. 한편, 이와 달리 遼·金의 사신단은 上節까지만 전문 안에 자리하였다.
한정수, 2015, 「고려 전기 '迎契丹使臣儀'의 내용과 의미」, 『사학연구』 118, 188·

---

43) 四 : "下節席 …… 又降殺數倍耳" 전체가 누락되어 있다.
44) 知 : 籍.

189쪽.

2) 牀卓: 卓子나 几案 등과 같이 의례에 사용되는 일종의 탁자류이다. 이에 대해서
   는 『高麗圖經』 권22-5-1) 참조.

3) 俎: 도마류의 하나로, 제사나 연향 때 희생을 얹는 禮器 또는 음식을 두는 적대를
   가리킨다. 이에 대해서는 『高麗圖經』 권22-5-8) 참조.

4) 其居不施牀卓 …… 藉地而坐: 下節의 자리에는 牀卓을 두지 않았다는 설명이다.
   上節과 中節은 각각 의자와 음식상인 탁자가 개인마다 배치되었지만, 하절에게
   는 별도로 의자와 탁자를 지급하지 않고, 작은 俎에 간단하게 과일과 안주를 주
   었다. 한편, 『高麗圖經』 권22, 鄕飮條에 따르면, 고려의 공식 모임에서 王府와 國
   官은 상탁을 설치하였지만 나머지 관리와 사민은 평상에 앉았다.
   한혜선, 2021, 「고려전기 의례에 사용된 안(案)의 종류와 의미」, 『역사와 현실』
   119, 144쪽.

26-8

[原文]

館會

使者旣入館, 王遣官辦燕, 謂之拂塵會. 自是之後, 五日一會, 遇節序,
稍加禮焉. 使副居其中, 自分左右位. 國官伴筵, 與館伴, 分東西居客位.
都轄提轄以下, 分坐于[45]東西序. 中下節, 以次坐于[46]兩廊. 酒[47]止十五
行, 夜分而罷. 庭中不施燭籠, 唯設明燎而已. 又有過位之禮, 館伴以書,
延使副于[48]其位, 如燕之禮. 三節不偕往, 唯從行[49]引接指使之屬, 以備
使令. 其後數日, 使副延館伴官於所館之樂賓亭. 用行庖之人, 而果肴器

---

45) 知 : 於.

46) 知 : 於.

47) 知 : "於東西序中下節以次坐於兩廊酒"로 기록되어 있다. 원문은 "【于東西序中下節
    以次坐于兩廊酒】"로 되어 있으나, 의미상 본문으로 해석하는 것이 옳다고 생각되
    어 교감 번역하였다.

48) 知 : 於.

49) 四 : "館會 …… 唯從行"이 누락되어 있다.

皿, 皆御府所給. 四筵, 列寶玩古器法書名畫異香奇茗, 瑰瑋萬狀, 精采奪目, 麗人莫不驚歎. 酒闌, 隨所好, 恣其所欲, 取而予之.

[譯文]
관회

사신[使者]이 이윽고 객관에 들어가면 왕은 관원을 보내 연회를 준비하는데, 이를 불진회[1]라고 하였습니다. 이때 이후부터 5일에 한 번 연회를 여는데[2] 절기[節序]를 만나면[3] 예를 조금 더하였습니다. 정사와 부사가 (관청의) 가운데 있어 자신들이 자리를 좌우로 나눴습니다. 국관(國官)과 반연[4]은 관반[5]과 더불어 동서로 나누어 객위(客位)에 자리하였습니다.[6] 도할관과 제할관 이하는 동서에 차례대로 나누어 앉았습니다. 중절과 하절은 차서에 따라 양쪽 회랑[廊]에 앉았습니다.[7] 술은 15번 돌리는데 그쳤고 밤중에 파했습니다. 뜰 안에는 초롱을 설치하지 않고 오직 횃불만 두어 밝혔을 뿐입니다.[8] 또 과위지례[9]가 있는데, 관반이 서신으로 정사와 부사를 그 처소[位]로 초대하니 연회의 예와 같았습니다. 삼절은 함께 가지 않는데, 다만 인접과 지사[10]의 무리가 따라가서 심부름에 대비하였습니다. 그 며칠 뒤에 정사와 부사는 관반관을 그들이 묵고 있는 낙빈정[11]으로 초대하였습니다. 요리하는 사람을 썼는데, 과일·안주와 기명들은 모두 어부[12]에서 지급한 것이었습니다. 사방의 자리에는 보완·고기·법서·명화·이향·기명[13]을 늘어놓았는데, 아름답고 진귀한 것이 만 가지 형상이고, 정교하고 다채로운 것이 눈길을 끄니, 고려 사람들이 경탄하지 않을 수 없었습니다. 술자리가 반쯤 지날 때 즈음[酒闌]에는 좋아하는 바에 따라 마음대로 그 원하는 것을 집어서 주었습니다.

1) 拂塵會: 拂塵宴이라고도 한다. 불진은 여행으로 묻은 먼지를 털어낸다는 뜻으로, 멀리서 온 사람에게 잔치를 열어 위로하는 연회를 가리킨다. 고려에서는 사신이 객관에 들어가면 5일에 한 번 연회를 열었다. 한편, 1078년(문종 32)의 경우에는 6월 12일에 宋 사신단이 개경에 도착하여 順天館에 머물렀고, 25일에 受詔儀를 행한 뒤에 27일에 불진연이 이루어진 바 있다. 이를 근거로 송 사신단에 대한 불진연은 수조 이후에 행해졌다고 보기도 한다.

   『高麗史』 권9, 世家9 文宗 32년 6월 甲寅·丁卯·己巳.

   檀國大學校 東洋學硏究所, 2002, 「拂塵」, 『漢韓大辭典』 5, 檀國大學校出版部, 1107쪽.

   金昌賢, 2011, 「고려시대 대명궁 순천관과 객관」, 『고려 개경의 편제와 궁궐』, 景仁文化社, 308쪽.

   한정수, 2015, 앞의 논문, 176·191쪽.

   이승민, 2019, 「송 사신단의 개경 游觀과 고려의 외교 공간 활용」, 『한국문화』 88, 8쪽.

2) 使者旣入館 …… 五日一會: 宋 사절단이 順天館에 들어간 후 拂塵會를 시작으로 5일이 한 번씩 연회가 열렸다는 내용이다. 순천관에 들어간 6월 13일부터 열렸다면 총 5회의 불진회를 가질 수 있었다. 서긍은 순천관에 머무는 동안 출입이 자유롭지 못했으나 이처럼 빈번한 연회를 통해 고려에 관한 정보를 모을 수 있었다.

   김성규, 2014, 앞의 논문 ; 2020, 앞의 책, 655쪽.

   이승민, 2019, 앞의 논문, 8쪽.

3) 遇節序: 節序는 節氣 또는 절기의 차례를 뜻한다. 고대 동아시아 사회에서는 계절의 변화에 따라 배태되는 자연물의 경험적 지식을 바탕으로 절기를 구분해왔다. 漢代 성립된 것으로 보이는 『逸周書』는 1년 12월 24절기 72候法(24절기*3후)을 체계화하였고, 이후로 「曆志」 계통에는 72후법을 수록하는 것이 항례가 되었다. 고려에서도 72후법에 기반한 唐의 「宣明曆」을 국초부터 수용하여, 이것이 『高麗史』에 반영되어 있다. 한편, 서긍이 개경에 체류한 기간은 절기상 大暑와 겹쳤다. 이에 대해서는 『高麗圖經 역주(상)』, 289쪽 권12-2-3) 참조.

   『高麗史』 권50, 志4 曆1 宣明曆上.

   諸橋轍次, 1985, 「節序」, 『大漢和辭典』 8, 東京 : 大修館書店, 820쪽.

   金一權, 2017, 「고대 천문월령론과 기상절후법의 자료 전개」, 『南冥學硏究』 55, 279~285쪽.

4) 伴筵: 각종 의례에서 연회를 주관하던 筵伴으로 보인다. 연반에 대해서는 『高麗圖經 역주(상)』, 157쪽 권6-2-8) 참조.

5) 館伴: 외국 사절이 개경의 객관에 체류하는 동안 영접과 수행의 업무를 담당하던 관원을 말한다. 이에 대해서는 『高麗圖經 역주(상)』, 208·209쪽 권7-5-8) 참조.

6) 使副居其中 …… 分東西居客位: 객관의 연회에서 正使·副使와 國官·伴筵·館伴의 자리 배치를 서술한 내용이다. 『高麗圖經』 권27, 館廳條에 의하면, 정사와 부사가 관청 가운데 있으면서 자신들이 賓主가 되고, 국관은 동·서로 나뉘어 모시고 앉

았다.

7) 中下節 以次坐于兩廊: 객관의 연회에서 中節과 下節의 자리 배치를 서술한 내용이다. 『高麗圖經』 권27, 順天館條에 의하면, 순천관의 外廊은 30칸으로 다른 물건은 두지 않는데, 오직 館會 때에만 중절과 하절의 飮席을 진열하였다.

8) 庭中不施燭籠 唯設明燎而已: 『高麗圖經』 권22, 秉燭條에 따르면, 會慶殿과 乾德殿의 연회에서는 紅紗燭籠을 설치하였다. 燭籠의 설치는 국왕의 참석 여부에 따라 달랐을 것이다.

9) 過位之禮: 過位란 어떤 처소에 나아감을 뜻하는 것으로, 본문에서의 '過位之禮'는 宋 사신단과 고려의 館伴使가 서로의 숙소에 방문하여 연회를 베푸는 예를 가리킨다. 관반이 서신으로 正使와 副使를 자신의 처소로 초청하여 연회를 갖고, 며칠 후에는 정사와 부사가 관반을 자신들이 머무는 樂賓亭으로 초청하여 연회를 가졌다.
檀國大學校 東洋學研究所, 2008, 「過位」, 『漢韓大辭典』 13, 檀國大學校出版部, 1029쪽.
金昌賢, 2011, 앞의 책, 308쪽.
한정수, 2015, 앞의 논문, 192쪽.

10) 引接指使: 사신단의 말 앞을 걸어가며 궁궐로 인도한 인원들을 가리키는 것으로 추정된다. 이에 대해서는 『高麗圖經』 권25-2-17) 참조.

11) 樂賓亭: 順天館의 正廳 뒤편에 있던 正使와 副使의 처소였다. 『高麗圖經』 권27, 使副位條에 따르면, 樂賓亭의 동쪽은 정사가 서쪽은 부사가 썼으며, 고려의 館伴을 초대하여 연회를 베풀던 곳이었다. 한편, 1115년(예종 10)에 宋에 사신으로 가는 王字之와 文公美를 전별하던 장소로도 쓰였다.
『高麗史』 권14, 世家14 睿宗 10년 4월 甲寅.
金昌賢, 2011, 앞의 책, 305~308쪽.

12) 御府: 宋 황제가 쓰는 물품을 보관하던 곳간이다.
諸橋轍次, 1984, 「御府」, 『大漢和辭典』 4, 東京 : 大修館書店, 897쪽.

13) 寶玩古器法書名畫異香奇茗: 過位之禮에서 正使와 副使가 館伴官을 樂賓亭으로 초대하였을 때 宋 사절단이 가져왔던 물품이다. 寶玩은 보물로 장식된 노리개, 古器는 고대의 양식으로 된 기물, 法書는 모범이 될 만한 서법, 名畫는 명인이 그린 뛰어난 회화, 異香은 평범하지 않은 좋은 향내, 奇茗은 뛰어나고 진귀한 차를 말한다.
諸橋轍次, 1984, 「古器」·「名畫」, 『大漢和辭典』 2, 東京 : 大修館書店, 726·827쪽.
諸橋轍次, 1984, 「奇茗」·「寶玩」, 『大漢和辭典』 3, 東京 : 大修館書店, 577·1116쪽.
諸橋轍次, 1985, 「法書」, 『大漢和辭典』 6, 東京 : 大修館書店, 1049쪽.
諸橋轍次, 1985, 「異香」, 『大漢和辭典』 7, 東京 : 大修館書店, 1119쪽.

26-9

[原文]

拜表

使者宣命禮畢, 乃以書告行, 欲赴天寧節上壽之意. 王遣介, 致書懇留, 使者固辭. 王卜日持書, 告以拜附表章. 至日, 使副率三節人, 至王府. 王迎揖. 至會慶殿庭中, 設案列褥位, 如受詔之儀. 王望闕再拜訖, 搢笏跪. 執事以表, 授王, 王捧表膝行, 奉于50)使, 使跪受51)訖, 以表授副使, 置表於引接宮, 然後就席. 至會罷, 乃以表匣, 置采輿中. 兵仗迎導, 前行歸館.

[譯文]

배표[1]

사신[使者]은 선명례[2]가 끝나면 이에 서신으로 떠날 것을 알렸으니[告行], 천녕절[3]에 참석하여 황제의 장수를 기원[4]하고자 하는 뜻이 있었습니다. 왕은 개를 보내 서신을 부쳐 간곡히 만류하였지만 정사는 굳게 사양했습니다. 왕이 날을 점쳐 서신을 통해 표장(表章)을 삼가 바칠 것임을 알렸습니다.[5] 그날이 되자 정사와 부사가 삼절의 사람들을 거느리고 왕부[6]에 이르렀습니다. 왕이 맞이하여 읍했습니다. 회경전 뜰 안에 이르니, 안[7]을 설치하고 욕위(褥位)를 나란히 두었는데, 수조 의례와 같았습니다. 왕이 망궐하며[8] 재배하기를 마치면, 홀을 꽂고 꿇어앉았습니다. 집사가 표를 왕에게 주면, 왕은 표를 받들어 무릎으로 가서 정사에게 바치고, 정사는 꿇어앉아서 받기를 마치면, 표를 부사에게 주고, (부사가) 인접관에게 표를 맡기고 난 후에 자리로 나아갔습니다. 모임이 파하

---

50) 㫼 : 於.
51) 㧀 : 受, 원문은 授로 되어 있으나, 의미상 '受'가 옳다고 생각되어 교감 번역하였다.

면, 곧 표를 갑(匣)에 담아 채색 가마[9] 안에 두었습니다. 병장(兵仗)이
맞이하여 인도하면 앞으로 나아가 객관으로 돌아갔습니다.

[註解]

1) 拜表: 군주 또는 관부에 表를 올리는 것을 말한다. 본문에서는 宋 사절단이 본국
으로 돌아가기 직전에, 고려 국왕이 황제에게 올리는 표문을 송 사신에게 전달
하는 의례를 가리킨다. 『高麗史』에서는 7월 10일 사신이 본국으로 돌아갈 때 왕
이 "표문을 부치고 사례하였다[附表以謝]."라고 기록되어 있다. 한편, 『高麗史』에
서는 "충렬왕 28년(1302) 8월 甲子에 百官이 禮儀를 갖추어 迎賓館에서 聖節을 하
례하는 표를 보냈는데, 拜表의 의례가 이때 처음 시작되었다[忠烈王二十八年八月
甲子 百官備禮儀 拜賀聖節表 送于迎賓館 拜表之禮 始此]."라고 하여, 마치 배표가
충렬왕대 처음 시행되었던 것처럼 서술하였다. 본문의 내용은 1302년 이전의 것
이므로 마치 『高麗圖經』과 『高麗史』가 상치되는 것처럼 보인다. 10세기 고려는
契丹의 책봉을 받는 상황에서 부정기적으로 송과 사절단을 교환하였는데, 고려
국왕은 표문을 송 사절단의 편에 전달하면서 배표례를 거행하였다. 고려가 元에
간섭을 받기 시작한 13세기에는 고려 국왕이 자신의 신하를 사절로 파견하면서
표문을 전달하고 배표례를 거행하는 방식을 채용하였다. 1302년에 처음 거행된
배표례는 고려 국왕이 정기적으로 원에 사절단을 파견하면서 거행한 의례를 의
미하므로 『高麗圖經』과 『高麗史』의 내용이 상치되지 않는다.
『高麗史』 권15, 世家15 仁宗 1년 7월 辛酉.
『高麗史』 권67, 志21 禮9 嘉禮 進大明表箋儀 忠烈王 28년 8월 甲子.
諸橋轍次, 1984, 「拜表」, 『大漢和辭典』 5, 東京 : 大修館書店, 200쪽.
최종석, 2019, 「고려후기 拜表禮의 창출·존속과 몽골 임팩트」, 『한국문화』 86,
158~165쪽.

2) 宣命禮: 宣命이란 황제의 명을 전달한다는 뜻으로, 여기에서는 宋 徽宗의 詔書를
고려의 인종에게 건네주는 의식을 말한다. 송 사신단이 입경한지 7일째인 6월 19
일에 인종은 會慶殿에서 조서를 맞이하였는데, 서긍이 이를 선명례로 표현한 것
이다.
『高麗史』 권15, 世家15 仁宗 1년 6월 庚子.
諸橋轍次, 1984, 「宣命」, 『大漢和辭典』 3, 東京 : 大修館書店, 1000쪽.
김성규, 2014, 앞의 논문 ; 2020, 앞의 책, 651쪽.

3) 天寧節: 宋의 제8대 황제인 徽宗(1082~1135)의 생일이다. 휘종은 神宗과 欽慈皇后
陳氏 사이에서 1082년(송 원풍 5)에 태어났으며, 10월 10일을 天寧節로 정했다.
그에 대해서는 『高麗圖經』 권17-2-6) 참조. 고려에서는 1103년(숙종 8)에 천녕절
을 맞이하여 太子에게 명해 奉恩寺에서 齋를 지낸 바 있다. 또 송에 세 차례 사
행했던 金富軾은 「謝天寧節垂拱殿赴御宴表」를 짓기도 했는데, 천녕절에 송 황제

에게 上壽하고 御宴에 참여하도록 허락해준 데에 사례한다는 내용이 담겨 있다.
『三國史記』 권33, 雜志2 色服.
『高麗史』 권12, 世家12 肅宗 8년 10월 丙辰.
『宋史』 권19, 本紀19 徽宗 元豊 5년 10월 丁巳.
『宋史』 권112, 志65 禮15 嘉禮3 聖節 諸慶節 徽宗.
『東人之文四六』 권9, 陪臣表狀「謝天寧節垂拱殿赴御宴表」.

4) 上壽: 장수를 빌며 상대방에게 술을 따라주는 것을 뜻한다. 본문에서는 황제의 생일을 맞아 장수를 기원한다는 의미로 쓰였다.
諸橋轍次, 1984,「上壽」,『大漢和辭典』1, 東京 : 大修館書店, 207쪽.

5) 王卜日持書 告以拜附表章: 왕이 표장을 바칠 날을 점쳐서 宋 사절단에게 알린다는 내용으로, 인종이 正使인 路允迪에게 표를 건네준 시기는 1123년(인종 1) 7월 10일이었다. 같은 날 拜表宴과 門餞이 별도로 이어졌다. 한편, 受詔日을 정할 때도 점을 쳐서 택일하였는데, 이에 대해서는『高麗圖經』권15-6-4) 참조.
『高麗史』 권15, 世家15 仁宗 1년 7월 辛酉.
김성규, 2014, 앞의 논문 ; 2020, 앞의 책, 653쪽.
이승민, 2019, 앞의 논문, 7쪽.

6) 王府: 고려 개경의 皇城을 말한다. 이에 대해서는『高麗圖經』권5, 王府條 참조.

7) 案: 의례에 필요한 각종 물건을 올려놓는 용도로써, 일종의 탁자류이다. 의례 공간에 배치된 案은 그 위에 놓인 물건의 종류, 그리고 어떤 절차와 행위에 사용되었는지에 따라 명칭이 달라졌다. 구체적으로 花案·香案·果案·壽尊案·書案·詔案·印案·璽案·璽綬案·册案·表箋案·開讀案 등이 있었다.
한혜선, 2021, 앞의 논문, 133~135쪽.

8) 望闕: 궐을 바라본다는 뜻으로, 여기에서는 宋의 궁궐을 바라본다는 의미이다. 이때 송의 영토는 고려의 서쪽에 위치하였으므로, 고려의 왕은 서면을 하고 望闕하였다. 이러한 서면 망궐은 대송 외교의례에만 적용되는 방식이었다.
브윤미, 2021,「고려전기 對宋 외교의례와 '望闕'」,『사학연구』143, 51~53쪽.

9) 采輿: 오색의 무늬 비단으로 장식된 가마이다. 이에 대해서는『高麗圖經』권15, 采輿條 참조.

26-10

門餞

拜表宴罷, 乃於神鳳門, 張帟幕, 設賓主之位. 王與使副, 酌別訖, 立于[52]席之側. 先引上節, 立于[53]前, 王親酌別酒一[54]巨觥, 致辭而退. 次引中節, 立于[55]阼階, 下節立于[56]階下. 勸酒如上節之禮. 退出門外, 候使副上馬, 三節, 以次從行歸館.

[譯文]

문전[1]

배표연[2]이 파하면 신봉문[3]에 역막을 펼치고 손님과 주인의 자리를 마련했습니다. 왕이 정사·부사와 작별의 술 따르기를 마치면 (정사와 부사는) 자리의 옆에 섰습니다. 먼저 상절을 인도하여 앞에 세우고, 왕이 친히 이별주를 거굉 하나에 따라주면, (상절은) 감사의 말을 전하며 물러났습니다. 다음으로는 중절을 인도하여 조계[4]에 세우고, 하절은 계단 아래에 세웠습니다. 술을 권하는 것은 상절의 예와 같았습니다. 물러나 문 밖으로 나가면, 정사와 부사가 말에 오르기를 기다려 삼절이 차서에 따라서 객관으로 돌아갔습니다.

[註解]

1) 門餞: 神鳳門에서 하는 국왕과 사신단의 餞別宴으로, 辭儀에 해당한다. 한편, 1058년(문종 12) 契丹의 사신단이 방문했을 당시 門餞에 해당하는 辭歸의 예는 밤중에 이루어져, 등촉을 밝히는 이들에 대한 처우 문제와 등촉의 비용 문제가 지적되었다. 그러자 內史舍人·知東宮侍讀事 崔尙은 밤 시간 대신 조회하는 때를 이용해 사귀의 예를 개설하자고 간언하였고, 문종은 이를 수용한 바 있다.
『高麗史』 권8, 世家8 文宗 12년 2월 戊午.
한정수, 2015, 앞의 논문, 190·193·194쪽.
2) 拜表宴: 拜表에 이어 진행되는 연회를 말한다. 宋 사신에 대한 배표연은 다른 자

---

52) 知 : 於.
53) 知 : 於.
54) 四 知 : "一"이 누락되어 있다.
55) 知 : 於.
56) 知 : 於.

료에 나타나지 않으나, 본문의 언급을 통해 배표 이후에도 별도로 연회가 마련
되었음이 확인된다. 한편, 해당 연회는 국왕과 백관이 모두 참여하는 등 대규모
로 치러졌을 것으로 파악하기도 한다.
민태혜, 2015, 앞의 논문, 50쪽.
3) 神鳳門: 고려 궁궐의 제1정전인 會慶殿의 정문이다. 이에 대해서는 『高麗圖經 역
주(상)』, 131쪽 권4-5-3) 참조.
4) 阼階: 堂 앞의 동쪽 계단을 말한다. 당 앞 계단은 동서 양쪽으로 나 있었는데, 주
인은 동쪽 계단을, 손님은 서쪽 계단을 이용하였다.
諸橋轍次, 1985, 「阼階」, 『大漢和辭典』 11, 東京 : 大修館書店, 797쪽.

26-11

[原文]

西郊送行

　使副回程, 是日, 早發順天館. 未閒, 抵西郊亭, 王遣國相, 具酒饌于[57]
其中. 上中節, 位于[58]東西廊, 下節位于[59]門外. 酒十五行, 乃罷. 使副與
館伴, 立馬于[60]門外, 敍別. 館伴就馬[61]上[62], 親酌以勸, 使者飲畢, 各分
袂. 先是, 與接送伴官, 到館卽相別, 及回程, 於此復與之相陪. 以迄群山
島放洋也.

[譯文]

서교[1]송행

　정사와 부사가 귀국길에 올라서[回程], 이날 일찍이 순천관을 떠났습

---

57) 知 : 於.
58) 知 : 於.
59) 知 : 於.
60) 知 : 於.
61) 四 : 上.
62) 四 : 馬.

니다. 얼마 지나지 않아 서교정[2]에 다다랐는데, 왕은 국상을 보내어 그 안에 술과 반찬을 갖추었습니다. 상·중절은 동·서 회랑[廊]에 자리하고 하절은 문 밖에 자리했습니다.[3] 술이 15번 돌면 이에 파했습니다. 정사와 부사는 관반과 함께 문 밖에 말을 세워두고 작별을 말했습니다. 관반이 말 위에 올라 친히 술을 따라 권하니, 사신[使者]이 마시기를 마치면 각각 헤어졌습니다. 이에 앞서 (사신단은) 접·송반관[4]과 객관에 이르러 곧 서로 이별하였다가, 귀국길에 오르자 여기에서부터 다시 함께했습니다.[5] 군산도[6]에 이르러 큰 바다로 나갔습니다.[7]

[註解]

1) 西郊: 서쪽 방면의 郊이다. 개경의 영역은 都內와 郊外로 나뉘었는데, 도내는 宮城·皇城·羅城의 성곽체제로 이루어졌고 그 바깥에 교가 설정되어 있었다. 확연하게 범주가 선으로 드러나지는 않지만, 도성과 경기 지역을 이어주는 완충적인 지역이었다. 이중 西郊는 宣義門으로부터 5리 거리의 西郊亭을 중심으로 반경 5리가량의 공간이다. 교는 국가적인 의례 공간으로서의 성격이 두드러졌는데, 특히 서교는 다른 방위의 교에 비해 사신단 영송과 관련하여 많이 활용되었다.
   홍영의, 2000, 「고려전기 개경의 오부방리(五部坊里) 구획과 영역」, 『역사와 현실』 38, 54~62쪽.
   申安湜, 2004, 「고려시대 開京의 '四郊'와 그 기능」, 『明知史論』 14·15合.
2) 西郊亭: 西郊에 있던 亭으로 宣義門 밖 5리쯤에 위치하였다. 이에 대해서는 『高麗圖經』 권27, 西郊亭條에서 자세히 설명할 것이다.
3) 下節位于門外: 『高麗圖經』 권27, 西郊亭條를 참고할 때, 下節이 문밖에 위치했던 것은 서교정의 규모가 이들을 수용할 수 없기 때문이었다. 하절과 舟人은 서교정의 문 맞은편에 마련된 장막에서 연회에 참가하였다.
4) 接送伴官: 接伴官은 사신단에 대한 迎送과 접대를 담당한 관원이다. 이에 대해서는 『高麗圖經 역주(상)』, 208·209쪽 권7-5-8) 참조. 사절단의 귀국 시에는 그 목적에 맞게 접반관을 맡았던 관원이 送伴官이라는 명칭으로 활동하였다(①). 한편, 접반관과 송반관을 별개의 관원이 맡는 것으로 파악하고, '接伴'이라는 용어가 귀국길을 보필하는 임무의 성격과 맞지 않기에 송반관만이 귀국길에 동행한 것으로 추정한 이해도 있다(②).
   ① 金圭錄, 2015, 앞의 논문, 165·166쪽.
   ② 김성규, 2014, 앞의 논문 ; 2020, 앞의 책, 654쪽.
5) 及回程 於此復與之相隅: 送伴官이 西郊亭에서부터 귀국길에 오른 사신단과 동행

하였음을 나타낸 표현이다. 사절단과 송반관의 만남은 서교정이 아니라 이미 順
天館에서부터 이루어졌다는 견해가 있다.
　김성규, 2014, 앞의 논문 ; 2020, 앞의 책, 654쪽.
6) 群山島: 지금의 전라북도 군산시 선유도이다. 이에 대해서는 『高麗圖經』 권36, 群
山島條에서 자세히 설명할 것이다.
7) 及回程 …… 以迄群山島放洋也: 사신단의 귀국길에 고려의 관원이 함께하는 내용
을 언급한 구절이다. 이를 통해 接伴官과 送伴官은 群山島―지금의 전라북도 군
산시 선유도―에서 시작하여 객관에 들어가기 전까지 사신을 접대하는 일을 맡
았다는 사실을 알 수 있다. 사신단은 입국 시 군산도·馬島―지금의 충청남도 태
안군 일원―·紫燕島 등에 정박하며 界首官의 접대를 받았는데, 귀국길에도 입국
시와 반대의 노정을 경유하였다. 귀국 시 군산도에 이르기까지의 고려의 사신단
접대는 입국 시와 같은 형태로 이루어졌다.
　金圭錄, 2015, 앞의 논문, 165·166쪽.

27-1[1]

[原文]

館舍

臣聞子産, 相鄭伯如晉, 晉以魯喪, 未之見也. 子産, 使盡壞其館之垣, 納車馬焉. 晉人誚之, 對曰, 文公之爲盟主也, 宮室卑庳, 無觀臺榭, 以崇大諸侯之館, 館如公寢. 庫廐繕修, 車馬有取, 賓僕有待, 賓至如歸. 晉有愧辭, 謝不敏焉. 然則諸侯之國, 所以待四方賓客者, 尙以授館爲先. 況外夷蕃服之於王人乎. 惟麗人, 恭順有素, 而朝廷綏撫有體. 故其建立使館, 制度葺[2]侈, 有逾王居. 臣嘉之, 作館舍圖[3][4].

[譯文]

관사

신이 듣건대 자산[1]은 정백[2]의 재상으로서 진[3]에 갔으나, 진은 노[4]가 상중이라 하여 그들을 보지 않았습니다. 자산은 그 객관의 담을 모두 헐어버리도록 하고 수레와 말을 들였습니다. 진 사람이 이를 꾸짖으니 (자산이) 대답하여 말하기를, "문공[5]이 맹주가 되었을 때 궁실이 작고 낮아 누각[觀]·돈대[臺]·정자[榭]가 없었지만, 제후의 객관을 높고 크게 하여 객관이 진문공의 처소와 같아졌습니다. 창고와 마구간을 수리하여

---

1) 四 : 이유는 알 수 없으나 조목의 순서가 다르게 편제되어 있다. 그 순서는 다음과 같다.

27-1 館舍條-27-6 香林亭條 후반부-27-7 使副位條-27-8 都轄提轄位條 전반부-27-3 館廳條 후반부-27-4 詔位條-27-5 淸風閣條-27-6 香林亭條 전반부-27-11 碧瀾亭條 후반부-27-12 客館條.

2) 知 : 革.

3) 知 : "圖【鄭刻脫此條】"로 기록되어 있다.

4) 四 : "臣聞子産 …… 作館舍圖"가 누락되어 있으며, "【闕三百十二字】"로 기록되어 있다.

수레와 말을 둘 곳이 있었고, 손님의 시종이 대기하고 있어 손님이 집에
돌아온 듯하였습니다."라고 하였습니다. 진은 부끄러운 말이 있었다며
불민했음을 사과했습니다.[6] 이러하니 제후의 나라가 사방의 빈객들을
대접함에 더욱 객관을 주는 것을 우선한 까닭입니다. 하물며 바깥 오랑
캐와 번복[7]이 왕인[8]에게 하는 것이 그렇지 않겠습니까. 생각건대 고려
사람들은 공순함이 본성에 있고, 송[朝廷]의 위무에도 격식[體]이 있습
니다. 그러므로 그들이 건립한 사신의 객관은 제도가 화려하고 사치스
러워 왕의 거처를 넘어섬이 있습니다. 신은 이를 가상히 여겨 관사도를
그립니다.

[註解]

1) 子産: ?~B.C.522. 春秋時代 鄭의 인물이다. 國氏로, 諱는 僑이며 字는 子産 또는 子
   美이다. 子國의 아들이며 穆公의 후손이다. B.C.554년(정 간공 12)에 子孔을 주살
   한 뒤 卿이 되었고, B.C.543년에는 내란을 진압하고 宰相이 되었다. 晉과 楚 사이
   에서 외교적 성과를 거두기도 하였다. 중국 최초의 성문법을 만들었다.
   『史記』 권42, 鄭世家12.
   『史記』 권119, 循吏列傳59 鄭子産.
   임종욱 편, 2010, 「자산」, 『중국역대 인명사전』, 이회, 1479쪽.
2) 鄭伯: 鄭 簡公(B.C.570~B.C.530)을 말한다. 諱는 嘉이며, 父는 僖公이다. 春秋時代
   鄭의 20대 국군으로, 재위 기간은 B.C.566~B.C.530년이다. 晉과 楚가 차례로 공격
   해오자, 각각 이들과 동맹을 체결하며 나라를 유지하였다. 그의 재위기에는 子駟
   와 子孔, 子産이 차례로 집권하였는데, 자산의 집권기에는 국정이 다소 안정되었
   다. B.C.538년 병을 얻었고, 8년 뒤 사망하였다.
   『史記』 권42, 鄭世家12.
   임종욱 편, 2010, 「정간공」, 『중국역대 인명사전』, 이회, 1580·1581쪽.
3) 晉: 黃河 상류의 북방, 지금의 중국 山西省 일원에 있던 나라이다. 周 成王이 당숙
   을 분봉했던 諸侯國에서 시작하였다. 獻公代부터 도성을 축조하고 군사를 정비
   하며, 주변 지역을 병합하면서 성장하였다. 文公代 齊·宋·秦과 연합하여 楚를 대
   파한 이후 霸主로 인정받았다. 그러나 문공 사후 초에게 패권을 빼앗겼으며, 점
   차 국력이 약해져 B.C.453년에는 韓·魏·趙로 3분되었다.
   『史記』 권39, 晉世家9.
   이춘식, 2005, 「은(殷)·주(周) 왕조의 성립과 문화 발달」, 『중국사 서설(개정판)』,

교보문고, 74·78·82쪽.

4) 魯: 지금의 중국 山東省 일원에 있던 나라이다. 이에 대해서는 『高麗圖經 역주
(상)』, 121쪽 권4-1-6) 참조.

5) 文公: ?~B.C.628. 諱는 重耳이며, 父는 獻公이다. 春秋時代 晉의 24대 국군으로, 재
위 기간은 B.C.636~B.C.628년이다. 헌공이 애첩 驪姬의 참소로 태자 申生을 죽이
자, 망명하여 19년 동안 유랑하였다. 이후 秦 穆公의 도움으로 懷公의 뒤를 이어
즉위했다. 난국을 수습해 국력을 강화하였으며, 齊·宋·秦과 연합하여 城濮에서
楚를 대파하였다. 踐土에서 열린 會盟의 결정에 따라 霸主에 오르면서 제 桓公에
이어 두 번째 맹주가 되었다.
『史記』 권39, 晉世家9.
임종욱 편, 2010, 「진문공」, 『중국역대 인명사전』, 이회, 1833·1834쪽.

6) 臣聞子產 …… 謝不敏焉: 魯 襄公(B.C.575~B.C.542)의 상중에 晉을 방문한 子產의
일화이다. 당시 진의 莊平公은 士文伯을 시켜 나라의 살림이 어려웠음에도 객관
을 지어 손님을 접대하려 했는데, 담장을 왜 헐어버렸는지를 물었다. 자산은 鄭
에서 어렵게 물품을 가져왔는데 받아주지 않음을 언급하면서, 진 文公 시기에는
손님이 편안하도록 대접하여 이러한 일을 걱정할 이유가 없었다고 하였다. 본인
들이 물품들을 어떻게 처리해도 문제가 되기에 했던 행위이니, 물품들을 수용해
준다면 담을 고쳐두고 가겠다고 말했다. 사문백이 돌아가 자산의 말을 전하자,
듣고 있던 卿大夫 趙文子는 이를 납득하고 사문백을 시켜 불민함을 사과하게 하
였다. 서긍은 이 일화를 인용하며 고려의 관사가 당시 진과 달리 잘 마련되어 있
음을 서술하고 있다.
『春秋左傳』 襄公傳 31년 10월 癸酉.

7) 蕃服: 王畿로부터 4,500리 거리에 해당하는 지역으로, 藩服이라고도 한다. 이에
대해서는 『高麗圖經 역주(상)』, 72쪽 권2-2-(2)-33) 참조.

8) 王人: 天子의 사신을 가리킨다. 이에 대해서는 『高麗圖經』 권24-1-2) 참조.

27-2

[原文]

順天館5)

使副旣奉詔, 入城之宣義門. 直北行三里許, 至京市司, 又轉北行五里

---

5) 四 : "順天館 …… 名之" 전체가 누락되어 있다.

許, 至廣化門. 復轉西行二里, 過一崗, 甚峻. 稍向北行一里, 卽至順天館
也. 外門有榜, 中門, 靑繡衣龍虎軍, 守之, 惟作上中節上下馬之處. 正廳
九楹, 規模壯偉, 工制過於王居. 外廊三十間6), 不置他物, 唯館會, 則列
中下節飮席焉. 庭中, 有二小亭, 當其中, 作幕屋三間7), 昔爲作樂之地,
今以王俁衣制未除, 不復見. 廳之後, 有過道, 中建樂賓亭, 左右翼兩位,
以爲使副居室. 內廊各十二位, 上節分處之. 西位之南, 爲館伴官位8), 其
北以奉詔書, 兩序, 以居道官. 東位有堂, 爲都轄提轄位, 又東爲書狀官
位. 亦有廊屋甚廣, 中下節以次舟人居之, 以北爲上. 使副而下, 各給房
子, 以備使令. 東位之南, 當其中爲淸風閣, 西位之北, 依山勢爲香林亭,
皆開軒對山, 淸流環遶9), 喬松名卉, 丹碧交陰. 供張器皿, 無一不備. 先
是, 王徽建此, 以爲別宮, 自元豐朝貢之後, 無以待中朝人使, 故改爲館,
而以順天, 名之10).

[譯文]
순천관[1]

　정사와 부사[2]는 이윽고 조서를 받들고 왕성[城]의 선의문[3]으로 들어
갔습니다. 곧장 북쪽으로 3리 정도 가니 경시사[4]에 이르고, 또 북쪽으로
돌아 5리 정도 가니 광화문[5]에 이르렀습니다. 다시 서쪽으로 돌아 2리를
가니 하나의 언덕을 지나는데, 몹시 높고 가팔랐습니다. 북쪽을 향해
1리를 가니 곧 순천관에 도착했습니다.[6] 외문에는 편액[榜]이 있고, 중문
은 청색 수를 놓은 옷의 용호군이 그곳을 지켰으며,[7] 오직 상절과 중절[8]
이 말에 오르고 내리는 곳을 만들었습니다. 정청은 굵은 기둥[楹]이 9개

---

6) 知 : 間.
7) 知 : 間.
8) 知 : 仁.
9) 知 : 繞.
10) 知 : "之【鄭刻脫此條】"로 기록되어 있다.

로, 규도가 크고 훌륭하며 솜씨와 제도가 궁[王居]을 넘어섰습니다. 바깥 회랑[廊]은 30칸인데, 다른 물건을 두지 않고, 다만 객관에서 연회할 때면 중절과 하절[9]의 술자리를 늘어놓았습니다. 뜰 가운데에는 2개의 작은 정자가 있고 그 가운데에 막옥(幕屋) 3칸을 만들었는데, 예전에는 음악을 연주하는 곳이었지만 지금은 왕우(王俁, 예종)[10]의 복제가 끝나지 않아 (연주를) 다시 보여주지 않았습니다.[11] 정청의 뒤에는 지나다니는 길이 있고 가운데에는 낙빈정[12]을 세웠으며, 좌·우익 두 공간은 정사와 부사가 거처하는 방으로 삼았습니다. 안쪽 회랑 각각 열두 공간은 상절이 나누어 거처했습니다. 서편 공간의 남쪽은 관반관의 공간이며,[13] 그 북쪽에는 조서를 봉안하고, 양쪽 사랑[序]에는 도관[14]이 거처했습니다. 동편 공간에는 당(堂)이 있어 도할관[15]과 제할관[16]의 공간으로 삼았고, 또 동쪽은 서장관[17]의 공간으로 하였습니다. 또한 낭옥(廊屋)이 있는데 매으 넓었고, 중절과 하절 이하 뱃사람이 거처하며 북쪽을 상석으로 하였습니다. 정사와 부사 이하에게 각각 방자[18]를 주어 심부름에 대비했습니다. 동편 공간의 남쪽은 그 가운데에 청풍각[19]을 만들었고 서편 공간의 북쪽은 산의 형세를 따라 향림정[20]을 지었는데, 모두 문[軒]을 열면 산을 마주하고 맑게 흐르는 물이 둘러쌌으며, 높은 소나무와 이름난 풀이 붉고 푸른빛으로 서로를 그늘 지웠습니다. 공장과 기명은 하나라도 갖추지 않은 것이 없었습니다. 이에 앞서 왕휘(王徽, 문종)[21]가 이곳을 세워 별궁으로 삼았는데, 원풍[22] 연간에 조공한 뒤부터 중국[中朝] 사신을 대접할 곳이 없었으므로 고쳐서 객관으로 삼고 순천이라 이름하였습니다.[23]

[註解]

1) 順天館: 宋 사신을 접대하기 위한 객관으로, 개경의 북동쪽에 위치하였다. 『宋史』

에 따르면 順天이라는 명칭은 "중국을 높이고 순종함을 하늘과 같이 한다[尊順中
國如天]."라는 의미를 담고 있다고 한다. 인종대까지 송의 사신이 머무르고 고려
의 館伴使가 이들을 접대하는 외교 공간이었다. 남쪽이자 정전에 해당하는 正廳
과 그 앞에 위치한 뜰에서 공식 의례가 행해졌다. 북쪽은 내전과 정원에 해당하
며, 사절들의 처소와 樂賓亭·香林亭·淸風閣 및 詔書位 등이 있었다. 그 외에도 進
士의 시험, 군사 사열 등이 이루어지는 장소이기도 하였다. 『高麗史』와 『高麗史節
要』에는 順天館의 구조와 관련하여 崇文殿·壽樂堂·남문 등이 확인된다. 남문은 객
관의 外門, 숭문전은 정청, 수락당은 都轄提轄位일 것으로 여겨진다. 선화 연간(송
휘종, 1119~1125)의 본 사절단은 이곳에 약 한 달간 머물며 사명을 수행하였다.
　　『高麗史』 권9, 世家9 文宗 32년 6월 甲寅·丁卯.
　　『高麗史』 권11, 世家11 肅宗 7년 3월 丁丑.
　　『高麗史』 권12, 世家12 睿宗 2년 윤10월 壬寅.
　　『高麗史』 권13, 世家13 睿宗 5년 4월 甲午.
　　『高麗史』 권14, 世家14 睿宗 10년 4월 甲寅·17년 3월 壬午.
　　『宋史』 권487, 列傳246 外國3 高麗 元豐 1년.
　　金昌賢, 2011, 「고려시대 대명궁 순천관과 객관」, 『고려 개경의 편제와 궁궐』, 景
　　　　仁文化社, 306·307쪽.
　　김성규, 2014, 「'선화봉사고려사절단'의 일정과 활동에 대하여」, 『한국중세사연구』
　　　　40 ; 2020, 『송대 동아시아의 국제관계와 외교의례(宋代東亞國際關係與外交儀
　　　　禮)』, 신아사, 650·651쪽.
2) 使副: 正使와 副使를 말한다. 이에 대해서는 『高麗圖經』 권15-3-5) 참조.
3) 宣義門: 개경 羅城의 정서문이다. 이에 대해서는 『高麗圖經 역주(상)』, 123쪽 권
　　4-2-1) 참조.
4) 京市司: 개경 市廛의 감독을 관장한 기구인 京市署를 가리킨다. 이에 대해서는 『高
　　麗圖經 역주(상)』, 104·105쪽 권3-4-(2)-17) 참조.
5) 廣化門: 개경 皇城의 동문이자 정문이다. 이에 대해서는 『高麗圖經 역주(상)』, 128
　　쪽 권4-4-1) 참조.
6) 直北行三里許 …… 卽至順天館也: 宋 사신이 順天館에 도달하는 과정을 설명한 내
　　용이다. 그 위치는 개경의 북동쪽이었는데, 책봉 관계였던 契丹의 사신이 머무르
　　는 迎恩館이나 仁恩館에 비해 궁성으로부터 다소 거리가 있었다. 이는 당시 고려
　　와 송이 책봉 관계를 맺고 있지 않았기 때문이었다. 한편, 본문에서 서술한 直北
　　과 轉西를 直東과 轉東의 오류로 파악하기도 한다.
　　金昌賢, 2011, 앞의 책, 302쪽.
7) 中門 …… 守之: 順天館에 배치된 龍虎軍에 대한 설명이다. 용호군에 대해서는 『高
　　麗圖經 역주(상)』, 265쪽 권10-4-3) 참조. 順天門은 龍虎下海軍 20여 인이 지키고
　　있었는데, 용호하해군에 대해서는 『高麗圖經 역주(상)』, 291·292쪽 권12-4-1) 참
　　조. 한편, 『高麗史』에 의하면, 순천관에는 將校 6인, 散職將相 4인, 散職將校 4인이
　　두어졌다고 서술되어있다.

『高麗史』 권83, 志37 兵3 看守軍.

8) 上中節: 上節과 中節을 말한다. 상절에 대해서는『高麗圖經』권15-6-6) 참조. 중절에 대해서는『高麗圖經』권15-6-7) 참조.

9) 下節: 正使와 副使를 따르던 수행원인 三節의 하나이다. 이에 대해서는『高麗圖經』권24-11-2) 참조. 선화 연간(송 휘종, 1119~1125)의 사절단에는 하절이 充代下節·宣武下節로 구분되어 있었다. 충대하절에 대해서는『高麗圖經』권24-11-1) 참조. 선무하절에 대해서는『高麗圖經』권24-12-1) 참조.

10) 王俣: 고려의 제16대 왕 睿宗(1079~1122)이다. 그에 대해서는『高麗圖經 역주(상)』, 19쪽 권0-1-(2)-9) 참조.

11) 今以王俣衣制未除 不復見: 이번 사절단의 행차에는 예종의 喪制가 끝나지 않아 음악을 연주하지 않았음을 이야기하는 구절이다. 이에 대해서는『高麗圖經』권24-1-10) 참조. 한편, 예종의 상제에 대해서는『高麗圖經』권24-1-9) 참조.

12) 樂賓亭: 順天館의 正廳 뒤편에 있던 건물로 正使와 副使의 처소였다. 이에 대해서는『高麗圖經』권26-8-11) 참조.

13) 西位之南 爲館伴官位: 館伴의 공간에 관한 내용이다. 본문에서는 順天館 안에 正使·副使·上節뿐만 아니라 관반의 공간도 마련되었다고 하였다. 이는 객관 밖으로 자유롭게 출입하지 못하는 사절을 대신하여, 관반을 통해 그들의 요청을 고려 조정에 전달하기 위해서였다. 한편, 관반사에 대해서는『高麗圖經 역주(상)』, 208·209쪽 권7-5-8) 참조.
金圭錄, 2015,「고려중기의 宋 使節 迎送과 伴使의 운용」,『歷史敎育』134, 178·179쪽.

14) 道官: 三節 가운데 上節에 속하는 직책인 法籙道官을 가리킨다. 이에 대해서는『高麗圖經』권24-14-9) 참조.

15) 都轄: 三節 가운데 上節에 속하는 직책인 都轄禮物官을 가리킨다. 이에 대해서는『高麗圖經』권24-2-5) 참조.

16) 提轄: 三節 가운데 上節에 속하는 직책인 提轄禮物官을 가리킨다. 이에 대해서는『高麗圖經 역주(상)』, 11·12쪽 권0-1-(1)-3) 참조.

17) 書狀官: 宋 사절단 내에서 使·副의 문장을 짓는 일을 맡은 관원이다. 이에 대해서는『高麗圖經』권24-14-16) 참조.

18) 房子: 未入仕職 말단 吏屬 중 하나이다. 이에 대해서는『高麗圖經』권21-6-1) 참조.

19) 淸風閣: 順天館 館廳의 동편이면서 都轄·提轄의 처소 남쪽에 있던 건물이다. 이에 대해서는『高麗圖經』권27, 淸風閣條에서 자세히 설명할 것이다.

20) 香林亭: 順天館 詔書殿의 북쪽에 있던 건물이다. 이에 대해서는『高麗圖經』권27, 香林亭條에서 자세히 설명할 것이다.

21) 王徽: 고려의 제11대 왕 文宗(1019~1083)이다. 그에 대해서는『高麗圖經 역주(상)』, 64쪽 권2-2-(1)-43) 참조.

22) 元豊: 宋 神宗의 연호로 1078~1085년 사이에 사용되었다.

23) 王徽建此 …… 名之: 順天館의 연혁에 대한 내용이다. 순천관은 본래 后妃宮이었던 大明宮이었는데, 문종이 별궁으로 삼았다가 宋과의 교류가 재개되자 순천관

으로 개편하였다. 한편, 북송이 멸망하고 金에 사대하면서부터 송의 사신을 위한 객관이 필요하지 않았기 때문에, 1128년(인종 6)에 대명궁으로 환원되었다.
『高麗史』권15, 世家15 仁宗 6년 4월 甲子.
『宋史』권487, 列傳246 外國3 高麗 元豊 1년.
金昌賢, 2011, 앞의 책, 280·281·307쪽.

27-3

[原文]
館廳[11]

正廳五間[12], 兩廈各二間[13], 不設窓戶, 通爲九楹[14][15]. 榜曰順天之館, 東西兩階, 皆施欄楯. 上張錦繡簾幕, 其文, 多爲翔鸞團花. 四面, 盆[16]張繡花圖障, 左右置八角氷壺. 惟與國官, 相見館中飮會, 則升廳焉. 使副居其中, 自爲[17]賓主, 國官分東西, 侍坐而已.

[譯文]
관청

정청은 5칸이고 양쪽 행랑[廈]은 각각 2칸인데, 창호를 설치하지 않았으니 통틀어 아홉 개의 굵은 기둥[楹]이 되었습니다. 편액[榜]은 '순천지관(順天之館)'이라 하였고 동서 양쪽 섬돌에는 모두 난간을 설치했습니다. 위에는 비단[錦][1]으로 수놓은 발과 장막을 펼쳤는데, 무늬로는 나는

---

11) 知 : "廳【鄭刻脫標題】"로 기록되어 있다.
12) 知 : 間.
13) 知 : 間.
14) 知 : "楹【鄭刻脫以上十七字】"로 기록되어 있다.
15) 四 : "館廳 …… 通爲九楹"이 누락되어 있다.
16) 四 知 : 盡.
17) 四 知 : 餘.

(모양의) 난새[2]와 둥근 꽃이 많았습니다. 네 면에는 꽃을 수놓은 병풍[圖障]을 더하여 펼쳤고, 좌우에는 팔각 얼음 항아리[氷壺]를 두었습니다. 오직 국관(國官)과 서로 만나 객관 안에서 마시고 연회할 때면 정청에 올랐습니다. 정사와 부사는 그 가운데 자리하여 스스로 손님과 주인이 되었으니, 국관은 동서로 나뉘어 모시고 앉았을 뿐입니다.[3]

[註解]

1) 錦: 여러 종류의 색실을 이용하여 무늬를 짜 넣은 고급 비단이다. 이에 대해서는 『高麗圖經』 권14-7-4) 참조.

2) 鸞: 중국 전설상의 새로, 鳳凰의 일종이다. 이에 대해서는 『高麗圖經』 권15-3-2) 참조.

3) 使副居其中 …… 侍坐而已: 正使와 副使가 國官에게 잔치를 베풀 때 손님과 주인의 위치가 구별되었음을 나타내는 부분이다. 『高麗圖經』 권26, 館會條에서는 객관에서의 연회 때는 정사·부사가 가운데, 국관·伴筵·館伴이 동쪽과 서쪽으로 나누어 客位에 자리하였다고 서술하였다. 사신단이 머무르는 順天館에서 이루어진 연회였기 때문에 정사와 부사가 주인의 위치에 자리하였던 것으로 짐작되지만, 정확한 배경은 알 수 없다.

27-4

[原文]

詔位

詔書位, 在樂賓之西, 館伴位之北, 小殿五間[18], 繪飾華煥. 兩廊, 昔爲押伴醫官之室. 今以爲二道官位, 各以官序, 分居之. 使副入館, 先奉安詔書于[19]殿, 俟王卜吉日受詔. 其日, 率三節官, 拜于[20]庭. 都轄提轄, 對捧,

---

18) 知 : 間.
19) 知 : 於.
20) 知 : 於.

上節, 前導出館, 置采輿中, 使副以次從行.

[譯文]

조서의 공간

　조서의 공간은 낙빈정의 서쪽, 관반 공간의 북쪽에 있는데, 작은 전(殿)으로 5칸이니 그림과 장식이 화려하고 빛났습니다. 양쪽 회랑[廊]은 옛날에 압반[1]과 의관의 방이었습니다. 지금은 둘을 도관의 공간으로 삼았고, 각각 관직의 서열에 따라 나누어 거처하였습니다. 정사와 부사가 객관에 들어가면, 먼저 조서를 전에 봉안하고 왕이 길일을 점쳐 조서를 받는 것을 기다렸습니다.[2] 당일[其日]에 상·중·하절관[三節官]을 거느리고 뜰에서 배했습니다. 도할관과 제할관이 마주하여 받들고 상절이 앞서 인도해 객관을 나가 채색 가마[3] 안에 두었으며, 정사와 부사는 차례대로 따라갔습니다.[4]

[註解]

1) 押伴: 본문에서는 고려의 接伴使를 지칭한 것으로 추정되나 그 실체를 명확히 알 수 없다. 한편, 宋에 온 고려 사신을 접송한 관리가 押伴·引伴이었는데, 정4품 中書舍人이 임명되었다. 정화 연간(송 휘종, 1111~1118)에 고려에 대한 대우를 높이면서 압반관을 接送으로, 인반관을 館伴으로 고쳤고 學士를 관반에 임명하였다. 『宋史』 권487, 列傳246 外國3 高麗.
　　　김성규, 2000, 「高麗 前期의 麗宋關係―宋朝 賓禮를 중심으로 본 高麗의 國際地位 試論―」, 『國史館論叢』 92 ; 2020, 앞의 책, 547·548쪽.
2) 使副入館 …… 俟王卜吉日受詔: 宋 사신이 객관에 입관한 이후 受詔日을 택하는 과정에 대한 내용이다. 이에 대해서는 『高麗圖經』 권15-6-4) 참조.
3) 采輿: 오색의 무늬 비단으로 장식된 가마이다. 이에 대해서는 『高麗圖經』 권15, 采輿條 참조.
4) 其日 …… 使副以次從行: 고려 국왕이 宋 황제의 詔書를 받는 의식인 迎詔禮는 1123년(인종 1) 6월 19일 會慶殿에서 거행되었다. 이에 대해서는 『高麗圖經』 권25, 迎詔·導詔·拜表·起居條 참조.

27-5

[原文]

清風閣

清風閣, 在館廳之東, 都轄提轄位之南. 其制五間[21], 下不施柱, 唯以栱[22]斗, 架疊而成, 不張幄幕, 然而刻鏤繪飾, 丹艧華侈, 冠於他處. 唯以貯所錫禮物, 崇觀中, 揭名涼風, 今易此名耳.

[譯文]

청풍각[1]

청풍각은 순천관 정청의 동쪽, 도할관과 제할관 공간의 남쪽에 있습니다. 그 제도는 5칸이며 아래에는 기둥을 설치하지 않고 단지 공두[2]로써 거듭 겹쳐서 만들었는데, 장막을 펼치지는 않았으나 아로새기고 그림을 그려서 꾸몄으며 단청은 화려하고 사치스러움이 다른 곳보다 뛰어났습니다. 오직 하사받은 예물을 쌓아 두었으며 숭녕·대관[3] 연간에는 '양풍(涼風)'이란 이름을 걸었으나, 지금은 이 이름으로 바뀌었을 뿐입니다.

[註解]

1) 淸風閣: 順天館 동쪽에 위치한 건물이다. 하사받은 예물을 보관하던 장소로, 궁성의 淸讌閣 혹은 寶文閣에 비견되는 역할을 하였다. 서긍은 이곳 단청의 화려하고 사치스러움을 강조하였는데, 이러한 묘사를 통해 고려가 宋을 대우하고 있음을 보여주고자 하였다.
金昌賢, 2011, 앞의 책, 307쪽.

2) 栱斗: 斗栱·栱包의 다른 표현이며, 대들보를 지지하기 위해 대들보 위에 놓는 방형의 목재를 말한다.
諸橋轍次, 1984, 「斗栱」, 『大漢和辭典』 5, 東京 : 大修館書店, 608쪽.

---

21) 知 : 間.
22) 四 知 : 拱.

諸橋轍次, 1985, 「栱斗」, 『大漢和辭典』 6, 東京 : 大修館書店, 304쪽.
3) 崇觀: 숭녕 연간(송 휘종, 1102~1106)과 대관 연간(송 휘종, 1107~1110)을 가리킨다.

27-6

[原文]
香林亭

香林亭, 在詔書殿之北. 自樂賓亭後, 有路23)登山, 去館可百步, 當半24)山之脊, 而【太上御名】25)之. 其制四稜, 上爲火珠之頂, 八面施欄楯, 可以據坐. 偃松怪石, 女蘿26)葛蔓, 互相映帶, 風至蕭然, 不覺有署氣. 使副暇日, 每與上節官屬, 烹茶枰27)棋於其上, 笑談終日, 所以快心目, 而却炎蒸也28).

[譯文]
향림정[1]

향림정은 조서전의 북쪽에 있습니다. 낙빈정의 뒤부터 산에 오르는 길이 있는데, 객관에서 100보 정도 떨어진 산 중턱의 등줄기에 세워졌습니다【태상의 이름이다】[2]. 그 제도는 모서리가 4개이고 위에는 화주[3]를 꼭대기로 삼았으며, 8면에 난간을 두어 기대서 앉을 수 있습니다. 누운 소나무·괴이한 돌·나무의 이끼와 칡덩굴은 서로의 배색이 어울렸으며

---

23) 知 : "路【鄭刻有路下誤接碧瀾亭一條內詔書入於亭至視於此耳句止凡八十五字】"로 기록되어 있다.

24) 四 : 竿.

25) 四 : 構, 知 : "而【太上御名 構】"로 기록되어 있다.

26) 四 : 羅.

27) 四 知 : 枰. 원문은 抨으로 되어 있으나, 의미상 '枰'이 옳다고 생각되어 교감 번역하였다.

28) 知 : "也【鄭刻登山云云至此誤入第二頁內竝失標題】"로 기록되어 있다.

바람이 서늘하게[蕭然] 불어와서 더위를 느끼지 못하였습니다. 정사와 부사는 한가한 날에 매번 상절의 관속과 더불어 그 위에서 차를 끓이고 바둑을 두며 종일토록 웃고 이야기하였으니, 마음과 눈이 즐거워져서 찌는 듯한 더위를 물리쳤습니다.[4]

[註解]

1) 香林亭: 順天館의 북쪽에 위치한 건물이다. 궁성의 賞春亭에 비할 수 있는 정자로 자연과 어우러진 경치가 빼어나서 휴식과 유희의 공간으로 이용되었다. 1122년 (예종 17)에 예종이 宰樞에게 연회를 베풀기도 하였다.
『高麗史』 권14, 世家14 睿宗 17년 3월 壬午.
金昌賢, 2011, 앞의 책, 307쪽.

2) 太上御名: 宋 高宗의 諱인 '構'字를 피휘한 것이다. 이에 대해서는 『高麗圖經 역주 (上)』, 100쪽 권3-4-(1)-9) 참조.

3) 火珠: 火齊珠의 다른 표현으로, 지붕의 용마루를 장식하는 寶珠이다.
諸橋轍次, 1985, 「火珠」, 『大漢和辭典』 7, 東京 : 大修館書店, 364쪽.
檀國大學校 東洋學研究所, 2005, 「火齊珠」, 『漢韓大辭典』 8, 檀國大學校出版部, 1034쪽.

4) 使剩暇日 …… 而却炎蒸也: 사신단이 더위를 피하는 모습을 보여주는 구절이다. 본문에서 언급되고 있는 宋 사신단이 고려에 도착한 시점은 6월이었는데, 이때 는 무더운 여름이었다. 그러므로 順天館에 머무르는 동안 사신단이 더위를 피할 수 있게 해주는 여러 가지 수단이 동원되었던 것으로 보인다. 香林亭에서의 활동 역시 그러한 피서 행위의 하나였다.
『高麗史』 권15, 世家15 仁宗 1년 6월 甲午.

27-7

[原文]

使副位

使副位, 在正廳之後[29], 中[30]建[31]大亭. 其制四稜, 上爲[32]火珠, 榜[33]

---

29) 四 : "後【闕二字】"로 기록되어 있다.
30) 四 : "中"이 누락되어 있다.

曰樂賓. 使位在東, 副使位在西, 各占三間[34]. 中列塗金器皿[35], 陳錦繡帷
幄, 甚盛. 庭中, 廣植花卉[36]. 正北一門, 可以登山, 卽過香林亭路也.

[譯文]

정사와 부사의 공간

　정사와 부사의 공간은 정청의 뒤에 있으며, 가운데에는 큰 정자를 세웠
습니다. 그 제도는 네 모서리에 위에는 화주를 (꼭대기로) 삼고, 편액[榜]
은 '낙빈(樂賓)'이라 하였습니다. 정사의 공간은 동쪽에 있고, 부사의 공
간은 서쪽에 있는데 각각 3칸을 차지하였습니다. 가운데에는 도금한 기
명들을 늘어놓았으며 비단[錦]으로 수놓은 장막[帷幄]을 펼쳐놓으니, 매
우 성대하였습니다. 뜰의 가운데에는 화훼를 넓게 심었습니다. 정북쪽
한 문으로는 산에 오를 수 있었는데, 곧 향림정을 지나가는 길입니다.

27-8

[原文]

都轄提轄位

　都轄提轄, 共處一堂. 其制三間[37], 對闢二室, 各以官序, 分居之. 當其

---

31) 四 : "建"이 누락되어 있다.
32) 四 知 : 爲. 원문은 出로 되어 있으나, 의미상 '爲'가 옳다고 생각되어 교감 번역
　　하였다.
33) 四 知 : 稜上爲火珠榜. 원문에는 【稜上出火珠榜】으로 되어 있으나, 의미상 본문으
　　로 해석하는 것이 옳다고 생각되어 교감 번역하였다.
34) 知 : 間.
35) 知 : 血.
36) 四 : 草.
37) 知 : 間.

中, 以爲會食見客之所. 前垂靑幃, 狀類酒帘. 室中, 各施文羅紅幕, 舊不用帳, 今亦有之. 榻上, 施錦茵[38], 復加大席, 以錦爲緣. 室中器皿如香匲酒榼唾盂食匣, 悉[39]以白金. 貯水之具, 皆用銅, 物物悉備. 堂之後, 甃石爲池, 溪流自山而下, 入于[40]其池, 滿乃引出于[41]書狀官位, 活活有聲. 供給之人, 下使副一等, 餘物稱是[42].

도할관과 제할관의 공간[1]

도할관과 제할관은 한 당(堂)에서 함께 머물렀습니다. 그 제도는 3칸이고, 마주 열리는 두 방에 각각 관직의 서열로 나누어 거처하게 하였습니다. 그 가운데에는 회식하거나 손님을 만나는 곳으로 삼았습니다. 앞에 푸른 휘장을 드리웠는데 모습이 주막의 발과 비슷했습니다. 방 안에는 각각 무늬 비단[羅][2]으로 된 붉은 장막을 설치하였는데, 예전에는 장막을 사용하지 않았으나 지금은 또 그것이 있습니다. 탑[3] 위에는 비단[錦] 깔개를 펴고, 다시 큰 자리를 더하였는데 비단[錦]으로 가장자리를 둘렀습니다. 방 안의 기명들로 향렴[4]·주합[5]·타우[6]·음식을 담는 그릇과 같은 것은 모두 은[白金]으로 만들었습니다. 물을 담는 도구는 모두 구리를 사용했고, 물건마다 모두 갖추어졌습니다. 당의 뒤에는 벽돌[甃石]로 연못을 만들었는데 시냇물이 산에서 내려와 연못으로 들어가서 가득 차면 곧 서장관의 공간으로 흘러나와 콸콸 소리가 났습니다. 공급되는 사람은 정사와 부사보다 한 등급을 낮췄으며, 나머지 물건도 이와 같았습니다.

---

38) 匹 知 : 裀.
39) 匹 : "悉【闕三十五字】", 知 : "悉【鄭刻脫以下五十七字】"로 기록되어 있다.
40) 知 : 於.
41) 知 : 於.
42) 四 : "以白金 …… 餘物稱是"가 누락되어 있다.

[註解]

1) 都轄提轄位: 宋 사신단의 일원이었던 都轄과 提轄이 머무는 공간에 대한 설명이
   다. 다른 장소에 비해 그 설명이 상세하여 휘장이나 기명부터, 벽돌과 시냇물까
   지를 구체적으로 서술하였다. 이처럼 자세한 내용이 작성될 수 있었던 이유는
   서긍이 제할이었기 때문이었는데, 고려에 머문 기간 동안 이곳에서 거처하며 상
   대적으로 많은 정보를 얻을 수 있었다.
2) 羅: 날실과 씨실의 간격을 넓게 짜서 만든 얇은 비단을 말한다. 이에 대해서는『高
   麗圖經』 권15-2-3) 참조.
3) 榻: 평상의 일종이다. 이에 대해서는『高麗圖經』 권22-5-2) 참조.
4) 香奩: 향을 신령과 부처에게 바칠 때 사용되는 상자를 말하는 것으로, 주로 향을
   담아 보관하는 용도였다.
   諸橋轍次, 1986,「香奩」,『大漢和辭典』 12, 東京 : 大修館書店, 454쪽.
5) 酒榼: 술을 담는 술통을 말한다. 이에 대해서는『高麗圖經』 권30, 酒榼條에서 자
   세히 설명할 것이다.
6) 唾盂: 침을 담는 병 혹은 단지를 말한다.
   諸橋轍次, 1984,「唾盂」,『大漢和辭典』 2, 東京 : 大修館書店, 1048쪽.

27-9

[原文]

書狀官位[43]

書狀官位, 在都轄提轄位[44]之東. 其堂三間[45], 其制差殺, 亦分官序居
之. 後有一池, 與西相通, 餘流自東, 出于[46]館外, 與溪流相合. 室中簾幕
之屬, 與都轄提轄位, 略同, 特易銀以銅耳[47].

---

43) 四 : "書狀官位 …… 特易銀以銅耳" 전체가 누락되어 있다.
44) 知 : "位"가 누락되어 있다.
45) 知 : 間.
46) 知 : 於.
47) 知 : "耳【鄭刻脫此條標題亦缺】"로 기록되어 있다.

서장관의 공간[1]

서장관의 공간은 도할관과 제할관 공간의 동쪽에 있습니다. 그 당(堂)은 3칸이지만 그 제도를 조금 낮추었으며, 역시 관직의 서열로 나누어 거처하였습니다. 뒤에는 연못 하나가 있는데 서쪽과 서로 통하고, 나머지는 동쪽으로부터 흘러서 관사 밖으로 나가 시냇물과 서로 합쳐집니다. 방 안의 발[2]과 장막의 종류는 도할관과 제할관의 공간과 대략 같으나, 다만 은을 구리로 바꾸었을 뿐입니다.

[註解]

1) 書狀官位: 宋 사신단 내에서 글 짓는 일을 담당하는 書狀官의 공간에 대한 설명이다. 正使와 副使의 문장을 짓는 일을 맡고 있었기 때문에 세 번째 서열의 공간에 거무르고 있었다.

2) 簾: 대나무나 갈대, 천으로 만든 발이다. 宋 사신단이 도착한 계절에 맞추어 사용한 것으로 짐작된다.
諸橋轍次, 1985, 「簾」, 『大漢和辭典』 8, 東京 : 大修館書店, 863쪽.

27-10

[原文]

西郊亭[48]

西郊亭, 在宣義門外五里許. 庭廡雖高, 而營治草創, 不設寢室. 唯具食頓而止, 各有休憩之次. 使者初[49]到, 以迄回程, 而迎勞飮餞于[50]此. 下節舟人, 不能盡容, 對門起大幕, 列坐而飮之[51].

---

48) 四 : "西郊亭 …… 列坐而飮之" 전체가 누락되어 있다.
49) 知 : "創 …… 使者初"가 누락되어 있다.
50) 知 : 於.

[譯文]

서교정[1]

서교정은 선의문 밖 5리 정도에 있습니다. 곁채[庭廡]가 비록 높지만 만듦새의 초창(草創)이기에 침실을 마련하지 않았습니다. 오직 식사하는 곳[食頓]을 갖추는 데 그쳤으며, 각각 쉴 수 있는 막차가 있었습니다. 사신[使者]이 처음 도착하여 귀국길[回程]에 이르기까지, 맞이하고 위로하며 전송하는 술자리를 이곳에서 했습니다. 하절과 뱃사람을 모두 수용할 수 없었기에, 문의 맞은편에 큰 장막을 세우고 늘어앉아 마셨습니다.

[註解]

1) 西郊亭: 宣義門 밖 5리 정도에 위치한 곳으로, 사신이 왕성 밖에 도착하면 맞이하고 귀국할 때 환송하는 공식적인 절차가 이루어지는 장소였다. 실제로 1078년 (문종 32)에 宋의 國信使가 禮成江에 도착해 이곳을 거쳐 順天館에서 머물렀다. 그리고 『高麗圖經』 권26, 西郊送行條에 따르면 서긍 일행이 귀국길에 오를 때 이곳에서 전별 연회가 열리기도 하였다. 이 밖에도 관료들의 習射 행사를 진행하는 장소로도 활용되었다.
『高麗史』 권9, 世家9 文宗 32년 6월 甲寅.
『高麗史』 권81, 志35 兵1 兵制 顯宗 20년 윤2월.
申安湜, 2004, 「고려시대 開京의 '四郊'와 그 기능」, 『明知史論』 14·15合, 115쪽.
金昌賢, 2011, 앞의 책, 309쪽.
이승민, 2019, 「송 사신단의 개경 游觀과 고려의 외교 공간 활용」, 『한국문화』 88, 15·16쪽.

51) 知 : "之云【鄭刻脫此條標題亦缺】"로 기록되어 있다.

[原文]

碧瀾亭

碧瀾亭, 在禮成港岸次, 距王城三十里. 神舟旣抵岸, 兵衛金鼓, 迎導[52][53]詔書, 入于[54]亭. 亭有二位, 西曰右碧瀾亭, 以奉詔書, 東曰左碧瀾亭, 以待使副. 兩序有室, 以處二節人, 往來各一宿而去. 直東西有道, 通王城之路, 左右居民, 十數家. 蓋使節, 旣入城, 衆舟皆泊于[55]港中, 舟人, 分番以守視於此耳[56].

[譯文]

벽란정[1]

벽란정은 예성항[2]의 해안 근처에 있으며, 왕성에서 30리 떨어져 있습니다. 신주[3]가 이윽고 해안에 다다르면 병위(兵衛)와 금고[4]가 조서를 맞아 인도하여 벽란정에 들어갔습니다.[5] 벽란정은 두 곳이 있는데, 서쪽을 우벽란정이라고 하며 조서를 봉안하고, 동쪽을 좌벽란정이라고 하며 정사와 부사를 대접합니다. 양편 사랑[序]에는 방이 있어서 상·중절[二節]의 사람이 거처했는데, 가고 올 때 각각 하룻밤씩 묵고 갔습니다. 곧장 동쪽·서쪽에는 길이 있어 왕성의 길로 통하며, 좌우에 민가[居民]가 10여 채[家]입니다. 사절이 이윽고 성으로 들어가면, 여러 배는 모두 항구 안에 정박하므로, 뱃사람이 번을 나누어 지키며 여기에서 감시할 뿐입니다.[6]

---

52) 知 : "導【鄭刻脫以上二十五字標題亦缺】"로 기록되어 있다.
53) 四 : "碧瀾亭 …… 迎導"가 누락되어 있다.
54) 知 : 於.
55) 知 : 於.
56) 知 : "耳【鄭刻自詔書入於亭至未誤入香林亭條自樂賓後有路句下】"로 기록되어 있다.

[註解]

1) 碧瀾亭: 禮成江 하구에 있던 정자로, 禮成港으로 들어온 宋의 사신이 왕성으로 가
기 전에 하룻밤을 묵었던 곳이다. 좌·우로 나뉘어 있었는데, 左碧瀾亭에 사신이
거처했고 右碧瀾亭에 詔書를 봉안했다. 사신은 이튿날에 接伴使의 호위를 받으며
벽란정의 동쪽과 서쪽을 잇는 육로를 통해 왕성으로 들어갔다. 한편, 『新增東國
輿地勝覽』에는 개경으로부터 40여 리 떨어져 있다고 기록되어 있다.
『新增東國輿地勝覽』 권4, 開城府上 山川 碧瀾渡.
李鎭漢, 2005,「高麗前期 對外貿易과 그 政策」,『韓國研究センター年報』5 ; 2011,『高
麗時代 宋商往來 研究』, 景仁文化社, 35·36쪽.
金昌賢, 2011, 앞의 책, 298쪽.
金圭錄, 2015, 앞의 논문, 162·163쪽.

2) 禮成港: 지금의 개성특별시 개풍구역 일원에 있던 항구이다. 이에 대해서는『高
麗圖經』권39, 禮成港條에서 자세히 설명할 것이다.

3) 神舟: 宋 사절단이 고려에 올 때 운용한 대형 선박이다. 이에 대해서는『高麗圖經』
권34, 神舟條에서 자세히 설명할 것이다.

4) 金鼓: 군대에서 사용했던 鍾과 鼓이다. 나아갈 때에는 고를 두들겼고, 멈출 때에
는 종을 울렸다. 본문에서는 兵衛와 함께 사신을 영접할 때 이용되었던 종과 고
를 의미하는 것으로 이해된다.『高麗圖經』권13, 行鼓條에 의하면 군대가 행진할
때 金鐃와 행고를 앞에서 연주하였다. 한편, 고려에서는 對明儀禮에 관한 기록인
'迎大明詔使儀'·'迎大明賜勞使儀'에서 儀仗·鼓樂과 함께 사용했던 것으로 확인된다.
『高麗史』권65, 志19 禮7 賓禮 迎大明詔使儀·迎大明賜勞使儀.
『高麗史』권67, 志21 禮9 嘉禮 進大明表箋儀.
諸橋轍次, 1985,「金鼓」,『大漢和辭典』11, 東京 : 大修館書店, 458쪽.

5) 神舟旣抵岸 …… 入于亭: 碧瀾亭에 詔書를 봉안하는 의식에 대한 설명이다. 宋 사
절단이 禮成港에 도착하면 조서를 받들어 육지에 올라 걸어서 벽란정으로 들어
갔다. 이에 대해서는『高麗圖經』권24, 初神旗隊條 참조.

6) 蓋使節 …… 分番以守視於此耳: 宋 사절단이 타고 온 배가 禮成港에 정박한 뒤, 뱃
사람들의 모습을 나타내는 구절이다. 먼저 뱃사람들이 머물렀던 장소에 대해서
碧瀾亭이었다고 보는 견해가 있다. 이에 의하면 뱃사람들은 벽란정에서 예성항
에 정박 중인 衆舟를 守視했다고 이해한다(①). 한편,『高麗圖經』권27, 順天館條
에서 뱃사람들이 순천관에 머물렀다는 기록에 근거하여 모든 뱃사람이 예성항
에 남았던 것이 아니고, 상층의 뱃사람 일부는 사절단과 함께 상경했던 것으로
파악하기도 한다(②).
① 金昌賢, 2011, 앞의 책, 298쪽.
② 김성규, 2014, 앞의 논문 ; 2020, 앞의 책, 649쪽.

27-12

客館

客館之設, 不一. 順天之後, 有小館十數間[57], 以待遣使報信之人. 迎恩館, 在南大街興國寺之南. 仁恩館, 與迎恩相竝, 昔曰仙賓, 今易此名. 皆前此所以待契丹使也. 迎仙館, 在順天寺北, 靈隱館, 在長慶宮之西, 以待狄人女眞. 興威館, 在奉先庫之北, 昔嘗以待醫官之所. 自南門之外, 及兩廊, 有館凡四, 曰淸州, 曰忠州, 曰四店, 曰利賓, 皆所以待中國之商旅. 然而卑陋草創, 非比順天也.

[譯文]

객관[1]

객관의 설치는 한 곳이 아닙니다. 순천관 뒤에 작은 관 십수 칸이 있어 사절을 보내거나 소식을 알리는 사람을 대접합니다. 영은관[2]은 남대가[3] 흥국사[4]의 남쪽에 있습니다. 인은관[5]은 영은관과 서로 나란히 있는데 옛날에는 선빈이었다가 지금은 이 이름으로 바꾸었습니다. 모두 예전어 거란[6]의 사신을 대접한 곳입니다.[7] 영선관[8]은 순천사 북쪽에 있고 영은관[9]은 장경궁[10]의 서쪽에 있으며, 적인[11]·여진[12]을 대접하였습니다.[13] 흥위관[14]은 봉선고[15]의 북쪽에 있으며, 옛날에 일찍이 의관을 대접하던 곳이었습니다. 남문의 바깥부터 양쪽 회랑[廊]까지 관이 모두 4개가 있으며 청주·충주·사점·이빈이고 모두 중국의 상인을 대접하는 곳입니다.[16] 그러나 비루하고 초창(草創)해 순천관에 비할 수 없습니다.

---

57) 知 : 聞.

[註解]

1) 客館: 사신과 상인이 오고 가는 주요 교통로에 그들을 접대하기 위해 설치한 館舍이다. 개경 羅城 안의 상업중심부에 위치했다. 공적인 관사 설치는 교역상의 편의 제공과 함께 감시와 관리라는 통제의 측면도 있었다. 상인의 객관은 숙박 시설이자 무역이 이루어지던 점포였다. 한편, 개경에는 많은 수의 객관이 설치되어 있었는데, 이는 상단 별로 각기 다른 객관에 머물렀기 때문이다. 특히 본문의 4개 객관 이외에도 娛賓館·迎賓館·淸河館 등이 존재하여 宋의 상인들이 기거했을 것으로 추정되는데, 이는 복수의 상단이 고려에 동시에 와서 활동했음을 뜻한다.

　　홍희유, 1989, 「고려시기의 상업과 화폐류통의 장성」, 『조선상업사(고대·중세)』, 과학백과사전종합출판사, 111쪽.

　　朴玉杰, 1997, 「高麗來航 宋商人과 麗·宋의 貿易政策」, 『大東文化硏究』 32, 52쪽.

　　山內晉次, 2003, 「東アジア·東南アジア海域における海商と國家」, 『奈良平安期の日本とアジア』, 東京 : 吉川弘文館, 200쪽.

　　李鎭漢, 2007, 「高麗時代 宋商貿易의 再照明」, 『歷史敎育』 104 ; 2011, 앞의 책, 78·79쪽.

　　金昌賢, 2011, 앞의 책, 312·313쪽.

2) 迎恩館: 遼와 金의 사신을 접대하던 객관으로 延恩館이라고도 한다. 개경 羅城 안에 위치하여 順天館에 비해 개경의 중심부에 가까운 위치였는데, 요나 금이 고려를 책봉하는 국가였기 때문이다. 북쪽에는 民家를 빼앗아 증축한 館北別宮이 있었다. 散職 將相 2인이 배속되었다.

　　『高麗史』 권18, 世家18 毅宗 20년 4월 甲午.

　　『高麗史』 권21, 世家21 熙宗 즉위년 6월 己亥.

　　『高麗史』 권83, 志37 兵3 看守軍.

　　金昌賢, 2011, 앞의 책, 313·314쪽.

3) 南大街: 廣化門과 十字街 사이의 큰 도로를 뜻한다. 이에 대해서는 『高麗圖經』 권16-2-43) 참조.

4) 興國寺: 개경 북부에 위치한 華嚴宗 계열의 절이다. 이에 대해서는 『高麗圖經』 권17-5-1) 참조.

5) 仁恩館: 遼와 金의 사신을 접대했던 객관이다. 개경 羅城 안에 위치하였으며, 將校 2인 및 散職將相 2인이 배속되어 있었다.

　　『高麗史』 권19, 世家19 毅宗 23년 11월 庚辰.

　　『高麗史』 권83, 志37 兵3 看守軍.

　　金昌賢, 2011, 앞의 책, 313쪽.

6) 契丹: 몽골계 부족인 契丹族이 세운 나라이며, 遼라고도 한다. 이에 대해서는 『高麗圖經 역주(상)』, 61쪽 권2-2-(1)-22) 참조.

7) 皆前此所以待契丹使也: 契丹—遼—의 사신을 접대하기 위한 객관을 운영했음을 나타내는 구절이다. 고려는 태조대 거란과 몇 차례 사절을 교환하다가 화친 제

의틀 거절하고 거리를 두었다. 이후 거란과 전쟁을 3차례 겪고, 1021년(현종 12)에 전쟁이 종결되자 거란과 고려는 다시 사신을 파견하기 시작하였다. 거란은 1125년(인종 3)에 멸망할 때까지 册封 및 賀生辰·下詔·回謝·祭奠·告哀·請兵·督興師·橫賜 등의 명목으로 180회에 걸쳐 고려로 사행을 보냈다. 이 사절들이 본문의 객관에서 머물렀을 것으로 추정되며, 1011년에 설치되었던 會仙館이 그 원류로 여겨진다. 이처럼 宋에서 파견된 國信使와는 달리 거란에서는 공식적으로 册封使를 파견하고 있었다. 그러므로 그들이 머무르는 객관 역시 順天館에 비해 궁성과 더 가까운 거리에 위치하였다.

金在滿, 1999, 「道宗時代 契丹·高麗關係와 高麗·宋의 接近」, 『契丹·高麗關係史研究』, 國學資料院, 233~319쪽.

金渭顯, 2004, 「契丹과의 關係」, 『高麗時代 對外關係史 研究』, 景仁文化社, 9~15·46·47쪽.

이정신, 2004, 「江東 6州와 尹瓘의 9城을 통해 본 고려의 대외정책」, 『고려시대의 정치변동과 대외정책』, 景仁文化社, 59~83쪽.

한정수, 2015, 「고려 전기 '迎契丹使臣儀'의 내용과 의미」, 『사학연구』 118, 172쪽.

이기지, 2018, 「국교 성립 이전의 거란과의 관계」, 『태평한 변방—고려의 對 거란 외교와 그 소산—』, 景仁文化社, 35~55쪽.

8) 迎仙館: 女眞의 사신을 접대했던 객관이다. 개경 羅城 안에 위치하였다. 이외에는 기록이 소략하여 자세한 사항은 알기 어렵다.

金昌賢, 2011, 앞의 책, 313쪽.

9) 靈隱館: 女眞의 사신을 접대했던 객관이다. 개경 羅城 안에 위치하였다. 이외에는 기록이 소략하여 자세한 사항은 알기 어렵다.

金昌賢, 2011, 앞의 책, 313쪽.

10) 長慶宮: 고려 皇城의 소남문 밖에 있었던 궁이다. 이에 대해서는 『高麗圖經 역주(상)』, 180쪽 권6-5-1) 참조.

11) 狄人: 북방의 야만인을 뜻한다. 대체로 고려·宋에서 女眞을 낮추어 부를 때 사용했던 용어이다.

『高麗史』 권15, 世家15 仁宗 6년 6월 己巳.

『高麗史』 권96, 列傳9 尹瓘.

諸橋轍次, 1985, 「狄人」, 『大漢和辭典』 7, 東京 : 大修館書店, 681쪽.

12) 女眞: 지금의 중국 만주 동부 지방의 松花江 유역에서 유목생활을 하던 퉁구스계 부족이다. 靺鞨에서 기원하였는데 말갈에 대해서는 『高麗圖經 역주(상)』, 42쪽 권1-2-(2)-31) 참조. 송화강을 경계로 서남쪽에 살며 비교적 漢化되었던 熟女眞과 동쪽에 거주하던 生女眞으로 분류된다. 11세기에 생여진이 씨족에서 탈피하여 부족으로 발전하기 시작했으며, 1115년에는 完顏阿骨打가 건국하여 국호를 大金이라 하였다. 금에 대해서는 『高麗圖經 역주(상)』, 86쪽 권3-2-3) 참조.

申採湜, 1993, 「東아시아의 遊牧國家와 征服王朝」, 『東洋史槪論』, 三英社, 502~504쪽.

이춘식, 2005, 앞의 책, 358·359쪽.

13) 以待狄人女眞: 女眞―金―의 사신을 접대하기 위한 객관을 운영했던 사실에 대한 설명이다. 고려전기에 여진은 고려에 침투하거나 내조·귀부하였는데, 후자는 문종대 그 횟수가 128회에 달했다. 특히 고려와 친선관계를 맺으려 했던 이들은 토산물과 말 등을 바쳐 식량을 충족했고, 고려의 관작을 받아 여진 사회에서의 지위를 높였다. 金이 건국된 이후에는 1115년(예종 10)·1117년·1125년(인종 3)· 1126년에 사신을 교환하며 고려와의 관계를 재정립해갔다. 1127년부터 양자 간의 공식적인 사절 왕래가 시작되었는데, 금에서는 賀生辰使와 宣慶使 등의 명목으로 사절을 파견하였다. 본문에서의 객관은 이런 사절들이 이용했을 것으로 추정된다. 한편, 여진이 머무르던 객관은 宋 사신이 머무르는 順天館보다도 궁성에서 먼 곳에 위치하고 있었다. 이는 고려가 객관에 머무르는 대상의 중요성과 의미에 따라 위계를 달리하고, 그에 맞추어 궁성과의 거리도 조정했음을 보여준다.
한정수, 2008, 「고려-금 간 사절 왕래에 나타난 주기성과 의미」, 『史學研究』 91, 98~102쪽.
신수정, 2013, 「고려 문종대 女眞의 동향과 고려 영토」, 『崇實史學』 30, 81~92쪽.

14) 興威館: 개경 羅城 안에 있었던 醫官을 접대하기 위한 객관이다. 문종대 宋과의 외교가 재개된 이후 고려에서는 송 의학에 대한 관심의 증가로 여러 차례 의관을 요청하였다. 문종대 의관 요청에 대해서는 『高麗圖經』 권16-6-4) 참조. 1118년 (예종 13)의 의관 파견 요청에 대해서는 『高麗圖經』 권16-6-7) 참조. 한편, 송에서 고려에 파견한 의관은 정식 사절단의 일원은 아니었으므로 順天館이 아닌 興威館에 머무르게 된 것으로 짐작된다.

15) 奉先庫: 先王과 先后 忌晨의 비용을 담당한 기구이다. 이에 대해서는 『高麗圖經 역주(상)』, 105쪽 권3-4-(2)-19) 참조.

16) 自南門之外 …… 皆所以待中國之商旅: 宋商을 접대하기 위한 객관을 운영했던 사실에 대한 설명이다. 이 객관들은 개경 羅城 안에 위치하였다. 특히, 해당 구절의 남문은 皇城의 朱雀門을, 兩廊은 南大街의 양쪽 廊을 의미한다고 추정되기 때문에 남대가 일대에 있을 것으로 이해되며, 그중에서도 四店館은 壽昌宮 근처에 자리한 것으로 본다. 한편, 상인의 객관은 무역이 이루어지는 점포이기도 하였다.
金昌賢, 2011, 앞의 책, 311·312쪽.

[原文]

供張一

臣聞周官掌次, 掌王次之法, 以待張事, 諸侯朝覲會同, 則張大次小次, 師田, 則張幕設桉. 夫王者之待諸侯, 疑若其禮可簡. 然當朝覲會同師田之時, 尙且供張次舍, 如此勤至. 又況海外小侯, 尊奉王人, 則鋪張辦設, 豈可苟哉. 高麗自王氏以來, 世爲本朝藩屏. 而主上所以鎭撫之者, 恩德厚甚, 故每使節適彼, 而供張之具, 極華煥也. 蓼蕭澤及四海之詩曰, 鞗革沖沖, 和鸞雝雝. 蓋卽其儀物之中禮, 可以見其享上之心. 今謹敍麗人所以祇待使華者, 作供張圖.

[譯文]

공장[1] 1

신이 듣기에 『주례[周官]』[2]에서 장차[3]는 왕의 막차의 법을 주관하여 장막의 일에 대비했는데, 제후의 조근[4]과 회동[5]에는 대차[6]와 소차[7]를 펼쳤고 사전[8]에는 장막을 펼쳤으며 안석[9]을 설치했습니다.[10] 무릇 왕인 자가 제후를 대접함에는 아마도 그 예가 간략할 수 있습니다. 그러나 조근·회동·사전할 때는 더욱이 또한 공장과 임시 거처[次舍]가 이와 같이 지극히 부지런합니다. 또 하물며 바다 밖의 작은 제후가 왕인을 높이고 받들어 장막을 펼치고 힘써 진열하는 것이 어찌 구차할 수 있겠습니까. 고려는 왕씨 이래로부터 대대로 송[本朝]의 번병이 되었습니다.[11] 그리고 송 황제[主上]께서 안정시키고 어루만지어 은덕이 매우 두터우므로 사절이 고려[彼]에 갈 때마다 공장의 갖춤이 매우 화려하고 빛났습니다.[12] 육소[13]의 은택이 온 천하에 미친다는 시에서 이르기를, "가죽

고삐 드리우고, 방울 소리 화락하네[鞗革沖沖 和鸞雝雝].”라고 하였습니다.[14] 대개 그 의물이 예에 맞으니 그 황제를 받드는 마음을 볼 수 있습니다. 이제 고려 사람들이 사신[使華]을 공경히 접대한 것을 삼가 서술하고 공장의 그림을 그립니다.

[註解]

1) 供張: 供帳·供頓이라고도 한다. 본래 宴席이나 휴식소를 마련하기 위해 장막을 치는 것, 또는 그러한 장막을 말한다. 그런데 『高麗圖經』 권28, 供張一篇과 권29, 供張二篇에는 장막과 함께 그림·탁걸상·등촉·식기·방석·문의 휘장·베개·의류·부채·신발 등 비치된 일상용품 및 설비를 모두 소개하고 있으므로, 본편에서는 이들을 모두 통칭하여 공장으로 표현한 듯하다. 본문을 참고할 때, 고려는 宋 사절에 대해 장막 등 일상용품까지 신경 써서 극진하게 예우했으며, 서긍을 비롯한 송 사절단은 이를 인상깊게 여겼던 것으로 보인다.
諸橋轍次, 1984, 「供張」·「供帳」, 『大漢和辭典』 1, 東京 : 大修館書店, 757쪽.

2) 周官: 周의 제도를 기록해놓은 『周禮』를 말한다. 이에 대해서는 『高麗圖經』 권14-3-2) 참조.

3) 掌次: 周代의 관직으로, 임금이 참석하는 행사 때 시설을 관장하였다. 下士 4인, 府 4인, 史 2인, 徒 80인으로 구성되어 있었다. 왕의 제사·조근·사냥 등의 때에 帳幕을 펼쳐 자리의 설치를 담당하였다.
『周禮』 天官冢宰 掌次.
諸橋轍次, 1984, 「掌次」, 『大漢和辭典』 5, 東京 : 大修館書店, 271쪽.

4) 朝覲: 諸侯가 皇帝에게 알현하는 것을 말한다. 엄밀히는 계절에 따라 용어를 달리하였는데, 봄에 뵙는 것을 朝, 여름에는 宗, 가을에는 覲, 겨울에는 遇라고 하였다.
『周禮』 春官宗伯 大宗伯.
諸橋轍次, 1984, 「朝覲」, 『大漢和辭典』 5, 東京 : 大修館書店, 1058쪽.

5) 會同: 周의 제도에서 諸侯가 天子에게 拜謁하거나, 또는 제후가 會盟한다는 의미도 있다. 會는 임시로 조회에 參朝하는 것이고, 同은 여러 제후가 參集하는 것이다.
諸橋轍次, 1984, 「會同」, 『大漢和辭典』 5, 東京 : 大修館書店, 1006·1007쪽.

6) 大次: 天子가 祭에 임할 때 이른 아침에 설치하던 장막이다. 祭의 재개를 기다리던 장소이기도 하다. 한편 고려에서는 親祀儀의 경우에 3일 전에 壇 밖에 있는 동문 안의 길 북쪽에 남향으로 설치했고, 禘祫親享儀의 때에는 廟 동문 밖의 길 북쪽에 남향으로 설치했다. 親享儀에서는 2일 전에 齋宮의 남쪽 건물에 설치했다.
『高麗史』 권59, 志13 禮1 吉禮大祀 圜丘 親祀儀.
『高麗史』 권60, 志14 禮2 吉禮大祀 太廟 禘祫親享儀.

『高麗史』권62, 志16 禮4 吉禮中祀 籍田 親享儀.

諸橋轍次, 1984, 「大次」, 『大漢和辭典』3, 東京 : 大修館書店, 404쪽.

7) 小次: 天子가 祭를 마친 후 활용하던 장막이다. 본래 春分에 태양을 뵈고 5帝에게 祀한 후에 물러나 있던 장소였다. 이후 祭의 절차가 모두 끝나고 물러나 기다리는 장소를 가리키게 되었다. 한편 고려에서는 親祀儀의 경우에 제사를 지내기 3일 전에 卯陛의 동쪽에 서향으로 설치했고, 禘祫親享儀의 때에는 阼階 동쪽에서 조금 북쪽에 남향으로 설치했으며, 拜陵儀에서는 陵室의 옆에 설치했다. 친향의에서는 2일 전에 壇의 동쪽 계단에 동남쪽에서 서향으로 설치했다. 그리고 視學酌獻儀에서는 왕의 좌석의 동북쪽에 설치했다.

『高麗史』권59, 志13 禮1 吉禮大祀 圜丘 親祀儀.

『高麗史』권60, 志14 禮2 吉禮大祀 太廟 禘祫親享儀.

『高麗史』권61, 志15 禮3 吉禮大祀 諸陵 拜陵儀.

『高麗史』권62, 志16 禮4 吉禮中祀 籍田 親享儀·文宣王廟 視學酌獻儀.

諸橋轍次, 1984, 「小次」, 『大漢和辭典』4, 東京 : 大修館書店, 62쪽.

8) 師田: 왕이 궁궐을 나와 사냥이나 출정하는 것을 뜻한다.

諸橋轍次, 1984, 「師田」, 『大漢和辭典』4, 東京 : 大修館書店, 438쪽.

9) 桉: 몸을 기대어 앉는 방석이다.

諸橋轍次, 1985, 「案」, 『大漢和辭典』6, 東京 : 大修館書店, 327쪽.

10) 諸侯朝覲會同 …… 則張幕設桉: 『周禮』에 나오는 구절로, "제후의 조근과 회동에는 大次와 小次를 펼쳤고, 師田에는 장막을 펼쳤으며 안석을 설치했다[諸侯朝覲會同 則張大次小次 師田 則張幕設案]."의 일부를 인용한 것이다. 시행되는 의례의 종류에 따라 막차와 기물을 다르게 사용했음을 뜻한다.

『周禮』天官冢宰 掌次.

11) 高麗自王氏以來 世爲本朝藩屏: 고려와 宋이 책봉의 형식을 취해 교류해 온 사실을 뜻한다. 양국 간의 통교에 대해서는 『高麗圖經 역주(상)』, 54·55쪽 권2-1-3) 참조.

12) 況海外小侯 …… 極華煥也: 고려가 王人을 대하던 예에 따라 장막을 펼쳐 宋의 사신을 예우하고 있음을 나타낸 부분이다. 왕인 및 그에 대한 대우에 대해서는 『高麗圖經』권24-1-2)·3) 참조.

13) 蓼蕭: 『詩經』의 편목으로, 天子의 은택이 四海에 미침을 칭송한 노래이다. 한편, 고려의 金富軾은 3차례나 宋에 사절로 파견되면서 각종 표문을 지어 송 황제에게 올렸다. 『東人之文四六』에 실린 김부식의 표문에는 蓼蕭의 은택을 입게 되었음에 감사한다는 구절이 포함되어 있다. 김부식에 대해서는 『高麗圖經 역주(상)』, 243쪽 권8-4-4) 참조.

『東人之文四六』권9, 陪臣表狀 「謝許謁大明殿御容表」.

諸橋轍次, 1985, 「蓼蕭」, 『大漢和辭典』9, 東京 : 大修館書店, 864쪽.

鄭墡謨, 2021, 「金富軾의 北宋使行과 『奉使語錄』」, 『大東文化研究』114, 304·305쪽.

14) 菁菁莪莪 和鸞雝雝: 『詩經』에 나오는 구절로, "높게 자라난 저 다북쑥에 내린 이슬로 흠뻑 젖었도다. 이제야 군자를 보노라니 조혁이 늘어지며, 방울소리 달랑달

랑하니 만복이 모여오는 바로다[蓼彼蕭斯 零露濃濃 旣見君子 鞗革沖沖 和鸞雝雝 萬福攸同]."의 일부를 인용한 것이다. 한편, 조혁에 대해서는『高麗圖經』권15-7-2) 참조.
『詩經』小雅 白華 蓼蕭.

28-2

[原文]

纈幕

纈幕, 非古也. 先儒謂繫繪染爲文者, 謂之纈. 麗俗, 今治纈尤工. 其質, 本文羅花色, 卽黃白相間1), 爛然可觀. 其花上, 爲火珠, 四垂寶網. 下有蓮臺花座2), 如釋氏所謂浮屠狀. 然猶3)非貴人所用, 惟江亭客館, 於屬官位, 設之.

[譯文]

힐막1)

힐막은 옛 제도가 아닙니다. 선대의 선비가 이르길 "비단[繪]2)을 묶어 염색해 무늬를 넣은 것을 '힐'3)이라고 한다."라고 했습니다. 고려의 풍속은 지금 (고려가) 힐을 다스리는 것이 더욱 정교합니다. 그 바탕은 본래 무늬 비단[羅]4)인데 무늬와 색이 곧 황색과 백색이 서로 섞여 화려함이 볼 만합니다. 그 무늬 위에 화주5)가 있고 사방에 보망6)을 드리웠습니다. 아래에는 연대화좌7)가 있는데 불가에서 말하는 탑8)의 형상과 같습니다.

---

1) 四 : 間.
2) 四 知 : 座. 원문은 坐로 되어 있으나, 의미상 '座'가 옳다고 생각되어 교감 번역하였다.
3) 四 : 尤.

그러나 오히려 귀인이 사용하는 것이 아니고 오직 강가의 정자나 객관[9]
에서 속관의 자리에만 설치합니다.

[註解]

1) 纈幕: 防染 기법으로 무늬를 넣은 장막의 한 형태이다. 한편,『高麗圖經』권28·29,
  供張篇에서는 屬官의 처소에 쓰인 纈幕이 正使와 副使의 처소로 쓰인 繡幕보다
  먼저 소개되고 있다는 점에서 독특한 경우라고 하겠다. 아마도 서긍이 휘막의
  정교함과 화려함을 인상 깊게 보았기 때문으로 보인다.
2) 繒: 견직물의 일종이다. 帛과 통하는 용어로 좀 두텁게 만든 직물을 의미하기도
  한다.
    박용운, 2016,「고려시대 사람들의 의료(衣料)」,『고려시대 사람들의 의복식(衣服
      飾) 생활』, 景仁文化社, 99~100쪽.
3) 纈: 염색기법의 하나이다. 염색하고 싶지 않은 부분에 염액이 스며들지 않도록
  하여 옷감에 문양을 넣는 방염법이다. 실이나 끈으로 묶어 홀치기 염색을 하는
  纈纈·2개의 목재를 조각하여 구멍을 내 그 구멍으로 염료가 스며들게 하는 夾
  纈·판을 조각하여 염료를 찍어 염색하는 印染 등이 있다. 본문에서의 纈은 기법
  상 교힐을 지칭하는 것으로 판단된다.
    이혜영, 2007,「전통 힐(纈) 기법의 현대적 활용」,『전통 염색 힐(纈) 기법에 관한
      연구—교힐, 협힐, 납힐을 중심으로—』, 誠信女子大學校 衣類學科 博士學位論
      文, 94·95쪽.
4) 羅: 날실과 씨실의 간격을 넓게 짜서 마치 새그물처럼 성기게 만든 얇은 견직물
  을 말한다. 이에 대해서는『高麗圖經』권15-2-3) 참조.
5) 火珠: 지붕의 용마루를 장식하는 寶珠이다. 이에 대해서는『高麗圖經』권27-6-3)
  참조.
6) 寶網: 帝網·因陀羅網·釋天寶網·帝釋寶網이라고도 한다. 많은 보물을 매달아 장식
  한 그물을 뜻한다. 佛敎에서는 帝釋天의 궁전에 드리워져 있는 것을 의미한다.
    吉祥, 1998,「보망」,『佛敎大辭典』上, 弘法院, 875쪽.
    智冠 編, 2007,「보망」,『伽山佛敎大辭林』9, 伽山佛敎文化硏究院, 1059·1060쪽.
7) 蓮臺花座: 佛·菩薩이 앉는 蓮花의 臺座이다. 연화는 진흙 속에 나서도 물들지 않
  는다. 따라서 더러운 국토에서도 청정하며 신력의 자재 의미를 함축하여 불보살
  의 앉는 자리로 삼는다.
    吉祥, 1998,「연화대」,『佛敎大辭典』下, 弘法院, 1745쪽.
    耘虛龍夏, 2000,「연화좌」,『佛敎辭典』, 東國譯經院, 588쪽.
8) 浮屠: 부처 혹은 寺塔을 말한다. 이에 대해서는『高麗圖經』권17-1-14) 참조. 본문
  에서는 사탑을 의미하는데, 寶網을 드리운 모습을 묘사하기 위해 사용되었다.
    諸橋轍次, 1985,「浮屠」,『大漢和辭典』6, 東京 : 大修館書店, 1155쪽.

9) 客館: 사신과 상인을 접대하기 위해 그들이 오고 가는 주요 교통로에 설치한 館
舍이다. 이에 대해서는 『高麗圖經』 권27-12-1) 참조.

28-3

[原文]

繡幕

繡幕之飾, 五采閒4)錯而成. 不爲橫縫, 逐幅自上垂下. 亦有鷄5)鶒翔鸞
花團等樣, 而紅黃爲勝, 其質, 本文紅羅. 唯6)順天館詔殿正廳使副位會慶
乾德殿公會, 則設之.

[譯文]

수막1)

수막의 꾸밈새는 5가지 색이 사이사이 섞여 이루어졌습니다. 가로로
꿰매지 않고 폭에 따라 위에서부터 아래로 드리웠습니다. 또한 원앙[鷄
鶒]·나는 (모양의) 난새·둥근 꽃 등의 형태가 있는데 홍색과 황색이 많
이 쓰였고, 그 바탕은 본래 무늬 있는 붉은 비단[羅]이었습니다. 오직
순천관2)의 조전3)과 정청에 있는 정사와 부사의 자리,4) 회경전5)·건덕전6)
의 공회에만 설치하였습니다.

[註解]

1) 繡幕: 수놓은 장막이란 뜻이다. 順天館에서 詔書를 봉안하던 곳, 正使·副使의 처
소, 會慶殿·乾德殿의 公會 등에만 설치된 것으로 보아 고급스럽고 화려한 장막으
로 여겨진다. 조금 후대의 일이지만 강화천도 시기인 1245년(고종 32)에 崔怡가

4) 四 : 間.
5) 四 知 : 鸂.
6) 四 : 惟.

綵棚으로 산을 이루고 수놓은 장막과 비단 휘장을 펼쳐 놓고선 종실의 司空 이상 및 宰樞에게 연회를 베풀었다고 한다. 또한『高麗史』를 참조하면,「夜深詞」에 왕과 신하가 연회를 즐기면서 비단 휘장과 수놓은 장막을 펼쳤는데, 그것이 마치 神仙 세상처럼 느껴진다고 묘사되어 있다.

『高麗史』권71, 志25 樂2 俗樂 夜深詞.

『高麗史』권129, 列傳42 叛逆3 崔忠獻 附怡.

諸橋轍次, 1985,「繡幕」,『大漢和辭典』8, 東京 : 大修館書店, 1186쪽.
2) 順天館: 개경 북동쪽에 위치하던 宋의 사신을 접대하기 위한 객관이다. 이에 대해서는『高麗圖經』권27-2-1) 참조. 한편,『高麗圖經』권28, 館廳條에 따르면 順天館의 장막에는 난새와 둥근 꽃무늬가 많았다고 서술되어 있다.
3) 詔殿: 順天館에서 詔書를 봉안하던 곳이다. 이에 대해서는『高麗圖經』권27, 詔位條 참조.
4) 使副位: 順天館의 正廳 뒤에 위치한 正使와 副使의 처소이다. 정사와 부사에 대해서는『高麗圖經』권15-3-5) 참조. 한편, 처소 가운데에는 비단으로 繡幕이 펼쳐져 있었는데, 매우 성대하였다고 한다. 이에 대해서는『高麗圖經』권27, 使副位條 참조.
5) 會慶: 고려 궁궐의 제1정전인 會慶殿을 가리킨다. 이에 대해서는『高麗圖經 역주(상)』, 145·146쪽 권5-3-1) 참조.
6) 乾德殿: 고려 궁궐의 제2정전이다. 이에 대해서는『高麗圖經 역주(상)』, 147쪽 권5-4-1) 참조.

28-4

[原文]

繡圖

繡圖, 紅身綠襟, 五采閒[7]錯. 山花戲獸[8], 工[9]巧[10]過於繡幕. 亦有花竹翎毛果實之類[11], 各[12]有[13]生意. 國俗, 張帟幕, 每十餘幅, 則挂一[14]

7) 四 : 間.
8) 四 : "獸【闕二字】"로 기록되어 있다.
9) 四 : "工"이 누락되어 있다.
10) 四 : "巧"가 누락되어 있다.
11) 四 : "類【闕二字】"로 기록되어 있다.
12) 四 : "各"이 누락되어 있다.
13) 四 : "有"가 누락되어 있다.

圖[15]間[16]之, 不以皆[17]當堂奧之中也.

[譯文]

수도

수도는 붉은 바탕에 녹색의 가장자리이고 5가지 색이 사이사이 섞였습니다. 산과 꽃·노니는 짐승은 정교한 것이 수막보다 뛰어납니다. 또한 꽃과 대나무·새와 짐승[翎毛]·열매의 종류가 있는데, 각기 생기가 있습니다. 나라의 풍속에 역막[1]을 펼치면 십여 폭마다 하나의 그림을 걸어 사이를 두는데, 모두 방[堂]의 깊숙한 곳 안에는 해당하지 않습니다.

[註解]

1) 帟幕: 장막이란 뜻이다. 『高麗圖經』 권26, 燕儀條에 따르면, 燕飮의 예에서 供張과 帟幕의 부류는 모두 다 빛나고 아름답다고 하였다. 아마도 공장은 장막을 포함하여 일상용품 및 설비를 통칭한 것이고, 역막은 장막 자체를 지칭할 때 쓴 표현으로 여겨진다. 이러한 장막 안에는 벽의 장식용 그림인 繡圖를 곳곳에 비치하였다. 檀國大學校 東洋學硏究所, 2001, 「帟幕」, 『漢韓大辭典』 4, 檀國大學校出版部, 1023쪽.

28-5

[原文]

坐榻

坐榻之制, 四稜無飾. 其上, 鋪大席靑襈. 而設於館中過道閒[18], 蓋官屬

---

14) 四 : "一【闕二字】"로 기록되어 있다.
15) 四 : "圖"가 누락되어 있다.
16) 四 : "閒"이 누락되어 있다.
17) 四 知 : "皆"가 누락되어 있다.
18) 四 : 間.

從吏, 憩息之具也.

[譯文]

좌탑[1]

좌탑의 제도는 네 모서리에 장식이 없습니다. 그 위에는 푸른 가장자리로 된 큰 자리를 펼쳤습니다. 관사 안의 지나다니는 길 사이에 설치하였으니 대개 관속과 아전[從吏]이 휴식하는 의자[具]입니다.

[註解]

1) 坐榻: 걸상을 가리킨다.
　　諸橋轍次, 1984, 「坐榻」, 『大漢和辭典』 3, 東京 ： 大修館書店, 157쪽.

28-6

[原文]

燕臺

燕臺之狀, 如中國之有几桉也. 四角殺其銳, 白藤穿花. 面分四隔[19], 而以丹漆爲飾, 盒以塗金裝釘. 復增紅羅繡幃, 四面垂帶, 相比如羽. 惟王楷, 以俣未終制, 易紅爲紫耳. 坐牀之制, 與中國同, 而高大, 多三分之一.

[譯文]

연대

연대의 형상은 중국에 있는 궤안[1]과 같습니다. 네 모퉁이는 그 날카로움을 없앴고 흰 등나무에 꽃을 꽂았습니다. 면은 네 간격으로 나누어

---

19) 四 知 ： 膈.

붉은 칠로 꾸미고, 도금하여 장식한 못을 더하였습니다. 더욱이 붉은 비단[羅]에 수놓은 휘장을 더하고 네 면에 띠를 드리운 것이 가지런하니 날개와 같습니다. 다만 왕해(王楷, 인종)[2]는 왕우[俁, 예종][3]의 상제가 끝나지 않았으니[4] 홍색을 자색으로 바꾸었을 뿐입니다. 좌상(坐牀)의 제도는 중국과 같으나 높이와 크기는 대체로 3분의 1 정도입니다.

[註解]

1) 几桉: 탁상을 가리킨다.
   諸橋轍次, 1984,「几案」,『大漢和辭典』2, 東京 : 大修館書店, 164쪽.
2) 王楷: 고려의 제17대 왕 仁宗(1109~1146)이다. 그에 대해서는『高麗圖經 역주(상)』, 55쪽 권2-1-5) 참조.
3) 俁: 고려의 제16대 왕 睿宗(1079~1122)이다. 그에 대해서는『高麗圖經 역주(상)』, 19쪽 권0-1-(2)-9) 참조.
4) 以俁未終制: 예종의 喪制에 대한 언급이다. 이에 대해서는『高麗圖經』권24-1-9) 참조.

28-7

[原文]

光明臺

光明臺, 檠[20]燈燭之具也. 下有三足, 中立一幹, 形狀如竹, 逐節相承. 上有一盤, 中置一甌, 甌中有[21]可以然燭. 若然燈則易以銅釭[22], 貯油立炬, 鎭以小白石, 而絳[23]紗[24]籠[25]之. 高四尺五寸, 盤面, 濶一尺五寸. 罩

20) 四 知 : 擎.
21) 四 : "有【闕】"로 기록되어 있다.
22) 四 知 : 缸.
23) 四 : 絡.
24) 四 : 紅.

高六寸, 濶五寸.

[譯文]

광명대[1]

광명대는 등불이나 촛불을 받치는 도구입니다. 아래에는 3개의 발이 있고 가운데는 하나의 기둥이 서 있는데 형상이 대나무와 같아 마디를 따라 서로 이어집니다. 위에는 받침 하나가 있고, 가운데에는 단지 하나를 두었는데 단지 안에 촛불을 밝힐 수 있는 것이 있습니다. 등불을 밝히려면 곧 구리 등잔으로 바꾸어 기름을 담고 심지를 세우는데, 작은 흰 돌로 눌러두고 진홍색 망사[紗]로 그것을 씌웁니다. 높이는 4자 5치이고 받침면은 너비가 1자 5치입니다. 망사[罩]의 높이는 6치이고 너비는 5치입니다.

[註解]

1) 光明臺: 고려에서 사용되던 燈燭具다. 상부에 초꽂이가 없이 평평한 원반형 받침을 가지고 있는 것을 모두 지칭한다. 원래의 형태는 三足形 받침에 竿柱는 竹節의 모양으로, 굵은 마디를 기준으로 상하에 2단의 마디가 있었다. 이를 변형시켜 삼족을 생략하는 대신 받침을 높이고 간주의 상하 마디를 3단으로 하기도 하였고, 또는 삼족형을 유지하면서도 받침을 높이고 간주 밑에 쌍사자를 두기도 하였다. 본문에서 언급하는 光明臺는 변형 전의 것으로 통일신라의 양식을 계승하였으며, 고려중기까지 사용된 것으로 추정된다. 한편, 원주 法泉寺址에서 출토된 戊子銘 청동광명대는 1168년(의종 22) 또는 1228년(고종 15)에 제작된 것으로 보이는데, 현존하는 고려시대의 대표적인 광명대로 꼽힌다.
이용진, 2011, 「法泉寺址 출토 戊子銘 佛敎工藝品 연구」, 『佛敎美術』 23, 32~37쪽.
조현이, 2018, 「고려시대 등촉구의 유형과 특징」, 『東洋美術史學』 7, 55~58·61~65쪽.
최응천, 2018, 「『고려도경』에 보이는 고려시대 공예의 양상과 특징」, 『한국중세사연구』 55, 151~154쪽.

---

25) 四 : 蒿.

28-8

[原文]

丹漆俎

丹漆俎, 蓋王官[26]平[27]日[28]所[29]用[30]也. 坐於榻上, 而以器皿, 登俎對食. 故飲食, 以俎數多寡, 分尊卑. 使副入館, 日饋三食, 食以五俎, 其器皿, 悉皆黃金塗之. 凡俎, 從[31]廣三尺, 橫二尺, 高二尺五寸.

[譯文]

단칠조[1]

단칠조는 대개 왕과 관료들이 평소에 사용하는 것입니다. 탑[2] 위에 앉아 기명을 조에 올려놓고 마주 보며 먹습니다. 그러므로 음식은 조의 수가 많고 적음으로 존비가 구분됩니다. 정사와 부사가 관사에 들어가면 날마다 세 끼니를 올리는데,[3] 끼니마다 조가 다섯이고 그 기명은 모두 황금으로 칠하였습니다. 무릇 조는 크기[從]가 너비 3자, 가로 2자, 높이는 2자 5치입니다.

[註解]

1) 俎: 도마류를 가리킨다. 이에 대해서는 『高麗圖經』 권22-5-8) 참조.
2) 榻: 평상의 일종이다. 이에 대해서는 『高麗圖經』 권22-5-2) 참조.
3) 使副入館 日饋三食: 正使와 副使에게 매일 세 끼를 제공했다는 내용이다. 上節과

---

26) 四 知 : 官. 원문은 宮으로 되어 있으나, 의미상 '官'이 옳다고 생각되어 교감 번역하였다.
27) 四 : "平【闕三字】"로 기록되어 있다.
28) 四 : "日"이 누락되어 있다.
29) 四 : "所"가 누락되어 있다.
30) 四 : "用"이 누락되어 있다.
31) 四 知 : 縱.

中節 등도 館舍에 머무를 때는 매일 세 번 식사를 제공하였는데, 상급의 외국인들에게는 비교적 후하게 대접한 것으로 보인다. 당시 고려 사람들은 기본적으로 두 끼를 먹었다. 왕이나 고위 관원을 포함한 부유층은 점심을 더하여 세 끼를 먹을 때도 있었다. 끼니 수는 경제력과 결부되는 문제이기도 했다. 때문에 사신에게 매일 세 차례 화려한 食具를 갖춰 끼니를 제공한 것은 고려가 사신을 각별히 예우하고 있음을 보여준다.

『高麗史』 권93, 列傳6 崔承老.

『高麗史』 권121, 列傳34 孝友 黃守.

鄭演植, 2001, 「조선시대의 끼니」, 『韓國史硏究』 112, 64~68쪽.

윤성재, 2018, 「『고려도경』에 보이는 고려의 의식주」, 『한국중세사연구』 55, 131·132쪽.

박용운, 2019, 「고려시대 사람들의 채소(菜蔬)와 과실(果實) 및 끼니」, 『고려시대 사람들의 식음(食飮) 생활』, 경인문화사, 188~194쪽.

28-9

[原文]

黑漆俎

食俎之制, 大小一等, 特紅黑之異. 都轄提轄及上節, 館中日饋三食, 食以三俎. 中節二俎. 下節, 則以連床, 每五人, 竝一席而食之[32].

[譯文]

흑칠조

식조(食俎)의 제도는 크기[大小]가 같은데 다만 붉고 검은 차이입니다. 도할관과 제할관[1] 및 상절[2]은 객관에서 날마다 세 끼니를 올리는데, 끼니마다 조가 셋이며, 중절[3]은 조가 둘입니다. 하절[4]은 평상을 이어 5인씩 나란히 한자리에서 먹습니다.[5]

---

32) 四 : "之"가 누락되어 있다.

[註解]

1) 都轄提轄: 사신단의 인원과 선박 및 예물 등을 관장하던 사무관이다. 都轄에 대해서는 『高麗圖經』 권24-2-5) 참조. 提轄에 대해서는 『高麗圖經 역주(상)』, 11·12쪽 권0-1-(1)-3) 참조.

2) 上節: 正使와 副使를 따르던 수행원인 三節의 하나이다. 이에 대해서는 『高麗圖經』 권15-6-6) 참조. 한편, 『高麗圖經』 권28·29, 供張篇을 비롯하여 『高麗圖經』 내에서 삼절 내지는 上節에 대한 언급이 많은 이유는 提轄官인 서긍 자신이 상절에 속하므로 직접 보고 경험한 것이 많기 때문일 것이다.

3) 中節: 正使와 副使를 따르던 수행원인 三節의 하나이다. 이에 대해서는 『高麗圖經』 권15-6-7) 참조.

4) 下節: 正使와 副使를 따르던 수행원인 三節의 하나이다. 이에 대해서는 『高麗圖經』 권24-11-2) 참조. 선화 연간(송 휘종, 1119~1125)의 사절단에는 하절이 充代下節·宣武下節로 구분되어 있었다. 충대하절에 대해서는 『高麗圖經』 권24-11-1) 참조. 선무하절에 대해서는 『高麗圖經』 권24-12-1) 참조.

5) 都轄提轄及上節 …… 並一席而食之: 객관에서 宋 사절을 대접할 때 고려가 갖춘 상차림 격식을 서술한 구절이다. 이때 俎의 수가 많고 적음에 따라 존비를 구별하였음을 알 수 있다. 또한 신분이 가장 낮은 下節에게는 조를 두지 않고, 여러 사람이 바닥에 앉아서 함께 식사하는 좌식형의 두레상으로 음식을 제공하였다. 이는 조를 놓고 의자에 앉아 식사하는 中節 이상의 입식형과 차이를 보인다. 尹瑞石, 1994, 「식생활」, 『한국사』 25, 국사편찬위원회, 330쪽.

28-10

[原文]

臥榻

臥榻之前, 更施矮榻, 三面立欄楯, 各施錦綺茵褥. 復加大席, 莞簟之安, 殊[33]不[34]覺[35]有[36]夷[37]風[38]. 然此特國王貴臣之禮, 兼以待使[39]華[40]

---

33) 四 : 便.
34) 四 : 適.
35) 四 : 乃.
36) 四 : 過.
37) 四 : 內.

也. 若民庶, 則多爲土榻, 穴地爲火炕[41], 臥之, 蓋其國, 冬月極寒, 復少
纊絮之屬爾.

[譯文]

와탑[1]

　와탑의 앞에는 또 작은 탑(榻)이 놓여 있는데 세 면에 난간을 세웠으
며 각각 화려한 비단[錦綺][2] 자리[3]를 깔았습니다. 게다가 큰 자리를 더하
였으며 완점[4]이 편안하여 특별히 오랑캐의 풍속이라 느껴지지 않았습
니다. 그러나 이는 다만 국왕과 고관[貴臣]에 대한 예이고, 겸하여 중국
사신을 대접하는 것입니다. 민서(民庶)의 경우는 흙으로 된 탑을 많이
쓰며 땅을 파고 따뜻한 구들로 만들어서 거기에 눕는데,[5] 대개 그 나라는
겨울이 매우 추우며 또한 솜옷과 같은 것[6]이 적기 때문입니다.

[註解]

1) 臥榻: 臥床이라고도 하며 침대형 의자를 가리킨다. 고려에서는 주로 국왕과 관인층
　　정도가 활용하였으며, 일부 사찰이나 茶店 등에서도 臥榻을 설치하였다는 기록이
　　있다. 『高麗史節要』에 따르면, 大良院君—현종—이 神穴寺에 머무르던 시절에 노승
　　이 방에 땅굴을 파서 대량원군을 숨기고 그 위에 와탑을 두어 예기치 못한 일에
　　대비했다고 전한다. 또한 『東國李相國後集』이나 『西河集』에서도 와탑을 사용했다
　　는 것이 나타나는데, 특히 후자에서는 일부 다점에서까지 활용되었음이 확인된다.
　　『高麗史節要』 권2, 穆宗 6년.
　　『東國李相國後集』 권10, 古律詩 「臥榻引風」.
　　『西河集』 권1, 古律詩 「李郎中【惟誼】茶店畫睡」.
　　諸橋轍次, 1985, 「臥榻」, 『大漢和辭典』 9, 東京 : 大修館書店, 389쪽.
2) 錦綺: 錦과 綺로 모두 고급스럽고 화려한 비단을 가리킨다. 금에 대해서는 『高麗
　　圖經』 권14-7-4) 참조. 기에 대해서는 『高麗圖經』 권24-10-1) 참조.

---

38) 四 : 地.
39) 知 : 華.
40) 知 : 使.
41) 知 : 坑.

3) 茵褥: 방석, 융단, 돗자리 등 깔개를 의미한다. 1046년(문종 즉위)에 문종은 先祖
가 쓰던 倚床과 踏斗가 모두 금·은으로 된 못으로 장식되었고, 또한 금실과 은실
로 짠 闌錦으로 茵褥을 만들었으며, 有司에게 명해 銅·鐵·綾·絹의 재질로 대신하
게 하였다. 이는 인욕을 만드는 과정에서 금·은으로 짠 계금보다는 능·견으로 제
작하는 편이 더 검소하다고 여겼기 때문이다.
　『高麗史』 권7, 世家7 文宗 즉위년 5월 己亥.
　諸橋轍次, 1985, 「茵褥」, 『大漢和辭典』 9, 東京 : 大修館書店, 625쪽.
4) 莞簟: 줄기나 잎으로 엮어 만든 자리이다. 莞은 부들로 만들었으며, 簟은 대나무
와 갈대로 만들었다.
　諸橋轍次, 1985, 「簟」, 『大漢和辭典』 8, 東京 : 大修館書店, 848쪽.
　諸橋轍次, 1985, 「莞」, 『大漢和辭典』 9, 東京 : 大修館書店, 682쪽.
5) 若民庶 …… 臥之: 고려시대에 온돌이 民庶의 난방시설로 이용되었음을 밝힌 구
절이다. 고려는 온돌과 같은 취사 및 난방시설이 기틀을 잡은 시기로 여겨지며,
대체로 온돌은 피지배층에 해당하는 민서들 사이에서 보편적으로 이용했던 것
으로 보인다. 한편, 우리나라에서 온돌은 북옥저에서 처음 이용되었으며, 점차
북쪽으로는 부여와 고구려, 남쪽으로는 백제와 신라에 전파되었다고 이해된다.
특히 날씨가 추운 북부지방에서 발전하여 고구려에서 폭넓게 이용되었는데, 『舊
唐書』에서는 고구려의 난방 형태로 '長坑'을 소개하기도 하였다. 고려는 고구려
의 폭이 좁고 긴 형태의 장갱과 신라의 마루를 계승하여 온돌 문화를 발전시켰
다. 이러한 온돌 문화는 점차 후대로 갈수록 지배층 사이에서 확산되어 주거 환
경이 변화하였다. 그 결과 식사양식 등 생활 방식도 입식에서 좌식으로 전환되
어 간 것으로 보인다.
　『舊唐書』 권199上, 列傳149上 東夷 高麗.
　주남철, 1987, 「온돌과 부뚜막의 고찰」, 『文化財』 20, 5~9쪽.
　尹瑞石, 1994, 앞의 책, 330쪽.
　송기호, 2019, 「온돌의 전환, 고려」·「온돌 확산의 지역성과 계층성」, 『한국 온돌
　　　의 역사 : 최초의 온돌 통사』, 서울대학교출판문화원, 331·332·476~479쪽.
　박종규, 2021, 「고려시대 지상건물지 전면구들의 등장 과정 연구」, 『고고학』 20,
　　　153쪽.
6) 纊絮之屬: 추위를 막는 의복인 솜옷을 말한다. 고려에서는 纊·絮보다는 주로 緜布
로 불렸으며, 絲緜·緜絮·緜子·鍊緜 등으로도 칭했다. 1018년(현종 9)에 興化鎭에
병란이 잦아 백성들이 추위와 배고픔을 겪고 있을 것이라 하여 면포와 소금·간
장을 지급하거나, 1039년(정종 5)에 大寒이 되자 춥고 굶주린 이들을 걱정하며
投化人과 蕃에서 잡혀 온 이들에게 각각 면포를 지급하기도 하였다. 이러한 면포
는 文益漸이 1364년(공민왕 13)에 元으로부터 목화씨를 가져와 木綿이 보급화되
기 전까지 주로 활용되었다.
　『高麗史』 권6, 世家6 靖宗 5년 12월 丁巳.
　『高麗史』 권81, 志34 食貨3 賑恤 水旱疫癘賑貸之制 顯宗 9년 1월.

박용운, 2016, 앞의 책, 88~91쪽.

28-11

[原文]

文席

文席, 精粗不等. 精巧者, 施於床榻, 粗者, 用以藉地. 織草性柔, 摺屈
不損. 黑白二色, 閒[42]錯成文, 靑紫爲襈, 初無定制.

[譯文]

문석[1]

문석은 정교한 것과 거친 것이 등급을 달리합니다. 정교한 것은 평상
과 탑(榻)에 놓고, 거친 것은 땅에 깔아서 씁니다. (문석을) 짠 풀의 성질
은 부드러워서 접거나 구부려도 상하지 않습니다. 흑과 백 두 색을 사이
사이에 섞어 무늬를 만들었고 청색과 자색을 가장자리로 하였는데, 처
음부터 정해진 제도는 없습니다.

[註解]

1) 文席: 무늬가 있는 자리를 뜻한다. 본래 席은 풀이나 나무껍질을 염색하고 다양
한 무늬를 넣어 짠 깔개로, 고려전기에는 對宋 무역품이나 조공품으로 쓰였다.
文席 이외에도 龍須席·藤席은 중국의 여러 문헌에 기록될 정도로 고려의 명품이
었는데, 고려 사람들이 풀로 자리를 만드는 기술이 좋았을 뿐 아니라 거기에 아
름다운 문양을 넣어 더욱 가치를 높였기 때문이다. 또한 술통을 감싸 배가 흔들
려도 깨지지 않도록 하거나 돛으로 쓰는 등 다양한 방법으로 이용하였다. 후대
에는 元이나 明에 진상품으로 바친 기록들도 있다. 1279년(충렬왕 5)에 郞將 殷
弘淳을 원에 보내 花文大席을 바쳤으며, 1371년(공민왕 20)과 1372년에는 명 太祖

---

42) 四 : 閒.

에게 문석 등 공물을 보내기도 하였다.

『高麗史』 권29, 世家29 忠烈王 5년 3월 甲寅.

『明太祖實錄』 권68, 洪武 4년 9월 甲寅.

『明太祖實錄』 권72, 洪武 5년 2월 19일 丁酉.

이진한, 2014, 「송과의 외교와 무역」, 『고려시대 무역과 바다』, 경인문화사, 147쪽.

28-12

[原文]

門帷

門帷之制, 靑絹三幅, 上有提襻, 而橫木貫之. 狀如酒旗. 蓋宮室之中, 婦人, 用以映蔽之具也.

[譯文]

문유

문유의 제도는 청색 비단[絹][1]이 3폭인데 위에 거는 끈이 있어 가로지른 나무로 꿰었습니다. 형상은 주막의 깃발[2]과 같습니다. 대개 궁실 안에서 여자들이 자신들을 숨기는 도구로 씁니다.

[註解]

1) 絹: 가공하지 않은 누에고치 실을 平織으로 짠 견직물이다. 이에 대해서는 『高麗圖經』 권20-2-6) 참조.

2) 酒旗: 주막에서 술집임을 알리기 위해 내건 깃발을 말하며, 酒旆·酒帘·酒標 등으로도 불렸다. 주로 긴 대나무 장대 끝에 포목의 천을 길게 달아 주막의 문 입구에 높이 세웠으며, 포목의 천이 바람에 나부낌으로써 멀리서도 잘 보일 수 있게 하였다. 『東國李相國後集』에서는 "봄바람이 푸른 주기를 흔드니 멀리서 한번 보아도 마음속에 목마름이 풀리는 듯하다[春風斜拂酒旗靑 一望猶寬渴飮情]."고 하였다.

『東國李相國後集』 권1, 古律詩 「酒旆【二首】」.

이상희, 2009, 「주상(酒商)」, 『술—한국의 술문화—』 Ⅰ, 선, 442쪽.

[原文]

供張二

繡枕

繡枕之形, 白紵爲囊, 中實以香草. 兩頭蹙金盤線, 花文極巧. 復以絳羅
裝飾, 如蓮荷之狀. 三節供給, 其制一等.

[譯文]

공장2

수침[1]

수침의 형태는 흰 모시[2]로 주머니를 만들어 안을 향기 나는 풀로 채웠
습니다. 양 끝에 축금[3]을 하고 줄로 묶으니, 꽃무늬가 매우 정교합니다.
더욱이 진홍 비단[羅][4]으로 장식하니 연꽃의 형상과 같았습니다. 삼절에
게 주었는데 그 제도가 같습니다.

[註解]

1) 繡枕: 수놓은 베개라는 뜻이다. 한편, 繡枕과 함께 뒤이어 편목이 마련된 寢衣·紵
  裳·紵衣 등은 宋 사절단의 잠자리를 위해 제공된 물품으로, 재료가 대부분 白紵
  였다. 서긍이 이러한 물품들을 『高麗圖經』 권29, 供張二篇에서 서술한 것은 송 사
  절단이 백저로 제작한 물품을 인상적으로 보았기 때문으로 여겨진다.
  이진한, 2014, 「송과의 외교와 무역」, 『고려시대 무역과 바다』, 경인문화사, 147·
    148쪽.
2) 白紵: 삼베와 함께 고려에서 보편적으로 사용되던 흰 모시를 가리킨다. 이에 대
  해서는 『高麗圖經』 권18-8-2) 참조.
3) 蹙金: 자수방법의 한 종류로, 금실로 수놓고 그 무늬를 주름잡아 오그라뜨리는
  것이다. 唐과 五代부터 황실의 구성원과 귀족들이 의복과 생활, 장식용품에 많이
  사용하였다.
  胡可先·武曉紅, 2011, 「"蹙金"考 : 一個唐五代詩詞名物的文化史解讀」, 『浙江大學學報』
    41-4, 46쪽.

금다운·심연옥, 2019, 「고려시대 자수 유물을 통해 본 기법연구」, 『한복문화』 22-3, 67쪽.
4) 羅: 날실과 씨실의 간격을 넓게 짜서 마치 새그물처럼 성기게 만든 얇은 견직물을 말한다. 이에 대해서는 『高麗圖經』 권15-2-3) 참조.

29-2

[原文]

寢衣

寢衣之制, 紅黃爲表, 而以白紵裏之. 裏大於表, 四邊各餘一尺.

[譯文]

침의[1]

침의의 제도는 홍색과 황색이 겉을 이루며, 흰 모시로 속을 하였습니다. 속이 겉보다 큰데 네 가장자리가 각기 1자가 넘습니다.

[註解]

1) 寢衣: 잠옷을 말한다. 『高麗史』에 따르면, 인종은 성품이 검약하여 寢席의 테두리를 黃紬로 하지 않았으며 寢衣에도 綾錦으로 꾸미지 않았다고 한다. 이를 통해 보건대, 평상시에 고려의 국왕은 대개 침석에 황주를 쓰고, 침의에는 능금 장식을 했던 것으로 여겨진다.
『高麗史』 권17, 世家17 仁宗 史臣金富軾贊.
諸橋轍次, 1984, 「寢衣」, 『大漢和辭典』 3, 東京 : 大修館書店, 1085쪽.
박용운, 2016, 「고려시대 사람들의 의료(衣料)」, 『고려시대 사람들의 의복식(衣服飾) 생활』, 景仁文化社, 116쪽.

[原文]

紵裳

紵裳之制, 表裏六幅. 要[1]不用橫帛, 而繫二帶. 三節每位, 各與紵衣同設, 以待沐浴之用.

[譯文]

저상[1]

저상의 제도는 겉과 속이 6폭입니다. 허리에는 가로로 두른 비단[帛][2]을 쓰지 않으며 두 띠를 맵니다. 삼절은 처소마다 각기 모시옷과 함께 두어 목욕에 대비하여 씁니다.

[註解]

1) 紵裳: 모시로 제작한 치마를 가리킨다. 이로 보아 당시 남성들도 치마를 입었는데, 衣와 裳이 연결된 중국의 양식으로부터 영향을 받았던 것으로 여겨진다(①). 그러나 남성들이 치마를 입었다는 사례는 극히 드물어 일상적으로 입었다기보다는 祭服으로 활용하거나 목욕할 때와 같이 특수한 경우에만 입었던 것으로 보인다(②).
　① 유희경, 1980, 「上代社會의 服飾」, 『한국복식사연구』, 이화여자대학교 출판부, 28쪽.
　② 박용운, 2016, 앞의 책, 166쪽.
2) 帛: 물들이지 않은 生絲로 만든 견직물을 말한다. 이에 대해서는 『高麗圖經』 권 14-1-4) 참조.

---

1) 要 : 腰.

[原文]

紵衣

紵衣, 即中單也. 夷[2]俗不用純領, 自王至于[3]民庶, 無男女悉服之.

[譯文]

저의

저의는 곧 중단[1]입니다. 동이[夷]의 풍속에는 가장자리의 선[純]과 옷깃을 쓰지 않고 왕부터 민서(民庶)에 이르기까지 남녀 없이 모두 입습니다.

[註解]

1) 中單: 外衣에 상대되는 中衣를 말한다. 본문의 설명처럼 고려의 왕부터 民庶에 이르기까지 남녀 구분 없이 모두 입었는데, 신분에 따라서는 일정한 구별이 있었을 것으로 보인다. 본래 중국 上代에는 深衣라는 것이 있어 祭服과 朝服의 안에 입었다. 그것이 唐代에 이르러 허리를 꿰매지 않고 밑의 폭을 가르지 않아 中單이라고 불리게 되었다. 한편, 고려에서는 의종대 詳定한 내용에 의하면, 국왕과 백관이 제복을 갖출 때 착용하였다. 왕의 제복은 9旒冕·9章服을 갖추는데, 안에 입는 중단은 白羅로 만들었다. 중단의 옷깃에는 도끼[黼] 문양으로 수놓았고 朱綠帶를 중단 위에 맸다. 백관 중에 亞獻 이하 太尉, 司徒, 司空, 中書令, 侍中의 제복은 7류면·7장복을 갖추는데, 그중에 중단은 백라로 되어 있으며 玄黃帶를 중단에 맸다. 太常卿, 光祿卿, 黃門侍郎, 殿中監, 司農卿이 입는 제복은 5류면·5장복을 갖추는데, 이들도 마찬가지로 중단은 백라로 되어 있으며 현황대를 중단에 맸다. 그 이하 3류면·3장복, 3류면·1장복, 평면·무류복을 한 백관에 대해서는 중단에 대한 규정이 따로 없다.
『高麗史』 권72, 志26 輿服1 冠服 祭服 毅宗朝·百官祭服 毅宗朝.
유희경, 1980, 앞의 책, 264·265쪽.
權兌遠, 1990, 「《高麗史》 輿服志의 分析的 檢討」, 『國史館論叢』 13, 197~199쪽.
박용운, 2013, 『『고려사』 여복지 역주』, 景仁文化社, 40~43·55~63쪽.

---

2) 四 : 國.
3) 知 : 於.

[原文]

畫摺[4]扇

畫摺[5]扇, 金銀塗飾, 復繪其國山林人馬女子之形. 麗人不能之, 云是日本所作, 觀其所繢[6]衣物, 信然.

[譯文]

화접선[1]

화접선은 금과 은으로 칠하여 장식하고서 거기에다 그 나라의 산과 숲·사람과 말·여자의 형상을 그렸습니다. 고려 사람들은 잘 그리지 못하고 일본[2]이 만든 것이라고 하는데, 의물(衣物)이 그려진 것을 보니 믿을 만합니다.

[註解]

1) 畫摺扇: 그림이 그려진 부채이다. 접었다 펼 수 있어서 쥘 부채, 접는 부채, 摺扇이라고도 한다. 삼나무로 제작한 접선인 杉扇과 함께 고려와 日本의 무역품 중 하나로 여겨진다. 한편, 조선 초에는 일본 측에서 佛經을 구하기 위해 예물로 畫扇이나 綵畫扇 등을 많이 가져오는 경우가 종종 있었다. 따라서 고려시대에도 일본의 화접선이 유입되었을 가능성이 있다. 서긍은 이러한 부채를 접했을 여지가 있다.
『世宗實錄』 권56, 世宗 14년 5월 庚辰.
『成宗實錄』 권140, 成宗 13년 4월 丁未.
『成宗實錄』 권256, 成宗 22년 8월 戊申.
『燕山君日記』 권43, 燕山 8년 4월 辛酉.

---

4) 四 知 : 摺. 원문은 榻으로 되어 있으나, 의미상 '摺'이 옳다고 생각되어 교감 번역하였다.
5) 四 知 : 摺. 원문은 榻으로 되어 있으나, 의미상 '摺'이 옳다고 생각되어 교감 번역하였다.
6) 四 知 : 繢.

金三代子, 1985, 「부채의 起源과 變遷」, 『美術資料』 36, 32쪽.
이진한, 2014, 앞의 책, 244·245쪽.
2) 日本: 지금의 일본열도에 존재했던 국가로 倭奴國이라고도 불리었다. 이에 대해
서는 『高麗圖經 역주(상)』, 86쪽 권3-2-4) 참조.

29-6

[原文]
杉扇
杉扇, 不甚工. 惟以日本白杉木, 劈削如紙, 貫以采[7]組, 相比如羽, 亦
可招風.

[譯文]
삼선[1]
삼선은 그다지 정교하지 못합니다. 오직 일본의 흰 삼나무를 쪼개어
깎아 종이와 같이 쓰고, 채색한 끈으로 꿰고 서로 나란히 해서 날개와
같이 하니, 역시 바람을 일으킬 수 있습니다.

[註解]
1) 杉扇: 日本의 檜扇을 모방하여 만든 부채로, 杉木을 종이처럼 얇게 깎아 만든 木
片을 비단실로 연결한 摺扇이다.
金三代子, 1985, 앞의 논문, 32쪽.

7) 四 知 : 綵.

[原文]

白摺扇

白摺扇, 編竹爲骨, 而裁藤紙鞔之, 間8)用銀銅釘飾, 以竹數多者爲貴. 供給趨事之人, 藏於懷袖之間9), 其用甚便.

[譯文]

백접선[1]

백접선은 대나무를 엮어서 뼈대로 삼고 등나무 종이를 잘라 그것에 덮고 사이에 은이나 구리 못을 써서 장식하는데, 대나무 수가 많은 것을 귀하게 여깁니다. 공급되어 모시는[供給趨事] 사람이 가슴이나 소매의 사이에 보관하니 그 쓰임이 매우 편합니다.

[註解]

1) 白摺扇: 부채살과 扇面이 흰 접부채를 말한다. 주로 신분이 낮은 계층에서 사용했던 것으로 보기도 하지만(①), 조선 세조대 琉球國王에 보내는 막대한 回賜物 가운데 白摺扇이 포함되어 있었다는 점에서 귀중품으로 여겨지기도 했다(②). 아마도 본문의 내용처럼 대나무의 수가 많고 적음에 따라 품평이 다양했을 것이다.
崔常壽, 1972, 「韓國 부채의 種類」, 『韓國 부채의 硏究』, 韓國紀念圖書出版協會, 28쪽.
① 金三代子, 1985, 앞의 논문, 29~33쪽.
② 李元淳, 1995, 「『歷代寶案』을 통해서 본 朝鮮前期의 朝琉關係―直接通交期를 中心으로―」, 『國史館論叢』 65, 16·17쪽.

---

8) 匹 知 : 閒.
9) 匹 知 : 閒.

29-8

[原文]

松扇

松扇, 取松之柔條, 細削成縷, 搗壓成線, 而後織成. 上有花文, 不減穿藤之巧. 唯王府所遣使者, 最工.

[譯文]

송선1)

송선은 소나무의 부드러운 가지를 골라서 가늘게 깎아 줄기를 만들고, 두드리고 눌러 선(線)을 만든 다음에 짜서 만듭니다. 위에는 꽃무늬가 있는데, 등나무를 꿰뚫는 기교보다 떨어지지 않습니다. 다만 왕부2)에서 사신[使者]에게 보낸 것이 가장 정교합니다.

[註解]

1) 松扇: 소나무 가지를 실처럼 만들어 짜낸 團扇이다. 명종대 활동하던 崔詵은 文克謙으로부터 부채를 선물로 받았는데, "흰색과 흑색의 종이를 오리고 섞어서 짠 무늬로 부채를 만들었으며, 양면에 글씨와 그림이 매우 기묘하고 모양은 松扇과 같다[扇剪白黑二紙 交織成紋 兩面書畫甚奇 形如松扇]."라고 하였다. 또한 李奎報의 詩에서는 송선에 대하여 "검푸른 비단 무늬 섬세하기도 하네[紺碧綾紋細]."라고 하였다. 이로 보아 송선은 양면에 글씨와 그림을 넣기도 하였으며, 扇面에 비단을 발라서 만들었을 것으로 짐작된다. 서긍이 宋으로 돌아가고 이듬해인 1124년(인종 2)에 고려에서는 樞密院副使 李資德과 御史中丞 金富轍을 송에 謝恩使로 보내 방물을 바쳤는데, 그중에는 송선 3합과 摺疊扇 2쌍이 있었다. 이처럼 고려의 부채는 송에 조공품·무역품 등으로 쓰였으며, 관인들 사이에서 주고받는 선물용으로도 쓰였다.
『高麗史』 권15, 世家15 仁宗 2년 7월 戊子.
『游宦紀聞』 권6, 宣和 6년 9월.
『東國李相國全集』 권2, 古律詩 「謝江南靜上人惠松扇十柄」.
『東文選』 권11, 五言排律 「謝文相贈扇【扇剪白黑二紙交織成紋兩面書畫甚奇形如松扇】」.

金庠基, 1937, 「麗宋貿易小考」, 『震檀學報』 7 ; 1948, 『東方文化交流史論攷』, 乙酉文
    化社, 74~76쪽.
崔常壽, 1972, 앞의 책, 28쪽.
金三代子, 1985, 앞의 논문, 32·33쪽.
오치훈, 2019, 「이규보를 통해 본 고려 관인의 경제생활—선물 수수를 중심으로
    —」, 『한국중세사연구』 59, 247·256쪽.
2) 王府: 고려 개경의 皇城을 말한다. 이에 대해서는 『高麗圖經』 권5, 王府條 참조.

29-9

[原文]

草履10)

草履之形, 前低後卬11), 形狀詭異. 國中無男女少長, 悉履之.

[譯文]

초구1)

초구의 형태는 앞이 낮고 뒤가 높아서 형상이 괴이합니다. 나라 안에
서 남녀노소 없이 모두 신습니다.

[註解]

1) 草履: 履의 한 종류이며 짚으로 만든 신발이다. 고려의 民庶가 가장 널리 이용하
   는 물품이었다. 『西河集』에는 "葛巾을 쓰고 草履를 신으며 승려를 따라 소식하네
   [葛巾草履隨僧蔬]."라고 하였다. 『高麗圖經』 권18, 在家和尙條에 언급되었듯 재가
   화상 중에 履를 신는 이들도 있었으며, 인종대 청렴한 胥吏였던 咸有一은 해진
   옷을 입고 뚫어진 履를 신었다고 전한다. 한편, 서긍은 짚신을 『高麗圖經』 권28·
   29, 供張篇의 마지막에 소개하고 있다. 보통 민서나 시종들이 많이 사용했지만,
   ≒ 사절단에게도 실내화처럼 신고 다닐 수 있도록 공급된 것으로 여겨진다.

---

10) 四 知 : 履.
11) 四 知 : 卬.

『高麗史』 권99, 列傳12 咸有一.
『西河集』 권2, 古律詩 「書蓮花院壁」.
박용운, 2016, 앞의 책, 215·216쪽.

[原文]

器皿一

臣聞前史, 稱東[1]夷[2]器用俎, 今高麗土俗猶然. 觀其制作古朴, 頗可愛尚. 至於他飲食器, 亦往往有尊彝簠簋之狀, 而燕飲陳設, 又多類於莞簟[3]几席. 蓋染箕子美化而仿[4]佛[5]三代遺風也. 謹掇其槩圖之.

[譯文]

기명[1]1

신이 듣기에 전대의 역사에서 동이(東夷)는 기물로 대[俎]를 쓴다고 하였으니,[2] 지금 고려의 풍속[土俗]도 여전히 그러합니다. 그 제작한 것을 보면 예스럽고 소박하여 자못 아끼고 높이 살만합니다. 다른 먹고 마시는 기물 역시 가끔 준·이[3]와 보·궤[4]의 형상이 있으며, 연회의 음식을 차릴 때도 또한 완점[5]과 궤석[6]의 부류가 많습니다. 대개 기자[7]의 아름다운 교화에 물든 것이고 삼대[8]의 남겨진 풍속과 비슷합니다.[9] 삼가 그 대략을 엮어서 그렸습니다.

[註解]

1) 器皿: 서긍이 직접 접하고 관찰한 고려의 器皿들에 대한 서술이 담겨 있다. 그 선택 기준과 수록 순서에 대해서는 명확히 파악하기 어려우나 주로 順天館에 비치된 접대용 물품이었다. 세부적 내용을 보면, 각각의 기명에 대해 명칭, 정의, 형

---

1) 四 : 高.
2) 四 : 麗.
3) 四 知 : 簟. 원문은 蕈으로 되어 있으나, 의미상 '簟'이 옳다고 생각되어 교감 번역하였다.
4) 四 知 : 彷.
5) 四 知 : 彿.

상, 재질, 용도·장식, 크기의 순서에 따라 서술하고 있다. 이는 『宣和博古圖錄』을 참고하여 비슷한 순서로 구성하였을 것으로 짐작된다. 한편, 각 권의 내용은 기명의 재질로 구분되고 있다. 器皿一篇에서는 주로 금은을 사용한 물품을, 器皿二篇에서는 대부분 구리로 만든 기물을, 器皿三篇에서는 그 외 다양한 재료로 만들어진 물품을 서술하였다.

崔夢龍, 1985, 「高麗圖經에 보이는 器皿」, 『韓國文化』 6, 63·64쪽.

장남원, 2014, 「『선화봉사고려도경(宣和奉使高麗圖經)』의 기명류(器皿類) 연구」, 『역사와 담론』 70, 167·168쪽.

국립문화재연구소 편, 2019, 「『고려도경』의 「기명」」, 『고려도경, 숨은 그림 찾기』, 국립문화재연구소, 16~18쪽.

박지영, 2019, 「『고려도경』의 시각적 재구성」, 앞의 책, 104·105쪽.

신숙, 2019, 「서긍이 마주하고 기록한 고려의 기명(器皿)」, 『선화봉사고려도경(宣和奉使高麗圖經)』」, 앞의 책, 181~184쪽.

2) 臣聞前史 稱東夷器用俎: 『後漢書』에 나오는 구절로, "東夷는 거의 모두 土着民으로서, 술 마시고 노래하며 춤추기를 좋아하고, 혹은 弁을 쓰고 비단옷을 입으며, 그릇은 俎豆를 사용하였으니, 이른바 중국이 禮를 잃으면 四夷에게서 구했던 것이다[東夷率皆土著 憙飮酒歌舞 或冠弁衣錦 器用俎豆 所謂中國失禮 求之四夷者也]." 의 일부를 인용한 것이다. 한편, 俎에 대해서는 『高麗圖經』 권22-5-8) 참조.

『後漢書』 권85, 東夷列傳75.

3) 尊彝: 고대에 사용하던 禮器로 獻尊·象尊·著尊·壺尊·大尊·山尊의 六尊과 鷄彝·鳥彝·斝彝·黃彝·虎彝·蜼彝의 六彝가 있었다. 각각 상황에 맞게 술이나 제물을 올리는 용도로 사용되었다. 고려의 太廟 제향 등에서도 사용되었다.

『高麗史』 권60, 志14 禮2 吉禮大祀 太廟 禘祫親享儀·有司攝事儀.

『高麗史』 권61, 志15 禮3 吉禮大祀 太廟 太廟四孟月及臘親享儀·有司攝事·別廟.

『周禮』 春官宗伯 司尊彝.

구혜인, 2019, 「길례 정제용 제기의 종류와 양식」, 『조선시대 왕실 제기(祭器) 연구』, 梨花女子大學校 美術史學科 博士學位論文, 157·158·165쪽.

4) 簠簋: 제사에 사용되던 그릇으로 네모난 것을 簠라 하고, 둥근 것을 簋라 하였다. 簠에는 벼와 기장을 담고, 簋에는 메기장과 찰기장을 담았다. 고려의 太廟 제향 등에서 사용되었다. 한편, 簠의 형태가 원래는 둥근 것이었다고 파악하는 견해도 있다.

『高麗史』 권59, 志13 禮1 吉禮大祀 圜丘·社稷.

『高麗史』 권60, 志14 禮2 吉禮大祀 太廟.

『高麗史』 권61, 志15 禮3 吉禮大祀 太廟·別廟.

『高麗史』 권62, 志16 禮4 吉禮中祀 籍田·文宣王廟.

『高麗史』 권63, 志17 禮5 吉禮小祀 風師雨師雷神靈星·諸州縣文宣王廟.

『詩經集傳』 권6, 國風 秦風 權輿.

구혜인, 2019, 앞의 논문, 135·136쪽.

박성우, 2019, 「字形을 통해서 본 周代 기물 '簠'형태 考察」, 『中語中文學』 76.

5) 莞簟: 줄기나 잎으로 엮어 만든 자리이다. 이에 대해서는 『高麗圖經』 권28-10-4) 참조.

6) 几席: 팔꿈치를 걸고 기대어 앉을 수 있는 걸이와 자리를 말한다. 諸橋轍次, 1984, 「几席」, 『大漢和辭典』 2, 東京 : 大修館書店, 165쪽.

7) 箕子: 생몰년 미상. 箕國에 봉해진 인물이다. 그에 대해서는 『高麗圖經 역주(상)』, 24쪽 권1-1-3) 참조.

8) 三代: 중국의 고대 국가인 夏·商·周를 말한다. 하에 대해서는 『高麗圖經』 권16-1-3) 참조. 상에 대해서는 『高麗圖經 역주(상)』, 192쪽 권7-1-12) 참조. 주에 대해서는 『高麗圖經』 권16-1-6) 참조.

9) 蓋染箕子美化而仿佛三代遺風也: 고려의 기물에 대해 중국의 영향이 컸음을 언급한 구절이다. 서긍이 가진 중화주의적 인식과 서술에 대해서는 『高麗圖經 역주(상)』, 25쪽 권1-1-5) 참조.

30-2

[原文]

獸爐

子母獸爐, 以銀爲之, 刻鏤制度精巧. 大獸, 蹲踞, 小獸, 作搏攫之形, 返視張□, 用以出香. 惟會慶乾德公會, 則置于[6]兩楹之間[7]. 迎詔, 焚麝香, 公會則爇篤耨龍腦旃檀沈水之屬, 皆御府所賜香也. 每隻, 用銀三十[8]斤, 獸形連坐[9]. 高四尺, 濶二尺二寸.

[譯文]

수로

자모수로[1]는 은으로 만들었는데, 새기는 제도가 정교합니다. 큰 짐승

---

6) 知 : 於.
7) 四 : 間.
8) 四　千, 知 : "十【鄭刻千】"으로 기록되어 있다.
9) 知　座.

은 웅크려 앉아있고 작은 짐승은 움켜잡는 형태로 만들어졌는데, 돌아 보면서 입을 벌리고 있어 향이 나오는 용도입니다. 오직 회경전[2]과 건덕 전[3]의 공회에서만 양쪽 기둥의 사이에 두었습니다. 조서를 맞이할 때는 사향[4]을 피우고, 공회에서는 독루·용뇌·전단·침수[5]의 종류를 태우는데 모두 어부(御府)에서 내려준 향입니다.[6] 척마다 은 30근을 썼으며, 짐승 의 형태가 받침과 연결되었습니다. 높이는 4자, 너비는 2자 2치입니다.

[註解]

1) 子母獸爐: 獸爐는 동물의 모양을 본떠서 만든 향로이며, 子母獸爐는 그 중에서도 어미와 자식이 함께 있는 짐승 모양의 향로를 말한다. 고려시대 것의 모습으로 는 주로 사자, 원숭이 모자상 등이 대표적이다. 『高麗史』에는 다양한 의례, 특히 嘉禮에서 수로를 배치하고 있는 것이 확인된다.
   『高麗史』 권67, 志21 禮9 嘉禮 元正冬至節日朝賀儀·一月三朝儀.
   『高麗史』 권68, 志22 禮10 嘉禮 大觀殿宴群臣儀·宣麻儀.
   『高麗史』 권69, 志23 禮11 嘉禮雜儀 上元燃燈會儀·仲冬八關會儀.
   諸橋轍次, 1985, 「獸爐」, 『大漢和辭典』 7, 東京 : 大修館書店, 758쪽.
   장남원, 2014, 앞의 논문, 170쪽.
   최응천, 2018, 「『고려도경』에 보이는 고려시대 공예의 양상과 특징」, 『한국중세 사연구』 55, 148·149쪽.
   국립문화재연구소 편, 2019, 앞의 책, 24쪽.
2) 會慶: 고려 궁궐의 제1정전인 會慶殿을 말한다. 이에 대해서는 『高麗圖經 역주 (상)』, 145·146쪽 권5-3-1) 참조.
3) 乾德: 고려 궁궐의 제2정전인 乾德殿을 말한다. 이에 대해서는 『高麗圖經 역주 (상)』, 147쪽 권5-4-1) 참조.
4) 麝香: 사향노루 수컷의 생식선 분비물로 만든 향이다. 향이 강하나 휘발성이 적 어 고급 향료의 보류제로 쓰이기도 하였다.
   한상길, 2020, 「천연 향료」, 『향료와 향수』, 신광출판사, 54~56쪽.
5) 篤耨龍腦旃檀沈水: 고려에서 宋의 사신을 맞이하는 데 사용했던 향료들을 언급한 구절이다. 이 중 旃檀을 제외한 나머지 향료는 고려에서는 생산되지 않으므로, 송과의 교역을 통해 들여왔을 것으로 짐작된다.
   권순형, 2013, 「고려 전·중기 향과 문화 생활」, 『한국문화연구』 25, 16~21쪽.
6) 皆御府所賜香也: 御府에서 향을 내려주었음을 보여주는 구절이다. 어부에 대해서 는 『高麗圖經』 권26-8-12) 참조. 어부의 뜻을 고려할 때, 宋 徽宗이 예종에게 향을 하사했음을 드러낸 것으로 보인다. 한편, 본문의 어부를 고려의 것으로 파악하

여. 조공의 답례품을 받거나 외국 상인들이 바친 향료가 상당 부분 왕의 개인 창
고에 귀속되었다는 주장도 있다.
권순형, 2013, 앞의 논문, 22쪽.

30-3

[原文]

水瓶

水瓶之形, 略如中國之酒注也. 其制, 用[10]銀三斤. 使副與都轄提轄官
位設之. 高一尺二寸, 腹徑七寸, 量容六升.

[譯文]

수병[1]

수병의 형태는 대략 중국의 술주전자와 같습니다. 그 제작에는 은
3근을 사용합니다. 정사·부사[2]와 도할관·제할관[3]의 처소에 두었습니
다. 높이는 1자 2치, 배의 지름은 7치, 용량은 6되입니다.

[註解]

1) 水瓶: 고려시대에 물을 담는 용도로 사용된 기물이다. 서긍은 水瓶의 모양을 중
국의 술주전자와 비슷하다고 설명하였는데, 귀때와 더불어 손잡이가 달려있었기
때문으로 짐작된다. 주로 承盤 등을 받쳐서 사용하는 경우가 많았다. 실제로 손
잡이 달린 고려시대 금속 주전자가 많이 출토되고 있다.
장남원, 2014, 앞의 논문, 176쪽.
최응천, 2018, 앞의 논문, 154·155쪽.
국립문화재연구소 편, 2019, 앞의 책, 60쪽.
2) 使副: 正使와 副使를 말한다. 이에 대해서는 『高麗圖經』 권15-3-5) 참조.

---

10) 四 知 : 用. 원문은 如로 되어 있으나, 의미상 '用'이 옳다고 생각되어 교감 번역
하였다.

3) 都轄提轄官: 都轄官과 提轄官을 말한다. 도할에 대해서는『高麗圖經』권24-2-5) 참
   조. 제할에 대해서는『高麗圖經 역주(상)』, 11·12쪽 권0-1-(1)-3) 참조.

30-4

[原文]

盤琖

盤琖之制, 皆似中國. 惟琖深而釦斂, 舟小而足高. 以銀爲之, 間[11]以金塗, 鏤
花工巧. 每至勸酒, 則易別杯, 第量容, 差多耳.

[譯文]

반잔[1]

반잔의 제도는 모두 중국과 유사합니다. 다만 잔이 깊고 주둥이가 오므
라졌으며, 탁반[舟]은 작고 굽이 높습니다. 은으로 만들었고 사이사이에
도금하였으며, 무늬를 새긴[鏤花] 솜씨가 뛰어납니다. 매번 술을 권할 때
에 이르면 다른 술잔[杯]으로 바꾸는데 단지 용량이 조금 많을 뿐입니다.

[註解]

1) 盤琖: 잔 받침과 잔이 짝을 이루고 있는 술잔을 말한다. 서긍이 서술한 잔은 깊
   고 오므라진 형태의 酒器였던 것으로 짐작되며, 그 받침은 작고 굽이 높으며 볼
   록한 형태였을 것으로 보인다.
   이윤진, 2012,「高麗時代 瓷器盞托 研究」,『美術史學研究』273, 36~39쪽.
   장남원, 2014, 앞의 논문, 173쪽.
   최응천, 2018, 앞의 논문, 156쪽.
   국립문화재연구소 편, 2019, 앞의 책, 56쪽.

---

11) 知 : 間.

30-5

[原文]

博山爐

博山爐, 本漢器也. 海中有山, 名博山, 形如蓮花, 故香爐取象. 下有一盆, 作山海波濤魚龍出沒之狀. 以備貯湯薰衣之用, 蓋欲其濕氣相箸12), 煙不散耳. 今麗人所作, 其上頂, 雖象形而13)下爲三足, 殊失元制. 但工巧可取.

[譯文]

박산로1)

박산로는 본래 한2)의 기물입니다.3) 바다 가운데 산이 있어 박산이라 이름하였는데, 형태가 연꽃과도 같으므로 향로에서 모양을 취한 것입니다. 아래에는 하나의 분(盆)이 있으니 산과 바다에 파도가 치고 물고기와 용이 출몰하는 형상을 만들었습니다. 끓은 물을 담아 옷에 훈의4)하는 용도로 갖추었으니 대개 그 습기를 서로 모아 연기가 흩어지지 않게 할 뿐입니다. 지금 고려 사람들이 만든 것은 그 위의 꼭대기는 비록 (박산의) 형상을 본떴지만 아래는 세 발로 되어서 원래의 제도와는 다르고 어긋납니다.5) 다만 솜씨가 뛰어나 취할 만합니다.

[註解]

1) 博山爐: 바다 한가운데 있는 博山을 형상화한 香爐의 일종이다. 본래 종교적인 도상에서 유래한 것으로 道敎·佛敎에서 종교적 용도로 쓰였지만, 고려에서는 보다 다양한 용도로 사용되었다. 먼저, 薰衣에 사용되기도 했다. 아래 받침에 끓는 물을 담아서 김이 향 연기를 머금고 쐬면 옷에 향기가 배는 원리였다. 아울러 실내의 毒蟲으로부터 인체를 보호하거나, 사당이나 연회에서 분위기를 조성할 때

12) 四 知 : 著.
13) 四 知 : 其.

쓰이기도 했다. 한편, 박산로를 받치는 盆은 입이 벌어진 형태로 구연부가 꺾이고 기벽이 사선을 이루는 형태이다.

諸橋轍次, 1984, 「博山爐」, 『大漢和辭典』 2, 東京 : 大修館書店, 601쪽.

全榮來, 1995, 「香爐의 起源과 型式變遷」, 『百濟研究』 25, 161쪽.

장남원, 2014, 앞의 논문, 170·171쪽.

국립문화재연구소 편, 2019, 앞의 책, 29쪽.

박지영, 2023, 「고려의 향문화(香文化)와 향로(香爐)」, 『文化財』 56-2, 74~76쪽.

2) 漢: B.C.206년 高祖 劉邦이 秦 이후에 중국을 다시 통일시키면서 건립한 왕조이다. 3세기 초 무렵에 魏·蜀·吳 삼국으로 분리되었다가 A.D.220년(한 연강 1)에 獻帝가 위의 曹操에게 선양을 하면서 멸망하였다. 한편, 8년(한 초시 1)에 王莽이 세운 新 정권에 의해 漢 왕조가 일시 찬탈되었으나 23년(한 경시 1)에 光武帝가 다시 한을 재건하였다. 이에 따라 신 정권 이전의 한을 前漢 또는 西漢으로, 이후의 한을 後漢 또는 東漢으로 구별한다. 후한에 대해서는 『高麗圖經』 권20-4-10) 참조.

『漢書』 권1上, 高帝紀1上.

『後漢書』 권1上, 光武帝紀1上.

이춘식, 2005, 「진(秦)·한(漢) 제국의 성립과 중국 고전문화의 완성」, 『중국사 서설(개정판)』, 교보문고.

3) 博山爐 本漢器也: 博山爐가 漢에서 유래되었다는 구절이다. 실제 戰國時代 말부터 香爐가 만들어졌으며, 한대에 이르러 神仙思想이 유행하면서 신선이 거주한다는 박산의 형상을 향로에 표현하게 되었다. 한편, 문헌에 따르면 東晉代 張敞이 저술한 『晉東宮舊事』에 박산향로라는 명칭이 처음 등장하므로 그 이름은 후대에 붙여진 것으로 여겨진다.

趙容重, 1994, 「中國 博山香爐에 관한 考察(上)」, 『美術資料』 53.

朴景垠, 2000, 「博山香爐의 昇仙圖像 연구」, 『美術史學研究』 225·226合, 69~76쪽.

이내옥, 2009, 「백제금동대향로의 비밀」, 『한국사 시민강좌』 44, 131·132쪽.

4) 薰衣: 향을 의복에 입히는 일이다. 薰衣는 發散香을 이용한 것과 향 태운 연기를 이용한 것으로 구분된다고 한다. 이때 쓰이는 향재는 篤耨·龍腦·栴檀·沈水 등 宋에서 하사한 향이었을 것으로 보인다. 博山爐를 통해 의복에 향을 내는 이유는 좀벌레의 피해로부터 견직물인 의복을 보호하기 위한 목적도 있었다.

全榮來, 1995, 앞의 논문, 161쪽.

이경희, 2011, 「복식과 방향문화」, 『조선시대 香문화와 의생활』, 釜山大學校 衣類學科 博士學位論文, 30·31쪽.

하수민, 2020, 「고려시대 동아시아 훈의(薰衣)문화와 향재의 교역 연구」, 『文化財』 53-2, 209쪽.

5) 今麗人所作 …… 殊失元制: 고려의 博山爐가 갖는 특수성을 지적한 내용이다. 器皿篇의 특징은 중국과 동일한 것은 생략하고 고려의 특징적인 기물을 중심으로 기록하고 있다. 따라서 漢代 기물인 박산로도 기록에서 빠졌어야 하지만, 三足이

달린 독특한 형태로 인해 기재된 것이다.
신숙, 2019, 앞의 책, 185·186쪽.

30-6

[原文]

酒榼

酒榼, 蓋提挈之器也. 上爲覆荷, 兩耳, 有流連環提紐, 以金間14)塗之. 惟15)勸酒則特用, 而酒色味皆勝. 其制高一尺, 濶八寸, 提環長一16)尺二寸, 量容七升.

[譯文]

주합1)

주합은 대개 가지고 다니는 기물입니다. 위에는 뒤집힌 연꽃을 새겼고, 양쪽 귀에는 사슬 고리[連環]의 드는 끈이 늘어져 있고 금으로 사이사이를 칠했습니다. 오직 술을 권할 때에만 특별히 사용하니 술의 색과 맛이 모두 뛰어납니다. 그 제도는 높이가 1자, 너비2)가 8치, 드는 고리의 길이가 1자 2치, 용량이 7되입니다.

[註解]

1) 酒榼: 큰 술통 또는 술그릇을 말한다. 술을 담는 용구로, 들고 다닐 수 있으며 술을 권할 때 특별히 사용되었다. 한편, 榼은 酒器의 일종이며, 양쪽 귀에 납작한 기명으로 扁瓶을 이르는 말이다.
   諸橋轍次, 1985, 「酒榼」, 『大漢和辭典』 11, 東京 : 大修館書店, 355쪽.

---

14) 知 : 間.
15) 知 : 惟.
16) 四 : 二.

장남원, 2014, 앞의 논문, 173·174쪽.

박지영, 2019, 「『高麗圖經』「器皿」에 대한 再考」, 『한국학연구』 71, 112쪽.

국립문화재연구소 편, 2019, 앞의 책, 40쪽.

2) 潤: 『高麗圖經』器皿篇 일부에서 기물의 너비 표기에 사용된 용어이다. 본문의 酒榼은 몸체가 납작한 扁瓶이었으므로 너비를 기재할 때 '潤'로 표기한 것이다.

박지영, 2019, 앞의 논문, 111~113쪽.

30-7

[原文]

烏花洗

銀花, 不常用, 唯[17]使副私覿, 有之. 點藥鏤花, 烏文白質, 輕重不等. 面潤一尺五寸, 量容一斗二升.

[譯文]

오화세[1]

은화(銀花)는 평상시에 사용하지 않고, 오직 정사와 부사가 사적[2]할 때만 이를 씁니다. 유약을 점찍어서 꽃을 새겼는데 오색 무늬에 백색 바탕이며,[3] 무게[輕重]는 같지 않습니다. 표면의 너비는 1자 5치, 용량은 1말 2되입니다.

[註解]

1) 烏花洗: 烏色 문양이 있는 銀으로 된 대야이다. 銀花 무늬의 것은 正使와 副使가 私覿할 때만 사용했다. 기물면의 넓이를 감안했을 때 가로가 넓은 형태로 추정된다. 한편, 洗는 盆 형태의 물을 담는 기물로 水盤·大盤이라고도 하며 얼굴이나 손을 닦는 용도로 쓰였다.

장남원, 2014, 앞의 논문, 177쪽.

---

17) 四 : 惟.

최응천, 2018, 앞의 논문, 159쪽.

국립문화재연구소 편, 2019, 앞의 책, 74·77쪽.

2) 私覿: 사신으로 파견된 관원이 개인 자격으로 왕을 알현하는 행위를 말한다. 이
   에 대해서는 『高麗圖經』 권26-2-1) 참조.

3) 點藥鏤花 烏文白質: 烏花洗의 장식기법에 대한 설명이다. 흔히 銀入絲는 銀絲를
   청동 바탕에 박아 넣는 것으로 바탕이 어둡고 문양이 은색으로 나타나지만, 본
   문에 기록된 기법은 약을 점찍어서 문양을 시문하는 방식이다. 이는 문양을 새
   기고 나서 액체로 채우는 기법으로, 烏色 문양이 드러나도록 하는 鑞入絲 기법의
   일종으로 보인다.

   박지영, 2019, 앞의 논문, 125·126쪽.

30-8

[原文]

面藥壺

面藥壺, 唯[18]使副都轄提轄位, 用銀, 餘以銅爲之. 圓腹脩頸, 蓋形稍
銳. 高五寸, 腹徑三寸五分, 量容一升.

[譯文]

면약호[1]

면약호는 오직 정사·부사, 도할관·제할관의 처소에서만 은을 쓰고
나머지는 구리로 만든 것을 씁니다. 둥근 배와 긴 목이며, 뚜껑의 형태는
조금 뾰족합니다. 높이가 5치, 배의 지름이 3치 5푼, 용량이 1되입니다.

[註解]

1) 面藥壺: 面藥은 얼굴에 발라서 寒熱을 막는 약으로, 곧 얼굴에 바르는 화장품 용
   기로 추정된다. 배가 둥글고 목이 길어 조금은 끈적한 액체 형태의 화장품 등을

---

18) 四 知 : 惟.

담았을 가능성이 있다.
諸橋轍次, 1986, 「面藥」, 『大漢和辭典』 12, 東京 : 大修館書店, 143쪽.
장남원, 2014, 앞의 논문, 186쪽.

30-9

[原文]
芙蓉尊

酒尊之形, 上有蓋, 如芙蓉花之方苞也. 間[19]金塗飾. 長頸廣腹, 高二
尺, 量容一斗二升.

[譯文]
부용준[1]

주준[2]의 형태는 위에 덮개가 있어 부용화의 피어나는 꽃봉오리와 같
습니다. 사이에는 금으로 칠하여 꾸몄습니다. 긴 목과 넓은 배인데, 높이
가 2자, 용량이 1말 2되입니다.

[註解]
1) 芙蓉尊: 芙蓉은 연꽃으로, 곧 연꽃의 꽃봉오리와 비슷한 형태의 尊이다. 준의 일
   반적인 용도로 볼 때 술과 관련이 깊을 것이다. 높이가 2尺 정도가 되어 비교적
   큰 기물에 속한다.
   諸橋轍次, 1985, 「芙蓉」, 『大漢和辭典』 9, 東京 : 大修館書店, 526쪽.
   장남원, 2014, 앞의 논문, 175·176쪽.
2) 酒尊: 酒樽·酒罇이라고도 하며, 술을 담는 단지를 말한다. 고려에서는 圜丘의 親
   祀儀, 太廟의 禘祫親享儀·有司攝事儀 등 각종 의례 행사에 사용하였다.
   『高麗史』 권59, 志13 禮1 吉禮大祀 圜丘 親祀儀.
   『高麗史』 권60, 志14 禮2 吉禮大祀 太廟 禘祫親享儀·有司攝事儀.

---

19) 四 : 間.

諸橋轍次, 1985, 「酒罇」, 『大漢和辭典』11, 東京 : 大修館書店, 359쪽.

30-10

[原文]

提瓶

提瓶之狀, 頭長而上銳, 腹大而底[20]平. 其制八稜, 閒[21]用塗金. 中貯米[22]漿熟水. 國官貴人, 每令親侍, 挈以自隨. 大小不等, 大者容二升.

[譯文]

제병[1]

제병의 형상은 머리가 길면서 위가 뾰족하고, 배가 크면서 아래가 평평합니다. 그 제도는 여덟 모서리인데 사이에는 도금하여 썼습니다. 안에는 미음이나 끓인 물을 담습니다. 국관(國官)과 귀인들이 매번 친시[2]로 하여금 (제병을) 손에 들고 따라다니게 합니다. 크기[大小]는 같지 않은데, 큰 것은 용량이 2되입니다.

[註解]

1) 提瓶: 물이나 술을 담는 용도로 사용된 병이며, 손으로 잡고 휴대할 수 있었다. 중국에서 대체로 몸체로 연결된 긴 손잡이가 달린 기명을 가리킨다. 길고 뾰족한 머리에 동체가 팔각이며 평평한 면이 있는 점으로 보아 이는 八角瓶을 묘사한 것이다.
   장남원, 2014, 앞의 논문, 176쪽.

---

20) 四 知 : 底. 원문은 底로 되어 있으나, 의미상 '底'가 옳다고 생각되어 교감 번역하였다.
21) 四 : 間.
22) 四 : 水.

최응천, 2018, 앞의 논문, 155쪽.

국립문화재연구소 편, 2019, 앞의 책, 65쪽.

2] 親侍: 곁에서 모시는 사람이다. 궁궐 등에서 잡다한 일에 종사하던 皁隷인 小親侍
　　와 관련이 있어 보인다. 소친시에 대해서는 『高麗圖經』 권21-7-1) 참조.

[原文]

器皿二

油盎

油盎之狀, 略如酒尊[1]. 白銅爲之, 其上無蓋. 恐其傾覆, 而以木楔窒之. 高八寸, 腹徑三寸, 量容一升五勺.

[譯文]

기명2

유앙[1]

유앙의 형상은 대략 주준[2]과 같습니다. 백동으로 만들었으며 그 위에는 뚜껑이 없습니다. 기울어지고 엎어질 것을 염려하여 나무쐐기로 이를 막습니다. 높이는 8치, 배의 지름은 3치, 용량은 1되 5작입니다.

[註解]

1) 油盎: 기름을 담는 그릇 또는 기름병이다. 酒尊과 비슷한 형태로 위쪽이 좁고 동체가 불룩한 모습으로 추정된다. 한편, 盎은 구연이 오므라진 형태의 盆이나 缸·壺를 가리키는데, 저부가 좁고 위가 넓은 형태이다.
   諸橋轍次, 1985, 「油盎」, 『大漢和辭典』 6, 東京 : 大修館書店, 1021쪽.
   장남원, 2014, 「『선화봉사고려도경(宣和奉使高麗圖經)』의 기명류(器皿類) 연구」, 『역사와 담론』 70, 187쪽.
   국립문화재연구소 편, 2019, 「『고려도경』의 「기명」」, 『고려도경, 숨은 그림 찾기』, 국립문화재연구소, 55쪽.
   박지영, 2019, 「『高麗圖經』 「器皿」에 대한 再考」, 『한국학연구』 71, 120쪽.
2) 酒尊: 酒樽·酒罇이라고도 하며, 술을 담는 통을 말한다. 이에 대해서는 『高麗圖經』 권30-9-2) 참조.

---

1) 知 : 罇.

[原文]

淨甁

淨甁之狀, 長頸脩腹. 旁有一流, 中爲兩節, 仍有轆轤. 蓋頸中閒[2], 有隔, 隔之上, 復有小頸, 象簪筆形. 貴人國官觀寺民舍, 皆用之, 惟可貯水. 高一尺二寸, 腹徑四寸, 量容三升.

[譯文]

정병[1]

정병의 형상은 긴 목과 큰 배입니다. 옆에는 하나의 주둥이[流]가 있고, 가운데에는 2개의 마디를 만들어서 인하여 녹로[2]가 있게 하였습니다. 뚜껑의 목 중간에는 턱[隔]이 있고 턱의 위에는 다시 작은 목이 있어 잠필[3]의 형태를 본떴습니다. 귀인과 국관(國官), 도관과 사찰, 민가에서 모두 이를 쓰니 오직 물만 담을 수 있습니다. 높이가 1자 2치, 배의 지름이 4치, 용량이 3되입니다.

[註解]

1) 淨甁: 정결한 물병을 뜻하며, 甘露甁·寶甁으로도 불렸다. 신분과 관계없이 물을 담는 용도로 널리 사용되었다. 또한 佛敎 供養具이며 佛·菩薩의 기물로 구제자를 상징하는 器皿이기도 하다.
  諸橋轍次, 1985, 「淨甁」, 『大漢和辭典』 7, 東京 : 大修館書店, 27쪽.
  문명대, 1997, 「한국의 불교공예(佛敎工藝)」, 『한국불교미술사』, 한·언, 326쪽.
  장남원, 2014, 앞의 논문, 176·177쪽.
  최응천, 2018, 「『고려도경』에 보이는 고려시대 공예의 양상과 특징」, 『한국중세사연구』 55, 161·162쪽.
2) 轆轤: 도르래의 원리를 이용하여 물을 긷는 장치를 뜻하며, 鹿盧 또는 樋櫨라고

───────────

2) 四 : 間.

도 한다. 본문에서는 도르래와 같은 둥근 모양을 묘사한 것으로 보인다. 한편, 금
속·목공·도자 등을 만들거나 깎을 때 사용하는 물레를 가리킨다고 보기도 한다.
 諸橋轍次, 1985, 「轆轤」·「轒轤」, 『大漢和辭典』 10, 東京 : 大修館書店, 1055·1056·
  1069쪽.
 장남원, 2014, 앞의 논문, 177쪽.
3) 簪筆: 본래 관리가 머리에 붓을 끼운다는 뜻으로, 고대 중국에서 붓을 冠이나 笏
 에 꽂아서 쓰던 冠飾의 일종이다. 본문에서는 귀때의 뚜껑 잠금 장식이 보이는
 모양을 묘사하기 위해 사용되었다.
 諸橋轍次, 1985, 「簪筆」, 『大漢和辭典』 8, 東京 : 大修館書店, 857쪽.
 국립문화재연구소 편, 2019, 앞의 책, 63쪽.

31-3

[原文]
花壺

花壺之制, 上銳下圓, 略如垂膽, 仍有方坐3). 四時貯水簪花. 舊年不甚
作, 邇來頗能之. 通高八寸, 腹徑三寸, 量容一升.

[譯文]
화호1)

화호의 제도는 위는 뾰족하고 아래는 둥글어 대략 늘어진 쓸개와 같
으며, 이에 네모난 받침[坐]이 있습니다. 사철 내내 물을 담아 꽃을 꽂습
니다. 예전에는 잘 만들지 못했으나 근래에는 자못 잘 만듭니다. 전체
높이는 8치, 배의 지름은 3치, 용량은 1되입니다.

[註解]
1) 花壺: 꽃을 꽂아두는 병이다. 주둥이가 좁고 동체가 불룩한 형태인 玉壺春瓶에

---

3) 知 : 坐.

해당한다. 화병이 무게중심을 잃는 것을 방지하기 위해 크기에 맞는 받침대를
제작하여 사용하였다. 이러한 형태의 병은 비교적 구하기 쉬워 고려 사람들에게
애용되었을 것으로 생각된다.
장남원, 2014, 앞의 논문, 183쪽.
최응천, 2018, 앞의 논문, 155쪽.
사공영애, 2019, 「고려시대 화훼문화와 화기(花器)—화병과 수반을 중심으로—」,
    『韓國中世考古學』 5, 77~80쪽.

31-4

[原文]
水釜

水釜之形4), 狀如鬲鼎, 以銅鑄成. 有二5)獸環, 貫木6)可以負荷7). 麗人
方言, 無大小, 皆謂之拗僕射. 館中諸房, 皆給之. 高一尺五寸. 濶三尺,
量容一石二斗.

[譯文]
수부1)

　수부의 형태는 형상이 역정과 같은데 구리로 주조하여 만들었습니다.
두 짐승모양 고리가 있어 나무를 꿰면 짊어질 수 있습니다. 고려 사람들
의 방언으로는 크고 작음 없이 모두 요복야라 합니다. 객관[館] 안의
여러 방에 모두 지급됩니다. 높이는 1자 5치, 너비는 3자, 용량은 1섬
2말입니다.

---

4) 四 知 : 制.
5) 四 : 三, 知 : "二【鄭刻三】"으로 기록되어 있다.
6) 四 : 不.
7) 四 知 : 持.

1) 水釜: 물을 담는 솥 모양의 기물이다. 서긍은 水釜를 鬲鼎에 빗대어 묘사하고 있다. 여기서 역정은 三足을 가진 古銅器로 이해하는 것이 일반적이지만, 鍑·鬴·銅釜 등 솥류와 유사한 개념으로도 사용된다. 그리고 서긍은 다리 유무를 기준으로 하여 釜와 鼎을 구분하지 않고 있기도 하다. 수부라는 명칭이나 짧어진다는 본문의 서술로 볼 때, 三足의 형태보다 솥의 모양에 해당할 것으로 여겨진다.
신은제, 2018, 「고려의 철제 솥」, 『文物研究』 34, 141쪽.
바지영, 2019, 앞의 논문, 116·117쪽.

31-5

[原文]

水甖

水甖, 如水釜之形, 而差小, 仍有銅蓋. 用以汲水, 以象中國之水桶也. 上有二耳, 可以攀挈. 麗俗, 便於負戴, 故此器最多. 高一尺, 腹徑一尺二寸, 量容一斗二升.

[譯文]

수앵[1]

수앵은 수부의 형태과 같으나 약간 작으며, 또한 구리 뚜껑이 있습니다. 물을 긷는 데 사용하며 중국의 수통(水桶)을 본떴습니다. 위에는 두 귀가 있어 매달아 들 수 있습니다. 고려의 풍속은 지고 이는 것에 익숙하므로[2] 이 기물이 가장 많습니다. 높이는 1자, 배의 지름은 1자 2치, 용량은 1말 2되입니다.

[註解]

1) 水甖: 물을 담는 기물의 일종이다. 서긍은 水甖을 중국의 水桶에 빗대고 있는데,

수통은 윗부분이 조금 넓은 원통형의 기물이다. 이러한 형태를 가진 고려의 청
동 항아리들이 다수 전해지고 있으며, 사찰에서도 사용되었다.
　　박지영, 2019, 앞의 논문, 117·118쪽.
2) 麗俗 便於負戴: 고려의 물품 운반 방식에 대한 언급이다. 서긍은 본문 외에도『高
　　麗圖經』권20, 負條와 戴條에서 이러한 풍속을 언급하고 있으며, 특히 戴條에는
　　銅罌 활용이 나타나 있어 참고된다.

31-6

[原文]

湯壺

湯壺之形, 如花壺而差匾. 上蓋下座, 不使泄氣, 亦古溫器之屬也. 麗人
烹茶, 多設此壺. 通高一尺八寸, 腹徑一尺, 量容二[8]斗.

[譯文]

탕호[1]

　탕호의 형태는 화호와 같으며 조금 납작합니다. 위의 뚜껑과 아래의
받침은 김이 새지 않도록 하고 있으니 역시 옛 온기(溫器)의 부류입니다.
고려 사람들은 차를 끓일 때[2] 이 호를 많이 두었습니다. 전체 높이는
1자 8치, 배의 지름은 1자, 용량은 2말입니다.

[註解]

1) 湯壺: 차를 끓이거나 더운 찻물을 공급하기 위한 茶具이다.
　　장남원, 2007, 「고려시대 茶文化와 靑瓷―청자 茶具를 중심으로―」,『美術史論壇』
　　　　24, 139·140쪽.
　　장남원, 2014, 앞의 논문, 180쪽.

8) 四 : 一, 知 : "二【鄭刻一】"로 기록되어 있다.

2) 麗人烹茶: 고려 사람들이 茶를 음용했음을 나타낸 구절이다. 고려의 차문화에 대
해서는 『高麗圖經』 권32, 茶俎條에서 자세히 설명할 것이다.

31-7

[原文]

白銅洗

白銅洗之形, 與烏銀者相似, 特無文采, 而麗人, 謂之氷⁹⁾盆. 又有一等
赤銅者, 制作差劣.

[譯文]

백동세¹⁾

백등세의 형태는 오화세[烏銀者]²⁾와 서로 유사한데, 다만 무늬와 채색
이 없으니 고려 사람들은 빙분이라 합니다. 또 한 부류로 적동세[赤銅
者]³⁾가 있는데, 만듦새는 조금 떨어집니다.

[註解]

1) 白銅洗: 물을 담는 대야의 일종이다. 구리와 주석을 섞어 주조하였는데, 주석이
   조금 더 많이 섞여 흰 빛깔을 보였다고 여겨진다.
   최응천, 2018, 앞의 논문, 160쪽.
2) 烏銀者: 烏色 문양의 烏花洗를 말한다. 이에 대해서는 『高麗圖經』 권30-7-1) 참조.
3) 赤銅者: 물을 담는 대야의 하나인 赤銅洗를 말한다. 구리와 주석을 섞어 주조하
   였는데, 白銅洗보다 구리가 더 많이 섞여 붉은 빛깔을 보였다고 여겨진다.
   최응천, 2018, 앞의 논문, 160쪽.

---

9) 氷 : 水.

31-8

[原文]

鼎爐

鼎爐之制, 略如博山, 上無花蓋, 下有三足. 惟觀寺神祠, 用之. 高一[10]
尺, 頂濶六寸, 下盤濶八寸.

[譯文]

정로[1]

정로의 제도는 대략 박산로[博山][2]와 같은데 위에는 꽃무늬 뚜껑이
없고 아래에는 세 발이 있습니다. 오직 도관·사찰·신사에서만 사용합니
다. 높이는 1자이고 꼭대기 너비는 6치, 아래 받침의 너비는 8치입니다.

[註解]

1) 鼎爐: 佛教·道教 행사에 공양구로 사용되었던 향로의 일종이다. 본래 三足과 兩耳
를 특징으로 하는 鼎은 권력과 신분의 상징물이었다. 宋代에 이르러 古銅器 수집
이 유행하면서 정이 향로로 이용되기 시작하였다. 한편, 본문의 鼎爐에는 兩耳가
없는데, 고려적인 변용이 가해졌기 때문이라 여겨진다.
최응천, 2018, 앞의 논문, 150쪽.
이용진, 2019, 「고려시대 의례(儀禮)와 『고려도경』의 향로(香爐)」, 앞의 책, 199쪽.
박지영, 2023, 「고려의 향문화(香文化)와 향로(香爐)」, 『文化財』 56-2, 67쪽.

2) 博山: 바다 한가운데 있는 博山을 형상화한 향로인 박산로를 말한다. 이에 대해
서는 『高麗圖經』 권30-5-1) 참조.

10) 四 : 二, 知 : "一【鄭刻二】"로 기록되어 있다.

31-9

[原文]

溫爐

溫爐之形, 如鼎而有偃脣[11], 腹下[12]三足, 爲獸銜之狀. 用以貯水, 置之
几桉, 蓋冬月溫手之器也. 面濶一尺二寸, 高八寸.

[譯文]

온로[1]

온로의 형태는 정로[鼎]와 같은데 말려있는 입술이 있으며, 배 아래
세 발은 짐승이 물고 있는 형상으로 하였습니다. 물을 담는 데 사용하며
궤안[2]에 두니, 대개 겨울철에 손을 데우는 기물입니다. 면의 너비는 1자
2치이고 높이는 8치입니다.

[註解]

1) 溫爐: 물을 담는 기물의 일종으로, 손을 따뜻하게 하는 용도였다. 실제로도 三足
   이면서 짐승무늬가 새겨진 기물이 다수 출토되고 있다. 현재는 이러한 형태의
   향로를 화로형 향로로 구분하기도 하지만, 당시 서긍은 따로 구분하지 않았을
   가능성이 크다.
   최응천, 2018, 앞의 논문, 150쪽.
   박지영, 2023, 앞의 논문, 68쪽.
2) 几桉: 탁상의 일종이다. 이에 대해서는 『高麗圖經』 권28-6-1) 참조.

---

11) 知 : 脣.
12) 四 : 有.

[原文]

巨鐘

大鐘, 在普濟寺. 形大而聲不揚. 上有螭紐, 中有雙飛仙. 刻銘曰, 甲戌年鑄, 用白銅一萬五千斤. 麗人云, 昔者, 置之重樓, 聲聞契丹, 單于惡之, 今移於此. 亮其誇大[13]之言, 未必然也.

[譯文]

거대한 종[1]

큰 종은 보제사[2]에 있습니다. 형태는 큰데 소리는 좋지 않습니다[不揚]. 위에는 교룡 모양의 종뉴[3]가 있으며 가운데는 나는 (모양의) 신선 한 쌍[4]이 있습니다. 새겨진 명문에는 "갑술년에 주조하였고, 백동 1만 5천 근을 사용했다."라고 되어 있습니다. 고려 사람들이 "예전에는 2층 누각에 두었지만 소리가 거란[5]까지 들리니 선우[6]가 싫어하여 지금은 여기로 옮겼다."라고 합니다. 분명히도 그것은 과장된 말이므로, 반드시 그러하지는 않을 것입니다.

[註解]

1) 巨鐘: 普濟寺 정전 맞은편에 있던 銅鐘이다. 이 종은 일상 기명이 아님에도 器皿 篇에 수록되고 있는데, 서긍이 보제사를 방문했고 종의 실물을 확인했기에 가능 했던 것으로 여겨진다.
   신숙, 2019, 「서긍이 마주하고 기록한 고려의 기명(器皿), 『선화봉사고려도경(宣和奉使高麗圖經)』」, 앞의 책, 185쪽.
2) 普濟寺: 개경의 남쪽에 위치한 禪宗 계열의 절이다. 이에 대해서는 『高麗圖經』 권 17-4-1) 참조.
3) 螭紐: 종 꼭대기 부분의 고리장식인 龍鈕의 일종이다. 본문에서 다루는 普濟寺

---

13) 四 : "大"가 누락되어 있다.

종의 용뉴 형태에 대해서는 자료의 부족으로 더 이상 알기 힘들다. 한편, 고려전기 梵鐘의 경우 신라의 양식을 계승하여 용뉴가 單龍으로 구성되어 있으며, 甬筒이 부착되어 있다는 공통적인 특징이 있어 참고된다.

   崔應天, 1997, 「統一新羅 梵鐘의 特性과 變遷—特히 奏樂天人像의 變化를 中心으로—」, 『慶州史學』 16, 128쪽.

   崔元禎, 2002, 「高麗 梵鍾 樣式 小攷—前期 樣式을 중심으로—」, 『文化史學』 17, 260·261쪽.

4) 雙飛仙: 종신부에 새겨졌던 문양의 일종인 飛天像으로 판단된다. 본문에서 다루는 普濟寺 종의 문양 형태에 대해서는 자료의 부족으로 더 이상 알기 힘들다. 한편, 고려전기 梵鐘의 경우는 坐像의 형태가 다수이고, 飛行像과 立像도 나타난다. 그 외에 舞踊하는 모습·악기 연주하는 모습·합장하는 모습·향을 공양하는 모습·연꽃가지를 쥐는 모습·꽃을 뿌리는 모습 등으로 표현되기도 한다.

   崔元禎, 2002, 앞의 논문, 279쪽.

5) 契丹: 몽골계 부족인 契丹族이 세운 나라이며, 遼라고도 한다. 이에 대해서는 『高麗圖經 역주(상)』, 61쪽 권2-2-(1)-22) 참조.

6) 單于: 본래 匈奴의 군주를 일컫는 말이다. 이에 대해서는 『高麗圖經 역주(상)』, 23·24쪽 권1-1-1) 참조. 본문에서는 契丹의 황제를 가리키는 말로 사용되었다.

[原文]

器皿三

茶俎

土產茶, 味苦澁, 不可入口, 惟貴中國臘茶, 幷龍鳳賜團. 自錫賚之外, 商賈亦通販. 故邇來, 頗喜飲茶, 益治茶具, 金花烏[1]盞, 翡色小甌, 銀爐湯鼎, 皆竊效中國制度. 凡宴則烹於廷中, 覆以銀荷, 徐步而進. 候贊者云, 茶遍乃得飲, 未嘗不飲冷茶矣. 館中, 以紅俎, 布列茶具於其中, 而以紅紗巾羃之. 日嘗三供茶, 而繼之以湯. 麗人, 謂湯爲藥, 每見使人飲盡, 必喜. 或不能盡, 以爲慢己, 必怏怏而去, 故常勉强, 爲之啜也.

[譯文]

기명3

다조[1]

토산차[2]는 맛이 쓰고 떫어 입에 넣을 수 없어서,[3] 오직 중국의 납차[4]와 아울러 용봉사단[5]을 귀하게 여깁니다. 내려주신 것 외에 상인들 또한 오가며 팔았습니다[通販].[6] 그러므로 근래에는 차 마시기를 자못 좋아하여[7] 다구(茶具)를 많이 만들었는데, 금화오잔[8]·비색소구[9]·은로탕정[10]은 모두 외람되이 중국 제도를 본받아 베낀 것입니다. 무릇 연회 때면 뜰 가운데서 (차를) 끓여서 은하로 덮고[11] 천천히 걸어와 올립니다. 찬자가 "차가 다 돌았습니다."라고 말한 뒤에야 마실 수 있었으므로, 식은 차를 마시지 않게 한 적이 없습니다.[12] 관사 안에는 붉은 대[俎]를 놓고 그 가운데에 다구를 두루 진열하며, 붉은 비단[紗][13] 수건으로 덮습니다.

---

1) 知 : 烏.

매일 세 차례씩 올리는 차를 맛보고는, 탕을 이어받았습니다. 고려 사람
들은 탕을 약이라고 하니,[14] 매번 사신들이 다 마시는 것을 보면 반드시
기뻐하였습니다. 혹 다 마시지 못하면 자기를 무시한다고 여겨서, 반드
시 원망하며 가기 때문에 항상 억지로 그것을 마셨습니다.

[註解]

1) 茶俎: 차를 마실 때 사용하던 도구의 일종으로, 찻잔을 받치는 작은 상 형태의
   기물이다. 한편, 俎에 대해서는 『高麗圖經』 권22-5-8) 참조.

2) 土産茶: 고려의 토산차는 잎 모양이 유지되는 散茶인 孺茶―雀舌茶―와 찻잎을
   찧은 후 굳힌 固形茶인 腦原茶가 있었다. 유차는 향기와 맛이 특별해 御用物로도
   사용되었는데, 채취와 제작이 어려웠다고 한다. 뇌원차는 기록이 없어 맛이 어떠
   했는지는 정확히 알 수 없으나, 1038년(정종 4)에 契丹에 보낸 공물 중 하나였으
   며, 공신의 賻儀로도 사용되었다. 한편, 유차는 차의 종류 중 하나를 일컫는 말이
   아니라 최고급 차를 통칭하는 용어로 파악하기도 한다.
   『東國李相國全集』 권13, 古律詩 「雲峯住老珪禪師得早芽茶示之予目爲孺茶師請詩爲
       賦之」.
   鄭純子, 1971, 「우리 나라 차[茶]에 대한 小考」, 『檀國大學校 論文集』 5, 69·70쪽.
   류건집, 2007, 「고려의 차 문화」, 『韓國茶文化史』 上, 이른아침, 136~139·149~151쪽.
   허흥식, 2017, 「차의 확산과 시대 구분」·「고려 차의 전성시대」, 『고려의 차와 남
       전불교』, 혜안, 31·163~170쪽.

3) 土産茶 …… 不可入口: 서긍이 고려에서 생산되는 차의 맛을 서술한 구절이다. 서
   긍이 고려의 차가 쓰고 떫다고 표현한 견해에 대해서는 고려의 차가 宋에 비해
   맛이 썼다고 보기도 하고(①), 차의 품질이 나빠서가 아니라 차가 식어서 맛이
   떫었을 것으로 보기도 한다(②). 반면 후자에 대해서는 현재 우리나라의 차가 중
   국 강남의 차보다 쓴맛이 적다는 것을 근거로, 서긍의 서술에 의문을 표하기도
   한다(③).
   ① 류건집, 2007, 앞의 책, 157쪽.
   ② 박동춘, 2021, 「고려시대의 다구와 찻물」, 『고려시대의 차문화 연구』, 이른아
       침, 99·102쪽.
   ③ 허흥식, 2013, 「차와 국가의 재정」, 『동아시아의 차와 남전불교』, 한국학술정
       보, 59쪽.

4) 臘茶: 建州―지금의 중국 福建省 建甌市 일원―에서 생산되는 차로 蠟面茶라고도
   하며 찻잎을 떡처럼 굳힌 固形茶의 일종이다. 납면이라는 명칭은 찻잎을 굳힌 후
   그 표면에 蜜을 발랐기 때문이라는 설과 이 차를 뜨거운 물에 넣으면 기름이 뜨
   는데, 그 모습이 녹인 밀랍 같다고 하여 이름 붙여졌다는 견해가 있다. 밀랍을

넣어 점질을 높임으로써 쓴맛을 줄이고 부패를 방지하였다. 宋代 건주에서 생산된 北苑茶는 황제에게 바치는 貢茶로 유명하였다.

장남원, 2007, 「고려시대 茶文化와 靑瓷—청자 茶具를 중심으로—」, 『美術史論壇』 24, 140쪽.

허흥식, 2017, 앞의 책, 164·165쪽.

5) 龍鳳賜團: 찻잎을 찧은 후 군힌 固形茶의 한 종류인 龍鳳茶를 말한다. 이에 대해서는 『高麗圖經 역주(상)』, 172쪽 권6-3-(2)-27) 참조.

6) 自錫賚之外 商賈亦通販: 고려에서는 중국과의 외교를 통한 하사품으로 차가 유입되었으나, 그 수량은 제한적이었다. 당시 宋에서는 생산방식의 전업화 등으로 차의 물량이 풍부하였고, 고려의 상류층에서는 중국차를 선호하였다. 이런 상황 속에서 宋商은 양국을 왕래하며 고려에 차를 판매하였고, 수입된 차는 고려의 문인과 승려 등에 의해 소비되었다.

서은미, 2018, 「10~12세기 高麗의 차 문화와 국제관계」, 『역사와 경계』 107, 50·59~61쪽.

7) 故邇來 頗喜飮茶: 고려 사람들이 차를 즐겨 음용했음을 나타낸 구절이다. 고려에서는 차를 중요하게 활용하였고, 태조대부터 국가의 연회 등에서 이용되었다. 또한 궁궐에는 국왕과 왕실 및 국가 행사에 필요한 차를 관리하는 기구인 茶房이 설치되었다. 이외에 차를 마시는 곳인 茶亭, 숙박시설을 겸하는 茶院, 차를 판매하는 茶店이 곳곳에 있었다. 그 외에도 관리 또는 승려들이 차문화를 즐겼다는 기록이 다수 전하는 등 고려 사회에서 차에 대한 수요가 상당했음이 곳곳에서 확인된다.

全完吉, 1987, 「高麗時代의 茶文化論(其一)—茶店의 存在와 意味—」, 『民族文化研究』 20.

李貞信, 1999, 「고려시대 茶 생산과 茶所」, 『한국중세사연구』 6 ; 2013, 『고려시대의 특수행정구역 所 연구』, 혜안, 180~182쪽.

장남원, 2007, 앞의 논문, 137~143쪽.

정용범, 2014a, 「고려전기 민간상업과 유통경제」, 『고려전·중기 유통경제 연구』, 釜山大學校 史學科 博士學位論文, 105·118~120쪽.

윤성재, 2018a, 「고려시대의 차[茶]와 다방(茶房)」, 『史林』 65, 151~153쪽.

박동운, 2019, 「고려시대 사람들의 음료(飮料)」, 『고려시대 사람들의 식음(食飮) 생활』, 경인문화사, 210~219쪽.

박동춘, 2021, 앞의 책, 51·52·138~140·184~188쪽.

8) 金花烏盞: 금박 꽃무늬가 그려진 검은색 찻잔을 가리킨다. 기법·유색·문양 등을 살펴봤을 때, 黑瓷보다는 鐵彩靑瓷碗일 가능성이 높다고 보기도 한다.

고연미, 2008, 「『高麗圖經』의 金花烏盞 硏究」, 『韓國茶學會誌』 14-1, 27~30쪽.

박동춘, 2021, 앞의 책, 98쪽.

9) 翡色小甌: 청자로 된 碗이나 대접을 가리킨다.

장남원, 2007, 앞의 논문, 140쪽.

박정희, 2015, 「고려시대의 의식다례」, 『한국 차문화의 역사』, 민속원, 99쪽.

10) 銀爐湯鼎: 은으로 만든 화로와 찻물을 끓이는 세발솥을 말한다.

尹德仁, 1990,「高麗時代의 食生活에 관한 연구―高麗圖經을 중심으로―」,『關大論
文集』18-1, 23쪽.

11) 覆以銀荷: 고려에서 銀荷로 茶具를 덮었음을 보여주는 구절이다. 은하는 銀으로
만든 연잎 모양의 덮개이다. 연잎은 중국에서 茶碗이나 다탁 등 각종 공예품에
널리 사용된 조형이었다. 그러나 연잎 모양 또는 연잎 문양이 그려진 작은 그릇
으로 된 뚜껑으로 다완을 덮는 것은 중국과 다른 고려만의 방식이었다.

관젠핑, 2013,「남송과 고려의 차문화 교류」,『다도와 한국의 전통 차문화』, 아우
라, 129·130쪽.

12) 候贊者云 …… 未嘗不飮冷茶矣: 宋 사신을 위한 연회 때 행해지는 의례의 일부를
보여주는 구절이다. 이외의 의례절차에 대해서는 기록이 없어 자세히 알 수는
없으나, 고려의 大觀殿宴群臣儀에서 大宴 때 茶食이 이르면 贊者의 구령에 맞춰
太子 이하 관료들의 해야 할 행동이 의례로 규정되었음이 확인된다. 서긍 일행
은 모두가 구령에 따라 동시에 마시는 이 절차로 인해 차가 식어 맛이 없어진
것에 대해 불만을 표출하고 있다. 한편, 찬자는 의례에서 절차를 알려주는 사람
으로 이에 대해서는『高麗圖經』권26-2-6) 참조.

『高麗史』권68, 志22 禮10 嘉禮 大觀殿宴群臣儀 大宴.

13) 紗: 조금 성글면서도 꼬임이 없이 짠 얇고 고운 견직물을 말한다.『高麗圖經』권
21-8-3) 참조.

14) 麗人 謂湯爲藥: 고려 사람들이 마시는 湯에 대한 구절이다. 본문에서는 차를 낸
뒤에 탕을 낸다고 하여 둘을 구분하기는 했지만, 차와 탕을 서로 비슷하거나 같
은 것으로 보았다. 하지만 서긍이 말하는 차는 淸茶이며, 고려에서의 탕은 약용
성분이 든 재료를 끓인 것이었다. 고려 사람들이 탕을 약이라고 한 것은 그 차이
를 알았다는 것을 의미하며, 고려에서는 약용성분이 들어있는 재료를 끓인 탕을
모두 차의 일종으로 인식했을 가능성도 있다(①). 반면 탕을 뜨겁게 우린 차로
보는 견해도 있는데, 식은 차를 마시게 된 것을 보완하여 차의 효능을 높이기 위
한 목적이었을 것으로 추정하였다(②).

① 윤성재, 2018a, 앞의 논문, 161·162쪽.
② 박동춘, 2021, 앞의 책, 102·103쪽.

[原文]

瓦尊

國無秫米, 而以秔, 合麴而成酒. 色重味烈, 易醉而速醒. 王之所飮曰良醞, 左庫淸法酒, 亦有二品. 貯以瓦尊, 而以黃絹封之. 大抵, 麗人嗜酒, 而難得佳釀. 民庶之家所飮, 味薄而色濃, 飮歠自如, 咸以爲美也.

[譯文]

와준[1]

고려[國]에는 찹쌀이 없어 멥쌀에 누룩을 합하여 술을 만듭니다.[2] (술은) 색이 짙고 맛은 강해 쉽게 취하고 빨리 깹니다. 왕이 마시는 것을 양온이라고 하였으니,[3] 좌고[4]의 청주와 법주[5]이며, 역시 두 종류만 있습니다. 와준에 담아 황색 비단[絹][6]으로 봉합니다. 대개 고려 사람들은 술을 즐기지만 좋은 술을 얻기가 어렵습니다.[7] 민서(民庶)의 집에서 마시는 것은 맛이 연하고 색은 짙은데,[8] 아무렇지 않게 마시고 모두 맛있게 여깁니다.

[註解]

1) 瓦尊: 옹기로 만들어진 술 단지이다. 유약이 施釉되지 않았으며, 좋은 술을 빚기 위해 발효가 잘되는 도기로 만들어졌다.
   국립문화재연구소 편, 2019, 「『고려도경』의 「기명」」, 『고려도경, 숨은 그림 찾기』, 국립문화재연구소, 46쪽.
2) 國無秫米 …… 合麴而成酒: 고려 사람들의 술 빚기에 대한 내용이다. 고려시대의 술은 증류주나 과일주는 드물었고, 보통은 곡물을 발효시켜 만들었다. 곡물 중 술의 재료로는 쌀이 대표적이었으며, 기장·차조·보리 등도 이용되었다. 한편, 고려에는 찹쌀이 없다고 한 본문과는 달리, 고려에는 찰벼가 있었다. 이에 대해서는 『高麗圖經』 권23-2-12) 참조. 宋에서는 찹쌀을 주재료로 술을 빚었는데, 멥쌀

로 만든 술을 마신 서긍은 고려에서는 찹쌀이 없다고 오해한 듯하다.

　　李炳熙, 2013, 「高麗時期 寺院의 술 生産과 消費」, 『역사와 세계』 44 ; 2020, 『高麗
　　　　時期 寺院經濟 研究』 Ⅱ, 景仁文化社, 238~241쪽.
　　윤성재, 2018b, 「『고려도경』에 보이는 고려의 의식주」, 『한국중세사연구』 55, 126쪽.
　　김세진, 2019, 「고려도경으로 풀어본 고려 왕실의 음주(飮酒) 문화―권26 「연례
　　　　(燕禮)」를 중심으로―」, 앞의 책, 234쪽.

3) 王之所飮曰良醞: 고려의 국왕이 마시는 술에 대한 내용으로, 良醞은 좋은 술이라
　　는 뜻이다. 양온으로 표현되지는 않았으나, 고려의 왕이 출정군·과거급제자 등에
　　게 술을 하사한 사례가 확인된다.

　　諸橋轍次, 1985, 「良醞」, 『大漢和辭典』 9, 東京 : 大修館書店, 502쪽.
　　박용운, 2019, 앞의 책, 228~234·240쪽.

4) 左庫: 왕의 술을 보관하는 창고로 여겨지나, 관련한 기록이 소략하여 자세한 내
　　용은 알기 어렵다. 한편, 고려에는 술에 관한 업무를 맡은 良醞署가 있었는데, 이
　　에 대해서는 『高麗圖經』 권16-2-31) 참조.

5) 淸法酒: 淸酒와 法酒로 여겨진다. 의례에도 사용되는 고급술로, 청주는 親享儀·有
　　司攝事儀, 법주는 禘祫親享儀·有司攝事儀 등에 이용되었다. 한편, 1078년(문종 32)
　　과 1079년에 宋 황제가 고려에 법주를 보낸 것이 확인된다.

　　『高麗史』 권60, 志14 禮2 吉禮大祀 太廟 禘祫親享儀·有司攝事儀.
　　『高麗史』 권61, 志15 禮3 吉禮大祀 太廟 太廟四孟月及臘親享儀·有司攝事.
　　『高麗史』 권62, 志16 禮4 吉禮中祀 籍田 親享儀.
　　김세진, 2019, 앞의 책, 235쪽.
　　박용운, 2019, 앞의 책, 222·240~243쪽.

6) 絹: 가공하지 않은 누에고치 실을 平織으로 짠 견직물이다. 이에 대해서는 『高麗
　　圖經』 권20-2-6) 참조.

7) 麗人嗜酒 而難得佳釀: 서긍은 고려 사람들이 좋은 술을 얻기 어렵다고 하였다. 그
　　러나 고려시대에는 술 생산이 보편적이었고 일반 백성도 양질의 술을 구할 수
　　있는 여지가 있었으며, 실제로 이용하기도 하였다. 상류층에서 술을 직접 만드는
　　것은 흔한 일이었는데, 개경과 일반 군현뿐만 아니라 部曲에서도 술을 빚은 것이
　　확인된다. 술은 활발히 거래되어 전문 술집도 곳곳에 존재하였다. 또한 개경에
　　酒務를 설치하거나 尊卑에 상관없이 점포를 열어 물품 매매를 돕도록 하고, 지방
　　의 州縣에서 酒店·食店을 열어 民人들이 매매를 할 수 있게 하였으며, 문인들이
　　좋은 술을 이용한 것이 확인된다. 일반 백성들의 경우, 곡식이 넉넉하지 않아 술
　　을 직접 담가 마실 기회는 많지 않았다.

　　李炳熙, 2013, 앞의 논문 ; 2020, 앞의 책, 243~249쪽.
　　정용범, 2014b, 「고려시대 酒店과 茶店의 운영」, 『역사와 경계』 92, 31·32쪽.
　　박용운, 2019, 앞의 책, 237·238쪽.

8) 民庶之家所飮 味薄而色濃: 고려의 民庶들이 마시는 술에 대한 내용이다. 본문의
　　묘사를 보면 濁酒로 추정된다. 탁주는 삼국시대부터 만들어진 것으로 여겨지며

그 종류로는 薄酒·白酒 등이 있었다.
이상희, 2009, 「전통주의 특징과 종류」, 『술―한국의 술문화―』 I, 선, 116·117쪽.
李炳熙, 2013, 앞의 논문 ; 2020, 앞의 책, 239쪽.
김서진, 2019, 앞의 책, 235쪽.

32-3

[原文]

藤尊

藤尊, 乃山島州郡所饋也. 中亦瓦尊, 外以藤, 周纏之. 舟中嶼屼[2], 相擊不損. 上有封緘, 各以州郡印文, 記之.

[譯文]

등준[1]

등준은 곧 육지[山]와 섬의 주군(州郡)에서 올린 것입니다. 안은 또 와준이고 밖을 등나무로 둘러 감았습니다. 배 안에서 흔들려[嶼屼] 서로 부딪치더라도 상하지 않습니다. 위에는 봉함(封緘)이 있는데, 각각 주군의 인문[2]으로 기록되었습니다.

[註解]

1) 藤尊: 도기 梅瓶의 외면에 등나무를 감싸 포장한 것을 말한다. 봉인한 藤尊 위에 州郡의 印文으로 표시한 것을 볼 때, 그 안에 담긴 술은 해당 지역의 특산물일 가능성이 있다. 도기를 등나무로 감싼 것은 이동하는 사이에 충격을 받아 파손되는 것을 막기 위해서였는데, 발굴조사를 통해 포장용 목재·볏짚 등도 완충재로 이용되었음이 확인되었다. 또한 술 이외에 꿀과 같은 귀한 음식을 담기도 했음이 밝혀졌다.

---

2) 知 : 屼.

國立海洋博物展示館, 2005, 「調査內容」, 『群山 十二東波島 海底遺蹟』, 國立海洋博物
    展示館, 35쪽.
국립해양문화재연구소, 2009, 「발굴유물」, 『高麗靑磁寶物船—태안 대섬 수중발굴
    조사보고서 본문—』, 국립해양문화재연구소, 384·385쪽.
국립해양문화재연구소, 2010, 「마도 1호선 유물」, 『태안 마도 1호선 : 수중발굴조
    사 보고서』, 국립해양문화재연구소, 430·431쪽.
임경희, 2010, 「마도2호선 발굴 목간의 판독과 분류」, 『木簡과 文字』 6, 159~161쪽.
국립해양문화재연구소, 2011, 「출수 유물」, 『태안 마도 2호선 : 수중발굴조사 보
    고서』, 국립해양문화재연구소, 330쪽.
김세진, 2019, 앞의 책, 235·236쪽.
2) 印文: 본래 印章에 새긴 문자를 말한다. 본문에서는 州郡에서 개경으로 물건을 보
    낼 때 내용물을 함부로 열어보지 못하도록 봉인 차 찍은 도장 문양을 가리킨다.
    諸橋轍次, 1984, 「印文」, 『大漢和辭典』 2, 東京 : 大修館書店, 626쪽.

32-4

[原文]

陶尊

陶器色之靑者, 麗人謂之翡色. 近年以[3]來, 制作工巧, 色澤尤佳. 酒尊
之狀如瓜, 上有小蓋, 面[4]爲荷花[5]伏[6]鴨之形. 復能作盌楪梧甌花瓶湯琖,
皆竊放[7]定器制度, 故略而不圖. 以酒尊異於他器, 特著之.

[譯文]

도준[1]

도기색이 푸른 것을 고려 사람들은 비색이라 합니다.[2] 근년 이래 제작

---

3) 知 : 已.
4) 四 知 : 而.
5) 四 : "花【闕】"로 기록되어 있다.
6) 四 : "伏"이 누락되어 있다.
7) 四 知 : 倣.

이 뛰어나고 색깔과 광택이 더욱 아름답습니다.[3] 주준[4]의 형상은 참외와 같은데, 위에는 작은 뚜껑이 있고 겉면에는 연꽃과 엎드린 오리의 형태[5]가 있습니다. 또 완접[6]·배구[7]·화병[8]·탕잔[9]을 잘 만들 수 있지만 모두 외람되이 정기제도를 모방했으므로[10] 생략하고 그리지 않았습니다.[11] 주준은 다른 기물과 다르기 때문에[12] 특별히 저술했습니다.

[註解]

1) 陶尊: 청자로 만든 술 단지이다. 상단에 덮개가 있었으며, 음·양각 기법을 사용해 연꽃과 오리를 입체감 있게 표현했을 것으로 추정된다.

김태은, 2010, 「고려시대 매병의 용례와 조형적 특징」, 『美術史學硏究』 268, 142~145쪽.

장남원, 2014, 「『선화봉사고려도경(宣和奉使高麗圖經)』의 기명류(器皿類) 연구」, 『역사와 담론』 70, 175쪽.

국립문화재연구소 편, 2019, 앞의 책, 53쪽.

2) 陶器色之靑者 麗人謂之翡色: 陶器의 색이 푸른 것을 고려 사람들이 翡色이라고 했음을 말한다. 비색은 본래 최고급 옥의 하나인 비취의 빛깔을 말하며, 엷은 녹청색 또는 청녹색으로 여겨진다. 서긍이 청자 등을 설명할 때 越州古秘色이나 汝州新窯器 등 전문용어를 구사한 것을 보면, 청자에 대해 높은 식견이 있던 것으로 여겨진다. 그는 고려의 비색이 월주청자와 여주신요기의 색상과 다른 것을 직접 확인하고 비색이라 하였을 것이다.

정양모, 1983, 「고려청자의 翡色」, 『정신문화』 6-1, 186·187쪽.

최건, 2013, 「'高麗翡色'의 성격과 전개」, 『美術資料』 83, 204·205쪽.

伊藤郁太郎, 2013, 「宣和奉使高麗圖經における翡色靑磁の實像」, 『陶說』 720 ; 2017, 『高麗靑磁·李朝白磁へのオマージュ』, 京都 : 淡交社 ; 정은진 옮김, 2022, 『고려청자·조선백자에 대한 오마주(高麗靑磁·李朝白磁へのオマージュ)』, 컬처북스, 167쪽.

3) 近年以來 …… 色澤尤佳: 서긍은 고려의 도기 기술이 근래에 들어 발전했다고 표현하였다. 그가 말한 근래는 예종대로 추정되는데, 당시 고려 조정에서는 康津窯를 중심으로 고려청자의 품질을 높이고 기종을 다양화하는 데 노력하였다. 또한 宋에서도 汝窯 등의 官窯가 설립되면서 자기의 품질이 향상되고 생산체제가 확립되었다. 고려의 도기 기술이 향상된 것은 고려 조정의 노력과 송과의 교류로 인한 결과로 여겨진다.

이희관, 2015, 「고려 예종과 북송 휘종―12세기 초기의 고려청자와 여요 및 북송 관요―」, 『해양문화재』 8 ; 2016, 『皇帝와 瓷器―宋代官窯硏究―』, 景仁文化社.

小林仁, 2019, 「汝窯靑磁と高麗靑磁―「大槪相類」の背景―」, 『李秉昌博士記念韓國陶
　　磁硏究報告』 12, 大阪 : 大阪市立東洋陶磁美術館, 88~94쪽.

4) 酒尊: 酒樽·酒罇이라고도 하며, 술을 담는 통을 말한다. 이에 대해서는 『高麗圖經』
　　권30-9-2) 참조.

5) 面爲荷花伏鴨之形: 陶尊에 새긴 무늬에 대한 언급이다. 본문의 서술대로 연꽃 등
　　이 새겨진 고려시대의 매병이 실제로 출토되어 참고된다. 한편, 연꽃과 오리는
　　宋代·金代 定窯白磁 등에서 크게 유행한 문양 소재 중 하나였는데, 중국 매병의
　　연꽃 형태와 고려 매병의 연꽃 형태는 차이가 있다.
　　이희관, 2017, 「고려청자와 "定器制度"」, 『陶藝硏究』 26, 48·49쪽.

6) 盌楪: 盌은 손잡이가 달린 작은 주발, 楪은 위가 넓고 운두가 낮은 모양의 그릇이다.
　　檀國大學校 東洋學硏究所, 2004, 「楪」, 『漢韓大辭典』 7, 檀國大學校出版部, 465쪽.
　　檀國大學校 東洋學硏究所, 2006, 「盌」, 『漢韓大辭典』 9, 檀國大學校出版部, 1250쪽.

7) 桮甌: 桮은 국을 담거나 술을 따르는 그릇, 甌는 작은 사발이나 술잔을 말한다.
　　檀國大學校 東洋學硏究所, 2004, 「桮」, 『漢韓大辭典』 7, 檀國大學校出版部, 67쪽.
　　檀國大學校 東洋學硏究所, 2006, 「甌」, 『漢韓大辭典』 9, 檀國大學校出版部, 704쪽.

8) 花甁: 물을 담아 꽃과 나뭇가지 등을 잘라 꽂는 것 중에 器形이 甁인 것을 말한
　　다. 고려시대에는 瓜形甁·折肩甁·長頸甁 등 다양한 형태의 병이 제작되었다. 과
　　형병과 절견병은 구연부가 넓어 액체를 따르기 어려운 형태이므로 전용 화병이
　　었을 것으로 추정된다.
　　諸橋轍次, 1985, 「花甁」, 『大漢和辭典』 9, 東京 : 大修館書店, 548쪽.
　　사공영애, 2019, 「고려시대 화훼문화와 화기(花器)―화병과 수반을 중심으로―」,
　　　『韓國中世考古學』 5, 70·71~77쪽.

9) 湯琖: 끓인 물 또는 차와 약 등을 담거나 그러한 것들을 데울 때 사용한 그릇이다.
　　이희관, 2017, 앞의 논문, 54쪽.

10) 放定器制度: 고려가 중국의 器皿제도를 모방했음을 말한다. 定器制度에 대해서는
　　여러 견해가 있다. 먼저 초기 연구에서는 定器를 定州窯에서 생산된 정요자기를
　　가리키는 것으로 이해하였는데(①), 고려청자와 정주요의 형태가 비슷한 것이
　　주된 근거였다. 반면에 당시 중국에 그릇과 관련된 일정한 방식이 있었음을 전
　　제로 중국의 그릇을 만드는 제도로 파악하기도 한다(②). 고려청자가 정주가 아
　　닌 다른 지역과 비슷한 경우도 있거니와, 정주의 주류는 백자였다는 것이 그 이
　　유였다. 이에 대해 宋代 일반 음식기를 만드는 것과 관련된 일정한 제도가 있었
　　음을 입증하는 근거가 보이지 않고(③), 고려청자와 정요 자기의 기형·문양 소
　　재·형태 등이 조형적으로 유사하다(④)는 것을 근거로 정요자기설을 지지하는
　　주장이 다시 제기되었다.
　　① 中尾萬三, 1935, 「朝鮮陶磁の槪評」, 『朝鮮高麗陶磁考』, 東京 : 學藝書院, 41·53쪽.
　　高裕燮, 1939, 「靑瓷の種類」, 『朝鮮の靑瓷』, 東京 : 寶雲舍 ; 1954, 『高麗靑瓷』, 乙
　　酉文化社 ; 2010, 『又玄 高裕燮 全集 5 : 高麗靑瓷』, 悅話堂, 90쪽.
　　鄭良謨, 1991, 「高麗靑磁」, 『韓國의 陶磁器』, 文藝出版社, 234~236쪽.

② 尹龍二, 1993, 「韓國 陶瓷器 發達史」, 『韓國陶瓷史研究』, 文藝出版社, 21쪽.
伊藤郁太郎, 1998, 「高麗靑磁の特質」, 『世界美術大全集 10：高句麗·百濟·新羅·高麗』, 東京：小學館.
임진아, 2004, 「高麗遺跡 出土 宋代磁器 硏究」, 『史林』 22, 206·207쪽.
장남원, 2018, 「『高麗圖經』의 '定器制度'와 청자」, 『한국중세사연구』 55, 185~195쪽.
③ 이희관, 2017, 앞의 논문.
④ 김윤정, 2017, 「12세기 고려청자에 보이는 宋·金代 定窯 자기의 영향과 의미」, 『야외고고학』 29, 42~48쪽.

11) 復能作盌楪梳甌花瓶湯琖 ······ 故略而不圖: 본문에서는 고려의 盌楪 등이 중국과 비슷하다고 서술하였다. 이에 대해 서긍의 서술에 전적으로 동의하는 견해가 있다(①). 이와 달리 일부 동의는 하면서도 완과 湯琖 등은 형식이 유사하나 규격에 차이가 있으며, 그 외의 화병 같은 경우 定窯와 고려청자 간의 유사한 점이 거의 없다고 보기도 한다(②). 한편, 접·梳·花瓶 등은 정요보다는 汝窯와의 관련성이 높다고 보면서, 서긍이 오해했다는 주장도 있다(③).
① 김윤정, 2017, 앞의 논문, 48쪽.
② 장남원, 2018, 앞의 논문, 186쪽.
③ 이희관, 2017, 앞의 논문, 51~54쪽.

12) 以酒尊異於他器: 서긍은 다른 기명이 중국의 제도와 비슷하지만 酒尊은 다르다고 표현하였다. 그가 직접 본 고려의 주준은 瓜形의 매병이었을 것으로 여겨지는데, 당시 중국의 窯場에서 과형의 매병은 발견되지 않았기 때문이다. 그러므로 서긍은 중국과 다른 고려의 매병에 흥미를 가지고 이를 특별히 드러내어 소개하였을 것이다.
이희관, 2017, 앞의 논문, 48·49쪽.

32-5

[原文]

陶爐

狻猊出香, 亦翡色也. 上爲[8)]蹲獸, 下有仰蓮, 以承之. 諸器, 惟此物, 最精絶. 其餘, 則越州古祕色, 汝州新窯器, 大槩相類.

---

8) 四 知 : 有.

[譯文]

도로[1]

산예출향[2]도 역시 비색입니다. 위에는 웅크린 짐승을 만들었고, 아래에는 위로 향한 연꽃이 있어 그것을 받쳤습니다. 여러 기물 중 오직 이 물건이 가장 뛰어나고 우수합니다. 그 나머지는 월주[3]의 고비색[4]이나 여주[5]의 신요기[6]와 대개 서로 비슷합니다.[7]

[註解]

1) 陶爐: 청자로 제작된 향로를 말한다. 표면에 翡色의 유약을 칠해 만들었다.
   장남원, 2014, 앞의 논문, 172쪽.
2) 狻猊出香: 狻猊 형상의 향로이다. 산예는 사자 또는 사자 모습의 瑞獸이며, 出香은 덮개가 있는 향로 중 동물 모양의 뚜껑이 있는 것을 말한다. 火숨의 연기가 동물의 몸을 통과해 입으로 피어나도록 제작되었다. 한편, 본문에서는 산예출향이 중국의 향로와 다른 것으로 파악하였다. 그러나 중국의 汝窯瓷에서 고려의 산예출향과 매우 유사한 유물이 출토되었다. 이는 당시 宋에서 여요자기 향로가 사용되었음을 알려준다. 서긍은 이러한 사실을 몰라서 고려의 산예출향이 중국과 다르다고 이해했던 것으로 여겨진다.
   장남원, 2014, 앞의 논문, 172쪽.
   이희관, 2017, 앞의 논문, 55·56쪽.
   국립문화재연구소 편, 2019, 앞의 책, 33쪽.
3) 越州: 지금의 중국 浙江省 紹興市 일원이다. 五代十國 시대에 會稽府였다가 北宋代에 兩浙路 越州가 되었다. 이후 1131년(송 소흥 1)에 府로 승격되었다.
   『宋史』 권88, 志41 地理4 兩浙路 紹興府.
4) 古祕色: 五代 吳越國의 越州窯에서 생산된 祕色의 청자를 의미한다. 청색을 띠고, 문양이 별로 없는 것이 특징이다. 월주요는 오월국이 멸망하면서 쇠퇴하였으나, 그 기술은 확산되어 각 지역에서 이와 유사하거나 지역별 특징이 있는 새로운 청자가 만들어지게 되었다. 고려는 10세기 오월국과의 교류를 통해 관련 기술을 배웠다고 추정된다.
   鄭良謨, 1991, 앞의 책, 178·179쪽.
   尹龍二, 1993, 앞의 책, 151·152쪽.
   李喜寬, 2012, 「北宋 汝窯와 그 性格 問題―宋代 文獻記錄에 대한 再檢討를 중심으로―」, 『역사와 담론』 64 ; 2016, 앞의 책, 114·115쪽.
   伊藤郁太郎, 2013, 앞의 논문 ; 2017, 앞의 책 ; 정은진 옮김, 2022, 앞의 책, 171쪽.
5) 汝州: 지금의 중국 河南省 汝州市 일원이다. 宋代 京西路 北路에 속하였다.

『宋史』 권85, 志38 地理1 京西路 北路 汝州.

6) 新窯器: 宋 汝州窯에서 생산된 도기를 말한다. 담청색의 유조를 띠고 전면이 시유되었으며, 바닥에 작고 가는 받침이 있는 것이 특징이다. 여주요는 官窯系와 民窯系로 구분되며, 관요계 청자는 문헌과 편년 유물을 통해 고려청자에 영향을 주었음이 확인된다.

　　방병선, 2012, 「아취와 야성: 북송, 요, 금대 북방 자기」, 『중국도자사 연구』, 景仁文化社, 177쪽.

　　伊藤郁太郎, 2013, 앞의 논문 ; 2017, 앞의 책 ; 정은진 옮김, 2022, 앞의 책, 172쪽.

　　강성곤, 2016, 「고려청자에 나타난 중국자기의 특징과 상관성에 관한 연구」, 『한국도자학연구』 13-3, 17~19쪽.

7) 大槩相類: 중국과 고려의 陶器가 서로 비슷했음을 말한다. 고려에서는 문종대 對宋 通交 이후 고려와 송의 문물 교류가 公·私 양면에서 활발하게 이루어졌다. 특히 예종은 송의 문물 수용을 위해 노력하면서 송의 기물을 적극적으로 채용하여 고려청자에도 반영되었다. 송대 궁정용 자기와 고려청자는 형태와 문양에서 많은 유사성이 확인되며, 이러한 공통성은 단순히 제품을 복제한 것이 아니라 송대 궁정용 제품을 규범으로 삼은 것에 기인한다.

　　정신옥, 2007, 「11세기 말-12세기 전반 高麗靑瓷에 보이는 中國陶瓷의 영향」, 『美術史學』 21.

　　이희관, 2015, 앞의 논문 ; 2016, 앞의 책.

　　小林仁, 2019, 앞의 책, 88~94쪽.

32-6

[原文]

食罩

公會供饌, 下承以盤, 上施靑罩. 唯王與使副, 加紅黃之飾, 所以別精麤也.

[譯文]

식조[1]

공호에서 음식을 올릴 때에, 아래는 쟁반으로 받치고 위는 청색 조(罩)로 덮습니다. 오직 왕과 정사·부사[2]에게만 홍색과 황색의 장식을 더하니, (음식의) 정갈한 것과 거친 것을 구별하기 위한 것이었습니다.

[註解]

1) 食罩: 음식에 씌우는 덮개를 말한다. 재질은 알 수 없으며, 罩의 색으로 등급을
구분하였다.
국립문화재연구소 편, 2019, 앞의 책, 93쪽.
2) 使副: 正使와 副使를 말한다. 이에 대해서는 『高麗圖經』 권15-3-5) 참조.

32-7

[原文]

藤篚

古者幣帛, 用箱篚, 今麗俗不廢. 其篚白藤織成, 上有錯文, 爲花木鳥獸
之狀. 裏用紅黃文綾拓之. 大小相合, 謂之一副, 其直, 准白金一斤. 惟王
府所用, 最佳, 蓋郡邑土貢. 餘官民庶者, 制作草草, 備禮適用而已.

[譯文]

등비[1]

옛날에 폐백에서는 상자와 광주리를 썼는데, 지금 고려의 풍속에서
없어지지 않았습니다.[2] 껍질을 벗긴 등나무[白藤]로 짜서 만들었으며,
위에는 섞인 무늬가 있는데 꽃·나무·새·짐승의 형상입니다. 안쪽에는
홍색과 황색 무늬 비단[綾][3]을 덧대었습니다. 크고 작은 것을 서로 합해
한 벌이라 했으며, 그 값은 은[白金] 1근에 맞먹습니다. 오직 왕부에서
사용하는 것이 가장 아름다운데, 대개 군읍의 토공(土貢)입니다. 나머지
관리와 민서(民庶)의 것은 제작이 거친데, 예를 갖출 때 맞춰 썼을 뿐입
니다.

1) 藤篚: 잘게 쪼갠 등나무를 얽어서 만든 광주리를 말한다. 조공품을 담는 용기로 사용되었기에, 공물을 貢篚라고 부르기도 했다. 왕실의례에서 사용되었던 등비는 귀한 물품 가운데 하나로 예물인 폐백을 담는 용도로 사용되었으며, 크고 작은 것이 한 벌을 이루었다.

『高麗史』 권6, 世家6 靖宗 4년 7월 甲寅.
『高麗史』 권9, 世家9 文宗 26년 6월 甲戌.
『高麗史』 권12, 世家12 肅宗 8년 6월 甲寅.
『高麗史』 권15, 世家15 仁宗 5년 3월 癸巳.
『高麗史』 권16, 世家16 仁宗 8년 4월 甲戌·11년 2월 乙巳.
국립문화재연구소 편, 2019, 앞의 책, 94쪽.

2) 今麗俗不廢: 광주리에 예물인 폐백을 담는 풍속이 없어지지 않았음을 언급한 것이다. 실제로 고려에서는 後晉에 보낸 조공품에 筐篚를 사용했음이 확인된다. 아울러 책봉 의례의 절차 가운데 하나인 會賓禮 때 폐백을 광주리에 넣어서 손님의 從者에게 전해준 기록이 있다. 또한 『高麗圖經』 권11, 控鶴軍條에 의하면 국왕과 사신이 私覿하여 예물을 전달할 때에도 공학군이 광주리를 받들었다. 한편, 서긍은 고려의 풍속에서 광주리만 남은 것으로 언급하였는데, 籍田 親享儀에서 箱이 쓰인 기록도 남아 있다.

『高麗史』 권2, 世家2 惠宗 2년.
『高麗史』 권62, 志16 禮4 吉禮中祀 籍田.
『高麗史』 권65, 志19 禮7 嘉禮 册王妃儀.
『高麗史』 권66, 志20 禮8 嘉禮 册王太子儀.
『高麗史』 권67, 志21 禮9 嘉禮 册王子王姬儀.

3) 綾: 얼음결 같은 무늬가 들어있는 견직물을 말한다. 이에 대해서는 『高麗圖經』 권20-1-4) 참조.

32-8

[原文]

鬻釜

鬻釜, 蓋烹飪器也, 以鐵爲之. 其上有蓋, 腹下三足. 回旋之文, 細如毛髮. 高八寸, 濶一尺二寸, 量容二升五勺.

[譯文]

죽부[1]

죽부는 대개 삶거나 익히는 기물이며 철로 만듭니다. 그 위에는 뚜껑이 있고, 배 아래에는 세 발입니다. 소용돌이 무늬는 가늘어 털과 같습니다. 높이는 8치, 너비는 1자 2치, 용량은 2되 5작입니다.

[註解]

1) 鬻釜: 음식을 삶거나 익힐 때 사용하는 솥이다. 三足이 있는 것으로 보아 일반적인 가마솥과 같은 큰 기물이 아닌 간편하게 휴대할 수 있는 크기의 솥으로 판단된다. 水釜·水甕과 같이 솥류이지만, 그것들과 달리 三足의 鼎과 같은 형태이며 취사용으로 사용되었다는 차이가 있다. 실제 마도 1·2·3호선에서는 뱃사람들이 조리용으로 사용했을 것으로 추정되는 철제 솥이 발굴된 바 있다. 서긍은 고려 뱃사람들의 생활을 보거나 전해 듣고 기록한 것으로 생각된다.
주경미, 2012, 「마도 3호선 출수 금속기의 특징과 의의」, 『태안마도 3호선 : 수중 발굴조사 보고서』, 국립해양문화재연구소, 393쪽.
장남원, 2014, 앞의 논문, 184쪽.
경기도 박물관 편, 2018, 「고려인의 생활문화」, 『고려도경 900년 전 이방인의 코리아 방문기』, 경기도박물관, 93쪽.
박지영, 2019, 「『高麗圖經』「器皿」에 대한 再考」, 『한국학연구』 71, 116·118·119쪽.

32-9

[原文]

水瓮

水瓮, 陶器也. 廣腹斂頸, 其口差敞. 高六尺, 濶四尺五寸, 容三石二升. 館中, 用銅瓮. 惟[9]山島海道, 以舟載水相遺, 則用之.

---

9) 知 : 唯.

수옹1)

수옹은 도기입니다. 넓은 배에 오므려진 목으로 그 입은 약간 널찍합니다. 높이는 6자, 너비는 4자 5치, 용량은 3섬 2되입니다. 관사 안에서는 구리 항아리를 씁니다. 오직 섬[山島]과 바닷길에서는 배로 물을 실어 서로 브낼 때 사용합니다.

[註解]

1) 水瓮: 도기로 된 물 항아리이다. 실제 마도 3호선에서는 식수 및 음식물을 담아 운송하던 도기가 다량 출토되었다. 서긍은 고려 뱃사람들의 생활을 보거나 전해 듣그 기록한 것으로 생각된다.
주경미, 2012, 앞의 책, 456쪽.

32-10

[原文]

草苫

草苫之用, 猶中國之有布囊也. 其形如絡, 結草爲之. 凡米麵10)薪炭之屬, 悉月以盛. 山行不利車, 多以騾馬, 裝載而行.

[譯文]

초섬

초섬의 용도는 중국에 있는 포낭1)과 같습니다. 그 형태는 그물과 같으니, 풀을 엮어서 만듭니다. 무릇 쌀·밀가루·땔감·숯의 부류를 모두 담아

---

10) 四 : 麵, 知 : "麪【鄭刻麵】"으로 기록되어 있다.

서 사용합니다. 산에 나아갈 때는 수레가 불편하기에 대부분 노새나
말에 짐을 꾸려 싣고 갑니다.

[註解]

1) 布囊: 베로 만든 자루를 말한다.
   諸橋轍次, 1984, 「布囊」, 『大漢和辭典』 4, 東京 : 大修館書店, 409쪽.

32-11

[原文]

刀筆

刀筆之鞘, 刻木爲之. 其制三隔, 其一藏筆, 其二藏刀. 刀形犀利, 一刀
差短. 散員而下官吏, 祗應房子親侍, 皆佩之.

[譯文]

도필[1]

도필의 집은 나무를 깎아서 만듭니다. 그 제도는 3칸인데, 1칸은 붓을
보관하고, 2칸은 칼을 보관합니다. 칼의 형태는 단단하고 날카로운데
칼 하나는 약간 짧습니다. 산원[2] 이하 관리와 지응[3]·방자[4]·친시[5]가 모
두 찹니다.

[註解]

1) 刀筆: 글자를 수정할 때 사용하는 작은 칼을 말한다. 하급관리들은 刀筆을 나무
   로 만든 집에 붓과 함께 넣고 다녔다. 당시에는 나무에 글을 적는 경우가 적지
   않았는데, 잘못 쓴 글자를 긁어내고 고치기 위함이었다. 한편, 文簿를 담당하던
   胥吏는 도필을 지니고 다녔기에 이들을 刀筆吏라 일컫기도 하였다.

박용운, 1993, 「관직과 관계」,『한국사』13, 국사편찬위원회 ; 1997,『高麗時代 官
階·官職 硏究』, 고려대학교 출판부, 25쪽.
국립문화재연구소 편, 2019, 앞의 책, 97쪽.
2) 散員: 정8품의 武班職이다. 이에 대해서는『高麗圖經 역주(상)』, 266쪽 권10-5-2)
참조.
3) 祇應: 본래 시종과 같이 분주하게 움직이는 관리를 말한다. 본문에서는 관원을
시종하는 驅史—驅使·丘史—와 같은 자를 지칭한다고 여겨진다.
諸橋轍次, 1985, 「祇應」·「祇候」,『大漢和辭典』8, 東京 : 大修館書店, 437·438쪽.
4) 房子: 未入仕職 말단 吏屬 중 하나이다. 이에 대해서는『高麗圖經』권21-6-1) 참조.
5) 親侍: 곁에서 모시는 사람이다. 이에 대해서는『高麗圖經』권30-10-2) 참조.

33-1

[原文]

舟楫

臣聞風行水上, 在卦爲渙, 而舟楫之利, 以濟不通, 取象於此. 後世聖知代作, 百工加飾. 故龍文鷁首, 駕風截浪, 一日千里. 必使橫絶江河, 如履平地, 非特刳剡之簡而已也. 乃若麗人, 生長海外, 動涉鯨波, 固宜以舟楫爲先. 今觀其制度簡略, 不甚工緻, 豈其素安於水, 而狃狎之耶. 抑因陋就簡, 魯拙而莫之革耶. 今謹卽所見, 列于[1]圖.

[譯文]

배

신이 듣기에 바람이 물 위를 가는 것은 괘에 있어 환인데,[1] 배의 이로움으로 통하지 못하는 것을 건너게 해주어 여기에서 형상을 취한 것입니다.[2] 후세에 뛰어난 지식을 가진 자가 대대로 만들었고, 여러 장인이 장식을 더하였습니다. 그러므로 용의 무늬와 익새의 머리[3]로 꾸몄고, 바람을 타고 파도를 헤침이 하루에 1,000리입니다. 틀림없이 장강과 황하[4]를 가로지르는 것이 평지를 밟는 듯하게 하니, 배를 만듦은 간단함에 그치는 것이 아닙니다. 이에 고려 사람들의 경우에는 해외에서 나고 자라, 걸핏하면 큰 파도를 건너니 진실로 배를 타는 것을 우선시함이 마땅합니다. 지금 그 제도를 살펴보면 간략하고 매우 정교하거나 치밀하지 않으니 혹 그들이 본래 물을 편하게 여기고 익숙해서 그렇겠습니까. 아니면 견문이 좁아서, 어리석고 졸렬한데 고치지 않아서 그렇겠습니까. 이제 삼가 보았던 것을 그림으로 벌여놓겠습니다.

---

1) 知 : 於.

[註解]

1) 風行水上 在卦爲渙:『周易』의 渙卦에 대한 설명이다. 환괘는 순서상 전체 64괘 중 59번째에 위치하며, 바람을 나타내는 巽卦가 위에 있고 물을 나타내는 坎卦가 아래에 있는 형상이다. 바람에 의해 물결이 흩어지는 모습을 나타내는데, 중심을 지키면서 그릇된 것을 흩어서 덜어내는 의미도 있다.

諸橋轍次, 1985, 「渙」, 『大漢和辭典』 7, 東京 : 大修館書店, 90쪽.

金碩鎭, 1997, 『大山 周易講解 : 下經』, 大有學堂, 245·246쪽.

2) 舟楫之利 …… 取象於此:『周易』에 나오는 구절로, "나무를 쪼개 배를 만들고 나무를 깎아 노를 만들어, 배와 노의 이로움으로 통하지 못하는 것을 건너고, 멀리 가게 하여 천하를 이롭게 하니, 대개 환괘에서 취한 것이다[刳木爲舟 剡木爲楫 舟楫之利 以濟不通 致遠以利天下 蓋取諸渙]."의 일부를 인용한 것이다. 배를 이용하는 것의 이로움을『周易』의 卦로 설명한 부분이다. 또한 渙卦는 아래에 위치한 坎이 潮流를 상징하기도 하여, 배를 띄울 때 조류와 바람을 이용하는 의미도 있다.

『周易』繫辭下傳.

金碩鎭, 1997, 앞의 책, 246쪽.

3) 龍文鷁首: 배에 용의 무늬와 익새의 머리를 그렸다는 설명이다. 뱃머리의 아래쪽을 鬥獸面이라고 하는데, 여기에는 일반적으로 동물 문양을 장식하였다. 또 그 양쪽 외판에는 龍目으로도 불리는 船眼을 그렸다. 鷁은 상상 속의 큰 흰 새로 바람을 잘 견딘다고 여겼기 때문에 돛이나 뱃머리에 별도로 그려 넣었다.

문경호, 2018, 「12세기 초의 동아시아 국제정세와 神舟의 고려 항로」, 『한국중세사연구』 55, 20쪽.

추이 윈펑(崔雲峰)·김성준 지음, 2021, 「송대 서긍(徐兢)의 고려 봉사선과 항로」, 『중국항해선박사』, 혜안, 166쪽.

4) 江河: 지금의 중국 長江과 黃河를 말한다. 장강은 揚子江이라고도 하며 중국에서 가장 큰 강으로, 四川·雲南省 등을 지나 上海市와 江蘇省 사이에서 중국 동해로 들어간다. 황하는 중국에서 두 번째로 큰 강이며 동쪽으로 사천·甘肅省 등을 지나 山東省의 북부에서 渤海로 들어간다.

諸橋轍次, 1985, 「江河」, 『大漢和辭典』 6, 東京 : 大修館書店, 918쪽.

戴均良 外 主編, 2005, 「長江」, 『中國古今地名大詞典』 上, 上海 : 上海辭書出版社, 492쪽.

戴均良 外 主編, 2005, 「黃河」, 『中國古今地名大詞典』 下, 上海 : 上海辭書出版社, 2623쪽.

33-2

[原文]

巡船

高麗, 地瀕東海, 而舟楫之工, 簡略特甚. 中安一檣, 上無棚屋, 惟設櫓梔而已. 使者入群山門, 有此等巡船十[2])餘隻, 皆插旌旗. 舟人邏卒, 皆箸靑衣, 鳴角擊鐃而來. 各於檣之秒, 建一小旆, 書曰洪州都巡, 曰永新都巡, 曰公州巡檢, 曰保寧, 曰懷仁, 曰安興, 曰豎川, 曰陽城, 曰慶源, 皆有尉司字, 實捕盜官吏也. 自入境, 以迄回程, 迎至餞行於群山島, 望神舟入洋, 乃還其國.

[譯文]

순선[1]

고려는 땅이 동해와 잇닿아 있지만 배 (만드는) 기술은 간략함이 특히 심합니다. 가운데에 하나의 돛대를 설치하고 위에는 선실[棚屋]이 없으며, 다만 노와 키를 갖추었을 뿐입니다. 사신[使者]이 군산문[2]으로 들어가면 이와 같은 순선 10여 척이 있는데 모두 정기(旌旗)를 꽂았습니다. 뱃사람과 나졸은 모두 청색 옷을 입고 뿔피리를 울리며 징을 치고 옵니다. 각각 돛대의 끝에 작은 깃발을 하나씩 세웠는데 쓰여있기를, ‘홍주도순(洪州都巡)’[3]·‘영신도순(永新都巡)’[4]·‘공주순검(公州巡檢)’[5]·‘보령(保寧)’[6]·‘회인(懷仁)’[7]·‘안흥(安興)’[8]·‘기천(豎川)’[9]·‘양성(陽城)’[10]·‘경원(慶源)’[11]이라 하였는데 모두 ‘위사(尉司)’라는 글자가 있으나 실은 도적을 잡는 관리입니다.[12] 처음 경계에 들어가고 돌아가는 길에 이르기까지, 맞이하고 전송하기를 군산도[13]에서 하는데 신주[14]가 큰 바다로 들어가는 것을 보고 나서야 이내 그 나라로 돌아갔습니다.

---

2) 四 : 千, 知 : “十【鄭作千】”으로 기록되어 있다.

1) 巡船: 본래 순회하며 시찰하는 배를 의미한다. 본문에서는 楊廣道 일원의 巡船 중에서 宋 사절을 수행하기 위해 동원한 배를 뜻한다. 해적 행위에 대한 대비 또는 송 사절과 상인의 호위를 담당했다. 돛대가 하나인 구조로 미루어 볼 때 관할 구역에서 출입자 관리를 했을 뿐, 원거리 항해는 하지 않았을 것으로 추정된다. 고려시대의 서해는 조운선 등 많은 배가 다니는 항로였기에, 평소에는 이들을 호위하는 역할도 했을 것으로 여겨진다. 본문에는 연안뿐만 아니라 내륙 군현의 명칭도 나타나는데, 선박을 운용하지 않았을 것으로 생각되는 내륙 군현의 명칭이 보이는 것에 대해서는 자세한 이유를 알기 어렵다.

諸橋轍次, 1984, 「巡船」, 『大漢和辭典』 4, 東京 : 大修館書店, 336쪽.

곽유석, 2012, 「고려선 고찰을 위한 기초적 검토」, 『고려선의 구조와 조선기술』, 민속원, 44쪽.

문경호, 2014, 「고려시대 漕運船과 漕運路」, 『고려시대 조운제도 연구』, 혜안, 220·221쪽.

이창섭, 2014, 「對宋 외교 활동에 참여한 고려 수군―『破閑集』과 『高麗圖經』에 나타나는 사례를 중심으로―」, 『史叢』 83, 52~54쪽.

2) 群山門: 群山島―지금의 전라북도 군산시 선유도― 일원의 해역 중 하나로 추정된다. 의미상 군산도의 문을 가리키는 것으로 여겨진다. 『高麗圖經』 권39, 禮成港 條에 따르면 사신단의 선단은 橫嶼―지금의 전라북도 군산시 일원―를 지나 群山門으로 들어가 섬 아래에서 정박하였다고 한다. 아울러 조선후기의 해로가 표시된 지도에 보이는 선유도 인근 지형을 고려하면, 관리도와 대장도 사이인 서해문이나 신시도와 선유도 사이인 북해문을 의미했을 가능성이 높다.

문경호, 2015, 「『高麗圖經』을 통해 본 群山島와 群山亭」, 『지방사와 지방문화』 18-2, 79·80쪽.

3) 洪州都巡: 서긍 일행의 영접에 동원된 배에 적힌 깃발의 문구 중 하나이다. 洪州는 지금의 충청남도 홍성군 일원이다. 이에 대해서는 『高麗圖經』 권16-4-4) 참조. 都巡은 都巡檢을 말한다. 兩界에 군사적 감찰을 위해 목종대 이후에 파견되어 무신집권기까지 유지되었던 관직이다. 본래 도순검은 군사를 거느리고 지방에 파견되어 순찰하던 職으로, 군사 훈련·도적 체포 등의 일을 담당했는데, 고려에서도 비슷한 역할을 했을 것으로 이해된다. 고려의 도순검은 양계지방에 파견된 사례만 확인되어, 洪州都巡이란 명칭이 등장한 이유는 알기 어렵다.

『宋史』 권167, 志120 職官7 巡檢司.

龔延明 主編, 1997, 「都巡檢」, 『宋代官制辭典』, 北京 : 中華書局, 67쪽.

周藤吉之, 1976, 「高麗前期の鈐割·巡檢と牽龍―宋の鈐割·巡檢·牽龍官との關連において―」, 『東洋大學大學院紀要』 13 ; 1980, 『高麗朝官僚制の研究―宋制との關連において―』, 東京 : 法政大學出版局, 501·502쪽.

권영국, 2019, 「전기의 군사기구와 군사조직」, 『고려시대 군사제도 연구』, 경인문화사, 100쪽.

4) 永新都巡: 서긍 일행의 영접에 동원된 배에 적힌 깃발의 문구 중 하나이다. 永新은
지금의 경기도 평택시 일원이며, 1018년(현종 9)에 水州의 屬縣이 되었다. 한편, 속
현인 영신에 都巡이라는 명칭이 나타난 이유에 대해서는 자세히 알 수 없다.
　『高麗史』 권56, 志10 地理1 楊廣道 水州 永新縣.

5) 公州巡檢: 서긍 일행의 영접에 동원된 배에 적힌 깃발의 문구 중 하나이다. 公州
는 지금의 충청남도 공주시 일원이다. 본래 백제의 熊川으로, 문주왕이 漢城에서
천도하였다. 신라 경덕왕대 熊州로 개칭하고 940년(태조 23)에 공주로 고쳤다.
983년(성종 2)에 牧을 설치하였고, 995년에 節度使를 두어 安節軍이라 하고 河南
道에 소속시켰다. 1012년(현종 3)에 절도사를 폐지하고 1018년에 知州事로 강등
시켰다. 巡檢은 巡檢軍을 말한다. 순찰과 치안 유지가 임무였다. 서경 및 여러 道
와 縣에 설치되어 있었으며, 개경에도 마련되어 도성의 치안을 담당하기도 했다.
　『高麗史』 권56, 志10 地理1 楊廣道 公州.
　韓㳓劤, 1961, 「麗末鮮初 巡軍硏究—麗初 巡檢制에서 起論하여 鮮初 義禁府 成立에
　　　까지 미침—」, 『震檀學報』 22 ; 2001, 『朝鮮時代의 政治와 社會』, 한국학술정보
　　　(주), 1~13쪽.
　周藤吉之, 1976, 앞의 논문 ; 1980, 앞의 책, 501·502쪽.
　송인주, 2007, 「금군의 성립과 구성부대」, 『고려시대 친위군 연구』, 일조각, 77·78쪽.

6) 保寧: 서긍 일행의 영접에 동원된 배에 적힌 깃발의 문구 중 하나이다. 保寧은 지
금의 충청남도 보령시 일원이다. 본래 백제의 新村縣 또는 沙村縣이었는데, 신라
경덕왕대 新邑으로 개칭했으며 潔城郡의 領縣으로 삼았다. 고려 초에 보령으로
고쳤다. 1018년(현종 9)에 洪州—지금의 충청남도 홍성군 일원—에 내속시켰으며
1106년(예종 1)에 監務를 두었다. 高鸞島가 속해있다.
　『高麗史』 권56, 志10 地理1 楊廣道 洪州 保寧縣.

7) 懷仁: 서긍 일행의 영접에 동원된 배에 적힌 깃발의 문구 중 하나이다. 懷仁은 지
금의 충청북도 보은군 일원이다. 본래 백제의 未穀縣으로, 신라 경덕왕대 昧穀으
로 개칭했고 燕山郡—지금의 충청북도 청주시 일원—의 領縣으로 삼았다. 고려
초에 회인으로 고쳤다가 1018년(현종 9)에 淸州牧에 내속시켰다. 후에 懷德監務
로 겸임시켰다.
　『高麗史』 권56, 志10 地理1 楊廣道 淸州牧 懷仁縣.

8) 安興: 서긍 일행의 영접에 동원된 배에 적힌 깃발의 문구 중 하나이다. 安興은 安興
亭과 관련이 있을 것으로 여겨지는데, 이는 宋 사절들을 영송하던 곳이었다. 『高麗
史』에 따르면, 처음에는 高鸞島의 亭에서 송 사절들을 맞이했으나 수로에서 조금
떨어져 있었기 때문에 배가 정박하기에 불편하였다. 그리하여 1077년(문종 31)
에 洪州 관하 貞海縣—지금의 충청남도 서산시 일원—에 안흥정을 세우고 이곳
에서 송 사절들을 영송하였다고 한다. 그런데 『高麗圖經』 권37, 馬島條에서 서
긍이 1123년(인종 1) 6월 8일에 정박한 마도의 안흥정은 지금의 태안 지역으로,
『高麗史』의 기록과 조금 차이가 있다. 이에 대해 해당 시기에 안흥정이 태안에
존재했을 것이라 보거나(①) 두 곳에 모두 존재했을 것으로 보는 견해(②)가 있

다. 한편, 다른 깃발에는 군현명을 기재하였으나 안흥이라는 정의 명칭을 붙인
점에서 차이가 있는데, 그 이유는 알기 어렵다.

『高麗史』 권9, 世家9 文宗 31년 8월 辛卯.

윤용혁, 2010, 「고려시대 서해 연안해로의 객관과 안흥정」, 『역사와 경계』 74 ;
　　2015, 『한국 해양사 연구―백제에서 고려, 1천 년 바다 역사―』, 주류성, 154쪽.

① 森平雅彦, 2008, 「高麗における宋使船の寄港地「馬島」の位置をめぐって―文獻と
　　現地の照合による麗宋間航路研究序說―」, 『朝鮮學報』 207 ; 2013, 『中近世の朝
　　鮮半島と海域交流』, 東京 : 汲古書院, 40~55쪽.

　　윤용혁, 2010, 앞의 논문 ; 2015, 앞의 책, 164·165쪽.

　　문경호, 2016, 「1123년 서긍의 고려 항로에 대한 재검토―夾界山~馬島 安興亭
　　구간을 중심으로―」, 『역사와 담론』 78, 95쪽.

　　진호신, 2023, 「『고려도경(高麗圖經)』 마도(馬島) 안흥정(安興亭)의 위치와 공
　　간구조」, 『해양문화재』 18.

② 徐程錫, 1999, 「泰安 安興鎭城에 대한 一考察」, 『역사와 역사교육』 3·4合, 179~
　　181쪽.

　　김명진, 2019, 「고려시대 객관 안흥정 재검토」, 『嶺南學』 70.

9) 矗川: 서긍 일행의 영접에 동원된 배에 적힌 깃발의 문구 중 하나이다. 함께 열
　거된 깃발들의 명칭을 볼 때 지명으로 추측되나, 기록이 소략하여 자세한 사항
　은 알기 어렵다.

10) 陽城: 서긍 일행의 영접에 동원된 배에 적힌 깃발의 문구 중 하나이다. 陽城은 지
　금의 경기도 안성시 일원이다. 본래 고구려의 沙伏忽로, 신라 경덕왕대 赤城으로
　개칭하고 白城郡의 領縣으로 삼았다. 고려 초에 양성으로 고쳤다가 1014년(현종
　5)에 水州의 屬縣이 되었다.

　『高麗史』 권56, 志10 地理1 楊廣道 水州 陽城縣.

11) 慶源: 서긍 일행의 영접에 동원된 배에 적힌 깃발의 문구 중 하나이다. 慶源은 지
　금의 인천광역시 일원이다. 본래 고구려의 買召忽縣 또는 彌趨忽이었는데, 신라
　경덕왕대 邵城으로 개칭하고 栗津郡의 領縣으로 삼았다. 1018년(현종 9)에 樹州
　―지금의 경기도 부천시 일원―가 관할하게 했다. 숙종대 仁睿太后의 內鄕이라
　하여 慶源郡으로 승격시켰다. 인종대 順德王后 李氏의 내향이기 때문에 仁州로
　고치고 知州事로 삼았다.

　『高麗史』 권56, 志10 地理1 楊廣道 仁州.

12) 皆有尉司字 實捕盜官吏也: 巡船에 탄 이들을 연해의 지역에서 파견되어 호위를
　담당한 자로 이해한 서긍의 인식이 드러나는 구절이다. 이들은 의례에 관여하기
　도 했지만 해적의 출현 방지와 그에 대한 대응, 고려를 방문하는 사신·사인의
　호위가 주된 임무였으며, 사절단의 호송과 사열을 위해 인위적으로 동원된 것으
　로 여겨진다.

　이창섭, 2014, 앞의 논문, 53·54쪽.

13) 群山島: 지금의 전라북도 군산시에 속한 선유도를 말한다. 이에 대해서는 『高麗

圖經』권36, 群山島條에서 자세히 설명할 것이다.

14) 神舟: 宋 사절단이 고려에 올 때 운용한 대형 선박으로, 고려에 위엄을 떨치기 위해 큰 규모로 제작되었다. 이에 대해서는 『高麗圖經』권34, 神舟條에서 자세히 설명할 것이다.

33-3

[原文]

官船

官船之制, 上爲茅蓋, 下施戶牖, 周圍欄檻. 以橫木相貫, 挑出爲棚, 面濶於底. 通身不用板簣, 唯以矯揉全木使曲, 相比釘之. 前有矴輪, 上施大檣, 布帆二[3]十餘[4]幅[5]垂下, 五分之一, 則散開而不合縫, 恐與風勢相拒耳. 使者入境, 自東而來, 曰接伴, 曰先排, 曰管句, 曰公廚. 凡十[6]餘舟, 大小相若, 惟接伴船, 有陳設幄幕焉.

[譯文]

관선[1]

관선의 제도는 위는 띠로 이었고 아래는 문을 냈으며,[2] 둘레는 난간으로 에워쌌습니다. 횡목[3]으로 서로 꿰어서 도드라지게 드러내어 누각을 만들었는데,[4] 면적이 저판보다 넓습니다. 간막이[通身]는 널을 쓰지 않았고, 다만 통나무를 손질해 굽혀서 서로 잇대어 그것을 박았습니다.[5] 앞에는 호롱[6]이 있고, 위에는 큰 돛대를 설치했는데 베로 된 돛 20여

---

3) 四 : 一.

4) 四 : 五.

5) 知 : "幅【鄭刻一十五幅】"으로 기록되어 있다.

6) 四 : 千, 知 : "十【鄭刻千】"으로 기록되어 있다.

폭이 드리워 내려졌으며 5분의 1은 펼쳐진 채로 두고 꿰매지 않았으니
바람의 형세와 서로 거스를까 두려워했을 뿐입니다. 사신[使者]이 경계
로 들어가면 (배가) 동쪽에서부터 오는데, 접반[7]·선배[8]·관구[9]·공주[10]
라 하였습니다. 무릇 10여 척의 배는 크기[大小]가 같은데, 오직 접반의
배에만 진설한 장막이 있습니다.

[註解]

1) 官船: 고려의 관인들이 宋 사신을 맞이하기 위해 타고 왔던 배이다. 接伴과 사신
   영접을 지원하기 위한 배인 先排·管句·公廚로 이루어졌다. 중앙정부에서 직접 보
   낸 이들로 구성되어 있었기 때문에, 개경 일대에서 출발한 배로 추정된다.
   이창섭, 2014, 앞의 논문, 51~53쪽.
2) 上爲茅蓋 下施戶牖: 갑판 위에 차양을 만들기 위해 띠로 지붕을 덮고 그 밑의 갑
   판에 앉을 수 있는 자리를 만들며, 밑으로 통하는 갑판창구를 뚫은 모습을 표현
   한 것으로 여겨진다.
   金在瑾, 1984, 「高麗의 船舶」, 『韓國船舶史研究』, 서울大學校出版部, 45쪽.
3) 橫木: 橫梁·駕木·멍에라고도 한다. 뱃전 위의 여러 곳에 가로로 걸쳐 놓은 두꺼운
   목재로, 배의 대들보 역할을 하며 양쪽 끝이 뱃전 밖으로 나오게 설치한다. 배가
   양쪽으로 벌어지는 것과 오그라드는 것을 잡아주며, 橫强力을 보강해 주었다.
   국립해양문화재연구소, 2020, 「멍에」, 『우리배 용어사전』, 국립해양문화재연구소,
      239쪽.
   金在瑾, 1989, 「韓船의 構造」, 『우리 배의 歷史』, 서울大學校出版部, 33쪽.
   곽유석, 2012, 앞의 책, 45·55쪽.
4) 橫木相貫 挑出爲棚: 멍에가 뱃전을 뚫고 나와 갑판을 이루고 있는 모양을 표현한
   것이다. 우리나라 전통 선박에서는 멍에를 가로로, 돛대 양옆에 설치한 도리를
   세로로 하여 귀틀을 짜고 그 위에 갑판을 까는데, 본문의 서술은 이를 묘사한 것
   으로 보인다.
   국립해양문화재연구소, 2020, 「멍에」, 『우리배 용어사전』, 국립해양문화재연구소,
      239쪽.
   金在瑾, 1984, 앞의 책, 46쪽.
5) 通身不用板簀 …… 相比釘之: 官船의 내부 구조를 설명한 대목이다. 通身은 배 안
   의 공간과 공간을 막는 간막이를, 板簀은 배 내부의 공간을 막는 隔壁을 의미하
   는 것으로 보인다. '통나무를 손질해 굽혀서 서로 잇대어 박았다.'라는 구절은 멍
   에 밑으로 내려가며 加龍木을 설치한 모습을 묘사한 것이다. 이러한 구조는 중국
   과 달라 주목되는데, 고려와 중국의 배는 橫强度를 지탱하는 방법에서 큰 차이가

있었다. 중국의 배는 격벽을 다수 설치하여 저판과 외판 등이 저절로 횡강도를 유지시키는 방식을 사용하였다. 반면에 고려의 배는 가룡목을 설치했다. 이것은 우리나라 전통 韓船의 고유한 부재인데, 격벽의 역할을 대신하면서도 간편한 형태가된다. 하지만 구조상으로 볼 때 고려의 배는 중국보다 간소한 것이 사실이었다. 앞서 서긍이 고려의 배가 간략하다고 한 것은 이러한 이유 때문으로 여겨진다.

金在瑾, 1984, 앞의 책, 46·47쪽.

金在瑾, 1989, 앞의 책, 66·67·91쪽.

곽유석, 2012, 앞의 책, 44·45·86·87쪽.

6) 矴輪: 배의 닻줄을 감는 장치인 호롱을 말한다. 물레와 비슷한 모양이며, 호롱통에 꽂은 살을 돌려 닻줄을 감아올린다.

국립해양문화재연구소, 2020, 「호롱」, 『우리배 용어사전』, 국립해양문화재연구소, 599쪽.

7) 接伴: 본래 사절에 대한 영송과 접대의 사명을 띤 관원인 接伴使를 뜻한다. 이에 대해서는 『高麗圖經 역주(상)』, 208·209쪽 권7-5-8) 참조. 본문에서는 이들이 탄배를 의미한다.

8) 先排: 본래 의례에서는 앞에 선 이들을 뜻한다. 본문에서는 宋 사신 영접 의례를 위한 의장대가 탄 배를 의미한다. 이 배에 탄 사람들은 京軍으로 여겨진다. 이들은 항로 인근의 주현에서 선발된 병력과 함께 의식을 행할 때에 앞에서 이끌며, 의례에서 핵심적인 역할을 수행했을 것으로 추측된다.

이창섭, 2014, 앞의 논문, 51~53·57쪽.

9) 管勾: 본래 고려에서 사신 영접의례를 담당한 이들이었다고 여겨진다. 본문에서는 이들이 탄 배를 의미한다.

이창섭, 2014, 앞의 논문, 51·52쪽.

10) 公廚: 본래 음식을 조리하던 장소를 뜻한다. 본문에서는 宋 사절을 맞이하는 의례에 사용될 요리를 준비하던 배를 의미한다.

諸橋轍次, 1984, 「公廚」, 『大漢和辭典』 2, 東京 : 大修館書店, 39쪽.

이창섭, 2014, 앞의 논문, 56쪽.

33-4

[原文]

松舫

松舫. 群山島船也. 首尾皆直, 中爲舫屋五間[7], 上以茅覆. 前後設二小室, 安榻垂簾. 中敞二間[8], 施錦茵褥, 最爲華煥. 唯[9]使副與上節, 乘之.

[譯文]

송방[1]

송방은 군산도의 배입니다. 뱃머리와 뱃고물이 모두 곧고 가운데는 선실 5칸으로 하였으며, 위는 띠풀로 덮었습니다. 앞뒤에 2개의 작은 방을 설치했는데, 탑[2]을 놓고 발을 드리웠습니다. 중간에 2칸을 트고 비단[錦][3] 자리[4]를 깔았는데, 가장 화려하고 빛났습니다. 오직 정사·부사[5]와 상절[6]만 탑니다.

[註解]

1) 松舫: 본래 소나무로 만든 배를 뜻한다. 본문에서는 사신 접대에 활용되던 배를 의미한다. 배의 머리와 뒷부분이 직선으로 되어 있는 전형적인 한국 전통 선박의 형태였다. 舫은 두 배를 연결한 것으로, 안정성을 높이는 효과가 있었다. 사절 중 고위층인 正使·副使·上節이 상륙을 위해 갈아타는 용도로 이용하였다.
諸橋轍次, 1985, 「舫」, 『大漢和辭典』 9, 東京 : 大修館書店, 483쪽.
김종수, 2010, 「군산도와 고군산진의 역사」, 『전북사학』 37, 142·143쪽.
곽유석, 2012, 앞의 책, 45쪽.
2) 榻: 평상의 일종이다. 이에 대해서는 『高麗圖經』 권22-5-2) 참조.
3) 錦: 여러 종류의 색실을 이용하여 무늬를 짜 넣은 상급 衣料이다. 이에 대해서는 『高麗圖經』 권14-7-4) 참조.
4) 茵褥: 방석, 융단, 돗자리 등 깔개를 의미한다. 이에 대해서는 『高麗圖經』 권28-10-3) 참조.
5) 使副: 正使와 副使를 말한다. 이에 대해서는 『高麗圖經』 권15-3-5) 참조.
6) 上節: 正使와 副使를 따르던 수행원인 三節의 하나이다. 이에 대해서는 『高麗圖經』 권15-6-6) 참조.

---

7) 知 : 聞.
8) 知 : 聞.
9) 四 : 惟.

33-5

[原文]

幕船

幕船之設, 三島皆有之, 以待中下節使人也. 上以靑布爲屋, 下以長竿代柱, 四阿, 各以采10)繩, 係之.

[譯文]

막선1)

막선의 설비는 세 섬에 모두 있어서, 중절2)·하절3)의 사신을 대접합니다. 위는 청색 포로 지붕을 만들고 아래는 장대로 기둥을 대신하며, 네 모퉁이는 각각 채색 끈으로 매었습니다.

[註解]

1) 幕船: 본래 幕을 둘러친 배를 뜻한다. 群山島—지금의 전라북도 군산시 선유도—·馬島—지금의 충청남도 태안군 일원—·紫燕島 세 섬에 배치되어 松舫에 탑승하지 못하는 中節과 下節이 상륙을 위해 갈아타는 용도로 이용하였다.
곽유석, 2012, 앞의 책, 45쪽.
이창섭, 2014, 앞의 논문, 52·53쪽.
2) 中: 正使와 副使를 따르던 수행원인 三節의 하나인 中節을 가리킨다. 이에 대해서는 『高麗圖經』 권15-6-7) 참조.
3) 下節: 正使와 副使를 따르던 수행원인 三節의 하나이다. 이에 대해서는 『高麗圖經』 권24-11-2) 참조. 선화 연간(송 휘종, 1119~1125)의 사절단에는 하절이 充代下節·宣武下節로 구분되어 있었다. 충대하절에 대해서는 『高麗圖經』 권24-11-1) 참조. 선무하절에 대해서는 『高麗圖經』 권24-12-1) 참조.

---

10) 四 知 : 朱.

[原文]

饋食

使者入境, 而群山島紫燕洲[11]三州, 皆遣人饋食. 持書之吏, 紫衣幞頭, 又其次則烏帽. 食味十餘品, 而麵食爲[12]先[13], 海[14]錯[15]尤[16]爲[17]珍[18]異[19]. 器皿, 多用金銀, 而雜以靑陶. 盤榼, 皆木爲之而黑漆. 神舟泊不近島, 必遣介, 乘舟饋獻於使者. 故事, 送三日, 若過期, 風阻未行, 則饋食不復至也.

[譯文]

궤식[1]

사신[使者]이 (고려) 경계에 들어가면 군산도·자연주[2]·3주[3]에서 모두 사람을 보내 음식을 대접하였습니다. 서찰을 지닌 관리는 자색 옷을 입고 복두[4]를 썼으며, 또 그 다음은 곧 검은색 모자를 썼습니다. 음식의 종류[食味]는 10여 품인데, 국수[5]가 첫 번째이고 해산물이 최고로 진기합니다. 기명은 금과 은을 많이 쓰고 청색 도기도 섞여 있습니다. 소반과 상은 모두 나무로 하여 검게 옻칠했습니다. 신주가 정박했지만 섬과 가깝지 않으면, 반드시 개[6]를 보내 배에 타서 사신에게 (음식을) 올리게

---

11) 四 : 測, 知 : "洲【鄭刻測】"으로 기록되어 있다.
12) 四 : "爲【闕六字】"로 기록되어 있다.
13) 四 : "先"이 누락되어 있다.
14) 四 : "海"가 누락되어 있다.
15) 四 : "錯"이 누락되어 있다.
16) 四 : "尤"가 누락되어 있다.
17) 四 知 : "爲"가 누락되어 있다.
18) 四 知 : "珍"이 누락되어 있다.
19) 四 知 : "異"가 누락되어 있다.

합니다. 전례[故事]에는 3일 동안 보냈으며, 만약 기간이 지나도록 바람이 험해 떠나지 못하면 음식의 공급은 다시 오지 않습니다.

[註解]
1) 饋食: 사절단에게 일상적인 음식을 공급했던 일을 뜻한다. 개경에 도착한 송 사절단의 끼니 수에 대해서는 『高麗圖經』 권28-8-3) 참조. 사절단 내 기물의 차등에 대해서는 『高麗圖經』 권28-9-5) 참조.
   문경호, 2010, 「1123년 徐兢의 고려 항로와 慶源亭」, 『한국중세사연구』 28, 488·504쪽.
   김성규, 2014, 「'선화봉사고려사절단'의 일정과 활동에 대하여」, 『한국중세사연구』 40 ; 2020, 『송대 동아시아의 국제관계와 외교의례(宋代東亞國際關係與外交儀禮)』, 신아사, 643~646쪽.
   이창섭, 2014, 앞의 논문, 52쪽.
   金圭錄, 2015, 「고려중기의 宋 使節 迎送과 伴使의 운용」, 『歷史敎育』 134, 162쪽.
2) 紫燕洲: 紫燕島를 말한다. 이에 대해서는 『高麗圖經』 권39, 紫燕島條에서 자세히 설명할 것이다.
3) 三州: 全州·廣州·靑州를 가리킨다. 이들 지역에 대해서는 『高麗圖經 역주(상)』, 126쪽 권4-3-13)·18) 및 127쪽 4-3-19) 참조. 한편, 해당 지역의 장관인 牧使가 界首官으로서 하는 역할에 대해서는 『高麗圖經 역주(상)』, 222쪽 권8-1-(1)-11) 참조.
4) 幞頭: 중국에서 기원한 冠帽이다. 이에 대해서는 『高麗圖經 역주(상)』, 194쪽 권7-2-1) 참조.
5) 麵食: 면은 소맥인 밀을 뜻하며, 이는 밀을 빻아 만든 국수를 말한다. 『高麗圖經』 권23, 種蓺條에서 서긍은 고려의 토지가 二麥의 재배에 알맞다고 언급하였는데, 이맥은 보리와 밀로 파악된다. 한편, 고려에서 밀은 보리에 비해 기록이 소략하여 위상이 낮고 충분하지 않았을 것으로 여겨진다. 실제로 밀은 주로 큰 행사나 부의할 때에 이용되었다.
   諸橋轍次, 1986, 「麵食」, 『大漢和辭典』 12, 東京 : 大修館書店, 932쪽.
   李正浩, 1997, 「高麗時代 穀物의 種類와 生産」, 『韓國史硏究』 96 ; 2009, 『고려시대의 농업생산과 권농정책』, 景仁文化社, 74·75쪽.
   박용운, 2019, 「고려시대 사람들의 곡물류(穀物類) 식품(食品)」, 『고려시대 사람들의 식음(食飮) 생활』, 경인문화사, 57·58·266쪽.
6) 介: 본래 손님과 주인의 말을 전달하는 사람 혹은 그 행위를 뜻한다. 이에 대해서는 『高麗圖經』 권26-2-8) 참조.

[原文]

供水

海水, 味劇鹹苦, 不可口. 凡舟船, 將過洋, 必設水櫃, 廣蓄甘泉, 以備食飲. 蓋洋中, 不甚憂風, 而以水之有無, 爲生死耳. 華人, 自西絶洋而來, 旣已累日, 麗人, 料其甘泉必盡, 故以大甕, 載水, 鼓舟來迎, 各以茶米, 酢[20]之.

[譯文]

물의 공급

바닷물은 맛이 매우 짜고 써서 입에 댈 수 없습니다. 무릇 선박이 장차 큰 바다를 건너가려고 하면 반드시 수궤(水櫃)를 설치하여 샘물[甘泉]을 많이 저장하여, 먹고 마심에 대비합니다. 대체로 큰 바다 가운데서는 바람에 대한 걱정은 심하지 않고, 물이 있고 없음으로 살거나 죽는다고 여길 뿐입니다. 중국 사람[華人]이 서쪽에서부터 큰 바다를 건너서 온 지 이미 여러 날이어서, 고려 사람들은 그 샘물이 틀림없이 동났을 것으로 생각하므로 큰 항아리에 물을 싣고 배를 저어 와서 맞이하는데, 각각 차와 쌀로 그들에게 보답하였습니다.[1]

[註解]

1) 華人 …… 酢之: 항해해 온 중국인들에게 고려 사람들이 물을 제공하고 그 대가를 받았다는 구절이다. 『高麗圖經』 권36, 苫苫苫條에 따르면, 고섬섬에 정박한 사절단에게 고려 사람들이 물을 제공해주자 쌀로 사례했다는 내용이 전한다. 사신단은 宋으로 돌아갈 때 群山島—지금의 전라북도 군산시 선유도— 등에서 오랫

20) 四 知 : 酬.

동안 머물다가 출발하였는데, 섬을 떠나면서 충분히 물을 채우고 출발했을 것이
다. 그러나 바람이 맞지 않는 등 일정이 지연되면서 고려 사람들로부터 물을 제
공받았을 것인데, 본문의 서술은 이러한 상황을 반영한 것으로 여겨진다.

34-1-(1)

海道一

臣聞海母衆水, 而與天地, 同爲無極. 故其量, 猶天地之不可測度. 若潮汐往來, 應期不爽, 爲天地之至信. 古人嘗論之, 在山海經, 以爲海鰌出入穴之度. 浮屠書, 以爲神龍寶之變化, 寶叔蒙海嶠志, 以謂水隨月之盈虧. 盧肇海潮賦, 以謂日出入于[1]海, 衝擊而成, 王充論衡, 以水者, 地之血脈, 隨氣之進退. 率皆持臆說, 執偏見, 評料近似, 而未之盡. 大抵天包水, 水承地, 而一元之氣, 升降於太空之中. 地乘[2]水力, 以自持, 且與元氣升降. 互爲抑揚, 而人不覺, 亦猶坐於船中者, 不知船之自運也. 方其氣升而地沈, 則海水溢上而爲潮, 及其氣降而地浮, 則海水縮下而爲汐. 計日十二辰, 由子至巳, 其氣爲陽, 而陽之氣, 又自有升降, 以運乎晝. 由午至亥, 其氣爲陰, 而陰之氣, 又自有升降, 以運乎夜. 一晝一夜, 合陰陽之氣, 凡再升再降, 故一日之間[3], 潮汐皆再焉. 然晝夜之晷, 繫[4]乎日, 升降之數, 應乎月. 月臨於子, 則陽氣始升, 月臨於午, 則陰氣始升, 故夜潮之期, 月皆臨子, 晝潮之期, 月皆臨午焉. 又日之行遲, 月之行速. 以速應遲, 每二十九度過半, 而月行及之, 日月之會, 謂之合朔. 故月朔之夜潮, 日亦臨子, 月朔之晝潮, 日亦臨午焉. 且晝, 卽天上而言之, 天體西轉, 日月東行. 自朔而往, 月速漸東, 至午漸遲, 而潮亦應之. 以遲于[5]晝, 故晝潮, 自朔後迭差, 而入于[6]夜, 故所以一日午時, 二日午末, 三日未時, 四日未末, 五日申時, 六日申末, 七日酉時, 八日酉末也. 夜卽海下而言之, 天體東

---

1) 知 : 於.
2) 四知 : 承.
3) 知 : 間.
4) 知 : 係.
5) 知 : 於.
6) 知 : 於.

轉, 日月西行. 自朔而往, 月速漸西, 至子漸遲, 而潮亦應之. 以遲於夜, 故夜潮, 自朔後迭差, 而入于[7]晝, 此所以一日子時, 二日子末, 三日丑時, 四日丑末, 五日寅時, 六日寅末, 七日卯時, 八日卯末也.

[譯文]
바닷길1

　신이 듣기에 바다는 모든 물의 어머니로, 천지와 더불어 똑같이 끝이 없다고 합니다. 그러므로 그 양(量)은 천지를 헤아릴 수 없음과 같습니다. 조석의 왕래와 같은 것은 시기에 응하여 어긋남이 없으니 천지의 지극히 믿을 만한 것입니다.[1] 옛사람들은 일찍이 이에 대해 논하였는데 『산해경』[2]에서는 해추(海鰌)가 굴에 나가고 들어오는 횟수라 여겼습니다.[3] 불경[浮屠書]에서는 신룡보(神龍寶)의 변화라고 하였고,[4] 두숙몽[5]의 『해교지』[6]에서는 물이 달의 차고 기욺을 따른 것이라 하였습니다.[7] 노조[8]의 『해조부』[9]에서는 해가 바다에서 나아가고 들어오면서 충격으로 이루어진 것이라 하였으며,[10] 왕충[11]의 『논형』[12]에는 물이라는 것이 땅의 혈맥이니 기운의 나가고 물러남을 따른다고 하였습니다.[13] 거의 모두가 억설을 내세우고 편견을 고집하고 있는데, 평하고 헤아림이 그럴듯하나 미진합니다.[14] 대체로 하늘은 물을 감싸고 물은 땅을 받드는데 근원의 기운은 태공[15] 안에서 오르내립니다. 땅은 물의 힘에 올라 스스로를 지지하면서 또한 원기와 함께 오르내립니다. 서로 눌러주고 올려주는데 사람들이 느끼지 못하니, 역시 배 안에 앉아있는 자는 배가 스스로 움직임을 알지 못하는 것과 같습니다. 바야흐로 기운이 올라가면 땅이 가라앉고 곧 바닷물이 넘쳐 오니 밀물이 되며, 그 기운이 내려가면 땅이 떠오르고 곧 바닷물은 줄어들고 물러나니 썰물이 됩니다. 하루의

7) 四 知 : 於.

12시진을 헤아려보면 자시부터 사시까지는 그 기운이 양(陽)이 되는데, 양의 기운은 또한 스스로 오르내림이 있으니 낮에 움직입니다. 오시부터 해시까지는 그 기운이 음(陰)이 되는데, 음의 기운도 또한 스스로 오르내림이 있으니 밤에 움직입니다. 하루의 낮과 밤은 음양의 기운을 합쳐보면 모두 두 번 오르고 두 번 내려가는 것이니, 하루 사이에 조석이 모두 두 번인 것입니다. 그리하여 낮과 밤의 빛은 해에 매여있으며 (바닷물이) 오르내리는 수는 달에 대응합니다. 달이 자시에 다다르면 곧 양기가 오르기 시작하고, 달이 오시에 임하면 곧 음기가 오르기 시작하므로 밤의 길물 시기에는 달이 모두 자시에 도달하며, 낮의 밀물 시기에는 달이 대부분 오시에 다다릅니다. 또한 해의 움직임은 느리고 달의 움직임은 빠릅니다. 빠른 것으로 느린 것에 대응해서 매번 (궤도의) 29번 반을 지나면 달의 움직임이 해에 이르는데, 해와 달의 만남을 합삭이라 합니다.[16] 그러므로 초하루 밤의 밀물에는 해가 역시 자시에 다다르고 초하루의 낮 밀물에는 해가 역시 오시에 다다르는 것입니다. 또한 낮은 하늘 위에서 보자면, 천체가 서쪽으로 도니 해와 달은 동쪽으로 움직입니다. 초하루 이후부터는 달이 빠르게 점점 동쪽으로 가서 오시에 이르면 점차 느려지는데 밀물 역시 이에 호응합니다. 낮에는 느려지므로 낮의 밀물은 초하루 이후부터 번갈아 차이가 나고 밤으로 들어가는데, 따라서 1일은 오시이고, 2일은 오시 말, 3일은 미시, 4일은 미시 말, 5일은 신시, 6일은 신시 말, 7일은 유시, 8일은 유시 말인 이유입니다. 밤은 바다 밑에서 보자면, 천체가 동쪽으로 도니 해와 달은 서쪽으로 움직입니다. 초하루 이후부터는 달이 빠르게 점점 서쪽으로 가서, 자시에 이르면 점차 느려지는데 밀물 역시 이에 호응합니다. 밤에는 느려지므로 밤의 밀물은 초하루 이후부터 번갈아 차이가 나고 낮으로 들어가는데, 이것이 1일은 자시이고, 2일은 자시 말, 3일은 축시, 4일은 축시 말, 5일은 인시, 6일은 인시

말, 7일은 묘시, 8일은 묘시 말이 되는 이유입니다.[17][18]

[註解]

1) 若潮汐往來 …… 爲天地之至信: 潮汐 현상에 대한 서긍의 이해를 나타내는 구절이
다. 조석은 바닷물이 起潮力의 水平分力에 의해 일정한 주기로 하루에 2번 움직
이는 현상이다. 본문에서는 하루에 2번 발생하는 조석은 자연현상이며, 달에 의
해 발생한다고 언급하고 있다.
　權赫在, 1997, 「해수의 성질과 조석, 파랑」, 『제2판 : 자연지리학』, 法文社, 569쪽.

2) 山海經: 중국의 지리서이다. 현재 18권이 전해진다. 五藏山經·海外經·海內經·大荒
經으로 구성되어 있으며, 『山經』은 대략 戰國時代 이전, 『海經』은 秦末漢初에 작
성되었다. 山海의 지리를 바탕으로 하여 上古부터 周까지 역사·민족·종교·신화
등의 내용을 포함하고 있다. 고대의 신화와 전설을 다수 수록하고 있다.
　李春植 主編, 2003, 「山海經」, 『中國學資料解題』, 신서원, 317·318쪽.

3) 在山海經 以爲海鰌出入穴之度: 潮汐의 생성 원인에 대한 설명이다. 『山海經』에 의
하면 海鰌가 굴에 들어가면 물이 넘쳐 밀물이 되고 굴에서 나오면 썰물이 되었
으며, 출입에는 절도가 있어 일정한 시간 간격을 두고 발생한 것이라 소개하고
있다. 해추는 해저의 굴에 살았던 길이가 수천 리인 고래이다. 한편, 본문의 내용
은 실제 현전하는 『山海經』은 물론 그 내용을 인용했다는 『水經』에도 확인되지
않는다. 하지만 후대의 책들은 관습적으로 『水經』의 내용을 따라 『山海經』에 실
린 구절이라고 이해하였는데, 본문 역시 비슷한 착오를 보이고 있다.
　諸橋轍次, 1985, 「海鰌」, 『大漢和辭典』 6, 東京 : 大修館書店, 1166쪽.
　구만옥, 2001, 「朝鮮後期 潮汐說과 ‘東海無潮汐論’」, 『東方學志』 111, 15쪽.

4) 浮屠書 以爲神龍寶之變化: 浮屠書에 담긴 용왕과 관련한 潮汐 현상에 대한 이해
를 소개한 구절이다. 부도서는 『大方廣佛華嚴經』 「如來出現品」을 뜻하는 것으로
추정된다. 「如來出現品」에 따르면 바다에는 十光明龍王에서 婆竭羅龍王에 이르는
80억 용왕이 있었는데, 바닷물은 그들의 마음에서 생겨난다고 한다. 潮水는 용왕
의 궁전에서 바다로 흘러가는 물 때문에 발생하는 것으로, 궁전에서 바닷물이
나가는 시간이 일정하여 조수 역시 주기적이었다고 전해진다. 한편, 『大方廣佛華
嚴經』에 대해서는 『高麗圖經』 권18-3-19) 참조.
　『大方廣佛華嚴經』 「如來出現品」.
　구만옥, 2001, 앞의 논문, 16·17쪽.

5) 寶叔蒙: 생몰년 미상. 민간에서 활동하던 과학자로 활동 시기는 대략 8세기 후반
으로 추정된다. 元氣自然論을 계승하였으며, 陰陽의 기운은 천지의 근원에서부터
시작되므로 그 변화의 측정이 가능하다고 여겼다. 이에 潮汐의 원인을 탐구하여
『海濤志』를 편찬하였다.
　徐瑜, 1978, 「唐代潮汐學家寶叔蒙及其 《海濤志》」, 『歷史研究』 6, 63쪽.

6) 海嶠志:『海濤志』라고도 부른다. 竇叔蒙이 대략 8세기경에 편찬한 海潮書로 총 6
편으로 구성되어 있다. 潮汐의 원인이 달과 관계가 있음을 지적하였다.「論濤時
章」게서 처음으로 潮汐表를 만들었으며「春秋仲濤解章」에서는 析木·大梁 두 별자
리가 든 해와 大潮의 관계를 논술하였다.
  李春植 主編, 2003,「海濤志」,『中國學資料解題』, 신서원, 798·799쪽.
  徐瑜, 1978, 앞의 논문, 63·64·66·67쪽.
7) 竇叔蒙海嶠志 以謂水隨月之盈虧: 潮汐 현상에 대한 竇叔蒙의 인식을 보여주는 구
절이다.『海嶠志』에서 조석과 달의 관계를 언급하기는 했으나, 본문과 동일한 구
절은 확인되지 않는다.
  徐瑜, 1978, 앞의 논문, 63·64·66·67쪽.
  구만옥, 2012,「19세기 초 주자학적 조석설(潮汐說)의 재구성—유휘문(柳徽文)의
      『창랑답문(滄浪答問)』을 중심으로—」,『한국과학사학회지』34-3, 498쪽.
8) 盧肇: 818~882. 袁州 宜春—지금의 중국 江西省 宜春市 일원—출신으로 字는 子發
이다. 843년(당 회창 3)에 장원으로 급제하여 倉部員外郎, 集賢院直學士로 지내다
가 함통 연간(당 의종, 860~874)에 歙州—지금의 중국 安徽省 黃山市 일원—의 刺
史가 되었다.
  牛慶國, 2015,「盧肇家世與生平考」,『晚唐作家盧肇研究』, 東北師範大學 中國語言文
      學科 博士學位論文, 14·15·32쪽.
9) 海潮賦: 唐代 盧肇가 지은 것으로 약 9세기경에 완성된 글이다. 宇宙構造論과 渾
天說을 바탕으로 潮汐 현상에 대한 14가지 문제를 제시하고 답하였다. 한편, 우
주구조론은 우주의 조직 원리에 대해 밝히는 이론이다. 혼천설은 그 가운데 하
나인데, 하늘이 땅을 둘러싸고 있는 모습으로 우주가 구성되어 있다는 주장이다.
王蕃의『渾天象說』에 따르면 "하늘과 땅의 형상은 새알과 같은데 하늘이 땅을 덮
고 있음은 마치 알이 노른자를 감싸는 것과 같다[天地之體 狀如鳥卵 天包地外 猶
卵之裹黃]."라고 전한다.
  宋正海, 1984,「中國古代的海洋潮汐學研究」,『自然辯證法通訊』3, 53쪽.
  牛慶國, 2015, 앞의 논문, 128·151쪽.
10) 盧肇海潮賦 …… 衝擊而成: 潮汐 현상에 대한 盧肇의 인식을 보여주는 구절이다.
그는 조수가 해로 인한 외부적 충격 때문에 생겨나는 것이라고 파악하였다. 渾
天說과 宇宙構造論을 기초로 한 이론은 당시 진보적이라 평가되었으며, 이후 조
석 연구에도 많은 영향을 주었다. 한편, 張衡의『渾天儀注』에 따르면 "하늘의 겉
과 속에 물이 있고, 하늘과 땅은 각자 氣에 올라서서 물을 싣고 나아간다[天表裏
有水 天地各乘氣而立 載水而行]."라고 전한다. 그러나 노조는 혼천설을 땅이 물
위에 떠 있고 하늘이 그 모두를 안고 있는 것으로 이해하였고, 合朔에는 조수가
약해진다고 인식하여 차이가 있다.
  『晉書』권11, 志1 天文上 天體.
  宋正海, 1984, 앞의 논문, 53쪽.
11) 王充: 27~97. 會稽 上虞—지금의 중국 浙江省 紹興市 일원— 출신으로 字는 仲任이

다. 집안이 한미하여 지방 말단 관료로 지냈으나, 洛陽—지금의 중국 河南省 洛陽市 일원—에 유학하여 太學에서 공부하였다. 刺史 董勤이 불러 從事하였다가 治中으로 옮겼다. 章帝가 특별히 공거를 보내 불렀으나 병으로 나가지 못했다. 저서로는 『論衡』, 『養性書』 등이 있다.

『後漢書』 권49, 王充王符仲長統列傳39 王充.

임종욱 편, 2010, 「왕충」, 『중국역대 인명사전』, 이회, 1166·1167쪽.

12) 論衡: 漢代 王充이 편찬한 철학서이다. 왕충이 사직한 후 고향 會稽—지금의 중국 浙江省 紹興市 일원—에서 저술하기 시작한 지 30년만인 90년(한 영원 2)에 30권 85편으로 완성되었다. 옛것을 존숭하고 현재의 것을 비판하는 당시의 사조와 다르게 역사는 발전·진화한다고 주장하였다. 春秋·戰國時代의 陰陽家와 漢代의 儒生·道敎의 미신사상 등을 비난하였다. 왕충의 天道自然은 無爲라는 唯物主義 자연관을 강조하였으며, 元氣自然論이라는 새로운 이론을 개창하였다.

李春植 主編, 2003, 「論衡」, 『中國學資料解題』, 신서원, 128·129쪽.

13) 王充論衡 …… 隨氣之進退: 潮汐 현상에 대한 王充의 인식을 보여주는 구절이다. 물을 사람의 혈맥에, 밀물과 썰물을 사람의 호흡에 비유하였다. 『論衡』에 "대개 땅에 수많은 강이 있음은 사람에게 혈맥이 있음과 같다. 혈맥의 흐름은 흘러들어가고 움직이는 모양에 스스로 절도가 있다[夫地之有百川也 猶人之有血脈也 血脈流行 汎揚動靜 自有節度]."라고 전한다.

『論衡』「書虛」.

14) 古人嘗論之 …… 而未之盡: 본문에 따르면 서긍은 『山海經』·浮屠書·『海嶠志』·『海潮賦』·『論衡』의 옛 潮汐說에 대해서 평하고 헤아린 것이 그럴 듯하지만 미진하다고 언급했다. 이러한 평가는 李奎報의 『東國李相國集』에서도 유사하게 나타났는데, 그 역시 대부분의 이론은 증거 삼을 것이 못 되고, 믿을만한 것이 아니라며 부정적으로 평가하였다. 다만 盧肇의 『海潮賦』에 대해서는 "이치를 궁구하고 천성을 다하여 오묘함이 털끝처럼 세심하고, 그 법칙은 易象·渾天과 부합한다[窮理盡性 妙入毫芒 其法與易象渾天吻合]."라고 하며 이후에 다시 논하는 사람이 있더라도 이를 넘어설 수는 없다고 하면서 긍정적으로 평가하였다. 이는 당대 고려의 조석설에 대한 인식이 서긍과 차이가 있었음을 뜻한다.

『東國李相國全集』 권26, 書 「寄吳東閣世文論潮水書」.

구만옥, 2001, 앞의 논문, 19·20쪽.

15) 太空: 끝없이 넓은 하늘, 즉 우주를 뜻한다.

諸橋轍次, 1984, 「太空」, 『大漢和辭典』 3, 東京 : 大修館書店, 525·526쪽.

16) 又日之行遲 …… 謂之合朔: 해와 달의 만남에 대한 설명이다. 合朔은 달이 태양과 지구 사이에 들어가 보이지 않는 현상으로, 朔에서 그 다음 삭까지 걸리는 시간은 평균 29.53일이다. 이 시기에는 태양과 달의 起潮力이 합쳐져 潮差가 가장 큰데, 이를 사리라 한다. 한편, 합삭과 해와 달이 움직이는 속도에 대한 인식은 『後漢書』에서 확인되는데, "하늘의 움직임은 한 번의 낮과 한 번의 밤에 움직여 한 바퀴를 움직이는데 별은 하늘을 따라 서쪽으로 움직이고, 해는 거슬러 동쪽으로

간다. 해의 나아가고 순환함은 하늘에선 度가 되고 역법에서는 日이 된다. ……
해와 달이 서로 밀어내면 해는 느려지고 달은 빨라지게 되는데 그들이 함께 모
이면 합삭이라고 한다[天之動也 一晝一夜而運過周 星從天而西 日違天而東 日之所行
與運周 在天成度 在曆成日 …… 日月相推 日舒月速 當其同 謂之合朔].”라고 전한다.
『後漢書』 권13, 志3 律曆下 曆法.
權赫在, 1997, 앞의 책, 569쪽.
대학지구과학연구모임, 2000, 「좌표계와 지구의 운동」, 『地球科學槪論』, 淸文閣
　　285·286쪽.

17) 計日十二辰 …… 八日卯末也: 潮汐 현상에 대한 서긍의 인식을 나타내는 구절이
다. 본문에서는 하루에 두 번 발생하는 조석 현상은 陰陽說을 통해, 조석 시간의
변동은 해와 달의 운동으로 설명하였다. 이는 燕肅과 沈括이 주장했던 것이다.
연숙은 앞서 원기의 호흡에 따라 조수에는 변화가 생기며, 태양과 달의 위상변
화어 따라 조석 시간도 변한다고 하였다. 한편, 심괄 또한 滿潮의 시간과 실제로
어떤 지점에서 만조가 일어나는 시간의 차이를 지적하였다. 이로 보아 서긍의
潮汐說은 渾天說과 宇宙構造論을 바탕으로 했던 이전 시기 조석설의 영향을 받
은 것이라 할 수 있다.
구만옥, 2001, 앞의 논문, 17·18쪽.

18) 自朔而往 …… 八日卯末也: 潮汐의 주기에 대한 서긍의 이해이다. 달에 의한 조석
은 24시간 50분 동안 2번 일어나기 때문에, 약 12시간 25분의 주기를 갖는다. 그
리고 조수의 최고 높이는 날마다 50분씩 늦어진다. 본문에 나타난 조수에 대한
서긍의 묘사 역시 이러한 차이에 대한 인지를 기반으로 서술된 것이라 이해된
다. 한편, 『高麗圖經』 권34, 海道條 내 밀물추정시각은 현재 서남해안 밀물·썰물
시각보다 약 2시간씩 빠르다.
權赫在, 1997, 앞의 책, 569쪽.
바다타임닷컴(https://www.badatime.com/91-2024-02-11.html).

[표 4] 『高麗圖經』 권34, 海道條를 토대로 구성한 서남해안 밀물 시간표

일	낮		밤	
	『高麗圖經』 내 표기	추정환산시각	『高麗圖經』 내 표기	추정환산시각
1일	午時	12시	子時	0시
2일	午時末	13시	子時末	1시
3일	未時	14시	丑時	2시
4일	未時末	15시	丑時末	3시
5일	申時	16시	寅時	4시
6일	申時末	17시	寅時末	5시

일	낮		밤	
	『高麗圖經』 내 표기	추정환산시각	『高麗圖經』 내 표기	추정환산시각
7일	酉時	18시	卯時	6시
8일	酉時末	19시	卯時末	7시

34-1-(2)

[原文]

加以時有交變, 氣有盛衰, 而潮之所至, 亦因之爲大小. 當卯酉之月, 則陰陽之交也, 氣以交而盛出, 故潮之大也, 獨異於餘月. 當朔望之後, 則天地之變也, 氣以變而盛出, 故潮之大也, 獨異於餘日. 今海中有魚獸, 殺取皮而乾之, 至潮時, 則毛皆起. 豈非氣感而類應, 本於理之自然也. 至若波流而漩伏, 沙土之所凝, 山石之所峙[8], 則又各有其形勢. 如海中之地, 可以合聚落者, 則曰洲, 十洲之類是也. 小於洲而亦可居者, 則曰島, 三島之類是也. 小於島則曰嶼, 小於嶼而有草木, 則曰苫, 如苫嶼而其質純石則曰焦. 凡舫舶之行, 旣出于[9]海門, 則天地相涵, 上下一碧, 旁無雲埃. 遇天地晴霽時, 皓日[10]中天, 遊雲四斂. 恍然如遊六虛之表, 旣不可以言喩. 及風濤間[11]發, 雷雨晦冥, 蛟螭出沒, 神物變化, 而心悸膽落, 莫知所說, 故其可紀錄者, 特山形潮候而已. 且高麗海道, 古猶今也. 考古之所傳, 今或不覩, 而今之所載, 或昔人所未談, 非固爲異也. 蓋航舶之所通, 每視風雨之向背, 而爲之節. 方其風之牽乎西, 則洲島之在東者, 不可得而見. 惟[12]南與北, 亦然. 今旣論潮候之大槩, 詳于[13]前, 謹列夫神舟, 所經島洲

---

8) 四 知 : 峙.
9) 知 : 於.
10) 四 : 月.
11) 知 : 閒.

苫嶼, 而爲之圖.

게다가 계절은 교차와 변화가 있고, 기운은 성함과 쇠함이 있어 조수에 미치는바 역시 이로 인하여 커지고 작아집니다. 2월[卯]·8월[酉]이 되면 음양이 교차하는 것이니, 기운은 교차함으로써 왕성하게 나오므로 조수의 크기가 유독 나머지 달과 다릅니다. 초하루와 보름 이후가 되면 천지가 변하는 것이니, 기운은 변화함으로써 왕성하게 나오므로 조수의 크기가 유독 나머지 날과 다릅니다.[1] 지금 바다 속에는 바다짐승[魚獸]이 있어 죽여서 가죽을 취하고 말리는데, 밀물 때에 이르면 (가죽의) 털이 모두 일어납니다.[2] 어찌 기운이 느껴져 부류들이 반응하고 이치의 자연스러움에서 비롯한 것이 아니겠습니까. 파도와 해류가 소용돌이치는 것, 모래와 흙이 엉기는 것, 산과 돌이 치솟는 것에 이르기까지 또한 각각 그 형세를 가집니다. 가령 바다 가운데 땅으로 취락을 이룰 수 있는 것은 곧 주(洲)라고 하니 십주[3]의 부류가 그것입니다. 주보다 작지만 역시 거주할 수 있는 곳은 곧 도(島)라고 하니 삼도[4]의 부류가 그것입니다. 도보다 작으면 서(嶼)라고 하고, 서보다 작지만 풀과 나무가 있으면 섬(苫)이라고 하며, 섬·서와 같으나 그 바탕이 모두 돌이면 초(焦)라고 합니다.[5] 무릇 배[舫舶]가 나아갈 때 이윽고 해문[6]을 나서면 곧 하늘과 땅이 서로 품으니 위와 아래는 하나같이 푸르고 곁에는 구름과 티끌이 없습니다. 때마침 하늘과 땅이 맑게 갤 때면 밝은 해가 하늘 가운데에 있고 뜬 구름이 사방으로 거두어들입니다. 황연하기가 육허[7]의 표면을 헤엄치는 듯하여 이미 말로 비유할 수 없습니다. 바람과 큰 파도가 틈틈

---

12) 知 : 唯.
13) 知 : 於.

이 발생하여 천둥과 비로 어두워지면 교룡[蛟螭][8]이 나타났다가 사라져
서 신물(神物)이 변화하니 심장이 뛰고 담이 떨어지므로 말할 바를 알지
못하게 되어, 그 기록할 수 있는 것은 단지 산 형세와 조수 현상뿐입니다.
또한 고려의 바닷길은 옛날과 지금이 같습니다. 살펴보건대 예로부터
전해진 것에 지금은 혹 보이지 않고, 지금 기재된 것에 혹 옛사람이
말하지 않은 것은 있지만 진실로 달라지는 것은 아닙니다. 대개 배의
통행은 매번 바람과 비의 향배를 살펴서 알맞은 시기로 삼습니다. 바야
흐로 그 바람이 서쪽으로 이끌면 주·도 중에 동쪽에 있는 것은 볼 수
없습니다. 생각건대 남쪽과 북쪽 역시 그러합니다. 지금 이미 조수와
징후의 대략을 앞에서 자세하게 논하였으니, 삼가 신주가 지나간 도·주·
섬·서를 나열하고 그것을 그립니다.

[註解]

1) 當卯酉之月 …… 獨異於餘日: 潮差가 가장 큰 때인 사리에 대한 설명이다. 바닷물
   의 높이가 제일 높은 순간인 高潮·滿潮와 제일 낮은 순간인 低潮·幹潮의 물 높이
   차이를 조차라 한다. 계절과 달의 모양에 따라 조차에 변화가 있다. 보름과 그믐
   에 조차가 가장 크며, 이 시기를 사리 또는 大潮라고 부른다. 그 가운데 2월과 8
   월의 사리가 가장 크다. 본문의 구절은 이러한 현상을 설명한 것으로 이해된다.
   權赫在, 1997, 앞의 책, 569~571쪽.
2) 今海中有魚獸 …… 則毛皆起: 조수에 생물이 반응하고 있음을 뜻한다. 魚獸가 무
   엇인지 특정할 수 없으나, 『博物志』에 "동해에 우체어가 있는데 그 형상은 소와
   같다. 그것의 껍질을 벗겨 걸어놓고 조수에 이르면 털이 일어나고 조수가 가면
   털이 쓰러진다[東海中有牛體魚 其形狀如牛 剝其皮懸之 潮水至則毛起 潮水去則毛
   伏]."라는 구절이 있어 참고된다.
   『博物志』 권3, 異魚.
3) 十洲: 道敎에서 말하는 神仙이 사는 10개의 섬이다. 구체적으로는 祖洲·瀛洲·懸
   洲·炎洲·長洲·元洲·流洲·生洲·鳳麟洲·聚窟洲이다. 한편, 洲는 본문에서 섬의 종류
   를 구분하는 단위로 사용되었다.
   諸橋轍次, 1984, 「十洲」, 『大漢和辭典』 2, 東京 : 大修館書店, 492쪽.
4) 三島: 본래 道敎에서 神仙이 사는 蓬萊·方丈·崑崙의 세 섬으로, 島는 바다 가운데
   에 있는 산을 뜻한다. 『高麗圖經』 권18, 道敎條에 의하면 서긍은 이것이 조선 땅

에 위치하였다고 파악하였다. 이에 대해서는『高麗圖經』권18-1-3) 참조. 한편 島
는 본문에서 섬의 종류를 구분하는 단위로 사용되었다.

5) 如每中之地 …… 如苫嶼而其質純石則曰焦: 섬의 종류에 대한 서긍의 인식을 나타
내는 구절이다. 본문에서는 洲·島·嶼·苫·焦 등을 구분해서 개념을 언급하고 있지
만, 실제로 고려가 섬을 이러한 방식으로 구분하였는지는 알 수 없다. 한편, 섬의
숫자는 서긍이 직접 파악하였다고 보기는 어려우므로 이는 당시 고려가 관리하
는 섬의 숫자를 의미한다고 보기도 한다.
　윤용혁, 2013,「고려의 뱃길과 섬, 최근의 연구 동향」,『島嶼文化』42, 115쪽.
　洪榮義, 2017,「고려시대의 도서(섬)의 인식과 개발」,『한국학논총』48, 39·40쪽.

6) 海門: 바다의 지형 중 하나이다. 양옆의 육지가 가까워져 바다가 좁아진 곳이다.
　諸橋轍次, 1985,「海門」,『大漢和辭典』6, 東京 : 大修館書店, 1174쪽.

7) 六盡: 우주이다. 위·아래와 사방의 여섯 극한을 뜻한다.
　諸橋轍次, 1984,「六虛」,『大漢和辭典』2, 東京 : 大修館書店, 52쪽.

8) 蛟螭: 상상의 동물인 蛟로 여겨진다. 이에 대해서는『高麗圖經 역주(상)』, 252쪽
권9-2-2) 참조.

34-2

[原文]

神舟

臣側聞神宗皇帝, 遣使高麗, 嘗詔有司, 造巨艦二. 一曰淩虛致遠安濟
神舟, 二曰靈飛順濟神舟, 規模甚雄. 皇帝嗣服, 羹墻孝思. 其所以加惠麗
人, 實推廣熙豐之績. 爰自崇寧, 以迄于14)今, 薦使綏撫, 恩隆禮厚. 仍詔
有司, 更造二舟. 大其制而增其名, 一曰鼎新利涉懷遠康濟神舟, 二曰循
流安逸通濟神舟, 巍如山嶽. 浮動波上, 錦帆鷁首, 屈服蛟螭, 所以暉赫皇
華, 震懾夷15)狄16). 超冠今古, 是宜麗人, 迎詔之日, 傾國聳觀, 而歡呼嘉
歎也.

---

14) 知 : 於.
15) 四 : 海.
16) 四 : 外.

[譯文]

신주[1]

신이 전해 듣건대 신종황제[2]께서는 고려에 사신을 보낼 때 일찍이 담당관서에 조서를 내려 거대한 배 2척을 만들게 하였습니다.[3] 첫 번째는 '능허치원안제신주(凌虛致遠安濟神舟)', 두 번째는 '영비순제신주(靈飛順濟神舟)'라고 하니 규모가 매우 웅장하였습니다. 황제[4]께서 제위를 이으시고는[嗣服] 국과 담에도 선황제가 보이는 듯한[羹墻] 효심이셨습니다.[5] 그것이 고려 사람들에게 은혜를 더한 까닭으로 실로 희령과 원풍[6]의 치적을 따르고 넓혀 나간 것입니다. 이에 숭녕[7]부터 지금에 이르기까지 줄곧 사신으로 위무하셨으니 은혜가 융숭하고 예가 두터웠습니다.[8] 인하여 담당관서에 조서를 내려 다시 2척의 배를 만들도록 하였습니다. 그 규모를 키우고 그 이름을 새로이 하였는데, 첫 번째는 '정신리섭회원강제신주(鼎新利涉懷遠康濟神舟)', 두 번째는 '순류안일통제신주(循流安逸通濟神舟)'라고 하니 크기가 큰 산과 같습니다. 물결 위에 떠서 움직이면 비단[錦][9] 돛의 익새의 머리[10]가 교룡[蛟螭]을 굴복시키니 황제의 사신[11]을 빛내어 오랑캐에게 (위엄을) 떨쳐 두렵게 하는 것입니다. 고금에서 으뜸으로 뛰어나니 이에 마땅히 고려 사람들은 조서를 맞이하는 날에 온 나라에서 까치발을 들어 구경하고 환호하며 감탄합니다.

[註解]

1) 神舟: 宋 사절단이 고려에 올 때 운용한 대형 선박이다. 1078년(송 원풍 1)에 明州—지금의 중국 浙江省 寧波市 일원—에서 배 두 척을 만들었고, 1123년(송 선화 5)에 또 두 척이 제작되었다. 전자의 이름은 凌虛致遠安濟神舟와 靈飛順濟神舟, 후자의 이름은 鼎新利涉懷遠康濟神舟와 循流安逸通濟神舟이다. 신주의 이름에 사용된 글자 수는 1078년의 것이 6자와 4자임에 반해 1123년의 것은 10자와 8자로 각각 4자씩 증가하였다. 이는 신주의 명칭이 존호와 같은 역할을 했기 때문이며, 송 徽宗代 만든 배의 권위를 더 높이기 위했던 조처로 이해된다. 같은 이유로 두

척 중 명칭이 더 길었던 배의 階序가 다른 배보다 우세했을 것으로 파악된다. 온전하고 커다란 나무와 각목을 혼용해 제작하였으며, 첨저형이어서 파도를 가로지르는 데에 유용했다. 크기는 客舟의 3배였다. 한편, 신주의 운행은 宋商의 선원이 맡았을 것으로 보인다. 이는 황제의 사절과 詔書를 태우고 고려에 가기 위해 특별히 만들어져 별도의 선원이 배속되어 있지 않았기 때문이다. 이들은 체류 중에 고려 사람들과 무역을 할 수 있었고, 외교에 기여한 공으로 송 조정의 관작을 받기도 하였다.

『宋史』 권487, 列傳246 外國3 高麗 元豐 1년.

李鎭漢, 2008, 「高麗 文宗代 對宋通交와 貿易」, 『歷史學報』 20 ; 2023, 『高麗時代 對外交流史 研究』, 景仁文化社, 108·109쪽.

金榮濟, 2009, 「麗宋交易의 航路와 船舶」, 『歷史學報』 204 ; 2019, 『고려상인과 동아시아 무역사』, 푸른역사, 48~50쪽.

李鎭漢, 2011, 「高麗·宋의 外交와 宋商往來」, 『高麗時代 宋商往來 研究』, 景仁文化社, 103~105쪽.

문경호, 2018, 「12세기 초의 동아시아 국제정세와 神舟의 고려 항로」, 『한국중세사연구』 55, 19~25쪽.

2) 神宗皇帝: 1048~1085. 宋의 제6대 황제이다. 재위 기간은 19년(1067~1085)이다. 그에 대해서는 『高麗圖經 역주(상)』, 68쪽 권2-2-(2)-1) 참조.

3) 遣使高麗 …… 造巨艦二: 1078년(송 원풍 1)에 宋이 사절을 보내기 위해 배를 만든 것을 가리킨다. 송 神宗代 神舟 제작은 고려에 대한 적극성의 표현으로, 사신을 보낼 때 성의를 보이려는 송의 태도를 보여준다.

『宋史』 권487, 列傳246 外國3 高麗 元豐 1년.

문경호, 2018, 앞의 논문, 19쪽.

4) 皇帝: 宋의 제8대 황제 徽宗(1082~1135)을 가리킨다. 그에 대해서는 『高麗圖經』 권17-2-6) 참조.

5) 羹墻: 堯·舜의 사례에서 유래한 표현이다. 『後漢書』에 "옛날 요 임금이 돌아가신 뒤에 순 임금이 3년 동안 우러르고 사모하여, 앉았을 때는 담에서 요 임금을 보고 밥 먹을 때는 국에서 요 임금을 보았다[昔堯殂之後 舜仰慕三年 坐則見堯於墻 食則睹堯於羹]."라고 전한다. 본문에서는 宋 徽宗이 선황제인 神宗을 존경하고 사모하였음을 비유한 것이다.

『後漢書』 권63, 李杜列傳53 李固.

6) 熙豐: 희령 연간(송 신종, 1068~1077)과 원풍 연간(송 신종, 1078~1085)을 가리킨다.

7) 崇寧: 宋 徽宗의 연호로 1102~1106년 사이에 사용되었다.

8) 爰自崇寧 …… 恩隆禮厚: 숭녕 연간(송 휘종, 1102~1106)부터 1123년(송 선화 5, 고려 인종 1)까지 宋이 고려에 지속적으로 사신을 파견한 것에 대한 구절이다. 사신이 파견된 구체적인 시기는 1103년(송 숭녕 2, 고려 숙종 8), 1110년(송 대관 4, 고려 예종 5), 1118년(송 정화 8, 고려 예종 13), 1120년, 1121년, 1123년 등으로, 총 6번이다. 이 시기의 송은 빈번하게 사신을 보내어 고려에 주의를 기울였

을 뿐만 아니라, 송에 온 고려의 사신도 후대하였다. 이는 송이 고려와 연합하여 遼를 제압하고자 하는 기조에 따라 대외정책을 운영하고 있었기 때문이다. 한편, 송의 고려사신에 대한 대우에 관해서는 『高麗圖經 역주(상)』, 55쪽 권2-1-7) 참조.
  『高麗史』 권12, 世家12 肅宗 8년 6월 壬子.
  『高麗史』 권14, 世家14 睿宗 13년 7월 辛巳·15년 7월 壬戌·16년 3월 乙巳.
  『高麗史』 권15, 世家15 仁宗 1년 6월 甲午.
  『高麗史節要』 권7, 睿宗 5년 6월.
  문경호, 2018, 앞의 논문, 19·20쪽.
9) 錦: 여러 종류의 색실을 이용하여 무늬를 짜 넣은 상급 衣料이다. 이에 대해서는 『高麗圖經』 권14-7-4) 참고.
10) 鷁首: 돛에 그려진 익새의 머리 문양을 말한다. 이에 대해서는 『高麗圖經』 권 33-1-3) 참조.
11) 皇華: 天子의 사신, 勅使를 뜻한다. 『詩經』의 천자가 사신을 보내는 잔치와 연회 등에서 부른 노래인 皇皇者華에서 비롯된 표현이다. 皇皇者華에 대해서는 『高麗圖經 역주(상)』, 19쪽 권0-1-(2)-11) 참조.
  諸橋轍次, 1985, 「皇華」, 『大漢和辭典』 8, 東京 : 大修館書店, 74쪽.

34-3

[原文]

客舟

舊例, 每因朝廷遣使, 先期委福建兩浙監司, 顧募客舟, 復令明州裝飾, 略如神舟, 具體而微. 其長十餘丈, 深三丈, 濶二丈五尺, 可載二千斛粟. 其制, 皆以全木巨枋, 攙疊而成, 上平如衡, 下側如刃, 貴其可以破浪而行也. 其中, 分爲三處, 前一倉, 不安艎板, 唯[17)於底, 安竈與水櫃, 正當兩檣之間[18)也. 其下, 卽兵甲宿棚. 其次一倉, 裝作四室. 又其後一倉, 謂之膓屋, 高及丈餘, 四壁施窓戶, 如房屋之制. 上施欄楯, 采[19)繪華煥, 而用

---

17) 四 : 惟.
18) 四 知 : 閒.
19) 四 : 朱.

帟幕增飾. 使者官屬, 各以階序分居之. 上有竹篷, 平時積疊, 遇雨則鋪蓋周密. 然舟人, 極畏廥高, 以其拒風, 不若仍舊爲便也. 船首兩頰柱中, 有車輪, 上綰藤索, 其大如椽, 長五百尺. 下垂矴石, 石兩傍[20], 夾以二木鉤. 船未入洋, 近山抛泊, 則放矴箸[21]水底, 如維纜之屬, 舟乃不行. 若風濤緊急, 則加遊矴, 其用如大矴, 而在其兩旁. 遇行則卷其輪, 而收之. 後有正柂, 大小二等, 隨水淺深更易. 當廥之後, 從上插下二棹, 謂之三副柂, 唯[22]入洋則用之. 又於舟腹兩旁, 縛大竹爲槖, 以拒浪. 裝載之法, 水不得過槖, 以[23]爲[24]輕重之度. 水棚, 在竹槖之上. 每舟十艣, 開山入港, 隨潮過門, 皆鳴艣而行, 篙師, 跳躑號叫, 用力甚至, 而舟行, 終不若駕風之快也. 大檣高十丈, 頭檣高八丈, 風正則張布颿五十幅, 稍偏則用利篷, 左右翼張, 以便風勢. 大檣之巓, 更加小颿十幅, 謂之野狐颿, 風息則用之. 然風有八面, 唯當頭, 不可行. 其立竿以鳥羽, 候風所向, 謂之五兩. 大抵難得正風, 故布帆之用, 不若利篷, 翕張之能順人意也. 海行, 不畏深, 惟懼淺, 閣以舟底不平. 若潮落則傾覆不可救, 故常以繩垂鉛硾[25]試之. 每舟, 篙師水手可六十人, 惟恃首領. 熟識海道, 善料天時人事, 而得衆情. 故[26]一有倉卒之虞, 首尾相應, 如一人, 則能濟矣. 若夫神舟之長潤高大, 什物器用人數, 皆三倍於客舟也.

[譯文]

객주[1]

전례[舊例]에서는 매번 조정이 사신을 보냄으로 인하여 기일에 앞서

---

20) 四 知 : 旁.

21) 四 : 著.

22) 四 : 惟.

23) 四 : "以【闕】"로 기록되어 있다.

24) 四 知 : "爲"가 누락되어 있다.

25) 四 知 : "以"가 추가되어 있다.

26) 四 : "若"이 추가되어 있다.

복건[2]과 양절[3]의 감사[4]에게 위임하여 객주를 모집하여 고용하였고 다시 명주[5]에 명하여 꾸미는 것이 대략 신주와 같았으며, 전체적으로 갖추었으나[具體] 작았습니다.[6] 그 길이는 10여 길이고 깊이는 3길이며 너비는 2길 5자였으니[7] 2,000곡의 곡식을 실을 수 있었습니다.[8] 그 제도는 온전한 큰 나무로 꿰뚫고 포개어 만들었는데 위의 평평함은 저울대와 같고 아래쪽은 칼날과 같으니 파도를 가르고 갈 수 있는 것을 귀하게 여기기 때문입니다.[9] 그 안에는 세 부분으로 나뉘는데 앞에 한 선창에는 갑판[艎板]을 두지 않고 다만 바닥에 화덕과 수궤(水櫃)를 두니 바로 두 돛대의 사이에 해당합니다. 그 아래는 무기[兵甲]를 두는 곳이었습니다.[10] 그 다음 한 선창에는 4개의 방을 꾸며놓았습니다.[11] 또 그 뒤의 한 선창은 교옥(虜屋)이라 하는데 높이가 1길 남짓에 미치며 네 벽에 창호를 설치하였으니 가옥[房屋]의 제도와 같습니다. (교옥의) 위에는 난간을 설치하였고 채색 그림은 화려하고 빛나는데 역막[12]을 사용하여 장식을 더했습니다. 사신[使者]과 관속들이 각자 계서대로 나누어 거처했습니다. 위에는 대나무 뜸[篷]이 있는데 평상시에는 포개어 쌓아놓았다가 비를 만나면 펼쳐서 덮어씌우기를 빽빽하게 합니다.[13] 그런데 뱃사람들은 교옥의 높음을 매우 꺼리니 그것으로 인해 바람의 저항을 받아 이전만큼 편하지 않은 것입니다. 뱃머리의 양쪽 벽면의 기둥 가운데에는 수레바퀴가 있고 위에는 등나무 동아줄을 매었는데, 그 크기는 서까래와 같고 길이가 500자였습니다. 아래에는 닻돌을 늘어뜨렸고 돌의 양쪽 곁에 2개의 나무갈고리를 끼웠습니다. 배가 아직 큰 바다에 들어가지 않고 산 가까이에 정박하면 닻을 풀어 물 바닥에 닿게 하였는데, 닻줄을 매어두면 배가 나아가지 않습니다.[14] 만약 바람과 파도가 긴급하면 유정(遊矴)을 더했는데 그 쓰임은 큰 닻돌과 같았으며 그 양쪽 곁에 있습니다. 항해할 때는 그 바퀴를 돌려서 거둡니다.[15] 뒤에는 정타(正柂)

가 있는데 크기[大小]는 두 가지이며 물의 얕고 깊음에 따라 고쳐 바꿉니다.[16] 교옥의 뒤에는 위에서부터 아래로 꽂는 노가 2개인데 이를 삼부타(三副柂)라고 하며 오직 큰 바다에 들어갈 때 사용합니다.[17] 또 배의 가운데[舟腹] 양쪽 곁에는 큰 대나무를 묶고 자루로 만들어 파도를 막습니다. 짐을 싣는 법은 물이 자루의 (높이를) 넘을 수 없도록 하여 무게의 기준으로 삼습니다. 수방벽[水棚]은 대나무 자루의 위에 있습니다. 배마다 10개의 노가 있어서 산을 헤쳐 항구로 들어가거나 조수를 따라 문을 지나면 모두 노를 저어 가는데, 뱃사공들이 뛰면서 부르짖으며 힘을 쓰기가 매우 지극하여도 배가 나아감이 끝내 바람을 타는 빠르기만 못합니다.[18] 큰 돛은 높이가 10길이고 두장(頭橋)은 높이가 8길로 바람이 바를 띠면 포범(布颿) 50폭을 펼치며, 조금 치우칠 때면 이봉(利篷)을 사용하여 좌우날개처럼 펴서 바람의 형세를 편리하게 합니다. 큰 돛의 꼭대기에는 다시 작은 돛 10폭을 더하는데 이를 야호범(野狐颿)이라고 하며 바람이 그치면 사용합니다.[19] 그러나 바람은 8면이 있는데 오직 정면으로 맞닿으면 갈 수 없습니다. 장대를 세워 새의 깃털로 바람이 향하는 바를 살피는데, 이를 오량(五兩)이라고 합니다. 대저 정풍(正風)을 얻기 어려우므로 포범의 쓰임은 능히 사람이 뜻에 따르는 이봉이 열고 닫히는 것만 못합니다. 바다에 나아갈 때 깊음을 두려워하지 않고 다만 얕음을 두려워하니 멈출 때 배의 바닥이 평평하지 않기 때문입니다. 만약 조수가 빠질 때 기울어져 넘어지면 구할 수 없으므로 항상 끈으로 납을 드리워 가라앉혀 (깊이를) 잽니다.[20] 배마다 뱃사공과 선원이 60인 정도인데 다만 수령[21]을 믿습니다. (수령은) 바닷길을 익히 알고 하늘의 때와 사람의 일을 잘 헤아려 여러 사람의 마음을 얻습니다. 그러므로 창졸의 근심과 걱정이 있어도 머리부터 꼬리까지 서로 뜻이 잘 맞아 한 사람과 같아서 능히 구제하였습니다. 대저 신주의 길이·너비·높

이·크기·집기·용기·사람 수는 모두 객주의 3배입니다.[22]

[註解]

1) 客舟: 宋 사절단이 고려에 올 때 이용한 선박이다. 神舟와 비슷하나 크기가 더 작
   았다. 福建—지금의 중국 福建省 일원—에서 건조된 福船으로, 갑판부가 넓고 선
   저에 용골이 있는 첨저선이었다. 본래는 宋商이 운용하던 무역선이었는데, 200인
   에서 300인까지 수용 가능한 중형선이었다.
   金榮濟, 2009, 앞의 논문 ; 2019, 앞의 책, 48·49쪽.
   李鎭漢, 2011, 앞의 책, 103~105쪽.
   추이 윈펑(崔雲峰)·김성준 지음, 2021, 「송대 서긍의 고려 봉사선과 항로」, 『중국
       항해선박사』, 혜안, 165쪽.
2) 福建: 지금의 중국 福建省 일원이다. 宋의 福建路를 가리킨다.
   『宋史』 권89, 志42 地理5 福建路.
3) 兩浙: 지금의 중국 浙江省 일원이다. 宋의 兩浙路를 가리킨다.
   『宋史』 권88, 志41 地理4 兩浙路.
4) 監司: 宋代 지방 행정 구역인 路의 按察司·轉運司·提刑司·提擧常平司의 총칭이다.
   로의 財賦를 관장하고 州縣의 관리를 감찰하며, 부대를 인솔하여 순찰하면서 민
   간의 이로운 일과 해로운 일을 살폈다.
   龔延明 主編, 1995, 「路監司」, 『宋代官制辭典』, 北京 ： 中華書局, 478쪽.
5) 明州: 지금의 중국 浙江省 寧波市 일원이다. 이에 대해서는 『高麗圖經 역주(상)』,
   69쪽 권2-2-(2)-7) 참조.
6) 舊例 …… 具體而微: 1078년(송 원풍 1, 고려 문종 32)에 宋 神宗이 고려에 사신을
   파견하기로 결정하고 神舟와 客舟를 꾸리는 준비에 대한 설명이다. 左諫議大夫 安
   燾와 起居舍人 陳睦을 고려로 보내면서 신주를 건조하는 한편, 宋商이 이용하던
   객주를 모집하였다. 이때 고려와 교역하고 있던 福建—지금의 중국 福建省 일원—
   과 兩浙—지금의 중국 浙江省 일원—의 송상들은 이를 고려에 알리고 사례금을
   받고자 하였다. 이에 各路의 監司들이 조사하여 編勅에 의거해 처벌하려 하였다.
   『續資治通鑑長編』 권289, 神宗 元豊 1년 5월 甲申.
   金榮濟, 2009, 앞의 논문, 252·253쪽.
7) 其長十餘丈 …… 濶二丈五尺: 客舟의 규모에 대한 설명이다. 정화 연간(송 휘종,
   1111~1118)에 사용된 尺은 大晟樂尺으로 1자는 대략 29cm이며, 1丈을 10자로 계
   산하면 약 2.9m가 된다. 이를 통해 객주의 규모를 추론하면 길이는 약 29m, 높이
   는 8.7m, 너비는 7.25m이다. 한편, 객주는 원래 宋商들의 상선이었다. 화물 중 일
   정한 수량을 현지의 국왕이나 토호에게 바쳐야 했기 때문에 적재량이 클수록 송
   상에게 유리했다.
   朴興秀, 1999, 「宋·元·明·淸의 度量衡制度」, 『韓·中度量衡 制度史』, 성균관대학교

출판부, 396~403쪽.

문경호, 2018, 앞의 논문, 21쪽.

추이 윈펑(崔雲峰)·김성준 지음, 2021, 앞의 책, 187쪽.

8) 可載二千斛粟: 客舟의 적재량에 대한 설명이다. 斛은 10鬥를 넣을 수 있는 용기를
의미한다. 宋代 1곡을 현대 기준으로 환산하면 77.504L로 여겨진다. 본문에서는
2,000곡을 실을 수 있다고 하였으므로 객주 1척 당 155,008L를 실을 수 있었을
것으로 추측된다.

朴興秀, 1999, 앞의 책, 396~403쪽.

문경호, 2018, 앞의 논문, 21쪽.

9) 上平如衡 …… 貴其可以破浪而行也: 客舟의 하부가 뾰족한 형태인 첨저형임을 뜻
한다. 중국의 선박은 대체로 하부가 U자 형태인 평저선이었으나 몇몇 주요한 군
선은 V자 형태인 첨저선이었다. 1973년 중국 福建省 泉州灣 洛陽江邊 後渚 마을
앞 갯벌에서 용골을 포함한 첨저형의 古船이 발견되어 그 실물이 확인되기도 하
였다. 첨저선은 연안항해를 주로 운행하였던 평저선과 다르게, 원양항로에 유리
하였다.

金在瑾, 1984,「高麗의 船舶」,『韓國船舶史研究』, 서울大學校出版部, 57~60쪽.

金榮濟, 2009, 앞의 논문 ; 2019, 앞의 책, 50~52쪽.

10) 前一倉 …… 卽兵甲宿棚: 客舟의 구조 중 앞부분에 대한 설명이다. 객주는 크게
세 부분으로 구분되어 있는데, 맨 앞의 부분은 2층으로 구획되었다. 위쪽은 화덕
과 물독이 설치된 배의 부엌이며 식수의 조달과 취사가 이루어졌을 것으로 여겨
진다. 아래쪽은 군사들의 숙식공간이자 무기를 저장하는 공간이었다.

문경호, 2018, 앞의 논문, 23·24쪽.

11) 其次一倉 裝作四室: 客舟의 구조 중 중간부분에 대한 설명이다. 여기에는 4개의
방으로 구성되어 있으며, 하급관리나 실무자들이 거처했을 것으로 여겨진다. 공
간의 활용도를 고려하면 '田'자형으로 이루어졌을 것으로 추측된다.

문경호, 2018, 앞의 논문, 24쪽.

12) 帟幕: 장막을 말한다. 이에 대해서는『高麗圖經』권28-4-1 참조.

13) 又其後一倉 …… 遇雨則鋪蓋周密: 客舟의 구조 중 뒷부분에 대한 설명이다. 여기
에는 廥屋이라는 구조물이 존재했는데, 높이가 약 3m 정도이며 네 면에는 모두
창호가 설치되어 있었다. 또한 교옥의 윗부분에는 사방이 트여 있어, 바다를 조
망하거나 바람을 쐴 수 있는 공간과 함께 난간이 설치되어 있었다. 난간의 위쪽
에는 장막이 있어 햇빛을 막는 역할을 하였으며, 비를 대비해 대나무로 만든 지
붕을 준비하여 우천 시에 폈다.

문경호, 2018, 앞의 논문, 24쪽.

14) 船艏兩頰柱中 …… 舟乃不行: 客舟 뱃머리에 설치된 닻줄과 물레, 닻돌에 대한 설
명이다. 배의 선수부 중 위쪽인 닻을 놓아둔 碇前에는 頭巾이라 부르는 선량이
있었다. 두건 위에 물레를 고정하는 큰 기둥인 협주를 장착하고 그 사이에 닻물
레를 설치했다. 즉, 두 개의 나무 갈고리에 닻돌이 매달린 모양이었다. 한편, 등

나무를 꼬아서 두껍게 만든 닻줄은 부식에 강해 바람과 파랑에 단절되는 것을
방지했는데, 길이는 약 500자였다.

　　문경호, 2018, 앞의 논문, 24쪽.

　　추이 윈펑(崔雲峰)·김성준 지음, 2021, 앞의 책, 166·186쪽.

15) 若風濤緊急 …… 而收之: 닻돌 양옆에 설치된 遊矴과 관련한 설명이다. 유정은 작
　　은 형태의 갈고리 모양이었을 것으로 여겨진다. 대체로 큰 닻의 역할을 보조하
　　여 풍랑을 만나 다급할 때 배를 고정시키는 역할을 담당했다.

　　문경호, 2018, 앞의 논문, 24쪽.

16) 後有正柂 …… 隨水淺深更易: 客舟의 廅屋 뒤에 설치된 正柂에 대한 설명이다. 정
　　타는 큰 것과 작은 것 2개가 있었는데, 수심이 깊은 바다를 항해할 때는 큰 타를
　　이용하고 비교적 얕은 바다에서는 작은 타를 사용하였다. 일반적으로 좁고 길쭉
　　한 모양이었으며 선저 밑으로 뻗어 있었다. 선수의 물레를 이용해 상하로 들어
　　올렸다.

　　문경호, 2018, 앞의 논문, 24·25쪽.

　　강원춘, 2020, 「『고려도경』 객주의 구조와 항로—협계산~군산도를 중심으로—」,
　　　　『해양문화재』 13, 86쪽.

　　추이 윈펑(崔雲峰)·김성준 지음, 2021, 앞의 책, 175쪽.

17) 當廅之後 …… 唯入洋則用之: 客舟의 廅屋 뒤에 설치된 노인 三副柂에 대한 설명
　　이다. 삼부타는 교옥에서 아래로 관통시킨 형태로 주로 수심이 깊은 바다에서
　　이용하였으며, 正柂가 방향을 제어하는 것을 도울 때 사용되었다.

　　문경호, 2018, 앞의 논문, 24·25쪽.

　　강원춘, 2020, 앞의 논문, 86쪽.

　　추이 윈펑(崔雲峰)·김성준 지음, 2021, 앞의 책, 187쪽.

18) 又於舟腹兩旁 …… 終不若駕風之快也: 客舟의 船腹에 설치한 대나무 자루와 노가
　　설치된 수방벽에 대한 설명이다. 대나무 자루는 파도가 배로 넘어오지 않게 하
　　는 한편, 짐을 실을 때 적재량을 가늠하는 데에 이용하였다. 수방벽에는 한쪽 면
　　에 5개씩, 총 10개의 노가 비치되어 있었다. 객주의 노는 항구에 들어갈 때, 조류
　　를 따라 관문을 넘을 때 등 사용했다. 다만 서긍은 객주의 주요 동력이 돛이었음
　　을 밝히고 있다.

　　문경호, 2018, 앞의 논문, 25쪽.

19) 大檣高十丈 …… 風息則用之: 客舟에 설치된 돛에 대한 설명이다. 大檣의 높이는
　　약 30m, 頭檣의 높이는 약 24m였다. 대장의 높이는 객주의 길이와 유사한데, 이
　　는 宋의 선박에서 나타나는 특징이다. 바람이 조금 치우치면 사용했던 利篷은 硬
　　帆이라고도 하는데, 삼실 또는 대나무를 엮어 만든 부채형 돛에 활대를 장착한
　　형태이다. 큰 바다를 항해할 때에 맞바람이 아닌 다른 방향에서 바람이 불면 이
　　를 이용해 항속을 높였다. 그리고 바람이 불지 않거나 바람이 셀 때에는 대장 꼭
　　대기에 설치된 野狐颿을 이용하였다.

　　金榮濟, 2009, 앞의 논문 ; 2019, 앞의 책, 49·50쪽.

문경호, 2018, 앞의 논문, 25·26쪽.

추이 윈펑(崔雲峰)·김성준 지음, 2021, 앞의 책, 171·172·185·186쪽.

20) 海行 …… 故常以繩垂鉛硾試之: 첨저형 선박의 한계 및 그에 대한 대처에 관한 설명이다. 첨저형 선박은 연안에서 조수 때가 되어 바다의 갯벌이 드러나면 기울어지거나 바닥에 박히게 된다. 따라서 바다의 깊이를 측정하는 데에 납추를 이용하였다.

문경호, 2018, 앞의 논문, 26·27쪽.

21) 首領: 綱首 또는 都綱을 뜻하는 것으로 보인다. 배의 소유자이나 배에 탑승하지 않았던 舶主 또는 선주 바로 아래의 지위로, 항해 중의 전반적인 사항에 대한 권한을 가졌다. 이들은 선주나 경영을 같이하는 해상조합에서 선임되었는데, 중국의 통관 업무나 상업에 관한 여러 정보를 제공하였다. 宋 사절단이 이용했던 客舟는 본래 宋商이 운용했던 무역선이었기 때문에 해당 직임자가 함께 탑승했던 것으로 이해된다. 한편, 운선업자로 활동했던 배의 선원들은 직임에 따라 강수·副綱首·雜事·梢工·貼客·水手·事頭·火長·同船梢手人·直庫·部領·梢工·碇手·三老·長年·大翁 등으로 구분되었다.

斯波義信, 1968,「宋元時代における交通運輸の發達」,『宋代商業史研究』, 東京 : 風間書房, 79~81쪽.

김영제, 2019, 앞의 책, 178쪽.

22) 若夫神舟之長潤高大 …… 皆三倍於客舟也: 宋 사절단의 주요 선박인 神舟와 客舟의 규모를 파악할 수 있는 구절이다. 객주의 탑승인원이 총 60인 정도이고 신주는 그에 3배라고 하였으므로, 신주 1척당 탑승인원은 약 180인이었다.

문경호, 2018, 앞의 논문, 27쪽.

34-4

[原文]

招寶山

宣和四年壬寅春三月, 詔遣給事中路允迪中書舍人傅墨卿充國信使副, 往高麗. 秋九月, 以國王俣薨, 被旨, 兼祭奠弔慰而行, 遵元豐故事也. 五年癸卯春二月十八日壬寅, 促裝治舟. 二十四日戊申, 詔赴睿謨殿, 宣示禮物. 三月十一日甲子, 赴同文館, 聽誡諭. 十三日丙寅, 皇帝, 禦崇政殿, 臨軒, 親遣傳旨宣諭. 十四日丁卯, 錫宴于[27]永寧寺. 是日, 解舟出汴. 夏

五月三日乙卯, 舟次四明. 先是, 得旨以二神舟六客舟兼行, 十三日乙丑,
奉禮物入八舟. 十四日丙寅, 遣拱[28]衞大夫相州觀察使直睿思殿關弼, 口
宣詔旨, 錫[29]宴于[30]明州之聽事. 十六日戊辰, 神舟發明州, 十九日辛未,
達定海縣. 先期遣中使武功大夫容彭年, 建道場於摠持院, 七晝夜. 仍降
禦香, 宣視于[31]顯仁助順淵聖廣德王祠, 神物出現, 狀如蜥蜴, 實東海龍
君也. 廟前十餘步, 當鄞江窮處, 一山巍然, 出於海中, 上有小浮屠. 舊傳
海舶, 望是山, 則知其爲定海也. 故以招寶名之, 自此方謂之出海口. 二十
四日丙子, 八舟, 鳴金鼓, 張旗幟, 以次解發, 中使關弼, 登招寶山, 焚禦
香, 望洋再拜. 是日, 天氣晴快. 巳刻, 乘東南風, 張篷鳴艣, 水勢湍急, 委
蛇而行. 過虎頭山水浹港口七里山. 虎頭山, 以其形似名之. 度其地, 已距
定海二十里矣. 水色, 與鄞江不異, 但味差鹹耳. 蓋百川所會至此, 尤[32]未
澄徹[33]也.

[譯文]
초보산[1]

선화 4년 임인(1122) 봄 3월, 조서를 내려 급사중[2] 노윤적[3]과 중서사
인[4] 부묵경[5]을 국신사와 부사[6]로 삼아 고려에 가도록 보내셨습니다.
가을 9월, 국왕 왕우[俁, 예종][7]가 훙서했으므로, 지(旨)를 받들고 제전·
조위를 겸하여 가게 하셨는데,[8] 원풍의 전례[故事]를 따른 것이었습니
다.[9] 5년 계묘(1123) 봄 2월 18일(임인)에는 짐꾸리기를 재촉하고 배를
준비하였습니다. 24일(무신)에는 조서를 내려 예모전[10]에 나아가 예물

---

27) 知 : 於.
28) 四 知 : 供.
29) 四 : 賜.
30) 知 : 於.
31) 四 知 : 於.
32) 四 : 猶.
33) 知 : 澈.

을 선시하게 하셨습니다. 3월 11일(갑자)에는 동문관[11]에 가서 계유를 들었습니다. 13일(병인)에 황제께서는 숭정전[12]에 나와 앉으셔서 친히 전지(傳旨)를 보내 선유하셨습니다. 14일(정묘)에는 영녕사[13]에서 연회를 베푸셨습니다. 이날에 배를 풀어 변경[14]을 떠났습니다. 여름 5월 3일(을묘)에 배가 사명[15]에 머물렀습니다. 이에 앞서 지를 받아 두 신주·여섯 객주와 함께 가게 되었는데, 13일(을축)에 예물을 받들어 여덟 배에 들였습니다. 14일(병인)에 공위대부[16] 상주[17]관찰사[18] 직예사전[19] 관필[20]을 보내시어 조서를 말로 선유하시고 명주의 청사에서 연회를 베푸셨습니다. 16일(무진)에 신주가 명주를 떠나니 19일(신미)에는 정해현[21]에 도달했습니다. 기일에 앞서 중사[22]인 무공대부[23] 용팽년[24]을 보내시어 총지원[25]에서 7일 낮·밤으로 도량을 여셨습니다. 이에 어향(禦香)을 내리시고 현인조순연성광덕왕사[26]에 축문을 선유하셨는데, 신물이 나타났으니 형상이 도마뱀과 같아 실로 동해의 용군(龍君)이었습니다. 사당 앞 10여 보에 은강[27]이 끝나는 곳과 마주해서 한 산이 우뚝 솟아 바다로 나와 있는데, 위에는 작은 부도[28]가 있습니다. 예로부터 전하기를 바닷배가 이 산을 바라보고는 곧 이곳이 정해임을 알았다고 합니다. 그러므로 초보라 이름하였으니, 이곳부터 비로소 바다의 입구로 나아간다고 말합니다. 24일(병자)에 여덟 배가 금고(金鼓)를 울리고 기치를 펼치며 차례로 (배를) 풀고 출발하니, 중사 관필은 초보산에 올라 어향을 피우고 바다를 바라보며 재배하였습니다. 이날은 날씨가 쾌청했습니다. 사시에 동남풍을 타서 봉(篷)을 펼치고 노를 저었는데[鳴艫], 물의 형세가 빠르고 급해 구불거리며 갔습니다. 호두산[29]을 지나니 물이 항의 입구인 칠리산[30]과 통했습니다. 호두산은 그 형상이 비슷하여 이름하였습니다. 그곳에서 헤아려보니 이미 정해에서 20리가 멀어져 있었습니다. 물의 색은 은강과 다르지 않았는데, 다만 맛이 조금 짤 뿐이었습니다. 대개 온갖 천이 여기에 이르러 모여드는데, 도리어 맑아지지는 않았습니다.

[註解]

1) 招寶山: 지금의 중국 浙江省 寧波市 일원에 있는 산이다. 원래는 候濤山·鰲柱山 등으로 불렸으나 해상무역이 활발해지면서 이 이름으로 바뀌었다. 돌출되어 3면이 바다와 접해있는 형태이다.
戴均良 外 主編, 2005, 「招寶山」, 『中國古今地名大詞典』中, 上海 : 上海辭書出版社, 1759쪽.
정진술, 2009, 「후삼국과 고려전기의 해상활동」, 『한국해양사 : 고대편』, 景仁文化社, 383쪽.
森平雅彦, 2013, 「舟山群島水域における航路」, 『中近世の朝鮮半島と海域交流』, 東京 : 汲古書院, 222·233쪽.

2) 給事中: 宋代 門下省의 관직이다. 이에 대해서는 『高麗圖經 역주(상)』, 18쪽 권0-1-(2)-4) 참조.

3) 路允迪: 생몰년 미상. 宋 사절단의 正使이다. 그에 대해서는 『高麗圖經 역주(상)』, 18쪽 권0-1-(2)-5) 참조.

4) 中書舍人: 宋代 中書省의 관직이다. 이에 대해서는 『高麗圖經 역주(상)』, 18·19쪽 권0-1-(2)-7) 참조.

5) 傅墨卿: 생몰년 미상. 宋의 관인이다. 그에 대해서는 『高麗圖經 역주(상)』, 19쪽 권0-1-(2)-8) 참조.

6) 國信使副: 고려와 왕래하는 宋의 사절을 말한다. 이에 대해서는 『高麗圖經』 권14-7-3) 참조.

7) 俟: 고려의 제16대 왕 睿宗(1079~1122)이다. 그에 대해서는 『高麗圖經 역주(상)』, 19쪽 권0-1-(2)-9) 참조.

8) 秋九月 …… 兼祭奠弔慰而行: 선화 연간(송 휘종, 1119~1125)의 宋 사절단이 祭奠使·弔慰使를 겸했던 것을 말한다. 그 경위에 대해서는 『高麗圖經 역주(상)』, 19쪽 권0-1-(2)-10) 참조. 한편, 제전사에 대해서는 『高麗圖經 역주(상)』, 70쪽 권2-2-(2)-14) 참조. 조위사에 대해서는 『高麗圖經 역주(상)』, 70쪽 권2-2-(2)-19) 참조.

9) 遵元豊故事也: 원풍 연간(송 신종, 1078~1085)에 宋 神宗과 고려 문종대 국교가 재개된 것을 말한다. 이에 대해서는 『高麗圖經 역주(상)』, 180·181쪽 권6-5-6) 참조. 한편, 이후 문종과 순종이 사망하자, 송은 두 왕에 대한 조문 사신을 고려에 파견하는데, 이에 대해서는 『高麗圖經』 권25-6-5) 참조.

10) 睿謨殿: 宋의 殿閣 중 하나이다. 주로 연회하거나 사신을 대접하는 장소로 이용되었던 것으로 보인다. 1116년(송 정화 6, 고려 예종 11)에 송 徽宗이 睿謨殿에서 李資諒 등 고려 사절단에게 연회를 베풀었던 것이 확인된다.
『高麗史』 권95, 列傳8 李子淵 附資諒.

『宋史』 권113, 志66 禮16 嘉禮4 遊觀 三元觀燈.

『宋史』 권352, 列傳111 王安中.

11) 同文館: 宋에 파견된 고려 사절이 머물렀던 건물이다. 1076년(송 희령 9) 278칸 규모로 건립되었다. 延秋坊에 위치했는데, 이는 내성 바깥의 서북쪽에 해당한다. 同文館 안에 相國寺 앞의 상인을 불러들여 商店을 설치하고, 사절단 혹은 從子가 물품을 교역할 수 있도록 하는 등, 고려 사절에게는 특별한 혜택이 주어지기도 했다.

『宋會要輯稿』 職官25 鴻臚寺 同文館.

金榮濟, 2013, 「高麗使節에 대한 北宋政府의 禮遇—神宗代 高麗使節의 使行旅程과 關聯하여—」, 『中國史硏究』 84, 93·94·96·97쪽.

12) 崇政殿: 宋의 後殿의 하나이며, 假日에 과거나 군사 등 여러 분야에 대해 閱事하는 곳이었다. 본래 외국 사절을 접대하는 공간은 아니지만, 외국 사신의 방문과 가일이 겹칠 때를 대비해 해당 장소에서 사절을 맞이하는 의례도 규정되어 있었다. 고려 사신의 경우 5일에 한 차례 崇政殿에 入朝하는 것을 허락받았는데, 이는 당시 고려가 송에게 외교적으로 우대받던 상황과 관련되었다.

金成奎, 2001, 「北宋의 開封과 外交」, 『中國史硏究』 13 ; 2020, 『송대 동아시아의 국제관계와 외교의례(宋代東亞國際關係與外交儀禮)』, 신아사, 253·254쪽.

13) 永寧寺: 宋 開封—지금의 중국 河南省 開封市 일원— 인근에 위치한 사찰로 여겨지나, 본문 이외에는 기록이 소략하여 자세한 내용을 알기 어렵다.

14) 汴: 北宋의 수도인 汴京—지금의 중국 河南省 開封市 일원—을 가리킨다. 開封이라고도 한다. 이에 대해서는 『高麗圖經 역주(상)』, 87쪽 권3-2-12) 참조.

15) 四明: 宋 明州—지금의 중국 浙江省 寧波市 일원—의 별칭이다. 명주에 대해서는 『高麗圖經 역주(상)』, 69쪽 권2-2-(2)-7) 참조.

戴均良 外 主編, 2005, 「四明」, 『中國古今地名大詞典』 上, 上海 : 上海辭書出版社, 884쪽.

16) 拱衛大夫: 宋의 武散官으로 정6품에 해당한다. 정화 연간(송 휘종, 1111~1118)에 무산관이 53階로 정비되면서 12번째가 되었다.

『宋史』 권168, 志121 職官8 合班之制 官品.

『宋史』 권169, 志122 職官9 敍遷之制 武散官.

17) 相州: 지금의 중국 河南省 安陽市 일원이다. 宋代의 河北 西路에 속하였다.

『宋史』 권86, 志39 地理2 河北路 西路 相州.

18) 觀察使: 宋代 관직이다. 국초에 唐制를 따라 諸州觀察使를 두었는데, 1014년(송 대중상부 7) 본주의 刺史를 겸임하게 하였다.

『宋史』 권166, 志119 職官6 觀察使.

19) 直睿思殿: 睿思殿은 1075년(송 희령 8)에 조성되었는데, 그곳에 두어졌던 殿直이다. 1113년(송 정화 3)부터 1116년까지는 他官이 겸임하는 貼職으로 운영되었다.

『宋會要輯稿』 方域1 東京雜錄 熙寧 8년.

龔延明 主編, 1997, 「直睿思殿」, 『宋代官制辭典』, 北京 : 中華書局, 155쪽.

20) 關弼: 생몰년 미상. 宋의 무장으로 1120년(송 선화 2) 方臘의 餘黨을 토벌하기 위
해 浙東으로 파견된 사실이 전한다.
  『宋會要輯稿』 兵10 討叛4 方臘.
21) 定海縣: 지금의 중국 浙江省 寧波市 鎭海區 일원이다. 이에 대해서는『高麗圖經
  역주(상)』, 69쪽 권2-2-(2)-7) 참조.
22) 中使: 天子가 은밀히 보낸 사자를 이르는 말이다.
  諸橋轍次, 1984, 「中使」,『大漢和辭典』 1, 東京 : 大修館書店, 299쪽.
23) 武功大夫 : 宋의 武散官으로 정7품에 해당한다. 정화 연간(송 휘종, 1111~1118)에
  무산관이 53階로 정비되면서 27번째가 되었다. 개편 이전 명칭은 皇城使이다.
  『宋史』 권168, 志121 職官8 合班之制 官品.
  『宋史』 권169, 志122 職官9 敍遷之制 武散官.
  中華書局, 1985, 『『宋史』 12 : 志[9]』, 北京 : 中華書局, 4071쪽.
24) 容彭年: 생몰년 미상. 본문 이외에는 기록이 소략하여 자세한 내용을 알기 어렵다.
25) 摠持院: 宋 明州—지금의 중국 浙江省 寧波市 일원— 인근에 위치한 시설로 여겨
  지나, 본문 이외에는 기록이 소략하여 자세한 내용을 알기 어렵다.
26) 顯仁助順淵聖廣德王祠: 중국 東海神의 사당으로, 明州 定海縣—지금의 중국 浙江
  省 寧波市 鎭海區 일원—에 위치했다. 1041년(송 강정 1)부터 동해신은 淵聖廣德
  王, 南海神은 洪聖廣利王, 西海神은 通聖廣潤王, 北海神은 沖聖廣澤王으로 봉하고
  제사하여 항해의 안전을 기원하였다. 특히 東海神祠는 國信使의 사행시 제사가
  치러지는 공간이었다.
  『宋史』 권102, 志55 禮5 吉禮5 嶽瀆 康定 1년.
  『宋會要輯稿』 禮20 諸祠廟 東海神祠.
27) 鄞江: 지금의 중국 浙江省 鄞縣 동북부 일원을 흐르는 강으로, 甬江이라고도 한
  다. 북쪽의 姚江과 남쪽의 奉化江이 은현에서 합류하여 형성된다. 넓고 수심이
  깊으며 蛟門島와도 연결된다.
  臧勵龢 編, 1931, 「甬江」,『中國古今地名大辭典』, 上海 : 商務印書館, 409쪽.
28) 浮屠: 부처 혹은 寺塔을 말한다. 이에 대해서는『高麗圖經』 권17-1-14) 참조.
29) 虎頭山: 지금의 중국 浙江省 寧波市 鎭海區 일원에 위치한 虎蹲山으로 추정된다.
  호준산은 定海縣에서 동쪽으로 5리 떨어져 있다. 섬의 형상이 호랑이가 웅크리
  고 있는 것과 비슷해서 이름이 붙었다.
  『大明一統志』 寧波府 山川 虎蹲山.
  정진술, 2009, 앞의 책, 383쪽.
  森平雅彦, 2013, 앞의 책, 222·233쪽.
  문경호, 2018, 앞의 논문, 31쪽.
30) 七里山: 지금의 중국 浙江省 寧波市 鎭海區 일원의 七里嶼로 추정된다. 虎蹲山의
  동북쪽에 위치한다.
  정진술, 2009, 앞의 책, 383쪽.
  森平雅彦, 2013, 앞의 책, 223·233쪽.

34-5

[原文]

虎頭山

過虎頭山, 行數十里, 卽至蛟門. 大抵海中, 有山對峙[34], 其間[35]有水道, 可以通舟者, 皆謂之門. 蛟門云蛟蜃所宅, 亦謂之三交門. 其日申末[36]刻, 遠望大小二謝山, 歷松柏灣, 抵蘆浦拋矴, 八舟同泊.

[譯文]

호두산

호두산을 지나 수십 리를 가니 곧 교문[1]에 이르렀습니다. 대개 바다 가운데 산이 있어 마주하고 그 사이에 물길이 있어 배가 지날 수 있으면 모두 문이라 합니다. 교문은 교룡[蛟蜃]이 사는 곳이라고 이르며 또한 삼교문이라고도 일컫습니다. 그날 신시 말에 멀리 크고 작은 두 사산[2]을 바라보며 송백만[3]을 지나 노포[4]에 다다르니 닻을 던지고 여덟 배가 함께 정박하였습니다.

[註解]

1) 蛟門: 지금의 중국 浙江省 寧波市 鎭海區에서 동쪽으로 15리 거리에 있는 蛟門山 주변의 지형으로, 바다와 통하는 수로를 이른다. 현재는 戈門으로 불린다.
   『大明一統志』 寧波府 山川 蛟門山.
   정진술, 2009, 앞의 책, 383쪽.
   森平雅彦, 2013, 앞의 책, 224·233쪽.
2) 大小二謝山: 지금의 중국 浙江省 寧波市 鎭海區 일원에 있는 두 산이다. 蛟門의 동쪽에 나란히 위치하고 있다.

---

34) 四 知 : 峙.
35) 四 知 : 間.
36) 四 : 未.

臧勵龢 編, 1931, 「大謝山」·「謝山」, 『中國古今地名大辭典』, 上海: 商務印書館, 82·
　　1300쪽.

　정진술, 2009, 앞의 책, 383·384쪽.

　森平雅彦, 2013, 앞의 책, 225·233쪽.

3) 松柏灣: 본문 이외에는 기록이 소략하여 자세한 내용을 알기 어렵다.

4) 蘆浦: 위치상 지금의 중국 浙江省 舟山市 舟山島 남부에 위치한 定海港(①) 혹은
　寧波市 大榭島 일원의 黃崎港(②)으로 추정된다. 주산도 동남부 일원에 있는 沈家
　門과 연결된다.

　① 정진술, 2009, 앞의 책, 384쪽.

　② 森平雅彦, 2013, 앞의 책, 224~228·234쪽.

34-6

[原文]

沈家門

　二十五日丁丑辰刻, 四山霧合. 西風作, 張蓬委蛇[37]曲折, 隨風之勢, 其
行甚遲, 舟人, 謂之摳[38]風. 巳刻霧散, 出浮稀頭白峯窄額門石師顔, 而後
至沈家門拋泊. 其門山, 與蛟門相類, 而四山環擁, 對開兩門. 其勢連互,
尚屬昌國縣. 其上漁人樵客, 叢居十數家, 就其中以大姓名之. 申刻, 風雨
晦冥, 雷電雨雹, 欻至, 移時乃止. 是夜, 就山張幕, 掃地而祭. 舟人, 謂之
祠沙, 實嶽瀆主治之神, 而配食之位甚多. 每舟, 各刻木爲小舟, 載佛經
糗[39]糧[40], 書所載人名氏, 納於其中, 而投諸海. 蓋禳猒之術一端耳.

---

37) 四 : 地.

38) 四 知 : 拒.

39) 四 : 糧.

40) 四 : 糗.

심가문[1]

25일(정축) 진시에 사방의 산에 안개가 모였습니다. 서풍이 불어 봉(蓬)을 펼치고 구불구불하게[委蛇] 꺾어가며 바람의 형세를 따르니, 그 항해가 매우 더뎠는데 뱃사람들은 이를 구풍(㨉風)이라 하였습니다. 사시에 안개가 걷히고 희두[2]·백봉[3]·착액문[4]·석사안[5]을 나가 지나간 후에 심가문에 이르러 (닻을) 던지고 정박했습니다. 그 문의 산은 교문과 서로 비슷한데, 사방의 산이 둘러싸고 두 문을 마주하여 열려 있습니다. 그 형세가 연이어 뻗어있어 여전히 창국현[6]에 속해있습니다. 그 위에는 어부와 나무꾼 십 수 집이 모여 사는데, 그 가운데 대성(大姓)을 따라 심가문이라 이름하였습니다. 신시에 비바람으로 흐리고 어두워지며 우뢰·번개·비·우박이 갑자기 들이치더니 시간이 흘러서 이내 그쳤습니다. 이날 밤 산에 올라가 장막을 치고 땅을 쓸어 제사를 지냈습니다. 뱃사람들은 이를 사사(祠沙)라고 하나 실제로는 악독을 주관해 다스리는 신이며 배향하는 신위도 매우 많습니다.[7] 배마다 각각 나무를 깎아 작은 배를 만들어서 불경과 말린 양식을 싣고 배에 탄 사람의 이름과 성씨를 써서 그 안에 넣어 바다에 보냅니다. 대개 기도하고 물리치는 술수의 일부일 뿐입니다.

[註解]

1) 沈家門: 지금의 중국 浙江省 舟山市 沈家門鎭 일원으로, 舟山本島의 남단에 위치한다.
　　朴現圭, 2003, 「普陀山 新羅礁 再考」, 『한중인문학연구』 10, 293쪽.
　　정진술, 2009, 앞의 책, 384쪽.
　　森平雅彦, 2013, 앞의 책, 234쪽.
2) 稀頭: 본문 외에는 기록이 소략하여 자세한 내용을 알기 어렵다.
3) 白峯: 현재 남아있는 지명을 고려할 때 지금의 중국 浙江省 寧波市 大榭島 일원

의 白峰鎭으로 추정된다.

森平雅彦, 2013, 앞의 책, 226·228·234쪽.

4) 窄額門: 본문 외에는 기록이 소략하여 자세한 내용을 알기 어렵다.

5) 石師顔: 본문 외에는 기록이 소략하여 자세한 내용을 알기 어렵다.

6) 昌國縣: 지금의 중국 浙江省 舟山市 定海區 일원으로, 宋代 明州―지금의 중국 浙江省 寧波市 일원―에 속했다. 1073년(송 희령 6)에 鄞縣의 땅을 떼어서 昌國縣을 두었다.

『宋史』 권88, 志41 地理4 兩浙路 慶元府.

7) 是夜 …… 而配食之位甚多: 嶽瀆이란 5嶽과 4瀆으로, 중국에서 숭상하던 大山과 大川을 가리킨다. 이러한 5악과 4독에 대한 제사는 B.C.61년(한 신작 1)에 정식으로 국가제사에 편입되어 상례화 되었다. 沈家門에서 행해진 제사를 뱃사람들이 祠沙라고 한 것에 대하여 서긍은 실제로는 악독에 대한 제사였다고 서술하였는데, 그에 대한 근거는 알기 어렵다.

채미하, 2008, 「신라시대 四海와 四瀆」, 『역사민속학』 26 ; 2018, 『한국 고대 국가 제의와 정치』, 혜안, 241~268쪽.

金龍燦, 2014, 「古代 中國의 山川 祭祀와 국가 권력」, 『中國古中世史研究』 34, 22쪽.

34-7

梅岑

二十六日戊寅, 西北風勁甚. 使者率三節人, 以小舟, 登岸入梅岑. 舊云梅子眞棲隱之地, 故得此名, 有履迹瓢痕, 在石橋上. 其深麓中, 有蕭梁所建寶陀院, 殿有靈感觀音. 昔新羅賈人, 往五臺, 刻其像, 欲載歸其國, 暨出海遇焦, 舟膠不進. 乃還置像於焦上, 院僧宗嶽者, 迎奉於殿. 自後海舶[41]往來, 必詣祈福, 無不感應. 吳越錢氏, 移其像於城中開元寺, 今梅岑所尊奉, 即後來所作也. 崇寧使者, 聞于[42]朝, 賜寺新額, 歲度緇衣, 而增飾之. 舊制, 使者於此請禱. 是夜, 僧徒, 焚誦歌唄甚嚴, 而三節官吏兵卒,

―――――――
41) 㖟 : 泊.
42) 㖟 : 於.

莫不虔恪作禮. 至中宵, 星斗煥然, 風幡搖動, 人皆懽躍云, 風已回正南矣. 二十七日己卯, 舟人, 以風勢未定, 尙候其埶[43]. 海上以風轉至次日, 不改者, 謂之埶, 不爾, 至洋中, 卒爾風回, 則茫然不知所向矣. 自此, 卽出洋, 故審視風雲天時, 而後進也. 申刻, 使副與三節人, 俱還八[44]舟. 至是, 水色稍澂, 而波面微蕩, 舟中, 已覺桅桅[45]矣.

[譯文]

매잠[1]

26일(무인)에 서북풍이 매우 강했습니다. 사신[使者]이 삼절의 사람들을 거느리고 작은 배로 연안에 올라 매잠으로 들어갔습니다. 옛날에 이르기를 매자진[2]이 숨어 살던 곳이므로 이러한 이름을 얻었다고 하는데, 발자국과 표주박의 흔적이 돌다리 위에 남아있습니다. 그 깊은 산기슭 속에는 소량[3] 때 세운 보타원[4]이 있으며, 전(殿)에는 영감관음[5]이 있습니다. 옛날 신라[6]의 상인들이 오대[7]에 가서 그 상(像)을 깎아 자기 나라로 싣고 돌아가고자 했는데, 바다로 나가 초[8]를 맞닥뜨리기에 이르자 배가 좌초되어 나아가지 못했습니다. 이에 돌아와서 초 위에 상을 두자 원(院)의 승려 종악[9]이라는 자가 전으로 맞이하고 받들었습니다. 이후부터 바닷배들이 오고 갈 때면 반드시 이르러 복을 빌었으니 감응하지 않음이 없었습니다. 오월의 전씨[10]가 그 상을 성 안의 개원사[11]로 옮겼기에 지금 매잠에서 높이고 받드는 것은 곧 후대에 만든 것입니다.[12] 숭녕 연간의 사신[13]이 조정에 아뢰자 절에 새 편액을 내리고, 해마다 치의[14]를 헤아려 늘리고 꾸몄습니다. 옛 제도에 사신이 이곳에서 기도했습니다. 이날 밤에 승도들이 향 피우고 경 외우며 범패를 부르기가[15]

---

43) 四 : 勢.
44) 四 : 入.
45) 四 : 机.

매우 엄숙했고, 삼절의 관리와 병졸들도 공경하고 삼가며 예를 행하지 않음이 없었습니다. 한밤중이 되어 별들이 빛나고, 바람에 깃발이 흔들리니, 사람들이 모두 기뻐서 뛰며 이르기를 "바람이 이미 정남쪽으로 돌아왔다."라고 하였습니다. 27일(기묘)에 뱃사람들은 바람의 형세가 아직 정해지지 않았기 때문에 여전히 바람의 숙(孰)을 기다렸습니다. 바다 위에서 바람의 변화가 다음 날까지 바뀌지 않는 것을 '숙'이라고 하는데, 그렇지 않고 큰 바다 가운데 이르러서 갑자기 바람이 바뀌면 아득하여 향할 곳을 알지 못하게 됩니다. 이로부터 곧 큰 바다로 나가므로 바람과 구름, 하늘의 때를 살펴보고 난 후에 나아갑니다. 신시에 정사·부사[16]와 삼절의 사람이 모두 여덟 배로 돌아왔습니다. 이때부터 물의 색이 점점 맑아지면서 물결이 조금 일었는데, 배 안에서도 이미 불안함을 느꼈습니다.

[註解]

1) 梅岑: 지금의 중국 浙江省 舟山市 普陀山이다. 宋代 편찬된 『乾道四明圖經』에 따르면, 4면이 바다로 둘러싸여 있고 고려·일본·신라·발해 등 여러 나라가 모두 이곳을 경유해 갔다고 한다.
   『乾道四明圖經』 권7, 山 梅岑山.
   정진술, 2009, 앞의 책, 384쪽.
   森平雅彦, 2013, 앞의 책, 228·234쪽.
2) 梅子眞: 생몰년 미상. 漢代 인물인 梅福을 가리키며, 字는 子眞이다. 九江 壽春— 지금의 중국 安徽省 淮南市 壽縣 일원— 사람으로, 尙書와 穀梁春秋에 밝아 郡文學이 되었으며 南昌尉에 보임되었다. 후에 벼슬을 버리고 수춘으로 귀향하였다. 원시 연간(한 평제, 1~5)에 王莽이 정권을 장악하자 하루아침에 처자를 버리고 구강을 떠나 神仙이 되었다고 전한다. 그 후에 사람들이 그를 會稽에서 보았다고 하는데, 성명을 바꾸고 吳市門에서 사망했다고 한다. 지금도 普陀山에는 梅灣·梅福庵·煉丹洞 등 그와 관련된 유적이 남아있다.
   『漢書』 권67, 楊胡朱梅雲傳37 梅福.
   임종욱 편, 2010, 「매복」, 『중국역대 인명사전』, 420쪽.
   朴現圭, 2000, 「중국 불교 성지 普陀山과 新羅礁」, 『中國學論叢』 10, 112쪽.

3) 蕭梁: 중국 南北朝時代 南朝 국가 가운데 하나인 梁을 가리키며, 황실의 성이 蕭
氏였으므로 이러한 이름이 붙었다. 502년(양 천감 1)에 蕭衍—梁 武帝—이 南齊를
멸강시키고 건국하였다. 양 무제대는 남조의 황금기라 불릴 만큼 학문과 문화가
발달하였다. 6대 황제인 敬帝가 557년(양 태평 2) 陳霸先에게 선양할 때까지 56
년간 존속하였다.
　　川勝義雄, 1974, 『中國の歷史 3 : 魏晉南北朝』, 東京 : 講談社 ; 임대희 옮김, 2004,
　　「5~6세기 전반의 강남」·「귀족사회의 붕괴 : 6세기 후반의 강남」, 『중국의 역
　　사 : 위진남북조』, 혜안, 256~263·289쪽.
4) 寶陁院: 觀音寶陁寺라고도 한다. 916년(후량 정명 2)에 건립한 사찰로, 昌國縣—지
금의 중국 浙江省 舟山市 定海區 일원—의 동쪽 바다 가운데에 있다. 절에 모신
관음상의 영험함이 알려지자 고려로 가는 사신은 반드시 이곳에서 기도하였다.
1080년(송 원풍 3)에는 內殿承旨 王舜封의 청에 따라 중건하며 '寶陁'란 이름을
하사하고, 해마다 度僧 1인을 허락하였다.
　　『寶慶四明志』 권20, 昌國縣志全 寺院 禪院10 梅岑山觀音寶陁寺.
　　朴現圭, 2000, 앞의 논문, 109쪽.
5) 觀音: 觀世音菩薩 또는 觀音菩薩을 말한다. 이에 대해서는 『高麗圖經』 권17-3-7)
참조.
6) 新羅: 고대 한반도에 존재했던 국가이다. 이에 대해서는 『高麗圖經 역주(상)』, 49
쪽 권1-2-(3)-21) 참조.
7) 五臺: 지금의 중국 山西省 동북부 일원에 위치한 五臺山을 말한다. 중국 佛敎의
4대 명산 중 하나이다. 5개의 산봉우리가 둘러싸고 있는데, 산 정상이 평탄하여
마치 흙으로 쌓은 臺와 같아 붙여진 이름이다.
　　戴均良 外 主編, 2005, 「五臺山」, 『中國古今地名大詞典』 上, 上海 : 上海辭書出版社,
　　402·403쪽.
8) 焦: 新羅礁로 추정된다. 본문에서는 구체적으로 기록되어 있지 않지만, 宋代 지방
지인 『寶慶四明志』 등에 따르면 新羅礁 또는 新螺礁라고 명기되어 있다. 그 위치
에 대해서는 각종 지도와 지방지에 대부분 觀音跳 —지금의 중국 浙江省 舟山市
普陀山 龍灣岡 동남부 일원— 바로 앞바다에 있다고 기록하고 있다.
　　朴現圭, 2000, 앞의 논문, 112쪽.
　　朴現圭, 2003, 앞의 논문.
9) 宗嶽: 생몰년 미상. 본문 외에는 기록이 소략하여 자세한 내용을 알기 어렵다.
10) 吳越錢氏: 吳越은 중국 5대 10국 가운데 하나이며, 錢氏는 오월의 성씨이다. 오월
은 907년에 錢鏐가 지금의 중국 浙江省 일원에 세웠으며, 978년(송 태평흥국 3)
宋에게 멸망할 때까지 5대에 걸쳐 72년간 존속하였다. 당시 오월은 한반도의 신
라 후백제·고려 등과도 활발히 교류하였다.
　　布目潮風·栗原益男, 1974, 『中國の歷史 4 : 隋唐帝國』, 東京 : 講談社 ; 임대희 옮김,
　　2001, 「황소의 대란」·「5대 10국의 추이와 절도사 체제」, 『중국의 역사 : 수당오
　　대』, 혜안, 353쪽.

周藤吉之·中嶋敏, 1974, 『中國の歷史 5 : 五代·宋』, 東京 : 講談社 ; 임대희 옮김, 2001, 앞의 책, 360·361쪽.

허인욱, 2014, 「고려 초 남중국 국가와의 교류」, 『국학연구』 24, 245~254쪽.

11） 開元寺: 740년(당 개원 28)에 세워진 사찰이다. 845년(당 회창 5)에 폐사되었다가 대중 연간(후당 선종, 847~860) 李敬方에 의해 國寧寺의 옛터에 다시 세워졌다.
朴現圭, 2000, 앞의 논문, 113·114쪽.

12） 其深麓中 …… 卽後來所作也: 중국 寶陁院의 觀音像과 신라 상인과의 관련성을 보여주는 대목이다. 在唐 신라 상인들의 활동이 두드러진 9세기경에 항해의 안전을 기원하며 관음상을 세운 것으로 보인다. 한편, 宋代 지방지인 『寶慶四明志』 등에 따르면, 신라 상인이 아니라 日本僧 慧鍔이 五臺山의 관음상을 옮겨왔다는 기록도 있다. 그러나 『高麗圖經』이 『寶慶四明志』 보다 앞서 편찬되었다는 점 등을 근거로, 일본승보다는 신라 상인에 의해 관음상이 조성되었다고 보기도 한다 (①). 이에 반해 신라 상인과 일본승이 같은 배를 타고 귀국하다가 벌어진 동일사건이며, 이것이 『高麗圖經』과 『寶慶四明志』에 각각 주인공을 달리한 채 기록되었다고 파악하는 견해도 있다(②).
『寶慶四明志』 권20, 昌國縣志全 寺院 禪院10 梅岑山觀音寶陁寺.
『延祐四明志』 권16, 寶陀寺.

① 조영록, 2011, 「장보고 선단과 9세기 동아시아의 불교교류―적산(赤山)·보타산(普陀山)과 낙산(洛山)의 내적 연관성의 모색―」, 『동아시아 불교교류사 연구』, 동국대학교출판부, 225~228쪽.

② 朴現圭, 2000, 앞의 논문, 111~116쪽.
朴現圭, 2003, 앞의 논문.

13） 崇寧使者: 숭녕은 宋 徽宗의 연호로 1102~1106년 사이에 사용되었다. 당시 1103년 (숙종 8)에 戶部侍郎 劉逵와 給事中 吳拭이 고려에 사신으로 방문한 적이 있다. 이에 대해서는 『高麗圖經 역주(상)』, 73쪽 권2-2-(2)-39) 참조.

14） 緇衣: 본래 검은 의복을 뜻한다. 佛敎에서는 승려의 의복 또는 승려를 가리키는 말로 쓰인다.
諸橋轍次, 1985, 「緇衣」, 『大漢和辭典』 8, 東京 : 大修館書店, 1110·1111쪽.

15） 歌唄: 佛敎儀式의 하나이다. 이에 대해서는 『高麗圖經』 권17-1-12) 참조.

16） 使副: 正使와 副使를 말한다. 이에 대해서는 『高麗圖經』 권15-3-5) 참조.

34-8

[原文]

海驢焦

二十八日庚辰, 天日淸晏46). 卯刻, 八舟同發. 使副具朝服, 與二道官, 望闕再拜. 投御前所降神霄玉淸九陽總眞符籙, 幷風師龍王牒, 天曹直符, 引五嶽眞形, 與止風雨等十三符訖, 張篷而行. 出赤門, 食頃, 水色漸碧. 四望山島稍稀, 或如斷雲, 或如偃月. 已後, 過海驢焦, 狀如伏驢. 崇寧間47), 舟人有見海獸出沒波間48), 狀如驢形. 當別是一物, 未必因焦石, 而有驢也.

[譯文]

해려초[1]

28일(경진)에 하늘의 해가 맑았습니다. 묘시에 여덟 배가 함께 출발했습니다 정사와 부사가 조복을 갖추고, 2명의 도관[2]과 망궐하고[3] 재배하였습니다. 어전에서 내리신 '신소옥청구양총진부록(神霄玉淸九陽總眞符籙)'[4]·'풍사용왕첩(風師龍王牒)'·'천조직부(天曹直符)'·'인오악진형(引五嶽眞形)'·'지풍우(止風雨)' 등 13개 부적을 던지기를 마치면 봉(篷)을 펼치고 갔습니다. 적문[5]을 나와 식경이 되자 물의 색이 점차 푸르러졌습니다. 사방에 보이는 산과 섬은 점점 희미해져서 혹은 조각구름 같고, 혹은 반달 같았습니다. 이후에 해려초를 지났는데 모양이 엎드린 당나귀 같았습니다. 숭녕 연간에 뱃사람들이 파도 사이로 출몰하는 바다 짐승을 보았는데, 모양이 당나귀 형상과 같았다고 합니다. 마땅히 다른 한 사물이었지 반드시 초석에 의지하여 당나귀가 있던 것은 아니었을 것입니다.

---

46) 四 : 宴.
47) 四 知 : 閒.
48) 四 知 : 閒.

[註解]

1) 海驢焦: 寶陀山 북쪽 12해리에 있는 中街山列島의 작은 섬으로 추정된다. 그 위치
   는 지금의 중국 浙江省 舟山市 북안에 인접한 큰 섬인 大長塗山과 동쪽의 小板島
   등대 사이이다.
   정진술, 2009, 앞의 책, 384쪽.
   森平雅彦, 2013, 앞의 책, 230·234쪽.
2) 道官: 官吏가 된 道師를 의미한다. 이에 대해서는 『高麗圖經』 권24-14-9) 참조.
3) 望闕: 궐을 바라본다는 뜻으로, 여기에서는 宋의 궁궐을 바라본다는 의미이다. 이
   에 대해서는 『高麗圖經』 권26-9-8) 참조
4) 符籙: 符字·墨籙·丹書라고도 한다. 符籙의 필획은 글자를 구불구불하게 그린 일
   종의 도형으로, 道家에서는 이를 통해 신령과 귀신을 부리고 마귀와 사기를 진압
   할 수 있다고 한다. 東漢 때 張角 등이 이를 이용해 사람들의 병을 치료하고 악
   귀를 쫓아냈으며, 이후에는 正一派 道師들이 그 법을 널리 전했다.
   鍾肇鵬 주편, 이봉호 외 옮김, 2018, 「符籙」, 『도교사전』, 파라아카데미, 924·925쪽.
5) 赤門: 지금의 중국 浙江省 舟山市 岱山縣 長塗鎭 大長塗島 동단의 櫻連門水道를
   가리키는 것으로 보인다. 中街山列島의 서쪽에 위치해 있다.
   森平雅彦, 2013, 앞의 책, 229·234쪽.
   夏志剛, 2018, 「"徐兢航路"明州段試考」, 『浙江海洋大學學報』 35-4, 72쪽.

34-9

[原文]

蓬萊山

蓬萊山, 望之甚遠, 前高後下, 峭拔可愛. 其島, 尙屬昌國封境. 其上極
廣, 可以種蒔, 島人居之. 仙家三山中, 有蓬萊, 越弱水三萬里, 乃得到. 今
不應指顧間49)見, 當是今人, 指以爲名耳. 過此則不復有山, 惟見連50)波起
伏, 噴51)豗洶涌. 舟楫振撼, 舟中之人, 吐眩顚仆, 不能自持, 十八九矣.

---

49) 知 : 間.
50) 四 : 遠.
51) 四 知 : 噴. 원문은 噴로 되어 있으나, 의미상 '噴'이 옳다고 생각되어 교감 번역
   하였다.

봉래산[1]

봉래산은 바라보면 매우 먼데, 앞은 높고 뒤는 낮으며, 가파르게 치솟은 것이 즐길만합니다. 그 섬은 아직도 창국의 영역[封境]에 속해있습니다. 그 위는 매우 넓어서 뿌리고 심을 수 있기에, 섬사람들이 그곳에 거처합니다. 선가의 삼산 중에는 봉래가 있는데,[2] 약수[3] 3만 리를 넘어야 이에 도달할 수 있습니다. 지금 잠깐[指顧] 사이에 본 것은 (선가의 봉래산과) 대응하지 않으니, 마땅히 지금 사람들이 가리켜 이름하였을 뿐입니다. 이곳을 지나면 다시는 산이 있지는 않고, 오직 연이은 파도가 솟았다 내렸다 하며 내뿜고 부딪혀 솟구쳐 오르는 것만이 보일 뿐입니다. 배가 울리고 흔들려, 배 안의 사람들이 토하고 어지러워서 넘어지고 쓰러지니 스스로 버티지 못하는 이가 열에 여덟아홉이었습니다.

[註解]

1) 蓬萊山: 蓬丘라고도 한다. 본래 신선이 산다는 신화 속의 산을 뜻하나, 본문에서는 昌國—지금의 중국 浙江省 舟山市 定海區 일원—에 있는 실제 산을 말한다. 이에 대해 岱山縣에 있는 大衢山으로 이해한 견해(①)와 주위에 보이는 것이 없다는 본문의 내용 및 지리적 조건을 바탕으로 嵊泗縣의 嵊山이라고 파악한 견해가 있다(②).
  鍾肇鵬 주편·이봉호 외 옮김, 2018, 「蓬萊」, 『도교사전』, 파라아카데미, 965쪽.
  ① 孫光圻, 1989, 「宋元航海」, 『中國古代航海史』, 北京 : 海洋出版社, 359쪽.
    森平雅彦, 2013, 앞의 책, 230·234쪽.
    김성규, 2014, 「'선화봉사고려사절단'의 일정과 활동에 대하여」, 『한국중세사연구』 40 ; 2020, 앞의 책, 645쪽.
  ② 祁慶富, 1997, 「10~11세기 한중 해상교통로」, 『한중문화교류와 남방해로』, 국학자료원, 184쪽.
    정진술, 2009, 앞의 책, 384·385쪽.
2) 仙家三山中 有蓬萊: 三山은 三神山이라고도 한다. 道敎에서 말하는 신선이 거처하는 곳으로, 蓬萊山은 삼신산의 하나이다. 삼신산 및 그와 관련한 신앙에 대해서는 『高麗圖經』 권18-1-3) 참조.
3) 弱水: 전설 속의 강으로, 험하여 건너기 어렵다고 한다. 蘇軾의 「金山妙高臺」에

"봉래는 도달할 수 없고, 약수는 3만 리이다[蓬萊不可到 弱水三萬里]."라는 구절
이 전한다.
『蘇東坡詩集』 권26, 「金山妙高臺」.
檀國大學校 東洋學硏究所, 2002, 「弱水」, 『漢韓大辭典』 5, 檀國大學校出版部, 67·68쪽.

34-10

[原文]

半洋焦

舟行過蓬萊山之後, 水深碧, 色如玻璃, 浪勢益大. 洋中有石, 曰半洋焦.
舟觸焦則覆溺, 故篙師最畏之. 是日午後, 南風益急, 加野狐颿, 制颿之意.
以浪來迎舟, 恐不能勝其勢, 故加小颿於大颿之上[52], 使之提挈而行. 是
夜, 洋中不可住, 惟[53]視星斗前邁, 若晦冥, 則用指南浮針, 以揆南北. 入
夜擧火, 八舟皆應. 夜分, 風轉西北, 其勢甚亟. 雖已落篷, 而颱動颭搖, 甁
盎皆傾, 一舟之人, 震恐[54]膽落. 黎明稍緩, 人心向[55]寧, 依前張颿而進.

[譯文]

반양초[1]

배의 행로가 봉래산을 지나간 뒤에는 물이 깊고 푸르러 색이 유리와
같으며, 물결의 형세는 더욱 커졌습니다. 큰 바다 가운데 돌이 있는데,
반양초라고 합니다. 배가 초에 부딪히면 뒤집혀 물에 빠지므로 뱃사공
이 그것을 가장 두려워합니다. 이날 오후에 남풍이 더욱 거세져 야호범

---

52) 四 知 : 於大颿之上. 원문에는 【於大颿之上】으로 되어 있으나, 의미상 본문으로
    해석하는 것이 옳다고 생각되어 교감 번역하였다.
53) 四 知 : 維.
54) 四 : 懼.
55) 四 : 尙.

(野狐颿)을 더했으니, 바람을 제어하려는 뜻이었습니다. 물결이 와 배를 맞이하면 그 형세를 이기지 못할까 두려워했기 때문에, 작은 돛을 큰 돛 위에 더해서 그것들이 이끌어 가게 한 것입니다. 이날 밤 큰 바다 가운데서 머무를 수 없어 다만 별을 보면서 앞으로 갔는데, 만약 흐리고 어두워진 경우에는 지남부침을 써서 남북을 헤아렸습니다.[2] 밤이 되어 불을 드니 여덟 배가 모두 호응하였습니다. 밤중에 바람이 서북으로 바뀌자 그 형세가 매우 급했습니다. 비록 이미 봉(篷)을 내렸음에도 움직이고 흔들려서, 병과 앙[3]이 모두 쓰러지고 온 배의 사람들이 떨면서 두려워하고 몹시 놀랐습니다. 날이 밝을 무렵에서야 조금 가라앉으니, 사람들의 마음이 곧 편안해져 이전처럼 돛을 펴고 나아갔습니다.

[註解]

1) 半洋焦: 寶陀山 북동쪽 12해리에 위치한 東半洋礁로 추정된다. 그 위치는 지금의
   중국 馬鞍列島 동단의 嵊山 등대 남동쪽 5.5해리로 비정된다.
   孫光圻, 1989, 앞의 책, 359쪽.
   정진술, 2009, 앞의 책, 385쪽.
   森平雅彦, 2013, 앞의 책, 230·231·234쪽.
   김성규, 2014, 앞의 논문 ; 2020, 앞의 책, 645쪽.
2) 若晦冥 …… 以揆南北: 사신단 일행의 나침반 활용에 대한 언급이다. 指南浮針은
   나침반의 한 종류이다. B.C. 4세기 무렵부터 중국에서는 초기의 나침반인 司南이
   이용되었다. 하지만 사남은 자성이 비교적 약하고 움직이거나 땅이 평평하지 않
   으면 균형을 잡지 못해 쓸 수 없었으므로, 항해용으로는 사용할 수 없었다. 宋代
   에 人工磁鐵이 발명되면서 사남에서 한 단계 발전한 여러 형식의 나침반이 제작
   되었다. 지남부침은 그중 하나로, 송대 이래 중국의 해선에서는 모두 이를 활용
   하였다. 하지만 地盤에 방위가 표시되지 않아 낮에는 해, 밤에는 북두칠성을 보
   고 항해하였으며, 흐린 날에만 사용하는 항해 보조기구였다.
   王振鐸, 1978, 「中國古代磁針的發明和航海羅經的創造」, 『文物』 1978-3, 56쪽.
   김성준·허일·최운봉, 2003, 「항해 나침반의 사용 시점에 관한 동서양 비교 연구」,
      『한국항해항만학회지』 27-4 ; 2010, 『배와 항해의 역사』, 혜안, 218·219·223·
      224쪽.
   정진술, 2009, 앞의 책, 48·49쪽.
3) 盎: 구연이 오므라진 형태의 盆·缸·壺를 가리킨다. 저부가 좁고 위가 넓은 형태

이다.

諸橋轍次, 1985, 「盎」, 『大漢和辭典』 8, 東京 : 大修館書店, 112·113쪽.
국립문화재연구소 편, 2019, 「『고려도경』의 기명」, 『고려도경, 숨은 그림 찾기』, 국립문화재연구소, 55쪽.
박지영, 2019, 「『高麗圖經』「器皿」에 대한 再考」, 『한국학연구』 71, 120쪽.

34-11

[原文]

白水洋

二[56]十九日辛巳, 天色陰翳, 風勢未定. 辰刻, 風[57]微[58]且順, 復加野狐颷, 舟行甚鈍. 申後[59]風轉, 酉刻雲合雨作, 入夜乃止. 復作南風, 入白水洋. 其源, 出靺鞨, 故作白色. 是夜, 擧火, 三舟相應矣.

[譯文]

백수양[1]

29일(신사)에 하늘의 색은 구름이 껴 어두웠고[陰翳], 바람의 형세는 안정되지 않았습니다. 진시에 바람이 약해지고 또 순해지자 다시 야호범(野狐颷)을 더하였는데도, 배가 가는 것이 매우 둔했습니다. 신시 뒤에 바람이 바뀌었고, 유시에는 구름이 모여 비가 내리다가 밤이 되어서야 이내 그쳤습니다. 다시 남풍이 일어나 백수양으로 들어갔습니다. 그 근원이 말갈[2]에서 나왔으므로 백색이 된 것입니다. 이날 밤에 불을 드니 세 배가 서로 호응했습니다.

---

56) 知 : "二"가 누락되어 있다.
57) 四 : "風【闕】"로 기록되어 있다.
58) 四 : "微"가 누락되어 있다.
59) 知 : 行.

[註解]

1) 白水洋: 지금의 중국 半洋焦 북쪽에 있는 揚子江 하구 부근의 해역을 가리키는
   것으로 추정된다. 물빛이 하얗다고 해서 붙여진 이름이다.
   정진술, 2009, 앞의 책, 385쪽.
   森亍雅彦, 2013, 앞의 책, 231·234쪽.
2) 靺鞨: 본래 女眞族·滿洲族의 원류가 되는 주민 집단을 말한다. 이에 대해서는 『高
   麗圖經 역주(상)』, 42쪽 권1-2-(2)-31) 참조. 한편, 본문에서는 이들이 살던 동북
   만주 지역을 가리키는 것으로 여겨진다.

34-12

[原文]

黃水洋

黃水洋, 卽沙尾也, 其水渾濁且淺. 舟人云, 其沙自西南而來, 橫於洋中
千餘里, 卽黃河入海之處. 舟行至此, 則以鷄黍祀沙. 蓋前後行舟, 遇[60]沙
多有被害者, 故祭其溺死[61]之魂云. 自中國適句驪, 唯明州道則經此, 若
自登州版橋以濟, 則可以避之. 比使者回程至此. 第一舟幾遇淺, 第二舟,
午後, 三柂併折, 賴宗社威靈, 得以生還. 故舟人[62], 每[63]以過沙尾, 爲難.
當數用鉛硾, 時其深淺, 不可不謹也.

[譯文]

황수양[1]

황수양은 곧 모래톱이니 그 물은 흐리고 또 얕습니다. 뱃사람이 이르
길, "그 모래는 서남쪽으로부터 와서 큰 바다 가운데 천여 리에 가로놓였

---

60) 四 知 : 過.
61) 四 : 水.
62) 四 : 入.
63) 四 : 海.

으니 곧 황하[2]가 바다로 들어가는 곳입니다. 배의 운행이 이곳에 이르면 닭과 기장으로 모래에 제사합니다. 대개 전후로 지나가는 배가 모래에 막혀 해를 입는 자가 많았기 때문에, 그 익사한 자의 넋을 제사하는 것입니다."라고 하였습니다. 중국에서 고구려[句驪][3]로 가는 데에는 오직 명주의 길만 이곳을 지나는데, 만약 등주[4]의 판교[5]에서 건너가면 그곳을 피할 수 있습니다.[6] 근래에 사신[使者]이 돌아오는 길에 이곳에 이르렀습니다. 첫 번째 배는 거의 얕은 곳에 맞닿을 뻔했고, 두 번째 배는 오후에 세 키가 모두 부러졌지만, 종사(宗社)의 위엄과 영험에 힘입어서 살아 돌아올 수 있었습니다. 그러므로 뱃사람은 매번 모래톱을 지나는 것을 어렵게 여깁니다. 마땅히 여러 번 납을 가라앉혀, 늘 그 깊이를 살피는 것을 삼가지 않을 수 없습니다.

[註解]

1) 黃水洋: 지금의 중국 江蘇省 연해의 수심이 낮은 해역을 가리키는 것으로 추정된다. 물빛이 황토색이어서 붙여진 이름이다.
   戴均良 外 主編, 2005,「黃水洋」·「黑水洋」,『中國古今地名大詞典』下, 上海 : 上海辭書出版社, 2626·2880쪽.
   정진술, 2009, 앞의 책, 385쪽.
   森平雅彦, 2013, 앞의 책, 231·234쪽.
2) 黃河: 중국에서 두 번째로 큰 강이다. 이에 대해서는『高麗圖經』권33-1-4) 참조.
3) 句驪: 고대 중국 동북 지방 및 한반도 북부에 존재했던 국가이다. 이에 대해서는 『高麗圖經 역주(상)』, 31·32쪽 권1-2-(1)-13) 참조.
4) 登州: 지금의 중국 山東省 東部 煙臺市 蓬萊區 일원이다. 이에 대해서는『高麗圖經 역주(상)』, 88쪽 권3-2-20) 참조.
5) 版橋: 중국 登州―지금의 중국 山東省 동부 일원―에 속한 항구 정도로 여겨지나, 본문 이외에는 기록이 소략하여 자세한 내용을 알기 어렵다.
6) 自中國適句驪 …… 則可以避之: 중국과 고려 간의 항로에 대한 설명이다. 고대 한·중 항로는 황해도나 평안도 연해에서 요동반도의 남쪽 연해를 거쳐 산동반도에 이르는 서해 북부 연안항로와 황해도 서단에서 서해를 횡단해 산동반도로 이어지는 서해 중부 횡단항로, 한반도 서남단에서 揚子江 하구 지방으로 향하는 서해 남부 사단항로가 있었다. 고려시대에는 먼저 중부 횡단항로가 주로 활용되고

있었는데, 1074년(문종 28) 고려가 契丹을 핑계로 登州—지금의 중국 山東省 동부 일원—를 경유하는 길에서 明州—지금의 중국 浙江省 寧波市 일원—를 지나는 길로 조공로를 변경해줄 것을 요청했다. 宋에서 이를 받아들이면서 이후 양측 사절은 남부 사단항로를 활용하게 되었다. 한편, 남부 사단항로는 바람을 활용해 항해하여 비교적 손쉽게 많은 화물을 운송할 수 있는 장점이 있었다. 조공로 변경 요청의 표면적인 이유는 거란과의 정치적인 문제였지만, 고려는 조공품의 안전한 운송과 송에서 수입할 문물의 운반 등 경제·문화적 이익도 고려했다.

『宋史』 권487, 列傳246 外國3 高麗 熙寧 7년.

金庠基, 1937, 「麗宋貿易小考」, 『震檀學報』 7 ; 1948, 『東方文化交流史論攷』, 乙酉文
　　化社, 78~82쪽.

金渭顯, 1978, 「麗宋關係와 그 航路考」, 『關大論文集』 6 ; 1985, 『遼金史研究』, 裕豊
　　出版社 ; 2004, 『高麗時代 對外關係史 研究』, 景仁文化社, 209~223쪽.

祁慶富, 1997, 앞의 책, 172·173쪽.

申採湜, 2008, 「唐末·五代의 東南沿海地域과 韓半島의 海上交涉」·「10~13세기 海路
　　를 통한 麗·宋의 文物交易」, 『宋代對外關係史研究』, 한국학술정보(주), 101~10
　　4·118~123쪽.

정진술, 2009, 앞의 책, 59·61·68·78~91쪽.

34-13

[原文]

黑水洋

黑水洋, 卽北海洋也. 其色, 黯湛淵淪, 正黑如墨, 猝然視之, 心膽俱喪. 怒濤噴薄, 屹如萬山, 遇夜, 則波間[64]熠熠, 其明如火. 方其舟之升在波上也, 不覺有海, 惟[65]見天日明快. 及降在窪中, 仰望前後水勢, 其高蔽空, 腸胃騰倒, 喘息僅存. 顚仆吐嘔, 粒食不下咽, 其困臥于[66]茵褥上者, 必使四維隆起, 當中如槽. 不爾則傾側輾轉, 傷敗形體. 當是時, 求脫身於萬死之中, 可謂危矣.

---

64) 知 : 間.
65) 知 : 唯.
66) 四 知 : 於.

[譯文]

흑수양[1]

흑수양은 곧 북쪽의 큰 바다입니다. 그 색은 어두워 밝지 않아 깊이 들어가면 순수한 흑빛이 먹과 같은데, 갑작스레 그것을 보면 의지와 담력을 모두 잃습니다. 성난 파도가 용솟음치며 흔들리는 것은 우뚝 솟은 만산과 같고, 밤이 되어 파도 사이가 밝게 빛나는 것은 그 밝음이 불과 같습니다. 바야흐로 배가 파도 위에 올라가 있으면 바다가 있음을 느끼지 못하니, 다만 하늘에 떠 있는 해가 밝고 쾌청한 것만 볼 수 있습니다. 골 안으로 내려가기에 이르면, 앞뒤의 물의 형세를 우러러 바라보게 되니, 그 높이가 하늘을 가려 위장은 움직이고 뒤집혀 가쁜 숨만 겨우 붙어 있습니다. 넘어지고 쓰러지며 토를 해 음식을 목구멍으로 삼키지 못하는데, 고단하여 자리[2] 위에 드러누운 자는 반드시 사방을 높이 올려, 마땅히 가운데를 구유와 같게 합니다. 그렇게 하지 않으면 기울어져 굴러서 몸이 상처 입고 다칩니다. 이때를 당하여 만 번 죽게 될 가운데서 몸을 빼 벗어나기를 바라니, 위험하다고 할 만합니다.

[註解]

1) 黑水洋: 황해의 깊은 바다로 이뤄진 해역이나 東支那海로 추정된다. 물색이 흑빛이어서 붙여진 이름이다.

　　戴均良 外 主編, 2005, 「黑水洋」, 『中國古今地名大詞典』 下, 上海 : 上海辭書出版社, 2880쪽.

　　정진술, 2009, 앞의 책, 385쪽.

　　森平雅彦, 2013, 앞의 책, 231·234쪽.

2) 茵褥: 방석, 융단, 돗자리 등 깔개를 의미한다. 이에 대해서는 『高麗圖經』 권 28-10-3) 참조.

35-1

[原文]

海道二

夾界山

六月一日壬午, 黎明霧昏乘東[1]南風. 巳刻稍霽, 風轉西南, 益張野狐
飄. 午正風厲, 第一舟大檣, 春然有聲, 勢曲欲折, 亟以大木附之, 獲全.
未後, 東北望天際, 隱隱如雲, 人指以爲半托伽山, 不甚可辨. 入夜風微,
舟行甚緩. 二日癸未, 早霧昏曀, 西南風作, 未後澂霽. 正東望, 一山如屛,
卽夾界山也. 華[2]夷[3], 以此爲界限. 初望隱然, 酉後逼[4]近, 前有二峯, 謂
之雙髻山. 後有小焦數十, 如奔馬狀. 雪浪噴激, 遇山濺瀑尤高. 丙夜, 風
急雨作, 落帆徹蓬, 以緩其勢.

[譯文]

바닷길2

협계산[1]

6월 1일(임오)에 날이 밝을 무렵, 안개가 자욱한데 동남풍을 탔습니
다. 사시에 조금 걷히고 바람이 서남쪽으로 바뀌자 야호범[2]을 더하여서
폈습니다. 정오에 바람이 사나워지자 첫 번째 배의 큰 돛대가 갈라지는
소리를 내며 형세가 구부러지고 부러지려 하니 급하게 큰 나무를 덧붙여
무사할 수 있었습니다. 미시 이후에 동북쪽 하늘 끝을 바라보니 은은한
것이 구름과 같았는데, 사람들이 가리키길 반탁가산[3]이라 하였으나 확

---

1) 四 知 : 東. 원문은 平으로 되어 있으나, 의미상 '東'이 옳다고 생각되어 교감 번
　역하였다.
2) 四 : 高.
3) 四 : 麗.
4) 四 : 遇.

실히 판별할 수 없었습니다. 밤이 되자 바람이 약해져서 배가 가는 것이 매우 느렸습니다. 2일(계미)에 아침 안개가 자욱하고 서남풍이 불었는데, 미시 이후에는 맑게 걷혔습니다. 정동쪽을 바라보니 하나의 산이 병풍과 같았는데, 곧 협계산입니다. 중국[華]과 고려[夷]는 이를 경계로 삼았습니다. 처음에 바라볼 때는 뚜렷하지 않았으나 유시 이후에 가까이 다가가 보니 앞에 두 봉우리가 있는데, 쌍계산4)이라 하였습니다. 뒤에는 작은 초5) 수십 개가 있는데, 달리는 말의 형상과 같았습니다. 흰 물보라가 뿜어 나오며 부딪히고, 산을 만나면 흩뿌려지고 용솟음치기가 더욱 높아졌습니다. 자정 무렵에 바람이 빨라지고 비가 내리자 돛을 내리고 봉(篷)을 거두어서 그 기세를 늦추었습니다.

[註解]

1) 夾界山: 지금의 전라남도 신안군 흑산면에 위치한 가거도를 말한다. 중국 강남과 가장 가까운 한반도 최서남단에 위치하고 있기에 가거도를 夾界山으로 비정하고 있다. 한편, 가거도에는 독실산이 있는데, 이 산으로 인해 섬이 험해 보이기 때문에 협계산이라는 이름이 붙여진 것으로 여겨진다.

    森平雅彦, 2009, 「黑山諸島海域における宋使船の航路―『高麗圖經』所載の事例から―」, 『朝鮮學報』 212 ; 2013, 『中近世の朝鮮半島と海域交流』, 東京 : 汲古書院, 111쪽.

    정진술, 2009, 「후삼국과 고려전기의 해상활동」, 『한국해양사 : 고대편』, 景仁文化社, 385쪽.

    문경호, 2016, 「1123년 서긍의 고려 항로에 대한 재검토―夾界山~馬島 安興亭 구간을 중심으로―」, 『역사와 담론』 78, 77·78·101쪽.

2) 野狐颿: 돛의 한 종류이다. 이에 대해서는 『高麗圖經』 권34-3-19) 참조.

3) 半托伽山: 지금의 제주특별자치도를 말한다. 夾界山―지금의 전라남도 신안군 흑산면 가거도―에 도달하기 전날, 동북쪽에서 보인 것을 이유로 제주특별자치도로 비정하며(①), 구체적으로 한라산이라고 보기도 한다(②). 한편, 半托伽山이란 명칭은 16羅漢의 제10尊者 반탁가에서 연유한 것으로 파악된다.

    ① 森平雅彦, 2009, 앞의 논문 ; 2013, 앞의 책, 114쪽.

    에노모토 와타루(榎本 渉), 2016, 「宋日·元日 間 海上航路와 高麗 島嶼地域」, 『해양문화재』 9, 94쪽.

    ② 정진술, 2009, 앞의 책, 386쪽.

4) 雙髻山: 지금의 전라남도 신안군 흑산면 일원에 위치한 섬이다. 본문에 언급된

두 봉우리에 대해서는 먼저 가거도의 石礁인 성근여로 파악하거나(①), 형태의
유사성을 바탕으로 가거도 앞 국흘도에 비정한 견해가 있다(②).
① 森平雅彦, 2009, 앞의 논문 ; 2013, 앞의 책, 111·112쪽.
② 문경호, 2018, 「12세기 초의 동아시아 국제정세와 神舟의 고려 항로」, 『한국중
세사연구』 55, 31쪽.
5) 焦: 섬의 한 종류이다. 서긍이 인식한 고려 섬의 종류에 대해서는 『高麗圖經』 권
34-1-(2)-5) 참조.

35-2

[原文]
五嶼

五嶼, 在處有之, 而以近夾界者, 爲正5), 定海之東北, 蘇州洋內, 群山
馬島, 皆有五嶼. 大抵篙工, 指海山上小山爲嶼. 所以數處五山相近, 皆謂
之五嶼矣. 三日甲申, 宿雨未霽, 東南風作. 午後, 過是嶼, 風濤噴激久之,
嵌峯6)巉7)巖8), 亦9)甚可愛.

[譯文]
오서[1]

오서는 곳곳에 있다지만 협계 가까이에 있는 것이 진짜이며, 정해[2]의
동북쪽·소주 큰 바다[3] 안·군산[4]·마도[5]에도 모두 오서가 있습니다. 대개
뱃사공들은 바다의 산 위에 작은 산을 가리켜서 서(嶼)라고 합니다.[6]
그런 까닭으로 몇 군데에 5개의 산이 서로 가까워서 모두 오서라고 합니

---

5) 四 : 主.
6) 四 : "峯【闕三字】"로 기록되어 있다.
7) 四 : "巉"이 누락되어 있다.
8) 四 : "巖"이 누락되어 있다.
9) 四 : "亦"이 누락되어 있다.

다. 3일(갑신)에는 계속 내리던 비가 그치지 않고 동남풍이 불었습니다.
오후에 이 서를 지나갔는데, 바람과 파도가 뿜어 나오며 부딪히는 것이
지속되는데, 높고 깎아지른 듯한 절벽 역시 매우 즐길만하였습니다.

[註解]

1) 五嶼: 지금의 전라남도 신안군 흑산면 일원에 있는 섬이다. 섬의 위치에 대해서
   는 태도군도의 상태·중태·하태도라고 파악하거나(①) 가거도 앞의 국흘군도로
   이해한 견해가 있다(②).
   ① 정진술, 2009, 앞의 책, 386쪽.
      문경호, 2016, 앞의 논문, 78쪽.
   ② 森平雅彦, 2009, 앞의 논문 ; 2013, 앞의 책, 107·108쪽.
      문경호, 2018, 앞의 논문, 28쪽.
2) 定海: 지금의 중국 浙江省 寧波市 鎭海區 일원이다. 이에 대해서는『高麗圖經 역
   주(상)』, 69쪽 권2-2-(2)-7) 참조.
3) 蘇州洋: 지금의 중국 上海市 동남쪽 해역을 가리킨다. 唐代 蘇州에 속했기 때문에
   붙었던 이름이다. 해역의 정확한 위치에 대해서는 먼저 長江 하구 남부부터 錢塘
   江 하구 북부까지로 파악하기도 한다(①). 장강 하구의 동북쪽 강이며 연안에서
   가까운 白水洋(②) 혹은 舟山群島 서쪽에 위치한 해역으로 비정하는 견해도 있다
   (③). 한편, 소주는 지금의 중국 江蘇省 蘇州市 일원이다. 隋代 吳郡을 621년(당 무
   덕 4)에 소주로 고쳤다. 742년(당 천보 1) 오군으로 고쳤다가, 758년(당 건원 1)
   다시 소주라 하였다. 1113년(송 정화 3)에 平江府로 고쳤다.
   『宋史』권88, 志41 地理4 兩浙路 平江府.
   戴均良 外 主編, 2005,「蘇州洋」,『中國古今地名大詞典』中, 上海 : 上海辭書出版社,
      1438쪽.
   ① 王文楚, 1996,「兩宋和高麗海上航路初探」,『古代交通地理叢考』, 北京 : 中華書局,
      41쪽.
   ② 祁慶富, 1997,「10~11세기 한중 해상교통로」,『한중문화교류와 남방해로』, 국
      학자료원, 184쪽.
   ③ 森平雅彦, 2013, 앞의 책, 235쪽.
4) 群山: 群山島―지금의 전라북도 군산시 선유도―를 말한다. 이에 대해서는『高麗
   圖經』권36, 群山島條에서 자세히 설명할 것이다.
5) 馬島: 지금의 충청남도 태안군 일원에 있는 섬이다. 이에 대해서는『高麗圖經』권
   37, 馬島條에서 자세히 설명할 것이다.
6) 指海山上小山爲嶼: 섬의 한 종류인 嶼에 대한 언급이다. 서긍이 인식한 고려 섬의
   종류에 대해서는『高麗圖經』권34-1-(2)-5) 참조.

35-3

[原文]

排㠀

是日巳刻, 雲散雨止, 四顧澂霽. 遠望, 三山竝列, 中一山如堵. 舟人, 指以爲排㠀, 亦曰排垜山, 以其如射垜之形耳.

[譯文]

배도[1]

이날 사시에는 구름이 흩어지고 비가 그쳐 사방을 둘러보니 맑게 걸렸습니다. 멀리 바라보면 3개의 산이 나란히 늘어서 있는데, 가운데 하나의 산이 담장과 같았습니다. 뱃사람들이 (이를) 가리켜서 배도 또는 배타산이라고 하는데, 화살받이 모양과 같기 때문입니다.

[註解]

1) 排㠀: 지금의 전라남도 신안군 흑산면 일원에 있는 섬이다. 섬의 위치에 대해서는 3개의 산이라 표현한 본문의 내용을 토대로 상태·중태·하태도로 파악하거나 (①), 3개의 섬이 T자처럼 배열된 만재도로 보는 견해가 있다(②).

① 森平雅彦, 2009, 앞의 논문 ; 2013, 앞의 책, 99·100쪽.

② 정진술, 2009, 앞의 책, 386쪽.

　문경호, 2016, 앞의 논문, 78쪽.

　강원춘, 2020, 「『고려도경』 객주의 구조와 항로—협계산~군산도를 중심으로—」, 『해양문화재』 13, 92쪽.

35-4

[原文]

白山

是日午後, 東北望, 一山極大, 連亘如城, 日色射處, 其白如玉. 未後風
作, 舟行甚快.

[譯文]

백산[1]

이날 오후에 동북쪽을 바라보니 하나의 산이 특별히 컸는데, (봉우리
가) 길게 뻗쳐서 성과 같았으며, 햇빛이 비치는 곳은 그 하얗기가 옥과
같았습니다. 미시 이후에 바람이 불자 배가 가는 것이 매우 빨랐습니다.

[註解]

1) 白山: 지금의 전라남도 신안군 흑산면 일원에 있는 섬이다. 섬의 위치에 대해서
는 대체로 홍도로 파악하는데, 흑산도의 서북쪽에 위치하며, 이곳의 깃대봉과 양
산봉이 흰 옥으로 만든 커다란 성으로 보일 정도로 웅장하고 풍광이 좋기 때문
이다(①). 한편, 근거를 제시하지는 않았지만 교맥도로 보는 견해도 있다(②).
① 祁慶富, 1997, 앞의 책, 187쪽.
　森平雅彦, 2009, 앞의 논문 ; 2013, 앞의 책, 98쪽.
　정진술, 2009, 앞의 책, 386쪽.
　문경호, 2016, 앞의 논문, 78·79·101쪽.
② 김성규, 2014, 「'선화봉사고려사절단'의 일정과 활동에 대하여」, 『한국중세사
　연구』 40 ; 2020, 『송대 동아시아의 국제관계와 외교의례(宋代東亞國際關係與
　外交儀禮)』, 신아사, 645쪽.

35-5

[原文]

黑山

黑山, 在白山之東南, 相望甚邇. 初望極高峻, 逼[10]近, 見山勢重複. 前一小峯, 中空如洞, 兩間[11]有澳[12], 可以藏舟. 昔海程, 亦[13]是使舟頓宿之地, 館舍猶存, 今取道, 更不抛泊. 上有民居聚落, 國中大罪得貸死者, 多流竄於此. 每中朝[14]人使舟至, 遇夜, 於山巓[15]明火於[16]烽燧, 諸山次第相應, 以迄王城, 自此山始也. 申後舟過.

[譯文]

흑산[1]

흑산은 백산의 동남쪽에 있는데, 서로 보일만큼 매우 가깝습니다. 처음 바라볼 땐 매우 높고 험준한데, 가까이 다가가면 산의 형세가 겹쳐져 있음을 볼 수 있습니다. 앞에 하나의 작은 봉우리는 가운데가 비어서 굴과 같으며, 양쪽 사이에는 굽어진 곳이 있어 배를 감출 수 있습니다.[2] 옛날 바다 뱃길에서도 역시 사신의 배가 머무는 곳이라 관사가 그대로 있지만,[3] 이번 길을 가면서는 또 닻을 내려 정박하지 않았습니다. 위에는 민이 거처하는 취락이 있으며, 나라 안에서 대죄로 사형을 면한 자가 대부분 이곳으로 유배를 옵니다.[4] 매번 중국[中朝] 사신의 배가 이르면

---

10) 四 : 遇.
11) 知 : 開.
12) 四 : 溪.
13) 四 知 : 云.
14) 四 知 : 國.
15) 四 知 : 巓.
16) 四 : 與.

밤에는 산 정상에서 봉수대에 불을 밝히니 여러 산이 차례로 서로 호응하여 왕성에 이르는데, 이 산에서 시작됩니다.[5] 신시 이후 배가 지나갔습니다.

[註解]

1) 黑山: 지금의 전라남도 신안군 흑산면에 위치한 흑산도이다. 통일신라 이래로 羅州—지금의 전라남도 나주시 일원—와 중국을 잇는 길목에 위치하여 크게 부상하였다.
   祁慶富, 1997, 앞의 책, 186·187쪽.
   森平雅彦, 2009, 앞의 논문 ; 2013, 앞의 책, 92~95쪽.
   정진술, 2009, 앞의 책, 386쪽.
   문경호, 2016, 앞의 논문, 78·79·101쪽.
   강원춘, 2020, 앞의 논문, 92쪽.

2) 前一小峯 …… 可以藏舟: 黑山島—지금의 전라남도 신안군 흑산면— 북쪽의 대둔도와 다물도 일대에 분포하는 해식동굴을 묘사한 것으로 여겨진다.
   문경호, 2016, 앞의 논문, 79쪽.

3) 昔海程 …… 館舍猶存: 黑山島—지금의 전라남도 신안군 흑산면—에 위치한 관사를 언급한 구절이다. 흑산도 북쪽 진리의 上羅山城 인근에는 나말여초에 조성된 것으로 보이는 석탑과 석등이 있다. 또한 관사터라는 지명도 남아있는데, 이곳에서 광범위한 고려시대 건물지와 청자편이 발견되어 그 기능을 짐작하게 한다.
   전남문화재연구원·신안군, 2015, 『신안 흑산도 관사터』 1, 전남문화재연구원.
   진호신, 2023, 「『고려도경(高麗圖經)』 마도(馬島) 안흥정(安興亭)의 위치와 공간구조」, 『해양문화재』 18, 79쪽.

4) 國中大罪得貸死者 多流竄於此: 黑山島—지금의 전라남도 신안군 흑산면—가 유배지로 활용되었음을 언급한 구절이다. 관련하여 1151년(의종 5) 윤4월에 鄭壽開를 흑산도로 유배한 사례를 꼽을 수 있다. 한편, 고려시대 유배제도에 대해서는 『高麗圖經』 권16-7-11) 참조.
   『高麗史節要』 권11, 毅宗 5년 윤4월.

5) 每中朝人使舟至 …… 自此山始也: 黑山島—지금의 전라남도 신안군 흑산면—의 烽燧에 대해 언급한 구절이다. 한반도의 서해안과 남해안은 해안선이 복잡하고 조수간만의 차이가 심해서 항해에 큰 어려움을 겪었다. 이를 극복하기 위해서 선박이 닿았던 주요 포구 주변과 연안항로가 통과하는 주요 지점에 봉수가 설치되어 왕성까지 이어졌다. 또한 宋 사신을 맞이하기 위한 준비를 하고자, 그들의 접근을 조정에 알리려는 목적도 있었을 것으로 여겨진다.
   方相鉉, 1980, 「朝鮮前期의 烽燧制—國防上에 미친 影響을 중심으로—」, 『史學志』

14, 70·71쪽.

조명일, 2015, 「서해지역 봉수의 분포양상과 그 의미―전북지역을 중심으로―」,
『島嶼文化』 45, 82·96쪽.

35-6

[原文]

月嶼

月嶼二, 距黑山甚遠. 前曰大月嶼, 回抱如月. 舊傳上有養源寺. 後曰小
月嶼, 對峙如門, 可以通小舟行.

[譯文]

월서[1]

월서는 둘인데, 흑산에서 매우 멀리 떨어져 있습니다. 앞의 것은 대월
서라 하는데, 주위를 둘러싸고 있어 달과 같습니다. 예전부터 전해지기
를 위에 양원사[2]가 있다고 합니다. 뒤의 것은 소월서라 하는데, 마주하
여 솟아있는 것이 문과 같으며, 작은 배가 다닐 수 있습니다.

[註解]

1) 月嶼: 지금의 전라남도 신안군 혹은 영광군 일원에 있는 섬이다. 섬의 위치에 대
   해서는 본문의 묘사와 사행 해로를 전반적으로 고려한 결과, 영광군과 신안군으
   로 입장이 나뉜다. 먼저 영광군으로 파악한 견해에서는 상·하낙월도로 이해하였
   다(①). 한편, 신안군으로 보는 쪽의 견해는 다양하다. 대·소허사도로 보기도 하
   며(②), 비금도와 도초도라 주장하기도 한다(③). 또한 대치마도로 보는 견해가
   있다(④).
   ① 祁慶富, 1997, 앞의 책, 187쪽.
   ② 정진술, 2009, 앞의 책, 386·387쪽.
   　森平雅彦, 2010, 「全羅道沿海における宋使船の航路―『高麗圖經』所載の事例―」,

『史淵』 147 ; 2013, 앞의 책, 140·141쪽.
③ 조명일, 2015, 앞의 논문, 86쪽.
④ 문경호, 2016, 앞의 논문, 81·82·101쪽.
2) 養源寺: 月嶼에 위치한 절이나, 본문 이외에는 기록이 소략하여 자세한 내용을
알기 어렵다.

35-7

[原文]

闌山島

闌山島, 又曰天仙島. 其山高峻, 遠望壁立. 前二小焦, 如龜鼈之狀.

[譯文]

난산도[1]

난산도는 또 천선도라고 합니다. 그 산이 높고 험준하여 멀리서 바라
보면 벽처럼 서 있습니다. 앞에 2개의 작은 초는 거북과 자라의 형상과
같습니다.

[註解]

1) 闌山島: 지금의 전라남도 서남부 일원에 있는 섬이다. 섬의 위치에 대해서는 섬
의 산과 주변 경관에 대한 본문의 묘사에 근거해 신안군 임자면 재원도로 추정
한 견해가 있다(①). 또는 신안군 부남도로 비정하기도 하는데, 月嶼를 대·소허
사도로 추측하면 남동쪽으로 약 5km 떨어진 곳에 부남도가 있기 때문이다(②).
① 정진술, 2009, 앞의 책, 387쪽.
② 森平雅彦, 2010, 앞의 논문 ; 2013, 앞의 책, 142쪽.

35-8

[原文]

白衣島

白衣島, 三山相連, 前有小焦附之. 偃檜積蘇, 蒼潤可愛. 亦曰白甲苫.

[譯文]

백의도[1]

백의도는 세 산이 서로 이어져 있고 앞에는 작은 초가 붙어 있습니다. 기울어진 전나무와 무성한 풀[積蘇]은 푸르고 윤기가 있어 즐길 만합니다. 또한 백갑섬이라고 합니다.

[註解]

1) 白衣島: 지금의 전라남도 신안군 또는 영광군 일원에 있는 섬이다. 섬의 위치에 대해서는 신안군과 영광군으로 입장이 나뉜다. 먼저 신안군으로 파악한 견해에서는 매가도—홍도—로 이해하였다(①). 이는 月嶼를 영광군 안마도 동남쪽의 상·하낙월도로 추정하고 白衣島의 동남쪽에 있는 흑산도를 지나 동북방면으로 전진하는 배의 항로에 근거한 것이다. 월서를 대·소허사도, 난산도를 부남도로 추정하고, 남쪽에서 남동쪽으로 늘어서 있는 입모도·굴도·갈도라 파악하기도 한다(②). 한편, 영광군으로 보는 쪽에서는 세 산이 이어져 있고 앞에 작은 암초가 붙어 있다는 본문의 서술에 의거하여 영광군 낙월면 각이도로 보는 주장도 있다(③).
① 祁慶富, 1997, 앞의 책, 187쪽.
② 森平雅彦, 2010, 앞의 논문 ; 2013, 앞의 책, 141쪽.
③ 정진술, 2009, 앞의 책, 387쪽.

35-9

[原文]

跪苫

跪苫, 在白衣島之東北, 其山特大於衆苫. 數山相連, 碎焦環遶, 不可勝
數. 夜潮衝激, 雪濤奔薄. 月落夜昏[17]而濺沫之明, 如火熾也.

[譯文]

궤섬[1]

궤섬은 백의도의 동북쪽에 있는데 그 산은 여러 섬[2]보다 특히 큽니다.
많은 산들이 서로 이어져 있고 부서진 초들이 둥글게 에워싸고 있으니
다 헤아릴 수 없습니다. 밤에는 밀물이 세차게 부딪혀서 흰 파도가 빠르
게 들이쳐 옵니다. 달빛이 내리고 밤이 어두우면 흩뿌려진 물거품의
밝기가 불이 타오르는 것과 같습니다.

[註解]

1) 跪苫: 지금의 전라남도 영광군 또는 신안군 일원에 있는 섬이다. 섬의 위치에 대
   해서는 白衣島 동북쪽에 있는 큰 섬이라는 본문의 묘사에 의거해 영광군 송이도
   라 추정한 견해가 있다(①). 또는 항해 경로와 섬의 주변 경관과 크기에 근거해
   신안군 재원도라 이해하기도 한다(②). 한편, 섬의 구조에 근거하여 불갑산·대둔
   산·삼각산·삼학산 등 여러 산으로 나뉘어 있었던 신안군 임자도라 파악하기도
   한다(③).
   ① 정진술, 2009, 앞의 책, 387쪽.
   ② 森平雅彦, 2010, 앞의 논문 ; 2013, 앞의 책, 143쪽.
   ③ 문경호, 2016, 앞의 논문, 82·101쪽.
2) 苫: 섬의 한 종류이다. 서긍이 인식한 고려 섬의 종류에 대해서는 『高麗圖經』 권
   34-1-(2)-5) 참조.

---

17) 四 知 : 夜昏. 원문에는 【夜昏】으로 되어 있으나, 의미상 본문으로 해석하는 것이
    옳다고 생각되어 교감 번역하였다.

[原文]

海道三

春草苫

春草苫, 又在跪苫之外, 舟人, 呼爲外嶼. 其上, 皆松檜之屬, 望之鬱然.
夜分風靜, 舟行益鈍.

[譯文]

바닷길3

춘초섬[1]

춘초섬은 또 궤섬[2]의 밖에 있는데 뱃사람들은 외서라 부릅니다. 그
위는 모두 소나무와 전나무의 부류이며 바라보면 울창합니다. 밤중에는
바람이 고요하니 배가 가는 것이 더욱 둔합니다.

[註解]

1) 春草苫: 지금의 전라남도 영광군 또는 신안군 일원에 있는 섬이다. 섬의 위치에
더해서는 跪苫 밖에 있다는 본문의 서술에 따라 영광군 낙월면 안마도로 추정한
견해가 있다(①). 또는 소나무와 전나무가 많다는 외형에 대한 설명에 가장 부합
하는 신안군 소비치도라 이해하기도 한다(②). 한편, 在遠이라는 이름에 근거하
여 본섬인 임자도로부터 떨어진 신안군 재원도로 파악하기도 한다(③).
　① 정진술, 2009, 「후삼국과 고려전기의 해상활동」, 『한국해양사 : 고대편』, 景仁
　　文化社, 387쪽.
　② 森平雅彦, 2010, 「全羅道沿海における宋使船の航路─『高麗圖經』所載の事例─」, 『史
　　淵』 147 ; 2013, 『中近世の朝鮮半島と海域交流』, 東京 : 汲古書院, 146·147쪽.
　③ 문경호, 2016, 「1123년 서긍의 고려 항로에 대한 재검토─夾界山~馬島 安興亭
　　구간을 중심으로─」, 『역사와 담론』 78, 82·83·101쪽.
2) 跪苫: 지금의 전라남도 영광군 또는 신안군 일원에 있는 섬이다. 이에 대해서는
『高麗圖經』 권35-9-(2)-1) 참조.

[原文]

檳榔焦

檳榔焦, 以形似得名. 大抵海中之焦, 遠望多作此狀, 唯春草苫相近者, 舟人, 謂之檳榔焦. 夜深潮落, 舟隨水退, 幾復入洋, 擧舟恐懼, 亟鳴櫓, 以助其勢. 黎明, 尙在春草苫. 四日乙酉, 天日晴霽, 風靜浪平. 俯視水色, 澄碧如鑑, 可以見底. 復有海魚數百, 其大數丈. 隨舟往來, 夷猶鼓鬐. 洋洋自適, 殊不顧有舟楫過也.

[譯文]

빈랑초[1]

빈랑초는 형태가 비슷하여 이름을 얻었습니다. 대체로 바다 가운데의 초는 멀리서 바라보면 대부분 이런 형상을 하고 있지만, 오직 춘초섬은 형상이 유사해서 뱃사람들이 빈랑초라 합니다. 밤이 깊어 조수가 빠지면 배가 물을 따라 떠나갈 지경이니 다시 큰 바다로 들어가려 하였고, 모든 배가 두려워하여 빠르게 노를 저어 그 기세를 저지했습니다. 날이 밝을 무렵에도 여전히 춘초섬에 있었습니다. 4일(을유)에 날씨가 맑게 걷히고 바람이 고요해 물결이 평안했습니다. 물의 색을 내려다보면 맑고 푸르기가 거울 같아 바닥을 볼 수 있을 정도였습니다. 게다가 바다 물고기 수백 마리가 있는데 그 크기는 수 길입니다. 배를 따라 오가며 태연하게 지느러미를 휘둘렀습니다. 넓은 바다를 마음대로 다니니 배가 지나가도 전혀 돌아보지 않았습니다.

[註解]

1) 檳榔焦: 지금의 전라남도 신안군 또는 영광군에 있는 섬이다. 섬의 위치에 대해
서는 주변에 서식하는 생물과 지명을 대조하여 신안군 대비치도로 추정한다(①).
한편, 春草苫과 가까이 있다는 본문의 묘사에 근거하여 영광군 안마도 동북쪽에
인접한 우각서로 이해한 견해도 있다(②).
① 森平雅彦, 2010, 앞의 논문 ; 2013, 앞의 책, 146~148쪽.
② 정진술, 2009, 앞의 책, 387쪽.

36-3

[原文]

菩薩苫

是日午後, 過菩薩苫. 麗人, 謂其上, 曾有顯異, 因以名之. 申後風靜,
隨潮而[1]進.

[譯文]

보살섬[1]

이날 오후에 보살섬을 지나갔습니다. 고려 사람들이 그 위에서는 일
찍이 기이함이 있어, 인하여 이름한다고 합니다. 신시 이후에는 바람이
고요래져서 조수를 따라 나아갔습니다.

[註解]

1) 菩薩苫: 지금의 전라남도 영광군 일원에 위치한 섬이다. 섬의 위치에 대해서는
春草苫을 안마도, 竹島를 위도로 추정하고 이를 차례로 지나간 서긍의 항로상 안
마도 동북쪽의 왕등여로 이해한 견해가 있다(①). 또는 송이도로 파악하기도 하
며(②), 서긍이 각이도와 송이도를 묶어서 菩薩苫이라 이해한 것으로 추측하기도

---

1) 囚 知 : 而. 원문은 寸으로 되어 있으나, 의미상 ‘而’가 옳다고 생각되어 교감 번
역하였다.

한다(③).
① 정진술, 2009, 앞의 책, 387쪽.
② 문경호, 2016, 앞의 논문, 82·83쪽.
③ 森平雅彦, 2010, 앞의 논문 ; 2013, 앞의 책, 149·150쪽.

36-4

[原文]
竹島

是日酉後, 舟至竹島抛泊. 其山數重, 林木翠茂. 其上, 亦有居民, 民亦有長. 山前, 有白石焦數百塊, 大小不等, 宛如堆玉. 使者回程至此, 適值中秋月出. 夜靜水平. 明霞映帶, 斜光千丈, 山島林壑, 舟楫器物, 盡作金色. 人人起舞弄影, 酌酒吹笛, 心目欣快, 不知前有海洋之隔也.

[譯文]
죽도[1]

이날 유시 이후에 배가 죽도에 이르러 (닻을) 던지고 정박하였습니다. 그 산은 여러 겹이고 수풀의 나무들이 푸르고 무성했습니다. 그 위에는 또한 거주하는 민이 있고 민에는 또한 우두머리가 있습니다. 산 앞에 흰 돌로 된 암초가 수백 덩어리 있는데, 크기[大小]가 같지 않고 마치 쌓아놓은 옥과 같았습니다. 사신[使者]이 돌아가는 길에 이곳에 이르렀는데, 마침 8월 보름달이 나올 즈음이었습니다.[2] 밤은 고요하고 물은 잔잔했습니다. 노을이 져 근처를 비추면 비스듬한 빛이 1,000길이니 산·섬·수풀·골짜기·배·기물이 모두 금색이 되었습니다. 사람마다 일어나 춤추고 달빛을 희롱하며, 술을 따르고 피리를 부니 마음과 눈이 기쁘고 유쾌해 앞에 큰 바다가 막고 있음을 알지 못했습니다.

[註解]

1) 竹島: 지금의 전라도 일원에 있는 섬이다. 섬의 위치에 대해서는 본문의 서술 및
   서긍의 항로를 고려하여 전라북도 부안군 위도(①)로 혹은 전라남도 영광군 안
   마도(②)로 추정한 견해가 있다. 또, 영광군 죽도로 파악하기도 한다. 이 주장은
   『島嶼志』의 기록에 기반하거나(③), 임자도·재원도 등과 연결되는 교통상의 특징
   을 토대로 한다(④). 혹은 초기청자·철화청자 장고편 등 출토물에 근거해 신안군
   재원도라 파악하는 주장도 있다(⑤).
   ① 祁慶富, 1997, 「10~11세기 한중 해상교통로」, 『한중문화교류와 남방해로』, 국
      학자료원, 188쪽.
   ② 문경호, 2016, 앞의 논문, 83·84쪽.
   ③ 金渭顯, 1978, 「麗宋關係와 그 航路考」, 『關大論文集』 6 ; 1985, 『遼金史研究』, 裕
      豊出版社 ; 2004, 『高麗時代 對外關係史 研究』, 景仁文化社, 221쪽.
   ④ 森平雅彦, 2010, 앞의 논문 ; 2013, 앞의 책, 133~137쪽.
   ⑤ 卞南柱, 2016, 「작은 섬 재원도 포구의 한·중 흑산도 해로상 해양사적 위상에
      대한 시론」, 『한국학논총』 46, 167·168쪽.
2) 使者回程至此 適値中秋月出: 서긍 일행이 돌아가는 길에 8월 보름달을 본 것을
   언급한 구절이다. 『高麗圖經』 권39, 禮成港條에 의하면 서긍 일행은 1123년(인종
   1) 음력 8월 8일 오후 4시경에 群山島—지금의 전라북도 군산시 선유도—를 출발
   하여 음력 8월 9일 아침에 竹島—지금의 전라도 일원—를 지나갔다. 그러나 남동
   풍으로 인해 다시 북행하여 음력 8월 10일에 군산도에 도착하였고, 6일간 정박
   했다. 그리고 음력 8월 16일에 군산도에서 다시 출발해 죽도에 도착하여 2일 동
   안 정박하였다. 回程하는 길에 죽도에 머물렀을 때는 시기상 中秋節과 가까웠기
   에, 실제로 보름달을 볼 수 있는 여건이었다.
   안영숙 외 지음, 2002, 『고려시대 연력표』, 한국학술정보(주), 80쪽.

36-5

[原文]

苦苫苫2)

五日丙戌, 晴明, 過苦苫苫. 距竹島不遠, 其山相類, 亦有居人3). 麗俗,

---

2) 四 : "苫"이 누락되어 있다. 知 : "苫【鄭刻作苦苫按三十九卷禮成港條亦作苦苫苫】"으
   로 기록되어 있다.

謂刺蝟毛爲苦苫苫[4]. 此[5]山林木, 茂盛而不大, 正如蝟毛, 故以名之. 是日拋泊此苫, 麗人挈舟載水來獻, 以米謝之. 東風大作, 不能前進, 遂宿焉.

[譯文]

고섬섬[1]

　5일(병술)에 맑게 개었고 고섬섬을 지나갔습니다. 죽도와의 거리가 멀지 않고 그 산이 서로 비슷하니 역시 사는 사람들이 있었습니다. 고려의 습속에 고슴도치 털을 고섬섬이라 한다고 합니다. 이 산의 숲과 나무는 무성하면서 크지 않아 바로 고슴도치 털과 같았으므로 이름한 것입니다. 이 날 이 섬에 (닻을) 던지고 정박하니 고려 사람들이 배를 잡아당겼고 물을 싣고 와 바쳤는데, 쌀로 이를 보답했습니다. 동풍이 크게 일어 앞으로 나아갈 수 없게 되자 결국 여기에서 묵었습니다.

[註解]

1) 苦苫苫: 지금의 전라북도 부안군 일원에 있는 섬이다. 섬의 위치에 대해서는 본문의 묘사에 근거하여 위도로 추정한 견해가 있다(①). 한편, 竹島―지금의 전라도 일원―에 가깝다는 점에 주목하여 식도라 파악하기도 하며(②), 죽도와 群山島 사이에 위치한다는 점을 토대로 비안도라고 추정하기도 한다(③).
　① 김성호, 1996, 「부록 1: 고려시대 조운항로와 등대의 기원」, 『중국 진출 백제인의 해상활동 천오백년』 2, 맑은소리, 406쪽.
　　森平雅彦, 2010, 앞의 논문 ; 2013, 앞의 책, 127·128쪽.
　② 祁慶富, 1997, 앞의 책, 188쪽.
　③ 정진술, 2009, 앞의 책, 388쪽.

3) 知 : 民.
4) 四 : 此.
5) 四 : 苫, 知 : "此【鄭刻此苫】"으로 기록되어 있다.

[原文]

群山島

六日丁亥, 乘早潮行, 辰刻, 至群山島抛泊. 其山十二峰相連, 環遶如城. 六舟來迓, 載戈甲, 鳴鐃歔角, 爲衞. 別有小舟, 載綠袍吏, 端笏揖於舟中, 不通姓字而退, 云群山島注事也. 繼有譯語官, 閤門通事舍人沈起, 來衆. 司接伴金富軾知全州吳俊和, 遣使來投遠迎狀, 使副, 以禮受之. 揖而不拜, 遣掌儀官, 相接而已. 繼遣答書. 舟旣入島, 沿岸, 秉[6]旗幟列植者, 百餘人. 同接伴, 以書送使副及三節早食. 使副, 牒接伴送國王先狀, 接伴, 遣采舫, 請使副上群山亭相見. 其亭, 瀕海, 後倚兩峰, 相竝特高, 壁立數[7]百[8]仞[9]. 門外有公廨十餘間[10], 近西小山上, 有五龍廟資福寺. 又西有崧山行宮, 左右前後, 居民十數家. 午[11]後, 使副乘松舫至岸, 三節導從入館. 接伴郡守, 趨廷設香案, 拜舞. 望闕拜舞, 恭問聖體畢, 分兩陼升堂. 使副居上[12], 以次對再拜訖, 少前敍致, 復再拜就位. 上中節, 堂上序立, 與接伴揖, 國俗皆雅揖[13]. 都轄, 前致辭再拜. 次揖郡守, 如前禮, 退就席. 其位, 使副俱南向, 接伴郡守, 東西相向, 下節舟人, 聲喏于[14]庭. 上節, 分坐堂上, 中節, 分兩廊, 下節, 坐門之兩廂, 舟人, 坐于[15]門外. 供

---

6) 四 知：乘.

7) 四：有.

8) 四：數.

9) 知："仞【鄭刻有數仞】"으로 기록되어 있다.

10) 知：間.

11) 四：于.

12) 四 知：使副居上. 원문에는【使副居上】으로 되어 있으나, 의미상 본문으로 해석하는 것이 옳다고 생각되어 교감 번역하였다.

13) 四 知：國俗皆雅揖. 원문에는【國俗皆雅揖】으로 되어 있으나, 의미상 본문으로 해석하는 것이 옳다고 생각되어 교감 번역하였다.

14) 知：於.

15) 知：於.

張極齊肅, 飮食且豐腆, 禮貌恭謹. 地皆設席, 蓋其俗如此, 亦近古也. 酒
十行, 中節下節, 第降殺之. 初坐, 接伴, 親斟以奉, 使者, 復醻之. 酒半,
遣人致勸, 三節, 皆易大觥. 禮畢, 上中節, 趨揖如初禮. 使副登松舫, 歸
所乘大舟.

[譯文]
군산도[1]

6일(정해)에 새벽 밀물을 타고 가니 진시에 군산도에 이르러 (닻을)
던지고 정박하였습니다. 그 산은 열두 봉우리가 서로 잇닿아 둥그렇게
에워싼 것이 성과 같았습니다.[2] 여섯 배가 와서 마중하였는데,[3] 군사[戈
甲]를 싣고 징을 울리며 나팔을 불어 호위하였습니다. 따로 작은 배를
두어 녹색 포의 관리를 태웠고, 홀을 바르게 하고 배 안에서 읍하였으며,
통성명은 하지 않고 물러났는데 군산도의 주사[4]라고 합니다. 이어 역어
관[5]인 합문통사사인[6] 심기[7]가 있는데, 와서 참여하였습니다. 동접반[8]
김부식[9]과 지전주[10] 오준화[11]는 사신을 보내 와서 원영장[12]을 주었고,
정사와 부사[13]는 예로써 그것을 받았습니다.[14] 읍[15]하였으나 배하지는
않았고 장의관[16]을 보내 서로 접촉하였을 뿐입니다. 이어 답서를 보냈습
니다. 배가 섬에 들어가자 연안에 기치를 잡고 늘어서 있는 자가 100여
인이었습니다.[17] 동접반은 서신을 가지고 정사와 부사 및 삼절을 영송하
고 조식을 보냈습니다.[18] 정사와 부사는 접반에게 이첩하여 국왕선장[19]
을 보내니, 접반은 채색한 배[20]를 보내 정사와 부사가 군산정[21]에 올라
서로 뵙기를 청하였습니다. 그 정자는 바다와 가깝고, 뒤의 두 봉우리는
기대어있는데 서로 나란하며 특히 높아 절벽이 서 있기가 수백 길입니
다. 문 밖에는 공해(公廨) 10여 칸이 있고, 서쪽으로 가까운 작은 산
위에는 오룡묘[22]와 자복사[23]가 있습니다. 또한 서쪽에는 숭산[24] 행궁[25]이

있으며 좌우전후로는 거처하는 민이 십수 가(家) 입니다.[26] 오후에 정사와 부사가 송방을 타고 연안에 이르렀고, 삼절은 시종을 데리고 관사에 들어갔습니다. 접반과 군수[27]는 뜰로 달려와 향안[28]을 설치하고 배무하였습니다. 망궐하여[29] 배무하고 공손히 황제의 안부[聖體]를 묻기를 마치면 양쪽 계단[30]에 나누어 당(堂)에 올랐습니다. 정사와 부사는 상석에 자리하는데 차례로 마주하여 재배하기를 마치면 (정사와 부사는) 조금 앞에서 순서대로 이르러 또 재배하고 자리로 갔습니다. 상절[31]과 중절[32]은 당 위에 차례로 서서 접반과 읍하였는데, 나라의 습속은 모두 아읍을 합니다. 도할관[33]은 앞에서 치사하고 재배하였습니다. 다음에 읍하는 군수는 앞의 예와 같이하고 물러나 자리로 나아갔습니다. 그 자리에서 정사와 부사는 모두 남쪽을 향하고, 접반과 군수는 동쪽과 서쪽을 서로 향하며, 하절[34]과 뱃사람은 뜰에서 인사하였습니다. 상절은 당 위에 나누어 앉았으며 중절은 양쪽 회랑[廊]으로 나뉘었고, 하절은 문의 양쪽 곁채에 앉았으며, 뱃사람은 문 밖에 앉았습니다. 공장은 매우 가지런하고 엄숙하였으며, 먹고 마실 것 또한 풍성하고 넉넉한데다 예의와 몸가짐은 공손하고 근엄하였습니다. 바닥에 모두 자리를 깔았는데 대개 그 풍속이 이와 같으니, 역시 옛것에 가깝습니다. 술은 10번 도는데 중절과 하절은 차례대로 낮추고 줄입니다. 처음에 자리하고 접반이 친히 술을 따라 받들면 사신[使者]은 다시 그것을 따라줍니다. 술이 반쯤 돌자 사람을 보내 상절에게 술을 권하면, 모두 대굉[35]으로 바꿉니다. 예를 마치면 상절과 중절은 종종걸음으로 처음의 예와 같이 읍하였습니다. 정사와 부사는 송방에 올라, 타고 온 큰 배로 돌아갑니다.[36]

[註解]

1) 群山島: 지금의 전라북도 군산시에 속한 선유도를 말한다. 중국과 통하는 원양항

해와 한반도 서해를 잇는 연근해 항해가 교차하는 지점으로, 先史時代부터 줄곧
해양교통의 중심지 역할을 하였다. 고려 관리들은 이곳에서 처음으로 宋 사절을
영접하였는데, 사절단이 回程할 때도 接伴使가 이곳까지 동행하여 전송하였다.
또한, 群山亭이 있어 공식 의례나 연회, 숙박 등의 빈객접대가 이루어졌다.

森平雅彦, 2008,「高麗群山亭考」,『年報朝鮮學』11 ; 2013, 앞의 책, 68~70쪽.
정진술, 2009, 앞의 책, 388쪽.
윤용혁, 2010,「고려시대 서해 연안해로의 객관과 안흥정」,『역사와 경계』74 ; 2015,
　　『한국 해양사 연구—백제에서 고려, 1천 년 바다 역사—』, 주류성, 145·146쪽.
문경호, 2015,「『高麗圖經』을 통해 본 群山島와 群山亭」,『지방사와 지방문화』
　　18-2, 86~90쪽.
곽장근, 2016,「새만금 속 한중문물교류」,『한중관계연구』2-1, 98쪽.
金成奎, 2019,「'宣和奉使高麗使節團'의 群山島 入島와 東아시아 海域의 五龍廟 信
　　仰」,『中國史硏究』119 ; 2020,『송대 동아시아의 국제관계와 외교의례(宋代東
　　亞國際關係與外交儀禮)』, 신아사, 661~663쪽.

2) 其山十二峰相連 環遶如城: 群山島—지금의 전라북도 군산시 선유도—에 대한 서
긍의 묘사이다. 본문에서는 열두 봉우리가 잇닿아 둥그렇게 에워싼 모습이라 서
술하였다. 그런데 실제로 열두 봉우리가 있었던 것은 아니었고, 군산도 북쪽의
횡경도·방축도·광대도·명도·말도 등 섬들이 이어져 군산도를 호위하는 형태였
다. 이는 후대에 '巫山十二峯'이라 불렸는데, 본문의 열두 봉우리는 이를 묘사한
것으로 여겨진다.

森平雅彦, 2008, 앞의 논문 ; 2013, 앞의 책, 70쪽.
문경호, 2015, 앞의 논문, 76쪽.

3) 六舟來迓: 배에 탄 나졸들의 복장을 참고하였을 때 사신들을 영접하러 나온 巡船
이었을 것으로 여겨진다. 한편, 본문에서는 순선이 6척으로 기록되어 있으나,『高
麗圖經』권33, 巡船條에서는 10여 척이라고 하여 차이가 있다. 이에 대해 본문의
6척이 10여 척의 일부인지, 혹은 배의 척수를 혼돈한 것인지는 알기 어렵다. 만
약, 수를 착각한 것이라면 구체적인 지명이 순선마다 명시된『高麗圖經』권33, 巡
船條를 토대로, 10척이 사실에 가까운 것으로 보기도 한다.

金成奎, 2019, 앞의 논문 ; 2020, 앞의 책, 660~662쪽.

4) 群山島注事: 注事는 고려에서는 보이지 않는 관직으로, 入仕 胥吏職인 主事는 확
인된다. 이에 대해 群山島—지금의 전라북도 군산시 선유도—가 속한 전주지역
官府에서 나온 낮은 신분의 관리로 보는 연구도 있다. 한편, 본문에서 군산도주
사는 녹색 옷을 입었는데,『高麗圖經』권7, 庶官服條에는 이러한 복식을 착용한
이들에 관한 기록이 있다. 해당 조에서는 과거를 통해 관직에 진출한 자인 進士
入官과 입사직에 해당하는 상급 서리인 省曹補吏, 州縣令·尉·主簿·司宰가 그 대
상이었다.『高麗史』興服志 의종대의 관리 공복 규정에는 9품 이상이 녹색 옷을
입는다고 기재하였다. 이를 고려했을 때, 상급 서리 이상 직임을 가진 관원이었
을 것으로 여겨지나 자세히 알기는 어렵다.

『高麗史』 권72, 志26 輿服1 冠服 公服 毅宗朝.

金成奎, 2019, 앞의 논문 ; 2020, 앞의 책, 662쪽.

5) 譯語官: 통역과 접대를 담당하던 관원이다. 閤門―閣門―에서 通事舍人이나 祗候
의 품계인 7품직으로 限品敍用되었다. 禮賓省에서 譯官을 시험하여 선발하고 그
들의 교육을 관장하였다.

李美淑, 2009, 「高麗時代의 譯官 硏究」, 『韓國思想과 文化』 46, 205~208쪽.

이정신, 2014, 「高麗後期의 譯官」, 『한국중세사연구』 38, 375~377쪽.

6) 閣門通事舍人: 閤門―閣門―의 관직으로 문종대 정7품 4인을 두었다. 이에 대해서
는 『高麗圖經 역주(상)』, 229쪽 권8-1-(2)-18) 참조.

7) 沈起: 생몰년 미상. 인종대 활동하던 문신이다. 그에 대해서는 『高麗圖經 역주
(상)』, 233쪽 권8-1-(2)-54) 참조.

8) 同接伴: 사절단의 영송과 수행업무 전반을 주관하던 관원이다. 이에 대해서는 『高
麗圖經 역주(상)』, 208·209쪽 권7-5-8) 참조.

9) 金富軾: 1075~1151. 예종·인종대 활동한 문신이다. 그에 대해서는 『高麗圖經 역주
(상)』, 243쪽 권8-4-4) 참조.

10) 知全州: 全州牧―지금의 전라북도 전주시 일원―의 장관인 牧使 또는 牧副使를
의미한다. 이에 대해서는 『高麗圖經 역주(상)』, 222쪽 권8-1-(1)-11) 참조.

11) 吳俊和: 생몰년 미상. 본문 이외에는 기록이 소략하여 자세한 내용을 알기 어렵다.

12) 遠迎狀: 멀리서 보낸, 도착을 환영한다는 의미의 인사 편지로 여겨진다.

金成奎, 2019, 앞의 논문 ; 2020, 앞의 책, 664쪽.

13) 使副: 正使와 副使를 말한다. 隨從인원과 함께 宋 사신단을 구성했다. 이에 대해
서는 『高麗圖經』 권15-3-5) 참조.

14) 同接伴金富軾知全州吳俊和 …… 以禮受之: 고려의 接伴使가 宋 사절단을 맞이하는
과정에 대한 설명이다. 接伴 尹彦植과 同接伴 金富軾이 실제로 群山島―지금의
전라북도 군산시 선유도―에서 영접을 했는가에 대해서는 표점에 따라 크게 두
가지 견해가 있다. 첫째는 표점을 '沈起來, 仍同接伴金富軾'으로 끊고, 윤언식과
김부식이 譯語官 沈起와 함께 군산도에서 직접 그들을 맞이한 것이라고 파악한
다(①). 반면 澂江本의 표점대로 '沈起來仍'을 한 구절로 묶어, 역어관 심기만 영
접에 나왔을 것으로 보기도 하였다(②). 한편, 사절을 맞이하여 식사 제공 등의
영접을 담당한 자는 使行路에 위치한 全州―지금의 전라북도 전주시 일원―, 淸
州―지금의 충청북도 청주시 일원―, 廣州―지금의 경기도 광주시 일원― 지역의
界首官이었다. 영접에 필요한 준비를 위해 경우에 따라 사절이 도착하기 전 계
수관을 새로 임명하여 파견하기도 하였는데, 선화 연간(송 휘종, 1119~1125)에
그려에 파견된 송 사절은 知全州였던 吳俊和가 맞이하였다.

○ 곽장근, 2012, 「새만금해역의 해양문화와 문물교류」, 『島嶼文化』 39, 14쪽.

김성규, 2014, 「'선화봉사고려사절단'의 일정과 활동에 대하여」, 『한국중세사
연구』 40 ; 2020, 앞의 책, 647·648쪽.

金圭錄, 2015, 「고려중기의 宋 使節 迎送과 伴使의 운용」, 『歷史敎育』 134,

160~162쪽.

문경호, 2015, 앞의 논문, 86·87쪽.

② 서긍 지음, 은몽하·우호 엮음, 김한규 옮김, 2012,『사조선록 역주(使朝鮮錄譯註)—宋使의 高麗 使行錄—』1, 소명출판, 304·305쪽.

15) 揖: 禮의 한 종류이다. 이에 대해서는『高麗圖經』권26-2-12) 참조.

16) 掌儀官: 사절단 구성원 중 하나로 외교예절의 규범을 관장하던 관원이다. 당시 동아시아 통례상 사절단은 방문국의 군주를 알현하기 전에 해당국의 관리를 만나서 입조의례와 관련된 예법을 논하거나 예행연습을 하기도 하였다. 이때 이들을 보낸 것은 群山亭에서 거행될 의식에 대한 사전 논의를 하기 위함으로 여겨진다. 본문에서는 上節에 속한 引接 2인을 가리킨다. 인접에 대해서는『高麗圖經』권24-14-26) 참조.

金成奎, 2019, 앞의 논문 ; 2020, 앞의 책, 664쪽.

17) 秉旗幟列植者 百餘人: 사신을 맞이할 때 사용했던 旗幟에 대한 언급이다. 이에 대해서는『高麗圖經』권14, 旗幟篇 참조.

18) 同接伴 以書送使副及三節早食: 고려에서 宋 사신에게 식사를 제공했다는 내용이다. 이에 대해서는『高麗圖經』권33, 饋食條 참조.

19) 國王先狀: 국왕에게 사신이 도착했음을 알리는 문서이다. 宋 황제가 보낸 사자임을 알리며 그들의 방문사유를 적은 것으로 보인다. 接伴使는 이로써 그들의 신원과 사명을 확인하고, 개경에 국왕선장과 함께 사절의 도착 사실을 전하였을 것으로 여겨진다.

김성규, 2014, 앞의 논문 ; 2020, 앞의 책, 648쪽.

金圭錄, 2015, 앞의 논문, 161쪽.

20) 柔舫: 소나무로 만든 배로, 사신 접대에 활용되던 배인 松舫일 것으로 여겨진다. 이에 대해서는『高麗圖經』권33-4-1) 참조.

문경호, 2015, 앞의 논문, 87쪽.

21) 群山亭: 群山島—지금의 전라북도 군산시 선유도—에 위치한 객관으로 사신에 대한 영접행사가 개최된 곳이다. 대청, 행랑, 출입문을 갖춘 정자 형태의 계단식 건물이었다. 구조는 뜰 위에 계단이 있고, 계단이 끝나는 곳에 사방이 트여있는 群山亭이 있었던 구조로 추정된다. 이곳에서는 숙박과 연회 등 빈객접대뿐만 아니라 해당 知州事와 사신들이 접견하는 공식 의례 또한 거행되었다. 규모는 약 150명이 들어앉을 수 있을 정도였을 것으로 여겨진다. 객관에는 행랑이 있었으나 사신들은 접대의식만 치렀고, 의식이 끝난 후에는 대부분 자신들이 타고 온 배로 돌아갔다. 이는 황제의 詔書가 神舟에 있었기 때문으로 추정된다.

森平雅彦, 2008, 앞의 논문 ; 2013, 앞의 책, 72·73쪽.

윤용혁, 2010, 앞의 논문 ; 2015, 앞의 책, 145~150쪽.

곽장근, 2012, 앞의 논문, 13~15쪽.

문경호, 2015, 앞의 논문, 86~90쪽.

진호신, 2023, 「『고려도경(高麗圖經)』마도(馬島) 안흥정(安興亭)의 위치와 공간

구조」, 『해양문화재』 18, 75~77쪽.

22) 五龍廟: 群山島—지금의 전라북도 군산시 선유도—에 위치한 사당으로 항해의 안전을 기원하였다. 이에 대해서는 『高麗圖經』 권17-11-1) 참조.

23) 資福寺: 고을의 복을 구하던 사원이다. 이에 대해서는 『高麗圖經』 권17-7-44) 참조.

24) 崧山: 지금의 개성특별시에 있는 산인 松嶽山을 가리킨다. 이에 대해서는 『高麗圖經 역주(상)』, 94쪽 권3-3-7) 참조.

25) 崧山行宮: 崧山神別廟의 다른 명칭이다. 이에 대해서는 『高麗圖經』 권17-11-4) 참조.

26) 其亭 …… 居民十數家: 서긍이 群山島—지금의 전라북도 군산시 선유도— 내 주요시설 위치에 대해 방위를 표기한 부분이다. 본문에서는 公廨, 五龍廟, 資福寺, 崧山行宮이 群山亭의 서쪽에 위치한다고 서술하였는데, 방향이 잘 부합하지 않아 이들의 실제 위치와 서긍이 방위 이해에 대해서는 견해가 나뉜다. 먼저, 이 시설들이 망주봉 남쪽·서남쪽에 있었다고 파악하는 이해가 있다(①). 서긍의 서술대로 방위를 맞추고자 해석을 더하거나, 혹은 『高麗圖經』의 내용을 오기로 판단했다. 다음으로 오룡묘와 자복사는 망주봉의 동쪽, 그리고 보다 더 동쪽에 숭산행궁이 있을 것으로 파악한 견해가 있다(②). 이 견해에서는 서긍이 방위를 오인한 탓에 실제 위치와 다르게 기록되었다고 판단하였다.

① 森平雅彦, 2008, 앞의 논문 ; 2013, 앞의 책, 82쪽.
　윤용혁, 2010, 앞의 논문 ; 2015, 앞의 책, 147·148쪽.
　곽장근, 2012, 앞의 논문, 14~16쪽.
　金成奎, 2019, 앞의 논문 ; 2020, 앞의 책, 665~670쪽.
② 문경호, 2015, 앞의 논문, 83~86쪽.

27) 郡守: 知州郡事를 가리킨다. 본문에서의 군수는 全州牧—지금의 전라북도 전주시 일원— 소속 州縣이었던 臨陂縣의 수령이었을 것으로 파악된다.
　『高麗史』 권77, 志31 百官2 外職 知州郡.
　구산우, 2002, 「고려시기 계수관(界首官)의 지방행정 기능과 위상」, 『역사와 현실』 43, 238쪽.

28) 香案: 각종 의례 및 조회 등을 설행할 때에 향로와 이를 받치는 상[案]을 말한다. 이에 대해서는 『高麗圖經』 권25-4-2) 참조.

29) 望闕: 궐을 바라본다는 뜻으로 본문에서는 宋의 궁궐을 바라본다는 의미로 쓰였다. 이에 대해서는 『高麗圖經』 권26-9-8) 참조.

30) 兩阼: 堂 앞의 양쪽 계단을 말한다. 이에 대해서는 『高麗圖經』 권26-10-4) 참조.

31) 上節: 正使와 副使를 따르던 수행원인 三節의 하나이다. 이에 대해서는 『高麗圖經』 권 5-6-6) 참조.

32) 中節: 正使와 副使를 따르던 수행원인 三節의 하나이다. 이에 대해서는 『高麗圖經』 권 5-6-7) 참조.

33) 都轄: 上節에 속하는 직책 중 하나로, 정식 명칭은 都轄禮物官이다. 예물과 관련된 일을 담당했을 것으로 여겨진다. 이에 대해서는 『高麗圖經』 권24-2-5) 참조.

34) 下節: 正使와 副使를 따르던 수행원인 三節의 하나이다. 이에 대해서는 『高麗圖經』

권24-11-2) 참조. 선화 연간(송 휘종, 1119~1125)의 사절단에는 하절이 充代下節·
宣武下節로 구분되어 있었다. 충대하절에 대해서는 『高麗圖經』 권24-11-1) 참조.
선무하절에 대해서는 『高麗圖經』 권24-12-1) 참조.

35) 大觥: 큰 잔을 가리키며, 巨觥으로도 불렸다. 이에 대해서는 『高麗圖經』 권26-5-4)
참조.

36) 六舟來迓 …… 歸所乘大舟: 宋 사절단이 群山島─지금의 전라북도 군산시 선유도
─에 입항한 이후 치러진 의례 절차에 대한 설명이다. 이는 객관에서 치르는 일
반적인 형식이었는데, 사정에 따라 조금씩 가감되기도 하였다. 본문을 바탕으로
표를 정리하면 아래와 같다.
윤용혁, 2010, 앞의 논문 ; 2015, 앞의 책, 149·150쪽.

[표 5] 『高麗圖經』 권36, 群山島條에 의거하여 재구성한 객관에서의 사절 영접 절차

순서	영접 절차
1	6척의 배가 마중하며 군사들이 징을 울리고 나팔을 불어 호위
2	주사가 홀을 잡고 배 안에서 읍함
3	역어관과 동접반이 합류
4	해당 지역 계수관이 사자를 보내 정사와 부사에게 원영장을 전달, 정사와 부사가 예로써 받음
5	정사와 부사가 장의관을 보냄
6	배가 섬에 들어가면 100여 인이 기치를 잡고 송 사절단을 맞이함
7	동접반이 정사와 부사 및 삼절을 영송하고 조식을 보냄
8	정사와 부사가 접반에게 국왕선장을 보냄
9	접반이 채방을 보내 정사와 부사를 객관으로 초청
10	오후에 정사와 부사 및 삼절이 섬에 상륙
11	접반과 해당 지역 계수관이 향안을 설치하고 배무
12	접반과 해당 지역 계수관이 다시 망궐하여 배무하고 황제의 안부를 물음
13	정사와 부사는 상석에 자리하고 차례로 재배
14	상절과 중절이 당 위에서 차례로 접반과 읍함
15	도할이 앞에서 치사하고 재배함. 다음으로 해당 지역 계수관이 앞선 예와 같이 읍하고 물러나 자리로 감
16	정사와 부사는 남쪽을 향하고 접반과 해당 지역 계수관은 서쪽을 향하며, 하절과 뱃사람은 뜰에서 인사
17	상절은 당 위에, 중절은 양쪽 회랑에, 하절은 문의 양쪽 곁채에, 뱃사람은 문밖에 앉음
18	술은 10번 도는데, 중절과 하절은 차례로 낮추고 줄임
19	처음 자리 잡은 뒤에 접반이 술을 따라주면 사신이 다시 따라줌
20	술이 반쯤 돌면 사람을 보내 술을 권하고, 삼절은 잔을 대광으로 바꿈
21	예가 끝나면 상절과 중절은 종종걸음으로 처음의 예와 같이 읍함
22	정사와 부사가 송방에 올라, 타고 온 배로 돌아감

[原文]

横嶼

横嶼, 在群山島之南. 一山特大, 亦謂之案苫. 前後, 有小焦數十繞之. 石脚一洞, 深可數丈, 高濶稱之. 潮至拍水, 聲如雷車.

[譯文]

횡서[1]

횡서는 군산도의 남쪽에 있습니다. 하나의 산이 특히 큰데 또한 안섬이라고 합니다. 앞뒤에 작은 초 수십 개가 있어 그것을 둘러쌌습니다. 바위 아래의 한 동굴은 깊이가 가히 몇 길로, 높이와 너비가 유명합니다. 밀물이 이르러 물을 두드리면 소리가 우레와 같습니다.

[註解]

1) 橫嶼: 지금의 전라북도 군산시 일원에 있는 섬이다. 섬의 위치에 대해서는 群山島—지금의 전라북도 군산시 선유도—의 남쪽에 있다는 본문의 서술에 따라 무녀도로 파악하는 견해가 있다(①). 이와 달리 사절단이 귀국하는 방향에서 본다면 군산도 북쪽에 있을 것으로 여기고 횡경도·소횡경도 일대로 보기도 한다(②). 한편, 본문의 바위를 독립문바위로 비정하고 그곳이 소재한 방축도로 추정하기도 한다(③).
① 정진술, 2009, 앞의 책, 389쪽.
② 森平雅彦, 2008, 앞의 논문 ; 2013, 앞의 책, 82쪽.
③ 문경호, 2016, 앞의 논문, 87쪽.

37-1

[原文]

海道四

紫雲苫

七日[1]戊子, 天日晴快. 早, 全州守臣, 致書備酒禮, 曲留使者. 使者, 以書固辭乃已. 惟受所饋蔬茹魚蛤等, 因以方物酬之. 午刻解舟, 宿橫嶼. 八日己丑, 早發, 南望一山, 謂之紫雲苫, 橫巘差疊. 其後二山尤遠, 宛如雙眉凝翠焉.

[譯文]

바닷길4

자운섬[1]

7일(무자)에 날씨가 맑고 쾌청하였습니다. 일찍이 전주수령[2]이 서신을 부치고 주례(酒禮)를 갖추어 사신[使者]을 머무르게 도와주었습니다[曲留]. 사신이 서신으로 굳이 사양하니 이내 그만두었습니다. 다만 보내온 채소·물고기·조개 등의 것을 받았으므로 방물로써 갚았습니다. 오시에 배를 풀어 횡서[3]에서 묵었습니다. 8일(기축)에 일찍 출발하니 남쪽에 한 산이 보이는데 자운섬이라고 하며, 가로놓인 봉우리가 들쭉날쭉하게 겹쳐졌습니다. 그 뒤의 두 산은 더욱 멀어 마치 한 쌍의 눈썹에 비취색이 엉켜있는 것과 같습니다.

[註解]

1) 紫雲苫: 지금의 전라북도 군산시 일원에 있는 섬이다. 섬의 위치에 대해서는 먼

---

1) ▨ : 月.

저 橫嶼—지금의 전라북도 군산시 일원—를 횡경도로 비정함을 전제로 군산시 곳지도로 파악한 견해가 있다(①). 한편, 해도상의 위치와 본문의 묘사와 형태가 유사한 것을 근거로 연도로 이해하기도 한다(②).

① 祁慶富, 1997, 「10~11세기 한중 해상교통로」, 『한중문화교류와 남방해로』, 국학자료원, 190쪽.

② 정진술, 2009, 「후삼국과 고려전기의 해상활동」, 『한국해양사 : 고대편』, 景仁文化社, 389쪽.

森平雅彦, 2013, 「忠淸道沿海における航路」, 『中近世の朝鮮半島と海域交流』, 東京 : 汲古書院, 162~165쪽.

문경호, 2016, 「1123년 서긍의 고려 항로에 대한 재검토—夾界山~馬島 安興亭 구간을 중심으로—」, 『역사와 담론』 78, 87·101쪽.

2) 全州守臣: 全州牧—지금의 전라북도 전주시 일원—의 장관인 牧使를 의미한다. 이에 대해서는 『高麗圖經 역주(상)』, 222쪽 권8-1-(1)-11) 참조.

3) 橫嶼: 지금의 전라북도 군산시 일원에 있는 섬이다. 이에 대해서는 『高麗圖經』 권 36-7-1) 참조.

37-2

[原文]

富用山

是日午後, 過富用倉山, 卽舟人所謂芙蓉山也. 其山, 在洪州境內. 上有倉廩, 積穀且多, 云以備邊鄙非常之用, 故以富用名之.

[譯文]

부용산[1]

이날 오후에 부용창산을 지났는데 곧 뱃사람이 부용산이라 말하는 곳입니다. 그 산은 홍주[2] 경내에 있습니다. 위에는 창름이 있어[3] 쌓아둔 곡식이 또한 많았는데, 이르기를 변방의 비상시의 쓰임에 대비하기 위한 것이므로 부용이라고 이름하였습니다.

[註解]

1) 富用山: 지금의 충청남도 서천군 혹은 보령시 일원에 있는 섬이다. 섬의 위치에
   대해서는 서천군과 보령시로 입장이 나뉜다. 섬의 위치를 서천군으로 파악한 견
   해에서는 조선시대 군진과 漕倉이 있었던 것에 근거하여 서면 마량리로 이해하
   였다(①). 한편, 보령시로 보는 쪽에서는 비정지가 다양하다. 먼저, 조선시대에
   비축창고가 두어졌던 오천면 원산도·고만도로 파악하기도 한다(②). 또는 항표
   섬으로 삼기에 적합하고 해안가에서 떨어져 있었으며, 창터 관련 지명이 남아있
   는 성주면 성주산으로 보는 견해도 있다(③).
   ① 정진술, 2009, 앞의 책, 389쪽.
   ② 森平雅彦, 2013, 앞의 책, 165~168쪽.
   ③ 문경호, 2016, 앞의 논문, 88~93·101쪽.
2) 洪州: 지금의 충청남도 홍성군 일원이다. 이에 대해서는『高麗圖經』권16-4-4) 참조
3) 上有倉廩: 洪州—지금의 충청남도 홍성군 일원— 富用山에 軍資穀을 보관하던 軍
   資倉이 있었음을 말한다. 이에 대해서는『高麗圖經』권16-4-5) 참조.

37-3

[原文]

洪州山

洪州山, 又在紫雲苫之東南數百里, 州建其下. 又東一山, 產金, 盤踞如
虎, 謂之東源. 小山數十, 環拱如城. 其山上, 有一潭, 淵澄可鑒, 不可測.
是日申刻, 舟過.

[譯文]

홍주산[1]

홍주산 또한 자운섬의 동남쪽 수백 리에 있고,[2] 주(州)가 그 아래에
세워졌습니다.[3] 또 동쪽의 한 산은 금이 나며 웅크린 모양이 호랑이와
같은데, 동원이라고 합니다. 작은 산 수십 개가 둥글게 에워싸니 성과
같습니다. 그 산 위에는 한 못이 있는데, 깊고 맑아서 비춰볼 수 있으나

헤아릴 수는 없습니다.[4] 이날 신시에 배가 지났습니다.

[註解]

1) 洪州山: 지금의 충청남도 서부 일원에 있는 섬이다. 섬의 위치에 대해서는 먼저 지명의 연관성을 근거로 천수만의 홍성군 부근으로 보는 견해가 있다(①). 또는 본문의 東源이 청양군 남양면 일원에 위치한 구봉광산으로 여겨진다는 점과 항표섬으로 이용되었던 점을 바탕으로 홍성군 오서산으로 비정하기도 한다(②). 한편, 고을을 형성할 정도였다는 점을 고려하여 인근에서 가장 큰 섬인 보령시 오천면 삽시도로 보기도 한다(③). 혹은 洪州—지금의 충청남도 홍성군 일원—에 속한 섬들 중 宋 선박이 항해 가능한 범주를 고려해 태안군 안면도라 주장하기도 한다(④).
① 祁慶富, 1997, 앞의 책, 190쪽.
② 문경호, 2016, 앞의 논문, 93·101쪽.
③ 정진술, 2009, 앞의 책, 389쪽.
④ 森平雅彦, 2013, 앞의 책, 169~171쪽.

2) 洪州山 又在紫雲苫之東南數百里: 洪州山의 위치에 관한 서긍의 설명이다. 宋 사신단은 개경을 향해 북상하고 있었으므로 紫雲苫—지금의 전라북도 군산시 일원—을 지난 후에 동남쪽에서 홍주산을 마주할 수 없었다. 그렇기에 본문의 동남쪽은 동북쪽의 오기라고 보기도 한다.
祁慶富, 1997, 앞의 책, 190쪽.
森平雅彦, 2013, 앞의 책, 168·169쪽.

3) 州建其下: 州가 洪州山 아래에 형성되었음을 언급한 구절이다. 해당 주에 대해서는 홍주—지금의 충청남도 홍성군 일원— 중심지가 아닌 오서산 자락 중 하나이자 홍주의 속현이었던 보령군 일원으로 파악하는 견해가 있다. 이는 홍주산을 지금의 충청남도 홍성군 오서산으로 비정한 것에 근거한 것이다.
문경호, 2016, 앞의 논문, 94·95쪽.

4) 又東一山 …… 不可測: 東源山과 그곳에 위치한 못에 대한 설명이다. 산의 위치에 대해서는 공통적으로 본문의 묘사와 금의 생산지라는 점에 주목하여 비정하고 있다. 먼저 동원산을 충청남도 홍성군 오서산으로 파악하고, 못을 조선시대 용과 관련된 설화가 있는 보령시 용못으로 보는 견해가 있다(①). 동원산을 청양군 구봉산으로 보고, 못을 산 안에 있는 용못—구룡소—이라고 파악하기도 한다(②). 한편, 홍성과 그 주변은 한반도에서도 여러 금 생산지로 알려져 있으며 『高麗史』에도 洪州—지금의 충청남도 홍성군 일원—에서 채금하였다는 기사가 전한다.
『高麗史』 권28, 世家28 忠烈王 2년 7월 癸丑·3년 12월.
『新增東國輿地勝覽』 권19, 忠淸道 洪州牧 古跡 玉賜金所·上田所.
① 森平雅彦, 2013, 앞의 책, 171~174쪽.

② 문경호, 2016, 앞의 논문, 93·94쪽.

37-4

[原文]

鵶子苫

鵶子苫, 亦名軋子苫. 麗人, 謂笠爲軋, 其山形似之, 因以得名. 是日酉刻, 舟過.

[譯文]

아자섬[1]

아자섬은 또한 알자섬이라 이름합니다. 고려 사람들은 갓을 알(軋)이라고 하는데, 그 산의 모양이 닮았으므로 이름을 얻었습니다.[2] 이날 유시에 배가 지났습니다.

[註解]

1) 鵶子苫: 지금의 충청남도 태안군 일원에 있는 섬이다. 섬의 위치에 대해서는 본문의 서술에 근거하여 각각 섬 이름의 유래·항로·일정·섬의 모양 등 다양한 요소를 바탕으로 남면 거아도(①) 혹은 안면읍 나치도(②)로 비정하는 견해가 있다. 한편, 조선시대 안면도 남부에 軋과 발음이 비슷한 지명인 要兒梁이 확인된다는 점을 근거로 안면도로 추정하기도 한다(③).
  ○ 森平雅彦, 2013, 앞의 책, 175·176쪽.
    문경호, 2016, 앞의 논문, 95·101쪽.
  ② 정진술, 2009, 앞의 책, 389쪽.
  ③ 윤용혁, 2010, 「고려시대 서해 연안해로의 객관과 안흥정」, 『역사와 경계』 74 ;
    2015, 『한국 해양사 연구—백제에서 고려, 1천 년 바다 역사—』, 주류성, 164쪽.
2) 麗人 …… 因以得名: 섬 이름의 유래에 대한 언급이다. 본문에서 서긍은 갓의 모양을 바탕으로 섬의 유래를 파악하였다. 『鷄林類事』에 의하면 笠은 '갇'으로 발음되는데, 당대 軋의 漢語 발음은 'yà, zhá, gá'가 있으며 그 가운데, 'ga'가 '갇'과 일

면 유사성을 가진다. 즉, 아자섬은 竹의 모양이며, 軋은 竹의 고려식 발음 '갇'을 다시 당대 漢語로 음차한 것이 된다. 서긍은 이러한 맥락에서 섬의 유래를 설명한 것으로 보인다.
『鷄林類事』 高麗 方言.
森平雅彦, 2013, 앞의 책, 175쪽.

37-5

[原文]

馬島

是日酉後, 風勢極大, 舟行如飛. 自軋子苫, 一瞬之間2), 卽泊馬島, 蓋淸州境也. 泉甘草茂, 國中官馬, 無事則群牧於此, 因以爲名. 其主峰, 渾厚, 左臂環抱. 前一石觜, 入海激水. 回波驚湍洶涌, 千奇萬怪, 不可名狀. 故舟過其下, 多不敢近, 慮觸暗焦也. 有客館, 曰安興亭. 知淸州洪若伊, 遣介紹, 與譯語官陳懿, 同來, 如全州禮. 岸次迓卒旗幟, 與群山島不異. 入夜, 然大火炬, 熒煌3)照空. 時風政作惡, 舟中搖蕩, 幾不可坐. 使者扶持, 以小舟登岸相見, 如群山亭之禮, 惟不受酒禮. 夜分還使舟.

[譯文]

마도1)

이날 유시 후에 바람의 기세가 매우 커서 배가 가는 것이 날아가는 것과 같았습니다. 알자섬으로부터 순식간에 곧 마도에 정박하였는데 아마도 청주2)의 경내였습니다. 샘이 달고 풀이 무성하여 나라 안의 관마는 일이 없으면 이곳에서 무리지어 길렀기 때문에 이름하였습니다.3)

---

2) 四 知 : 閒.
3) 四 : 惑.

그 주봉[4]은 온화하고 두터운데 왼쪽 팔로 둥그렇게 감싸 안고 있습니다. 앞에는 하나의 돌부리[5]가 바다로 들어가서 물과 부딪칩니다. 돌아오는 파도가 물살을 빠르게 하고 솟구침을 세차게 하니, 수많은 기괴함을 형언할 수 없습니다. 그러므로 배가 그 아래를 지나갈 때 대부분 가까이 접근하지 않으니, 암초에 부딪힐까 염려하는 것입니다.[6] 객관이 있는데 안흥정[7]이라 합니다. 지청주[8] 홍약이[9]가 개소[10]와 역어관[11] 진의[12]를 보냈는데, 함께 온 것이 전주의 예와 같았습니다.[13] 해안에 다다르니 병사와 기치가 마중하였는데, 군산도[14]와 다르지 않았습니다. 밤이 되자 큰 횃불을 태워 휘황찬란하게 하늘을 비췄습니다. 그때 바람이 나빠져서 배 안이 흔들리니 거의 앉을 수 없었습니다. 사신[使者]은 부축을 받아서 작은 배로 상륙하여 서로 만나니 군산정[15]의 예와 같았으나, 오직 주례(酒禮)를 받지 않았습니다. 밤중에 사신의 배로 돌아왔습니다.

[註解]

1) 馬島: 지금의 충청남도 태안군 일원에 있는 섬이다. 섬의 위치에 대해서는 먼저 安興亭의 흔적이 발견된 것을 고려하여 근흥면 정죽리로 보는 견해가 있다(①). 뜨는 본문의 내용을 근거로 안흥반도(②) 또는 신진도(③), 마도 일원(④)으로 추정하기도 한다. 한편, 안흥정이 海美縣에 설치되었다는 것을 바탕으로 안면읍 안면도로 비정하기도 한다(⑤).
 ① 김성호, 1996, 「부록 1 : 고려시대 조운항로와 등대의 기원」, 『중국진출백제인의 해상활동 천오백년』 2, 맑은소리, 414~416쪽.
 ② 森平雅彦, 2008, 「高麗における宋使船の寄港地 「馬島」の位置をめぐって―文獻と現地の照合による麗宋間航路研究序說―」, 『朝鮮學報』 207 ; 2013, 앞의 책, 52쪽.
 ③ 정진술, 2009, 앞의 책, 389·390쪽.
 ④ 윤용혁, 2010, 앞의 논문 ; 2015, 앞의 책, 157~164쪽.
   문경호, 2016, 앞의 논문, 95·96·101쪽.
   진호신, 2023, 「『고려도경(高麗圖經)』 마도(馬島) 안흥정(安興亭)의 위치와 공간구조」, 『해양문화재』 18, 85쪽.
 ⑤ 祁慶富, 1997, 앞의 책, 190·191쪽.
   김성규, 2014, 「'선화봉사고려사절단'의 일정과 활동에 대하여」, 『한국중세사

연구』 40 : 2020, 『송대 동아시아의 국제관계와 외교의례(宋代東亞國際關係與
　　外交儀禮)』, 신아사, 645·647쪽.

2) 淸州: 지금의 충청북도 청주시를 가리킨다. 이에 대해서는 『高麗圖經 역주(상)』,
　　127쪽 권4-3-19) 참조.

3) 泉甘草茂 …… 因以爲名: 섬 명칭의 유래에 대한 언급이다. 馬島라는 이름은 관영
　　목장이 많이 설치되어 붙여졌다고 파악하기도 한다.
　　『新增東國輿地勝覽』 권19, 忠淸道 泰安郡 山川.
　　森平雅彦, 2008, 앞의 논문 ; 2013, 앞의 책, 34·51·52쪽.
　　윤용혁, 2010, 앞의 논문 ; 2015, 앞의 책, 159쪽.

4) 主峰: 지금의 충청남도 태안군 일원의 산이다. 본문 묘사를 바탕으로 산의 형태
　　(①) 및 安興梁의 위치·安波寺의 설치시기(②)를 고려하여 지령산으로 추정하기
　　도 한다.
　　① 김성호, 1996, 앞의 책, 415쪽.
　　② 森平雅彦, 2008, 앞의 논문 ; 2013, 앞의 책, 50쪽.

5) 前一石觜: 馬島 왼쪽에 위치한 암초이다. 마도를 안흥반도에 비정함을 전제로, 官
　　首角으로 파악하기도 한다.
　　森平雅彦, 2008, 앞의 논문 ; 2013, 앞의 책, 51쪽.

6) 故舟過其下 …… 慮觸暗焦也: 安興亭의 바닷길을 묘사한 부분이다. 이 일원은 물
　　살이 거세고 해저의 기복이 심하여 암각·도서에 부딪히고 소용돌이치는 곳으로
　　해난사고가 잦았다. 『高麗史』와 『新增東國輿地勝覽』에도 서긍이 묘사한 내용과
　　유사한 설명이 있다.
　　『高麗史』 권16, 世家16 仁宗 12년 7월.
　　『新增東國輿地勝覽』 권19, 忠淸道 泰安郡 山川.

7) 安興亭: 宋 사절들을 영송하던 객관이다. 이에 대해서는 『高麗圖經』 권33-2-8) 참조.

8) 知淸州: 淸州牧—지금의 충청북도 청주시 일원—의 장관인 牧使를 의미한다. 이
　　에 대해서는 『高麗圖經 역주(상)』, 223쪽 권8-1-(1)-14) 참조.

9) 洪若伊: 생몰년 미상. 예종대 諫官으로 활동한 문신이다. 그에 대해서는 『高麗圖
　　經 역주(상)』, 223쪽 권8-1-(1)-15) 참조.

10) 介紹: 손님과 주인의 말을 전달하는 사람 혹은 행위를 가리킨다. 이에 대해서는
　　『高麗圖經 역주(상)』, 154쪽 권6-1-3) 참조.

11) 譯語官: 통역과 접대를 담당하던 관원이다. 이에 대해서는 『高麗圖經』 권36-6-5)
　　참조.

12) 陳諗: 생몰년 미상. 본문 이외에는 기록이 소략하여 자세한 내용을 알기 어렵다.

13) 知淸州洪若伊 …… 如全州禮: 淸州—지금의 충청북도 청주시 일원—에서 고려의
　　사자가 사신을 맞이하는 모습이다. 본문에 따르면 群山島—지금의 전라북도 군
　　산시 선유도—의 예와 같았다고 한다. 宋 사절단의 군산도 입항 이후의 의례 절
　　차에 대해서는 『高麗圖經』 권36-6-35) 참조.

14) 群山島: 지금의 전라북도 군산시에 속한 선유도를 말한다. 이에 대해서는 『高麗

　　　圖經』 권36-6-1) 참조.

15) 群山亭: 群山島—지금의 전라북도 군산시 선유도—에 위치한 객관이다. 이에 대
　　해서는 『高麗圖經』 권36-6-21) 참조.

37-6

[原文]

九頭山

九日庚寅, 天氣淸明, 南風甚勁. 辰發馬島, 巳刻, 過九頭山. 其山云有
九峯, 遠望不甚詳. 然而林木叢茂, 淸潤可喜.

[譯文]

구두산[1]

　9일(경인)에 날씨가 맑고 밝았으나 남풍이 매우 강했습니다. 진시에
마도를 출발하여 사시에는 구두산을 지났습니다. 그 산은 아홉 봉우리가
있다고 하는데, 멀리서 바라보니 매우 상세하지는 않았습니다. 그러나
숲과 나무가 울창하고 무성하며 맑고 윤기가 도는 것이 즐길 만합니다.

[註解]

1) 九頭山: 지금의 충청남도 혹은 인천광역시 일원에 있는 섬이다. 섬의 위치에 대
　해서는 충청남도와 인천광역시로 입장이 나뉜다. 먼저 충청남도로 파악한 견해
　에서는 『大明一統志』에서 청주바다에 있는 唐人島와 가깝다고 한 점을 토대로
　태안반도 연해 일원에 비정하였다(①). 또는 본문의 묘사에 근거하여 태안군 뢰
　도(②) 혹은 서산시 팔봉산(③)으로 보기도 한다. 한편, 인천광역시로 보는 쪽에
　서는 섬의 모습과 서긍의 항로를 고려하여 옹진군 위도 또는 위도를 포함한 도
　서군으로 추정하는 견해도 있다(④).
　① 祁慶富, 1997, 앞의 책, 190·191쪽.
　② 정진술, 2009, 앞의 책, 391쪽.

③ 문경호, 2010, 「1123년 徐兢의 고려 항로와 慶源亭」, 『한국중세사연구』 28, 489쪽.
④ 森平雅彦, 2013, 앞의 책, 193~196쪽.

[原文]

海道五

唐人島

唐人島, 未詳其名, 山與九頭山相近. 是日午刻, 舟過島下.

[譯文]

바닷길5

당인도[1]

당인도는 그 이름이 자세하지 않으나 산과 구두산[2]이 서로 가깝습니다. 이날 오시에 배가 섬 아래를 지났습니다.

[註解]

1) 唐人島: 지금의 충청남도 혹은 인천광역시 일원에 있는 섬이다. 섬의 위치에 대해서는 충청남도와 인천광역시로 입장이 나뉜다. 먼저 충청남도로 파악한 견해에서는 『大明一統志』의 기록에 의거하여 태안반도 연해 일원으로 비정하였다(①). 또는 지형상 태안군 뢰도 인근에서 연류된 지역일 것으로 추정하여 소원면 의항리로 보기도 한다(②). 한편, 인천광역시로 보는 쪽에서는 섬의 항로상 위치 등을 통해 옹진군 선갑도에 비정한 연구도 있다(③).

① 祁慶富, 1997, 「10~11세기 한중 해상교통로」, 『한중문화교류와 남방해로』, 국학자료원, 191쪽.

② 정진술, 2009, 「후삼국과 고려전기의 해상활동」, 『한국해양사 : 고대편』, 景仁文化社, 391쪽.

문경호, 2016, 「1123년 서긍의 고려 항로에 대한 재검토―夾界山~馬島 安興亭 구간을 중심으로―」, 『역사와 담론』 78, 98·101쪽.

③ 森平雅彦, 2013, 「京畿道沿海における航路」, 『中近世の朝鮮半島と海域交流』, 東京 : 汲古書院, 196·205쪽.

2) 九頭山: 지금의 충청남도 혹은 인천광역시 일원에 있는 섬이다. 이에 대해서는 『高麗圖經』 권37-6-1) 참조.

[原文]

雙女1)焦2)

雙女3)焦, 其山甚大, 不異島嶼. 前一山, 雖有草木, 但不甚深密. 後一山頗小, 中斷爲門, 下有暗焦, 不可通舟. 是日巳刻, 舟4)自唐人島, 繼過此焦. 風勢愈亟5), 舟行益速6).

[譯文]

쌍녀초1)

쌍녀초는 그 산이 매우 크니 도·서2)와 다르지 않습니다. 앞의 한 산은 비록 풀과 나무가 있으나 다만 지나치게 무성하거나 빽빽하지 않습니다. 뒤의 한 산은 자못 작은데, 가운데가 갈라져 문이 되었으며 아래에 암초가 있어 배를 통할 수 없었습니다. 이날 사시에 배가 당인도에서부터 이어 이 초를 지났습니다. 바람의 형세가 점차 빨라지자 배가 가는 것이 더욱 빨랐습니다.

[註解]

1) 雙女焦: 지금의 충청남도 혹은 인천광역시 일원에 있는 섬이다. 섬의 위치에 대해서는 충청남도와 인천광역시로 입장이 나뉜다. 먼저 충청남도로 파악한 견해에서는 唐人島와 가깝고 인근 여러 암초들 중 가장 큰 규모에 해당하는 태안군

---

1) 四 : 文.
2) 知 : "焦【鄭刻雙文焦】"로 기록되어 있다.
3) 四 : 文.
4) 四 : "舟"가 누락되어 있다.
5) 四 : 急.
6) 四 知 : 速. 원문은 遠으로 되어 있으나, 의미상 '速'이 옳다고 생각되어 교감 번역하였다.

더도—대방이섬—에 비정하고 있다(①). 또한 대도 혹은 연돌도 일원의 섬으로
노기도 한다(②). 한편, 인천광역시로 보는 쪽에서는 본문에 서술된 지형과 부합
하는 옹진군 각흘도에 비정하기도 한다(③).
① 정진술, 2009, 앞의 책, 391쪽.
② 문경호, 2010, 「1123년 徐兢의 고려 항로와 慶源亭」, 『한국중세사연구』 28, 490쪽.
③ 森平雅彦, 2013, 앞의 책, 196·197·205쪽.
2) 島嶼: 섬의 한 종류인 島·嶼에 대한 언급이다. 서긍이 인식한 고려 섬의 종류에
대해서는 『高麗圖經』 권34-1-(2)-5) 참조.

38-3

[原文]

大靑[7]嶼

大靑嶼, 以其遠望鬱然如凝黛, 故麗人作此名. 是日午刻舟過.

[譯文]

대청서[1]

대청서는 멀리서 바라보면 울창하여 엉긴 눈썹먹과 같으므로, 고려
사람들이 이 이름을 지었습니다. 이날 오시에 배가 지났습니다.

[註解]

1) 大靑嶼: 지금의 경기도 혹은 인천광역시 일원에 있는 섬을 말한다. 섬의 위치에
대해서는 먼저 『大明一統志』에 의거하여 경기도 안산시 일원으로 파악하는데,
대부도에 비정하거나(①) 본문의 묘사와 함께 위치를 고려하여 풍도에 비정하는
견해로 나뉜다(②). 한편, 인천광역시로 파악하는 견해에서는 본문의 내용과 유
사한 지명 유래를 가진 옹진군 문갑도 혹은 묵도로 이해하기도 한다(③).
① 祁慶富, 1997, 앞의 책, 191쪽.
② 정진술, 2009, 앞의 책, 392쪽.

---

7) 靑 : 淸.

문경호, 2010, 앞의 논문, 490쪽.
③ 森平雅彦, 2013, 앞의 책, 197~199·205쪽.

38-4

[原文]

和尙島

和尙島, 山勢重疊, 林壑深茂, 山中多虎狼. 昔嘗8)有學佛者, 居之, 獸不敢近, 今葉老寺, 乃其遺跡也. 故麗人, 謂之和尙島. 是日未刻, 舟過其下.

[譯文]

화상도1)

화상도는 산의 형세가 거듭 겹쳐 있으며, 숲과 골짜기가 깊고 무성하여 산중에 호랑이와 이리가 많습니다. 옛날에 일찍이 불교를 배우는 자가 있어 이곳에 거처하였는데, 짐승이 감히 가까이하지 못하였고 지금 엽로사2)가 바로 그 남은 흔적입니다. 그러므로 고려 사람들이 화상도라 하였습니다. 이날 미시에 배가 그 아래를 지났습니다.

[註解]

1) 和尙島: 지금의 강화만 혹은 인천광역시 일원에 있는 섬을 말한다. 섬의 위치에 대해서는 먼저 『大明一統志』의 기록에 의거하여 지금의 강화만 일대로 추정하거나(①), 본문의 묘사와 항로를 고려해 인천광역시 옹진군 영흥도로 파악한다(②). 한편, 항로를 바탕으로 옹진군 덕적면 진리에 위치한 덕적도로 보기도 한다(③).
① 祁慶富, 1997, 앞의 책, 191쪽.
② 정진술, 2009, 앞의 책, 392쪽.
   문경호, 2010, 앞의 논문, 490·491쪽.

---

8) 知 : 常.

한정훈, 2010, 「고려시대 연안항로에 관한 기초적 연구」, 『역사와 경계』 77, 26쪽.

③ 森平雅彦, 2013, 앞의 책, 199·205쪽.

2) 葉老寺: 和尙島에 위치한 절이다. 화상도를 지금의 인천광역시 옹진군 영흥도에 비정한 것을 전제로, 이곳에 남아 있는 '중박골', '탑골' 등의 명칭을 葉老寺의 흔적으로 보기도 한다.
둔경호, 2010, 앞의 논문, 491쪽.

38-5

[原文]

牛心嶼

牛心嶼, 在小洋中. 一峰特起, 狀類覆盂, 而中稍銳. 麗人, 謂之牛心, 它處皆見之. 形肖此山而差小者, 亦謂之雞心嶼. 是日未正, 舟過此嶼, 南風小雨.

[譯文]

우심서[1]

우심서는 작은 바다 가운데 있습니다. 한 봉우리가 우뚝 솟아올라 형상이 엎어놓은 사발과 비슷하며, 가운데가 조금 뾰족합니다. 고려 사람들은 이를 우심이라 하는데 다른 곳에서도 모두 보입니다. 모양이 이 산을 닮았고 조금 작은 것은 또한 계심서[2]라고 합니다. 이날 미시 한가운데에 배가 이 서(嶼)를 지났는데, 남풍이 불고 비가 조금 왔습니다.

[註解]

1) 牛心嶼: 지금의 인천광역시 옹진군 일원에 있는 섬이다. 섬의 위치에 대해서는 도두 본문의 묘사를 근거로 하고 있는데, 먼저 근방의 작은 섬들 중 가장 높은

서어벌—섬업벌—로 비정하는 견해가 있다(①). 모양을 토대로 주변의 목섬을 鷄心嶼로 비정하고, 牛心嶼는 그 옆에 있으면서 고려·조선시대까지 小牛島라고 불렸던 선재도로 파악하기도 한다(②). 주변 섬들의 비정을 토대로 대·소이작도라고 보는 경우도 있다(③).
① 정진술, 2009, 앞의 책, 392쪽.
② 문경호, 2010, 앞의 논문, 491쪽.
   한정훈, 2010, 앞의 논문, 26쪽.
③ 森平雅彦, 2013, 앞의 책, 199~201·205쪽.
2) 鷄心嶼: 지금의 인천광역시 옹진군 일원에 있는 섬이다. 섬의 위치에 대해서는 지금의 인천광역시 옹진군 영흥면 창서로 비정한 견해가 있다(①). 牛心嶼를 선재도로 비정하여 목섬이라 불리는 작은 섬이 딸려 있었던 것으로 파악하기도 한다(②).
① 정진술, 2009, 앞의 책, 392쪽.
② 문경호, 2010, 앞의 논문, 491쪽.

38-6

[原文]

聶公嶼

聶公嶼, 以姓得名. 遠視甚銳, 逼近如堵. 蓋其形匾, 縱橫所見各異. 是日未末, 舟過其下.

[譯文]

섭공서[1]

섭공서는 성(姓)으로 이름을 얻었습니다. 멀리서 보면 매우 뾰족한데, 가까이 다가가니 담장과 같았습니다. 대개 그 모양이 납작하여 가로와 세로로 보이는 바가 각각 다릅니다. 이날 미시 말에 배가 그 아래를 지났습니다.

[註解]

1) 䲔公嶼: 지금의 인천광역시 일원에 있는 섬이다. 섬의 위치에 대해서는 먼저 옹진군 영흥면의 북장자서로 보거나(①), 항로를 고려하여 자월도로 파악한 견해 가 있다(②). 또는 본문의 묘사에 근거하여 중구에 위치한 팔미도로 비정하기도 한다(③).

① 정진술, 2009, 앞의 책, 392쪽.
② 森平雅彦, 2013, 앞의 책, 201·202·205쪽.
③ 문경호, 2010, 앞의 논문, 491쪽.

[原文]

海道六

小靑嶼

小靑嶼, 如大靑嶼之形. 但其山差小, 而周圍多焦石. 申初舟過, 雨勢稍密.

[譯文]

바닷길6

소청서[1]

소청서는 대청서[2]의 모양과 같습니다. 다만 그 산은 조금 작고 둘레에 암초와 바위가 많습니다. 신시 초에 배가 지났으며 비의 기세가 점점 촘촘해졌습니다.

[註解]

1) 小靑嶼: 지금의 인천광역시 중구 일원에 있는 섬이다. 섬의 위치에 대해서는 팔미도에 비정하거나(①) 항로상 조선시대까지 자주 정박지로 이용된 월미도로 보는 견해가 있다(②). 한편, 大靑嶼를 문갑도에 비정할 경우 월미도, 대청서를 묵도에 비정할 경우 팔미도 등 경우를 나누어 파악하기도 한다(③).

① 정진술, 2009, 「후삼국과 고려전기의 해상활동」, 『한국해양사 : 고대편』, 景仁文化社, 393쪽.

② 문경호, 2010, 「1123년 徐兢의 고려 항로와 慶源亭」, 『한국중세사연구』 28, 491쪽.

③ 森平雅彦, 2013, 「京畿道沿海における航路」, 『中近世の朝鮮半島と海域交流』, 東京 : 汲古書院, 202·203·205쪽.

2) 大靑嶼: 지금의 경기도 혹은 인천광역시 일원의 섬을 말한다. 이에 대해서는 『高麗圖經』 권38-3-1) 참조.

39-2

[原文]

紫燕島

是日申正, 舟次紫燕島, 卽廣州也. 倚山爲館, 榜曰慶源亭. 亭之側, 爲幕屋數十間[1], 居民草舍, 亦衆. 其山之東一嶼, 多飛燕, 故以名之. 接伴尹彥植, 知廣州陳淑, 遣介紹, 與譯官卓安, 持書來迎, 兵仗禮[2]儀[3], 加厚. 申後雨止, 使副與三節, 登岸到館. 其飲食相見, 如全州禮. 夜漏下二刻, 歸舟. 十日辛卯辰刻, 西北風, 八舟不動. 都轄吳德休提轄徐兢, 同上節, 復以采舟, 詣館. 過濟物寺, 爲元豐使人故左班殿直宋密飯僧畢, 歸舟. 巳刻, 隨潮而進.

[譯文]

자연도[1]

이날 신시 한가운데에 배가 자연도에 다다르니 곧 광주[2]였습니다. 산[3]에 기대어 관사를 만들었으며, 편액[榜]에 '경원정'[4]이라 하였습니다. 정(亭)의 옆에는 막옥(幕屋) 수십 칸이 있었고 민이 사는 초가 역시 많았습니다. 그 산의 동쪽 한 서[5]에는 날아다니는 제비가 많으므로 이를 이름하였습니다. 접반[6] 윤언식[7]과 지광주[8] 진숙[9]이 개소[10]와 역관[11] 탁안[12]을 보내어 서신을 지니고 와서 맞이하니, 병장(兵仗)과 예의가 더욱 두터웠습니다.[13] 신시 이후 비가 그치고 정사·부사[14]와 삼절이 상륙하여 객관에 이르렀습니다. 그 음식과 서로 마주하는 것은 전주[15]의 예와 같았습니다. 밤이 늦어 2각이 지나 배로 돌아갔습니다.[16] 10일(신묘) 진시

---

1) 知 : 間.
2) 知 : 儀.
3) 知 : 禮.

에 서북풍이 불고 여덟 배가 움직이지 않았습니다. 도할관[17] 오덕휴[18]와 제할관[19] 서긍[20]은 상절[21]과 함께 다시 채주[22]로 관사에 이르렀습니다. 제물사[23]에 들러 원풍[24] 연간의 사신 고 좌반전직[25] 송밀[26]을 위하여 반승[27]을 마치고 배로 돌아갔습니다. 사시에 조수를 따라 나아갔습니다.

[註解]

1) 紫燕島: 지금의 경기도 혹은 인천광역시 일원에 있는 섬이다. 섬의 위치에 대해서는 대체로 인천광역시 중구 영종도로 비정하고 있으나(①), 옹진군 자월도(②)나 경기도 안산시 대부도(③)로 보기도 한다. 고려시대 중국의 登州—지금의 중국 山東省 동부 일원—로 가는 길목이자 당시 宋과 교류하였던 남방항로에 위치하였고, 이에 따라 客館인 慶源亭을 두어 사신을 영송하였다. 한편, 당시 정치적으로 권력에서 밀려나거나 난을 피해 여러 인물들이 찾아든 곳으로도 파악된다.
『高麗史』 권56, 志10 地理1 楊廣道 仁州.
① 朴廣成, 1975, 「紫燕島攷」, 『畿甸文化研究』 6 ; 1983, 『晴嵐 金判永博士 華甲紀念論文集』, 東亞出版社 ; 1991, 『韓國中世社會와 文化』, 民族文化社, 401~404쪽.
정진술, 2009, 앞의 책, 393쪽.
문경호, 2010, 앞의 논문, 492~497쪽.
윤용혁, 2010, 「고려시대 서해 연안해로의 객관과 안흥정」, 『역사와 경계』 74 ; 2015, 『한국 해양사 연구—백제에서 고려, 1천 년 바다 역사—』, 주류성, 151쪽.
한정훈, 2010, 「고려시대 연안항로에 관한 기초적 연구」, 『역사와 경계』 77, 26쪽.
森平雅彦, 2013, 앞의 책, 184~186·205쪽.
허우범, 2022, 「『高麗圖經』에 보이는 慶源亭의 위치 고찰」, 『島嶼文化』 60, 46쪽.
② 김성호, 1996, 「부록 1 : 고려시대 조운항로와 등대의 기원」, 『중국진출백제인의 해상활동 천오백년』 2, 맑은소리, 406쪽.
③ 김성규, 2014, 「'선화봉사고려사절단'의 일정과 활동에 대하여」, 『한국중세사연구』 40 ; 2020, 『송대 동아시아의 국제관계와 외교의례(宋代東亞國際關係與外交儀禮)』, 신아사, 645·647쪽.
2) 廣州: 지금의 경기도 광주시 일원이다. 이에 대해서는 『高麗圖經 역주(상)』, 126쪽 권4-3-18) 참조.
3) 山: 紫燕島 내에 위치한 산을 말한다. 자연도를 인천광역시 영종도로 비정하는 입장에서는 영종도 내 백운산이었을 것으로 보기도 한다.
문경호, 2010, 앞의 논문, 499~502쪽.
4) 慶源亭: 宋의 사신을 영송하였던 객관이다. 그 명칭은 紫燕島가 속한 仁州—지금의 인천광역시 일원—의 옛 이름인 慶源에서 유래했다고 파악된다. 대체로 자연도를 인천광역시 영종도에 비정하는 입장에서 慶源亭의 위치도 추정하고 있는데, 풍

수지리적 입지나 항로상 紫燕縣 옛터 부근인 영종동 일대로 보거나(①), 다른 객관
의 위치나 지형 등을 종합하여 중산동 박석공원 일대에 비정하는 견해가 있다(②).
『高麗史』 권56, 志10 地理1 楊廣道 仁州.
　① 문경호, 2010, 앞의 논문, 497~504쪽.
　② 허우범, 2022, 앞의 논문.

5) 嶼: 섬의 한 종류이다. 서긍이 인식한 고려 섬의 종류에 대해서는 『高麗圖經』 권
　34-1-(2)-5) 참조.

6) 接伴: 사절에 대한 영송과 접대의 使命을 받고 발탁된 관원이다. 이에 대해서는
　『高麗圖經 역주(상)』, 208·209쪽 권7-5-8) 참조.

7) 尹彦植: 1087~1149. 고려의 문신이다. 그에 대해서는 『高麗圖經 역주(상)』, 241쪽
　권8-3-6) 참조.

8) 知廣州: 廣州의 장관인 牧使를 의미한다. 이에 대해서는 『高麗圖經 역주(상)』, 223
　쪽 권8-1-(1)-17) 참조.

9) 陳淑: ?~1151. 고려의 문신이다. 그에 대해서는 『高麗圖經 역주(상)』, 223쪽 권
　8-1-(1)-18) 참조.

10) 介紹: 손님과 주인의 말을 전달하는 사람 혹은 행위를 가리킨다. 이에 대해서는
　『高麗圖經 역주(상)』, 154쪽 권6-1-3) 참조.

11) 譯官: 통역과 접대를 담당하던 관원이다. 이에 대해서는 『高麗圖經』 권36-6-5) 참조

12) 卓安: 생몰년 미상. 본문 외에는 기록이 소략하여 자세한 내용을 알기 어렵다.

13) 兵仗禮儀 加厚: 紫燕島—지금의 경기도 혹은 인천광역시 일원—에서의 병장과 예
　에 대한 서긍의 인식을 드러내는 구절이다. 『高麗圖經』 권12, 六軍散員旗頭條와
　권14, 五方旗條에 의하면 영접 의례에서 육군산원기두와 기패 등이 동원되었고,
　오직 群山島—지금의 전라북도 군산시 선유도—와 자연도에서만 中央之旗가 등장
　하였음을 알 수 있다.

14) 使副: 正使와 副使를 말한다. 이에 대해서는 『高麗圖經』 권15-3-5) 참조

15) 全州: 지금의 전라북도 전주시 일원이다. 이에 대해서는 『高麗圖經 역주(상)』,
　126쪽 권4-3-13) 참조.

16) 其飮食相見 …… 歸舟: 사신들이 영접의례를 마치고 배로 돌아가기까지의 과정을
　보여주는 구절이다. 한편, 群山亭의 영접 의례에서도 이와 유사한 모습을 보였는
　데, 이에 대해서는 『高麗圖經』 권36-6-36) 참조.

17) 都轄: 三節 가운데 上節에 속하는 직책인 都轄禮物官을 가리킨다. 이에 대해서는
　『高麗圖經』 권24-2-5) 참조.

18) 吳德休: 생몰년 미상. 宋의 관인이다. 그에 대해서는 『高麗圖經』 권24-14-5) 참조.

19) 提轄: 三節 가운데 上節에 속하는 직책인 提轄禮物官을 가리킨다. 이에 대해서는
　『高麗圖經 역주(상)』, 11·12쪽 권0-1-(1)-3) 참조.

20) 徐兢: 1091~1153. 宋의 관인이다. 그에 대해서는 『高麗圖經 역주(상)』, 12쪽 권
　0-1-(1)-5) 참조.

21) 上節: 正使와 副使를 따르던 수행원인 三節의 하나이다. 이에 대해서는 『高麗圖經』

권15-6-6) 참조.

22) 采舟: 본래 채색한 배를 뜻하는데, 본문에서는 사신 접대에 활용되던 松舫을 의
    미한다. 이에 대해서는 『高麗圖經』 권33-4-1) 참조.
23) 濟物寺: 紫燕島에 위치한 절을 말한다. 이에 대해서는 『高麗圖經』 권17-7-42) 참조.
24) 元豐: 宋 神宗의 연호로 1078~1085년 사이에 사용되었다.
25) 左班殿直: 宋의 內侍 11階列에 속하였던 官階이다. 入內內侍省과 內侍省의 內侍高
    品이었다가 1112년(송 정화 2)에 지금의 명칭으로 고쳤다.
    『宋史』 권166, 志119 職官6 入內內侍省 內侍省.
26) 宋窤: 宋의 관인이다. 그에 대해서는 『高麗圖經』 권18-3-26) 참조.
27) 飯僧: 승려를 공양하여 설법을 구하는 布施의 일종이다. 이에 대해서는 『高麗圖
    經』 권17-3-12) 참조.

39-3

[原文]

急水門

是日未刻, 到急水門. 其門不類海島, 宛如巫峽江路. 山圍屈曲, 前後交
鎖, 兩間4), 卽水道也. 水勢, 爲山峽所束, 驚濤拍岸, 轉石穿崖, 喧豗如
雷. 雖千鈞之弩, 追風之馬, 不足喩其湍急也. 至此, 已不可張蓬5), 惟以
櫓棹, 隨潮而進.

[譯文]

급수문1)

이날 미시에 급수문에 이르렀습니다. 그 문은 해도(海島)와 비슷하지
않은데 마치 무협2)의 물길과 같습니다. 산이 꺾이고 굽어서 에워쌌는데
앞뒤로 서로 가두었으니 양쪽 사이가 곧 물길입니다. 물의 형세는 산골

---

4) 知 : 間.
5) 四 知 : 篷.

짜기에 매여 세찬 물결이 해안을 치고 구르는 돌들이 벼랑을 뚫으니, 시끄럽고 떠들썩한 게 우레와 같습니다. 비록 천균의 노[3]나 바람을 쫓는 말이라도 그 여울의 급함을 빗대기에 부족합니다. 여기에 이르러서는 이미 봉(篷)을 펼칠 수 없었고 오직 노로써 조수를 따라 나아갔습니다.

[註解]

1) 急水門: 지금의 인천광역시 강화군 일원의 강화해협에 속한 손돌목을 말한다. 강화도와 김포반도 사이에 있는 염하수로 남쪽에 위치한다. 예로부터 물살이 매우 빨라서 붙은 이름이다.

　정진술, 2009, 앞의 책, 394쪽.

　森平雅彦, 2013, 앞의 책, 206·207쪽.

　문경호, 2014, 「고려시대 漕運船과 漕運路」, 『고려시대 조운제도 연구』, 혜안, 234·235쪽.

　문경호, 2018, 「12세기 초의 동아시아 국제정세와 神舟의 고려 항로」, 『한국중세사연구』 55, 37·38쪽.

2) 巫峽: 지금의 중국 重慶市 巫山縣 大寧河口에서 湖北省 巴東縣 官渡口까지 이어진 협곡이다. 巫山으로 인해 이름 지어졌으며, 大峽이라고도 한다. 지세가 험하여 瞿塘峽·西陵峽과 함께 揚子江의 3대 협곡으로 불린다.

　戴均良 外 主編, 2005, 「巫峽」, 『中國古今地名大詞典』 中, 上海 : 上海辭書出版社, 1456쪽.

　문경호, 2014, 앞의 책, 234쪽.

　문경호, 2018, 앞의 논문, 37쪽.

3) 弩: 장치를 통해 화살과 돌을 발사하는 무기이다.

　諸橋轍次, 1984, 「弩」, 『大漢和辭典』 4, 東京 : 大修館書店, 704쪽.

39-4

[原文]

蛤窟

申後, 抵蛤窟拋泊. 其山, 不甚高大, 民居亦衆. 山之脊, 有龍祠, 舟人往還, 必祀之. 海水至此, 比之急水門, 變黃白色矣.

[譯文]
합굴[1]

　신시 후에 합굴에 이르러 (닻을) 던지고 정박했습니다. 그 산은 매우 높거나 크지 않고 민가[民居]가 또한 많습니다. 산등성이에 용사[2]가 있는데 뱃사람들이 오고 돌아갈 때 반드시 이곳에서 제사를 지냅니다. 바닷물이 여기에 이르러서는 급수문과 비교해 황백색으로 변했습니다.[3]

[註解]
1) 蛤窟: 지금의 인천광역시 강화군 혹은 한반도 중부 일원의 지형이다. 그 위치를 강화군으로 파악한 견해에서는 지리상의 이유를 근거로 강화군 강화읍 월곶리 연미정 포구로 보거나(①) ‘蛤窟’의 漢語音이 隋·唐代나 조선의 甲串과 유사하다고 여기고 강화읍 갑곶에 비정하기도 한다(②). 또는 ‘용’과 관련된 지명이 많이 남아있는 강화군 혈구산 주변의 노적산과 남산 일원으로 추정하는 견해도 있다(③). 한편, 『朝鮮八道秘密地志』를 근거로 한반도 중부 일대를 흐르는 강인 한강으로 파악하기도 한다(④).
　① 정진술, 2009, 앞의 책, 394쪽.
　② 森平雅彦, 2013, 앞의 책, 207~211쪽.
　③ 문경호, 2014, 앞의 책, 240·241쪽.
　　문경호, 2016, 「1123년 서긍의 고려 항로에 대한 재검토―夾界山~馬島 安興亭 구간을 중심으로―」, 『역사와 담론』 78, 98·101쪽.
　④ 祁慶富, 1997, 「10~11세기 한중 해상교통로」, 『한중문화교류와 남방해로』, 국학자료원, 192·193쪽.
2) 龍祠: 蛤窟에 있는 사당이다. 이에 대해서는 『高麗圖經』 권17-10-1) 참조.
3) 海水至此 …… 變黃白色矣: 蛤窟과 急水門의 물 색깔이 다름을 나타낸 구절이다. 물의 색이 변한 것은 바닷물과 강물이 만나는 지점이기에 나타난 현상이었다. 합굴의 현재 위치를 어디로 추정하느냐에 따라 한강과 임진강(①) 혹은 한강과 예성강(②)이 만나는 것으로 견해가 나뉜다.
　① 祁慶富, 1997, 앞의 책, 193쪽.
　② 森平雅彦, 2013, 앞의 책, 208쪽.

39-5

[原文]

分水嶺

分水嶺, 卽二山相對, 小海自此分流之地. 水色復渾, 如梅岑. 時十一日壬辰, 早雨作, 午刻潮落, 雨盆甚. 國王遣劉文志[6]持先書, 使者以禮受之. 酉刻前進, 至龍骨拋泊.

[譯文]

분수령[1]

분수령은 곧 두 산이 서로 마주하는데[2] 작은 바다가 여기에서부터 나뉘어 흐르는 곳입니다. 물색이 다시 흐려져 매잠[3]과 같았습니다. 이때는 11일(임진)이었는데, 일찍이 비가 내렸으며 오시에는 밀물이 빠지고 비가 더욱 심해졌습니다. 국왕이 선서(先書)를 지닌 유문지[4]를 보내자 사신[使者]이 예로써 이를 받았습니다. 유시에 앞으로 나아가서 용골[5]에 이르러 (닻을) 던지고 정박했습니다.

[註解]

1) 分水嶺: 지금의 인천광역시 강화군 혹은 한반도 중부 일원의 지형이다. 그 위치에 대해서는 대체로 본문의 묘사에 근거해 추정되고 있다. 먼저, 인천광역시 강화군 양사면 철산리 철곶돈대와 개성시 개풍군 해창리 사이에 위치한 한강 하구의 좁은 수로로 파악하는 견해가 있다(①). 한강·염하·예성강이 만나는 경기도 김포시 문수산 일원이나(②), 한강·염하·임진강이 만나는 지점인 강화군 용정리 일원에 비정하기도 한다(③).
① 정진술, 2009, 앞의 책, 394쪽.
② 森平雅彦, 2013, 앞의 책, 207·208쪽.
③ 문경호, 2014, 앞의 책, 241쪽.

6) 四 : 忠.

문경호, 2018, 앞의 논문, 38쪽.

2) 二山相對: 지금의 인천광역시 강화군 혹은 경기도 김포시 일원에 있는 산을 말한다. 산의 위치에 대해서는 강화군 해창리 뒤의 백마산과 철곶돈대 뒤의 별악봉 자락으로 파악하거나(①), 김포시 문수산 및 강화군 당산으로 비정하는 견해로 나뉜다(②).

① 정진술, 2009, 앞의 책, 394쪽.

② 森平雅彦, 2013, 앞의 책, 208쪽.

3) 梅岑: 지금의 중국 浙江省 舟山市 普陀區 중부 일원의 해역을 가리킨다. 이에 대해서는 『高麗圖經』 권34-7-1) 참조.

4) 劉文志: 생몰년 미상. 본문 이외에는 기록이 소략하여 자세한 내용을 알기 어렵다.

5) 龍骨: 지금의 인천광역시 강화군 혹은 황해북도 개풍군 일원의 지형이다. 그 위치를 강화군으로 파악한 견해에서는 먼저, 강화읍 월곶 부근으로 보는 견해가 있다(①). 또, 발음이 유사한 강화읍 용정리 용구물 일원일 가능성을 제기하기도 한다(②). 한편, 예성강 하구와 한강이 만나는 개풍군 장주동 보령곶 일원으로 보기도 한다(③).

① 森平雅彦, 2013, 앞의 책, 211~213쪽.

② 문경호, 2014, 앞의 책, 241쪽.

문경호, 2018, 앞의 논문, 38쪽.

③ 정진술, 2009, 앞의 책, 394쪽.

39-6-(1)

[原文]

禮成港

十二日癸巳, 早雨止. 隨潮至禮成港, 使副遷入神舟. 午刻, 使副率都轄提轄官, 奉詔書于[7]采舟. 麗人, 以兵仗甲馬旂幟儀物, 共萬計, 列於岸次, 觀者如堵墙. 采舟及岸, 都轄提轄, 奉詔書入于[8]采輿. 下節前導, 使副後從, 上中節, 以次隨之. 入于[9]碧瀾亭, 奉安詔書訖, 分位少憩. 次日, 遵陸

---

7) 知 : 於.

8) 知 : 於.

9) 知 : 於.

入于[10]王城. 臣竊惟海道之難, 甚矣. 以一葉之舟, 泛重溟之險, 惟恃宗社
之福, 當使波神, 效順以濟. 不然, 則豈人力所能至哉. 方其在洋也, 以風
颷爲適從, 若或暴橫, 轉至他國, 生死瞬息. 又惡三種險, 曰癡風, 曰黑風,
曰海動. 癡風之作, 連日怒號不已, 四方莫辨. 黑風則飄怒不時, 天色晦
冥, 不分晝夜. 海動則徹底沸騰, 如烈火煮湯. 洋中遇此, 鮮有免者. 且一
浪送舟, 輒數十餘里, 而以數丈之舟, 浮波濤間[11], 不啻毫[12]末之在馬體.
故涉海者, 不以舟之大小爲急, 而以操心履行爲先. 若遇危險, 則發於至
誠, 虔祈哀懇, 無不感應者.

[譯文]

예성항[1]

12일(계사)에 일찍이 비가 그쳤습니다. 밀물을 따라 예성항에 이르자
정사와 부사가 신주[2]로 옮겨 탔습니다. 오시에 정사와 부사가 도할관과
제할관을 거느리고 채주에서 조서를 받들었습니다. 고려 사람들이 병장
(兵仗)·갑옷 입힌 말·기치·의물을 가지고 모두 만여 명이 연안가에 늘어
서니, 보는 사람들이 담장과 같았습니다. 채주가 해안에 이르면 도할관
과 제할관은 조서를 받들어 채색 가마[3]에 들였습니다. 하절[4]은 앞에서
인도하고, 정사와 부사는 뒤에서 쫓으며, 상절과 중절[5]은 차례대로 따라
갔습니다. 벽란정[6]에 들어가 조서를 봉안하기를 마치면, 자리를 나누어
잠시 쉬었습니다. 다음날 육지를 따라 왕성으로 들어갔습니다.[7] 신이
마음속으로 생각하건대 바닷길의 험난함이 심합니다. 1척의 작은 배로
위험한 바다에 떠 있었는데, 오직 종사의 복에 의지하여 마땅히 파도의

---

10) 知 : 於.
11) 知 : 間.
12) 四 : 毫. 원문은 豪로 되어 있으나, 의미상 '毫'가 옳다고 생각되어 교감 번역하
    였다.

신령으로 하여금 힘써 유순하게 해서 건너갔습니다. 그렇지 않으면 어찌 사람의 힘으로 도달할 수 있는 것이겠습니까. 바야흐로 배가 큰 바다에 있으면 바람과 돛으로써 따라가는데, 만약에 혹 (바람이) 사납고 거칠어서 흘러가 다른 나라에 이르면 삶과 죽음이 순식간입니다. 또 3가지의 위험을 꺼리니 치풍(癡風)·흑풍(黑風)·해동(海動)이라고 합니다.[8] 치풍이 일면 날마다 성난 소리가 그치지 않으며 사방을 분별하지 못합니다. 흑풍이면 빠르게 노해서 불시에 하늘의 색이 캄캄하고 어두워져 낮과 밤을 구분하지 못합니다. 해동이면 바닥이 뚫릴 듯이 물이 솟아올라 세찬 불로 삶고 끓이는 것과 같습니다. 큰 바다 가운데서 이를 만나서 면하는 자는 드뭅니다. 또 풍랑 한 번에 배를 보내는 게 번번이 수십여 리여서 몇 길의 배로 파도 사이를 떠 있는 것은 터럭 끝이 말의 몸에 있는 것만 못합니다. 그러므로 바다를 건너는 자는 배의 크기[大小]를 중히 여기는 게 아니라, 조심히 건너감을 우선으로 여깁니다. 만약 위험을 만나면 지극한 정성을 드러내어 공경히 기도하기가 몹시 애달프니, 감응하지 않는 것이 없습니다.

[註解]

1) 禮成港: 지금의 경기도 개풍군 일원에 있던 항구로, 碧瀾渡라고도 한다. 宋으로 조회하러 갈 때 모두 이곳에서 배를 보냈기에 '禮成'이란 명칭이 붙었으며, 고려에서 중국 등 해외로 통하는 대표적인 항구이다. 남중국 방면에서 예성항으로 입항할 시에는 음력 5~6월의 남풍을 이용하고, 반대로 예성항에서 남중국 방면으로 출항할 때에는 봄가을의 동북풍을 이용한 경우가 많았다. 이곳에 외국 선박들이 자주 드나들었던 이유는 고려의 수도인 개경과 가까웠기 때문이었다. 宋商의 왕래뿐만 아니라, 일본인이나 아라비아 상인들도 와서 물건을 사고파는 등 국제 무역항으로서 활용되었다.
『高麗史』 권5, 世家5 顯宗 15년 9월·16년 9월 辛巳.
『高麗史』 권6, 世家6 靖宗 6년 11월 丙寅.
『新增東國輿地勝覽』 권4, 開城府上 山川 禮成江.
김상기, 1959, 「해상의 활동과 문물의 교류─예성항(禮成港)을 중심으로─」, 『국사상의 제문제』 4 ; 1974, 『東方史論叢』, 서울大學校出版部, 459~461쪽.

金澈雄, 2004, 「高麗와 宋의 海上交易路와 交易港」, 『中國史研究』 28, 120쪽.

李鎭漢, 2005, 「高麗前期 對外貿易과 그 政策」, 『韓國研究センター年報』 5 ; 2011, 『高麗時代 宋商往來 研究』, 景仁文化社, 35쪽.

서성호, 2007, 「국제무역항, 벽란도」, 『(고려 500년 서울)개경의 생활사』, 휴머니스트, 64~75쪽.

이병희, 2012, 「고려시기 벽란도의 '해양도시'적 성격」, 『島嶼文化』 39.

金榮濟, 2014, 「宋代 東아시아 海上貿易과 季節風—高麗와 南中國 사이를 中心으로—」, 『中國史研究』 92 ; 2019, 『고려상인과 동아시아 무역사』, 푸른역사.

2) 神舟: 宋 사절단이 고려에 올 때 운용한 대형 선박이다. 이에 대해서는 『高麗圖經』 권34-2-1) 참조.

3) 采輿: 오색의 무늬 비단으로 장식된 가마이다. 이에 대해서는 『高麗圖經』 권15, 采輿條 참조.

4) 下節: 正使와 副使를 따르던 수행원인 三節의 하나이다. 이에 대해서는 『高麗圖經』 권24-11-2) 참조. 선화 연간(송 휘종, 1119~1125)의 사절단에는 하절이 充代下節·宣武下節로 구분되어 있었다. 충대하절에 대해서는 『高麗圖經』 권24-11-1) 참조. 선무하절에 대해서는 『高麗圖經』 권24-12-1) 참조.

5) 中節: 正使와 副使를 따르던 수행원인 三節의 하나이다. 이에 대해서는 『高麗圖經』 권15-6-7) 참조.

6) 碧瀾亭: 禮成江 하구에 위치한 館舍이다. 이에 대해서는 『高麗圖經』 권27-11-1) 참조.

7) 次日 遵陸入于王城: 禮成港에서 사신단을 영접하는 모습을 서술한 부분이다. 宋 사절단이 탄 神舟가 예성항에 도착한 뒤의 영접은 『高麗圖經』 권24, 初神旗隊條에, 해안에 늘어서서 송 사절을 기다리던 고려군에 대한 모습은 『高麗圖經』 권24, 初神旗隊條에, 碧瀾亭에서 하룻밤을 보낸 뒤의 상황은 『高麗圖經』 권24, 初神旗隊條에 묘사되고 있다.

8) 又惡三種險 …… 曰海動: 宋 사절이 항해시 두려워했던 위험요소에 대한 서술이다. 癡風은 중국의 閩中·泉福·興化—지금의 중국 福建省 일원— 등 해안 지역에서 해마다 음력 7~8월경에 많이 부는 동북풍을, 黑風은 거친 바람인 暴風을 가리킨다. 海動은 무엇을 지칭하는 것인지 정확히 알기는 어렵지만, 바닥에서 솟아오른다는 본문의 묘사를 고려했을 때, 해일을 의미하는 것으로 여겨진다. 서긍은 『高麗圖經』 권34~39, 海道篇에서 사절단이 마주했던 바다에서의 위험을 묘사하였다. 본문의 세 가지 현상도 이러한 맥락에서 기록된 것으로 보인다.

諸橋轍次, 1985, 「癡風」, 『大漢和辭典』 7, 東京 : 大修館書店, 1207쪽.

諸橋轍次, 1986, 「黑風」, 『大漢和辭典』 12, 東京 : 大修館書店, 1014쪽.

39-6-(2)

比者使事之行, 第二舟, 至黃水洋中, 三柂併折. 而臣適在其中, 與同舟之人, 斷髮哀懇, 祥光示現. 然福州演嶼神, 亦前期顯異, 故是日, 舟雖危, 猶能易他柂. 旣易, 復傾搖如故, 又五晝夜[13], 方達明州定海. 比至登岸, 擧舟朣頷, 幾無人色, 其憂懼, 可料而知也. 若以謂海道非難, 則還朝復命, 不應受重賞. 以爲必[14]死, 則自[15]祖宗以來, 累遣使命, 未嘗有飄溺不還者. 惟恃國威靈[16], 仗忠信, 可以必其無虞耳. 今敍此, 以爲後來者之勸. 比者使人之行, 去日以南[17]風, 歸日以北風. 初發明州, 以其年五月二十八日, 放洋, 得順風. 至六月六日, 卽達群山島. 及回程, 以七月十三日甲子, 發順天館, 十五日丙寅, 復登大舟. 十六日丁卯, 至蛤窟, 十七日戊辰, 至紫燕島. 二十二日癸酉, 過小靑嶼和尙島大靑嶼雙女[18]焦唐人島九頭山, 是日泊馬島. 二十三日甲戌, 發馬島, 過軋子苫, 望洪州山. 二十四日乙亥, 過橫嶼, 入群山門, 泊島下. 至八月八日戊子, 凡十四日, 風阻不行. 申後, 東北風作, 乘潮出洋, 過苦苫苫[19], 入夜不住. 九日己丑, 早過竹島, 辰巳望見黑山. 忽東南風暴, 復遇海動, 舟側欲傾. 人大恐懼, 卽鳴鼓招衆舟, 復還. 十日庚寅, 風勢益猛, 午刻, 復還群山島. 至十六日丙申, 又六日矣. 申後風正, 卽發洋, 夜泊竹島, 又二日, 風阻不行. 至十九日己亥午後, 發竹島, 夜過月嶼. 二十日庚子, 早過黑山, 次過白山, 次過五嶼夾界山. 北風大作, 低篷以殺其勢. 二十一日辛丑, 過沙尾. 午間, 第二舟

---

13) 四 : "夜"가 누락되어 있다.
14) 四 : 以.
15) 四 : "自【闕七十一字】"로 기록되어 있다.
16) 知 : "憑"이 추가되어 있다.
17) 四 : "祖宗以來 …… 去日以南"이 누락되어 있다.
18) 四 : 文.
19) 四 : 風.

三副柂折. 夜漏下四刻, 正柂亦折. 而使舟與他舟, 皆遇險不一. 二十三日壬寅, 望見中華秀州山. 二十四日癸卯, 過東西胥山. 二十五日甲辰, 入浪港山, 過潭頭. 二十六日乙巳, 早過蘇州洋, 夜泊栗港. 二十七日丙午, 過蛟門, 望招寶山, 午刻, 到定海縣. 自離高麗, 到[20]明州界, 凡海道, 四十二日云.

근래 사신의 행차에 두 번째 배가 황수양[1] 가운데에 이르렀는데 세 키가 모두 부러졌습니다. 신이 마침 그 안에 있어 같은 배의 사람들과 머리카락을 자르며 애처롭게 간구하니, 상서로운 빛이 나타났습니다. 그런데 복주[2]의 연서신[3] 역시 기일에 앞서 기이함을 드러냈었으므로, 이날에 배가 비록 위태로웠지만 가히 다른 키로 바꿀 수 있었습니다. 이미 바꾸고 나서도 다시 기울고 흔들림이 예전과 같았으며, 또 다섯 밤낮이었는데 바야흐로 명주 정해[4]에 도착하였습니다. 상륙함에 이르러 모든 배의 사람들이 수척하고 여위어 거의 (얼굴에) 핏기가 없었으니, 그 근심과 두려움을 헤아려 알 수 있었습니다. 만약에 바닷길이 험난하지 않다고 여긴다면 조정에 돌아가 보고하여도 후한 상을 받는 것이 마땅하지 않습니다. 반드시 죽을 각오를 했으므로 조종(祖宗) 이래 여러 번 사신[使命]을 보냈지만, 일찍이 표류하고 익사하여 돌아오지 못한 자가 없었습니다. 오직 나라의 위엄과 영험에 기대고 충성과 믿음에 의지해야 가히 평안함[無虞]을 이룰 수 있을 뿐입니다. 지금 이것을 서술한 것은 뒤에 올 자들을 권하기 위해서입니다. 근래 사신의 행차는 떠난 날에는 남풍을 탔으며 돌아오는 날에는 북풍을 이용하였습니다. 처음 명주를 떠난 날은 그해 5월 28일이었는데, 큰 바다로 나가 순풍을 탔습

---

20) 四 : "到"가 누락되어 있다.

니다. 6월 6일에 이르러 곧 군산도[5]에 다다랐습니다. 돌아오는 길에 이르러서는 7월 13일(갑자)에 순천관[6]에서 출발하여 15일(병인)에 다시 큰 배에 올랐습니다. 16일(정묘)에 합굴에 도착하였고, 17일(무진)에 자연도에 이르렀습니다. 22일(계유)에 소청서·화상도[7]·대청서[8]·쌍녀초[9]·당인도[10]·구두산[11]을 지났고, 이날 마도[12]에 정박하였습니다. 23일(갑술)에 마도에서 출발하여 알자섬[13]을 지나 홍주산[14]을 바라보았습니다. 24일(을해)에 횡서[15]를 지났으며, 군산문[16]으로 들어가 군산도 아래에서 정박하였습니다. 8월 8일(무자)에 이르러 무릇 14일 동안 바람에 막혀서 떠나지 못했습니다. 신시 후에 동북풍이 일어 밀물을 타고 큰 바다로 나갔는데, 고섬섬[17]을 지나 밤이 되어도 머무르지 않았습니다. 9일(기축)에 일찍이 죽도[18]를 지났으며, 진시와 사시에 흑산[19]을 바라보았습니다. 갑자기 동남풍이 거세져 다시 해동을 만나니, 배 옆면이 쏠려 기울어지려 하였습니다. 사람들이 크게 놀라고 두려워하였는데, 곧 북을 울리고 여러 배를 불러 모으니 다시 (수평이) 돌아왔습니다. 10일(경인)에 바람의 기세가 더욱 맹렬해졌고, 오시에 군산도로 다시 돌아갔습니다. 16일(병신)에 이르러 또 6일이 되었습니다. 신시 후에 바람이 잔잔해지자 곧 큰 바다로 나가 밤에 죽도에 정박했는데, 다시 이틀 동안 바람에 막혀서 나아가지 못하였습니다. 19일(기해) 오후에 이르러 죽도를 출발해 밤에 월서[20]를 지났습니다. 20일(경자)에 일찍이 흑산을 지나고 다음에 백산[21]을 거쳤으며, 오서[22]와 협계산[23]을 차례로 지났습니다. 북풍이 크게 일어나 봉(篷)을 내리고 그 기세를 줄이려 하였습니다. 21일(신축)에 사미[24]를 지났습니다. 오시 사이에 두 번째 배의 삼부타[25]가 부러졌습니다. 밤이 늦어 4각이 지났는데 정타[26]가 또한 부러졌습니다. 사신의 배와 다른 배들이 모두 위험에 처하였는데 (정도가) 다 같지 않았습니다. 23일(임인)에 중국[中華]의 수주산[27]을 바라보았습니다. 24

일(계묘)에 동서서산[28]을 지나갔습니다. 25일(갑진)에 낭항산[29]으로 들어가고 탐두[30]를 지나갔습니다. 26일(을사)에 일찍이 소주양[31]을 지나 밤에 율항[32]에 정박하였습니다. 27일(병오)에 교문[33]을 지나 초보산[34]을 바라보았고,[35] 오시에 정해현에 다다랐습니다. 고려를 떠나서부터 명주 경계에 이르기까지 무릇 바닷길로 42일이었습니다.

[註解]

1) 黃水洋: 지금의 중국 江蘇省 연해의 수심이 낮은 해역을 가리키는 것으로 추정된다. 이에 대해서는 『高麗圖經』 권34-12-1) 참조.

2) 福州: 지금의 중국 福建省 福州市 일원이다. 725년(당 개원 13)에 閩州에서 福州로 고쳤다. 宋代 福建路에 속하여 12개의 현을 관할하였다.
　『舊唐書』 권40, 志20 地理3 江南東道 福州.
　『宋史』 권89, 志42 地理5 福建路 福州.

3) 演嶼神: 演嶼—지금의 중국 福建省 福州市 演嶼村 일원—에서 모셔지는 신이다. 唐 僖宗代 福建에서 黃巢의 난이 일어나자, 당시 福建觀察使 陳岩의 맏아들 陳延晦는 당이 쇠퇴하고 있는데 본인의 힘은 약한 것에 대해 분개하였다. 진연회는 "살아서는 조정의 위급함을 구제하지 못했지만, 죽어서는 廟食하여 사람들의 바람을 위로하겠다[吾生不鼎食以濟朝廷之急 死當廟食以慰生人之望]."라고 말하였다. 그가 죽은 뒤에 사람들이 연서에 사당을 세워 그를 신으로 모셨다. 1123년(송 선화 5)에 路允迪 일행이 바다에서 풍랑을 만났지만 해신의 도움을 얻어 무사히 돌아가게 되자, 조정에서 그 사당을 昭利라 사액하였다는 일화가 전한다.
　『淳熙三山志』 권8, 祀廟.
　조영록, 2004, 「10세기 전반 해양불교의 발전」, 『장보고 선단과 해양불교 : 9~10세기 동아시아 해상 불교교류』, 재단법인 해상왕장보고기념사업회, 156쪽.
　김상범, 2010, 「民間信仰의 公認과 擴散—宣和5년 國信使 일행의 해상조난과 海神에 대한 봉호하사 조치를 중심으로—」, 『역사문화연구』 35, 214·217·218쪽.
　孫希國, 2018, 「『宣和奉使高麗圖經』與宋代媽祖信仰的流傳」, 『廣西民族研究』 2018-3 ; 2019, 『『宣和奉使高麗圖經』整理與研究』, 哈爾濱 : 黑龍江人民出版社, 69·70쪽.

4) 明州定海: 宋의 明州 定海縣—지금의 중국 浙江省 寧波市 鎭海區 일원—이다. 이에 대해서는 『高麗圖經 역주(상)』, 69쪽 권2-2-(2)-7) 참조.

5) 群山島: 지금의 전라북도 군산시에 속한 선유도이다. 이에 대해서는 『高麗圖經』 권36-6-1) 참조.

6) 順天館: 宋의 사신을 접대하기 위한 객관이다. 이에 대해서는 『高麗圖經』 권27-2-1) 참조.

7) 和尙島: 지금의 강화만 혹은 인천광역시 일원에 있는 섬이다. 이에 대해서는『高麗圖經』권38-4-1) 참조.

8) 大靑嶼: 지금의 경기도 혹은 인천광역시 일원에 있는 섬이다. 이에 대해서는『高麗圖經』권38-3-1) 참조.

9) 雙女焦: 지금의 충청남도 혹은 인천광역시 일원에 있는 섬이다. 이에 대해서는『高麗圖經』권38-2-1) 참조.

10) 唐人島: 지금의 충청남도 혹은 인천광역시 일원에 있는 섬이다. 이에 대해서는『高麗圖經』권38-1-1) 참조.

11) 九頭山: 지금의 충청남도 혹은 인천광역시 일원에 있는 섬이다. 이에 대해서는『高麗圖經』권37-6-1) 참조.

12) 馬島: 지금의 충청남도 태안군 일원에 있는 섬이다. 이에 대해서는『高麗圖經』권37-5-1) 참조.

13) 軋子苫: 지금의 충청남도 태안군 일원에 있는 섬으로, 鴉子苫으로도 불렸다. 이에 대해서는『高麗圖經』권37-4-1) 참조.

14) 洪州山: 지금의 충청남도 서부 일원에 있는 섬이다. 이에 대해서는『高麗圖經』권37-3-1) 참조.

15) 檳嶼: 지금의 전라북도 군산시 일원에 있는 섬이다. 이에 대해서는『高麗圖經』권36-7-1) 참조.

16) 群山門: 群山島—지금의 전라북도 군산시 선유도— 일원의 해역 중 하나로 추정된다. 이에 대해서는『高麗圖經』권33-2-2) 참조.

17) 苫苫苫: 지금의 전라북도 부안군 일원에 있는 섬이다. 이에 대해서는『高麗圖經』권36-5-1) 참조.

18) 竹島: 지금의 전라북도 일원에 있는 섬이다. 이에 대해서는『高麗圖經』권36-4-1) 참조.

19) 黑山: 지금의 전라남도 신안군 흑산면에 위치한 黑山島이다. 이에 대해서는『高麗圖經』권35-5-1) 참조.

20) 月嶼: 지금의 전라남도 신안군 혹은 영광군 일원에 있는 섬이다. 이에 대해서는『高麗圖經』권35-6-1) 참조.

21) 白山: 지금의 전라남도 신안군 흑산면 일원에 있는 섬이다. 이에 대해서는『高麗圖經』권35-4-1) 참조.

22) 五嶼: 지금의 전라남도 신안군 흑산면 일원에 있는 섬이다. 이에 대해서는『高麗圖經』권35-2-1) 참조.

23) 夾界山: 지금의 전라남도 신안군 흑산면에 위치한 가거도를 말한다. 이에 대해서는『高麗圖經』권35-1-1) 참조.

24) 沙尾: 중국 黃海의 서부 長江口 부근 일대 해역인 黃水洋으로 여겨진다. 이에 대해서는『高麗圖經』권34, 黃水洋條 참조.

25) 三副柂: 客舟의 廧屋 뒤에 설치된 노를 가리킨다. 이에 대해서는『高麗圖經』권34-3-17) 참조.

26) 正柁: 客舟의 廥屋 뒤에 설치된 키를 가리킨다. 이에 대해서는 『高麗圖經』 권
34-3-16) 참조.

27) 秀州山: 지금의 중국 浙江省 嘉興市 일원에 있는 섬이다. 서긍 일행이 이곳에서부
터 蘇州洋—지금의 중국 上海市 동남쪽 해역—에 들어갔으므로, 長江 하구 연안
혹은 근해 지역에 위치한 것으로 추정된다.
　　戴均良 外 主編, 2005, 「秀州」, 『中國古今地名大詞典』 中, 上海 : 上海辭書出版社,
　　　1503쪽.
　　森平雅彦, 2013, 앞의 책, 232쪽.

28) 東西胥山: 지금의 중국 浙江省 舟山群島 일원에 있는 산이다. 그 위치에 대해서는
浪崗山列島 북부에 있는 枸杞山 또는 嵊山으로 비정하는 견해가 있다(①). 위치
상 『乾道四明圖經』에 나타나는 西須山—지금의 중국 舟山群島 張其山—과 須皓山
—-지금의 중국 舟山群島 大盤山—과 부합하고 胥와 須의 중국 발음이 비슷하므
로, 장기산과 대반산으로 보기도 한다(②).
　　『乾道四明圖經』 권7, 昌國縣 山 西須山·須皓山.
　　① 森平雅彦, 2013, 앞의 책, 232쪽.
　　② 夏志剛, 2018, 「"徐兢航路"明州段試考」, 『浙江海洋大學學報』 35-4, 73~75쪽.

29) 浪港山: 지금의 중국 浙江省 舟山群島 浪崗山列島 일원에 있는 산이다. 昌國縣—
지금의 중국 浙江省 舟山市 定海區 일원—에서 동북쪽으로 900리에 위치하며, 『乾
道四明圖經』에 따르면 良港山으로도 불렸다.
　　『乾道四明圖經』 권7, 昌國縣 山 良港山.
　　『大德昌國州圖志』 권4, 山 浪港山.
　　王文楚, 1996, 「兩宋和高麗海上航路初探」, 『古代交通地理叢考』, 北京 : 中華書局, 41쪽.
　　森平雅彦, 2013, 앞의 책, 235쪽.

30) 潭頭: 지금의 중국 浙江省 舟山市 岱山縣 衢山島 최남단의 沼潭嘴로 추정된다. 浪
港山에서 60km 떨어진 곳에 위치한다.
　　夏志剛, 2018, 앞의 논문, 73~75쪽.

31) 蘇州洋: 지금의 중국 上海市 동남쪽 해역이다. 이에 대해서는 『高麗圖經』 권
35-2-3) 참조.

32) 栗港: 지금의 중국 浙江省 舟山群島 金塘島 瀝港을 가리킨다. 栗과 瀝의 중국 발
음이 같기에, 瀝港으로도 불리는 것이다.
　　戴均良 外 主編, 2005, 「栗港」, 『中國古今地名大詞典』 下, 上海 : 上海辭書出版社,
　　　2404쪽.
　　王文楚, 1996, 앞의 책, 41쪽.
　　森平雅彦, 2013, 앞의 책, 235쪽.

33) 蛟門: 지금의 중국 浙江省 寧波市 鎭海區에서 동으로 15리 거리에 있는 蛟門山 주
변의 지형이다. 이에 대해서는 『高麗圖經』 권34-5-1) 참조.

34) 招寶山: 지금의 중국 浙江省 寧波市 일원에 있는 산이다. 이에 대해서는 『高麗圖
經』 권34-4-1) 참조.

35) 二十三日壬寅 …… 望招寶山: 서긍 일행의 23일 壬寅부터 27일 丙午까지의 행적을
    기록한 부분이다. 하지만 실제로는 간지와 일자가 일치하지 않는데, 이를 정리하
    면 다음과 같다.
    안영숙 외 지음, 2002, 『고려시대 연력표』, 한국학술정보(주), 80쪽.

[표 6] 1123년 8월 23일~27일까지의 『高麗圖經』상의 간지와 실제 간지 비교

본문의 날짜 표기	실제 날짜 표기
23日 壬寅	22日 癸卯
24日 癸卯	23日 甲辰
25日 甲辰	24日 乙巳
26日 乙巳	25日 丙午
27日 丙午	26日 丁未

[原文]

同文

臣聞正朔, 所以統天下之治也, 儒學, 所以美天下之化也, 樂律, 所以導天下之[1]和也, 度量權衡, 所以示天下之公也. 四者雖殊, 然必絫合乎天子之節然後, 太平之應, 備焉. 聖人之興, 必建歲正, 定國是, 新一代之樂, 而同律度量衡. 蓋以至一, 而正群動, 其道當如此. 仰惟國家大一統, 以臨萬邦, 華夏蠻貉, 罔不率俾. 雖高句驪[2], 域居海島, 鯨波限之, 不在九服之內, 然稟受正朔, 遵奉儒學, 樂律同和, 度量同制. 雖虞舜之時日東協, 伯禹之聲教南暨, 不足云也. 古人所謂, 書同文車同軌者, 于[3]今見之. 且圖志之作, 所以紀異國之殊制, 若其制或同, 則丹靑之作, 何事乎贅疣[4]. 謹條其正朔儒學樂律度量之同乎中國者, 作同文記, 而省其繪畫云.

[譯文]

동문[1]

　신이 듣건대 정삭은 천하의 다스림을 통할하려는 것이고, 유학은 천하의 교화를 아름답게 하려는 것이며, 악률은 천하의 조화를 이끌어내려는 것이요, 도량권형은 천하의 공정함을 보여주려는 것입니다. 4가지 것은 비록 다르지만 반드시 천자의 절목과 어우러져 합쳐진 이후에야 태평의 조짐이 갖추어지는 것입니다. 성인이 일어나면 반드시 해의 정월을 세우고, 국시(國是)를 정하며, 한 세대의 음악을 새롭게 하고, 율·

---

1) 匹 知 : "之"가 추가되어 있다. 원문은 '之'가 누락되어 있으나, 의미상 '之'를 추가하는 것이 옳다고 생각되어 교감 번역하였다.
2) 四 知 : 麗.
3) 知 : 於.
4) 四 : 厖.

도·량·형을 같게 합니다. 모두 지극한 하나의 덕으로써 큰 무리의 움직임을 바로잡는 것이니, 그 도는 마땅히 이와 같아야 합니다. 삼가 생각건대, 국가가 대일통하니[2] 만방에 임하시어 중화[華夏]와 오랑캐[蠻貉]가 따라 좇지 않음이 없게 하셨습니다. 비록 고려[高句驪]는 해도(海島)에 거처하며 거센 파도가 가로막아 구복[3]의 안에 있지 않지만, 정삭을 아뢰어 하사받고 유학을 준수하고 받들며 악률은 조화됨이 같고 도량은 제도가 같습니다. 비록 우순[4]의 시간으로는 동방이 화합하였고, 백우[5]의 감화[聲敎]는 남방에 미쳤다지만, (본조의 치적에는) 부족하다고 이를 것입니다. 옛사람이 "글은 문자가 같으며 수레는 바퀴의 너비가 같다."[6]라고 말한 것을 지금에서야 보았습니다. 또 그림과 기록의 제작은 타국의 다른 제도를 적으려는 것인데, 만약 그 제도가 혹시라도 같다면 그림 그리는 일을 어찌 군더더기처럼 일삼겠습니까. 삼가 그 정삭·유학·악률·도량에서 중국과 같은 것을 조목 지어 동문의 기록을 만들고, 그 그림은 생략하겠습니다.

[註解]

1) 同文: 중국과 제도가 같은 부분을 모아서 만든 편목이다. 이 부분은 서긍이 『高麗圖經』序에서 제시한 "중국의 것과 같은 것은 가려서 빼버리고 다른 것만 취하였다[簡去其同於中國者 而取其異焉]."라는 기준에 따른 것을 취해 구성한 것이다. 그 서문 격에 해당하는 본문은 고려가 중국의 문명을 충실하게 따르고 있다는 맥락에서 서술되고 있다. 즉, 해당 편목은 고려가 宋朝의 질서 아래 놓여있는 상황과 송이 고려에게 주는 영향력을 강조하기 위해 마련되었다.
조동원 외 공역, 2005, 「「선화봉사고려도경」 해제(解題)」, 『고려도경』, 황소자리, 35쪽.
김병인, 2018, 「『고려도경』에 비친 고려인들」, 『한국중세사연구』 55, 85·86쪽.
2) 大一統: 天子에 의해 천하가 통일되었다는 인식이다. 본문에서의 大一統은 宋을 중심으로 五代十國 시대가 종언됨을 나타낸 것으로 보인다. 본래 이는 『春秋』에서 '王正月'이라고 한 이유를 묻는 것에 대해 "대일통 때문이다[大一統也]."라고 답한 것에서 처음 확인되며, 周 文王의 질서 아래 놓인 것을 나타낸 것이었다. 이

후 漢代 董仲舒에 의해 구체화되었다. 동중서는 『春秋』의 대일통을 천지에 변하
지 않는 규범이자 古今을 관통하는 도리로 인식하였으며, 사상뿐 아니라 문화·
제도·정치 등 전반적인 국가의 통치를 천자 중심의 통일로 보았다. 이는 통치의
정당성과 강력한 군주권의 근거로 강조되면서 儒學 중심 통치의 기반이 되었다.
『漢書』 권56, 董仲舒傳26.
『春秋公羊傳』 隱公 1년.
『春秋繁露』 권7, 三代改制質文.
윤지원, 2020, 「한초(漢初) 지식지형의 변화와 유학―董仲舒의 政治思想을 中心으
　　로―」, 『儒敎思想文化硏究』 82, 215~218쪽.
김연재, 2023, 「동중서의 公羊學정신, 大一統의 공동체의식 및 天下經綸의 경계―
　　通權達變의 治世觀―」, 『철학논총』 111, 34~40쪽.
3) 九服: 고대에 王畿를 중심으로 거리에 따라서 나눈 아홉 행정 구획을 말한다. 이
　어 대해서는 『高麗圖經 역주(상)』, 17쪽 권0-1-(2)-2) 참조.
4) 虞舜: 중국 고대의 舜帝를 말한다. 그에 대해서는 『高麗圖經 역주(상)』, 120쪽 권
　4-1-3) 참조.
5) 伯禹: 생몰년 미상. 姓은 姒이고 諱는 文命이다. 治水에 성공한 공적으로 인해 舜
　으로부터 嗣位의 대상으로 천거되었다. 순이 붕어하자 禹는 陽城―지금의 중국
　河南省 登封市 告成鎭 王城崗 일원―으로 이동하여 帝位에 오르고, 국호를 夏라
　하였다.
　『史記』 권2, 夏本紀2.
　이춘식, 2005, 「중국의 원시문화」, 『중국사 서설(개정판)』, 교보문고, 34~36쪽.
6) 書同文車同軌: 『禮記』에 나오는 구절로, "지금 천하에는, 수레는 바퀴의 너비가
　같고 글은 문자가 같으며 행동은 차례가 같다[今天下 車同軌 書同文 行同倫]."의
　일부를 인용한 것이다. 고려가 중국과 언어는 다르지만 글을 작성하는 문자는
　같아, 중국의 영향을 받았다는 것을 표현하기 위해 사용되었다.
　『禮記』 中庸.

40-2-(1)

[原文]

正朔

唐劉仁軌, 爲方州刺史, 乃請所頒曆, 及宗廟諱, 曰當削平遼海, 班示本
朝正朔. 及戰勝, 以兵經略高麗, 帥其酋長, 赴登封5)之會, 卒如初言, 史

臣壯之. 然仁軌, 特服其力耳, 未必其本心也, 何以言之. 臣觀麗人之事中
國, 其請降尊號, 班正朔, 勤勤懇懇, 不絶于[6]口. 及爲强[7]虜[8]所迫, 革面
從之, 而乃心朝廷, 葵傾蟻慕, 終不解於胷次. 豈用兵之與用德, 固自有次
第哉. 雖然, 近則易服, 遠則難懷. 若麗境之望帝封, 邈在大海之外. 當其
來也, 泛巨航, 駕便風, 晝夜兼行十數日, 始達四明. 風或稍戾, 驚濤山涌,
竈釜傾蕩. 涓滴之水不留, 且不可爨, 舟人, 往往絶粒. 甚則柂折檣摧, 傾
覆之變, 生於瞬息, 亦已危矣. 然自建隆開寶間[9], 願效臣節, 不敢少懈,
以迄于[10]今. 至與北虜[11], 則封境之相距, 纔一水耳, 虜[12]人朝發馬, 夕已
飮水於鴨綠矣. 嘗大敗衄, 始臣事之, 用其年號, 終統和開泰, 凡二十一
年. 至王詢, 大破北虜[13], 復通中國, 乃於眞宗皇帝大中祥符七年, 遣使請
班正朔. 朝廷從之, 彼[14]遂用大中祥符之號, 易去北虜開泰之名.

[譯文]

정삭[1]

당[2]의 유인궤[3]는 방주[4]자사[5]가 되고서 이에 반포된 역법 및 종묘의
휘를 청하며 말하기를, "마땅히 요해를 평정하고 본조의 정삭을 반포하
여 보여주어야 합니다."라고 하였습니다. 전쟁에서 승리하자 고구려[高
麗][6]를 군사로써 경략하고, 그 추장들을 거느리고 등봉[7]의 모임에 나아
가게 하였으니, 마침내 처음의 말처럼 되어, 사신(史臣)이 장하다 하였습

---

5) 四 : 對.
6) 知 : 於.
7) 四 : 契.
8) 四 : 丹.
9) 知 : 間.
10) 知 : 於.
11) 四 : 敵.
12) 四 : 敵.
13) 四 : 敵.
14) 四 知 : 後.

니다.[8] 그러나 유인궤는 다만 그들을 힘으로 굴복시켰을 뿐, 그들의 본심까지 모으지는 못했는데, 어찌 그렇게 말하겠습니까. 신이 고려 사람들이 중국을 섬기는 것을 보건대, 그들이 존호를 내려주고 정삭을 반포해 주시길 청하는 것이 부지런하고 정성스럽기가 입에서 끊이지 않았습니다. 강성한 거란[虜][9]에게 핍박당하기에 이르자 겉으로는 따랐으나, 곧 마음은 중국[朝廷]에게 해바라기가 기울고 개미가 흠모하듯 하여 끝내 마음속에서 풀어버리지 않았습니다. 어찌 군사를 쓰는 것과 덕을 쓰는 것에 진실로 순서가 있겠습니까. 그렇지만 가까우면 곧 복종하기 쉽고 멀면 곧 회유하기 어렵습니다. 고려의 경내에서는 황제의 봉토를 바라보면 아득하게도 큰 바다 밖에 있습니다. 그들이 올 때에는 큰 배를 띄워 순풍을 타고 밤낮을 합쳐 십수 일을 항해해야 비로소 사명[10]에 도달합니다. 바람이 혹시라도 점차 사나워지고 세찬 물결이 산처럼 솟구치게 되면 가마솥조차도 기울어져 흔들립니다. 적은 양의 물도 남아있지 않게 되면 장차 밥을 지을 수도 없어 뱃사람들이 종종 끼니를 거르게 됩니다. 심하면 곧 키와 돛대가 부러져 뒤집히는 변고가 순식간에 발생하니, 역시 매우 위험합니다. 그러나 건륭[11]·개보[12] 연간부터 신하의 절조를 나타내길 원하여 감히 조금도 게으르지 않고 지금에 이르렀습니다.[13] 심지어 거란[北虜]과는 곧 영토[封境]간의 거리가 겨우 하나의 강뿐이니, 거란 사람들은 아침에 말이 출발하면 저녁에는 이미 압록강에서 물을 마시고 있습니다. 일찍이 크게 패배하고 움츠려서 처음 신하로 섬기면서 그들의 연호를 사용하였으니, 통화[14]·개태[15]의 무릇 21년으로 마쳤습니다. 왕순(王詢, 현종)[16]에 이르러서 거란을 크게 격파하고 다시 중국과 통하였고, 곧 진종황제[17] 대중상부[18] 7년(1014)에 사신을 보내 정삭을 반시해 주시기를 청했습니다.[19] 조정에서 따라주었으니 저들이 마침내 대중상부의 연호를 사용하였으며 거란의 개태 연호[名]를 바꿔 없앴습니다.

[註解]

1) 正朔: 본래 正月의 朔日을 말하며, 曆이라는 의미도 갖게 되었다. 예로부터 帝王이 나라를 새로이 건국하면 처음을 신중히 하는 뜻을 담아 新曆을 만들어 천하에 반포했으며, 사람들에게 모두 이를 遵奉하도록 하였다. 신력을 반포한 天子는 시간을 지배하는 자였기 때문에 諸侯와 조공국에서는 천자가 반포한 정삭을 사용하였다. 그러므로 정삭을 고치거나 세우는 일은 천하를 다스리는 자가 행해야 할 중요한 요소의 하나였다.
『史記』 권26, 曆書4.
『禮記』 大傳.
諸橋轍次, 1985, 「正朔」, 『大漢和辭典』 6, 東京 : 大修館書店, 665쪽.

2) 唐: 7세기부터 10세기 초까지 중국을 지배했던 왕조이다. 이에 대해서는 『高麗圖經 역주(상)』, 192쪽 권7-1-14) 참조.

3) 劉仁軌: 601~685. 汴州 尉氏―지금의 중국 河南省 開封市 尉氏縣 일원― 사람으로 字는 正則이다. 어려서는 가난했으나 학문을 좋아하였다. 정관 연간(당 태종, 627~649)에 給事中이 되었으나 李義府의 미움을 사서 靑州刺史로 나갔다. 백제를 공략할 당시 帶方州刺史였고, 이후 右相에 올랐으며, 樂城縣男에 봉해졌다. 唐의 고구려 출병 당시에는 遼東行軍副大摠管으로 참전하였다. 675년(당 상원 2)에는 雞林道大總管이 되어 신라와의 전투에 참여하였는데 그 공으로 公에 봉해졌고, 이후 尙書左僕射에 제수되었다. 吐蕃이 入寇했을 때에는 洮河道行軍鎭守大使가 되었다. 685년(당 수공 1)에 병을 이유로 치사를 청하였으나 則天武后는 오히려 文昌左相 同鳳閣鸞臺三品을 제수하였는데, 이후 얼마 지나지 않아 사망하였다. 개원 연간(당 현종, 713~741)에 文獻이 追諡되었다.
『舊唐書』 권5, 本紀5 乾封 3년 壬子.
『舊唐書』 권84, 列傳34 劉仁軌.
『新唐書』 권108, 列傳33 劉仁軌.
임종욱 편, 2010, 「유인궤」, 『중국역대 인명사전』, 이회, 1325·1326쪽.

4) 方州: 帶方州―지금의 전라남도 나주시 일원―를 말한다. 唐은 백제 지역에 두었던 5都督府를 熊津都督府 단일 체제로 개편하면서 다시 7州를 두었는데, 대방주는 竹軍城을 중심으로 설치되었다.
『三國史記』 권37, 雜志6 地理4 百濟 帶方州.
沈正輔, 1987, 「百濟故地 帶方州考」, 『百濟硏究』 18.
李道學, 1987, 「熊津都督府의 支配 조직과 對日本政策」, 『白山學報』 34 ; 2010, 『백제 사비성 시대 연구』, 일지사.
김수미, 2006, 「百濟府城의 실체와 熊津都督府 체제로의 전환」, 『歷史學硏究』 28.
김수미, 2008, 「扶餘隆 도독 체제 웅진도독부의 통치구조」, 『歷史學硏究』 32.
박지현, 2018, 「백제부흥운동과 웅진도독부의 위치」, 『百濟學報』 25.
문다성, 2020, 「당의 웅진도독부 지배 체제의 실상」, 『新羅史學報』 49.

5) 方州刺史: 刺史는 중국에서 漢 武帝代부터 두어졌던 관직이다. 이에 대해서는 『高麗

圖經 역주(상)』, 201쪽 권7-3-22) 참조. 한편, 劉仁軌의 직함 '帶方州刺史'에 사용
된 帶方州의 경우, 실제 행정구역명을 지칭하는 것이 아니라 단순 부대 구분을
위한 표시였다는 견해가 제시되어 있다(①). 한편, 유인궤가 백제에 唐의 正朔을
시행하려는 포부와 함께 파견되었다는 점을 근거로 역시 단순 지역명은 아니라
고 보아, 백제 지역 전체를 의미한다고 해석하기도 한다(②).
  ① 千寬宇, 1979, 「馬韓諸國의 位置 試論」, 『東洋學』 9, 218쪽.
    李道學, 1987, 앞의 논문, 384·385쪽.
  ② 金周成, 2012, 「熊津都督府의 地理的 位置와 性格」, 『百濟研究』 56, 148·149쪽.

6) 高麗: 고대 중국 동북 지방 및 한반도 북부에 존재했던 국가이다. 이에 대해서는
  『高麗圖經 역주(상)』, 31·32쪽 권1-2-(1)-13) 참조.

7) 登封: 帝王이 泰山에 올라 천지에 封禪하는 것을 의미한다.
  諸橋轍次, 1985, 「登封」, 『大漢和辭典』 7, 東京 : 大修館書店, 1217쪽.

8) 唐劉仁軌 …… 史臣壯之: 劉仁軌가 백제에 파견되던 당시를 보여주는 해당 일화
  는 『舊唐書』와 『新唐書』에도 전하고 있다. 다만, 본문의 '高麗'라는 표현이 '新羅·
  百濟·儋羅—耽羅—·倭' 등 4개국으로 바뀌어 기재되어 있다. 한편, 『舊唐書』에는
  유인궤에 대한 史臣의 평도 수록되어 있지만, 이 일화를 직접 지칭하고 있는 것
  은 아니다.
  『舊唐書』 권84, 列傳34 劉仁軌.
  『新唐書』 권108, 列傳33 劉仁軌.

9) 虜: 본문에 나타나는 虜·北虜는 契丹을, 虜人은 거란인을 말한다. 거란에 대해서
  는 『高麗圖經 역주(상)』, 61쪽 권2-2-(1)-22) 참조.

10) 四明: 宋 明州—지금의 중국 浙江省 寧波市 일원—의 별칭이다. 명주에 대해서는
  『高麗圖經 역주(상)』, 69쪽 권2-2-(2)-7) 참조.

11) 建隆: 宋 太祖의 연호로 960~963년 사이에 사용되었다.

12) 開寶: 宋 太祖의 연호로 968~976년 사이에 사용되었다.

13) 然自建隆開寶間 …… 以迄于今: 宋 太祖代부터 고려와 송이 관계를 유지하였음을
  나타낸 구절이다. 이에 대해서는 『高麗圖經』 권2, 王氏條 참조.

14) 統和: 契丹 聖宗의 연호로 983~1012년 사이에 사용되었다.

15) 開泰: 契丹 聖宗의 연호로 1012~1021년 사이에 사용되었다.

16) 王詢: 고려의 제8대 왕 顯宗(992~1031)을 말한다. 그에 대해서는 『高麗圖經 역주
  (상)』, 62쪽 권2-2-(1)-30) 참조.

17) 眞宗皇帝: 968~1022. 宋의 제3대 황제로 재위 기간은 26년(997~1022)이다. 그에
  대해서는 『高麗圖經 역주(상)』, 62쪽 권2-2-(1)-33) 참조.

18) 大中祥符: 宋 眞宗의 연호로 1008~1016년 사이에 사용되었다.

19) 至王詢 …… 遣使請班正朔: 1014년(송 대중상부 7, 고려 현종 5) 宋에게 고려가 正
  朔을 청했다는 내용이다. 이에 대해서는 『高麗圖經 역주(상)』, 62쪽 권2-2-(1)-32)
  참조.

40-2-(2)

[原文]

至天禧中, 北虜[15]復破高麗, 殺戮其民幾盡, 王詢, 至棄國而逃於蛤堀. 虜[16]留城中八月, 會西北山萬松, 皆作人聲, 始駭懼引去, 仍强頒[17]正朔於詢. 詢以力屈, 不得已而用之. 自太平二年, 終十七年. 至重熙終二十二年. 清寧終十年. 咸雍終十年. 太康終十年. 大[18]安終十年. 壽昌終六年. 乾統終十年. 天慶至八年, 凡一百年. 而耶律, 爲大金所困, 高麗遂去北虜[19]之號. 又以未請命于[20]朝, 不敢輒用正朔. 故但以歲次紀年, 而將有請焉耳. 本朝之於高麗, 如彼之遠, 北虜[21]之於高麗, 如此其近. 然而附北虜[22]者, 常以困於兵力, 伺其稍弛, 則輒拒之. 至于[23]尊事聖宋[24], 則終始如一, 拳拳傾戴. 雖或時有牽制, 不能如願, 而誠意所向, 堅如金石. 有以見累聖, 綏之以仁, 懷之以德, 內有以得其心, 固異乎北虜[25]之强暴, 徒以力制其外也. 書曰協時月正日. 今北虜[26]已滅, 佇見[27]高麗之使, 以正朔爲請, 而萬邦之時月[28]日[29], 可協而正矣.

---

15) 四 : 敵.
16) 四 : 敵.
17) 四 知 : 班.
18) 四 : 太.
19) 四 : 敵.
20) 知 : 於.
21) 四 : 敵.
22) 四 : 敵.
23) 知 : 於.
24) 知 : 朝.
25) 四 : 敵.
26) 四 : 敵.
27) 四 : 是.
28) 四 : 日.
29) 四 : 月.

천희[1] 연간에 이르러 거란이 다시 고려를 격파하고 그 민을 거의 다 살육하니, 왕순이 나라를 버리고 합굴로 도망감에 이르렀습니다.[2] 오랑캐가 성안에 8달을 머물렀는데,[3] 마침 서북산의 수많은 소나무가 모두 사람 소리를 내자 비로소 놀라고 두려워 (군사를) 이끌고 떠나면서[4] 왕순어게 강제로 정삭을 반포하게 하였습니다. 왕순은 힘에 굴복해 부득이하게 사용하였습니다.[5] 태평[6] 2년부터 17년을 채웠습니다.[7] 중희[8]에 이르러서는 22년에 마쳤습니다.[9] 청녕[10]은 10년에 마쳤습니다. 함옹[11]은 10년어 마쳤습니다. 태강[12]은 10년에 마쳤습니다. 대안[13]은 10년에 마쳤습니다. 수창[14]은 6년에 마쳤습니다. 건통[15]은 10년에 마쳤습니다. 천경[16]은 8년에 이르렀으니 무릇 100년이었습니다. 야율[17]이 대금[18]에게 곤경에 처하자 고려는 마침내 거란의 연호를 버렸습니다. 또 조정의 명을 청하지는 않았으므로, (송의) 정삭을 감히 문득 쓰지는 못했습니다. 그러므로 다만 간지[歲次]로 연도를 기록하니,[19] 장차 그것을 청함이 있을 것입니다. 송[本朝]은 고려에 있어서 저같이 멀지만, 거란은 고려에 있어서 이처럼 가깝습니다. 그러나 거란에게 붙은 것은 항상 군사력이 부족했기 때문이어서, 그들이 조금 느슨해짐을 엿보다가 곧 번번이 항거하였습니다. 송을 높이고 섬김에 이르러서는 곧 끝과 처음이 한결같이 정성을 다하였습니다[拳拳傾戴]. 비록 혹 때론 견제가 있어 원하는 대로 될 수 없더라도, 정성스러운 뜻이 향하는 바는 쇠와 돌처럼 견고했습니다. 이로써 보건대 여러 황제께서 인으로 편안하게 해주고 덕으로 품어주어서 안으로 그 마음을 얻음이 있으니, 진실로 거칠고 사나운 거란이 다만 힘으로 그 겉만 제어함과는 다릅니다. 『서경』[20]에 "사철과 달을 맞추어 날짜를 바로 잡는다."[21]라고 하였습니다. 이제 거란이 이미 멸망해가니 고려의 사신이 정삭을 청하는 것을 가만히 보건대, 만방의 사철·

달·날짜를 맞춰서 바르게 할 수 있을 것입니다.[22]

[註解]

1) 天禧: 宋 眞宗의 연호로 1017~1021년 사이에 사용되었다.

2) 王詢 至棄國而逃於蛤堀: 契丹의 침입으로 현종이 피난했다는 내용이다. 그러나 천희 연간(송 진종, 1017~1021)에 현종이 도망갔다는 서긍의 서술과는 달리, 이때 현종은 개경에서 거란과 싸웠기에 사실과 다르다. 그가 피난을 간 시기는 1011년(현종 2)인데, 당시 현종의 이동경로는 廣州—지금의 경기도 광주시 일원—에서 羅州—지금의 전라남도 나주시 일원—까지였다. 이때에도 蛤窟—蛤堀—은 지나지 않았으므로, 현종이 합굴까지 이르렀다는 본문의 서술도 실제와는 차이가 있다. 한편, 합굴에 대해서는 『高麗圖經』 권39-4-1) 참조.
『高麗史』 권4, 世家4 顯宗 2년 1월 乙亥·丁亥·10년 1월 辛酉.
홍영의, 2010, 「고려 현종의 羅州 南幸 시 公州 경유의 배경과 의의」, 『한국중세사연구』 29, 159~165쪽.

3) 虜留城中八月: 契丹이 개경을 공격한 이후 8달 동안 머물렀다고 서술한 구절이다. 하지만 천희 연간(송 진종, 1017~1021)에 거란은 개경을 함락하지 못했다. 거란이 개경을 점령한 시기는 1011년(현종 2)이었다. 당시 거란은 동년 1월 1일에 개경에 들어와 太廟·宮闕을 불태웠고 같은 달 11일에 개경을 떠났으며, 29일에는 압록강 너머로 철수하였다.
『高麗史』 권4, 世家4 顯宗 2년 1월 乙亥·乙酉·癸卯.

4) 曾西北山萬松 …… 始駭懼引去: 고려에 침입한 契丹이 기이한 현상에 놀라 물러났다는 내용이다. 西北山은 지금의 개성특별시에 있는 松嶽山을 가리키는데, 이에 대해서는 『高麗圖經 역주(상)』, 94쪽 권3-3-7) 참조. 한편, 『高麗史』에 이와 유사한 사례가 있어 참조되는데, 이에 대해서는 『高麗圖經』 권17-8-5) 참조.

5) 仍强頒正朔於詢 …… 不得已而用之: 1022년(현종 13) 고려에서 契丹의 연호를 사용하게 된 이유를 설명한 구절이다. 본문에서는 압박에 의해서 거란의 연호를 사용한 것처럼 서술하였다. 그러나 당시 고려의 선전으로 거란이 일방적인 요구를 할 수 없는 상황이었고, 연호 사용 등의 사안은 두 나라 사신의 왕래를 통해 논의한 결과물이었다. 이에 1022년 4월에 고려는 거란의 책봉을 받고 그들의 연호를 사용하였고, 양국 관계는 실질적으로 회복되기에 이르렀다.
『高麗史』 권4, 世家4 顯宗 13년 4월.
沈載錫, 2000, 「遼代 高麗國王 冊封의 構造와 展開」, 『外大史學』 12 ; 2001, 『高麗國王 冊封 研究』, 혜안, 107쪽.
金渭顯, 2004, 「契丹·高麗間의 女眞問題」, 『高麗時代 對外關係史 研究』, 景仁文化社, 114·115쪽.
윤영인, 2007, 「10-13세기 동북아시아 多元的 國際秩序에서의 冊封과 盟約」, 『東洋

　　史學硏究』101, 127·128쪽.

　　이미지, 2018, 「조공·책봉 관계 지속을 둘러싼 분쟁」, 『태평한 변방─고려의 對 거란 외교와 그 소산─』, 景仁文化社, 144~157쪽.

　　이진한, 2018, 「송과의 외교」, 『한국의 대외관계와 외교사 : 고려 편』, 동북아역사재단, 147·148쪽.

6) 太平: 契丹 聖宗의 연호로 1021~1031년 사이에 사용되었다.

7) 自太平二年 終十七年: 고려에서 契丹의 태평 연호(거란 성종, 1021~1031)를 사용한 것에 대한 내용이다. 고려는 거란 聖宗의 崩御 이후 새로 즉위한 興宗의 연호인 경복(거란 흥종, 1031~1032)을 사용해야 했다. 그러나 1031년(덕종 즉위)에 거란은 고려 측에서 제시한 鴨綠江 유역의 시설물 제거 요청을 수용하지 않았으며, 양국 간의 여러 갈등도 해결되지 않자 기존의 태평 연호를 계속해서 사용하였다.

　　『高麗史』 권5, 世家5 德宗 즉위년 11월 辛丑.

　　金在滿, 1999, 「興宗時代 契丹·高麗關係」, 『契丹·高麗關係史研究』, 國學資料院, 191~197쪽.

　　金渭顯, 2004, 앞의 책, 120~122쪽.

　　탁종기, 2010, 「고려와 거란의 영토분쟁과 그 의미」, 『정치와 평론』 7.

　　한정수, 2017, 「10~12세기 초 국제 질서와 고려의 年號紀年」, 『한국중세사연구』 49, 120·121·124~126쪽.

　　이미지, 2018, 앞의 책, 198~207쪽.

8) 重熙: 契丹 興宗의 연호로 1032~1055년 사이에 사용되었다.

9) 至重熙終二十二年: 1038년(정종 4)에 고려에서 契丹의 중희 연호(거란 흥종, 1032~1055)를 채택한 것을 말한다. 이는 고려 내에서 덕종 말부터 거란에 대한 강경론이 쇠퇴하고, 정종대 거란 유화적 태도를 견지한 것에 거란이 호응했기 때문이었다. 한편, 서긍은 고려에서 중희가 22년간 사용되었다고 하였다. 그러나 실제로 사용한 기간은 총 18년(1038~1055) 동안이어서 사실과 차이가 있다.

　　『高麗史』 권6, 世家6 靖宗 4년 8월 乙丑.

　　金在滿, 1999, 앞의 책, 197~202쪽.

　　金渭顯, 2004, 앞의 책, 120~122쪽.

　　윤영인, 2007, 앞의 논문, 128·129쪽.

　　탁종기, 2010, 앞의 논문.

　　한정수, 2017, 앞의 논문.

　　이미지, 2018, 앞의 책, 207~215쪽.

10) 淸寧: 契丹 道宗의 연호로 1055~1064년 사이에 사용되었다.

11) 咸雍: 契丹 道宗의 연호로 1065~1074년 사이에 사용되었다.

12) 大康: 契丹 道宗의 연호로 1075~1084년 사이에 사용되었다.

13) 大安: 契丹 道宗의 연호로 1085~1094년 사이에 사용되었다.

14) 壽昌: 契丹 道宗의 연호로 1095~1101년 사이에 사용되었다.

15) 乾統: 契丹 天祚帝의 연호로 1101~1110년 사이에 사용되었다.

16) 天慶: 契丹 天祚帝의 연호로 1111~1120년 사이에 사용되었다.

17) 耶律: 본래 契丹 왕족의 姓을 의미한다. 한편, 본문에서는 거란 전체를 지칭하는
    표현으로 사용되었다. 9세기 말 거란의 8개의 부족 중 하나가 迭剌部였고, 耶律
    은 그에 속한 거대 가계였다. 901년 질랄부의 우두머리가 된 耶律阿保機가 세력
    을 확장하고 916년(거란 신책 1)에 황제가 됨으로써, 야율은 거란 왕실의 성씨가
    되었다.
    『遼史』 권1, 本紀1 太祖上.
    René Grousset, 1952, L'Empire des steppes : Attila, Gengis-Khan, Tamerlan, Paris :
        Payot ; 김호동 외 譯, 1998, 「중세 초기 : 돌궐·위구르·거란」, 『유라시아 유목
        제국사』, 사계절, 203쪽.
    이춘식, 2005, 앞의 책, 354쪽.

18) 大金: 중국 滿洲와 沿海州 일대에 분포하던 女眞族이 세운 국가이다. 이에 대해서
    는 『高麗圖經 역주(상)』, 86쪽 권3-2-3) 참조.

19) 耶律 …… 故但以歲次紀年: 1116년(거란 천경 6, 고려 예종 11) 고려에서 契丹 연
    호의 사용을 중지했음을 말한다. 거란은 1114년에 女眞의 阿骨打가 군사를 일으
    켜 이듬해에 金을 세우고 황제를 칭하면서 내외적으로 혼란을 겪었다. 1115년에
    는 변경의 변고를 이유로 고려의 사신을 돌려보냈으며, 1116년 2월에는 東京人
    이 고려에 내투하는 등 지배체제가 급속도로 이완되었다. 이에 고려에서는 동년
    4월 거란의 천경 연호(거란 천조제, 1111~1120)를 제거하고 對宋 通交 때와 같이
    公私문서에 干支만을 사용하기로 결정하였다. 이는 대체로 준수되어, 1116년 이
    후에 제작된 금석문에서는 주로 간지를 기년호로 채택했으나, 거란과 조공·책봉
    관계였던 시기를 기록할 때에는 거란의 연호가 주요 기년호로 사용되었다.
    『高麗史』 권14, 世家14 睿宗 11년 4월 辛未.
    金在滿, 1999, 앞의 책, 349~359쪽.
    金渭顯, 2004, 앞의 책, 136·137쪽.
    윤영인, 2007, 앞의 논문, 129쪽.
    박종기, 2010, 앞의 논문.
    한정수, 2017, 앞의 논문, 129·130·133~139쪽.
    이미지, 2018, 앞의 책, 305~308·312~317쪽.

20) 書: 『書經』을 가리킨다. 唐堯부터 春秋時代까지의 여러 왕조와 제후들의 詔勅·訓
    戒·誓命·嘉謨 등을 모은 경전이다. 총 59편으로, 今文尙書·古文尙書 58편과 尙書
    序 1편으로 구성되었다. 금문상서는 漢의 隸書, 고문상서는 蝌蚪文으로 기록되었
    기에 붙은 이름이다. 현전하는 고문상서는 東晉 元帝代 梅賾이 황제에게 헌상한
    것이다. 매색의 것을 토대로 여러 가지 주석이 포함되어 현재의 通行本이 만들
    어졌다.
    李春植 主編, 2003, 「尙書」, 『中國學資料解題』, 신서원, 331·332쪽.

21) 書曰協時月正日: 『書經』에 나오는 구절로, "사철과 달을 맞추어 날짜를 바로잡으
    며 율·도·량·형을 동일하게 한다[協時月正日 同律度量衡]."라는 내용에서 일부를

인용한 것이다.

『書經』 虞書 舜典.

22) 今北虜已滅 …… 可協而正矣: 고려가 宋에 요청해 그들의 연호를 사용할 것이라는 기대가 담긴 구절이다. 1123년(인종 1) 고려에 파견된 서긍 일행의 사행 목적 중에는 고려국왕을 책봉하려는 의도도 있었는데, 이에 대해서는 『高麗圖經 역주(상)』, 50·51쪽 권1-2-(3)-28) 참조. 그러나 서긍의 이러한 바람과 달리 고려는 끝내 송의 연호를 사용하지 않고, 1142년에 金의 책봉을 받고 금의 연호를 사용하였다.

『高麗史』 권17, 世家17 仁宗 20년 7월 辛丑.

윤영인, 2007, 앞의 논문, 129·130쪽.

김보광, 2019, 「고려 인종대 對여진(금) 관계 설정과 현실주의적 대응」, 『아시아문화연구』 51, 18·19쪽.

40-3-(1)

[原文]

儒學

東夷30)性仁, 而其地, 有君子不死之國. 又箕子所封朝鮮之境, 習俗素稔八條之敎. 其男子, 出於禮義, 婦人, 由於正信, 飮食以豆籩. 行路者相遜, 固異乎蠻貊雜類. 押頭胼趾, 辮31)髮32)橫33)幅, 父子同寢, 親族同榔, 僻怪也. 自漢武帝, 列置四郡, 臣妾內屬, 而中華政化, 所嘗漸被. 雖更34)魏35)歷36)晉37), 視時汙隆, 乍離乍合. 然義理之根諸中者, 未嘗泯也. 唐正38)觀初, 太宗, 用魏鄭公之一言, 以仁義爲治, 恢廣學校, 崇尙師儒. 當

---

30) 四 : 國.

31) 四 : "辮【闕三字】"로 기록되어 있다.

32) 四 : "髮"이 누락되어 있다.

33) 四 : "橫"이 누락되어 있다.

34) 四 : "更【闕三字】"로 기록되어 있다.

35) 四 : "魏"가 누락되어 있다.

36) 四 : "歷"이 누락되어 있다.

37) 四 : "晉"이 누락되어 있다.

是時, 與議大臣, 猶有疑[39]而[40]未知其爲益者. 彼國, 乃遽遣其英秀子弟,
請敎京師. 後長慶中, 白居易, 善作歌行, 雞林之人, 引領嘆慕. 至以[41]一
金, 易一篇, 用爲規範, 則其用心, 可知矣. 觀夫倭辰餘國, 或橫書, 或左
畫, 或結繩爲信, 或鍥木爲誌, 各不同制. 而麗人, 乃摹寫隸法, 取正中華.
至於貨泉之文, 符印之刻, 擧不敢妄有增損字體者, 是宜文物之美, 侔於
上國焉[42].

[譯文]
유학[1]

　동이(東夷)는 성품이 어질고 그 땅에는 군자의 나라와 죽지 않는 나라
가 있었습니다.[2] 또 기자[3]가 조선[4]의 경내에 봉해져 습속이 본래 8조의
가르침[5]을 잘 알았습니다. 그 남자는 예의대로 행동했고 부인은 정절과
신의를 따랐으며, 마시고 먹는 것은 그릇[豆籩]을 사용했습니다.[6] 길을
가는 사람들은 서로 양보했으니,[7] 진실로 오랑캐[蠻貊]의 잡다한 부류와
는 다릅니다. 머리를 눌렀고[8] 발을 굳게 했으며[9] 머리카락을 땋았고[10]
(옷은) 폭을 가로놓았으며,[11] 아버지와 아들이 잠자리를 같이했고[12] 친
족이 곽을 함께했던 것[13]은 비루하고 괴상합니다.[14] 한 무제[15]로부터
차례로 4군을 두어[16] 신하[臣妾]로 내속하였으니, 중화의 정치와 덕화를
일찍부터 점점 입어왔습니다. 비록 위[17]를 거치고 진[18]을 지나면서 쇠하
고 융성하는 때를 보고 잠깐 떨어지기도 잠깐 만나기도 하였습니다. 그러
나 마음에 뿌리내린 의리는 일찍이 없어진 적이 없습니다. 당 정관[19]

---

38) 四 : 貞.
39) 四 : "疑【闕】"로 기록되어 있다.
40) 四 : "而"가 누락되어 있다.
41) 四 : "以【闕一百字】", 知 : "以【鄭刻云下闕一百字案抄本亦空白五行】"으로 기록되어
　　있다.
42) 四 知 : "一金 …… 侔於上國焉"이 누락되어 있다.

초에 태종[20]이 위정공[21]의 한 마디 말을 들어, 인의로 다스림을 삼고 학교를 크게 넓히며 유학자[師儒]를 숭상하였습니다.[22] 이때에 대신과 더불어 의논하였는데, (대신들은) 오히려 의심이 있어 그것이 이롭다는 것을 알지 못하였습니다. 저 나라는 도리어 갑자기 그 영특하고 빼어난 자제들을 보내 장안[京師][23]에서 가르쳐줄 것을 청했습니다. 후에 장경[24] 연간에 백거이[25]가 가행[26]을 잘 지었는데, 계림[27]의 사람들이 목을 내밀 며 감탄하고 사모하였습니다. 금 하나로 글 하나를 바꾸어[28] 규범으로 삼기에 이르렀으니, 곧 그 마음 씀씀이를 알 수 있습니다. 저 왜[29]와 진[30] 등의 나라를 보면, 혹 가로로 글을 쓰고 혹 왼쪽부터 획을 쓰며, 혹은 결승[31]으로 신표로 삼고 혹은 나무에 새겨 기록하여 각각 제도가 같지 않았습니다. 그런데 고려 사람들은 예서[32]를 모사하면서 중화를 규범으로 삼았습니다. 동전[貨泉]의 글자와 도장의 새김에 이르기까지 모두 감히 망령되이 글자체를 더하거나 빼는 것이 있지 않으니, 문물의 아름다움이 중국[上國]과 나란한 것이 당연합니다.

[註解]

1) 儒學: 修己治人을 목적으로 六經을 준봉하는 학문의 하나이다. 孔子의 언설에 子 思·孟子가 부연한 내용을 근본으로 하였다. 인간의 일상행위와 그 실천적 도의 를 완성하려 노력하며, 修身齊家부터 治國平天下에 목적을 두었다. 임금과 신하 의 관계를 바르게 하고 귀함과 천함을 밝히며, 교화를 아름답게 하고 풍속을 바 꾸는데 가장 뛰어났다고 여겨졌다. 이 때문에 훌륭한 군주는 모두 儒學者를 등용 하여 사람들이 禮敎를 알고 나라가 태평했으나, 儒道가 쇠해지면 나라가 혼란해 진다고 인식하였다.
  『舊唐書』 권189上, 列傳139上 儒學上.
  諸橋轍次, 1984, 「儒學」, 『大漢和辭典』 1, 東京 : 大修館書店, 950쪽.
2) 東夷性仁 …… 有君子不死之國: 유사한 내용이 『後漢書』에 전하는데, 이에 대해서 는 『高麗圖經 역주(상)』, 302쪽 권13-1-2) 참조.
3) 箕子: 생몰년 미상. 箕國에 봉해진 인물이다. 그에 대해서는 『高麗圖經 역주(상)』, 24쪽 권1-1-3) 참조.

4) 朝鮮: 고대 중국 동북지방 및 한반도 북부에 존재했던 국가로, 李成桂가 건국한 조
  선과 구별하기 위해 고조선이라고 부른다. 이에 대해서는 『高麗圖經 역주(상)』, 2
  7·28쪽 권1-2-(1)-2) 참조.

5) 八條之敎: 箕子가 고조선으로 온 후 樂浪의 조선 백성들이 어기는 것을 금했던 8
  가지 항목의 법이다. 이에 대해서는 『高麗圖經 역주(상)』, 302쪽 권13-1-4) 참조.

6) 又箕子所封朝鮮之境 …… 飮食以豆籩: 고조선의 풍습에 대한 내용이다. 『後漢書』
  에 "예 및 옥저·고구려는 본래 모두 조선의 지역이다. 옛날에 무왕이 기자를 조
  선에 봉하니, 기자는 예의와 농사, 양잠하는 법을 가르쳤다. 또 8조의 가르침을
  제정하니, 그 사람들이 마침내 서로 도둑질을 하지 않아 문을 닫지 않았고, 부인
  들은 정절을 지키며 음식은 변두를 사용하였다[濊及沃沮句驪 本皆朝鮮之地也 昔
  武王封箕子於朝鮮 箕子敎以禮義田蠶 又制八條之敎 其人終不相盜 無門戶之閉 婦人
  貞信 飮食以籩豆]."라고 전한다.
  『後漢書』 권85, 東夷列傳75 濊.

7) 行路者相遜: 辰韓의 풍습에 대한 내용이다. 『後漢書』에 "소나 말을 타고 혼인은
  예로써 하며, 길에 다니는 사람들은 길을 양보한다[乘駕牛馬 嫁娶以禮 行者讓
  路]."라고 전한다.
  『後漢書』 권85, 東夷列傳75 三韓.

8) 押頭: 삼한 사회의 풍습에 대한 내용이다. 이에 대해서는 『高麗圖經』 권18-4-10)
  참조.

9) 胼趾: 蠻의 풍습인 交趾에 대한 내용이다. 이에 대해서는 『高麗圖經 역주(상)』,
  190쪽 권7-1-1) 참조.

10) 辮髮: 三國 이래 우리나라의 髮制에 대한 내용이다. 이에 대해서는 『高麗圖經』 권
  22-1-7) 참조.

11) 橫幅: 倭의 풍습에 대한 내용이다. 『三國志』에 "그 옷은 폭을 가로 놓았는데, 다
  만 결속하여 서로 연결하고 거의 꿰매지 않는다[其衣橫幅 但結束相連 略無縫]."라
  고 전한다.
  『三國志』 권30, 魏書30 烏丸鮮卑東夷傳30 倭.

12) 父子同寢: 流求國의 풍습에 대한 내용이다. 『隋書』에 "임금과 신하·상하의 절도와
  절하고 엎드리는 예가 없다. 아버지와 아들이 상에서 함께하고 잔다[無君臣上下
  之節 拜伏之禮 父子同床而寢]."라고 전한다.
  『隋書』 권81, 列傳46 東夷 流求國.

13) 親族同槨: 옥저의 풍습에 대한 내용이다. 『三國志』에 "온 식구가 모두 하나의 널
  에 들어가는데, 나무를 살아있는 모습처럼 깎는다. 죽은 자의 숫자를 따른다[擧
  家皆共一槨 刻木如生形 隨死者爲數]."라고 전한다. 한편, 전라남도 영암군 내동리
  고분군에서 온 가족이 함께 묻힌 것으로 추정되는 槨이 출토되기도 하였다.
  『三國志』 권30, 魏書30 烏丸鮮卑東夷傳30 東沃沮.
  金元龍, 1963, 『鬱陵島—附 靈巖郡內洞理甕棺墓—』, 國立博物館.
  金貞培, 1969, 「韓國의 甕棺解釋에 對한 一小考」, 『古文化』 5·6合, 51쪽.

국립광주박물관 편, 1986, 『영암내동리초분골고분—부·영산강유역의 옹관묘조사
　　자료—』, 국립광주박물관.

14) 其男子 …… 僻怪也: 東夷로 표현된 고려 선대의 풍속에 대한 서긍의 이해를 보
여주는 구절이다. 고려 선대에 대한 그의 인식에 대해서는 『高麗圖經』 권1, 始封
條 참조. 한편, 본문에서는 '其男子 …… 飮食以豆籩·行路者相遜·押頭·胼趾·辮髮·
橫幅·父子同寢·親族同椰'을 동이의 풍속이었다고 서술하였다. 그런데 변지는 蠻
의 풍속이며, 횡폭과 부자동침은 동이의 것이기는 하지만 한반도 밖에 있는 倭
와 流求國의 풍속이다. 본문의 잘못된 서술은 서긍의 혼동에 의한 것으로 여겨
진다.

15) 漢武帝: B.C.156~B.C.87. 漢의 제7대 황제로, 재위 기간은 54년(B.C.141~B.C.87)이
다. 그에 대해서는 『高麗圖經 역주(상)』, 32쪽 권1-2-(1)-15) 참조.

16) 自漢武帝 列置四郡: 4郡은 B.C.108년(한 원봉 3)에 漢 武帝가 고조선을 멸망시킨
후 설치한 행정구역이다. 樂浪·臨屯·眞蕃·玄菟郡으로 구성되었으며, 가장 오래
존속한 낙랑군이 313년(고구려 미천왕 14)에 고구려에 의해 축출됨으로써 소멸
하였다. 4군은 東夷 諸族을 통치하려는 목적에서 두어졌으며, 조공 등의 형식을
통해 그들과 교역 관계를 형성하고 이를 주관하기 위한 기구로 기능하였다. 4군
가운데 중심 역할은 낙랑군이 맡았는데, 이에 대해서는 『高麗圖經 역주(상)』, 98
쪽 권3-4-(1)-2) 참조. 한편, 4군의 위치에 대해서는 연구자마다 위치비정이 다르
지만 대체로 한반도에 위치했다고 이해하고 있다.

　　『史記』 권115, 朝鮮列傳55.

　　李丙燾, 1929, 「眞蕃郡考」, 『史學雜誌』 40-5 ; 1930, 「玄菟郡及臨屯郡考」, 『史學雜誌』
　　　　41-4 ; 1976, 「三韓問題의 硏究」, 『韓國古代史硏究』, 博英社 ; 2012, 『韓國古代史
　　　　硏究』, 한국학술정보.

　　池內宏, 1936, 「朝鮮の文化」, 『岩波講座 東洋思潮』 15, 東京 : 岩波書店 ; 1972, 『滿
　　　　鮮史硏究』 近世篇, 東京 : 中央公論美術出版.

　　池內宏, 1951, 「眞番郡の位置について」, 『滿鮮史硏究』 上世篇 第1冊, 東京 : 祖國社,
　　　　142~148쪽.

　　金元龍, 1976, 「樂浪文化의 歷史的 位置」, 『韓國文化의 起源』, 探求堂.

　　權五重, 1992, 『樂浪郡硏究—中國 古代邊郡에 대한 事例的 檢討—』, 一潮閣.

　　李秉斗, 1992, 「漢四郡 設置의 歷史的 背景」, 『中齋 張忠植博士 華甲紀念論叢 上 :
　　　　歷史學篇』, 中齋 張忠植博士 華甲紀念論叢刊行委員會, 21~34쪽.

　　尹乃鉉, 1994, 「위만조선·한사군·창해군」, 『古朝鮮 硏究』, 一志社 ; 2015, 『고조선
　　　　연구』 상, 만권당.

　　오영찬, 2006, 『낙랑군 연구』, 사계절.

　　서영수 외, 2008, 『요동군과 현도군 연구』, 동북아역사재단.

　　송호정, 2010, 「한군현(漢郡縣) 지배의 역사적 성격」, 『역사와 현실』 78.

17) 魏: 220년 曹丕가 後漢 獻帝에게 禪讓 받으면서 건립한 국가이다. 이에 대해서는
『高麗圖經 역주(상)』, 272쪽 권11-1-4) 참조.

18) 晉: 265년 司馬炎이 魏 元帝를 폐위시키면서 건립한 국가이다. 이에 대해서는 『高
麗圖經 역주(상)』, 272쪽 권11-1-5) 참조.

19) 正觀: 唐 太宗의 연호인 貞觀을 가리키며, 627~649년 사이에 사용되었다. 貞觀의 '貞'
字를 '正'으로 표기한 것에 대해서는 『高麗圖經 역주(상)』, 90쪽 권3-2-33) 참조

20) 太宗: 599~649. 唐의 제2대 황제로 재위 기간은 24년(626~649)이다. 그에 대해서
는 『高麗圖經 역주(상)』, 44쪽 권1-2-(3)-1) 참조.

21) 魏鄭公: 魏徵(580~643)을 가리킨다. 魏郡 內黃―지금의 중국 河南省 安陽市 內黃縣
일원― 사람으로 字는 玄成이다. 隋 말에 李密에게 귀순해 唐 高祖의 장자 李建成
의 측근이 되었다. 이건성은 李世民―후의 당 太宗―과의 경쟁에서 패했지만, 위
징은 그의 인격에 끌린 이세민의 부름을 받아 諫議大夫 등의 요직을 역임하고
宰相에 중용되었다. 633년(당 정관 7)에 侍中이 되었고, 『周書』와 『隋書』를 편찬
해 良史라는 칭송을 들었다. 이후 左光祿大夫에 오르고 鄭國公에 봉해졌다.
『舊唐書』 권71, 列傳21 魏徵.
『新唐書』 권97, 列傳22 魏徵.
임종욱 편, 2010, 「위징」, 『중국역대 인명사전』, 이회, 1278·1279쪽.

22) 唐正觀初 …… 崇尚師儒: 唐 太宗의 통치 일면을 보여주는 구절이다. 그는 군주로
서 뛰어난 역량을 가졌고 인재를 중용하였다. 태종을 보좌한 주요 인물로는 房
玄齡·杜如晦·魏徵 등이 있는데, 그 중에서도 특히 위징은 태종에게 있어 각별한
인물이었다. 태종은 심기를 거스르는 그의 直諫에도 불구하고 위징을 극진히 총
애했으며, 본인이 王道 정치를 할 수 있었던 근원으로 꼽기도 하였다. 한편, 628
년(당 정관 2)에는 당에서 國子監制가 처음 등장했고, 639년에는 崇文館이 설치
되었다. 이처럼 정관 연간(당 태종, 627~649)에는 특히 학교제도가 발전하고 儒
學이 존숭되었는데, 이러한 흐름을 '貞觀之治'라고 하였다.
『貞觀政要』 권7, 「崇儒學」.
吳富尹, 1992, 「7·8世紀 唐代 學校制度의 敎育史的 意義」, 『東아시아硏究論叢』 3.
김선민, 1998, 「隋·唐初 君臣의 公道의식 변화―魏徵의 至公君主論―」, 『魏晉隋唐
史硏究』 4, 127~155쪽.
김명희, 2002, 「唐·太宗과 貞觀의 治」, 『全南史學』 19.
김성규, 2022, 「'貞觀의 治'와 당 태종의 功臣들」, 『全北史學』 65.

23) 京師: 唐의 수도인 長安―지금의 중국 陝西省 西安市 일원―을 가리킨다. 秦代 咸
陽이라 불리었다가 漢代 장안이 되었다. 582년(수 개황 2)에 장안의 옛 성으로부
터 동남쪽으로 20리 옮겼다. 742년(당 천보 1)에 西京, 757년(당 지덕 2)에는 中
京으로 불리었고, 761년(당 상원 2)에는 다시 서경이라 하였다가 762년(당 보응
1)에 上都라고 하였다.
『舊唐書』 권38, 志18 地理1 關內道 京師.
『新唐書』 권37, 志27 地理1 關內道 京畿採訪使 上都.

24) 長慶: 唐 穆宗의 연호로 821~824년 사이에 사용되었다.

25) 白居易: 772~846. 華州 下邽―지금의 중국 陝西省 渭南市 臨渭區 下邽縣 일원― 사

람으로 字는 樂天이다. 어려서부터 총명해 5살 때부터 시 짓는 법을 배웠고, 15살이 지나자 주위 사람들을 놀라게 할 정도로 詩才가 뛰어났다. 800년(당 정원 16)에 進士에 급제해 秘書省校書郞이 되었다. 803년에는 親試에 합격했고, 원화 연간(당 헌종, 806~820)에는 翰林學士와 左拾遺를 역임하였으며, 장경 연간(당 목종. 821~824)에는 中書舍人에 올랐다. 842년(당 회창 2)에 刑部尙書로 치사했다. 문집으로는 『白氏長慶集』과 『白香山詩集』 등이 있다. 시호는 文이다.

『舊唐書』 권166, 列傳116 白居易.

『新唐書』 권119, 列傳44 白居易.

임종욱 편, 2010, 「백거이」, 『중국역대 인명사전』, 이회, 521·522쪽.

26) 歌行: 古樂府에서 발전한 시의 한 형태로, 唐代부터 독자적인 갈래로서 의미를 갖게 되었다. 길이는 비교적 길지만 형식은 융통성이 있고 자유로워, 격률에 구애받지 않는다. 주로 7언이 중심이며 平仄에 얽매이지 않으므로 자신의 감정을 표현하기에 적합한 詩體이다.

諸橋轍次, 1985, 「歌行」, 『大漢和辭典』 6, 東京 : 大修館書店, 640쪽.

임종욱, 2001, 「운문 갈래」, 『중국문학에서의 문장체제 인물 유파 풍격』, 이회, 23쪽.

27) 鷄林: 고대 한반도에 존재했던 국가인 신라를 말한다. 이에 대해서는 『高麗圖經 역주(상)』, 49쪽 권1-2-(3)-21) 참조.

28) 鷄林之人 …… 易一篇: 신라 사람들이 白居易의 글을 사모했음을 보여주는 구절이다. 유사한 내용이 『白氏長慶集』에, "또 계림 상인이 시중에서 구하는 것이 자못 간절하였습니다. 스스로 본국의 재상이 매번 은으로 한 편을 바꾸는데, 그중에 매우 가짜인 것은 재상이 쉽게 능히 분별한다고 합니다.'라고 하였으니, 문장이 있던 이래로 이같이 널리 유전된 경우는 있지 않았다[又云鷄林賈人求市頗切 自云本國宰相每以百金換一篇 其甚僞者 宰相輒能辨別之 自篇章已來 未有如是流傳之廣者].'라고 전한다. 한편, 백거이는 시를 잘 지어 新樂府運動을 창도했으며, 그의 시는 외국에까지 영향을 미쳤다. 아울러 校書郞을 역임하던 때 신라 사신과 승려 등을 만났으며, 신라 국왕을 대상으로 외교 문서를 작성한 경험이 있었다. 이렇듯 신라와 관련이 깊었다는 점도 신라인들이 그의 시를 좋아하게 된 이유였다.

『白氏長慶集』 「白氏長慶集序」.

朴現圭, 2001, 「새로 발굴된 白居易 관련 新羅人의 자료 검토」, 『中國語文論集』 27.

29) 倭: 일본열도에 존재했던 국가인 日本을 말한다. 이에 대해서는 『高麗圖經 역주(상)』, 86쪽 권3-2-4) 참조.

30) 辰: 한반도 중부와 남부에 존재했던 고대 국가인 辰國 혹은 한반도 중부 이남에 존재한 정치집단 중 하나인 辰韓 중 하나로 여겨진다. 진국은 판본에 따라 '衆國'으로 기록된 경우가 있는데, 어느 자료를 신뢰할 것인가에 따라 당시 진의 국가 발전 정도에 대한 견해가 나뉘고 있다. 진한은 三韓 중 하나로, 12개의 나라로 이루어져 있다.

『後漢書』 권85, 東夷列傳75 三韓.

今西龍, 1921, 「百衲本史記の朝鮮傳に就きて」, 『藝文』 12-3 ; 1970, 『朝鮮古史の研究』,

東京 : 國書刊行會.

李丙燾, 1935, 「三韓問題의 新考察(一)—辰國及三韓考—」, 『震檀學報』 1 ; 1976, 앞의 책 ; 2012, 앞의 책.

金貞培, 1968, 「「辰國」과 「韓」에 關한 考察」, 『史叢』 12·13合.

千寬宇, 1975, 「三韓의 成立過程—「三韓攷」 第1部—」, 『史學研究』 26 ; 1976, 『古朝鮮史·三韓史研究』, 一潮閣.

金貞培, 1976, 「「準王 및 辰國과 「三韓正統論」의 諸問題」, 『韓國史研究』 13 ; 1986, 『韓國古代의 國家起源과 形成』, 高麗大學校出版部.

이현혜, 1997, 「삼한」, 『한국사』 4, 국사편찬위원회.

李賢惠, 1998, 「準王 및 辰國과 「三韓正統論」의 諸問題」, 『韓國 古代의 생산과 교역』, 一潮閣.

丁仲煥, 2000, 「辰國·三韓 및 加羅의 명칭」, 『加羅史研究』, 혜안, 264~266·272쪽.

박대재, 2005, 「三韓의 기원에 대한 사료적 검토」, 『韓國學報』 119.

31) 結繩: 매듭을 매어 숫자나 일의 대소를 표현하는 것을 말한다. 이에 대해서는 『高麗圖經』 권23-5-5) 참조.

32) 隷法: 한자의 서체인 隷書를 가리킨다. 예서에 대해서는 『高麗圖經』 권22-1-2) 참조

40-3-(2)

[原文]

炎宋肇興, 文化遠被, 稽首扣關, 請爲藩臣. 其使者, 每至來朝, 觀國之光, 歆艶晏粲, 歸而相語, 人盆加勉. 淳化二年, 廷試天下士, 彼亦賓貢其人, 來獻文藝. 太宗皇帝, 嘉之, 用擢其數內王彬崔罕等進士及第, 授將仕郎守祕書省校書郎. 津遣還國, 時國王治上表致謝, 詞甚感戢. 神宗皇帝, 憫俗學之弊, 命訓釋三經, 以發天下蔽蒙. 特詔賜其書本, 俾之獲見大道之純全. 主上, 丕承先志, 推廣舍法. 又賜其來學子弟金端等科名以歸. 於是, 靡然[43]風從, 勃然雨化, 闐闐秩[44]秩[45], 服膺儒學. 雖居燕韓之左僻,

────────

43) 四 知 : "炎宋肇興 …… 靡然"이 누락되어 있다.

44) 四 知 : 秩. 원문은 秋로 되어 있으나, 의미상 '秩'이 옳다고 생각되어 교감 번역하였다.

45) 四 知 : 秩. 원문은 秋로 되어 있으나, 의미상 '秩'이 옳다고 생각되어 교감 번역

而有齊魯之氣韻矣. 比者, 使人到彼, 詢知臨川閣藏書, 至數萬卷, 又有淸
燕閣, 亦實以經史子集四部之書. 立國子監, 而[46]選[47]擇[48]儒官甚備, 新
敞黌舍, 頗遵太學, 月書季[49]考[50]之[51]制, 以[52]第諸生. 上而朝列官吏,
閑威儀而足辭采. 下而閭閣陋巷, 間[53]經館書社, 三兩相望. 其民之子弟
未昏者, 則群居而從師授經, 旣稍長, 則擇友, 各以其類, 講習于[54]寺觀.
下逮卒伍童穉, 亦從鄉[55]先生學, 於虖[56]盛哉. 且諸侯之就功, 實假天子
之威靈, 諸侯之作德, 實循天子之風化. 麗人之於中國, 海隅侯伯之邦爾,
今也, 文物之富如此, 蓋自漸摩所致, 不亦偉乎. 譬猶日月三辰, 假元氣以
成列, 而其照燿[57]著[58]見, 乃所以爲天之明. 草木百寶, 資元化[59]以[60]
敷[61]華, 而其葳蕤藿靡, 乃所以爲地之文也. 若夫其國取士之制, 雖規範
本朝, 而承聞循舊, 不能無小異. 其在學生, 每歲, 試于[62]文宣王廟, 合格
者, 視貢士. 其擧進士, 間[63]歲一試于[64]所屬, 合格偕貢者, 合三百五十餘
人. 旣貢, 又命學士, 摠試于[65]迎恩館, 取三四十人, 分甲乙丙丁戊五等,

하였다.

46) 四 : "而【闕二字】"로 기록되어 있다.
47) 四 : "選"이 누락되어 있다.
48) 四 : "擇"이 누락되어 있다.
49) 四 : "季【闕二字】"로 기록되어 있다.
50) 四 : "考"가 누락되어 있다.
51) 四 : "之"가 누락되어 있다.
52) 四 知 : 次.
53) 四 : 聞, 知 : 間.
54) 知 : 於.
55) 四 : 鄒.
56) 四 : 戲.
57) 四 : "燿【闕】"로 기록되어 있다.
58) 四 : "著"가 누락되어 있다.
59) 四 : "化【闕二字】"로 기록되어 있다.
60) 四 : "以"가 누락되어 있다.
61) 四 : "敷"가 누락되어 있다.
62) 知 : 於.
63) 四 知 : 間.
64) 知 : 於.

賜第, 略如本朝省闈之制. 至王親試官之, 乃用詩賦論三題, 而不策問時政, 此其可嗤也. 自外又有制科宏辭之目, 雖文具, 而不常置. 大抵以聲律爲尙, 而於經學, 未甚工, 視其文章, 髣髴唐之餘弊云.

[譯文]

송[1]이 처음 흥기하여 문화가 멀리 퍼지자 (고려가) 머리를 조아리고 문을 두드리며 번신(藩臣)이 되기를 청하였습니다.[2] 그 사신[使者]이 내조하러 이를 때마다 나라의 풍광을 보고[3] 평안하고 아름다움을 흠모하였으며, 돌아가서 서로 이야기하여 사람들이 더욱 힘썼습니다. 순화[4] 2년(991)에 천하의 선비들을 정시[5]하였는데, 고려[彼] 역시 사람들을 빈공[6]으로 보내와서 문예를 바쳤습니다. 태종황제[7]께서 이를 가상히 여겨 그 수효 안으로 왕빈[8]·최한[9] 등을 발탁하고 진사급제로[10] 장사랑[11] 수비서성교서랑[12]에 제수하셨습니다. 바닷길로 고려[國]에 돌아가게 했을 때 국왕인 왕치[治, 성종][13]가 표를 올려 사례하였는데, 문장이 매우 감격스러웠습니다. 신종황제[14]께서는 유행하던 학문의 폐단을 불쌍히 여겨 삼경을 해석한 뜻으로써 천하의 우매함을 깨우치게 할 것을 명하셨습니다.[15] 특히 그 책을 하사하는 조서를 내리시어 대도(大道)의 순전함을 볼 수 있게 하셨습니다. 휘종[主上][16]께서 앞선 뜻을 크게 계승하시어 사법[17]을 널리 확대하셨습니다. 또 와서 수학하는 자제인 김단 등에게 과명을 하사하고 귀국하게 하셨습니다.[18] 이에 선선하게 바람을 따르는 것과 같고, 비를 맞아 곡식이 자라는 것[勃然雨化]과 같이, 여러 인재가 모여들어 유학을 가슴에 품었습니다. 비록 (고려는) 연[19]과 한[20]의 옆 후미진 곳에 거처하지만 제[21]와 노[22]의 기운과 풍격이 있습니다. 근래에 사신이 고려[彼]에 다다랐을 때 임천각[23]에 장서가 수만 권에 이르렀으

---

65) 知 : 於.

며, 또 청연각[24]이 있어 모두 경·사·자·집 네 부류의 책[25]으로 채워졌다는 것을 물어서 알았습니다. 국자감[26]을 세워 유관(儒官)을 골라 뽑는 것이 잘 갖추어졌으며 학교를 새로 열었는데[敏], 자못 태학[27]에서 월서계고[28]하는 제도를 따라 제생[29]의 등수를 매겼습니다. 위로는 조정에 늘어선 관리들이 몸가짐이 아름답고 시문의 문채가 넉넉합니다. 아래로는 일반 민가와 누추한 마을에도 간간히 경관(經館)과 서사(書社) 둘 셋씩 서로 마주 보고 있습니다. 그 백성의 자제 중 혼인하지 않은 자들은 무리 지어 거처하면서 스승을 따라 경전의 가르침을 받고, 이미 조금 자랐으면 벗을 택하고 각각 그 부류에 따라 사찰·도관에서 강습합니다.[30] 아래로는 서인의 어린이에 이르기까지 역시 향촌의 선생을 쫓아 배우니,[31] 아아, 성대하기도 합니다. 또 제후가 이루는 공은 실로 천자의 위엄과 영험을 빌린 것이고, 제후가 이룩한 덕은 실로 천자의 풍속의 교화를 따른 것입니다. 고려 사람들은 중국에게 바다의 구석에 있는 제후[侯伯]의 나라일 뿐이지만 지금은 문물의 풍성함이 이와 같은 것은 대개 스스로 조금씩 연마하여 이룬 바이니 또한 성대하지 않습니까.[32] 비유하자면 해·달과 같은 삼진[33]은 원기를 빌려 대열을 이루는데, 그 빛남이 뚜렷하게 보이는 것은 곧 하늘의 밝음 때문입니다. 풀·나무와 같은 많은 보배는 원화(元化)에 의지하여 꽃피우는데, 그 무성한 꽃이 지는 것은 땅의 이치 때문입니다. 그런데 대저 그 나라에서 선비를 취하는 제도는 비록 송[本朝]을 규범으로 삼았지만 들은 것을 계승하고 옛 것을 쫓은 것이니, 작은 차이가 없을 수는 없습니다. 그곳에 있는 학생들은 매년 문선왕묘[34]에서 시험보고, 합격자는 공사[35]로 간주합니다. 선발된 진사[36]는 격년으로 한번 소속된 곳에서 시험하니, 합격하여 함께 공사[貢]가 된 자는 도합 350여 인입니다.[37] 이윽고 공사가 되면, 또 학사[38]에게 명하여 영은관[39]에서 전체 시험을 보게 하여 3·40인을 뽑는데, 갑·

을·병·정·무의 다섯 등급으로 나누어 급제를 하사하니[40] 대략 송의 성위의 제도[41]와 같습니다. 국왕이 친히 시관이 되면 이내 시·부·론 3제를 이용하고, 시정에 대한 책문은 하지 않으니 이는 비웃을 만합니다.[42] 이 밖에 또 제과[43]와 굉사[44]의 항목이 있는데, 비록 조문은 갖추었으나 항상 시행하지는 않습니다. 무릇 성률을 숭상하나 경학에 대해서 매우 잘하지는 못하니, 그들의 문장을 보면 당이 남긴 폐단과 비슷하다고 이릅니다.[45]

[註解]

1) 炎宋: 宋의 별칭이다. 송의 건국은 火德에 힘입었다고 여겨졌기 때문에 붙여졌다. 諸橋轍次, 1985, 「炎宋」, 『大漢和辭典』 7, 東京 : 大修館書店, 383쪽.

2) 炎宋肇興 …… 請爲藩臣: 고려와 宋의 조공·책봉 관계를 맺은 것을 언급한 구절이다. 이에 대해서는 『高麗圖經 역주(상)』, 59쪽 권2-2-(1)-13) 참조.

3) 觀國之光: 『周易』에 나오는 구절로, "나라의 빛남을 봄이니 왕에게 손님이 됨은 이롭다[觀國之光 利用賓于王]."의 일부를 인용한 것이다. 성군의 정치실적으로 상징되는 '光'이 골고루 미쳐 모든 사람들이 잘 사는 것을 설명한 부분이다.
『周易』 觀.
金碩鎭, 1997, 『大山 周易講解 : 上經』, 大有學堂, 253·257·258쪽.

4) 淳化: 宋 太宗의 연호로 990~994년 사이에 사용되었다.

5) 廷試: 宋의 황제가 친히 시험하는 것을 말하며, 殿試 혹은 御試라고도 한다. 송 太祖는 973년(송 개보 6)에 과거 절차의 마지막 단계로 황제가 친히 試題를 선정하고 臨軒策士하며 순위를 결정하는 제도를 마련하였다. 이는 황제 독재체제를 강화시켜주었으며 시험의 공정화를 도모하게 해주면서도 황제가 원하는 인재를 선발할 수 있게 해주었다.
John W. Chaffee, 1985, The Thorny Gates of Learning in Sung China: A Social History of Examinations, London : Cambridge Univ. Press ; 양종국 옮김, 2001, 「최상의 통치를 위해 : 송 초의 과거」, 『송대 중국인의 과거생활—배움의 가시밭길—』, 신서원, 95쪽.
裵淑姬, 2001, 「正奏名制의 實施와 官僚制」, 『宋代科擧制度와 官僚社會』, 三知社, 48~59쪽.

6) 賓貢: 중국에서 외국 학생들을 대상으로 치르는 과거를 말한다. 이에 대해서는 『高麗圖經 역주(상)』, 17·18쪽 권0-1-(2)-3) 참조.

7) 太宗皇帝: 939~997. 宋의 제2대 황제로 재위 기간은 22년(976~997)이다. 그에 대

해서는 『高麗圖經 역주(상)』, 60쪽 권2-2-(1)-17) 참조.

8) 王彬: 생몰년 미상. 『宋史』에는 그의 선조가 光州 固始—지금의 중국 河南省 信陽市 固始縣 일원— 출신이었으나 신라로 건너갔다고 되어 있다. 이후 그는 18세에 賓貢으로 宋의 太學에 입학하였으며, 992년(송 순화 3)에는 進士 급제하여 雍丘尉를 역임했다고 기록되어 있다. 『高麗史節要』에서는 王琳이라는 인물이 확인되는데 왕빈과 왕림은 같은 해에 급제했으며, 고려와 연고가 깊은 인물이라는 점에서 동일인으로 여겨진다. 한편, 서로 동일인이 아니라고 파악하는 견해도 있다.
『高麗史節要』 권2, 成宗 5년·11년 7월.
『宋史』 권304, 列傳63 王彬.
이기동, 2010, 「중국 진사과 및 제과에 합격한 한국인들」, 『한국사시민강좌』 46, 75쪽.

9) 崔罕: 생몰년 미상. 986년(송 옹희 3)에 宋의 國子監에 입학하고 992년(송 순화 3)에는 賓貢科에 합격한 뒤에 고려로 귀국하였다.
『高麗史節要』 권2, 成宗 5년·11년 7월.
『宋史』 권487, 列傳246 外國3 高麗 淳化 4년 2월.

10) 太宗皇帝 …… 用擢其數內王彬崔罕等進士及第: 宋 太宗 시기에 고려 학생들을 賓貢科에 급제시킨 사실을 말한다. 『宋史』와 『高麗史節要』에 의하면 986년(송 옹희 3, 고려 성종 5)에 고려에서 학생 崔罕과 王彬 등을 송으로 파견하여 國子監에 입학시켰으며, 이들이 992년(송 순화 3, 고려 성종 11)에는 송의 빈공과에 급제하고 進士가 되어 祕書省校書郎—秘書郎—을 제수받았다고 알려져 있다. 그러나 『高麗史』는 최한과 왕빈이 국자감에 입학한 시기를 980년(송 태평흥국 5, 고려 경종 5)으로, 빈공과에 급제한 시기를 986년으로 기술하여 사서 간에 차이가 있다.
『高麗史』 권74, 志28 選擧2 科目2 制科 景宗 5년.
『高麗史節要』 권2, 成宗 5년·11년 7월.
『宋史』 권487, 列傳246 外國3 高麗 雍熙 3년 10월.

11) 將仕郎: 宋의 文散官으로 종9품下에 해당한다. 이에 대해서는 『高麗圖經』 권24-15-6) 참조.

12) 祕書省校書郎: 宋의 궁중 장서를 관장하거나 天文과 曆數 및 祭祀의 祝文을 작성한 祕書省의 관직이다. 송의 비서성은 국초에 설치되었는데, 당시 직무는 三館·祕閣에 나누어 속해 있었다. 이후 1082년(송 원풍 5)에 새로운 관제를 적용하면서 삼관·비각의 일을 비서성으로 흡수하였다. 한편, 校書郎은 송 초기에 寄祿官이었으나 원풍 연간(송 신종, 1078~1085)의 개편으로 비서성에 속한 종8품 지위의 職事官으로 변화하였다.
『宋史』 권164, 志117 職官4 秘書省.

13) 治: 고려의 제6대 왕 成宗(960~997)을 말한다. 그에 대해서는 『高麗圖經 역주(상)』, 6)쪽 권2-2-(1)-20) 참조.

14) 神宗皇帝: 1048~1085. 宋의 제6대 황제로 재위기간은 19년(1067~1085)이다. 그에

대해서는 『高麗圖經 역주(상)』, 68쪽 권2-2-(2)-1) 참조.

15) 神宗皇帝 …… 以發天下蔽蒙: 宋 神宗代의 경서 편찬에 관한 구절이다. 신종대 王安石은 貢擧改革과 經術을 통일시키고, 新法의 개혁 기반으로도 삼기 위해 경전 주석 편찬을 진행하여 『詩經義』·『尙書義』·『周禮義』로 구성된 『三經新義』를 집필하였다. 주석 편찬의 방향성은 모든 경전에 대한 주석 전체가 일정한 방법론과 접근방식을 갖고 공유될 수 있게 하는 것이었다. 이후 송에서는 그가 작성한 『三經新義』가 학교 교육과 과거시험의 표준교재로 사용되었는데, 이로 인하여 漢代 이후에 나타난 전통적인 注疏學을 탈피하게 되었다. 한편, 왕안석의 『三經新義』는 고려로 유입되어 고려에서도 經義나 策論이 중시되는 경향을 보였다.

金諍, 1991, 『科擧制度與中國文化』, 上海 : 上海人民出版社 ; 김효민 옮김, 2003, 「송대 과거문화」, 『중국 과거 문화사』, 동아시아, 174·175쪽.

문철영, 2005, 「유학의 심성화 경향과 신유학 수용」, 『고려 유학사상의 새로운 모색』, 경세원, 36·37쪽.

閔丙禧, 2010, 「王安石에 있어서의 道와 字」, 『東洋史學研究』 110, 144~147쪽.

金炳辰, 2019, 「荊公新學與熙寧貢擧改革―以荊公新學對官學敎材變動的影響爲中心―」, 『中國史研究』 122, 56~61쪽.

16) 三上: 宋의 제8대 황제인 徽宗(1082~1135)을 말한다. 그에 대해서는 『高麗圖經』 권17-2-6) 참조.

17) 舍法: 宋의 國子監에서 시행되던 교육체제인 三舍制를 말한다. 이에 대해서는 『高麗圖經』 권16-3-5) 참조.

18) 又賜其來學子弟金端等科名以歸: 예종대 宋으로 유학한 이들에 대한 구절이다. 이에 대해서는 『高麗圖經 역주(상)』, 237쪽 권8-2-14) 참조. 한편, 金端에 대해서는 『高麗圖經 역주(상)』, 229쪽 권8-1-(2)-15) 참조.

19) 燕: 지금의 중국 河北省 북부와 遼寧省 서쪽 일원에 있던 국가이다. 이에 대해서는 『高麗圖經 역주(상)』, 28·29쪽 권1-2-(1)-5) 참조.

20) 韓: 지금의 중국 山西省과 河南省 일원에 있던 국가이다. 周 왕실의 東遷으로 晉이 3분할 될 때 독립하여 B.C.403년(진 열공 13)에 건국되었다. 法家 사상가로 알려진 申不害를 宰相으로 등용한 이후에는 국가가 부강했으나, 그가 사망하게 되자 국력이 크게 약화되었다. 이후 B.C.230년(진 시황 17)에 秦에 의해 멸망하였다. 『史記』 권45, 韓世家15.

이춘식, 2005, 앞의 책, 73·114·115쪽.

21) 齊: 지금의 중국 山東省 일원에 있던 국가이다. 齊는 원래 周 왕조 창업에 공이 컸던 姜族 출신의 太公望 呂尙이 分封된 중진 제후국이었다. 분봉 이후 황무지를 개간하고 주변 이적들을 포섭·정복하여 영토를 확장시켰는데, 襄公代에는 세력이 크게 신장되어 산동반도 전체를 석권하였다. 양공 사후에 잠시 세력이 약화되었으나, 齊 桓公이 즉위하자 管仲을 등용하여 春秋時代에 최초의 강국으로 부상하였다. 그러나 제 환공과 관중 사후에 내부 정치적 혼란과 주변국의 침입을 받아 세력이 크게 약화되었다. 이후 B.C.221년(진 시황 26)에 秦에 의해서 멸망

하였다.

『史記』 권32, 齊太公世家.

이춘식, 2005, 앞의 책, 76~78쪽.

22) 魯: 지금의 중국 山東省 일원에 있던 국가이다. 이에 대해서는 『高麗圖經 역주
(상)』, 121쪽 권4-1-6) 참조.

23) 臨川閣: 會慶殿 서쪽에 위치한 건물이다. 이에 대해서는 『高麗圖經 역주(상)』, 178·
179쪽 권6-4-1) 참조.

24) 淸燕閣: 慈和殿의 앞쪽에 있는 전각 중 하나로 淸讌閣이라고도 한다. 이에 대해서
는 『高麗圖經 역주(상)』, 143쪽 권5-2-9) 참조.

25) 經史子集四部之書: 書物의 분류 및 편목체재를 말한다. 이 체재는 司馬遷의 『史記』,
班固의 『漢書』 藝文志, 王儉의 『七志』, 阮孝緖의 『七錄』, 鄭默의 『中經簿』의 분류
법을 모두 참고하여 『隋書』 經籍志에서 經·史·子·集의 四部分類法으로 발전시킨
것이다. 이때 『隋書』 經籍志에서 經은 經書, 史는 歷史, 子는 儒家·道家·佛家 등으로
대표되는 諸子九家의 서적인 子類, 集은 시문집류를 말한다. 한편, 이 4부분류법은
『隋書』 경적지 이후로 서적을 분류하는 기준이 되어 지속적으로 사용되었다.

諸橋轍次, 1985, 「經史子集」, 『大漢和辭典』 8, 東京 : 大修館書店, 1076쪽.

姜順愛, 1993, 「中國의 史志書目에 대하여―六史藝文·經籍志의 分類 및 編目體載
比較를 중심으로―」, 『한국문헌정보학회지』 24, 299~306쪽.

安正熿, 2011, 「고대 중국의 목록서 수록 양상의 변화 고찰―《漢書·藝文志》 諸子
略과 《隋書·經籍志》 子部를 중심으로―」, 『中國文學』 68, 3~10쪽.

26) 國子監: 儒學의 교육을 담당했던 최고 기관이다. 이에 대해서는 『高麗圖經』 권
15-3-1) 참조.

27) 大學: 宋의 중앙 교육기관을 말한다. 송 仁宗代 國子監 내에 설치되었던 太學은
입학자격이 대단히 엄격하여 7품 이상 관원의 자손만이 취학할 수 있었다. 입학
자격을 갖춘 이들을 교육시켰으며, 졸업 후에는 州縣의 鄕試를 면제하고 직접 省
試에 참가할 수 있는 자격을 부여하였다. 태학생들은 적게는 100명 이하에서 많
게는 450명에 이르렀다. 재학 중 숙식을 무료로 제공하고 요역의 의무를 면제하
는 등의 다양한 특권이 학생들에게 제공되었다. 이후 1044년(송 경력 4)에 국자
감에서 독립하고자 하였으나, 이내 곧 다시 국자감에 편입되었다.

John W. Chaffee, 1985, 앞의 책 ; 양종국 옮김, 2001, 앞의 책, 70~72쪽.

Thomas H. C. Lee, 1985, Government education and examinations in Sung China, New
York : St. Martin's ; 姜吉仲 옮김, 2010, 「고등 교육」, 『宋代 官學敎育과 科擧』,
경상대학교 출판부, 69·72~75쪽.

襄淑姬, 2001, 앞의 책, 182·183쪽.

28) 月書季考: 太學生들에게 진행된 성적평가를 말한다. 月考는 宋代에 매달 태학생
의 학업을 평가하던 고사로 첫 번째 달은 經義를, 둘째 달은 論으로, 세 번째 달
은 策으로 시험을 치러 태학생들의 行藝에 대한 分數를 평가하였으며, 계절별로
주기적으로 반복하였다.

John W. Chaffee, 1985, 앞의 책 ; 양종국 옮김, 2001, 앞의 책, 27쪽.

Thomas H. C. Lee, 1985, 앞의 책 ; 姜吉仲 옮김, 2010, 앞의 책, 209쪽.

29) 諸生: 고려의 중앙교육기관인 國子監에서 수학하는 학생을 말한다. 이에 대해서는『高麗圖經』권16-3-4) 참고.

30) 旣稍長 …… 講習于寺觀: 寺院과 道觀에서 儒學과 詩文 교육이 이루어졌음을 언급한 구절이다. 고려에 여름 공부의 장소로 사원이 이용된 대표적인 사례로는 개경의 歸法寺에서 崔沖의 九齋夏課가 열린 것을 꼽을 수 있는데, 여름마다 모여 가을에 이르기까지 사원에 우거하면서 더위를 피해 공부를 하였다. 한편, 본문의 내용으로 보아 도관 역시 여름 공부의 장소로도 이용된 것으로 보인다.

『高麗史』권95, 列傳8 崔沖.

김창현, 2011,「고려 왕실의 원찰과 진전사원」,『고려의 불교와 상도 개경』, 신서원, 399쪽.

31) 下而閭閻陋巷 …… 亦從鄕先生學: 당시 지방 교육이 활발하게 이루어지고 있었음을 표현한 구절이다. 고려에서는 성종대부터 지방 교육 진흥책을 실시하였으며, 예종대에도 지방 교육 진흥에 대한 큰 관심을 보였다. 그 결과 인종대에 지방 관학교육이 전대에 비해 크게 확대되고 발전되었으며, 鄕校가 없던 상당수의 지역까지도 향교가 설치되거나 재정비되었던 것으로 이해된다.

朴贊洙, 1983,「高麗時代의 鄕校」,『韓國史研究』42 ; 2001,『高麗時代 敎育制度史研究』, 景仁文化社, 192~194쪽.

申千湜, 1983,「高麗前期 學制 成立과 敎育理念」,『高麗敎育制度史研究』, 螢雪出版社 ; 1995,『高麗敎育史研究』, 景仁文化社, 47~53쪽.

宋春永, 1987,「高麗時代 鄕校의 變遷史的 考察」,『歷史敎育』41 ; 1998,『高麗時代 雜學敎育研究』, 螢雪出版社, 331·332쪽.

32) 麗人之於中國 …… 不亦偉乎: 고려가 일찍부터 중원과 통교하여 다른 오랑캐와 달리 교화되었음을 나타내는 구절이다. 이에 대해서는『高麗圖經 역주(상)』, 250쪽 권9-1-1) 참조.

33) 三辰: 해·달·별을 의미하는 단어이다.

諸橋轍次, 1984,「三辰」,『大漢和辭典』1, 東京 : 大修館書店, 152쪽.

34) 文宣王廟: 文廟라고도 한다. 이에 대해서는『高麗圖經』권16-3-3) 참조.

35) 貢士: 國子監試에 응시할 수 있는 자격을 갖춘 이들로 鄕貢試에서 선발된 합격자이거나, 중앙의 일반 國學生과 私學 12徒生 가운데 일정 과정을 거쳐 선발된 이들을 말한다.

許興植, 1981,「高麗科擧의 應試資格」,『高麗科擧制度史研究』, 一潮閣 ; 2005,『고려의 과거제도』, 일조각, 122쪽.

朴龍雲, 1988,「高麗時代 科擧의 考試와 體系에 대한 檢討」,『韓國史研究』61·62合 ; 1990,『高麗時代 蔭敍制와 科擧制 研究』, 一志社, 190~195쪽.

朴龍雲, 2012,『『高麗史』選擧志 譯註』, 景仁文化社, 42·68쪽.

36) 進士: 開城試 혹은 界首官試의 합격자를 말하며, 國子監試의 합격자로 보기도 한

다. 이에 대해서는 『高麗圖經』 권19-2-1) 참조.

37) 合格偕貢者 合三百五十餘人: 國子監試에 응시한 인원을 말한다. 『高麗圖經』 권19,
進士條에서는 400인이라 하였으며, 『東文選』에 실린 金富軾이 작성한 교서에서
는 1107년(예종 2)에 600여 인이 응시하였다고 한다. 이에 응시 인원이 고정되었
던 것은 아니라고 판단된다.
　『東文選』 권23, 敎書 「及第放牓敎書」.
　許興植, 1981, 앞의 책 ; 2005, 앞의 책, 86쪽.
　朴龍雲, 1988, 앞의 논문 ; 1990, 앞의 책, 198쪽.

38) 學士: 과거의 고시관인 知貢擧와 同知貢擧를 가리킨다. 지공거는 學士라는 명칭
으로도 불렸으며, 과거의 시험문제를 출제하고 감독하는 임무를 담당하여 인재
를 선발하는 역할을 하였다.
　『高麗史』 권74, 志28 選擧2 科目2 試官 忠肅王 17년.
　崔惠淑, 1987, 「高麗時代 知貢擧에 대한 硏究」, 『崔永禧先生華甲紀念 韓國史學論叢』,
　　　探求堂, 197·198쪽.

39) 迎恩館: 遼와 金의 사신을 접대하기 위한 객관이다. 이에 대해서는 『高麗圖經』 권
27-12-2) 참조.

40) 分甲乙丙丁戊五等 賜第: 과거 급제자에 대한 성적 구분을 언급한 구절이다. 고려
에서는 시험의 성적에 따라 급제등급을 구분하였다. 가령, 가장 우수한 성적을
받은 이가 甲科及第者이며, 다음이 乙科, 그 다음이 丙科·同進士의 순이었다. 고
려에서는 광종대 갑과 급제자만을 배출하다가, 977년(경종 2)에 을과를 추가하
였으며, 이후 984년(성종 3)과 993년에 각각 병과와 동진사를 추가하였다. 1026
년(현종 17)을 기점으로 갑과의 급제 사례는 확인되지 않아 이때를 기점으로 갑
과가 소멸한 것으로 이해한다. 한편, 서긍이 사행했을 시기에 고려에서는 을과·
병과·동진사로 3등급으로 운영했기에 본문의 5등급과는 다소 차이가 있다.
　許興植, 1981, 앞의 책 ; 2005, 앞의 책, 312·313쪽.
　朴龍雲, 1990, 앞의 책, 261~271쪽.

41) 省闈之制: 宋代 禮部에서 주관한 進士試를 말한다. 송의 과거제도는 크게 지방에
서 주관하는 解試, 예부에서 주관하는 省試, 황제가 직접 시행하는 殿試의 3층
체제로 구성되어 있었다. 본문의 省闈의 제도는 3층 체제 중에서 성시에 해당한
다. 성시의 경우는 太學에서 內舍, 上舍生 등의 일부 특별한 경우를 제외하고는
모두 거쳐야만 했다.
　檀國大學校 東洋學硏究所, 2002, 「省闈」, 『漢韓大辭典』 10, 檀國大學校出版部, 77쪽.
　Thomas H. C. Lee, 1985, 앞의 책 ; 姜吉仲 옮김, 2010, 앞의 책, 166·167쪽.
　裵淑姬, 2001, 앞의 책, 46~49·183·184쪽.

42) 至王親試官之 …… 此其可嗤也: 고려의 覆試와 그 시험 과목에 관해 서술한 구절
이다. 고려의 복시와 비견되는 송의 殿試에서는 策文이 매우 중요했다. 그러나
고려의 복시에서는 송과는 달리 詩·賦로만 시험을 치렀을 뿐 책문이 시험과목으
로 활용되지 않았다. 이를 두고 서긍은 송의 전시와 달리 책문이 시험과목으로

없었던 고려의 복시에 대해서 비판을 가하면서, 복시의 시험과목에 시·부와 함
께 論이 이용된다고 하였다. 하지만 복시에서 논이 시험과목으로 사용된 적은
없어 사실과는 차이가 있다. 한편, 복시에 대해서는『高麗圖經 역주(상)』, 160쪽
권6-3-(1)-4) 참조.
裵淑姬, 2001, 앞의 책, 51~54쪽.
박수찬, 2017, 「고려전기 복시(覆試)의 시행과 기능」,『역사와 현실』106, 231쪽.

43) 制科: 制擧라고도 한다. 황제가 특별한 인재 발탁을 위해 임시로 詔令을 내려 시
험을 실시한 관리 선발 방법이다. 唐代 制科에는 평민이나 과거 급제자 또는 전·
현직 관원도 참가할 수 있었다. 시험은 주로 策·論으로 하였으며, 文辭를 중시하
는 과목에서는 詩·賦와 雜文이 추가되었다. 宋代에도 제과는 유지되었으나 당대
보다 자주 시행되지 않았으며, 주로 현직 관원이 승진을 위해 응시했다는 특징
이 있다.
『高麗史』권74, 志28 選擧2 科目2 制科.
諸橋轍次, 1984, 「制科」,『大漢和辭典』2, 東京 : 大修館書店, 254쪽.
金諍, 1991, 앞의 책 ; 김효민 옮김, 2003, 앞의 책, 123·124·187쪽
하원수, 2021, 「서장」,『과거제도 형성사—황제와 사인士人들의 줄다리기—』, 성
    균관대학교 출판부, 30쪽.

44) 宏辭: 唐代 관리를 선발하는 방법 중 하나로, 정식 명칭은 博學宏辭科이다. 당대
進士 중 文辭가 탁월한 士人을 선발하는 것으로 詩·賦·論 등의 문장을 시험 보았
다. 진사과의 문학적 소양 평가와 크게 다르지 않았으며, 한 번에 소수의 인원만
선발하여 즉시 관직을 수여하였다. 한편,『東文選』에는 宏辭拔萃之科라는 표현이
등장하여 고려에도 당과 비슷한 시험 방법이 간혹 시행되었던 것으로 여겨진다.
『東文選』권46, 啓「賀李狀元【眉叟】啓」.
諸橋轍次, 1984, 「宏辭」,『大漢和辭典』3, 東京 : 大修館書店, 951쪽.
金諍, 1991, 앞의 책 ; 김효민 옮김, 2003, 앞의 책, 109·110쪽.
하원수, 2021, 앞의 책, 379쪽.

45) 乃用詩賦論三題 …… 髣髴唐之餘弊云: 고려에서 經世濟民의 실용적인 策·論이 아
닌 詩·賦와 같은 詞章을 중시하는 사회적 분위기가 형성되었음을 나타내는 구절
이다. 이러한 분위기가 형성된 이유로는 몇 가지가 존재한다. 먼저 12세기 초·중
반에 고려에서는 문벌의 자제를 주관적으로 평가하여 상위에 급제시키고자 하
는 이유에서 사장을 중시하는 분위기가 형성되었다. 또한 北宋代 시·부의 병폐
를 없애기 위해 책·론을 먼저 시험보고 終場에서 시·부를 시험보았던 '逐場去留
之法'의 영향도 고려에 수용되었다. 그 결과 고려에서는 시·부와 같은 사장을 중
시하는 사회적 분위기가 만들어졌으며, 고려 초에 初場에서 시험을 치던 시·부
가 예종과 인종대를 중심으로 종장에 부과되었다. 한편, 원래 종장에 위치했던
책과 논은 시험과목에서 사라지진 않았으나 中場에 부과되어 그 중요성이 약화
되었다.
許興植, 1976, 「高麗 禮部試의 諸業別 出題와 及第者의 進出」,『白山學報』20 ;

　　　1981, 앞의 책 ; 2005, 앞의 책, 134쪽.
朴龍雲, 1990, 앞의 책, 255·256쪽.
문철영, 2005, 앞의 책, 224~227쪽.
박수찬, 2017, 앞의 논문, 235·236쪽.

40-4

[原文]

樂律

大[66]樂, 與天地同和, 而五聲之發, 原於五行, 八音之辨, 生於八風. 淸濁高下, 皆出於一氣, 而手舞足蹈, 有不期然而然者. 則蕢桴土鼓, 皆足以寓其聲, 而吐其和. 故自葛天氏之時, 牛尾之歌, 已見於載籍. 後世聖人, 作樂崇德, 而以金石土革匏木絲竹之物, 制爲鐘磬鞀鼓塤簴笙竽柷敔琴瑟管簫之器. 以作以止, 以詠以間[67], 以合天地之和, 而致神祇[68]祖考之格. 至於夷[69]蠻[70]戎[71]狄[72]之音, 亦用合奏, 有鞮師, 以掌其樂, 有旄人, 以陳其舞, 有韎韐[73]氏, 以合其歌龡. 凡以與衆樂樂, 而樂以天下, 初無間[74]於夷[75]夏[76], 則兼收博采, 所以示吾德之廣運也. 詩云以雅以南, 以籥不

---

66) 四 : 夫.

67) 知 : 間.

68) 知 : 祇. 원문은 示로 되어 있으나, 의미상 '祇'가 옳다고 생각되어 교감 번역하였다.

69) 四 : 寄.

70) 四 : 象.

71) 四 : 鞮.

72) 四 : 譯.

73) 四 : 韐. 원문은 屨로 되어 있으나, 의미상 '韐'가 옳다고 생각되어 교감 번역하였다.

74) 知 : 間.

75) 四 : 中.

76) 四 : 外.

僭[77], 說者, 謂雅爲夏樂, 南爲夷樂. 二者合奏, 以成和而協天地之中聲, 然後爲備樂. 然四方異域, 飲食異和, 衣服異制, 器用異宜, 則樂亦不得而同. 故東方曰靺, 南方曰任, 西方曰侏離, 北方曰禁, 各有其義, 而不可以混淆. 若麗人, 則東夷之國, 樂其本於靺乎. 且三代之制, 商曰大濩, 周曰大武, 箕子以商之裔, 而受周封於朝鮮, 則革其靺樂之陋者, 當有濩武之遺音. 賡襲制作, 經今千載, 調聲應律, 宜[78]有可采者. 熙寧中, 王徽, 嘗奏請樂工, 詔往其國, 數年乃還. 後人使來, 必齎貨, 奉工技爲師, 每遣就館敎之. 比年入貢, 又請賜大晟雅樂, 及請賜燕樂, 詔皆從之. 故樂舞益盛, 可以觀聽. 今其樂, 有兩部, 左曰唐樂, 中國之音, 右曰鄕樂, 蓋夷音也. 其中國之音, 樂器, 皆中國之制. 惟其鄕樂, 有鼓版笙竽觱篥[79]空侯五絃琴琵琶箏笛, 而形制差異. 瑟柱, 膠而不移. 又有簫管, 長二尺餘, 謂之胡琴, 俯身先吹之, 以起衆聲. 若女伎, 則謂之下樂, 凡三等. 大樂司, 二百六十人, 王所常用. 次管絃坊, 一百七十人, 次京市司, 三百餘人. 亦有柘枝抛毬之藝, 其百戲, 數百人, 聞皆敏捷特甚. 然以時王俟衣制未終, 工人執其器, 而不作, 聲律之度, 不可得而考也.

[譯文]
악률[1]

대악은 천지와 더불어 조화를 이루고[2] 오성의 발생은 오행에서 근원하며,[3] 팔음의 분별은 팔풍에서 생겨납니다.[4] 맑음과 탁함, 높음과 낮음은 모두 한 기(氣)에서 나오는 것이니 손발이 움직이는 것[手舞足蹈]은 그렇게 하려고 하지 않는데도 그렇게 됨이 있습니다. 곧 괴부와 토고[5]로 모두 그 소리를 담아 화음을 드러내기에 충분합니다. 그러므로 갈천씨

---

77) 知 四 : 僭. 원문은 僭으로 되어 있으나, 의미상 '僭'이 옳다고 생각되어 교감 번역하였다.

78) 四 : 雖.

79) 四 : 栗.

의 때부터 쇠꼬리의 노래가 이미 서책에서 보입니다.[6] 후세에 성인이 음악을 만들어 덕을 높이고 쇠·돌·흙·가죽·박·나무·실·대나무의 물건으로 종[7]·경[8]·도고[9]·훈[10]·지[11]·생·우[12]·축[13]·어[14]·금[15]·슬[16]·관적[17]의 악기를 제작했습니다.[18] (이를) 연주하고 멈추고, 읊조리고 쉬어 천지의 조화에 합치시키니 신기(神祇)·조상과 통하기에 이르렀습니다. 이·만·융·적[19]의 음악에 이르러서도 역시 합주를 하는데, 말사[20]가 있어 그 음악을 관장하고 모인[21]이 있어 그 춤을 펼치며, 제루씨[22]가 있어 그 노래와 연주를 맞춥니다. 무릇 무리와 함께 음악을 즐겨서 천하를 즐겁게 하기에 처음부터 이와 중국[夏]의 구별이 없으니, 곧 아울러 받아들이고 널리 채택함은 우리 덕이 널리 퍼져간다는 것을 보여주려는 것입니다.[23] 『시경』[24]에 "아(雅)를 연주하고 남(南)을 연주하고, 약(籥)을 연주해도 어긋나지 않는다.[25]"라고 하였고, 해설하는 이들이 "아는 중국의 음악이고, 남은 이의 음악이다.[26]"라고 하였습니다. 두 가지를 합주하면 화합을 이루어 천지의 중성[27]에 조화를 이루고, 그러한 후에 음악을 갖추게 됩니다. 그러나 사방의 다른 지역에서는 음식이 조화를 달리하고, 의복이 제도를 달리하며, 그릇이 방법[宜]을 달리하기에 곧 음악 또한 같을 수 없습니다. 그러므로 동방을 말, 남방을 임, 서방을 주리, 북방을 금이라고 하니,[28] 각각 그 뜻을 가지고 있어 뒤섞을 수 없습니다. 고려 사람들은 곧 동이(東夷)의 나라로 음악은 말에 근본을 두었습니다. 또 삼대[29]의 제도는 상은 대호[30]라 하고, 주는 대무[31]라 하며, 기자는 상의 후예로서 주에 의해 조선에 봉함을 받아서, 그 말악(靺樂)의 비루한 것을 고치니 마땅히 호와 무의 남겨진 음이 있었습니다. 계속해서 제작을 이어오기가 지금 1,000년이 지났음에도 소리가 고르며 악률이 맞으니 마땅히 취할 만한 것이 있습니다. 희녕[32] 연간에 왕휘(王徽, 문종)[33]가 일찍이 악공을 보내주기를 청하자 조서를 내려 그 나라에 가게 했는데,

수년 만에 비로소 돌아왔습니다.[34] 그 후 사신이 오면 반드시 재물을 가져와 악사[工技]를 받들어 스승으로 삼았고, 매번 관사에 나아가서 이를 가르치게 하였습니다. 근래에 공물을 바치며 또 대성아악[35]을 내려주기를 청했고, 더불어 연악[36]을 내려주기를 청했으니, 조서를 내려 모두 이를 들어주었습니다.[37] 그러므로 음악과 춤이 더욱 성대해져 보고 들을 만합니다. 지금 그 음악은 두 부(部)가 있는데 좌부는 당악이라 하여 중국의 음악이며 우부는 향악이라 하는데 대개 동이[夷]의 음악입니다.[38] 그 중국 음과 악기는 모두 중국 제도입니다. 다만 그 향악은 북·판[39]·생·우[40]·피리·공후[41]·오현금[42]·비파·쟁[43]·적[44]이 있었는데, 형태와 제도가 다릅니다. 슬의 기러기발은 단단히 붙어 움직이지 않습니다. 또 소관이 있는데 길이는 2자 남짓으로 호금이라고도 하며, 몸을 굽혀서 먼저 그것을 불어 여러 (악기의) 소리를 들어서 일으킵니다.[45] 여기[46]는 곧 하악(下樂)이라고 하며, 무릇 3등급입니다. 대악사[47]는 260인이며 왕이 항상 부립니다. 다음으로 관현방[48]은 170인이며 그 다음으로 경시사[49]는 300여 인입니다. 또한 자지[50]와 포구[51]의 재주가 있고, 그 백희[52]는 수백 인으로, 듣기에는 모두 민첩하기가 특히 대단하다고 합니다. 그러나 그때 왕우(王俁, 예종)[53]의 복제가 끝나지 않은 기간이어서, 악공[工人]들은 악기를 잡았으나 연주하지 않으니, 성률의 절도를 헤아릴 수 없었습니다.[54]

[註解]

1) 樂律: 音樂에 대한 규율을 뜻한다. 音은 소리가 서로 응해서 생기는 것이고, 樂은 음을 엮어 노래·연주하는 것이다. 이 모든 것들은 사람의 마음에서 유래되는데, 난세여서 감정이 어지러우면 음악에 그것이 드러난다고 보았다. 때문에 군주는 樂律을 제정하여 사람의 감정을 절제하고 조화롭게 하여 正道를 이루려고 했다. 또, 악률의 12율에서 유래한 6율은 모든 일의 근본으로 여겨지기도 했다. 『禮記』 樂記.

『史記』 권24, 樂書2.

『史記』 권25, 律書3.

諸橋轍次, 1985, 「樂律」, 『大漢和辭典』 6, 東京 : 大修館書店, 516쪽.

2) 大樂 與天地同和: 『禮記』에 나오는 구절로, "대악은 천지와 함께 화합하고 대례는 천지와 함께 절제한다. 화합한 이유로 모든 물건에 잃음이 없고 절제한 이유로 천지에 제사지낸다[大樂與天地同和 大禮與天地同節 和故百物不失 節故祀天祭地]." 의 일부를 인용한 것이다. 樂의 중요성을 강조하기 위한 구절로 여겨진다.

『禮記』 樂記.

3) 五聲之發 原於五行: 五聲과 五行의 관계에 대한 구절이다. 오행은 각종 현상의 원리에 대한 설명으로, 土·金·木·火·水이다. 이는 오성을 비롯한 각종 현상에 대응되는데, 이에 대해서는 『高麗圖經 역주(상)』, 285쪽 권11-9-2) 참조. 그중 오성은 宮 商·角·徵·羽의 5음을 뜻하며, 각각 土·金·木·火·水에 대응되었다.

張師勛, 1995a, 「五聲」, 『國樂大事典』, 세광음악출판사, 536쪽.

4) 八音之辨 生於八風: 八音과 八風의 관계에 대한 내용이다. 팔음은 金·石·絲·竹·匏 土·革·木의 8가지 재료에 따른 악기분류법이며, 팔풍은 여덟 방향에서 불어오는 바람이다. 팔음의 분별은 팔풍에서 생기는데, 閶闔風에 金, 不周風에 石, 景風에 絲, 明庶風에 竹, 融風에 匏, 祺風에 土, 廣莫風에 革, 淸明風에 木이 대응한다. 또한 팔음과 팔풍의 배합은 8卦와도 관련이 있어, 각종 현상과도 연관된다.

『樂書』 禮記訓義 樂記.

『周禮』 春官宗伯.

張師勛, 1995a, 「八音」, 『國樂大事典』, 세광음악출판사, 777쪽.

5) 蕢桴土鼓: 蕢桴는 흙덩이를 풀로 묶어 만든 북채이고, 土鼓는 기와나 흙을 다져 양면에 가죽을 붙여 만든 북이다. 葦籥와 함께 堯의 樂으로 여겨졌다.

『周禮』 春官宗伯 籥章.

『禮記』 明堂.

諸橋轍次, 1984, 「土鼓」, 『大漢和辭典』 3, 東京 : 大修館書店, 111·112쪽.

諸橋轍次, 1985, 「蕢桴」, 『大漢和辭典』 9, 東京 : 大修館書店, 911쪽.

6) 故自葛天氏之時 …… 已見於載籍: 葛天氏의 시기부터 쇠꼬리의 노래가 전해진다는 것을 언급한 구절이다. 葛天氏는 上古 時代에 존재했던 帝王 또는 씨족이다. 『呂氏春秋』에 의하면, 세 명의 사람이 쇠꼬리를 잡고 발을 차며 8곡을 노래하던 것이 갈천씨의 음악이라고 전한다. 이때 8곡은 載民·玄鳥·遂草木·奮五穀·敬天常·達帝功·依地德·總萬物之極인데, 대체로 자연물에 대한 찬양과 풍요·번영을 기원하는 내용이 담겨있다.

『呂氏春秋』 권5, 古樂.

『史記』 권117, 司馬相如列傳 子虛賦.

諸橋轍次, 1985, 「葛天氏」, 『大漢和辭典』 9, 東京 : 大修館書店, 787쪽.

楊蔭瀏, 1981, 『中國古代音樂史稿』, 北京 : 人民音樂出版社 ; 이창숙 옮김, 1999, 「서주·춘추전국 시대」, 『중국고대음악사―상고 시대부터 송대까지―』, 솔, 24·25쪽.

7) 鐘: 악기의 한 종류이다. 구리나 철로 만들며 모양의 차이에 따라 걸어 놓고 치기도 하며, 나무 걸이에 세워 놓고 치거나 손으로 들고 치는 타악기이다. 八音에서는 金에 해당한다. 한편, 본문에서 언급된 중국의 악기들의 이름은 음가를 그대로 사용하였다.
楊蔭瀏, 1981, 앞의 책 ; 이창숙 옮김, 1999, 앞의 책, 53쪽.
薛藝兵, 2003, 「敲奏體鳴樂器」, 『中國樂器志 : 體鳴卷』, 北京 : 人民音樂出版社, 146쪽.

8) 磬: 악기의 한 종류이다. 돌이나 옥으로 만들며 대에 매달아 망치로 쳐서 연주하는 타악기이다. 八音에서 石에 해당한다.
『舊唐書』 권29, 志9 音樂2 八音之屬.
楊蔭瀏, 1981, 앞의 책 ; 이창숙 옮김, 1999, 앞의 책, 51쪽.
薛藝兵, 2003, 앞의 책, 72쪽.

9) 鞉鼓: 악기의 한 종류이다. 나무통에 가죽을 씌우고 두드려 연주하는 타악기이다. 八音에서 革에 해당한다.
『舊唐書』 권29, 志9 音樂2 八音之屬.
楊蔭瀏, 1981, 앞의 책 ; 이창숙 옮김, 1999, 앞의 책, 49쪽.

10) 塤: 악기의 한 종류이다. 흙으로 만들며 거위알과 같이 생겼고, 안공을 뚫고 불어서 11가지 소리를 연주하는 취악기이다. 八音에서 土에 해당한다.
『舊唐書』 권29, 志9 音樂2 八音之屬.
楊蔭瀏, 1981, 앞의 책 ; 이창숙 옮김, 1999, 앞의 책, 54·55쪽.

11) 籈: 악기의 한 종류이다. 멧대추나무의 과실과 같이 생겼고, 부는 구멍에 부리가 있는 취악기이다.
『舊唐書』 권29, 志9 音樂2 八音之屬.

12) 笙竽: 악기의 한 종류이다. 옻칠한 匏 위에 나열된 竹管을 꽂고 구멍을 통해 소리를 내는 관악기이다. 죽관의 수에 따라서 악기의 명칭이 구분되었는데, 竽의 경우에는 36개의 죽관으로 구성되었다. 春秋·戰國時代에 笙과 우는 모든 소리의 우두머리 역할을 하여, 이 시기의 가장 중요한 악기로 여겨졌다. 八音에서 匏에 해당한다.
『舊唐書』 권29, 志9 音樂2 八音之屬.
楊蔭瀏, 1981, 앞의 책 ; 이창숙 옮김, 1999, 앞의 책, 146쪽.

13) 柷: 악기의 한 종류로 椌이라고도 한다. 음악의 시작을 알리는 타악기이다. 敔와 함께 주로 雅樂에서 사용되었으며, 八音에서 木에 해당한다.
『舊唐書』 권29, 志9 音樂2 八音之屬.
薛藝兵, 2003, 앞의 책, 173·174쪽.

14) 敔: 악기의 한 종류로 楬이라고도 한다. 음악의 시작을 알리는 타악기이다. 柷과 함께 주로 雅樂에서 사용되었으며, 八音에서 木에 해당한다.
『舊唐書』 권29, 志9 音樂2 八音之屬.
薛藝兵, 2003, 앞의 책, 210쪽.

15) 琴: 악기의 한 종류이다. 按音을 이용해 진동하는 현의 길이를 바꾸어 연주하는

현악기이다. 八音에서 絲에 해당한다.

『舊唐書』 권29, 志9 音樂2 八音之屬.

楊蔭瀏, 1981, 앞의 책 ; 이창숙 옮김, 1999, 앞의 책, 77쪽.

16) 瑟: 악기의 한 종류이다. 1현에 한 음씩 散聲을 내어 연주하는 현악기이다. 八音에서 絲에 해당한다.

『舊唐書』 권29, 志9 音樂2 八音之屬.

楊蔭瀏, 1981, 앞의 책 ; 이창숙 옮김, 1999, 앞의 책, 77쪽.

17) 管簽: 악기의 한 종류로 簽의 일종이라 여겨진다. 적은 後漢 이후로는 5개의 구멍이 있던 악기였으나, 宋代에 이르러서는 앞에 5개, 뒤에 1개의 구멍이 생긴 세로로 부는 취악기를 가리킨다. 八音에서 竹에 해당한다.

『舊唐書』 권29, 志9 音樂2 八音之屬.

張師勛, 1995b, 「管樂器」, 『韓國樂器大觀』, 서울大學校 出版部, 31쪽.

18) 後世聖人 …… 制爲鐘磬鞉鼓塤簾笙竽柷敔琴瑟管簽之器: 악기 제작의 8가지 재료인 金·石·絲·竹·匏·土·革·木 곧 八音으로 여러 가지 악기를 만들었음을 의미하는 구절이다. 8가지 재료에 따라 악기를 만들었기 때문에 서로 대응되는데, 金聲은 鐘, 石聲은 磬, 絲聲은 琴·瑟, 竹聲은 管簽, 匏聲은 笙·竽, 土聲은 塤·簾, 革聲은 鞉·鼓, 木聲은 柷·敔에 해당한다.

『樂書』 권9, 禮記訓義 樂記.

『舊唐書』 권29, 志9 音樂2.

19) 夷蠻戎狄: 중국 주변의 四方異族을 말한다. 이에 대해서는 『高麗圖經 역주(상)』, 13쪽 권0-1-(1)-9) 참조.

20) 鞮師: 周代의 관직으로 鞮樂의 교육을 관장하였으며, 鞮師라고도 한다. 下士 2인, 府 1인, 史 1인, 舞者 16인, 徒 40인이 속했다. 제사할 때면 그 屬官과 함께 춤을 추었다.

『周禮』 春官宗伯 鞮師.

21) 旄人: 周代의 관직으로 舞散樂과 舞夷樂의 교육을 관장하였다. 下士 4인, 무수한 舞者, 府 2인, 史 2인, 胥 2인, 徒 20인이 속했다. 사방의 舞仕가 배속되었고, 제사와 빈객 접대 시에 燕樂에 맞춰 춤을 추었다.

『周禮』 春官宗伯 旄人.

22) 鞮鞻氏: 周代의 관직으로 四夷의 음악과 그 노래를 관장하였다. 下士 4인, 府 1인, 史 1인, 胥 2인, 徒 20인이 속했다. 제사와 연회에서 악기를 연주하고 노래를 불렀다.

『周禮』 春官宗伯 鞮鞻氏.

23) 則兼收博采 所以示吾德之廣運也: 중국과 주변 지역에서 문화 교류가 이루어지고 있었음을 뜻한다. 周代에는 제사와 향연에 외국 음악과 악기를 들여와 연주했으며, 담당 관서와 관직을 운영했다. B.C.10세기에는 중국의 음악을 주변 지역으로 수출하여 영향을 미쳤을 것으로 추정된다.

楊蔭瀏, 1981, 앞의 책 ; 이창숙 옮김, 1999, 앞의 책, 74~76쪽.

24) 詩:『詩經』을 뜻한다. 이에 대해서는『高麗圖經』권15-1-1) 참조.

25) 詩云以雅以南 以籥不僭: 동일한 내용이『詩經』에 "雅를 연주하고 南을 연주하고
籥을 연주해도 어긋나지 않는다[以雅以南 以籥不僭]"라고 전한다.
『詩經』小雅 谷風之什 鼓鍾.

26) 說者 …… 南爲夷樂:『詩經』은 다양한 인물들에 의해 주석이 붙여졌는데, 대표적
으로 後漢의 鄭玄이 注를 작성한 것에 다시 唐代 孔穎達이 疏를 달았던『毛詩注
疏』가 있다. 하지만 본문과 동일한 내용은 확인되지 않는다. 다만, 雅와 南은 각
각『詩經』의 편목인 大雅·小雅와 周南·召南을 뜻한다. 大雅는 조회악, 小雅는 연
회악의 하나이며, 周南은 周와 남방 제후국의, 召南은 제후 召公奭이 다스리던
지역의 노래이다.
『毛詩注疏』國風 周南·召南.
『毛詩注疏』小雅.
『毛詩注疏』大雅.
張師勛, 1995a,「대아」·「소아」·「주남」·「소남」,『國樂大事典』, 세광음악출판사, 229·
　　422·424·695쪽.

27) 中聲: 中和의 소리를 뜻한다.
諸橋轍次, 1984,「中聲」,『大漢和辭典』1, 東京 : 大修館書店, 305쪽.
張師勛, 1995a,「중성」,『國樂大事典』, 세광음악출판사, 703쪽.

28) 故東方曰靺 …… 北方曰禁: 동일한 내용이『周禮注疏』鄭玄 注에 "동방을 말, 남방
을 임, 서방을 주리, 북방을 금이라 한다[東方曰靺 南方曰任 西方曰侏離 北方曰
禁]."라고 전한다.
『周禮注疏』鞮鞻氏 注.

29) 三代: 중국의 고대 국가인 夏·商·周를 말한다. 하에 대해서는『高麗圖經』권
16-1-3) 참조. 상에 대해서는『高麗圖經 역주(상)』, 192쪽 권7-1-12) 참조. 주에 대
해서는『高麗圖經』권16-1-6) 참조.

30) 大濩: 湯의 樂으로, 탕이 夏의 桀을 정벌한 공훈을 기념하였다. 黃帝의 악인 雲門·
堯의 악인 咸池·舜의 악인 大韶·禹의 악인 大夏·武의 악인 大武와 함께 중국 황
제 이후 6대 음악을 구성한다.
『周禮』春官宗伯 大司樂.
『莊子』天下.
『墨子』三辯.
張師勛, 1995a,「六樂」,『國樂大事典』, 세광음악출판사, 574쪽.
楊蔭瀏, 1981, 앞의 책 ; 이창숙 옮김, 1999, 앞의 책, 45쪽.

31) 大武: 武의 樂으로, 商의 紂를 정벌하는 군사 행동을 묘사하였다. 黃帝의 악인 雲
門·堯의 악인 咸池·舜의 악인 大韶·禹의 악인 大夏·湯의 악인 大濩와 함께 중국
황제 이후 6대 음악을 구성한다.
『周禮』春官宗伯 大司樂.
張師勛, 1995a,「六樂」,『國樂大事典』, 세광음악출판사, 574쪽.

楊蔭瀏, 1981, 앞의 책 ; 이창숙 옮김, 1999, 앞의 책, 62·63쪽.

32) 熙寧: 宋 神宗의 연호로 1068~1077년 사이에 사용되었다.

33) 三徽: 고려의 제11대 왕 文宗(1019~1083)이다. 그에 대해서는『高麗圖經 역주(상)』,
64쪽 권2-2-(1)-43) 참조.

34) 王徽 …… 數年乃還: 宋의 樂工이 고려를 방문했음을 뜻하는 구절이다.『樂書』에 의
하면, 문종이 원풍 연간(송 신종, 1078~1085)에 송에 사신을 보내 악공을 구한 사실
이 전해진다. 한편, 본문의 내용을 통해 원풍 연간뿐만 아니라 희녕 연간(송 신종,
1068~1077)에도 문종이 송에 사신을 보내 악공을 구했다는 점을 파악할 수 있다.
『樂書』 권158, 高麗.
宋芳松, 1992,「高麗 唐樂의 音樂史的 照明」,『高麗音樂史硏究』, 一志社 ; 2002,『한
국중세사회의 음악문화: 고려시대편』, 민속원, 171~173쪽.

35) 大晟雅樂: 大晟樂 또는 大晟新樂이라고도 한다. 宋 徽宗代 새롭게 정비한 雅樂으
로 大晟府에서 관할하였다. 처음에 魏漢津의 건의로 휘종의 손가락 길이를 기준
으로 삼아 律을 정하였다. 1108년(송 대관 2)에 劉昺이 황제의 명을 받아 관련
서적인『新樂書』를 편찬했고, 南宋代에도 계속해서 사용되었다. 孔子의 위패를
모신 大成殿에서 연주되어 大成樂이라 표기하기도 한다.
『宋史』 권20, 本紀20 徽宗 崇寧 4년 8월 辛卯.
『宋史』 권356, 列傳115 劉昺.
『宋史』 권462, 列傳221 方技下 魏漢津.
楊蔭瀏, 1981, 앞의 책 ; 이창숙 옮김, 1999, 앞의 책, 588·589쪽.
宋芳松, 2007,「당악·아악의 수용시대」,『증보 한국음악통사』, 민속원, 180쪽.

36) 燕樂: 연례악을 뜻한다. 궁중 연회 및 황제의 출행 등의 때에 연주하던 음악의
총칭으로, 雜劇·歌唱·舞蹈·伎樂의 독주와 합주 및 百戲 등이 해당된다. 敎坊·雲韶
部·鈞容直·東西班 등에서 연주를 담당했다.
張師勛, 1995a,「연악」·「연례악」,『國樂大事典』, 세광음악출판사, 513·514쪽.
楊蔭瀏, 1981, 앞의 책 ; 이창숙 옮김, 1999, 앞의 책, 617쪽.

37) 又請賜大晟雅樂 …… 詔皆從之: 고려가 宋에 大晟雅樂과 燕樂을 청하여 하사받은
일을 뜻한다. 1116년(예종 11)에 王字之와 文公美가 송에서 대성아악을 들여왔는
데 이에 대해서는『高麗圖經 역주(상)』, 304쪽 권13-2-2) 참조.

38) 今其樂 …… 蓋夷音也: 宋의 大晟雅樂이 들어오기 이전에 고려의 음악은 唐樂을
뜻하는 左坊樂과 鄕樂을 뜻하는 右坊樂의 두 종류였다. 당악과 향악은 서로 대칭
되는 개념이었다. 당악은 본래 7세기 후반 신라에 수용되었던 唐의 음악 문화만
을 의미하다가 고려 문종 이후에 宋樂이 수입되면서 송의 음악 문화까지 범칭하
는 용어로 사용되었다. 한편, 향악은 9세기 후반 신라 고유의 음악과 고구려, 백
제, 서역 계통의 음악을 통합하여 정리하면서 성립되었으며 대체로 고려에 계승
되었다. 1116년(예종 11)에 송으로부터 敎坊樂과 대성아악의 악기를 하사받은 후
에 좌부의 당악은 아악과 당악을, 우부의 향악은 속악을 뜻하게 되었는데 이에
대해서는『高麗圖經 역주(상)』, 157쪽 권6-2-9) 참조.

李惠求, 1967, 「韓國의 左坊樂과 右坊樂」, 『韓國 音樂 序說』, 서울大學校 出版部 ; 2002, 앞의 책, 632쪽.

宋芳松, 1992, 앞의 책 ; 2002, 앞의 책, 167·168쪽.

전덕재, 2020, 「서역음악 수용과 향악의 정립」, 『한국 고대 음악과 고려악』, 학연문화사, 139~159쪽.

39) 版: 악기의 한 종류인 拍을 말하며, 板 또는 拍板이라고도 한다. 음악의 시작과 끝을 알리는 데 쓰이는 타악기이다. 여섯 조각의 판자 한 쪽에 구멍을 뚫어 하나로 묶고 다른 쪽을 벌렸다가 모아쳐서 연주한다. 음률을 갖고 있지 않아 鄕樂과 唐樂에서 모두 이용 가능했을 것으로 추정된다. 한편, 본문에서 언급된 향악기들의 이름은 추가적으로 설명이 필요한 악기에 한하여 음가를 그대로 사용하였다.

張師勛, 1995a, 「拍」, 『國樂大事典』, 세광음악출판사, 302쪽.

宋芳松, 1992, 앞의 책 ; 2002, 앞의 책, 201·202·224~226쪽.

40) 笙竽: 악기의 한 종류이다. 박통 속에 가느다란 竹管을 꽂아서 만든 笙簧 계열의 관악기이다. 笙과 竽는 죽관의 수에 따라 구분하는데, 19개의 죽관은 생, 36개의 죽관은 우라고 한다. 삼국시대부터 사용한 향악기라고 파악하기도 한다. 한편, 본문과 다르게 『高麗史』에는 향악기로 기록되어 있지 않아 정확한 운영상에 대해서는 알기 어렵다.

宋芳松, 1992, 앞의 책 ; 2002, 앞의 책, 210~213쪽.

宋芳松, 2007, 앞의 책, 150쪽.

41) 空侯: 악기의 한 종류인 箜篌를 말하는 것으로 여겨진다. 箜篌는 현재의 하프처럼 생긴 현악기이다. 共鳴筒과 橫架 사이에 수직 또는 대각선으로 있는 줄을 연주한다.

宋芳松, 1992, 앞의 책 ; 2002, 앞의 책, 202·213~215쪽.

張師勛, 1995b, 앞의 책, 99쪽.

42) 五絃琴: 악기의 한 종류이다. 五絃琴을 한 단어로 파악하고 5개의 줄로 구성된 거문고로 이해하기도 한다(①). 한편, 오현과 금을 나누어서 보기도 하는데, 먼저 오현은 신라 하대에서 고려로 전승된 악기 중 5개의 줄을 가진 향비파로 이해하였고, 금은 신라 하대에서 고려로 전승된 악기중 7개의 줄을 가진 거문고로 설명하였다(②).

① 諸橋轍次, 1984, 「五弦琴」, 『大漢和辭典』 1, 東京 : 大修館書店, 477쪽.

서긍 지음, 은몽하·우호 엮음, 김한규 옮김, 2012, 『사조선록 역주(使朝鮮錄譯註)—宋使의 高麗 使行錄—』 1, 소명출판, 332쪽.

② 宋芳松, 1992, 앞의 책 ; 2002, 앞의 책, 202·203·215~217쪽.

張師勛, 1995b, 앞의 책, 89·93·94쪽.

43) 箏: 악기의 한 종류인 가야금이라고 여겨진다. 가야금은 신라 하대에서 고려로 전승된 거문고·향비파와 함께 三絃 중 하나로, 25개의 줄을 가졌다. 앞판을 오동나무로, 뒷판을 엄나무로 만들었으며 4면의 변두리를 검게 칠했고, 줄을 뜯어 연주한다.

宋芳松, 1992, 앞의 책 ; 2002, 앞의 책, 202쪽.

張師勛, 1995b, 앞의 책, 91쪽.

44) 笛: 악기의 한 종류로 大笒이라고 여겨진다. 합주 때 보이는 대금의 역할처럼 다른 악기들이 笛에 맞춰 조율하는 모습이 확인되기 때문이다. 이후 본문에서는 簫管─胡琴─으로도 언급되어 있다. 신라 하대에서 고려로 전승된 대금·中笒·小笒의 三竹 중 하나였으며, 옆으로 잡고 부는 橫笛이었다.

宋芳松, 1992, 앞의 책 ; 2002, 앞의 책, 203~208쪽.

45) 惟其鄕樂 …… 以起衆聲: 향악기를 언급한 부분이다. 본문에서 고려의 향악기는 중국식 명칭으로 언급되고 있는데, 鼓부터 笛까지 11가지의 악기가 나열된 후 설명과 함께 瑟과 簫管이 추가로 서술되었다. 그런데, 瑟과 簫管은 중국 악기로 향악기 중 琴·笛─大笒─과 대응된다. 결국 이 부분은 11종의 향악기에 더하여 2종의 악기를 추가로 설명한 것이 아니고, 이해를 돕기 위해 나열한 악기 중 일부를 부연 설명한 것이다.

宋芳松, 1992, 앞의 책 ; 2002, 앞의 책, 201~203쪽.

46) 女伎: 궁중연회에 참석하여 呈才를 행하던 고려시대의 敎坊妓 중 하나이다. 이에 대해서는『高麗圖經』권20-4-7) 참조. 한편, 大樂署·管絃坊 소속과 다르게 京市署의 여기는 개성에서 해상무역에 종사하던 상공인들을 대상으로 공연하던 자들로 歌舞百戲에 해당되는 무용을 했다.

김창현, 2000, 「고려시대 음악기관에 관한 제도사적 연구」,『국악원논문집』12 ; 2002, 앞의 책 ; 2007,『고려의 여성과 문화』, 신서원, 310·311쪽.

宋芳松, 2007, 앞의 책, 195·196쪽.

47) 大樂司: 명칭상 유사한 大樂署를 가리키는 것으로 보인다. 이에 대해서는『高麗圖經』권16-2-30) 참조.

48) 管絃坊: 악기를 연주하고 춤을 추는 업무를 관장했던 기구이다. 이에 대해서는『高麗圖經』권16-2-44) 참조.

49) 京市司: 명칭상 유사한 京市署를 가리키는 것으로 보인다. 이에 대해서는『高麗圖經 역주(상)』, 104·105쪽 권3-4-(2)-17) 참조.

50) 柘枝: 蓮花臺의 별칭인 柘枝舞를 뜻한다. 敎坊歌舞의 한 종목으로 女童이 蓬萊山에서 내려와 연의 꽃술로 태어나 군왕의 덕화에 감격해 춤을 바친다는 내용이다. 서역의 柘枝─지금의 우즈베키스탄 타슈켄트 일원─에서 유래했으며 宋을 통해 고려에 전해졌다.

『高麗史』권71, 志25 樂2 唐樂 蓮花臺.

宋芳松, 1992, 앞의 책 ; 2002, 앞의 책, 176쪽.

51) 抛毬: 抛毬樂을 뜻한다. 敎坊歌舞의 한 종목으로 공던지기 놀이를 형상화한 춤과 음악이다. 宋에서 전래되었으며, 고려에서는 1073년(문종 27)에 敎坊女弟子 楚英에 의해 처음 연주되었다.

『高麗史』권71, 志25 樂2 唐樂 抛毬樂·用俗樂節度 文宗 27년 11월 辛亥.

宋芳松, 1992, 앞의 책 ; 2002, 앞의 책, 176쪽.

52) 百戱: 연향에서 공연을 담당하던 전문 연희자이다. 이에 대해서는『高麗圖經 역
   주(상)』, 310쪽 권13-8-2) 참조.
53) 王俁: 고려의 제16대 왕 睿宗(1079~1122)이다. 그에 대해서는『高麗圖經 역주(상)』,
   19쪽 권0-1-(2)-9) 참조.
54) 然以時王俁衣制未終 …… 不可得而考也: 예종의 喪制가 끝나지 않아 악기만 들고
   연주는 하지 않았음을 전하는 내용이다. 이에 대해서는『高麗圖經』권24-1-10)
   참조. 예종의 상제에 대해서는『高麗圖經』권24-1-9) 참조.

40-5

[原文]

權量

戴記曰, 制禮樂, 頒度量, 而天下大服, 魯語曰, 謹權量, 審法度, 四方
之政行焉. 蓋王者之統御諸侯, 雖本乎德化刑威, 而所以一其政者, 尤以
權量爲先. 三代盛時, 必自王府, 出嘉量等器, 頒于80)邦國, 掌之以其官,
平之以其時. 至於巡守81), 又協而同之, 使無內外遠近之殊制, 然後爲天
子之政擧. 苟四方諸侯, 於此三者, 一有小易, 則黜削誅廢, 在法無赦, 孰
謂其器用之末, 而可忽耶82). 夫五度之制, 別於分, 忖於寸, 蒦於尺, 張於
丈, 信於引83), 于84)以度庶85)物之短長. 五量之制, 躍於龠, 合於合, 登於
升, 聚於斗, 角於斛, 于86)以量庶87)物之多寡. 五權之制, 始於銖, 兩於兩,
明於斤, 均於鈞, 終於石, 于88)以權庶89)物之重輕. 然皆必以銅範之者, 乃

---

80) 知 : 於.
81) 知 : 狩.
82) 四 : 邪.
83) 원문은 伸으로 되어 있으나,『漢書』권21上, 律曆1上 權衡에 근거하여 '引'으로 교
   감 번역하였다.
84) 四 知 : 於.
85) 四 : 度.
86) 四 知 : 於.
87) 四 : 度.

取其同而不異, 所以同天下而齊風俗耳. 惜乎, 周道東轍, 政失其柄. 晉之
協律耆, 作長尺考鐘, 而失樂之中聲. 齊之相國者, 以大斗給民, 而市己之
私恩. 唐之考曆者, 失玉衡璇璣之制, 則無以紊天道三辰之行. 是其於耳
目之近, 猶不能審其同於法度之中. 又況遠在海外之國, 隔鯨波而涉蜑島,
欲冀其一而同之, 豈不猶推舟於陸耶[90]. 高麗爲國, 去中華三千餘里, 自
帝王極治, 亦在羈縻之域, 未聞有頒度量權衡, 而協其同者. 我宋龍興, 德
符高厚, 而際天所覆, 極地所載, 罔不臣妾. 以故, 麗人稽首面內, 願爲藩
屏, 取正中國度量權衡, 用爲標的. 斯所謂仁恩橫流, 能懷帝者之未懷, 武
誼邐驚, 能制王者之不制也[91]. 乃者使人, 銜命適彼, 燕饗獲其賂遺之禮.
舟人適市, 售其貿易之貨, 默識其長短之式, 多寡之數, 輕重之等. 陰以較
中國之法, 無或少若毫髮之差者, 盍賞其誠至也. 夫謹於耳目之所及者,
或慢於耳目之所不及. 畏於刑威之所制者, 或侮於刑威之所不制. 今高麗,
道涂迂寫, 國都跨遠, 旣非耳目所可及, 而主上, 含洪光大, 待夷[92]狄[93]以
寬典, 又非規規然尙刑威以制之. 彼乃能遵用度量權衡, 若此其謹, 蓋其
心悅誠服, 非勉強而爲然. 書不云乎, 關石和鈞, 王府則有. 夫以關石和
鈞, 惟王府之有, 則其在私, 不敢改作, 而惟我法度之同, 亦宜矣.

[譯文]

권량[1]

　『예기[戴記]』[2]에 "예악을 제정하고 도량을 반포하자 천하가 크게 복종
했다."라고 하였고,[3] 『논어[魯語]』[4]에 "권량을 삼가고 법도를 살피면 사
방의 정사가 행해진다."라고 하였습니다.[5] 대개 왕인 자가 제후를 거느

---

88) 知 : 於.
89) 四 : 度.
90) 四 : 邪.
91) 四 : "也"가 누락되어 있다.
92) 四 : 麗.
93) 四 : 人.

려 제어하는 데는 비록 덕의 교화와 형벌의 위엄을 근본으로 하지만, 그 정사를 하나로 하는 방법은 특히 권량을 우선합니다. 삼대가 융성했을 때에는 반드시 왕부로부터 가량[6] 등의 그릇이 나와 번국[邦國]으로 반포되었으며, 그 관리들에게 이를 관장하게 하고 제때에 맞춰 공평하게 했습니다.[7] 순수 때에 이르러서도 역시 일치시켜 같게 하여 안팎과 멀고 가까운 곳에 다른 제도가 없도록 한 후에야 천자의 정사가 제대로 행해졌습니다. 만약 사방의 제후들이 이 3가지에서 하나를 조금이라도 바꾼 것이 있다면 (작위를) 내치고 빼앗으며 주살하고 몰아내서[8] 법에 있어 용서함이 없으니, 누가 이를 기물의 사용을 말단이라고 말하며 소홀히 할 수 있겠습니까. 대개 5도[9]의 제도는 푼에서 구별하고, 치에서 나누어지며, 자에서 헤아리고, 길에서 펴지며, 인(引)에서 늘리니 여러 물건의 길고 짧음을 헤아리는 것입니다.[10] 5량[11]의 제도는 약(龠)에서 나아가고, 홉에서 합하며, 되에서 오르고, 말에서 모이며, 곡에서 견주니 여러 물건의 많고 적음을 헤아리는 것입니다.[12] 5권[13]의 제도는 수에서 시작하고, 양에서 (둘로) 나누며, 근에서 밝히고, 균에서 고르게 하며, 석에서 마치니 여러 물건의 무겁고 가벼움을 헤아리는 것입니다.[14] 그런데 모두 반드시 구리 주형으로 하는 것은 곧 같음을 취해 다르지 않게 한 것으로, 천하를 같게 하고 풍속을 가지런히 하려는 것입니다. 애석하게도, 주의 도(道)가 동쪽으로 옮기면서[轍][15] 정사는 권병을 잃었습니다.[16] 진[17]의 음률을 맞추는 자는 장척을 만들어 종을 치니 음악의 중성을 잃었습니다.[18] 제의 재상인 자[19]는 대두(大斗)로써 백성에게 주어 자신의 사사로운 은혜를 사들였습니다.[20] 당의 역법을 살피는 자는 옥형과 선기[21]의 제도를 잃어 곧 천도와 삼진의 움직임을 참작하지 못했습니다.[22] 이에 귀와 눈으로 (확인할 수 있는) 가까운 데조차 오히려 법도에 맞는지 제대로 살필 수 없게 되었습니다. 또한 하물며 멀리 바다 밖의

나라어 있어서는 큰 파도에 막히고 신기루 같은 섬을 건너야 하니, 하나
로 같아지길 바라는 것은 어찌 육지에서 배를 미는 것과 같지 않겠습니
까. 고려라는 나라는 중국[中華]과 3,000여 리 떨어져 있으며 제왕이 지
극히 다스렸을 때부터 역시 기미[23]의 영역에 있었으나, 도량권형을 반포
하여 그것이 같도록 도와준 적이 있었다는 것을 듣지 못했습니다. 우리
송은 용처럼 일어나 덕업이 높고 두터우니 하늘이 덮고 있고 땅이 받드
는 곳엔 어디나 신하[臣妾]가 아님이 없었습니다. 그러므로 고려 사람들
은 머리를 조아리고 중국을 향하여[面內] 번병이 되기를 원하였으며,
중국의 도량권형을 표준으로 취하고자 하였습니다.[24] 이는 이른바 인의
와 은혜가 흘러 넘쳐 황제가 품지 못했던 곳을 능히 품은 것이고 무력[武
誼]이 멀리까지 미쳐, 왕인 자가 제어하지 못한 곳을 능히 제어한 것입니
다. 이전에 사신이 명을 받들어 고려[彼]에 가서, 연향[25]에서 선물을 주
는 예를 받았습니다. 뱃사람들은 시장에 가서 무역하는 물건을 거래하
면서, 그 길이를 재는 법식과 용량을 헤아리는 수, 무게를 재는 등급을
묵묵히 깨우쳤습니다. 가만히 중국의 법도와 비교해보면 없거나 털끝같
이 작은 차이이니, 그 정성의 지극함을 더욱 칭찬하였습니다. 대저 귀와
눈이 미치는 데서만 삼가는 자는 혹 귀와 눈이 미치지 않는 데에서 게으
릅니다. 형벌의 위엄이 제재하는 것을 두려워하는 자는 혹 형벌의 위엄
이 제재하지 못하는 것을 업신여깁니다. 지금 고려는 길이 아주 멀며
국도에서 멀리 떨어져서 이미 귀와 눈이 미칠 수 있는 바가 아니지만,
휘종[主上]께서는 빛나고 큰 덕을 품고 베풀어 관대한 은전으로 오랑캐
를 대우하셨고, 또한 엄격하게[規規] 형벌의 위엄을 내세워 그들을 제재
하지는 않으셨습니다. 저들은 도리어 도량권형을 능히 준수하여 사용하
니, 이처럼 그들이 삼가는 것은 대개 그들이 마음으로 기뻐하며 정성스
럽게 따른 것이지 억지로 그렇게 된 것은 아닙니다. 『서경』에서 "관석과

화균은 왕부에 있다.”라고 하지 않았습니까.[26] 대개 관석과 화균이 오직
왕부에 있으며, 곧 사사로운 데서 감히 고쳐 만들 수 없었으니, 우리의
법도와 같은 것 역시 마땅합니다.

[註解]

1) 權量: 權은 저울을 가리키고 量은 헤아린다는 뜻이다. 본문의 度·量·權은 권량하
는 방식에 해당하는 것으로, 길고 짧음의 정도는 度·많고 적음 정도는 量·무겁고
가벼움 정도는 衡으로 표현되었다. 국가 내에서 이를 통일하는 ‘同律度量衡’은 군
주가 해야 할 긴요한 임무이자 遠近을 가지런히 하여 民에게 믿음을 주는 것이
라고 여겨졌다.
　『漢書』 권21上, 律曆上.
　『後漢書』 권11, 志1 律曆上.
　『魏書』 권107上, 志8 律曆上.
　諸橋轍次, 1984, 「度量」, 『大漢和辭典』 4, 東京 : 大修館書店, 565쪽.
　諸橋轍次, 1985, 「權衡」, 『大漢和辭典』 6, 東京 : 大修館書店, 606쪽.
2) 戴記: 『禮記』를 가리킨다. 이에 대해서는 『高麗圖經』 권14-2-5) 참조.
3) 制禮樂 …… 而天下大服: 『禮記』에 나오는 구절로, “예악을 제정하고 도량을 널리
반포하면 천하가 크게 따른다[制禮作樂 頒度量 而天下大服].”의 일부를 인용한 것
이다.
　『禮記』 明堂.
4) 魯語: 『論語』를 가리킨다. 七經 중 하나이자 四書의 하나로 孔子의 제자와 후학들
이 그의 언행과 사상을 기록한 儒敎 경전이다. 공자의 출생지가 魯였기 때문에
魯語로도 불렸다. 戰國時代 초엽에 지어진 것으로 보이며, 총 20편으로 이루어졌
으며, 약 12,000자에 이르는 어록체 형식이다.
　李春植 主編, 2003, 「論語」, 『中國學資料解題』, 신서원, 128쪽.
5) 謹權量 …… 四方之政行焉: 『論語』에 나오는 구절로, “권량을 삼가고 법도를 살피
며 폐지된 관서를 다스리니 사방의 정사가 행해졌다[謹權量 審法度 修廢官 四方
之政行焉].”의 일부를 인용한 것이다.
　『論語』 堯曰.
6) 嘉量: 周에서 쓰던 量器를 말한다. 한 그릇으로 斛·斗·升·合·龠의 5量을 모두 잴
수 있었다.
　諸橋轍次, 1984, 「嘉量」, 『大漢和辭典』 2, 東京 : 大修館書店, 1136쪽.
7) 三代盛時 …… 平之以其時: 夏·商·周부터 度量衡이 발전되어 오고 있었음을 알 수
있는 구절이다. 상·주대부터 일정하게 수치화된 도량형이 점차 갖추어졌는데 1
尺은 16cm 정도였으며, 그 밖에 㪷·勺·秭·秉·龠 등의 도량형 단위가 있었던 것으

로 확인된다. 한편, 도량형제는 戰國時代 이래로 여러 개혁을 거쳤으며 秦 始皇代
전국적으로 표준화되었다. 漢代 이후에는 黃鍾管이 제작되어 量器로 통용되었는
데. 실제규격은 진과 크게 다르지 않았다.
林光徵·陳捷, 1967, 「中國度量衡的沿革」, 『中國度量衡』, 臺北 : 臺灣商務印書館, 11~15쪽.
김진우, 2020, 「중국 고대 도량형과 수량사의 변화과정」, 『木簡과 文字』 24, 135·
    136쪽.

8) 至於巡守 …… 則黜削誅廢: 天子가 巡守하면서 諸侯의 도량형을 살피고, 이를 지
키지 않은 자에게 처벌을 내리는 구절이다. 순수는 황제가 직접 행차하여 제후
국의 정치와 민생을 살피는 것을 말한다. 巡狩라고도 부르며, 『孟子』에는 "천자
가 제후에게 가는 것을 순수라고 하는데, 순수는 지키는 곳을 순행하는 것이다
[天子適諸侯曰巡狩 巡狩者巡所守也]."라는 구절이 전한다. 순수시에 천자는 산천
에 제사를 지내고, 敬老·風俗觀察·山川祭祀·宗廟·禮樂 등 각 지방의 제도에 대해
점검하였다. 특히 禮樂의 제도를 함부로 바꾸는 것은 천자에게 복종하지 않는다
는 것으로 인식되었기 때문에, 관련된 權量에서 역시 어긴 것이 있으면 강하게
처벌되었다고 한다.
『詩經』 淸廟之什 時邁.
『禮記』 王制.
『孟子』 梁惠王下.
諸橋轍次, 1984, 「巡狩」, 『大漢和辭典』 4, 東京 : 大修館書店, 336쪽.
金瑛河, 1979, 「新羅時代 巡守의 性格」, 『民族文化硏究』 14, 203~207쪽.

9) 五度: 길이를 재는 단위인 分·寸·尺·丈·引을 가리키며, 漢代에 12음률의 기초가
되는 黃鍾管이 만들어지면서 표준화되었다. 황종관 11개 관의 길이는 尺의 기준
이 되었는데, 1尺에 약 23.1cm이었으며 10尺=1丈 이었다. 隋·唐代에 도량형 정비
가 이루어지면서 약 30cm인 大尺과 약 24cm인 小尺으로 나뉘었는데, 일반적으로
는 大尺을 사용하였다. 한편, 小尺은 음률이나 천문관측 등 특수한 경우에만 사
용되었다.
『漢書』 권21上, 律曆1上 審度.
林光徵·陳捷, 1967, 앞의 책, 14·15쪽.
이종봉, 2002, 「고려시대의 도량형」, 『한국 도량형사』, 소명출판, 102쪽.
김진우, 2020, 앞의 논문, 135~141쪽.

10) 夫五度之制 …… 于以度庶物之短長: 『漢書』에 나오는 구절로, "대개 도라는 것은 푼
어서 구별하고, 치에서 나누어지며, 자에서 헤아리고, 길에서 퍼지며, 인에서 늘어
난다[夫度者 別於分 忖於寸 夐於尺 張於丈 信於引]."의 일부를 인용한 것이다.
『漢書』 권21上, 律曆1上 審度.

11) 五量: 용량을 헤아리는 단위인 斛·斗·升·合·龠—勺—을 가리키며, 黃鍾管이 만들
어지면서 표준화되었다. 황종관 11개 관의 容積이 量의 기준이 되었는데, 1升은
약 200ml이었으며, 10勺=1合, 10合=1升, 10升=1斗, 15斗=1石이었다. 隋·唐代에는
도량형 정비가 이루어지면서 1升은 약 600ml로 대폭 올랐다. 宋代 이후로 5斗=1

斛, 2斛=1石으로 유지된다.

　　『漢書』 권21上, 律曆1上 嘉量.

　　林光徵·陳捷, 1967, 앞의 책, 14·15쪽.

　　김진우, 2020, 앞의 논문, 135~141쪽.

12) 五量之制 …… 于以量庶物之多寡: 『漢書』에 나오는 구절로, "대개 양이라는 것은
　　약에서 나아가고, 홉에서 합하고, 되에서 오르고, 말에서 모이며, 곡에서 견준다
　　[夫量者 躍於龠 合於合 登於升 聚於斗 角於斛也]."의 일부를 인용한 것이다.

　　『漢書』 권21上, 律曆1上 嘉量.

13) 五權: 무게를 재는 단위인 銖·兩·斤·鈞·石을 가리키며, 5형이라고도 하는데, 黃鍾
　　管이 만들어지면서 표준화되었다. 황종관 11개 관의 무게가 權의 기준이 되었는
　　데, 1斤에 약 247~253g이었으며 1兩=24銖, 1斤=16兩, 鈞=30斤, 石=4鈞이었다. 隋·
　　唐代에는 도량형 정비가 이루어지면서 1斤은 약 661g으로 대폭 올랐으며, 이후
　　큰 변화 없이 유지된다.

　　『漢書』 권21上, 律曆1上 權衡.

　　林光徵·陳捷, 1967, 앞의 책, 14·15쪽.

　　김진우, 2020, 앞의 논문, 135~141쪽.

14) 五權之制 …… 于以權庶物之重輕: 『漢書』에 나오는 구절로, "石인 것이 크면 權이
　　큰 것인데, 수에서 시작하고, 양에서 나누며, 근에서 밝히고, 균에서 고르게 하
　　고, 석에서 마친다[石者大也 權之大者也 始於銖 兩於兩 明於斤 均於鈞 終於石]."의
　　일부를 인용한 것이다.

　　『漢書』 권21上, 律曆1上 權衡.

15) 周道東轍: 周代 犬戎의 침입을 받고 수도를 옮긴 일을 말한다. 幽王이 왕후의 소
　　생인 太子 宜臼—平王—를 폐하고 애첩인 褒姒의 아들을 후사로 임명하려 하자,
　　이에 왕후의 부친인 申侯가 분개하여 북방에 있는 犬戎을 충동해 왕실을 침입하
　　도록 하였다. 이에 수도 鎬京—지금의 중국 陝西省 西安市 일원—이 함락되고 유
　　왕은 패사하였으며, 새로 즉위한 평왕은 견융이 다시 침입할 것을 우려하여 수
　　도를 동방의 洛邑—지금의 河南省 洛陽市 일원—으로 옮겼다.

　　이춘식, 2005, 앞의 책, 71·72쪽.

16) 周道東轍 政失其柄: 周의 東遷 이후 정사가 혼란해졌음을 언급한 구절이다. 주의
　　동천으로 春秋時代가 전개되면서 중원 지역 밖에 있던 諸侯國들이 독자적으로
　　晉·齊·楚 등과 같은 국가를 만들었다. 이에 당시 주 왕실의 무력은 더욱 약해지
　　고 영토가 줄어들면서 완전한 소국으로 전락하였고, 제후국을 제어할 수 있는
　　실질적인 능력 또한 상실하였다.

　　이춘식, 2005, 앞의 책, 73~75쪽.

17) 晉: 黃河 상류의 북방, 지금의 중국 山西省 일원에 있던 국가이다. 이에 대해서는
　　『高麗圖經』 권27-1-3) 참조.

18) 晉之協律者 …… 而失樂之中聲: 본문 구절과 연관된 정확한 사례를 알 수 없으나,
　　晉이 禮樂 제도를 어긴 것을 언급한 구절이다.

19） 齊之相國者: 齊의 관원인 田乞(?~B.C.485)을 가리킨다. 姓은 嬀이며, 父는 田無宇
　　이다. 제 景公代 등용되었다. 제 경공이 죽고 제 晏孺子가 즉위하자 불만을 품은
　　전걸은 B.C.489년(제 안유자 1)에 정변을 일으켜 公子 陽生을 즉위시켰다. 그 공
　　으로 宰相에 임명되어 권력을 잡게 되었다. 시호는 釐子이다.
　　『史記』 권32, 齊太公世家2.
　　『史記』 권46, 田敬仲完世家16.

20） 齊之相國者 …… 而市己之私恩: 齊의 宰相이었던 田乞이 백성들에게 곡물을 빌려
　　줄 때는 大斗를, 받을 때는 小斗를 사용하였음을 언급한 구절이다. 이로 인해 당
　　시 제의 민심은 군주인 頃公보다 전걸을 따르게 되었다. 전걸의 아들인 田常도
　　동일한 방법으로 민심을 사면서 재상에 올랐으며, 그의 후손들이 나라의 재상을
　　독점하게 되었다. 결국 그의 후손인 田和 시기에 와서는 나라가 田氏에게 넘어가
　　게 되었는데, 서긍은 이를 부정적으로 인식하고 서술하였다.
　　『史記』 권46, 田敬仲完世家16.

21） 玉衡璇璣: 천문을 관측하기 위해 사용했던 기구로 해·달·별의 소재를 파악할 수
　　있었다. 가로 길이는 8尺이고 구멍 지름은 1寸이며, 틀은 지름이 8尺이고 둘레가
　　2丈 5尺이었다. 玉衡은 옥으로, 璇璣—璿璣—는 구슬로 장식되었다.
　　『書經集傳』 虞書 舜典.
　　諸橋轍次, 1985, 「璿璣玉衡」, 『大漢和辭典』 7, 東京 : 大修館書店, 979쪽.

22） 唐之考曆者 …… 則無以叅天道三辰之行: 본문 구절과 연관된 정확한 사례를 알 수
　　없으나, 唐에서 천문과 역의 제도가 어그러진 것을 언급한 구절이다. 당에서는
　　633년(당 정관 7)에 李淳風이 玉衡璇璣의 제도를 변형하여 渾天儀를 제작하였다.
　　당 초기의 천문과 역은 後魏의 제도를 모범으로 하였기 때문에 제도가 소략한
　　문제가 있었다. 이에 당 太宗은 이순풍에게 혼천의를 제작하도록 하였고, 이를
　　토대로 당의 천문과 역은 한 단계 발전할 수 있었다. 따라서 당대에 天道와 三辰
　　의 움직임을 참작하지 못했다는 서긍의 서술은 이순풍 이전의 일을 가리키는 것
　　이거나 착오가 있었던 것으로 여겨진다.
　　『舊唐書』 권35, 志15 天文上.
　　『新唐書』 권31, 志21 天文1.

23） 羈縻: 소나 말의 고삐를 잡듯이 夷狄을 통제한다는 의미이다. 이에 대해서는 『高
　　麗圖經 역주(상)』, 48쪽 권1-2-(3)-16) 참조.

24） 以故 …… 用爲標的: 고려에서도 중국의 度量衡制를 계승하여 활용하였음을 알
　　수 있는 구절이다. 고려는 唐의 도량형을 계승하면서도 통일신라의 도량형을 이
　　어받아 중국의 도량형과 완전히 일치하진 않았다. 우선 度의 단위로는 丈·步·尺·
　　寸·分을 사용하였으며, 1丈=10尺, 1步=6尺, 1尺=10寸, 1寸=10分이었다. 唐大尺을
　　계승하였으므로 1尺에 약 30cm였을 것으로 추정된다. 量의 단위로는 勺·合·升·
　　斗·石이 있었으며, 斗 이하는 중국과 같이 10진법 체계였고, 石의 단위는 1石=15
　　斗로 차이가 있다. 1升의 용적은 문종대 기준으로 약 340ml로 추정되는데, 통일신
　　라와 비교하면 상당히 증가한 것이었다. 衡의 단위는 斤·兩을 중심으로 사용되었

으며 1斤=16兩이었다. 1斤의 무게는 당송대와 비슷하게 약 640g으로 추정된다.
이종봉, 2002, 앞의 책, 93~166쪽.

25) 燕饗: 술로 사신을 대접하는 燕饗禮를 말한다. 이에 대해서는 『高麗圖經 역주(상)』,
80쪽 권2-4-12) 참조.

26) 關石和鈞 王府則有: 『書經』에 나오는 구절로, "밝고 밝은 우리의 선조는 만방의
군주이시니 전이 있고 칙이 있어 자손들에게 남겨주셨다. 관석과 화균은 왕부에
있는데, 그 업적을 폐하고 무너뜨려 종족을 뒤엎고 제사를 끊는구나[明明我祖 萬
邦之君 有典有則 貽厥子孫 關石和鈞 王府則有 荒墜厥緒 覆宗絶祀]."의 일부를 인용
한 것이다.
『書經』 夏書 五子之歌.

行狀-(1)

[原文]

宋故尙書刑部員外郎徐公行狀

曾祖爽, 皇任祕書省校書郞贈金紫光祿大夫.

曾祖母葉氏, 贈建安郡太夫人.

祖師回, 皇任朝議大夫贈光祿大夫.

祖母林氏, 贈咸寧郡太夫人.

父閱中, 皇任朝請大夫直祕閣贈少保.

母葛氏, 贈衞國夫人.

公名兢, 字明叔, 姓徐氏. 上世, 建州甌寧縣人, 自光祿, 始徙居和州之歷陽. 祕閣爲鄂州法曹, 夜夢, 與黃冠師, 游大澤中. 探懷出小削, 以授祕閣而去, 讀之, 蓋丁令威華表所留語也. 後五日, 大水冒城郭, 官府悉遷避, 祕閣, 寓家[1]黃鶴樓上, 是夜, 實生公. 公生數月, 見字畫, 輒色喜踊躍. 至十餘歲, 穎異不群, 作擧子業, 詞原[2]浩然, 識者器之. 年十八, 入太學較執, 數占高等, 試大比輒挫. 政和甲午歲, 以父任, 補將仕郎, 授通州司刑曹事. 尙書郎徐禋, 被旨, 措置東南九路坑冶寶貨, 辟公爲幹辦公事. 靜江, 有黃麟者, 引大禮[3]國入貢, 朝廷疑之, 詔禋覈實. 麟, 交通中貴人, 權傾互嶺, 靜江帥周穜, 憂懼失措, 禋以屬公. 公曰是固易辨[4]耳. 呼其部曲來前, 以立國歲月, 山川風俗, 雜詰之, 皆暗不能對, 詐狀遂白. 雍丘闕宰, 以朝命攝事. 邑有兄弟交訟者, 久繫不決. 公至, 飭守者, 設一席, 俾偕坐臥, 食必共器. 閱旬日, 乃感悟, 相持以泣, 曰令君, 敎我至矣. 願自新, 安敢計曲直. 其後更以友愛稱, 里閭化之, 獄訟衰止. 京西部使者, 以

---

1) 囚 知 : 居.
2) 囚 知 : 源.
3) 囚 知 : 理.
4) 囚 知 : 辨.

佞倖進, 遣逃卒二百輩, 築室邑中, 肆爲暴盜, 一邑大擾. 公捕治之, 使者, 託上冢得旨抵邑, 縱其徒, 鼓枭入獄, 盡解所縛以出. 公曰, 位無高卑, 遵三尺法, 奉天子均也. 否則吾欺君矣. 欺君媚人, 吾不忍爲. 於是, 密掩其室, 復得凶黨, 聞所屬寘之法, 無一人得逸者, 治譽著聞. 移攝鄭州原武縣事, 單車造官. 時提擧炭事者, 挾其弟貴執, 要功肆虐. 建委沿流造舟, 威震郡邑, 械繫滿道. 檄公, 治後至者, 與慢令者. 公歎曰, 令不賢不能庇民. 其忍至此極耶⁵⁾. 乃疏其害, 聞諸朝, 願以身贖無辜, 害因訖息. 舊令, 貪虐病民, 公摩拊備至, 邑人詣闕, 冀公卽眞, 爭具車馬, 迎公家屬. 祕閣, 不欲懇⁶⁾白, 相國乃已. 燕國鄭公, 謂同列曰, 使縣令, 皆如徐兢, 天下, 其有不治者乎. 調濟州司士曹事, 未書考, 丁內艱. 服除, 監元豐庫.

[譯文]

송의 고(故) 상서형부원외랑[1] 서공 행장[2]

증조부 상[3]은 황제께서 비서성교서랑[4]에 임명하셨고 금자광록대부[5]로 추증하셨다.

증조모 섭씨는 건안군태부인[6]으로 추증되었다.

조부 사회[7]는 황제께서 조의대부[8]에 임명하셨고 광록대부[9]로 추증하셨다.

조모 임씨는 함녕군태부인으로 추증되었다.

부 굉중[10]은 황제께서 조청대부[11] 직비각[12]에 임명하셨고 소보[13]로 추증하셨다.

모 갈씨는 위국부인[14]으로 추증되었다.

공의 이름은 긍이며 자가 명숙이고 성은 서씨이다. 선조는 건주[15] 구

---

5) 四 知 : 刑.
6) 四 知 : 懇. 원문은 懇으로 되어 있으나, 의미상 '懇'이 옳다고 생각되어 교감 번역하였다.

녕현[16] 사람인데 서사회[光錄]부터 비로소 화주[17]의 역양[18]으로 옮겨 살았다. 서굉중[祕閣]은 악주법조[19]가 되고서 밤에 꿈을 꾸었는데, 황관을 쓴 도사[20]와 더불어 큰 연못 안에서 놀았다. (도사가) 품속을 더듬어 나무 조각[小削]을 꺼내 서굉중에게 주고 가기에 그것을 읽으니 대개 정령위[21]의 화표에 남겨진 말[22]이었다. 5일 후, 큰물이 성곽을 덮치자 관부는 모두 옮겨서 피하였고 서굉중은 황학루[23] 위에 잠시 살았는데 그 밤에 마침내 공을 낳았다. 공은 태어난 지 수개월 만에 글자와 그림을 보고서는 문득 얼굴빛이 밝아지며 뛸 듯이 좋아하였다. 10여 세에 이르자, 뚜어나고 빼어난 것이 무리들과 달랐으며 과거[擧子業][24]를 준비할 때 글의 바탕이 넓고 커서 식자들이 그를 그릇으로 여겼다. 나이 열여덟에 태학[25]에 들어가 재주를 견줄 때 자주 높은 등수를 차지하였으나, 과거[大比][26]를 치르면 번번이 좌절하였다. 정화[27] 갑오년(1114)에 아버지의 음덕[任]으로 장사랑[28]에 보임되었고 통주사형조사[29]에 제수되었다. 상서랑[30] 서인[31]이 지(旨)를 받들고 동남구로갱야[32]로 보화를 조치하게 되었는데, 공을 불러 간판공사[33]로 삼았다. 정강[34]에 황린[35]이라는 자가 있어 대례국[36]을 이끌고 입공하니, 조정은 그를 의심하여 서인에게 조서를 내려 실상을 조사하도록 하였다. 황린은 총애받는 신하와 사귀고 통하여 권세가 오령[37]을 기울일 정도였는데, 정강의 수령 주동[38]이 근심하고 두려워하며 어찌할 바를 몰라서 서인이 공에게 부탁하였다. 공이 말하기를, "이는 진실로 분별하기 쉬울 따름입니다."라고 하였다. 그 부하[部曲]를 불러 앞에 오게 하고 나라를 세운 시기와 산천의 풍속을 잡다하게 묻자 모두 입을 다물고 대답하지 못하므로, 거짓된 상황이 마침내 명백해졌다. 옹구[39]에 수령이 비자 조정의 명으로 대신 다스렸다. 마을에 형제가 서로 소송한 것이 있었으나, 오래도록 계류되어 결론이 나지 않았다. 공이 이르러 (그들에게) 가르친 것은 하나의 자리를

두어 같이 앉고 누우며, 먹을 때는 반드시 그릇을 함께 하는 일을 지키게
함이었다. 열흘을 지내자 이내 감동하고 깨달아 서로를 붙들고 울며
말하기를 "영군께서 우리를 가르치신 것이 지극하십니다. 스스로 새로
워지기를 바라고 있으니 어찌 감히 옳고 그름을 따지겠습니까."라고 하
였다. 그 후에 다시 우애로써 칭송되었고 이에 고을이 감화되어 소송이
줄어들고 그쳤다. 경서부[40]의 사자(使者)가 아첨하고 총애를 받아 벼슬
했는데 도망간 군졸 200의 무리를 보내 고을 안에 건물을 짓고 방자하게
폭도가 되니, 한 고을이 크게 어지러웠다. 공이 그들을 사로잡아 다스리
자 사자가 높은 이[上豪]에게 지(旨)를 얻었다면서 핑계를 대며 마을에
이르러 그 무리를 풀어주었는데, 북을 떠들썩하게 치고 감옥으로 들어
가 묶인 자를 모두 풀어주고 나갔다. 공이 말하기를 "지위의 높고 낮음에
상관없이 삼척의 법[41]을 따르는 것은 천자를 받드는 것과 동등한 것이
다. 그렇지 않으면 내가 군주를 속이는 것이다. 군주를 속이고 남에게
아첨하는 것을 나는 차마 하지 못한다."라고 하였다. 이에 그 건물을
은밀히 엄습하여 다시 흉악한 무리를 잡아 소속을 묻고 법대로 처리하였
는데, 한 사람도 면한 자가 없었으므로 치적과 명예가 드러나 널리 퍼졌
다. 옮겨 정주원무현[42]의 일을 대신하게 되었는데 하나의 수레로 관아에
이르렀다. 이때 숯의 일을 맡아서 주관하는 자가 그 아우의 높은 권세에
기대어 공을 세우고자 함부로 죽이고 방자하게 굴었다[肆虐]. 물길을
따라 배를 만들었는데, 위엄이 군읍을 진동하여 형틀을 채운 죄수가
길에 가득 찼다. 공에게는 격문을 보내어 늦게 이르는 자와 명령을 업신
여기는 자를 치죄하도록 하였다. 공이 탄식하며 말하기를, "현령[43]이
어질지 않으니 민을 보호할 수가 없다. 그 잔혹함이 이토록 지극한가!"라
고 하였다. 이에 해악을 상소하여 조정에 알리고 자신이 무고한 백성을
대신해 속죄하겠다고 하니, 해악이 사라졌다. 옛 현령은 탐욕스럽고 포

악하여 민을 병들게 했지만 공은 어루만지고 위로함이 극진하니, 마을 사람들이 궁궐에 이르러서 공이 진직이 되기를 바라고 다투어 수레와 말을 갖추어 공의 식구를 맞이하였다. 서긍중이 원하지 않아 간절히 아뢰니 재상이 이내 그치게 하였다. 연국 정공[44]이 동렬에게 말하기를 "현령으로 하여금 모두 서긍과 같게 한다면 천하에 다스려지지 않는 것이 있겠는가?"라고 하였다. 제주사사조사[45]로 임명되었는데 고과를 적지도 못하고 모친상을 당하였다. 상복을 벗고는 원풍고[46]를 맡았다.

[註解]

1) 尙書刑部員外郞: 宋代 죄인의 재판, 처결 등의 업무를 담당한 尙書刑部의 관직으로, 정7품 2인을 두었다. 원풍 연간(송 신종, 1078~1085) 이후에 員外郞은 좌·우로 나뉘어 左廳은 일을 다스리고 右廳은 관원의 범죄 및 사면 등을 담당하였다.
『宋史』 권163, 志116 職官3 刑部 郞中 員外郞.
『宋史』 권168, 志121 職官8 合班之制 官品.

2) 行狀: 死者의 지인이 그 행실을 자세히 적은 글이다. 漢 丞相倉曹屬 傅幹이 楊原伯의 行狀을 지은 데서 비롯되었다고 전해지며, 世系·姓名·字號·貫鄕·官爵·壽年 등의 내용이 자세히 기록되어 있다. 이는 諡號를 논의하거나, 사자의 墓誌·墓碑·墓表를 작성하는 과정에서 활용하였다. 또, 史館에 보내져 역사 편찬에 활용되기도 했다.
陳丙秀, 1996, 「문장편」, 『韓國漢文學槪論』, 太學社, 384·385쪽.

3) 爽: 徐爽(생몰년 미상)을 말한다. 본문 이외에는 기록이 소략하여 자세한 내용을 알기 어렵다.

4) 祕書省校書郞: 宋代 궁중장서 관리 및 天文·曆數·祭祀의 祝文 작성을 담당한 祕書省의 관직이다. 이에 대해서는 『高麗圖經』 권40-3-(2)-12) 참조.

5) 金紫光祿大夫: 宋의 文散官으로 정3품에 해당한다. 숭녕 연간(송 휘종, 1102~1106)에 제정되었고 문산관 29階 중 4번째가 되었다. 정화 연간(송 휘종, 1111~1118) 말기에 문산관이 37계로 정비되면서 3번째가 되었다.
『宋史』 권169, 志122 職官9 敍遷之制 文散官.

6) 郡太夫人: 宋의 封爵 중 하나이다. 諸妃·樞密使副·知院·同知·僉知政事·宣徽節度使 등의 曾祖母·祖母·母에게 주어졌다.
『宋史』 권170, 志123 職官10 雜制 敍封.

7) 師回: 徐師回(생몰년 미상)를 말한다. 본문 이외에는 기록이 소략하여 자세한 내용을 알기 어렵다.

8) 朝議大夫: 宋의 文散官으로 정6품에 해당한다. 정화 연간(송 휘종, 1111~1118) 말
   기에 문산관이 37階로 정비되면서 15번째에 위치하였다.
   『宋史』 권169, 志122 職官9 敍遷之制 文散官.

9) 光祿大夫: 宋의 文散官으로 종2품에 해당한다. 숭녕 연간(송 휘종, 1102~1106)에
   제정되었고 문산관 29階 중 3번째에 위치하였다. 정화 연간(송 휘종, 1111~1118)
   말기에 문산관이 37계로 정비되면서 5번째에 위치하였다.
   『宋史』 권169, 志122 職官9 敍遷之制 文散官.

10) 閭中: 宋의 관인인 徐閭中(생몰년 미상)을 말한다. 1114년(송 정화 4)에 淮南路轉
    運副使로 재임 중일 때 眞州─지금의 중국 江蘇省 儀徵市 일원─에 설치한 抽稅
    竹木務의 正監官 임명 기준 및 봉급 기준을 건의하였고, 1115년에 滁州─지금의
    중국 安徽省 滁州市 일원─의 端命殿을 수리하기도 했다.
    『宋會要輯稿』 禮13 神御殿 政和 4년 7월 11일.
    『宋會要輯稿』 職官68 黜降官5 政和 6년 12월 22일.
    『宋會要輯稿』 職官69 黜降官6 宣和 6년 12월 11일.
    『宋會要輯稿』 選擧33 特恩除職上 宣和 3년 5월 16일.
    『宋會要輯稿』 食貨17 商稅3 政和 3년 8월 16일.
    『宋會要輯稿』 方域15 治河下 宣和 1년 10월 23일.

11) 朝請大夫: 宋의 文散官으로 종5품에 해당한다. 숭녕 연간(송 휘종, 1102~1106)에
    제정되었고 문산관 29階 중 13번째에 위치하였다. 정화 연간(송 휘종, 1111~
    1118) 말기에 문산관이 37계로 정비되면서 17번째에 위치하였다.
    『宋史』 권169, 志122 職官9 敍遷之制 文散官.

12) 直祕閣: 宋代 황제의 典籍을 검열, 조사, 출납하는 업무를 담당한 祕閣의 관직으
    로, 정8품이다. 990년(송 순화 1)에 비각의 사무를 맡기기 위해 설치되었다. 이후
    원풍 연간(송 신종, 1078~1085)에 관제를 개정하면서 비각이 祕書省에 속하게 되
    자 貼職으로 두었다.
    『宋史』 권164, 志117 職官4 祕書省 祕閣.
    『宋史』 권168, 志121 職官8 合班之制 官品.

13) 少保: 宋의 少師·少傅와 함께 三少의 하나로 정1품이다. 三公인 太尉·司徒·司空과
    함께 최고 관직이었다. 1112년(송 정화 2)에 周制의 三孤에 의거하여 설치하였으
    며 三少라 하였고, 次相을 임명하도록 하였다.
    『宋史』 권161, 志114 職官1 三師三公.
    『宋史』 권168, 志121 職官8 合班之制 官品.
    『宋會要輯稿』 職官1 三公三少 政和 2년 9월 29일.

14) 國夫人: 宋의 封爵 중 하나이다. 宰相·使相·三師·三公·王·侍中·中書令 등의 妻에
    게 주어졌다. 大禮로 인해 封贈할 때는 曾祖母·祖母·母·妻까지를 수여 대상으로
    하였다.
    『宋史』 권170, 志123 職官10 雜制 敍封.

15) 建州: 지금의 중국 福建省 建甌市 북부 일원이다. 宋代 福建路에 속하였다.

『宋史』 권89, 志42 地理5 福建路 建寧府.

16) 甌寧縣: 지금의 중국 福建省 建甌市 일원이다. 1066년(송 치평 3)에 建安·建陽·蒲城의 3縣의 땅에 나누어 설치하였다. 1070년(송 희령 3)에 폐지되었다가 1089년(송 원우 4)에 다시 두었다. 北宋代 福建路에 속하였다.
『宋史』 권89, 志42 地理5 福建路 建寧府.

17) 和州: 지금의 중국 安徽省 馬鞍山市 和縣 일원이다. 宋代 淮南西路에 속하였다.
『宋史』 권88, 志41 地理4 准南路 西路 和州.

18) 歷陽: 宋代 歷陽郡으로 지금의 중국 安徽省 馬鞍山市 和縣 歷陽鎭 일원이다. 북송대 淮南西路에 속하였다.
『宋史』 권88, 志41 地理4 准南路 西路 和州.

19) 鄂州法曹: 宋代 鄂州의 외관 중 하나인 司法參軍事를 가리킨다. 악주는 지금의 중국 湖北省 鄂州市 일원으로 북송대 荊湖北路에 속하였다. 한편, 사법참군사는 諸州에서 형법을 판결하는 일을 담당하였으며 邑格에 따라 정8품에서 종9품까지로 1명을 두었다. 1108년(송 대관 2)에 諸州에 六曹參軍을 두었고, 1113년(송 정화 3)에 지금의 명칭으로 바뀌었다.
『宋史』 권88, 志41 地理4 荊湖路 北路 鄂州.
『宋史』 권167, 志120 職官7 諸曹官.
『宋史』 권168, 志121 職官8 合班之制 元豊以後合班之制·官品.

20) 黃冠師: 道士를 가리킨다. 이에 대해서는 『高麗圖經』 권18-1-14) 참조. 한편, 황색 관은 본래 도사가 착용하는 관을 의미한다.
諸橋轍次, 1986, 「黃冠」·「黃冠子」, 『大漢和辭典』 12, 東京 : 大修館書店, 958쪽.

21) 丁令威: 전설상의 인물로, 前漢 遼東—지금의 중국 遼寧省 동남부를 포함한 遼河 동쪽 일원— 사람이라고 전해진다. 그는 고향을 떠나 靈虛山에 들어갔고, 仙道를 배운 후 학이 되어 고향에 돌아왔다. 그리고는 한탄과 함께 천년 후 돌아오겠다는 말을 남기고 떠나갔다고 한다.
『搜神後記』 권1.
임종욱 편, 2010, 「정령위」, 『중국역대 인명사전』, 이회, 1594쪽.

22) 蓋丁令威華表所留語: 『搜神後記』에 "새로구나 새가 나타났구나 정령위여. 집을 떠난 지 천년 만인데 이제서야 처음 오는가. 성곽은 예전과 같은데 사람은 그렇지 않으니. 어찌하여 선도를 배우지 않아 무덤만 빽빽한가[有鳥有鳥丁令威 去家千年今始歸 城郭如故人民非 何不學仙塚壘壘]."라는 구절이 전한다. 정령위의 화표와 관련한 꿈을 인용한 것은 徐閎中의 도교적 소양을 강조하기 위한 것으로 여겨진다.
『搜神後記』 권1.

23) 黃鶴樓: 지금의 중국 湖北省 武漢市 武昌區의 서쪽 漢陽門 내, 黃鶴山 위에 있었던 누각을 가리킨다. 이름과 관련하여 神仙이 황학을 타고 와서 쉬었다는 전설이 전해진다.
諸橋轍次, 1986, 「黃鶴樓」, 『大漢和辭典』 12, 東京 : 大修館書店, 952쪽.

24) 擧子業: 宋代 과거 전반을 가리킨다. 이에 대해서는 『高麗圖經 역주(상)』, 18쪽 권

0-1-(2)-6) 참조.

25) 太學: 宋의 교육기관을 말한다. 이에 대해서는 『高麗圖經』 권40-3-(2)-27) 참조.

26) 大比: 본래 3년마다 民의 숫자를 조사하는 것을 지칭했다. 나아가 나라 차원에서 조사하는 종류의 일을 의미하게 되었으며, 과거를 뜻하기도 했다. 본문에서는 과거를 가리킨다.

　　諸橋轍次, 1984, 「大比」, 『大漢和辭典』 3, 東京 : 大修館書店, 440쪽.

27) 政和: 宋 徽宗의 연호로 1111~1118년 사이에 사용되었다.

28) 將仕郞: 宋의 文散官으로 종9품下에 해당한다. 이에 대해서는 『高麗圖經』 권24-15-6) 참조.

29) 通州司刑曹事: 宋代 通州의 외관 중 하나인 司法參軍事를 가리킨다. 통주는 지금의 중국 江蘇省 南通市 通州區 일원으로 송대 淮南東路에 속하였다.

　　『宋史』 권88, 志41 地理4 淮南路 東路 通州.

30) 尙書郞: 宋代 尙書省의 관직이다. 六曹의 업무 접수와 문서를 바로잡아 올리는 일이 지체되면 업무를 나누어 담당했던 尙書左司郞中·尙書右司郞中을 가리킨다. 정6품 1인을 두었다.

　　『宋史』 권161, 志114 職官1 尙書省 尙書左司郞中 右司郞中 左司員外郞 右司員外郞.
　　『宋史』 권168, 志121 職官8 合班之制 官品.

31) 徐禋: 생몰년 미상. 宋의 관인이다. 1113년(송 정화 3)에 同上舍出身을 받았으며, 1116년에 倉部員外郞으로 있을 때 동남로의 폐광에서 나온 보화를 조치하게 되었다. 이후 提擧東南九路坑冶로서 동남구로의 일을 담당하였으나 임기 중에 포상을 요청하거나 州縣을 압박하는 등의 행위로 인하여 1118년에 제명되어 廬州―지금의 중국 安徽省 合肥市 일원―의 編管으로 좌천되었다.

　　『宋史』 권352, 列傳111 王安中.
　　『宋會要輯稿』 職官43 提點坑冶鑄錢司 政和 5년 4월 16일·7월 11일·7년 1월 18일.
　　『宋會要輯稿』 職官59 考課 政和 7년 1월 18일.
　　『宋會要輯稿』 職官68 黜降官5 政和 8년 5월 13일.
　　『宋會要輯稿』 選擧9 賜出身 賜同出身 擧士 政和 3년 5월 6일.

32) 東南九路坑冶: 宋代 東南九路의 외관 중 하나인 提擧東南九路坑冶를 가리킨다. 동남구로는 송의 9道를 가리키며 淮南·江東·江西·湖北·湖南·兩浙·福建·廣東·廣西 등 9개 지역이다. 제거동남구로갱야는 송의 광산 채굴 및 화폐주조를 담당한 提點坑冶鑄錢司의 관원으로 1인을 두었다.

　　『宋史』 권167, 志120 職官7 提擧坑冶司.
　　『宋會要輯稿』 職官43 提點坑冶鑄錢司 元豐 3년 7월 7일.
　　『續資治通鑑長編』 권128, 康定 1년 8월 乙未.
　　梁庚堯 編著, 2014, 「南北社會中心的轉移」, 『中國社會史』, 臺北 : 國立臺灣大學出版中心, 194쪽.

33) 幹辦公事: 宋代 東南九路의 외관 중 하나인 勾當公事를 가리킨다. 송의 광산 채굴 및 화폐주조를 담당한 提點坑冶鑄錢司의 관원이며 2인을 두었다. 본래 구당공사

라 불렸으나 송 高宗의 이름인 構를 피휘하기 위하여 幹辦公事로 개칭되었다.

『宋史』 권167, 志120 職官7 提擧坑冶司.

『宋會要輯稿』 職官43 提點坑冶鑄錢司 宣和 7년 3월 12일.

34) 靜江: 宋代 靜江府를 말한다. 지금의 중국 廣西壯族自治區 桂林市 일원이다. 송대 廣南西路에 속하였다.

『宋史』 권88, 志43 地理6 廣南路 西路 靜江府.

35) 黃麟: 생몰년 미상. 宋의 관인이다. 黃璘과 동일인물로 추정된다. 1115년(송 정화 5)에 廣州觀察使로 있을 때 大理國—大禮國—의 입공 윤허를 건의하였으며, 이를 대비하기 위하여 賓州—지금의 중국 廣西 壯族自治區 南寧市 賓陽縣 일원—에 부서를 설치하였다. 1117년에 廣州觀察使 管勾押伴大理國進奉人使로서 대리국 입공을 담당하여 아들에게 이르기까지 벼슬을 제수받았으나, 周種에게 탄핵되었다.

『宋史』 권488, 列傳247 外國4 大理國.

『宋會要輯稿』 蕃夷4 大理國 政和 7년 2월 25일·6월 28일.

『宋會要輯稿』 蕃夷7 歷代朝貢 政和 6년 8월 13일·12월 30일.

36) 大禮國: 10세기부터 13세기 중반까지 중국 雲南 일원에 분포하던 白蠻族이 세운 국가로 大理國이라고도 한다. 937년 段思平에 의해 건국되어 1253년(대리 천정 2)에 몽골의 정복활동에 의해 멸망하기까지 32대에 걸친 300여 년 동안 존속하였다. 한편, 1094년(대리 천우 3)에 高昇泰가 정권을 찬탈해 大中國을 세웠으나 임종시 段氏에게 되돌려주어 대리국이 재건되었다. 이에 따라 대중국 이전을 대리국, 이후를 後理國이라 한다.

『宋史』 권488, 列傳247 外國4 大理國.

김한규, 2005, 「강저(羌氏) 역사 공동체」, 『天下國家—전통 시대 동아시아 세계 질서—』, 소나무, 716~719쪽.

37) 五嶺: 지금의 중국 湖南省·江西省 남부와 廣西省·廣東省 북부 경계 일원에 있는 越城·都龐·萌渚·騎田·大庾를 가리킨다.

戴均良 外 主編, 2005, 「五嶺」, 『中國古今地名大詞典』上, 上海 : 上海辭書出版社, 399쪽.

38) 厐種: 생몰년 미상. 宋의 관인이다. 1088년(송 원우 3) 江寧府司理叅軍 鄞州州學教授로 있을 때 王安石을 神宗廟에 배향하고자 한다는 이유로 파직당하였다. 이후 著作佐郎 國史院編修官 崇政殿說書, 知靑州, 淮南發運使를 역임하였다. 1117년(송 정화 7) 知桂州로서 당시 大理國—大禮國— 입공 진위를 규명하여 黃麟—黃璘—을 사실의 은폐라는 죄목으로 고발했으나 著作佐郎 國史院編修官으로 좌천되었다가 후에 복직되었다.

『宋史』 권488, 列傳247 外國4 大理國.

『宋會要輯稿』 職官66 黜降官3 元祐 3년 12월 22일.

『宋會要輯稿』 職官68 黜降官5 大觀 4년 7월 14일.

『續資治通鑑長編』 권489, 哲宗 紹聖 4년 7월 戊辰.

『續資治通鑑長編』 권517, 哲宗 元符 2년 12월 己酉.

『直齋書錄解題』 권7, 政和大理入貢錄1.

39) 雍丘: 宋代 雍丘縣을 말한다. 지금의 중국 河南省 開封市 杞縣 일원이다.
『宋史』 권85, 志38 地理1 京畿路 雍丘.

40) 京西部: 지금의 중국 河南省 洛陽市 남부와 黃河 남쪽 일원이다. 1072년(송 희령 5)에 南·西路로 나뉘었다.
『宋史』 권85, 志38 地理1 京西路.

41) 三尺法: 법률을 의미한다. 옛날 三尺의 竹簡에 법률을 적었던 사실에 연유한다.
諸橋轍次, 1984, 「三尺」, 『大漢和辭典』 1, 東京 : 大修館書店, 156쪽.

42) 鄭州原武縣: 鄭州는 지금의 중국 河南省 鄭州市 일원으로 宋代 京西北路에 속하였다. 原武縣은 지금의 중국 河南省 新鄕市 原陽縣 일원으로 1072년(송 희령 5)에 陽武縣에 병합되었다가 1086년(송 원우 1) 정주에 속하게 되었다.
『宋史』 권85, 志38 地理1 京西路 鄭州.

43) 令: 宋代 縣의 장관인 縣令을 가리킨다. 읍격에 따라 정7품에서 종8품까지였으며, 현의 여러 정사를 총괄하였다.
『宋史』 권167, 志120 職官7 縣令.
『宋史』 권168, 志121 職官8 合班之制 官品.

44) 燕國鄭公: 1059~1123. 宋의 관인인 鄭居中을 가리킨다. 開封—지금의 중국 河南省 開封市 일원— 사람으로 字는 達夫이다. 進士試에 합격하였다. 숭녕 연간(송 휘종, 1102~1106)에 貴妃의 從兄으로 給事中, 翰林學士를 역임하였으며 1107년(송 대관 1) 同知樞密院事에 오르고 1109년에 知樞密院事로 승진하였으나 1110년에 외척이라 하여 파직되었다. 정화 연간(송 휘종, 1111~1118)에 蔡京에게 원한을 가져, 그가 정사를 어지럽힌다며 맞섰고, 이로 인해 士論에게 칭송되었다. 金에 사신을 보내 契丹을 공격하여 燕雲을 수복하는 것에 반대하기도 했다. 崇國公, 宿國公, 燕國公으로 봉해졌으며, 1123년(송 선화 5)에 병이 들어 졸하였다. 시호는 文正이다. 저서로 『政和五禮新儀』가 있다.
『宋史』 권350, 列傳110 鄭居中.
『宋會要輯稿』 禮41 發喪 宣和 5년 6월 27일.
『宋會要輯稿』 禮47 優禮大臣2 宣和 1년 9월 16일.
임종욱 편, 2010, 「정거중」, 『중국역대 인명사전』, 이회, 1581·1582쪽.

45) 濟州司士曹事: 宋代 濟州의 외관 중 하나인 司士曹參軍事를 가리킨다. 제주는 지금의 중국 山東省 荷澤市 巨野縣 남쪽 일원으로 북송대 京東西路에 속하였다. 한편, 司士曹事—司士曹參軍事—는 여러 州에 설치되었던 司六曹事의 하나로, 종8품에 해당한다. 1113년(송 정화 3)에 士曹參軍에서 지금의 명칭으로 고치고 司錄事와 司儀曹事의 일을 담당하게 했다.
『宋史』 권85, 志38 地理1 京東路 西路 濟州.
『宋史』 권166, 志119 職官6 次府.
『宋史』 권168, 志121 職官8 合班之制 元豐以後合班之制·官品.

46) 元豐庫: 宋代 太府寺에 소속된 관사 중 하나이다. 1080년(송 원풍 3)에 설치되었

으며 여러 路의 積剩과 常平錢物을 관장했다.
『宋史』권165, 志118 職官5 太府寺.

行狀-(2)

[原文]

宣和六年, 高麗入貢, 請于[7]上, 願得能書者, 至國中. 繼遣給事中路允迪, 報聘, 卽以公, 爲國信所提轄人船禮物官. 因譔高麗圖經四十卷, 詔給札上之. 其所自敍曰, 漢張騫, 使月氏[8], 十有三年而後歸, 僅能言其所歷之國地形物産而已. 臣在高麗月餘, 館有兵衛, 出才五六. 至於馳驅車馬之間[9], 獻酬尊俎之上, 耳目所及, 非若十三歲之久, 而其建國立政之體, 風俗事物之宜, 繪畫紀次, 殆無遺者, 非敢矜博洽, 飾浮剽, 以塵上聽, 蓋摭其實, 庶幾報器使之萬一. 徽宗皇帝, 覽其書, 大說[10], 召對便殿, 賜同進士出身, 擢知大宗正丞事兼掌書學, 遷尙書刑部員外郎. 時相册免, 坐親嫌. 謫監池州永豐監, 丁外艱. 服除, 授沿江制置司叅謀官. 匃[11]奉祠, 主管南京鴻慶宮, 自是, 三領台州崇道觀. 公資明銳, 遇事立悟, 撥煩濟劇, 出於譚笑. 機張鍵閉, 人莫得而窺測. 孝悌出[12]天性. 自虜[13]犯淮甸, 徙家信之弋陽, 自以先隴隔絶, 不勝悲思. 而光祿嘗佐饒, 祕閣又嘗漕江東, 有祠在德興縣靑雲佛宇. 公, 歲時造祠下, 烝[14]嘗不少怠. 母兄今敷文閣直學士林坐[15]悟時宰, 南遷莆陽. 公不遠千里, 走省之, 久之不忍去, 曰

---

7) 知 : 於.
8) 四 知 : 氏.
9) 知 : 閒.
10) 四 知 : 悅.
11) 四 : "匃"가 누락되어 있다.
12) 四 知 : 自.
13) 四 知 : 敵.
14) 四 知 : 蒸.

傷在手足, 何暇顧妻孥哉. 公俶儻好施, 視貨財如糞土, 周人之難, 急於謀
身. 河南少尹許滂, 偕公渡彭蠡, 滂舟覆, 公拯之, 全其家二百指, 且厚致
餽. 滂後遣謝, 公一無所取. 故人宋浦, 以事下大理, 當償錢四十六萬, 行
匃於市. 公褚16)中, 有茶券, 適及其數, 捐以與之, 浦獲免. 凡疏戚遠近,
孤獨困窮, 公脫之於憂患, 助之以婚姻葬斂者, 蓋不可以一二計也. 公, 鄙
章句學, 而漁獵古今, 探賾提要, 下至釋老孫吳盧扁之書, 天17)經地誌, 方
言小說, 靡不貫通. 在貴人前, 抵掌論事, 常傾一坐. 文詞雋敏立就, 下筆
袞袞, 不能自休, 尤長於歌詩. 過西楚霸王廟, 留二十八字, 中書舍人韓駒
見之曰, 後人殆不可措筆矣. 畫入神品, 山水人物, 二俱冠絶. 嘗戲爲平
遠, 題長句其側, 以遺駒. 駒每出以示人曰, 明叔詩爲畫邪, 畫爲詩邪. 雖
濡毫18)漱19)墨, 成於須臾, 而張絹素, 或經歲不顧. 世人所藏, 多出他手,
或公所指授云.

선화1) 6년(1124) 고려가 공물을 바치며 황제께 청하기를, "원하건대
글을 잘 쓰는 자를 얻어 고려[國中]에 데려가고자[至] 합니다."라고 하였
다. 이어 급사중2) 노윤적3)을 보내 보빙하였으며, 곧 공을 국신소4) 제할
인선예물관5)으로 삼았다.6) 이로 인해『고려도경』40권을 찬술하니 조서
를 내려 어찰을 주고 이를 올리도록 하였다. 그가 스스로 쓴 서문에
"한7)의 장건8)은 월지9)에 사신으로 나갔다가 13년이 지난 뒤에야 돌아와
그가 지나친 나라의 지형과 물산을 겨우 말할 수 있을 뿐이었습니다.

15) 四 知 : 至.
16) 知 : 楮.
17) 四 知 : 山.
18) 四 知 : 毫. 원문은 豪로 되어 있으나, 의미상 '毫'가 옳다고 생각되어 교감 번역
　　하였다.
19) 四 知 : 漱. 원문은 嗽로 되어 있으나, 의미상 '漱'가 옳다고 생각되어 교감 번역
　　하였다.

신은 고려에 한 달 남짓 있었고 객관에 병위(兵衛)가 있어 나간 것이 겨우 대여섯 번이었습니다. 수레와 말이 달리는 동안이나 연회[尊俎]에서 술잔을 주고받는 사이에 이르러 듣고 본 바가 13년과 같이 오래되지는 않았으나 건국과 정치의 체제, 풍속과 사물의 그럴 만한 것에 대해 빠짐없이 그리고 배열한 것은 감히 박학함을 자랑하여 꾸미거나 근거 없는 말[飾浮劇]로 황제의 귀를 더럽히려는 것은 아니라, 대개 그 사실을 수집하여 사신으로 임명한 것의 만분의 일이라도 보답하기를 바란 것입니다.'라고 하였다. 휘종황제[10]께서 그 책을 보시고 크게 기뻐하시어 편전에 불러들여 보시고 동진사출신[11]을 하사하셨으며, 지대종정승사[12] 겸장서학[13]으로 발탁하셨다가 상서형부원외랑으로 옮기셨다. 당시 재상이 면직되자[14] 친혐[15]으로 연좌되었고, 좌천되어 지주[16]의 영풍감[17]을 맡다가 부친상을 당하였다. 상복을 벗고는 연강제치사참모관[18]에 제수되었다. 봉사직[19]을 빌어 남경[20]의 홍경궁[21]을 주관하였는데, 이로부터 세 번 태주[22]의 숭도관[23]을 다스렸다. 공은 자질이 총명하고 예리하니 일을 만나면 바로 깨달았으며, 바쁜 정무를 처리하고 번거로움을 해결하는 것이 이야기하고 웃는 데서 나왔다. 활시위를 당기고 자물쇠를 잠그는 듯하여 사람들이 엿보아 알지 못하였다. 효도와 형제애는 타고난 성품에서 나왔다. 금[虜][24]이 회수[25] 경계를 침범하자[26] 집을 신주[27]의 익양[28]으로 옮겼는데, 이때부터 선영이 막히고 끊어져 슬퍼하는 마음을 이기지 못하였다. 서사회[光祿]는 일찍이 요주[29]를 보좌하고 서굉중[祕閣] 또한 일찍이 강동[30]에서 조운을 담당하여 (그들의) 사당이 덕흥현[31] 청운사[靑雲佛宇][32]에 있었다. 공이 해마다 사당 아래에 이르렀으니 제사가 조금도 게으르지 않았다. 동복형인 지금의 부문각직학사[33] 서림[34]은 당시 재상의 뜻을 거슬러 보양[35]으로 좌천[南遷]되었다. 공이 1,000리를 멀게 여기지 않고 달려가 그를 살폈으며 오랫동안 차마 떠나지 못하

고 말하기를, "형제에게 아픔이 있는데 어느 겨를에 아내와 자식들을
돌아보겠는가?"라고 하였다. 공은 기재가 뛰어나고 베풀기를 좋아하여
재물을 흙과 같이 보았고, 사람들의 어려움을 구제하는 것을 자신을
살피는 것보다 급하게 하였다. 하남소윤[36] 허방[37]이 공과 함께 팽려[38]를
건넜는데, 허방의 배가 뒤집히자 공이 그를 건져주었고 그 가문 20명[二
百指]을 무사하게 하였으며 또한 음식을 후하게 주었다. 허방이 뒤에
사례를 보냈으나 공은 하나도 취하는 바가 없었다. 오랜 친구 송포[39]는
어떤 일로 옥에 갇혀[下大理][40] 46만 전을 갚아야 하게 되자, 시장을 다니
며 구하였다. 공의 주머니 안에 다권[41]이 있었는데, 마침 그 수에 이르니
내놓아 주어 송포가 면할 수 있었다. 무릇 소원하거나 친근하거나 멀거
나 가깝거나, 고독하고 곤궁하면 공이 우환에서 벗어나게 하였으며 혼
인하고 장사지내는데 돕는 것이 대략 하나둘로 셀 수 없을 정도였다.
공은 장구학[42]을 비루하게 여겨 고금을 섭렵하였고 도리를 찾아 요점을
제시하였으며 아래로는 불교[釋]·도교[老]·병법[孫吳][43]·의술[盧扁][44]의
책과 천문서·지리서·방언·소설까지 꿰뚫어 통하지 않음이 없었다. 귀
인 앞에서 손뼉을 치며 일을 논하니 항상 한 자리의 주목을 받았다.
문장이 뛰어나고 민첩하여 즉시 이루어졌으며 붓을 들어 쓰는 것이 끊임
없어 스스로 멈출 수 없었고 노래와 시가 더욱 뛰어났다. 서초패왕의
사당[45]을 지나며 칠언절구[二十八字]를 남기니 중서사인[46] 한구[47]가 이
를 보고 말하기를, "뒷사람들이 대개 붓을 댈 수 없을 것이다."라고 하였
다. 그림이 신품(神品)에 들었는데 산수화·인물화 2가지 모두 탁월하게
뛰어났다. 일찍이 장난삼아 평원을 그렸는데 그 옆에 장구(長句)를 적어
한구에게 전하였다. 한구가 매번 사람들에게 (그림을) 꺼내어 보이면서
말하기를, "서긍[明叔]은 시로 그림을 그리는가, 그림으로 시를 짓는가."
라고 하였다. 비록 붓을 적시고 먹을 씻어 잠깐 사이에 (그림이) 이루어

졌지만, 흰 비단을 펼치고 혹 해가 지나도 돌아보지 않기도 하였다. 세상 사람들이 소장하는 것은 대부분 다른 사람의 손에서 나왔거나 혹 공이 가르쳐 준 것이라고 한다.

[註解]

1) 宣和: 宋 徽宗의 연호로 1119~1125년 사이에 사용되었다.

2) 給事中: 宋代 門下省의 정4품 관직으로 내외에 출납하는 문서를 심의하였다. 이에 대해서는 『高麗圖經 역주(상)』, 18쪽 권0-1-(2)-4) 참조.

3) 路允迪: 생몰년 미상. 宋 사절단의 正使이다. 그에 대해서는 『高麗圖經 역주(상)』, 18쪽 권0-1-(2)-5) 참조.

4) 國信所: 宋代 契丹과 교빙하는 일을 맡은 관서이다. 이에 대해서는 『高麗圖經 역주(상)』, 11쪽 권0-1-(1)-2) 참조.

5) 提轄人船禮物官: 宋代 사신단의 인원과 선박 및 예물 등을 관장했던 관원으로 추정된다. 이에 대해서는 『高麗圖經 역주(상)』, 11·12쪽 권0-1-(1)-3) 참조.

6) 宣和六年 …… 爲國信所提轄人船禮物官: 선화 연간(송 휘종, 1119~1125)에 서긍의 사절단이 고려에 오게 된 경위를 설명하는 구절이다. 본문과 같이 사절단이 고려에 왔던 1123년(인종 1) 전에 고려가 入貢했었다는 기록은 확인되지 않는다. 그러므로 고려에서 먼저 宋에 입공하여 사절단을 요청하였다는 본문의 서술은 실제와 차이가 있다. 한편, 송은 弔慰의 의미를 겸하여 國信使 일행을 파견하였는데, 예종의 훙거와 사신단 파견에 대해서는 『高麗圖經 역주(상)』, 19쪽 권0-1-(2)-10) 참조.
『高麗史』 권15, 世家15 仁宗 1년 6월 甲午.
『宋史』 권22, 本紀22 徽宗 宣和 4년 9월 己巳.
『宋史』 권487, 列傳246 外國3 高麗 宣和 4월.

7) 漢: B.C.206년 高祖 劉邦이 秦 이후에 중국을 다시 통일시키면서 건립한 왕조이다. 이에 대해서는 『高麗圖經』 권30-5-2) 참조.

8) 張騫: ?~B.C.114. 漢代에 활동한 관인이다. 그에 대해서는 『高麗圖經 역주(상)』, 21·22쪽 권0-1-(3)-4) 참조.

9) 月氏: 지금의 중국 서북 지역에 살았던 고대 종족이다. 이에 대해서는 『高麗圖經 역주(상)』, 22쪽 권0-1-(3)-5) 참조.

10) 徽宗皇帝: 1082~1135. 宋의 제8대 황제로 재위 기간은 16년(1110~1125)이다. 그에 대해서는 『高麗圖經』 권17-2-6) 참조.

11) 同進士出身: 宋에서 과거 급제자에게 내려주던 出身 중 하나이다. 殿試의 합격자를 5등급으로 구분하고 제4등과 제5등에게 하사되었으며, 特奏名 합격자의 제1등에게 하사되기도 했다. 서긍은 과거로 입사하지 않았으나 『高麗圖經』을 바친

공으로 하사받았다. 한편, 諸科同出身을 하사받은 이들은 守選으로 임명되었다.
『宋史』 권155, 志108 選擧1 科目上 景德 4년.
『宋會要輯稿』 選擧2 貢擧2 進士科 慶曆 6년 5월 1일.
John W. Chaffee, 1985, The Thorny Gates of Learning in Sung China: A Social
History of Examinations, London : Cambridge Univ. Press ; 양종국 옮김, 2001, 「관
료채용 구조」, 『송대 중국인의 과거생활―배움의 가시밭길―』, 신서원, 59·60쪽.
Thomas H. C. Lee, 1985, Government education and examinations in Sung China, New
York : St. Martin's ; 姜吉仲 옮김, 2010, 「과거고시(科擧考試)」, 『宋代 官學敎育
과 科擧』, 경상대학교 출판부, 173쪽.

12) 知大宗正丞事: 宋代 왕실의 宗籍 작성을 맡았던 宗正寺에 속한 관직이며, 知大宗正
司丞事라고도 한다. 1070년(송 희령 3)에 처음 설치되었으며, 정원은 2인이었다.
『宋史』 권164, 志117 職官4 宗正寺.

13) 掌書學: 宋代 교육기관 중 하나인 書學을 관장하는 직책으로 추정된다. 한편, 서
학은 1104년(송 숭녕 3)에 徽宗이 國子監 아래 설치한 전문교육 기관으로, 1124
년(송 선화 6)에 폐지되었다.
『宋會要輯稿』 崇儒3 書學 崇寧 3년 6월 11일·宣和 6년 8월 4일.
Thomas H. C. Lee, 1985, 앞의 책 ; 姜吉仲 옮김, 2010, 앞의 책, 118~120쪽.

14) 時相册免: 宋의 관인인 蔡京이 직위를 파면당한 일이다. 채경과 그 일화에 대해
서는 『高麗圖經』 권17-3-4) 참조.

15) 親嫌: 본래는 친속의 사사로운 정으로 인하여 불법을 저지른 혐의를 의미한다.
관리의 친족 상피 제도로 기능했다. 宋代 勅과 令에 의해 상세히 규정되었으며,
인재 등용과 관련한 조문에서도 상피의 대상인 친척의 천거를 금지하는 등의 문
구가 명시되었다. 본문에 따르면, 蔡京이 서긍의 천거에 관여하였기 때문에 채경
이 파직되자 서긍이 연좌되었을 것이라 추측된다.
檀國大學校 東洋學硏究所, 2007, 「親嫌」, 『漢韓大辭典』 12, 檀國大學校出版部, 610쪽.
金池洙, 2005, 「正義를 위한 司法理念―實情과 法理―」, 『專統 中國法의 精神―情·
理·法의 中庸調和―』, 全南大學校出版部, 405~408쪽.

16) 池州: 지금의 중국 安徽省 池州市 일원이다. 宋代 江南東路에 속하였다.
『宋史』 권88, 志41 地理4 江南路 東路 池州.

17) 永豐監: 宋代 동전 주조를 위해 池州―지금의 중국 安徽省 池州市 일원―에 설치
한 鑄錢監을 말한다. 996년(송 지도 2)에 지주의 새 주전감을 永豐이라 하였으며
445,000貫의 액수를 담당하였다.
『宋史』 권5, 本紀5 太宗 至道 2년 10월 己未.
『宋會要輯稿』 食貨11 錢法 鑄錢監.

18) 沿江制置司叅謀官: 宋代 沿江 등지에 설치하였던 沿江水軍制置使司―沿江水軍制置
司, 沿江水軍制置大使― 소속의 관원이다. 한편, 연강수군제치사사는 송대 江寧府
―지금의 중국 江蘇省 南京市 일원―에 치소가 있었으며, 관원으로 制置使·副使
외에 叅謀軍 등을 두었다.

『宋史』 권167, 志120 職官7 制置使.

龔延明 主編, 1997, 「沿江水軍制置使司」, 『宋代官制辭典』, 北京 : 中華書局, 455쪽.

19) 奉祠: 宋代 祠祿으로 주어지던 職을 말한다. 연로하여 물러나는 宰相에게 宮觀을 관리하게 하여 특별한 직무 없이 祿을 받을 수 있어 우대하는 데에 이용된 특전이었다.

『宋史』 권170, 志123 職官10 雜制 宮觀.

諸橋轍次, 1984, 「奉祠」, 『大漢和辭典』 3, 東京 : 大修館書店, 581쪽.

20) 南京: 宋代 應天府―지금의 중국 河南省 商丘市 일원―를 말한다. 본래 하남군이었다가 1006년(송 경덕 3)에 응천부로 승격되었고, 1014년(송 대중상부 7)에 설치하였다. 1072년(송 희령 5)에 京東西路로 속하였다.

『宋史』 권85, 志38 地理1 京城 南京·京東路 西路.

21) 鴻慶宮: 宋代 南京―지금의 중국 河南省 商丘市 일원―에 있던 聖祖殿을 말한다. 송 太祖代 처음 설치하였는데, 1014년(송 대중상부 7)에 眞宗이 남경에 이르자 그 앞에서 拜하고 鴻慶宮이라 불렀다.

『宋史』 권8, 本紀8 眞宗 大中祥符 7년 1월 丙辰.

『宋史』 권85, 志38 地理1 京城 南京.

『宋史』 권104, 志57 禮7 朝謁太清宮.

『宋會要輯稿』 禮5 祠宮觀 鴻慶宮.

22) 台州: 지금의 중국 浙江省 台州市 일원이다. 唐代 海州에서 태주로 바꾸었으며, 宋代 兩浙路에 속하였다.

『宋史』 권88, 志41 地理4 兩浙路 台州.

23) 崇道觀: 宋代 台州―지금의 중국 浙江省 台州市 일원―에 있던 道觀이다.

『宋史』 권170, 志123 職官10 宮觀.

24) 虜: 중국 만주와 연해주 일대에 분포하던 女眞族이 세운 金을 가리킨다. 이에 대해서는 『高麗圖經 역주(상)』, 86쪽 권3-2-3) 참조.

25) 淮: 宋代 淮安軍―지금의 중국 江蘇省 淮安市 일원―이다. 1234년(송 단평 1)에 軍을 州로 고쳤으며, 宋代 淮南東路에 속하였다.

『宋史』 권88, 志41 地理4 淮南路 淮安軍.

26) 自虜犯淮甸: 중국 淮水 경계에서 벌어진 宋과 金의 접전을 말한다. 1127년(송 정강 2, 금 천회 5)의 '靖康의 변' 이후 高宗은 금과 화의를 진행하고자 하였으나 송에서는 岳飛를 중심으로 한 주전파가 득세하여 교전이 지속되었다. 그런데 秦檜가 재상으로 임명되자 악비를 거세하고 고종을 설득하여 1142년(송 소흥 12, 금 황통 2) 양국이 화의에 도달하였으며, 이로 인해 양국은 회수 중류를 경계로 삼았다.

이춘식, 2005, 「송(宋) 왕조의 건국과 중국 문화의 경신」, 『중국사 서설(개정판)』, 교보문고, 317·318쪽.

27) 信: 宋代 信州―지금의 중국 江西省 上饒市 일원―를 말한다. 송대 江南東路에 속하였다.

『宋史』 권88, 志41 地理4 江南路 東路 信州.

28) 弋陽: 宋代 弋陽縣—지금의 중국 江西省 上饒市 弋陽縣 일원—을 말한다. 994년
(송 순화 5)에 익양의 寶豐場을 현으로 승격시켰다가 이후 鎭이 되었고, 1043년
(송 경력 3)에 폐지되었다.
『宋史』 권88, 志41 地理4 江南路 東路 信州.

29) 饒: 宋代 饒州—지금의 중국 江西省 上饒市 鄱陽縣 일원—를 말한다. 송대 江南東
路에 속하였다.
『宋史』 권88, 志41 地理4 江南路 東路 饒州.

30) 江東: 지금의 중국 長江 동쪽 지역을 말한다. 宋代 江寧府와 그 아래 2軍, 7州, 43
縣이 있었으며, 江南東路에 속하였다.
『宋史』 권88, 志41 地理4 江南路 東路.

31) 德興縣: 지금의 중국 江西省 德興市 일원이다. 宋代 江南東路에 속하였다.
『宋史』 권88, 志41 地理4 江南路 東路 饒州.

32) 靑雲佛宇: 宋代 德興縣에 있었던 절로 여겨지나, 본문 이외에는 기록이 소략하여
자세한 내용을 알기 어렵다.

33) 敷文閣直學士: 宋代 문학이나 예술 작품을 보관하던 敷文閣의 관직으로, 종3품에
해당한다. 한편, 敷文閣은 1140년(송 소흥 10)에 건립되었으며, 學士, 直學士, 待
制, 直閣, 修撰 등의 관직을 두었다.
『宋史』 권29, 本紀29 高宗 紹興 10년 5월 甲申.
『宋史』 권162, 志115 職官2 諸閣學士 直學士 待制.
『宋史』 권168, 志121 職官8 合班之制.
『宋會要輯稿』 職官7 學士.

34) 林: 徐林(생몰년 미상)을 가리킨다. 宋 和州—지금의 安徽省 馬鞍山市 和縣 일원—
사람이다. 1121년(송 선화 3)에 관직에 진출하였고, 소흥 연간(송 고종, 1131~1162)
에 直顯謨閣 등을 역임하였다. 이후 敷文閣直學士에 이르러 80세에 사망했다.
『宋史』 권173, 志126 食貨上1 農田之制.
張偉之 主編, 1999, 「徐林」, 『中國歷代人名大辭典』上, 上海 : 上海古籍出版社, 1930쪽.

35) 莆陽: 지금의 중국 福建省 莆田市·仙遊市 일원이다. 宋代 福建路 興化軍에 속하였다.
『宋史』 권89, 志42 地理5 福建路 興化軍.
鄭天挺·譚其驤 主編, 1997, 「興化軍」, 『中國歷史大辭典·歷史地理』, 上海 : 上海辭書
出版社, 342쪽.
陳啟慶, 2019, 「宋代莆陽商業活動綜論」, 『武夷學院學報』 38-2, 30쪽.

36) 河南少尹: 宋代 河南應天府—지금의 중국 河南省 商丘市 일원—의 차관으로, 정원
은 2인이었다.
『宋史』 권166, 志119 職官6 河南應天府.

37) 許滂: 생몰년 미상. 본문 이외에는 기록이 소략하여 자세한 내용을 알기 어렵다.

38) 彭蠡: 지금의 중국 江西省 일원에 있는 鄱陽湖를 말한다. 이에 대해서는 『高麗圖
經』 권17-10-3) 참조.

39) 宋浦: 생몰년 미상. 본문 이외에는 기록이 소략하여 자세한 내용을 알기 어렵다.

40) 以事下大理: 宋浦가 어떠한 일로 옥에 갇힌 일을 말한다. 한편, 大理는 본래 宋代 형벌을 담당하던 관청인 大理寺를 말한다. 원풍 연간(송 신종, 1078~1085)에 관제를 개정하며 卿 1인, 小卿 2인 및 主簿까지 정하여 刑獄을 담당하도록 했다. 『宋史』 권165, 志118 職官5 大理寺.

41) 茶券: 宋代 차를 밖으로 반출하기 위해 필요했던 官의 증명서를 말한다. 당시 300만 전의 가치가 있었다는 기록이 있다.
『宋史』 권357, 列傳116 梅執禮.
諸橋轍次, 1985, 「茶券」, 『大漢和辭典』 9, 東京 : 大修館書店, 627쪽.

42) 章句學: 매 문장과 구절을 단위로 연구하여 大體에 통하지 않는 학문을 말한다. 漢代 訓詁學의 특징 중 하나이며 『漢書』에 「尙書」류의 歐陽章句·大小夏侯章句와 「春秋」류의 公羊章句·穀梁章句 등이 있다.
『漢書』 권30, 藝文志10.
諸橋轍次, 1985, 「章句學」, 『大漢和辭典』 8, 東京 : 大修館書店, 709쪽.
정인숙, 1988, 「훈고학 약론」, 『語文硏究』 13, 138쪽.

43) 孫吳: 중국 春秋時代의 병법가 孫武(생몰년 미상)와 吳起(?~B.C.381)를 말한다. 손무는 중국 춘추시대 齊의 樂安—지금의 중국 山東省 일원— 사람으로, 吳王이 그를 장군으로 삼았다. 서쪽으로는 楚를 공격해 승리를 거두고, 북쪽으로는 齊와 晉을 굴복시켜 吳를 패자로 만들었다. 『孫子兵法』은 중국 최고의 병법서 중 하나로 孫子—손무— 또는 그 자손인 孫臏의 저작이라고 전해진다. 전쟁 중에 일어나는 모순을 인정하고 본질적인 분석 방법을 채취하였고, 2천여 년간 병법의 중심 사상이 되었다. 한편, 오기는 춘추시대 衛 출신의 장군이다. 본래 魯를 섬기다가 魏를 거쳐 楚의 재상이 되었으며, 나라를 강성하게 만들었다. 『吳子』는 오기의 저작으로 알려진 병법서이다. 2권으로 이루어졌으며 漢初까지 48편이 있었다고 전해지지만, 지금은 圖國, 料敵, 治兵 등 6편이 남아 있다. 본문에서 孫吳는 병법서 일반을 대표하는 의미로 사용되었다.
『史記』 권65, 孫子吳起列傳5.
諸橋轍次, 1984, 「孫吳」, 『大漢和辭典』 5, 東京 : 大修館書店, 863쪽.
조춘식 主編, 2003, 「孫子」·「吳子」, 『中國學資料解題』, 신서원, 384·468·469쪽.
임종욱 편, 2010, 「손무」·「오기」, 『중국역대 인명사전』, 이회, 790·1007·1008쪽.

44) 盧扁: 중국 戰國時代의 名醫 扁鵲(생몰년 미상)을 가리킨다. 齊의 渤海 鄭 사람으로, 諱는 越人이다. 盧鵲으로도 불렸다. 젊어서 長桑君에게 의서를 물려받아 명의가 되었으나 秦의 李醯의 시기를 받아 암살되었다. 본문에서는 의술서 일반을 대표하는 의미로 사용되었다.
『史記』 권105, 扁鵲倉公列傳45.
임종욱 편, 2010, 「편작」, 『중국역대 인명사전』, 이회, 1957·1958쪽.

45) 西楚霸王廟: 지금의 중국 安徽省 鞍山市 和縣 烏江鎭에 위치한 西楚霸王의 사당을 말한다. 1159년(송 소흥 29) 高宗이 '英惠'라는 廟額을 하사하였다. 한편, 서초패

왕은 項籍(B.C.232~B.C.202)을 가리킨다. 秦 말기 臨淮郡 下相縣—지금의 중국 江蘇省 宿遷市 일원— 사람이며 字는 羽이다. B.C.209년(진 이세 1) 陳勝의 반란으로 진이 혼란에 빠지자 봉기하였고, 진왕 子嬰을 죽여 진을 멸망시켰다. 이후 彭城을 도읍으로 삼아 스스로 서초패왕이라 칭하고 諸侯王을 봉하였다. 漢 高祖 劉邦과 패권을 다투다 궁지에 몰리자 烏江에 이르러 자살하였다.
『史記』 권7, 項羽本紀.
『宋會要輯稿』 禮2 諸祠廟 項羽祠.
임종욱 편, 2010, 「항우」, 『중국역대 인명사전』, 이회, 2040쪽.
46) 中書舍人: 宋代 中書省의 관직으로 정4품이다. 이에 대해서는 『高麗圖經 역주(상)』, 18·19쪽 권0-1-(2)-7) 참조.
47) 韓駒: ?~1135. 宋 仙井監—지금의 중국 四川省 仁壽縣 일원— 사람이다. 字는 子蒼, 號는 陵陽先生이다. 徽宗代 급제하여 進士出身을 받았으며 祕書省正字에 임명되었다. 이후 祕書少監, 中書舍人을 역임하였으며 1135년(송 소흥 5)에 撫州에서 죽었다. 지은 글들이 간단하면서도 장중하다고 인정받았으며, 저서로 『陵陽集』 4권이 있다.
『宋史』 권445, 列傳204 文苑7 韓駒.
임종욱 편, 2010, 「한구」, 『중국역대 인명사전』, 이회, 2017쪽.

行狀-(3)

[原文]

公處事無大小, 皆妙有思致, 他人窮智慮, 莫能及. 洞曉音律, 且善嘯, 閒20)命倚笛和之, 聲嘹然猶出其上, 塵飛幕動, 殆若鸞鳳群集. 飲酒至二斗不亂, 與客對, 必引滿先釂. 酒半, 譚辯風生, 或游戲翰墨, 吹簫拊瑟, 超然疑其爲神仙中人也. 天下士, 聞公名, 率願納交. 賤21)微22)小夫, 及門遇之, 亦必盡禮, 有所求, 無細大響應. 人之有善, 喜若己有, 故所至, 人翕然親愛之, 雖蠻貉行焉. 治圃數十畝, 名洗硯池, 幽勝聞江南. 自號自信居士, 奉祠者二十年. 安於閒23)退, 若無足動其心者, 唯24)眷戀墳墓不置.

---

20) 四 : 間.
21) 四 知 : 微.
22) 四 知 : 賤.

紹興辛未歲, 還歷陽焚黃告歸, 及吳門, 被病卒. 嗚呼, 以公抱負如此, 而自壯歲, 去國, 拓落無所施. 雖公處之裕然, 而有志之士, 蓋爲時嗟惜者, 或至於涕流[25]也. 公生以元祐六年五月八日, 終以紹興二十三年五月二十[26]日, 享年六十有三. 累官至朝散大夫, 賜三品服. 娶陳氏, 封宜人, 後公五年卒. 子男三人, 曰集, 早卒, 曰藏[27], 右承直郎江南西路轉運司幹辦公事, 繼從兄朝奉郎喆之後, 後公十三年卒. 曰葴[28], 右迪功郎監淮西江東總領所戶部大軍庫. 女二人, 長適右奉議郎知臨江軍新淦縣事馮[29][30]師文, 次適右宣教郎知福州懷安縣事李栞. 孫男六人, 曰元老, 右修職郎, 曰同老, 曰明老, 曰洋老, 曰籍, 將仕郎, 其一未名. 孫女八人, 長適左迪功郎鄂州州學教授劉璧, 次適進士朱緒卿, 次適將仕郎兪[31], 餘未行. 諸孤, 奉公之柩, 以是年閏十二月初一日乙酉, 葬于[32]弋陽玉亭鄉龜峯之吉原. 公家, 舊多騎省遺物. 世父贈光祿大夫時中, 寶一硯, 旁著鼎臣二字. 嘗謂群兒曰, 有能紹素業者, 當以是與之. 時公始結髮, 能知憤激, 刻意篆籀, 世父擧以授公. 而公之生, 有千[33]歲來歸之兆, 故人謂公爲騎省後身. 初, 少保命公, 題咸寧墓碑, 不能成. 禱於佛, 取般若心經, 習書之. 至實字, 偶見風幡[34]飛動, 因悟體埶, 自此擅天下重名.

---

23) 四 知 : 閒. 원문은 間으로 되어 있으나, 의미상 '閒'이 옳다고 생각되어 교감 번역하였다.
24) 四 知 : 惟.
25) 四 知 : 泳.
26) 四 知 : "一"이 추가되어 있다.
27) 四 知 : 藏.
28) 四 知 : 葳.
29) 四 知 : 次.
30) 四 : "子"가 추가되어 있다.
31) 四 : "兪【闕】"로 기록되어 있다.
32) 知 : 於.
33) 四 知 : 十.
34) 四 : 幡.

[譯文]

공은 일을 처리함에 크고 작음을 따지지 않고 모두 절묘한 생각과 이치가 있어, 다른 사람들이 지혜와 생각을 다하더라도 미칠 수 없었다. 음률에 밝고 훤히 알아 또한 휘파람도 잘 불었는데 간혹 다른 이에게 명하여 피리를 불게 하고 화답을 넣었는데 소리가 맑고 분명하여 오히려 피리 소리 위로 드러나, 티끌이 날리고 장막이 움직이는 게 대개 난새[1]와 봉[2]이 무리지어 모인 것과 같았다. 술을 2말이나 마셔도 취하지 않았고, 손님과 마주하면 반드시 술잔을 가득 채워 먼저 다 마셨다. 술이 한창일 때 이야기가 끊임없이 나와 혹 문필로 즐기기도 하며 퉁소를 불고 비파[瑟]를 타기도 하니, (그의) 초연함에 그를 신선에 든 사람으로 의심하였다. 천하의 선비들은 공의 이름을 듣고 모두 사귀기를 원하였다. 미천한 사람과 소부(小夫)가 (공의) 문하에 이르러도 그를 대우함에 또한 반드시 예를 다 하였으며, 요구하는 바가 있으면 크고 작음을 따지지 않고 향응하였다. 남에게 좋은 점이 있으면 자기가 지닌 것처럼 기뻐하였으므로 이르는 곳마다 사람들이 하나같이 그를 친애하였으니, 비록 오랑캐의 지역[蠻貉]에서도 그것이 행해질 만하였다.[3] 밭 수십 무를 가꾸어 세연자[4]라 이름하였는데 아름다움이 강남[5]에 알려졌다. 자신거사(自信居士)라 자호(自號)하였고 제사를 받든 것이 20년이었다. 한가로이 물러남을 편안히 여겨 그의 마음을 움직이기에 충분한 것이 없는 듯 했는데, 다만 (조상의) 분묘를 간절하게 생각하고 그리워하여 내버려두지 않았다. 소흥[6] 신미년(1151)에 역양으로 돌아가 분황[7]하여 돌아옴을 아뢰었는데 오문[8]에 이르자 병에 걸려 돌아가셨다. 아아, 공의 포부가 이와 같았지만, 장년에 조정[國]과 떨어져 뜻을 이루지 못하고 펼친 바가 없었다. 비록 공이 유연하게 대처했더라도 뜻이 있는 선비로 대개 시대를 위해 탄식하고 애석해하는 자들은 혹 눈물까지 흘리기에 이르렀다. 공은 원우[9] 6년(1091) 5월 8일에 태어났고 소흥 23년(1153) 5월 20일에 돌아가셨으니 향년 63세였다. 벼슬을 거듭하여 조산대부[10]에 이르렀고 3품복을 하사받았다.[11] 진씨[12]와 혼인하였는데 (진씨는) 의인[13]에 봉해졌고 공보다 5년 뒤에 돌아가셨다. 자녀는 아들이 3명인데 서집[14]은 일찍 죽었고 서겸[15]은 우승직랑[16] 강남서로[17] 전운사[18] 간판공사였으며 사촌형 조봉랑[19] 서철[20]의 후사를 계승하였고 공보다 13년 뒤에 죽었다. 서성[21]은 우적공랑[22] 감회서강동총령소호부대군고[23]이다. 딸은 2명인데 첫째는 우봉의랑[24] 지임강군신감현사[25] 풍사문[26]에게 시집갔으며 둘째는 우선교랑[27] 지복주회안현사[28] 이간[29]에게 시집갔다. 손자는 6명으로 서원로[30]는 우수직랑[31]이고 서동로,[32] 서명로,[33] 서양로,[34] 서적[35]은 장사랑인데 그 중 하나는 이름을 짓지 않았다. 손녀는 8명으로 첫째는 좌적공랑 악주주학교수[36] 유벽[37]에게 시집갔고, 다음은 진사[38] 주진경[39]에게 시집갔으며, 다음은 장사랑 유[40]에게 시집갔는데, 나머지는 시집가지 않았다. 여러 자손[孤]들이 공의 관을 받들어 그해 윤12월 초하루 을유데 익양 옥정향[41] 구봉의 길한 언덕에 장사지냈다. 공의 집에는 이전부터 기성[42]의 유물이 많았다. 백부 증광록대부 서시중은 벼루 하나를 아꼈는데 옆에 '정신(鼎臣)' 두 글자가 적혀있었다. 일찍이 여러 아이들에게 말하기를 "선대의 업을 이을 수 있는 자가 있으면 마땅히 이것을 그에게 주겠다."라고 하였다. 그때 공은 막 성인[結髮]이 되었지만 능히 분발하여 전서[43]와 주문[44]에 애쓰니, 백부가 (벼루를) 들어서 공에게 주었다. 공이 태어났을 때 1,000년 만에 환생한[千歲來歸] 징조가 있었으므로, 사람들은 공을 기성의 후신이라 여겼다. 처음에 서괵중[少保]이 공에게 명하여 조모[咸寧] 묘비를 쓰게 하였으나 이루어내지 못하였다. 부처에게 축수하며 『반야심경』[45]을 가져다 익히고 써보았다. '실(實)'자에 이르러 우연히 바람에 깃발이 날리고 흔들리는 것을 보고 서체의 이치[執]를 깨우쳤고 이로부터 천하에 명성[重名]을 떨쳤다.

[註解]

1) 鸑: 중국 전설상의 새로, 鳳凰의 일종이다. 이에 대해서는 『高麗圖經』 권15-3-2) 참조.

2) 鳳: 聖王이 태어날 때 나타난다는 상상의 동물인 鳳凰 중 수컷이다. 이에 대해서 는 『高麗圖經』 권14-5-2) 참조.

3) 雖蠻貉行焉: 『論語』에 나오는 구절로, "子張이 행해짐을 묻자 공자께서 말씀하시 기를, '말이 충신하고 행실이 독경하면 비록 오랑캐의 나라라 하더라도 행해질 수 있거니와 말이 충신하지 못하고 행실이 독경하지 못하면 주리라 하더라도 행 해질 수 있겠는가'라고 하였다[子張問行 子曰 言忠信 行篤敬 雖蠻貊之邦 行矣 言 不忠信 行不篤敬 雖州里 行乎哉]."의 일부를 인용한 것이다.
    『論語』 衛靈公.

4) 洗硯池: 지금의 중국 山東省 臨沂市 일원에 있는 못이다. 東晉代에 王羲之가 이곳 에서 벼루를 씻었다고 전해진다. 서긍은 자신의 서예 실력을 뽐내고자 이 이름 을 본뜬 것으로 짐작된다.
    諸橋轍次, 1985, 「洗硯池」, 『大漢和辭典』 6, 東京 : 大修館書店, 1089쪽.

5) 江南: 지금의 중국 江蘇省·安徽省·江西省 일원이다. 長江 남쪽 지역의 통칭이며 1130년(송 건염 4)에 江南東路와 江南西路를 통합하여 江南路로 정하였다.
    『宋史』 권88, 志41 地理4 江南路.
    戴均良 外 主編, 2005, 「江南」, 『中國古今地名大詞典』 上, 上海 : 上海辭書出版社, 1253쪽.

6) 紹興: 宋 高宗의 연호로 1131~1162년 사이에 사용되었다.

7) 焚黃: 무덤 앞에서 지내는 예의 하나이다. 宋代 品官을 제수받은 관원이 조상에 게 황색 종이로 고하고 제사한 후에 그 종이를 불태우던 의식이다.
    諸橋轍次, 1985, 「焚黃」, 『大漢和辭典』 7, 東京 : 大修館書店, 423쪽.

8) 吳門: 春秋時代 吳國이 있던 지역이라 붙은 명칭으로, 平江府—지금의 중국 江蘇 省 蘇州市 일원—를 가리킨다. 본래 蘇州였으나 1113년(송 정화 3)에 이름이 바 뀌었다.
    『宋史』 권88, 志41 地理4 兩浙路 平江府.
    戴均良 外 主編, 2005, 「吳門」, 『中國古今地名大詞典』 中, 上海 : 上海辭書出版社, 1484쪽.

9) 元祐: 宋 哲宗의 연호로 1086~1094년 사이에 사용되었다.

10) 朝散大夫: 宋의 文散官으로 종6품에 해당한다. 북송대 숭녕 연간(송 휘종, 1102~1106)에 제정되었고 문산관 29階 중 12번째가 되었다. 원풍 연간(송 신종, 1078~1085)에 30계 중 18번째가 되었다. 정화 연간(송 휘종, 1111~1118) 말기에 문 산관이 37계로 정비되면서 18번째에 자리했다. 소흥 연간(남송 고종, 1131~1162)

이후 문산관 40계 중 18번째를 차지하였다.

『宋史』 권168, 志121 職官8 合班之制 官品.

『宋史』 권169, 志122 職官9 敍遷之制 文散官·紹興以後階官.

11) 賜三品服: 唐代부터 시행된 제도로, 관원의 품계에 따라 다른 색깔의 관복을 내린 公服制이다. 630년(당 정관 4)의 규정에 따르면 3품 이상은 紫色服이며 5품 이상은 緋色服으로 정해졌다. 宋代에는 散官 관품에 의해 銀靑光祿大夫까지는 자색복을, 朝散大夫까지는 비색복을 하사받을 수 있었다. 송의 공복제에 대해서는 『高麗圖經 역주(상)』, 12쪽 권0-1-(1)-4) 참조. 본문에서 서긍은 종5품上인 조산대부에만 이르렀음에도 불구하고 자색복인 3품 관복을 하사받았는데, 이때에 紫金魚袋도 함께 하사받았을 것으로 추정된다. 자금어대는 공복제의 일부로 관료들에게 내려졌던 어대이며, 자색복과 함께 패용되었다. 한편, 고려의 공복제에 대해서는 『高麗圖經 역주(상)』, 163쪽 권6-3-(1)-23) 참조.

『書會要』 권31, 章服品第.

『宋史』 권153, 志106 輿服5 諸臣服下 士庶人服 公服.

陝文龍, 2012, 「論唐宋時期的"賜緋紫"」, 『北大史學』 17, 48~54쪽.

12) 陳氏: 생몰년 미상. 본문 이외에는 기록이 소략하여 자세한 내용을 알기 어렵다.

13) 宜人: 朝奉大夫 이상 中散大夫 이하에 위치한 관원들의 妻에게 내려졌던 封號이며 1112년(송 정화 2)에 정해졌다.

『宋史』 권163, 志116 職官3 司封郎中 員外郎.

『宋會要輯稿』 職官9 司封部 政和 3년 2월.

14) 集: 徐集(생몰년 미상)을 가리킨다. 본문 이외에는 기록이 소략하여 자세한 내용을 알기 어렵다.

15) 蕆: 徐蕆(생몰년 미상)을 가리킨다. 본문 이외에는 기록이 소략하여 자세한 내용을 알기 어렵다.

16) 右承直郎: 南宋의 文散官으로 정8품에 해당한다. 流內의 品官후보자인 選人들에게 내려지는 官階로, 10계 중 1번째였다. 소흥 연간(남송 고종, 1131~1162) 이후 文階 40계 중 31번째에 자리했다. 한편, 소흥 연간에 階官이 左·右로 나뉘었는데 좌가 문신, 우는 나머지였다. 北宋의 承直郎에 대해서는 『高麗圖經』 권24-15-4) 참조.

『宋史』 권158, 志111 選擧4 銓法上.

『宋史』 권168, 志121 職官8 合班之制 官品.

『宋史』 권169, 志122 職官9 敍遷之制 文散官·紹興以後階官.

曰探湜, 1991, 「宋代官僚의 陞進과 黜降」, 『宋代官僚制研究』, 三英社 ; 2008, 『宋代官僚制研究』, 한국학술정보(주), 215~217쪽.

17) 江南西路: 지금의 중국 江西省·湖北省 일원이다. 1020년(송 천희 4)에 江南路를 東·西로 나누면서 두어졌고 宋代에 6州, 4軍과 49縣을 관할하였다.

『宋史』 권88, 志41 地理4 江南路 西路.

戴均良 外 主編, 2005, 「江南西路」, 『中國古今地名大詞典』 中, 上海 : 上海辭書出版

社, 1270쪽.

18) 轉運司: 宋 諸路에서 財賦를 관장하는 관부이다. 路轉運使를 두었으며 諸路의 租
税 및 軍儲를 조절함으로써 국가와 군현의 財政을 후원하였다.
『宋史』 권167, 志120 職官7 都轉運使 轉運使 副使 判官.
龔延明 主編, 1997, 「路轉運使」·「轉運使司」, 『宋代官制辭典』, 北京 : 中華書局, 481~
483쪽.

19) 朝奉郎: 南宋의 文散官으로 정6품上에 해당한다. 처음에는 문산관 29階 중 14번째
에 위치하였다가 원풍 연간(송 신종, 1078~1085)에 30계 중 22번째가 되었다. 정
화 연간(송 휘종, 1111~1118) 말기에 문산관이 37계로 정비되면서 22번째에 자리
했다. 소흥 연간(남송 고종, 1131~1162) 이후 문산관 40계 중 21번째를 차지하였다.
『宋史』 권168, 志121 職官8 合班之制 官品.
『宋史』 권169, 志122 職官9 敍遷之制 文散官·紹興以後階官

20) 喆: 徐喆(생몰년 미상)을 가리킨다. 본문 이외에는 기록이 소략하여 자세한 내용
을 알기 어렵다.

21) 戒: 徐戒(생몰년 미상)을 가리킨다. 본문 이외에는 기록이 소략하여 자세한 내용
을 알기 어렵다.

22) 右迪功郎: 南宋의 文散官으로 종9품下에 해당한다. 流內의 品官후보자인 選人들에
게 내려지는 官階였으며 선인계에서는 10계 중 7번째였다. 소흥 연간(남송 고종,
1131~1162) 이후 문산관 40계 중 37번째에 자리했다. 한편, 北宋의 迪功郎에 대해
서는 『高麗圖經』 권24-15-5) 참조.
『宋史』 권158, 志111 選擧4 銓法上.
『宋史』 권168, 志121 職官8 合班之制 官品.
『宋史』 권169, 志122 職官9 敍遷之制 文散官·紹興以後階官.
申採湜, 1991, 앞의 책 ; 2008, 앞의 책, 215~217쪽.

23) 監淮西江東總領所戶部大軍庫: 宋代 淮西—지금의 중국 安徽省과 河南省 사이의 淮
河 北岸 일원— 및 江東—지금의 중국 安徽省 蕪湖市와 江蘇省 南京市 사이의 長
江 南岸 일원—의 總領所에 있는 戶部大軍庫를 관리하는 관직이다. 1141년(송 소
흥 11)에 鎭江 각 군기 총령소를 두었다. 한편, 송에서는 군의 후방 물자를 관리
하기 위해 총령소에 대군고를 설치하였으며 戶口·土地·錢穀·賦役 등을 관장한
尙書戶部의 관할 하에 있었다.
『宋史』 권88, 志41 地理4 淮南路 東路·西路.
『宋史』 권167, 志120 職官7 總領.
『宋史』 권181, 志134 食貨志下3 會子 鹽上.
戴均良 外 主編, 2005, 「江東」, 『中國古今地名大詞典』 中, 上海 : 上海辭書出版社,
1252쪽.
戴均良 外 主編, 2005, 「淮西」, 『中國古今地名大詞典』 下, 上海 : 上海辭書出版社,
2765쪽.
賈啟紅, 2015, 「宋代軍需物資的存儲—以倉場軍務爲中心的探討—」, 『宋代軍事後勤若

干問題研究』, 河北大學 歷史學博士學位論文, 110~112쪽.

24) 右奉議郎: 南宋의 文散官으로 정8품에 해당한다. 소흥 연간(남송 고종, 1131~
1162) 이후 문산관 40계 중 24번째에 자리했다. 한편, 北宋의 奉議郎에 대해서는
『高麗圖經 역주(상)』, 11쪽 권0-1-(1)-1) 참조.
『宋史』 권169, 志122 職官9 敍遷之制 紹興以後階官.

25) 知臨江軍新淦縣事: 宋代 臨江軍 新淦縣—지금의 중국 江西省 吉安市 新幹縣 일원
—의 장관이다. 知縣事는 곧 縣令을 말한다.
『宋史』 권88, 志41 地理4 江南路 西路 臨江軍.

26) 馮師文: 생몰년 미상. 본문 이외에는 기록이 소략하여 자세한 내용을 알기 어렵다.

27) 右宣教郎: 南宋의 文散階로 종8품에 해당한다. 소흥 연간(남송 고종, 1131~1162)
이후 문산관 40계 중 26번째에 자리했다. 한편, 北宋의 宣教郎에 대해서는 『高麗
圖經』 권24-14-17) 참조.
『宋史』 권169, 志122 職官9 敍遷之制 紹興以後階官.

28) 知福州懷安縣事: 宋代 福州 懷安縣—지금의 중국 福建省 福州市 일원—의 장관이
다. 한편, 복주에 대해서는 『高麗圖經』 권39-6-(2)-2) 참조.
『宋史』 권89, 志42 地理5 福建路 福州.

29) 李栞: 생몰년 미상. 본문 이외에는 기록이 소략하여 자세한 내용을 알기 어렵다.

30) 元老: 徐元老(생몰년 미상)를 가리킨다. 본문 이외에는 기록이 소략하여 자세한
내용을 알기 어렵다.

31) 右修職郎: 南宋의 文散官으로 종8품에 해당한다. 流內의 品官후보자인 選人들에
게 내려지는 官階였으며 선인계에서는 10계 중 6번째였다. 정화 연간(송 휘종,
1111~1118) 말기에 문산관이 37계로 정비되면서 36번째에 위치하게 되었다. 소
흥 연간(남송 고종, 1131~1162) 이후 문산관 40계 중 36번째에 자리했다.
『宋史』 권158, 志111 選擧4 銓法上.
『宋史』 권168, 志121 職官8 合班之制 官品.
『宋史』 권169, 志122 職官9 敍遷之制 文散官·紹興以後階官.
龔延明, 1991, 앞의 책 ; 2008, 앞의 책, 215~217쪽.

32) 同老: 徐同老(생몰년 미상)를 가리킨다. 본문 이외에는 기록이 소략하여 자세한
내용을 알기 어렵다.

33) 明老: 徐明老(생몰년 미상)를 가리킨다. 본문 이외에는 기록이 소략하여 자세한
내용을 알기 어렵다.

34) 洋老: 徐洋老(생몰년 미상)를 가리킨다. 본문 이외에는 기록이 소략하여 자세한
내용을 알기 어렵다.

35) 籍: 徐籍(생몰년 미상)을 가리킨다. 본문 이외에는 기록이 소략하여 자세한 내용
을 알기 어렵다.

36) 州學教授: 宋代 諸州에서 教學을 담당하는 教授 관직으로, 1044년(송 경력 4)에
처음 설치되었다. 한편, 교수는 본래 송에서 功課 및 考試를 관장하는 學官으로,
995년(송 지도 1)에 관직으로 설치되어 주로 經書·儒術·行義로 학생을 가르쳤다.

『宋會要輯稿』崇儒2 郡縣學 慶曆 4년 3월.

龔延明 主編, 1997, 「教授」·「某州州學教授」, 『宋代官制辭典』, 北京 : 中華書局, 550쪽.

37) 劉璧: 생몰년 미상. 宋의 관인으로, 知秀州華亭縣事를 맡던 기간에 水利 공사를 추진하였다.

『宋會要輯稿』食貨61 水利雜錄 淳熙 14년 7월 19일.

38) 進士: 進士科에 급제한 자에게 주던 칭호이다. 이에 대해서는 『高麗圖經』 권 24-11-13) 참조.

39) 朱縉卿: 생몰년 미상. 본문 이외에는 기록이 소략하여 자세한 내용을 알기 어렵다.

40) 兪: 생몰년 미상. 본문 이외에는 기록이 소략하여 자세한 내용을 알기 어렵다.

41) 玉亭鄕: 지금의 중국 江西省 上饒市 餘干縣 일원이다. 621년(당 무덕 4) 玉亭縣으로 余汗縣에 설치되었다가 624년에 폐지되었다. 弋陽縣과 여간현은 모두 지금의 상요시에 속하므로 같은 곳을 가리킨 것으로 짐작된다.

『新唐書』권41, 志31 地理5 江南道 西道採訪使 饒州鄱陽郡.

戴均良 外 主編, 2005, 「弋陽縣」·「玉亭縣」·「玉亭鎭」, 『中國古今地名大詞典』上, 上 海 : 上海辭書出版社, 210·643쪽.

42) 騎省: 五代十國 및 宋의 관인인 徐鉉(917~994)을 가리킨다. 揚州 廣陵—지금의 중 국 江蘇省 揚州市 廣陵區 일원— 사람으로, 字는 鼎臣이며 父는 徐延休이다. 오대 십국의 吳國에서 校書郎을 역임하였다가 南唐에서 吏部尙書에 이르렀다. 송에 들 어가 太子率更令, 直學士院, 給事中, 左右散騎常侍를 역임하였다. 시문과 서예로 칭송되며 文字學에 능통하였으나 992년(송 순화 3)에 좌천되었고 994년에 사망 하였다. 『說文解字』를 교정하였고 『騎省集』을 저술하였다.

『宋史』권441, 列傳200 文苑3 徐鉉.

임종욱 편, 2010, 「서현」, 『중국역대 인명사전』, 이회, 706쪽.

43) 篆: 小篆을 가리킨다. 秦·漢代 널리 사용된 篆書의 하나로, 大篆을 간략화하였다. 逆筆法인 裹鋒으로 起筆하며 가볍게 눌러주는 垂露法으로 收筆한다. 굵고 단단함 과 가늘고 섬세함에 변화가 적은 비교적 고른 상태의 線條로 구성되며 長方體로 繪文字에서 발달한 곡선적인 획을 보인다. 진의 丞相 李斯가 문자를 통일하면서 한자를 습득하기 위한 교과서로 『蒼頡篇』을 지으면서 小篆의 모범을 보였다. 秦 始皇이 천하를 巡狩할 때 세웠던 「泰山刻石」·「琅琊臺刻石」·「之罘刻石」·「碣石門刻 石」·「嶧山刻石」 등의 글자가 소전의 전형으로 평가된다.

諸橋轍次, 1984, 「小篆」, 『大漢和辭典』4, 東京 : 大修館書店, 75쪽.

孔在錫, 1981, 「秦始皇의 漢字統一과 刻石」, 『中國文學』8, 161~163쪽.

阿辻哲次, 1985, 『漢字學—『說文解字』の世界—』, 東京 : 東海大學出版會 ; 심경호 (沈慶昊) 譯, 2008, 「『설문해자』 전사(前史)—실용적 문자학의 시대—」, 『漢字 學—『설문해자』의 세계—』, 보고사, 43~49쪽.

李明玉, 2009, 「篆書의 變遷史」·「小篆의 特徵과 運筆法」, 『篆書완성의 길잡이: 篆 書의 正法 理論』, 月刊 書藝文人畫, 65·81쪽.

44) 籀: 大篆이라고도 한다. 西周 靑銅器金文에서 유래된 것으로 생동감이 있으며 小

篆으로 간략화되기도 하였다. 周 宣王代 大史인 籒가 15편에 걸쳐 제정하였으며, 기는 아동들의 학습을 위한 교재로 사용되었다.

諸橋轍次, 1984,「大篆」,『大漢和辭典』 3, 東京 : 大修館書店, 431쪽.

中國美術全集編輯委員會, 1991,『中國美術五千年 8 : 書法篆刻』, 北京 : 人民美術出版社 ; 박상영 역, 2008,「상주(商周)·춘추전국(春秋戰國) 시대의 서법」,『중국 서법사의 이해』, 學古房, 26·27쪽.

李明玉, 2009, 앞의 책, 73~78쪽.

45) 投若心經: 佛敎 경전인『般若經』을 가리킨다. 이에 대해서는『高麗圖經』 권18-3-20) 참조.

行狀-(4)

[原文]

徽宗, 尤所愛賞. 嘗召至禁中, 書進德修業四字, 袤丈許. 至業字, 公, 特出奇變. 行筆之斂, 留中畫, 最後落, 脩勁端直, 如圓石墜千仞. 上, 駭異稱善, 左右皆失聲. 其運筆精熟, 周旋曲折, 雖夜屛鐙燭[35], 無毫[36]釐差. 眞行, 遒麗超逸, 楮[37]薛顔柳[38], 衆體兼備. 晚好作草, 尤逼懷素[39], 天下言書者, 以公爲宗. 小學家之論曰, 自李斯變小篆, 而秦漢閒[40], 無能繼者. 碑碣所傳, 非特筆法無取, 而偏旁, 亦復舛誤. 由魏晉迄唐, 唯李陽氷, 号獨步. 豈以此學中絶, 故陽氷, 得以冒此名邪. 元次山之甥李康叔靜, 書浯溪峿臺二銘, 頗得秦法, 其視陽氷, 霄壤[41]矣, 而名不大顯, 事固有幸不幸哉. 騎省兄弟, 祖述李斯, 小學奧雅, 克配叔重, 而公又繼之, 其原深矣. 斯之遺

---

35) 四 知 : 漏.

36) 四 知 : 毫. 원문은 豪로 되어 있으나, 의미상 '毫'가 옳다고 생각되어 교감 번역하였다.

37) 四 知 : 褚.

38) 四 : 椏.

39) 四 : "天橫馳騁其用無窮", 知 : "天橫馳騁其用無窮"이 추가되어 있다.

40) 四 : 間.

41) 知 : 攘.

迹, 火於嶧山, 自唐已不存. 歐陽文忠公, 集天下金石刻甚備, 而泰山之詔, 僅有數十字. 大觀閒[42], 河閒[43]劉跂, 登山顚, 周視刻石, 始得其全. 然距靖康之亂, 才十餘歲, 墨本之在人閒[44]者, 固無幾. 學者謬謂法斯, 果嘗多見也哉. 公獲是刻, 寶蓄而諦玩之, 旣盡得斯法. 而又考按三代鑄鍾鼎彝之器, 訓釋款識, 悉有依據. 至於大篆, 筆力奇古, 其沈著[45]處, 不異鑽刻, 若非毫[46]楮所能成. 且復陶鎔醞釀, 變入小篆, 離析偏旁, 脗合制字本意, 縱橫馳騁, 其用無窮[47]. 嗚呼, 前古名筆, 固屈指可數矣, 九原不作, 後來尙有繼之者邪. 公歿迨今十五年, 其葬也, 遽未[48]及銘. 孝伯世家歷陽, 且託姻公門, 敢[49]述[50]公行事大略, 以竢作者, 紀而詩[51]之, 鑱石竁墓上. 謹狀.

乾道三年四月初十日, 左迪功郞寧國府宣城縣主簿主管學事[52]張孝伯狀[53].

휘종께서 더욱이 아끼며 칭찬하셨다. 일찍이 불러서 금중(禁中)에 이르게 하고 '진덕수업(進德修業)'[1] 네 글자를 쓰게 하시니, 길이가 1길 가량이었다. '업(業)'자에 이르러서는 공이 특별히 기이한 변화를 드러냈다. 붓을 놀리면서 중간의 획을 머무르게 하다가 맨 마지막의 떨어짐

----

42) 四 : 間.
43) 四 : 間.
44) 四 : 間.
45) 四 知 : 著. 원문은 箸로 되어 있으나, 의미상 '著'가 옳다고 생각되어 교감 번역하였다.
46) 四 : 毫. 원문은 豪로 되어 있으나, 의미상 '毫'가 옳다고 생각되어 교감 번역하였다.
47) 四 知 : "縱橫馳騁其用無窮"이 누락되어 있다.
48) 四 : 冰.
49) 四 知 : 散.
50) 四 知 : 迹.
51) 四 知 : 誌.
52) 四 : "乾道三年四月初十日 左迪功郞寧國府宣城縣主簿主管學事"가 누락되어 있다.
53) 四 : 撰.

은 길고 굳세며 단정하고 곧으니 둥근 돌이 높은 곳에서 떨어지는 것과
같았다. 황제께서는 놀라고 기이해하시며 잘한다고 칭찬하셨고, 좌우에
서는 모두 할 말을 잃었다. 그의 붓놀림은 정교하고 능숙해서 돌고 구부
리며 꺾음이 비록 밤에 등불과 촛불을 끄더라도 터럭만큼의 차이도 없었
다. 진서와 행서[2]는 화려하고 뛰어나서 저수량[3]·설직[4]·안진경[5]·유공권[6]
의 여러 서체를 겸비하였다. 늙어서는 초서[7] 쓰기를 좋아하여 더욱 회소[8]
에 다다랐으니, 천하에서 쓰는 자들을 말할 때 공을 으뜸으로 여겼다.
소학가[9]가 논하기를 "이사[10]가 소전으로 바꾸면서부터 진[11]·한대에는
이을 수 있는 자가 없었다. 비갈[12]이 전하는 것은 특별한 필법이 아니면
취할 것이 없고 편방[13] 또한 거듭 어그러져 잘못되었다. 위[14]·진[15]부터
당[16]까지는 오직 이양빙[17]이 독보로 불렸다."라고 하였다. 어찌 이 학문
이 중간에 끊어졌기 때문에 이양빙이 거짓으로 이 명성을 얻을 수 있었
겠는가. 원차산[18]의 조카 이강숙정[19]은 오계와 오대 두 명문[20]을 썼는데
자못 진의 서법을 터득하여 양빙에 비하면 뛰어났으나[霄壤] 이름은 크
게 드러내지 못했으니 일에는 진실로 행운과 불행이 있다. 서현[騎省]
형제[21]는 이사를 본받아 따랐으며 소학에 깊고 밝음은 허신[叔重][22]에
견줄만했는데 공이 또한 이를 계승하였으니,[23] 그 근원이 깊었다. 이사
가 남긴 자취는 역산[24]에서 불타 당에서는 이미 존재하지 않았다.[25] 구양
수[26]가 천하 금석에 새긴 글자를 모아서 잘 갖추었으나 태산의 조서[27]에
는 겨우 수십 자만 있었다. 대관[28] 연간에 하간[29]의 유기[30]가 산꼭대기에
올라 각석(刻石)을 두루 살펴서 비로소 그 전문을 얻었다. 그러나 정강의
난[31]에서 겨우 10여 년밖에 안 되었는데도 묵본(墨本)으로 세상에 남아
있는 것은 진실로 거의 없었다. 학자들이 그릇되게 "이사를 본받았다."라
고 하였으나 과연 일찍이 많이 보였겠는가. 공은 이 탁본[刻]을 얻어
귀하게 간직하면서 자세히 감상하니 이윽고 이사의 서법을 모두 터득하

였다. 또한 삼대[32]의 박종[33]·정[34]·이[35]의 기물들을 고찰하고 조사하여 관지[36]를 풀이하였는데 모두 (풀이의) 근거를 가지게 되었다. 대전에 이르러서는 필력이 기이하고 예스러우며, 그 깊게 쓴 부분은 파서 새김과 다를 게 없어서 붓과 종이로 이룰 수 있는 것이 아닌 듯하였다. 또한 거듭 기르고 수련하여 조화를 이루었으며 변형시켜 소전으로 들어가서는 편방을 떼어놓고 나누니 글자를 만들던 본래의 뜻에 꼭 맞아, 거침없이 제멋대로 써도 그 쓰임이 무궁하였다. 아아, 옛 명필은 진실로 손꼽아 셀 수 있으며 구천에서 다시 살아올 수 없으니[九原不作] 더욱이 후대에 이을 자가 있겠는가. 공이 사망한 지 이제 15년에 이르렀는데, 그 장사지낼 때는 갑작스러워서 명을 새기지 못했다. 효백[37]은 대대로 역양에서 살았고 또한 공의 집안과 인척이 되어 감히 공이 행한 일의 대략을 서술하니, (후대의) 작자가 적고 시를 지어 돌에 새겨서 무덤 위에 두기를 기다린다. 삼가 올리다.

건도[38] 3년(1167) 4월 초10일에 좌적공랑 영국부선성현주부[39] 주관학사[40] 장효백이 쓰다.

[註解]

1) 進德修業: 『周易』에 나오는 구절로, "군자는 덕을 진취시키고 업을 닦으니, 忠과 信은 덕을 진취시키는 것이요, 말을 닦고 그 정성을 세움은 업을 쌓는 것이다[君子進德修業 忠信 所以進德也 修辭立其誠 所以居業也]."의 일부를 인용한 것이다. 『周易』 乾卦.

2) 眞行: 眞書와 行書를 말한다. 이에 대해서는 『高麗圖經』 권22-1-2) 참조. 한편, 행서는 楷書를 간략하게 한 것으로 後漢의 劉德昇이 처음 창시하였다. 魏初의 鍾繇·胡昭를 거쳐 王羲之·王獻之에 이르러 완성되었다.
諸橋轍次, 1985, 「行書」, 『大漢和辭典』 10, 東京 : 大修館書店, 143쪽.

3) 褚: 唐의 관인인 褚遂良(596~658)을 가리킨다. 당의 杭州 錢塘—지금의 중국 浙江省 杭州市 일원— 사람이며, 字는 登善이다. 太宗代 起居郎과 諫議大夫를 지냈다. 649년(당 정관 23)에 유조를 받들어 정국을 보좌했고, 高宗이 즉위하자 河南郡公에 봉해졌으며, 尙書右僕射에 임명되었다. 武則天을 황후로 삼는 것에 반대하다

가 愛州刺史로 내쫓겼고 이후 사망하였다. 虞世南·歐陽詢·薛稷과 함께 唐初四大
家로 불렸으며, 「孟法師碑」·「伊闕佛龕碑」·「雁塔聖教序」 등의 작품을 남겼다.
『舊唐書』 권80, 列傳30 褚遂良.
『新唐書』 권105, 列傳30 褚遂良.
임종욱 편, 2010, 「저수량」, 『중국역대 인명사전』, 이회, 1551쪽.
임태승, 2006, 「안진경 : 불꽃같은 삶의 강직한 서체」, 『(인물로 읽는) 중국서예
　　의 역사』, 미술문화, 102쪽.

4) 薛: 唐의 관인인 薛稷(649~713)을 가리킨다. 浦州 汾陰—지금의 중국 山西省 運城
市 萬榮縣 일원— 사람이며, 字는 嗣通이다. 進士에 급제하였고, 唐 睿宗이 즉위하
자 晉國公에 봉해지고 太子少保를 지냈다. 竇懷貞이 伏誅될 때 그 음모를 알았다
는 이유로 옥중에서 사사되었다. 隸書·楷書·行書에 능했으며, 필획이 웅건했다.
虞世南·歐陽詢·褚遂良과 함께 唐初四大家로 불렸다. 특히 학을 잘 그렸으며, 「信
行禪師碑」 등의 작품을 남겼다.
『舊唐書』 권73, 列傳23 薛收
『新唐書』 권98, 列傳23 薛收.
임종욱 편, 2010, 「설직」, 『중국역대 인명사전』, 이회, 732쪽.

5) 顔: 唐의 관인인 顔眞卿(709~785)을 가리킨다. 琅琊 臨沂—지금의 중국 山東省 臨
沂市 일원— 사람이며, 字는 淸臣이다. 唐 玄宗代 進士에 급제하고 制科에 발탁되
었다. 安祿山의 난 때 의병을 거느렸으며 맹주로 추대되었다. 후에 御史大夫, 憲
部尙書 등을 지냈다. 784년(당 흥원 1)에 德宗의 명으로 반란을 일으킨 淮西節度
使 李希烈을 설득하러 갔다가 감금당했으며, 이듬해에 살해되었다. 楷書·行書·草
書의 각 서체에 능했다. 필봉의 굽이침과 휘몰기가 변화막측하면서도 均齊美를
갖추었던 그의 필체는 顔體로 불린다. 『祭姪文稿』·『韻海鏡源』 등의 작품을 남겼다.
『舊唐書』 권128, 列傳78 顔眞卿.
『新唐書』 권153, 列傳78 顔眞卿.
임종욱 편, 2010, 「안진경」, 『중국역대 인명사전』, 이회, 886쪽.
임태승, 2006, 앞의 책, 100~111쪽.

6) 柳: 唐의 관인인 柳公權(778~865)을 가리킨다. 京兆 華原—지금의 중국 陝西省 銅
川市 耀州區 일원— 사람이며, 字는 誠懸이다. 唐 憲宗代 進士에 급제했다. 文宗代
口書舍人이 되었으며, 武宗代 河東郡公에 봉해지고 太子少師가 되었다. 처음에 王
羲之體를 공부하다가 중년 이후에는 顔眞卿의 서풍을 닮아갔다고 전한다. 「玄祕
塔碑」·「神策軍紀聖德碑」·「諸葛武侯祠堂碑」 등의 작품을 남겼다.
『新唐書』 권163, 列傳88 柳公綽 公權.
임종욱 편, 2010, 「유공권」, 『중국역대 인명사전』, 이회, 1290쪽.

7) 草: 草書를 말한다. 일반적으로 行書를 변형한 서체로 곡선이 많고 글을 급하게
쓸 때 유용하다.
諸橋轍次, 1985, 「草書」, 『大漢和辭典』 9, 東京 : 大修館書店, 647쪽.

8) 懷素: 725~785. 唐의 승려로, 長沙—지금의 중국 湖南省 長沙市 일원— 사람이며

字는 藏眞이다. 일찍이 종이 대신 파초 잎에 글씨를 연습했다고 한다. 狂草를 잘
썼는데, 草書의 명인인 張旭의 서체를 계승하여 발전시켰다고 평가받는다.
　임종욱 편, 2010, 「회소」, 『중국역대 인명사전』, 이회, 2183쪽.

9) 小學家: 문자의 形象·訓詁·音韻·義 등을 연구하는 여러 학파나 학자를 의미한다.
　중국 漢代 이후의 문자학인 小學을 연구하여 경전 해석에 이바지했다. 한편, 소
　학은 前漢의 劉向·劉歆 부자에게서 비롯되었으며, 後漢에서 隋·唐에 이르는 시기
　에 내용이 풍부해졌고, 宋代에는 문자·음운·훈고의 학문을 뜻하기 시작했다.
　諸橋轍次, 1984, 「小學」, 『大漢和辭典』 4, 東京 : 大修館書店, 51·52쪽.
　　胡奇光, 1987, 『中國小學史』, 上海 : 上海人民出版社 ; 李宰碩 譯, 1997, 「서론」, 『中
　　　國小學史』, 東文選, 8~10·12~15쪽.

10) 李斯: ?~B.C.208. 上蔡―지금의 중국 河南省 駐馬店市 上蔡縣 일원― 사람이다. 戰
　國時代 말 法家의 정치가로, 秦의 丞相 呂不韋에게 발탁되었다. B.C.221년(진 시
　황 26)에 秦始皇을 도와 천하를 통일하였으며, 廷尉를 거쳐 승상에 올랐다. 郡縣
　制를 실시하고, 私學을 금했으며, 小篆을 표준 문자로 통일하였다. B.C.210년에
　胡亥를 이세 황제로 옹립하였으나 후에 宦官 趙高의 참소로 사형되었다.
　『史記』 권87, 李斯列傳27.
　임종욱 편, 2010, 「이사」, 『중국역대 인명사전』, 이회, 1402쪽.

11) 秦: 중국 최초의 통일왕조이다. 이에 대해서는 『高麗圖經 역주(상)』, 28쪽 권
　1-2-(1)-3) 참조.

12) 碑碣: 돌로 된 碑를 의미한다. 碑는 네모지게, 碣은 둥글게 만들었다.
　諸橋轍次, 1985, 「碑碣」, 『大漢和辭典』 8, 東京 : 大修館書店, 374쪽.

13) 偏旁: 한자의 부수를 총칭하며 왼편에 있는 서체를 偏 또는 扁, 오른편에 있는 서
　체를 旁 또는 傍이라 한다.
　諸橋轍次, 1984, 「偏旁冠脚」·「偏旁」, 『大漢和辭典』 1, 東京 : 大修館書店, 864쪽.

14) 魏: 220년 曹丕가 後漢 獻帝에게 황위를 禪讓 받으면서 건립한 국가이다. 이에 대
　해서는 『高麗圖經 역주(상)』, 272쪽 권11-1-4) 참조.

15) 晉: 265년 司馬炎이 魏 元帝를 폐위시키면서 건립한 국가이다. 이에 대해서는 『高
　麗圖經 역주(상)』, 272쪽 권11-1-5) 참조.

16) 唐: 7세기부터 10세기 초까지 중국을 지배했던 왕조이다. 이에 대해서는 『高麗圖
　經 역주(상)』, 192쪽 권7-1-14) 참조.

17) 李陽氷: 생몰년 미상. 唐의 관원이다. 趙郡―지금의 중국 河北省 石家莊市 일원―
　사람이며, 字는 仲溫이다. 唐代 將作少監에 이르렀다. 篆書에 능해 스스로 李斯의
　후계자임을 자부하였으며, 당시 사람들은 그의 풍격을 두고 筆虎라고 했다. 後漢
　代 許愼―叔重―이 지은 『說文解字』의 小篆體를 부정하고 다르게 해석했다고 한
　다. 『三墳記』·「城隍廟碑」 등의 작품을 남겼다.
　임종욱 편, 2010, 「이양빙」, 『중국역대 인명사전』, 이회, 1413쪽.
　阿辻哲次, 1985, 앞의 책 ; 심경호 譯, 2008, 앞의 책, 276쪽.

18) 元次山: 唐의 관인인 元結(723~772)을 가리킨다. 河南 魯山―지금의 중국 河南省

平頂山市 魯山縣 일원— 사람으로, 字는 次山이다. 唐 玄宗代 進士에 급제했으며, 安祿山의 난 때 반란군 토벌에 공을 세웠다. 道州刺史를 거쳐 容管經略使를 지냈고, 그의 문장은 후에 韓愈와 柳宗元의 古文運動에 영향을 끼쳤다.
『新唐書』 권143, 列傳68 元結.
임종욱 편, 2010, 「원결」, 『중국역대 인명사전』, 이회, 1232쪽.

19) 李康叔靜: 생몰년 미상. 본문 이외에는 기록이 소략하여 자세한 내용을 알기 어렵다.

20) 浯溪峿臺二銘: 「浯溪銘」과 「峿臺銘」을 말한다. 唐代 元結이 지은 명문으로 그의 문집인 『元次山集』에 실려있다. 浯溪는 湖南省 祁陽縣 서남쪽의 松山에서 흘러나오는 시내로, 원결이 道州刺史로 있을 때 이곳에 머물며 峿臺를 조성하고 해당 명문들을 지었다.
戴均良 外 主編, 2005, 「浯溪」, 『中國古今地名大詞典』 下, 上海 : 上海辭書出版社, 2523·2524쪽.
朴壯遠, 1992, 「元結 游記文의 內容考」, 『中國學研究』 7, 80~83쪽.

21) 騎省兄弟: 徐鉉(917~992)·徐鍇(920~974) 형제를 가리킨다. 그 중 서개는 중국 五代 말 宋 초의 廣陵—지금의 중국 江蘇省 揚州市 廣陵區 일원— 사람이며, 字는 楚金이다. 글을 잘 지어 南唐의 李璟이 그의 글을 보고 秘書省正字로 임명하였다. 후에 內史舍人까지 지냈다. 형 서현과 함께 문자학에 정통했으며, 저서로 『說文解字系傳』 등이 있다.
임종욱 편, 2010, 「서개」, 『중국역대 인명사전』, 이회, 676쪽.

22) 叔重: 唐의 관인인 許愼(생몰년 미상)을 가리킨다. 汝南 召陵—지금의 중국 河南省 漯河市 召陵區 일원— 사람으로, 字는 叔重이다. 儒家의 경전에 정통하였으며, 後漢代 孝廉으로 천거를 받고 太尉南閣祭酒 등을 역임하였다. 121년(후한 건광 1)에 완성한 『說文解字』는 한자의 形·義·음을 체계적으로 해설한 최초의 字書이다.
『後漢書』 권79下, 儒林列傳69下 許愼.
임종욱 편, 2010, 「허신」, 『중국역대 인명사전』, 이회, 2058쪽.

23) 騎省兄弟 …… 克配叔重: 徐鉉·徐鍇 형제가 後漢의 許愼을 계승하였다는 내용이다. 唐代 李陽氷은 허신이 저술한 『說文解字』를 부정하고 개정하였다. 이에 서현은 986년(송 옹희 3)에 황제의 명을 받아 『說文解字』를 교정해서 바로잡았다. 또 서개는 『說文解字繫傳』을 지어 이양빙이 첨가한 억설을 배제하고 옛 모습을 회복시켰다고 한다.
阿辻哲次, 1985, 앞의 책 ; 심경호 譯, 2008, 앞의 책, 276~278쪽.

24) 嶧山: 지금의 중국 山東省 鄒城市 일원에 있는 산으로, 鄒山·鄒峰山·邾嶧山이라고도 한다. B.C.219년(진 시황 29)에 秦 始皇이 동쪽으로 巡狩할 때 올랐으며, 丞相 李斯가 「嶧山刻石」을 세워 秦德을 칭송하였다.
『史記』 권6, 秦始皇本紀6 始皇 28년.
戴均良 外 主編, 2005, 「嶧山」, 『中國古今地名大詞典』 中, 上海 : 上海辭書出版社, 1776쪽.

25) 斯之遺迹 …… 自唐已不存: 嶧山의 각석들이 화재로 소실되어 唐代에는 이미 현
  존하지 않았다는 서술이다. 『封氏聞見記』에 따르면, 北魏 太武帝가 역산에 올라
  각석에 탁본을 명했는데, 그 고을 사람들이 명을 받들다가 지쳐서 산 아래 불을
  지르자 이로 인하여 모두 훼손되었다고 전한다.
  『封氏聞見記』 권8, 歷山.

26) 歐陽文忠公: 宋의 관인인 歐陽脩(1007~1072)를 가리키며, 文忠은 그의 시호이다.
  吉州 廬陵―지금의 중국 江西省 吉安市 일원― 사람이며, 字는 永叔이다. 宋 仁宗
  代 進士에 급제하였다. 右正言 知制誥, 翰林學士, 樞密副使, 叅知政事 등을 역임하
  였다. 1057년(송 가우 2)에는 知貢擧가 되어 古文을 제창하고 太學體를 배척하자
  문풍이 크게 변했다. 詩詞 각 體에 능해 당시 古文運動의 영수가 되었고, 唐宋八
  大家의 한 사람으로 손꼽힌다.
  『宋史』 권319, 列傳78 歐陽脩.
  임종욱 편, 2010, 「구양수」, 『중국역대 인명사전』, 이회, 159·160쪽.

27) 泰山之詔: 泰山에 새겨진 詔書를 말한다. 태산은 지금의 중국 山東省 중부 일원에
  있는 산으로, 중국 5岳 가운데 하나이다. B.C.219년(진 시황 28)에 秦始皇이 동쪽
  으로 巡狩할 때 올라 「泰山刻石」을 새겼다. 후에 B.C.209년(진 이세 1)에 각석에 2
  세 황제의 조서를 더했다. 篆書體로 진시황이 천하를 통일한 공적을 기록하였다.
  『史記』 권6, 秦始皇本紀6 始皇 28년.
  戴均良 外 主編, 2005, 「泰山」, 『中國古今地名大詞典』 下, 上海 : 上海辭書出版社,
    2338쪽.
  劉濤·唐吟方 編, 朴榮鎭·趙翰浩 譯, 2000, 「泰山刻石」, 『中國書藝術五千年史』, 다운
    샘, 66쪽.

28) 大觀: 宋 徽宗의 연호로 1107~1110년 사이에 사용되었다.

29) 河間: 河間府―지금의 중국 河北省 河間市 일원―를 말한다. 宋代 河北路에 속하
  였다. 본래 瀛州로, 1108년(송 대관 2)에 승격하여 府가 되었다.
  『宋史』 권86, 志39 地理2 河北路 東路 河間府.

30) 劉跂: ?~1118. 永靜軍 東光―지금의 중국 河北省 滄州市 東光縣 일원― 사람이며,
  字는 斯立이다. 宋 神宗代 進士에 급제하였다. 朝奉郎을 지냈으며, 후에 黨禍에
  연루되어 壽春으로 유배갔다. 아버지인 劉摯가 三禮 및 『春秋』에 정밀하였는데,
  이를 이어받았다.
  임종욱 편, 2010, 「유기」, 『중국역대 인명사전』, 이회, 1295쪽.

31) 靖康之亂: 1127년(송 정강 2, 금 천회 5)에 金이 宋의 수도 開封을 함락하고 徽宗·
  欽宗 및 다수의 황족과 고위 관료들을 포로로 잡아간 사건을 말한다. 송 휘종대
  약해진 국력으로 인해 송은 1122년(송 선화 4, 금 천보 6) 4월에 燕雲 16州에서
  거란에 패하였고, 이를 금의 군대가 진압하였다. 송의 약화를 간파한 금은 1123
  년 8월에 동등한 황제 위상과 세폐납부를 조건으로 맹약을 맺은 뒤 연운 16주를
  송에게 돌려주었다. 한편, 1123년 1월에 금에 항복했던 契丹의 張覺이 다시 송에
  투항하자, 송이 이를 수용하여 맹약을 위반했다. 금은 이에 1125년 10월에 송으로

진격했고, 휘종은 동년 12월에 수도를 버리고 아들에게 선위해 흠종이 즉위했다. 금은 1126년(송 정강1, 금 천회4) 8월에 송을 공격하여 12월에 항복을 받았으며, '靖康의 변'을 발생시켰다. 이후 송의 잔존 세력들은 康王 趙構를 南京에서 옹립하고 송을 재건하였는데, 수도를 남쪽으로 옮겼으므로 이전과 구별하여 南宋이라고 한다.

周藤吉之·中嶋敏, 1987, 『中國の歷史 5 : 五代, 宋』, 東京 : 講談社 ; 이석현·임대희 옮김, 2018, 「신구 양당의 항쟁과 북송의 멸망」, 『중국의 역사: 송대』, 혜안, 237·238쪽.

이춘식, 2005, 앞의 책, 316·317쪽.

윤영인, 2020, 「12세기 동아시아 세력균형에서의 금송관계」, 『동양문화연구』 32, 118~125쪽.

32) 三代: 중국의 고대 국가인 夏·商·周를 말한다. 하에 대해서는 『高麗圖經』 권16-1-3) 참조. 상에 대해서는 『高麗圖經 역주(상)』, 192쪽 권7-1-12) 참조. 주에 대해서는 『高麗圖經』 권16-1-6) 참조.

33) 鎛鍾: 악기의 이름으로, 鎛은 작은 종이며 鍾은 큰 종을 가리킨다.

諸橋轍次, 1985, 「鎛鍾」, 『大漢和辭典』 11, 東京 : 大修館書店, 610쪽.

34) 鼎: 三足과 兩耳를 특징으로 하는 솥이다. 이에 대해서는 『高麗圖經』 권31-8-1) 참조.

35) 彛: 고대에 사용하던 禮器이다. 이에 대해서는 『高麗圖經』 권30-1-3) 참조.

36) 款識: 鍾이나 鼎을 비롯하여 금석에 조각한 문자를 말한다. 款은 陰文, 識는 陽文이다.

『漢書』 권25下, 郊祀志5下.

諸橋轍次, 1985, 「款識」, 『大漢和辭典』 6, 東京 : 大修館書店, 633쪽.

37) 孝伯: 宋의 관인인 張孝伯(생몰년 미상)을 가리킨다. 同知樞密院事, 吏部侍郞, 參知政事 등을 역임했다.

『宋史』 권38, 本紀38 寧宗 嘉泰 3년 10월 癸卯·4년 4월 乙巳.

『宋會要輯稿』 職官6 侍講 慶元 4년 8월.

『宋會要輯稿』 職官78 罷免下 嘉泰 4년.

38) 乾道: 宋 孝宗의 연호로 1165~1173년 사이에 사용되었다.

39) 寧國府宣城縣主簿: 宋代 寧國府 宣城縣―지금의 중국 安徽省 宣城市 宣州區 일원―에 설치된 관직이다. 영국부는 본래 宣州로 1166년(송 건도 2)에 孝宗의 잠저였으므로 府로 승격되었다. 선성현은 영국부가 관할하던 6縣 중 하나였다. 主簿는 송의 지방관이다.

『宋史』 권88, 志41 地理4 江南路 東路 寧國府.

『宋史』 권167, 志120 職官7 主簿.

40) 主管學事: 宋의 지방관인 知州, 通判, 縣令, 縣丞이 겸임하던 관직이다. 북송대 일시 폐지되었다가 1143년(송 소흥 13)에 다시 복구되었다.

『宋史』 권167, 志120 職官7 府州軍監.

[原文]

（跋）

仲¹⁾父, 旣以書上御府, 其副藏家. 靖康丁未春, 里人徐周賓, 乞觀未歸, 而寇至, 失書所在. 後十年, 家君, 漕江西, 弭節于洪, 仲父來省. 或謂郡有北醫上官生, 實獲此書, 亟訪之, 其無恙者, 特海道二卷耳. 仲父, 嘗爲藏言, 世傳余書, 徃徃圖亡而經存, 余追畫之, 無難也, 然不果就. 嘻, 蓋棺事乃已矣. 姑刻是, 留徵江郡齋, 來者尚有考焉. 乾道三年夏至日, 左朝奉郞權發遣江陰軍主管學事 徐蒇書.

[譯文]

（발¹⁾）

숙부[仲父, 서긍]께서는 이전에 책을 어부²⁾에 올리고서 그 부본은 집에 보관하였다. 정강³⁾ 정미년(1127) 봄에 마을 사람 서주빈⁴⁾이 청하여 보았는데 돌려받지 못한 채 오랑캐가 이르러⁵⁾ 책의 소재를 잃었다. 10년이 지나고 아버지께서 강서⁶⁾에서 조운을 맡아 홍주⁷⁾에 잠시 머물렀는데, 숙부께서 만나러 왔다. 어떤 이가 "군(郡)에 북방의 의원 상관생⁸⁾이 있는데, 실로 이 책을 가지고 있습니다."라고 하여 급히 그를 찾아갔는데, 별 탈이 없는 것은 단지 「해도」 2권뿐이었다. 숙부께서 일찍이 서천⁹⁾에게 말하기를 "세상에 전해지는 나의 책은 왕왕 그림이 없고 글만 있는데, 내가 미루어 그리는 것은 어렵지 않으나 이루지 못했다."라고 하였다. 아아, 관을 덮으면 일은 곧 끝나는 것이다. 하는 수 없이[姑] 이를 새겨, 징강군재¹⁰⁾에 남겨두면 후세 사람들이 그래도 상고할 게 있을 것이다. 건도¹¹⁾ 3년(1167) 하지날에 좌조봉랑¹²⁾ 권발견강음군주관학사¹³⁾ 서천이 쓰다.

---

1) 四 知 : "仲父 …… 徐蒇書"가 누락되어 있다.

[註解]

1) 跋: 본문은 형식상 跋에 해당하지만, 원문에는 특별한 표기가 없다. 글이나 책 뒤에 붙이는 간결한 문체로, 宋代에 생겼다. 論議體와 敍事體가 있으며, 본문은 후자에 해당한다. 題를 따라 뒤에 찬어를 쓰거나, 後·讀·書로도 사용된다.
  閔丙秀, 1996, 「문장편」, 『韓國漢文學槪論』, 太學士, 403·404쪽.
  브·완식 편역, 2001, 「발(跋)」, 『한문 문체의 이해』, 전주대학교 출판부, 234·235쪽.
2) 御府: 황제가 쓰는 물품을 보관하던 곳간이다.
  諸橋轍次, 1984, 「御府」, 『大漢和辭典』 4, 東京 : 大修館書店, 897쪽.
3) 靖康: 宋 欽宗의 연호로 1126~1127년 사이에 사용되었다.
4) 徐周賓: 생몰년 미상. 본문 이외에는 기록이 소략하여 자세한 내용을 알기 어렵다.
5) 靖康丁未春 …… 而寇至: 靖康의 변을 말한다. 이에 대해서는 『高麗圖經』 行狀-(4)-31) 참조.
6) 江西: 지금의 중국 江西省 일원이다. 長江 中部의 남쪽에 있다. 동북쪽은 安徽省, 동쪽은 浙江省, 동남쪽은 福建省, 남쪽은 廣東省, 서쪽은 湖南省, 서북쪽은 湖北省과 접한다. 동서의 길이는 약 800리, 남북의 길이는 약 1,000리이다. 宋代에 江南西路를 설치했고, 동쪽 지역을 나누어 江南東路에 속하게 했다.
  戴均良 外 主編, 2005, 「江西省」, 『中國古今地名大詞典』 上, 上海 : 上海辭書出版社, 325쪽.
7) 洪: 宋의 洪州—지금의 중국 江西省 南昌市 일원—를 가리킨다. 북송 초에 홍주였다가 1163년(송 융흥 1)에 隆興府로 승격되었다. 8縣을 관할하였다.
  『宋史』 권88, 志41 地理4 江南路 西路 隆興府.
  戴均良 外 主編, 2005, 「洪州」, 『中國古今地名大詞典』 下, 上海 : 上海辭書出版社, 2265쪽.
8) 上官生: 본문 이외에는 기록이 소략하여 자세한 내용을 알기 어렵다.
9) 葳: 宋의 관인인 徐葳(생몰년 미상)을 말한다. 서긍의 조카로 知饒州에 재임했다.
  『宋會要輯稿』 職官61 對換官 乾道 1년 7월.
10) 徵江郡齋: 郡齋란 군수가 정무를 보던 곳으로, 곧 徵江郡의 군수가 거처하던 관아를 가리킨다. 徵江의 위치에 대해서는 지금의 중국 雲南省 玉溪市 徵江縣 일원으로 파악하는 견해가 있다(①). 이와 달리 南宋代 雲南은 大理—大禮—의 영토였다. 또한 跋文을 썼을 당시 徐葳의 관직이 權發遣江陰軍主管學事였는데, 이때 ‘江陰’의 별칭이 ‘徵江’이었음을 감안하면, 지금의 중국 江蘇省 江陰市 일원으로 이해된다(②). 한편, 江陰—徵江—은 승원 연간(남당 열조, 937~943)에 江陰軍이 설치되었으며, 宋代에 이르러 1071년(송 희령 4)에 郡이 폐지되고 縣이 되었다가 1161년(송 소흥 31)에 다시 군이 설치되었다.
  『宋史』 권88, 志41 地理4 兩浙路 江陰軍.
  諸橋轍次, 1985, 「郡齋」, 『大漢和辭典』 11, 東京 : 大修館書店, 252쪽.
  戴均良 外 主編, 2005, 「江陰軍」·「江陰縣」·「江陰郡」, 『中國古今地名大詞典』 中, 上海 : 上海辭書出版社, 1261쪽.

① 조동원 외 공역, 2005, 『고려도경』, 황소자리, 511쪽.
　서긍 지음, 은몽하·우호 엮음, 김한규 옮김, 2012, 『사조선록 역주(使朝鮮錄譯註)―宋使의 高麗 使行錄―』1, 소명출판, 357쪽.
② 祁慶富, 1995, 「『宣和奉使高麗圖經』의 版本과 그 源流」, 『書誌學報』 16, 10·11쪽.
11) 乾道: 宋 孝宗의 연호로 1165~1173년 사이에 사용되었다.
12) 左朝奉郎: 南宋의 文散官으로 정7품에 해당한다. 이에 대해서는 『高麗圖經』行狀-(3)-19) 참조.
13) 權發遣江陰軍主管學事: 權發遣은 임명될 職과의 자격이 2단계 또는 관품이 2품 차이가 날 때에 붙는 명칭이다. 해당 관직명은 江陰軍을 관할하던 主管學事이나, 官路의 단계상 자격이 부족하여 형성되었던 명칭으로 여겨진다.
『宋史』 권158, 志111 選擧4 敍法上 淳熙 3년.
龔延明 主編, 1997, 「權發遣某州軍州事」, 『宋代官制辭典』, 北京 : 中華書局, 534쪽.

역주 참여자 소개(이름과 소속)

이진한(李鎭漢) 고려대학교 한국사학과 교수
조욱진(趙旭鎭) 한국전통문화대학교 강사
고우리(高友利) 고려대학교 역사학과 석사과정 수료
김민주(金旻柱) 고려대학교 역사학과 석사과정 수료
김서영(金敍暎) 고려대학교 역사학과 석사과정 수료
김윤지(金胤知) 국사편찬위원회 편사연구사
김태환(金兌桓) 고려대학교 역사학과 석사과정
박서현(朴敍賢) 고려대학교 역사학과 석사과정 수료
박수찬(朴洙贊) 고려대학교 역사학과 박사과정 수료
안주영(安遒煐) 고려대학교 아세아문제연구원 연구원
오치훈(吳致勳) 경기대학교 사학과 교수
왕야오(王 垚) 고려대학교 역사학과 석사과정 수료
이명빈(李明彬) 고려대학교 역사학과 석사과정
이수호(李秀浩) 고려대학교 역사학과 석사과정 수료
이팅칭(李廷靑) 중국 中山大學 歷史學系(珠海) 助理教授
이현정(李炫姃) 고려대학교 아세아문제연구원 연구원
이희영(李熙英) 고려대학교 역사학과 석사과정
임형수(林亨洙) 충북대학교 사학과 교수
정 솔(丁 率) 고려대학교 역사학과 석사과정
최동녕(崔東寧) 고려대학교 역사학과 박사과정 수료
최은규(崔蒑奎) 충북대학교 인문학연구소 전임연구원
홍민호(洪旻湖) 육군 군사연구소 연구원

高麗圖經 역주(하)

초판 인쇄 | 2024년 8월 16일
초판 발행 | 2024년 8월 23일

편　　자　이진한
역 주 자　고려대 한국사연구소
　　　　　고려시대사 연구실
발 행 인　한정희
발 행 처　경인문화사
편　　집　김지선 한주연 김숙희
마 케 팅　하재일 유인순
출판번호　406-1973-000003호
주　　소　파주시 회동길 445-1 경인빌딩 B동 4층
전　　화　031-955-9300 팩　스　031-955-9310
홈페이지　www.kyunginp.co.kr
이 메 일　kyungin@kyunginp.co.kr

ISBN 978-89-499-6811-7　93910
값 45,000원